海外中国
研究丛书

刘 东 主编

[德] 狄德满 著

崔华杰 译

义和团运动前夕华北的
地方动乱与社会冲突

VIOLENCE AND FEAR IN NORTH CHINA: CHRISTIAN MISSIONS AND
SOCIAL CONFLICT ON THE EVE OF THE BOXER UPRISING

江苏人民出版社

图书在版编目(CIP)数据

义和团运动前夕华北的地方动乱与社会冲突/(德)
狄德满著;崔华杰译.—南京:江苏人民出版社,
2022.7
(海外中国研究丛书/刘东主编)
ISBN 978-7-214-27150-1

Ⅰ.①义… Ⅱ.①狄… ②崔… Ⅲ.①义和团运动
-研究 Ⅳ.①K256.707

中国版本图书馆 CIP 数据核字(2022)第 060371 号

Violence and Fear in North China: Christian Missions and Social Conflict on the Eve
of the Boxer Uprising by R. G. Tiedemann
Copyright © R. G. Tiedemann
Simplified Chinese edition published by authorization of the author, R. G. Tiedemann
Simplified Chinese edition copyright © 2011 by Jiangsu People's Publishing House.
All rights reserved.
江苏省版权局著作权合同登记号:图字 10-2011-228 号

书　　　名　义和团运动前夕华北的地方动乱与社会冲突
著　　　者　[德]狄德满
译　　　者　崔华杰
责 任 编 辑　康海源
特 约 编 辑　解冰清
装 帧 设 计　陈　婕
责 任 监 制　王　娟
出 版 发 行　江苏人民出版社
地　　　址　南京市湖南路 1 号 A 楼,邮编:210009
照　　　排　江苏凤凰制版有限公司
印　　　刷　南京新洲印刷有限公司
开　　　本　652 毫米×960 毫米　1/16
印　　　张　36.75　插页 4
字　　　数　413 千字
版　　　次　2022 年 7 月第 1 版
印　　　次　2022 年 7 月第 1 次印刷
标 准 书 号　ISBN 978-7-214-27150-1
定　　　价　128.00 元

(江苏人民出版社图书凡印装错误可向承印厂调换)

序"海外中国研究丛书"

中国曾经遗忘过世界，但世界却并未因此而遗忘中国。令人嗟讶的是，20世纪60年代以后，就在中国越来越闭锁的同时，世界各国的中国研究却得到了越来越富于成果的发展。而到了中国门户重开的今天，这种发展就把国内学界逼到了如此的窘境：我们不仅必须放眼海外去认识世界，还必须放眼海外来重新认识中国；不仅必须向国内读者迻译海外的西学，还必须向他们系统地介绍海外的中学。

这个系列不可避免地会加深我们150年以来一直怀有的危机感和失落感，因为单是它的学术水准也足以提醒我们，中国文明在现时代所面对的绝不再是某个粗蛮不文的、很快就将被自己同化的、马背上的战胜者，而是一个高度发展了的、必将对自己的根本价值取向大大触动的文明。可正因为这样，借别人的眼光去获得自知之明，又正是摆在我们面前的紧迫历史使命，因为只要不跳出自家的文化圈子去透过强烈的反差反观自身，中华文明就找不到进入其现代形态的入口。

当然,既是本着这样的目的,我们就不能只从各家学说中筛选那些我们可以或者乐于接受的东西,否则我们的"筛子"本身就可能使读者失去选择、挑剔和批判的广阔天地。我们的译介毕竟还只是初步的尝试,而我们所努力去做的,毕竟也只是和读者一起去反复思索这些奉献给大家的东西。

刘　东

目 录

地图、表格、图示目录

序　言[*]

路　遥

　　英国伦敦大学亚非学院狄德满教授专著《华北的暴力和恐慌：义和团运动前夕基督教传播和社会冲突》一书终于译成中文本，将由江苏人民出版社作为"海外中国研究丛书"出版了，这是西方学者研究义和团运动的又一重要成果。本书原为英文稿，1991年就已撰成，但当时并未立即出版。翌年他来山东大学访问，送一份打印稿给我，计分11章。他曾将其中一两章浓缩为论文出席两届义和团国际学术研讨会，分别收入中国义和团研究会编的《义和团运动与近代中国社会国际学术讨论会论文集》（齐鲁书社，1992年）和《义和团运动一百周年国际学术讨论会论文集》（山东大学出版社，2002年）二书中。他的学术功底深厚，其研究以分析缜密见称，行文谨严，言之有据，每一论点均蕴含有极大容量，引起了研究者的高度关注，均期望其书稿能早日付梓以飨读

---

　　* 本文原系山东大学讲席教授路遥先生于2011年为《华北的暴力和恐慌：义和团运动前夕基督教传播和社会冲突》一书所写序言。本译本将之原文照录，以便读者更好地把握该书在义和团运动研究史上的学术价值。——译者注

者。2001 年 6 月,我接受他的邀请同刘天路教授共赴英伦参加由布里斯托大学、剑桥大学和伦敦大学亚非学院三个单位联合举办的"义和团、中国与世界国际学术讨论会"。我曾再次促他将大著出版,他表示将再增补一些文献资料。由于他有繁重的教研任务,这一迟延转瞬又历经了 10 年时光。现在所译的这本书稿,除前言、结语外,基本上是 20 年前的成品。其所征引史料之丰富,如天主教圣言会、耶稣会藏档,传教士传记、著述和通讯,有关各代牧区修会、教士与教廷及其同所在国政府间之往来信函、汇编等等,是他著所难与之比拟的。译者对此已有专文《材料:狄德满义和团研究的亮点》(《中国社会科学报》2010 年 2 月 7 日第 2 版)介绍,这里就不再赘述了。

作者在本书副标题中,已指明所述主要史事均属"义和团运动前夕"。这是有其自己见解的,认为 1899 年夏秋神拳(义和拳)经平原战斗后才是义和团运动形成的标志。其实,义和团运动之酝酿、爆发,无论从其时空还是组织等各方面,因难以划一,所以均可视为起源无疑。循此轨迹,我认为本书之显著特色有如下几点。

(一) 对起源区域之选择与考察

研究义和团运动首要在于弄清其起源,而对起源之探讨又重在对其区域之选择与考察。义和团运动不同于中国近代史上的其他事件,自其酝酿或爆发之日起,就以极其神秘特征出现,令人无法窥其真相,这曾极大地困扰了研究者,成为义和团运动研究的最大难题。从 20 世纪 60 年代开始,山东大学历史系就秉承中国史学会指示要攻克这个难关,组织了大规模田野调查队伍,分赴直、鲁、苏、皖等地展开地毯式普查,终于取得了成果。由我执笔撰成《义和团运动初期斗争阶段的几个问题》(《山东大学学报(历史版)》1960年第2期)长文,论定义和团运动乃酝酿、爆发于甲午战后的山东、直隶下属几个主要地区:(1)以曹(县)单(县)为中心的鲁西南和鲁苏皖交界的一大片地带;(2)以冠县梨园屯为核心的鲁西北和直隶东南、南部的边缘地区;(3)以东昌府茌平为中心的鲁西地区;(4)以直隶景州为中心的直隶东南地区。这一调查研究成果为史学界普遍接受。1978年美国周锡瑞教授为研究义和团访问山东大学,后于1987年撰成《义和团运动的起源》专著,该书也接受了这一区域结构的框架(见该书中译本作者"前言",江苏人民出版社,1994年)。周著将我前述的山东三个地区综合为:鲁西南的大刀会提供了组织和仪式典型,鲁西北冠县出现了义和拳名号,以与茌平、平原之鲁西神拳仪式相结合,"标志着义和拳运动之构成至此已臻完备"。这一说法几乎成为定见,但在其后出版的日本佐藤公彦教授专著《义和团的起源及其运动》(中译本,中国社会科学出版社,2007年)一书中就表示过,若仅以前述三个地区立论,衡之于历史实际似还不够全面。

狄著对此重要问题也表示了己见,认为义和团运动之源于山东及其邻省边缘地区,应包括:(1)从鲁西北临清往东发展至直隶沧州;(2)鲁南郯城、兰山及与之毗连的苏北邳州、宿迁;(3)鲁西南及其相邻的皖北、苏北、豫东地带;还有(4)鲁东的日照、诸城、莒州与沂水等。这是结合圣言会山东代牧区与法国耶稣会江南代牧区徐州教区之民教矛盾斗争而得出的。我认为这一说法比我和周氏所论的要更全面些。他指出前三个区域之矛盾斗争,主要表现为刀会、拳会之反教骚动;而后者鲁东地区则表现为既有"反教"又有"排外",这是由地方士绅、团练发动的。对其"排外",作者引用传教士的报告提到有一个叫"黑会"的组织起着重要作用,并根据中外文献资料论证该"黑会"当属于团练或联庄会这样的民间组织。更重要的是,他指出该地区之"排外"斗争,实与本籍在职京官煽诱有关;分析了因德国强索采矿权而使当地士绅失去这一资源,遂导致地方反教会斗争同反矿权侵占之客观结合;还揭示了这一斗争是如何在莒州籍京官管廷鹗、廷献和诸城县赫绅臧济臣、俞臣等影响下而展开。他们或通过上奏,或发布反教揭帖,或致函唆使本籍亲戚等传媒手段予以策动。我认为这些分析是有说服力的。我从狄著中还特别关注到:当时像《万国公报》《山东时报》《华北汇报》等有影响的报刊,不仅迅速流传于全国发达的通讯网中,而且也能在穷乡僻壤的鲁中、鲁西北乡间看到。2009年德国埃尔福特大学曾举行一次"义和团战争及其传媒——1900年至今对一个跨民族历史事件的塑造"国际学术讨论会,择传媒为视角推进义和团研究。我认为这是极有意义的探索。

(二) 对社会结构的分析

本书以微观见长,首在它对各类"社群"之分析。作者认为义和团运动之所以能爆发起来,乃是有其内源性的,即表现在它有历史性暴力的社会基础,而传教所引起的矛盾斗争则是其外在因素,进而结合此内外因素剖析乡村社会结构在基督宗教冲击下发生了怎样的变动。在"导论"中,更指明本书是要以教士传教、农民反抗、义和团运动起源和华北帝国主义侵凌等作为考察重点贯串于全书中。对圣言会、耶稣会之传教及在其支持下的"教民"社群,都有所详析而分见于诸章目。对于农民反抗,则是联系其活动区域之地理环境、组织类型、地方社会关系等，对诸多复杂而又无序的暴力进行辨析。对于"盗匪"更有详细论述，区别了鲁西南与苏北盗匪之不同形态，说明这一特殊社群是如何成为区域社会之有机组成，又是怎样制约了大刀会之对外扩展，同时论证了大刀会之反教骚动何以只能处于地方性竞争和反应性暴力的主要原因。

"秘密教门"是另一极具影响的社群，本书亦有专章论述。作者的视角不是分析它同义和团的关系，而是转向它对基督宗教之皈依。作者征引了西班牙方济各会教士报告，揭示对社会有威胁性的白莲教，实可分有文武场的组织；还依据耶稣会传教士在《传信年鉴》上的描述，指出在 19 世纪下半叶，直隶东南部吴桥、东光、宁津等县约 80 万总人口中有一半多信奉了白莲教，在直鲁豫三省也有 1/3 人口与教门有联系，而在神拳活动的中心地——茌平更有 90％是白莲教信徒。据我的研究，这些所谓的白莲教实都是民间秘密教门之代称。若把它扩大到同义和团、基督教三者之间关系去考察，将会有创新性分析，并可说明处在变动中的社会结构，其不同社群之间关系并非一成不变，基本是既分离又融合。当然从基督教会这一方说，它对中国社会结构只能是起破坏、瓦解的作用，本书对此亦有倾向性的论述。

（三）传教士及其与帝国主义关系的辨析

全书对这一方面论述最详尽亦最具有意义，分为两章述析。从多角度探索在义和团运动前夕帝国主义侵略加深的历史背景下，传教士是如何在华北这个充满暴力的地区展开其传教事业的。作者尤其重点考察传教事业同占有地方资源之间的关系，这是本书之很重要创新处,如皖北砀山湍地和苏北沛县湖田之争,是驱使鲁西南大刀会入境进行反教斗争的直接导火索。这一地区的水利资源之争,实可追溯到 19 世纪 50 年代之黄河改道,造成原黄河所经之砀山、丰、沛等县都留有许多未有明确归属的湍地。砀山的刘堤头就因一块滩地归属而导致了庞、刘两个族姓的纷争,刘姓因皈依天主教受到教会保护而获胜。本书还特别引述了在该地区传教的艾赍沃神父的自述,指出艾赍沃原不拟介入这一纠纷,终因考虑教民利益而陷入族姓之资源争夺中。后来刘姓又趁庞姓族长死亡之机袭击了庞家林,由此导致了地方官从知县、知府、道台以至总督都转变了态度,共同谴责教会并要教士交出刘姓凶手。这是在中方《教务教案档》中未有的记载,这一揭示极有助于我们对义和团运动滥觞于鲁西南大刀会这一支反教斗争之性质有正确认识。不仅如此,本书对这一地带因争夺资源所激起的暴力对抗,作出简明的归结,认为在这一边缘地带看起来无处不在的派系斗争中,"只因传教士的介入和教案发生,才使我们能对这场械斗作一管窥","基督宗教就是在这样与竞争性暴力抗争的背景下,才有可能在山东地区得到发展"。

传教扩张与帝国主义暴力是否有所关联,这是义和团研究著述都要论及的最主要问题之一。两者之间是什么样的关系?周著中已有很明确的论述,指出天主教会及其西方传教士乃是披着基督教外衣的帝国主义者。狄著对这一说法有所保留,认为圣言会在山东传教,其初乃是超越国度而服从于罗马教廷的,只是到了德国政府有谋占胶州湾意图后,才与之有密切联系。但狄氏也充分利用教会相关资料,详细地论述了传教扩张是怎样与军事侵略相结合;不仅如此,还多元化描述帝国主义及其侵华方式,区分为宗教帝国主义、经济帝国主义和世俗帝国主义。所谓经济帝国主义,指的是德国对鲁东矿路权之攫取;"世俗帝国主义",则是指德国政府之对华政治侵略;而宗教帝国主义,则是通过基督宗教之精神征服以与帝国政权之武装占领配合。作者进而归结为正是世俗帝国主义同宗教帝国主义之相互纠集,才促使了1898—1899年"排外"主义的兴起。这也就说明了义和团运动之所以具有反帝性质的根本所在。

(四) 对赵天吉及其大刀会活动的钩探

本书虽将鲁苏皖地区大刀会的反教斗争视为基本未超越地区传统的竞争性暴力活动,但也不完全如此,这从作者对另一有影响的游方大刀会及其领袖赵天吉活动的考察中可以看出。本书对此亦穷尽资料搜寻,认定大刀会之在砀山的反教斗争及其后在巨野磨盘张庄所发生的教案,都同赵天吉活动有关。作者把山东省从黄河以北之寿张、阳谷、观城、朝城,南下经汶上、嘉祥、巨野,再转而与江苏沛县湖田、苏皖北边缘相连,都视为赵天吉的活动区域,认为这个赵天吉就是曹单大刀会首刘士端的师傅赵金环。其论证虽还不能尽如人意,但其对史迹之钩探无疑可填补这一研究空白。不仅如此,对活跃于鲁苏皖三省边缘地带更具悠久历史的"红拳会",也予以相当篇幅的论述,指出这支组织也曾一度取代大刀会而居于反教斗争的主导地位;又引艾赍沃神父记载,认定在1898—1899年苏西北、皖北大刀会已改名为红拳会,当时活跃于鲁西南济宁、嘉祥地区的拳会就是由从苏皖北越境而来的这一支红拳会所领导。

以上仅是简略述及狄著的几个亮点,作为"序言"我不宜有过多评述。总之,我认为本书的最主要贡献在于:它对活动于鲁苏皖豫交界地区的大刀会(金钟罩)反教斗争钩沉出许多史事,有助于研究者对它进行更深入的分析。对于义和团运动起源或酝酿的探索,我还想多说几句话:在我所撰的《义和拳运动起源探索》(山东大学出版社,1990年)一书中还只是对直东交界地区的义和拳(梅花拳)斗争活动有较为完整的考察;前引的周锡瑞、佐藤公彦所著二书中,除义和拳外对鲁西南大刀会反教也进行了具有创新性的评析;而狄著对这一区域的探索,我认为无疑是最详尽而又有重要发展,足以称为义和团运动起源研究的又一重要代表作。

当然,对义和团运动起源的探索,我们也不能认为至此已臻完备。据我历经长期的田野调查,深感沿着直隶白沟河水域地带也是极为重要的一个区域。它一方面东延并经大清河发展至天津成为这一地区的义和团之来源,而另一方面则北延从新城经定兴、涞水、涿州、黄村汇聚成北京义和团之主力,但对这方面的研究至今仍是空白,当有待于来者。

前言及致谢

本书是在笔者 1991 年于英国伦敦大学完成的博士论文《1868—1900 年间华北乡村动乱:以鲁南地区为中心的考察》(Rolf Gerhard Tiedemann,"Rural Unrest in North China 1868—1900:With Particular Reference for South Shandong")基础上修改而成的。从那时起,关于中国基督宗教史和义和团运动起源的学术研究取得重大进展。先前使用单因解释论的成果,被使用更为复杂的研究手段和概念工具且有着重要影响的学术成果所取代。以下著述尤其值得我们关注:周锡瑞(Joseph W. Esherick)的《义和团运动的起源》(*The Origins of the Boxer Uprising*);K. J. 里温纽斯(Karl Josef Rivinius)的《世俗势力的庇护与传教工作的进行:德国对天主教鲁南传教的保护》(*Weltlicher Schutz und Mission:Das deutsche Protektorat über die katholische Mission von Süd-Shantung*);柯文(Paul A. Cohen)的《历史三调:作为事件、经历和神话的义和团》(*History in Three Keys:The Boxers as Event,Experience,and Myth*)。从周锡瑞和柯文的著述被译为中文,也可看出这些新近学术研究的重要性。2000 年义和团运动 100 周年之际在济南召开的国际学术研讨会,对义和团运动的认识作出了进一步的重要贡献,这次会议的文集也已出版。①

学术界近年来对义和团运动的起源以及它与基督宗教的暴力互动虽有诸多成果,但主要局限在外国帝国主义侵略的历史观中。尽管对传教事业意识形态的预先设定的粗略解释有所淡化,但学者们仍继续沉浸于关注外生维度。日趋增强的民族主义信念和对理论方法的过度依赖,在某种程度上更加剧了上述趋势。换言之,这仍然有足够的空间,使我们把更多的学术关怀放在19世纪下半叶华北平原各色的内生发展上。在中国日趋恶化的社会经济条件下,基督宗教不仅打着各种幌子进入中国,还被传道地的一部分民众接受。本书把焦点放在对高度复杂的地方环境相当细微的描述上,探索外国传教士和他们的传教地皈依者是如何在华北平原这个长期充斥着暴力文化的地区开展工作的,而该地在义和团运动前夕正面临着帝国主义势力侵略加深的历史背景。

在这项研究漫长的酝酿过程中,笔者应对以下诸位表示感谢。首先要感谢的是论文导师柯文南(Charles A. Curwen)博士,在我几年茫然不知所措的阴晦时光里,他用温馨且持续的鼓励帮助我坚持论文的写作。已故圣言会的约翰内斯·贝特雷(Johannes Bettray,1919—1980)神甫允我遍阅坐落在德国波恩附近圣奥古斯丁的斯泰尔宣教学会(Steyl Missiological Institute)所储藏的大量资料,而这正值关键的研究初期阶段。

---

① 苏位智、刘天路:《义和团运动一百周年国际学术讨论会论文集》(济南:山东大学出版社,2002年)。此时也出版了以下著述:苏位智、刘天路《义和团研究一百年》(济南:齐鲁书社,2000年),路遥《山东大学义和团调查资料汇编》(济南:山东大学出版社,2000年)。

我的朋友美国威斯康辛大学密尔沃基分校的鲍德威（David D. Buck）教授数年来也给予我诸多的帮助、鼓励和建议。美国堪萨斯大学的罗伯特·麦克尔（Robert McColl）教授在制图方面给予了慷慨帮助。自博士论文完成后，笔者从义和团运动史研究著名专家山东大学终身教授路遥先生的大作中汲取了新的见解。在本人数次逗留济南时，刘天路和陶飞亚两位教授给予了大量的鼓励和帮助。对于以上诸位，我深表谢意。

　　该研究是在英国、欧洲大陆和美国的诸多地方开展的，我要向为本研究提供帮助的档案馆和图书馆表示由衷的感谢。笔者应当感谢德意志联邦共和国外交部（在我论文写作期间，外交署政治档案存储在波恩，后转移到柏林）。要特别感谢位于东德波茨坦的中央档案馆为我查询德国驻华使馆档案所给予的方便，该档案现藏于柏林里特希菲尔德的联邦档案馆。其他重要的档案收藏地在参考书目也已列出。还有许多给予至关重要帮助的图书馆，下列尤其值得我们关注：伦敦的大英图书馆（the British Library）、巴黎的法国国家图书馆（Bibliothèque Nationale）、耶鲁大学的斯特林图书馆（Sterling Library）、耶鲁大学神学院图书馆（Yale Divinity School Library）、安多佛-哈佛神学院图书馆（Andover-Harvard Theological Library）、纽约的宣道研究图书馆（the Missionary Research Library，现在隶属于协和神学院的伯克图书馆）、马萨诸塞州塞勒姆的毕巴蒂埃塞克斯博物馆（Peabody Essex Museum）、宾夕法尼亚大学图书馆，以及现已解散、原位于波恩的天主教传教事业图书馆（Jesuit Library of Katholische Missionen）。

在此，当然要特别感谢上海大学博士候选人崔华杰先生所作出的忠实翻译工作。美国佩斯大学李榭熙教授（Joseph Tse-Hei Lee，Pace University）在中文版本定稿前，通读全文并做了一些重要的编辑工作，在此一并致谢！

狄德满

2011 年于伦敦

导　论

　　山东人固执倔强，总是争强好胜、积蓄仇恨，而且似乎很是轻视生命，他们大部分人都成了强盗。

　　　　　　　　　　　　　　　　　　　　——《中华帝王》①

　　关于山东人品行的评价，意见时常相左。比如，中国著名历史学家钱穆声称，唯有山东人有资格代表所有中国人的优良品格特征。"在他看来，山东人在其历史发展过程中坚强、活跃而又执中。他们是大圣人、大文学家、大军事家、大政治家的后代。"②山东是中国至重先哲孔孟的诞生地，这制造出"中国的圣省"这种广泛流传的概念，从而进一步强化了上述积极的评价。③ 泰山——可能是中国最为神圣的山脉，也同样坐落于此，并经常受到帝王和其他望圣者的朝拜。

---

① 史景迁：《中华帝王：康熙自画像》(J. D. Spence, *Emperor of China: Self-Portrait of K'ang Hsi*)，第 49 页。

② 杨龙章：《中国的地区性旧习》(Lung-chang Young, "Regional Stereotypes in China")，第 39 页，参考自钱穆《中国历史精神》，第 86 页。

③ 可参见：晏文士《山东：中国的圣土》，(C. K. Edmunds, "Shantung: China's Holy Land")。其他著作的标题也强调了山东的神圣光环，如法思远编《中国的圣省山东》(R. C. Forsyth, *Shantung, the Sacred Province of China in Some of Its Aspects: Being a Collection of Articles Relating to Shantung*)；海司（Hesse Wartegg）《山东与德属中国——1898 年从胶澳租借地到中国圣地和从扬子江到北京之旅》(Hesse-Wartegg, *Schantung und Deutsch-China. Von Kiautschou ins heilige Land von China*)。

1

　　然而,其他人则用一些颇为消极性的话语来描述山东人。17
世纪著名的学者型改革家顾炎武,对山东人的品行做了另一番
描述:

> ……皆汉以来大儒所生之地,今且千有余年,而无一学
> 者见称于时,何古今之殊绝也? 至其官于此者,则无不变色
> 咂舌,称以为难治之国,谓其齐民之俗有三:一曰逋税,二曰
> 劫杀,三曰讦奏。而余往来山东者十余年,则见夫巨室之日
> 以微,而世族之日以散,货贿之日以乏,科名之日以衰,而人
> 心之日以浇且伪……。①

人们或许认为这种刻板印象带有某些偏见,因为就事实而言,该
省的确有着民众普遍顺从的悠久历史。不过,帝制时代晚期,徐
鸿儒的大乘教叛乱(1622 年)、王伦起义(1774 年)、八卦教起义
(1813 年)、太平军起义(1850—1864 年)和捻军起义(1853—1868
年)以及一些小规模的衍生骚乱,均发源于或严重影响了该省。②
此外,梁山——即以宋江为首的 108 名亡命之徒的老巢,也坐落
在山东。③ 除了这些重大的周期性动乱外,某些不太明显的社会
动乱也是山东农村生活的一个永久特征。

　　为了解释这些差异巨大的观点,我们必须特别注意受阶层、

---

① 顾炎武:《顾亭林诗文集》,第 39 页,转引自杨龙章《中国的地区性旧习》,第 39—
　　40 页。
② 应当注意的是,太平军 1854 年北伐余部和 1868 年的西捻军均被剿灭于鲁西茌平
　　附近地区。
③ 他们的事迹构成了流行小说《水浒传》的基础。见艾熙亭《中国小说的革命之作:
　　〈水浒传〉》(Richard G. Irwin, *The Evolution of a Chinese Novel: Shui-hu-chuan*);
　　谢诺:《水浒传的现代意义:它对 19 和 20 世纪中国叛乱运动的影响》(Jean
　　Chesneaux, "The Modern Relevance of Shui-hu-chuan: Its Influence on Rebel
　　Movements in Nineteenth and Twentieth Century China")。梁山的地理位置见本
　　书地图三。

时间和空间影响所产生的不同现实认知。某种程度而言,这些观点上的巨大差异,源于传统儒家和谐有序的社会理想与充斥失调与暴力的社会现实之间的矛盾。的确,时至 19 世纪,弥散在中国社会各阶层中的价值观,都反映了与规范理想的重大背离。此外,山东各地在地貌、社会和政治上存在诸多差异。了解群体性事件的不同地理分布,亦特别有助于解释对山东民众行为的不同认知。

在对淮北区域传统叛乱的重要研究中,裴宜理指出一些反复出现的乡村动乱形式只是在某些区域相对普遍。[①] 因此,我们将在第一章运用裴氏多维"环境生态学"的方法要素,构建不同类型且长期有组织暴力的潜在地理因素。通过考察刺激或抑制集体暴力行为诸多潜在可能因素的相互作用,及不同类型冲突的相互关系,或许能够全面绘制出一幅农村长期动荡不安的历史画卷。一般认为,民众对暴力的态度成型于恶劣的生存环境,并因社会和经济根本变革而加剧:人口稳定增长、可耕地益发短缺、自然灾害的破坏性不断增加。由于人类生存面临着威胁和为了生存而经常进行争斗,如萧公权所言,"冲突的可能性""则会一直存在,且社会和谐在日常生活中只是一种理想而不是现实。在这个帝国里的几乎每一处区域,时常出现不同强度和范围的争吵和纷争,故对这些冲突的处理自然成为一个普遍关注的问题。"[②]在华北,1876—1879 年、1889 年、1898—1900 年三次大饥荒及 1894—1895 年的甲午中日战争,更是促发了因

---

① 裴宜理:《华北的叛乱者和革命者(1845—1945)》(Elizabeth J. Perry, *Rebels and Revolutionaries in North China*)。请注意,淮北地区与本研究的部分区域有着重叠。
② 萧公权:《帝制中国的和解》(Kung-ch'uan Hsiao, *Compromise in Imperial China*),第 16 页。

长期衰落而导致的地方性暴力活动达到前所未有的程度。

裴氏的环境生态学分析,能有效洞察集体暴力行为的本质,却不能圆满解释这一行为在某些特定区域持续出现的问题。一系列特定的因素,为何能在某些区域酝酿出暴乱,但在别的区域却截然相反?换言之,贫困、社会不公或者突然出现的破坏性经济力量等现象,与农村动乱之间并没有简单的关联。华北绝大多数农民生活贫穷,即使在丰年时节也仅是勉强维持温饱。当然,视贫困的程度,农民为提升生存几率而采取(能够采取的)不同的策略。这些因素虽具有相当大的潜在重要性,但其他的抑制或刺激性因素,也在由忿恨转化为集体行动的演化过程中发挥着效用。在本书研究的区域内有一个关键性中介因素,即地缘政治边缘性(Geopolitical Marginality),我们将予以特别关注。本书这里指的是行政边缘区的战略性区域(而不是单纯的边界区域的地理边缘性)。

三个边缘地带长期以来就以持续的农村冲突而著称:(1)临清和沧州间大运河沿岸的直鲁交界区;(2)鲁苏交界东部地区的郯城县、兰山县、宿迁县、峄县和邳州一带;(3)鲁西南、豫东、苏西北和皖北这大片区域。在这些省际交界区——我们将把它定义为华北边缘地带(North China Border Zone)——民众更倾向于参与集体暴力行动。① 该地民众被普遍认为养成了一种“格外

---

① 当然,集体行动事件并不局限于省际边缘地带。尽管如此,对证据的缜密分析,明确显示出该区域是主要形式且长期性集体暴力行动的集中发生地。还应指出的是,在19世纪晚期,山东省内部还有两个次级的普遍性暴力聚集区:鲁西的梁山和鲁东的潍县—安丘—高密—昌邑区域。但更进一步的审视显露出,这些区域也都是统治外围地区,暴力事件多发生在县际交界处。

粗鲁好斗的罕见品行"①,这可能会被认作是"亚文化传统"的组成因子,而其推崇暴力这个强有力主题的多元价值观,构成了类似生存环境下不同个体的生活方式、社会化进程和人际关系。②

　　上述偏僻地区的环境在许多方面都与西西里岛相似,后者"把使用暴力和恐吓看作区域文化的一部分",并"被理所当然的接受而没有遭到质疑"。③　然而,安东·布洛克(Anton Blok)指出,单独用区域文化还不足以解释地方性暴力。"关键性因素"是政府未能垄断对身体暴力的使用。他总结说:

> 这种对死亡、使用私人暴力、对土地的争夺以及对家族竞争的态度,可被理解为同一机体的相互关联因素,其特点是以无力形成人际间对暴力手段的稳定性和集中性的控制。这种情形影响了人与人之间的相互依存关系、人与人之间的身体暴力以及他们关于暴力与死亡的普遍态度和观念,但社

---

① 福若瑟:《与单县大盗在一起的日子》(Josef Freinademetz, "Bei den Räubern von Schanhien"),载《圣弥额尔历》(*St. Michaels Kalender*),第119辑。
② 马尔文·E.沃尔夫冈、弗朗哥·菲拉拉蒂:《暴力亚文化:犯罪学的一种整合理论》(Marvin E. Wolfgang & Franco Ferracuti, *The Subculture of Violence : Towards an Integrated Theory of Criminology*),第140,154—161,280—282页。当然,作者引述的内容并不是针对中国。从我们研究需要考虑,"亚文化"(Subculture)不如"反文化"(Counter-Culture)恰当。蓝厚理的《械斗:中国东南地区的暴力病理》(Harry J. Lamley, "Hsieh-tou: The Pathology of Violence in Southeastern China"),过于强调"地方反文化行为明显与儒家秩序冲突",见其文第29页。同样,戴瑞福夸大描述了"反文化"在中国"小传统"(Little Tradition)中的地位。见戴瑞福:《公理战胜中国:农村社会的革命合法性》(Ralph Thaxton, *China Turned Rightside Up : Revolutionary Legitimacy in the Peasant World*);关于对该著的激烈批评,见陈永发、班国瑞《道德经济与中国革命:一项批判》(Yung-fa Chen & Gregor Benton, *Moral Economy and the Chinese Revolution : A Critique*)。
③ 安东·布洛克:《1860—1960年间一个西西里村庄的黑手党:暴力农民团伙研究》(Anton. Blok, *The Mafia of a Sicilian Village : A Study of Violence Peasant Entrepreneurs 1860-1960*),第172、174页。

会却非常明显地予以公然认同。[1]

为了阐述华北平原的山东省际边缘区域乡村动乱的长期盛行现象，我们从更广泛的地理范围搜集资料，这包括整个山东及其相邻省份，如直隶（河间府、广平府、大名府、海州直隶州和冀州直隶州）、河南省（归德府）、江苏省（徐州府和海州直隶州）等地。我们调查的这片广泛区域，在本书研究中特指为"山东区"（The Shandong Area，即山东省与其相邻省份之毗邻地区），将非常生动地说明一系列集体暴力的地缘政治学因素。然而，本书研究聚焦的特定地区，将会定格在山东南部，包括兖州、曹州和沂州府，以及济宁直隶州。这些府治组成了兖沂曹济道[2]，该区域与天主教鲁南代牧区在 1885—1898 年间的管辖范围大致相当。

通过对我们调查所得到的该区域 400 起集体暴力事件的考察，可以证实大部分事件发生在省际交界区。这里的经济状况和境遇，并不比华北其他地方更为糟糕。[3] 但是，在这些行政外围地区，政府的控制相对疲弱。律法缺位、统治疲弱、官府腐败，反过来成为暴力行为蔓延或升级的温床。随着自治性、流动性和不法活动的发展，引发了一种明显的刺激背离传统的独特社会价值观。[4]

---

① 安东·布洛克：《1860—1960 年间一个西西里村庄的黑手党：暴力农民团伙研究》，第 176 页。

② 请注意，道台衙署在此期间位于兖州。

③ 在清朝时，山东被视为华北的一部分，与其他十七省共同组成了所谓的"中国本部"。现今，在中华人民共和国的政治版图下，山东被纳入华东地区。

④ 也可见小威尔奇《解析叛乱》（Claude E. Welch，Jr.，*Anatomy of Rebellion*），第 24—26 页；狄德满：《地缘政治学维度下的乡村集体暴力：1868—1937 年的华北平原》（Tiedemann，"The Geopolitical Dimension of Collective Rural Violence：North China 1868 - 1937"）。

　　这份研究将讨论山东区乡村动乱的本源和演进,时间上起自捻军起义失败的 1868 年,下至义和团运动爆发的 1900 年。这段时期相对安定,在"反对统治阶级"层面,所发生的暴力行为还处于低级阶段。[①] 我们在此关注的只是集体暴力,不是导致死亡的个人行为,也非伤害他人或财产的事件。本研究与两种类型的集体运动事件有关,即查尔斯·蒂利(Charles Tilly)定义的竞争型暴力和反应型暴力。[②] 然而,除了因 19 世纪末外国势力的入侵和宗教传播而引起的地方反应外,反应型暴力(通常是指抗税、粮食暴动和其他形式的反对政府和统治阶级的斗争)在 1868—1900 年间的山东区相当微不足道。

　　在分析不同类型的地方军事化集体时,裴宜理构建两种不同的模式,用来分析有组织的竞争行为:其一是掠夺型,包括械斗、聚匪抢劫和偷贩私盐;其二是防护型,包括庄稼的看护、群落防御体系的构造,以及其他各种各样的村庄自卫和联庄自卫。村民采取的模式取决于血缘关系、庇护纽带以及他对集体的忠诚程度。[③] 我们将会展现各种形式暴力的相通之处较多,这是我们分析山东区竞争型暴力的重要方面。

　　本书将详细考察两种主要类型的竞争型暴力行为,即(第二

---

① 参见费维恺《19 世纪中国的叛乱》(Albert Feuerwerker, *Rebellion in Nineteenth-Century China*),第 73—78 页。费维恺按照强度从弱到强依次排序为:骚乱、家族或社区械斗、秘密会社暴力、千禧年教门动乱、匪帮、叛乱及这一切的顶峰"革命"。

② 蒂利:《革命与集体暴力》(Tilly, "Revolution and Collective Violence"),第 506—507 页。关于 19 世纪中国暴力和非暴力集体行为的具体差异,详见杨庆堃以《大清历朝实录》为基础的定量分析文章《19 世纪中国群众运动的若干统计模式》(C. K. Yang, "Some Preliminary Statistical Patterns of Mass Actions in Nineteenth-Century China")。限于篇幅,笔者在此不对这篇气势恢弘的成果做学术评述。

③ 裴宜理:《华北的叛乱者和革命者(1845—1945)》,第 3—4 页。请注意,某些特定的掠夺性和寄生性元素,并没有系统地囊括进笔者的这份研究,如地主、胥吏、乞丐等。

章)包括械斗在内的派系冲突,以及(第三章)盗匪活动。就山东区族裔间和族裔内部的暴力而言,竞争各方(宗族、村庄、两个不同区域的村民等)通常为了保护或获得紧缺资源而斗争。公共冲突呈显出阶段性,"因为对抗的派系或派系首领,是为了在现存的社会框架里掌控资源、权势和地位,不是为了改变这个社会框架而争斗",这径直超越阶级界限。竞争各方在结构上是相似的,因为它们代表着"相似的社会群体组合"①。但在某些时候,这种竞争性的团体在面临外来威胁时,也会携手合作。在地方系统中,这种分裂和竞争以及集体内部反对外来者的二元概念,与本书的研究特别相关。

在华北边缘地带,盗匪活动是最为普遍和持久的乡村暴力形式。德国传教士韩甯镐(Henning-haus,1862—1939 年)言及鲁南地区,说其"远近闻名,或更确切地说是臭名昭著,源于这里是盗贼之薮,盗匪们的活动远不受省界的局限"②。这些掠夺性活动多半不是源自特别严重的贫困,而是地方暴力环境的有机构成。这里的居民与华北其他地方相比,在本质上更易于使用暴力生存策略。此外,这些边界地区的行政和军事当局是出了名的无能,大都无法也不想镇压盗匪。

在第四章中,我们对教门暴力作一简略考察。尽管其本质并没有暴力倾向,但各教门在此前间歇性地参加过起义运动,而在边缘地带尤其如此。然而,经过世纪中期的太平军起

---

① 哈姆扎·阿拉维:《农民阶层和原发性忠诚》(Hamza Alavi,"Peasant Classes and Primordial Loyalties"),第 44 页。

② 韩甯镐:《鲁南的劫匪》(Henninghaus,"Das Räuberwesen in Südschantung"),载《耶稣心小使者报》(Kleiner Herz-Jesu-Bote),第 22 卷第 1 期(1894 年 10 月),第 131 页。

义之后,山东区的教门骚乱已然较少见诸史章。这些教门主要在以下几方面引起了我们的兴趣:(1)他们在危机时的迅猛扩散;(2)他们保护或获得资源的能力;(3)他们的武术特长;(4)他们构建庞大组织网络的创造力;(5)他们与基督宗教传播的关系。

我们已经指出,山东区反应型暴力在 1868 至 1900 年间相当微不足道。由于竞争型暴力的特性此时具有抑制阶级意识发展的倾向,因此这里不必再讨论"农民造反"问题,毕竟它是关于农村抗议性活动诸多研究的重要议题。[①] 鉴于传统形式的集体暴力的急剧扩散,我们或许要问:它们何以未演化出更高级的反抗形式? 时至 19 世纪 90 年代中期,械斗和盗匪活动在山东区边缘地带被认为已达惊人的程度,但通常没对政府构成威胁。这一状况与捻军起义前的淮北地区相似[②],但没有衍生出类似的反政府的重大叛乱。与之相反的是,华北平原边缘地带传统农村动乱的演进,最终导致了强烈排外的义和团运动的大暴发。

为了应对农村环境长时间的恶化,排外主义的兴起成为山东区的主要发展结果。就某些方面而言,作为某种类型的反应型暴力,排外主义主要是针对基督宗教的入侵。第五章将剖析山东区对外来宗教的反应及其重要的发展过程。尽管基督宗教的活动

---

① 具体可参见裴宜理《华北的叛乱者和革命者(1845—1945)》。在这点上,她讨论了捻党、红枪会和中共革命。她的掠夺—防卫型模式是为有组织动乱的早期阶段而设立的。然而,她的主要兴趣是对叛乱和革命的研究。

② 不同类型的农村动乱的增强导致了捻军起义的爆发,详见邓嗣禹《捻军及其游击战,1851—1868 年》(Teng Ssu-yu, *The Nien Army and Their Guerrilla Warfare 1851‑1868*)的导言部分;蒋相泽:《捻军叛乱》(Siang-tseh Chiang, *The Nien Rebellion*);裴宜理:《华北的叛乱者和革命者(1845—1945)》。

有不端之嫌,但这一章的中心目的是表明针对基督宗教皈依运动的暴力,往往是已有传统冲突模式的延续,外来影响力的介入充其量加剧了这种传统冲突。

反教冲突与地方系统内外的现有紧张关系密切相关,也从属于争夺地方稀缺资源的斗争。这一点对我们理解 19 世纪 90 年代末有组织且持续不断的反教斗争的高涨至关重要。在 19 世纪最后十年中,基督宗教传教士恰好就是在山东区的这些区域取得了巨大成功,而该地具有农村动乱的历史传统。由于在中国拥有特权地位,外国传教士能够吸引跟随者,这是因为他们能够提供物质上的激励和有效的保护。因此,可以这样认为,在激烈的竞争性环境中,皈依基督宗教对不少人来说,是个有吸引力的生存策略。现存的冲突模式刺激了基督宗教事业的扩展。

传教士的权势,最终有赖于可能进行武力胁迫的帝国主义列强。第六章将论述 1894—1895 年甲午中日战争及其结果,它显著加剧了外来文化和政治的入侵进程,尽管这一进程在山东区的表现并不均衡。1895 年以降——特别是 1897 年德国强占胶州湾后——帝国主义在山东沿海地区的势力越来越强,这赋予了传教士及其皈依者采用更为激进的措施在山东区其他区域推进传教事业的机会。

更强烈的传教魄力,不仅使华北边缘地带发生了非同寻常的皈依运动,同时在地方和国家层面也加剧了中国人的反对。本研究的余下章节,将讨论山东区有组织的持久性反教和排外运动组织的早期形式。① 第七章将细致考察大刀会的起源和其早期活动。大刀会建立之初,并非是一个反教组织,而是甲午中日战争

---

① 应当对反教和排外运动做系统性的区分。前者是指中国教民和平民之间的冲突,通常与外来宗教无关;"排外"或更具体地说是反传教士活动,源于对外来势力的反对。

期间鲁西南防范匪帮的联村自卫组织。尽管此后不久，大刀会集反教运动之大成而声名远播，但是，它们仍是地方竞争性暴力的主要表现，具有防护和掠夺性的特点。

大刀会的兴起，是 19 世纪 90 年代农村社会再度军事化的征兆。当然，在 19 世纪中期的太平军起义期间，农村军事化的水平已经相当高了，那时政府鼓励建立民间武装力量去应对国家危机。随着叛乱威胁的减弱，地方自卫的需求也逐渐弱化。然而，作为有效的地方政治组织，在许多地方仍然保留着完整的组织架构。随着地方资源竞争的加剧，特别是 1876—1878 年灾难性的华北大饥荒以后，地方自卫力量也随之稳步扩张。19 世纪 90 年代中期，这一进程在山东区急剧加速。①

19 世纪 90 年代末，不同类型的集体组织聚集于直鲁交界的临清一带，随后发展成为义和拳。这个特殊组织的起源现在仍然十分模糊。然而，它曾经作为一种拳民组织在威县活动过一段时间。1897 年，义和拳介入梨园屯教民与平民之间的一起长期庙产纠纷而首度引起外界注意。第八章将细致描述这起纠纷的悠久历史，以及此后义和拳的介入。我们想要强调的是这起冲突的地方性本质，并论证义和拳应起源于直隶，而不是山东，尽管人们时常错误地声称起源于后者。

1898 年夏天的事件，对随后兴起的排外暴力运动至关重要。1898 年的独特之处在于内外因素的合流：帝国的长期衰落并伴以严重的生态危机；外国入侵和"百日维新"（详见第六章）对既定秩

---

① 关于 19 世纪末 20 世纪初中国的这种武装化的发展问题，请参见孔飞力《中华帝国晚期的叛乱及其敌人：武装化与社会结构（1796—1864 年）》（Philip Kuhn, *Rebellion and Its Enemies in Late Imperial China: Militarization and Social Structure, 1796 - 1864*）。

序的彻底挑战。乡村动乱的发展,已经蔓延出了其惯以存在的华北边缘地带。第九章论述 1898 年夏北京宫廷政变后不久突然爆发的鲁东排外运动。这片拥有大量上层士绅(见第一章)的商业发达区域并没有民众动乱的传统,但是与德国的新租借地胶州毗邻,且处于德国的经济势力范围之内。鲁东地区的动乱固然是由特殊的地方情形所致,但我们还是认为沿海地区的中国精英阶层——对帝国主义意图的认识更为深刻——间接地并且可能无意地促进了各种排外因素的联合,进而汇聚成了大规模的义和团运动。①

第十章将论述 1898 年危机对鲁西的影响。大刀会和义和拳是怎样回应这场危机的? 这些组织与此时正在形成的义和团运动有何关联? 我们对大刀会和义和拳不同回应的考察,揭示出两者都不是义和团的唯一构成。在这里必须要指出基本的一点,即本书并非是研究义和团运动本身的历史。相反,本书旨在强调和对比山东区乡村流行的动乱组织形式的最显著特点,以及一些"原发性义和团"组织的源流。笔者主要的关注点,是要描绘出义和团运动前夕乡村动乱之完整的历史画卷,并探索传统形式的集体暴力和帝国主义某些影响之间的复杂关系。拙著认为,义和团运动是对日益增长的国内矛盾的多线性复杂回应,却是以大规模的排外运动的形式表现出来。蒂利的"紧张释放"论,为这类反应提供了一些有趣见解。②

任何试图重建偏僻乡村日常生活历史现实的研究,都会面临资料来源的问题。因此,我们要多角度重建山东区复杂的乡村动荡局

---

① 清楚区分义和团与义和拳、大刀会等所谓的源流组织是相当重要的。尽管在中文文献中广泛使用了"义和团运动"这个概念,但是更能让人理解的是,与其说是一场有组织的运动,不如说是各种地方团体在 1899 至 1900 年间对内外源情事发展的同时回应。

② 关于"紧张释放论"(Tension-Release)与"社会运动"(Social-Movement)的解释,见蒂利《阶级冲突与集体行动》(Tilly, "Class Conflict and Collective Action"),第 14 页。

面，必定受可资利用的实证性材料的数量和质量之影响。关于乡村生活的资料是短缺的、不成系统且常常自相矛盾的，不足以用来进行令人满意的历时与共时性分析。特别是在动荡的华北边缘地带，几乎在各个方面事实上都依然是未知领域。在 19 世纪晚期，可信的档案资料尤其匮乏。我们最为关注的地区，相关历史记载却最难获得。因此，对山东区乡村动乱的次数，不可能进行精确统计。

农民作为本书研究的首要对象，并没有留下关于他们行为动机和结果的翔实记录。而关于传统乡村动乱的残存记录，也多由带有偏见的文人精英撰写，包含着蓄意的言语不明和讹笔。官方文献在表述上尽可能的模棱两可，以尽可能给政府官员留下回旋余地。在词讼案件中，告密者往往隐瞒或歪曲事实，以保护或扩大自己的利益，或损害他们的竞争对手。抗辩和中国诉讼程序本身，尤其是滥用酷刑，使前述情形更为严重。①

此外，我们所考察的时期恰值华北两大动乱之间真正的历史低谷。1868 年捻军的溃败，标志着 19 世纪中期伟大起义的终结。这是个英雄辈出的时代。因此，我们考察的此后任何地方性事件，看起来都极为琐屑。在华北边缘地带算得上稀有物品的地方志，对捻军和太平军起义期间的各类事件都有大量记述，而对 1868 年后普通的集体暴力事件，如抢劫和聚众械斗却鲜有提及。尽管这些事件是地方性顽疾，且在某些地区"司空见惯"，但分散的个案对王朝并不构成威胁，仅仅是个疣物而已。换言之，绝大部分的集体暴力事件都与历史记载擦肩而过了。即使规模宏大

---

① 具体例证见山东道监察御史何桂芳的长篇奏折，载《京报》1883 年 4 月 8 日，转引自《北华捷报》(*North-China Herald*) 1883 年 6 月 1 日，第 620 页。也可见狄德满《持续的匪患：华北平原边缘地带的事件》(Tiedemann, "The Persistence of Banditry: Incidents in Border Districts of the North China Plain")，第 403 页。

的义和团运动,其相关记述也极为简短。① 正如我们在杨庆堃的研究中所见,大清实录同样缺乏相关记载。②

就本研究而言,官方档案文献不足的问题,很大程度上依靠从与传教事业有关的各种渠道搜集来的资料予以弥补,具体包括基督宗教传教士档案、中国通商口岸报纸、使领馆文件,以及基督教和稀有的天主教期刊。传教士是极为重要的——且通常情况下是唯一的——信息源,因为他们主要生活和工作在山东的落后地区,那里盛行有组织的暴力行动。这些传教士不仅书写了大量的集体行动事件,且对这些平淡的乡村生活的评论也是那么地引人入胜。他们的这些来自遥远国度上的"奇异"故事,对母国那些虔诚的读者来说非常有趣。因为这些作品并不连累中国当地事件参与者,所述可能更为真实。然而,传教士作品中那些地方事件信息是附带披露的,相当零散。此外,出于传教事业某些方面的考虑,这些资料并非没有偏见成分。利己主义政治充斥山东社会各个阶层,教民和外国传教士也不例外。

在 20 世纪 80 年代,两份重要的中文资料向学者开放。总理衙门的教务教案档于台湾出版,包括一些所谓的"教案"文档。③

---

① 这些报道均摘选自相关的山东地方志,重新收入于《山东近代史资料》卷三。

② 见杨庆堃《19 世纪中国群众运动的若干统计模式》,表格五和七。他从实录中选取了 1868—1900 年间关于山东的不到 50 起事例,而这个数字可能还包括一些非暴力集体事件。

③ 柯文开创了英文世界研究中国反教暴力运动的学术先河,他对"教案"做了如下富有启迪性的阐释:这是一个宽泛的术语,其意指爆发的反教运动以及涉及教民和传教士的全部词讼案件和其他纠纷。在这里被翻译为"missionary cases",暗示传教士本身并不总是直接与教案有关。一些教案无关紧要,一些则产生了国际影响。其背后的直接原因是复杂的,而且教案发生在不同的时间、地点和人物背景中,这些都给历史学者很大的挑战,即使当他们探索一些简单的模式时也不例外。(见柯文《中国与基督教:传教运动与中国排外主义的发展(1860—1870)》(Paul A. Cohen, *China and Christianity : The Missionary Movement and the Growth of Chinese Antiforeiginism*, 1860 - 1970,第 x-xi 页。)

同世纪五六十年代山东学者的调查口述历史资料，1980 年以后也陆续问世。在采访时，这些回忆性口述资料和结论性判断，受到当时普遍盛行的意识形态气氛的影响。尽管如此，谨慎地使用这些材料，与已知事实相互佐证，还是能够获得一些关于 1890 年代山东区乡村情况的有益信息，可以弥补其他资料的不足，并提供一些旁证的资料。

希望本研究所汇集的大量相当分散的档案文献和罕见的印刷资料，能够对研究传教事业、农民抗议活动的复杂性、义和团运动的起源和华北外国帝国主义等问题的学者有所助益。当然，本书研究的主要目的，是要对乡村动乱的各种不同表现方式做综合分析。但是，它并不是对所有个案的详尽考察。

表一　1867—1901 年山东历任巡抚

姓名	任　期		籍贯
	赴任日期	卸职日期	
丁宝桢	1867 年	1874 年 1 月 30 日	贵州
文彬[1]	1874 年 1 月 30 日	1874 年 12 月 6 日	满洲
丁宝桢	1874 年 12 月 6 日	1876 年 12 月 11 日	贵州
李元华	1876 年 12 月 11 日	1877 年 8 月 21 日	安徽
文格	1877 年 8 月 21 日	1879 年 6 月 7 日[2]	满洲
周恒祺	1879 年 6 月 7 日[2]	1881 年 10 月 2 日	湖北
任道镕	1881 年 10 月 2 日	1883 年 5 月 8 日	江苏
陈士杰	1883 年 5 月 8 日	1886 年 6 月 28 日	湖南
张曜	1886 年 6 月 28 日	1891 年 8 月 22 日[3]	浙江
福润	1891 年 8 月 22 日	1892 年 2 月	蒙古
汤聘珍[4]	1892 年 2 月	1892 年 5 月 2 日	湖南

续表

姓名	任 期		籍贯
	赴任日期	卸职日期	
福润	1892 年 5 月 2 日	1894 年 9 月 12 日	蒙古
李秉衡	1894 年 9 月 12 日	1897 年 11 月 30 日	奉天
张汝梅	1897 年 11 月 30 日	1899 年 4 月 10 日	河南
毓贤	1899 年 4 月 10 日	1899 年 12 月 25 日	满洲
袁世凯[5]	1899 年 12 月 25 日	1901 年 11 月 20 日	河南

注释:

表格中的日期是指印信移交日期,而非任命日期。

(1) 任山东代理巡抚,时值丁宝桢回籍丁忧。

(2) 周恒祺抵达济南的日期。

(3) 死于任上。

(4) 时值福润奉旨晋京陛见光绪,山东巡抚印篆由汤聘珍护理。

(5) 1901 年 6 月 20 日至 1901 年 9 月末,袁世凯丁忧(但仍稽留济南守制);胡廷干被任命为代理巡抚。

资料来源:《山东通志》(卷五一);《京报》1870—1901 年;使领馆及济南传教士报告。

第一章　背景因素

　　从地质学的角度来讲,民众在准备占据这块平原之前,
已经在此繁衍数千年,因此必须承担与此有关的风险。[1]

　　　　　　　　　　　　　　　　　　　　　——卜凯(1937 年)

　　在 19 世纪的观察家笔下,绝大部分的山东区民众总是被勾
勒成一幅普遍贫穷的景象。比如,来自相对富裕上海地区的两位
旅行家,于 1850 年末在徐州前往开封的途中(即在大灾荒还没有
冲击该区域前)描述到:"人们总是带有残暴和盗窃的品性……乡
村呈现万物凋敝的景象,民众处于极为悲惨的境况。"[2]马克·贝
尔(Mark Bell, 1843—1906)在 1884 年华北旅行中记录道:

　　　　所经过的村落的面积大概从 1 万—3 万平方英码不等,
　　由一条主要街道组成,通常只有一条车道……茅舍很低,只
　　有一层,且用泥砖砌成。表层覆盖着草泥和稻草,这每年都
　　需要更换一次。屋顶很少有用瓦做顶的,只有很少的房子在

---

① 卜凯:《中国的土地利用》(J. L. Buck, *Land Utilization in China*) I,第 61 页。
② 邱天生、蒋荣基:《开封府的犹太人:伦敦会之犹太人传教暨犹太教会堂调查任务简
　略》(Tiansheng Qiu & Rongji Jiang, *The Jews at K'ae-fung-foo*: *Being a
　Narrative of a Mission of Inquiry, to the Jewish Synagogue at K'ae-fung-foo,
　on Behalf of the London Society for Promoting Christianity among the Jews*),第
　44—45 页。

内部采用的是烧砖。①

康斯坦德·库明（Constance Gordon-Cumming，1837—1924）在
1879 年的直隶游记中，这样叙述华北平原：

> 漫天无垠的灰尘，村落全部由土坯建造。这里的房屋大
> 多相似，均令人生厌。只有一些房屋用灰瓦做顶。在一些破
> 败的院落，偶遇葫芦或南瓜构成的一抹绿色，那简直是对眼
> 睛最好的犒赏。……我到处看到辛苦的人力灌溉，只有通过
> 这种辛勤的劳作，干涸的土地才会萌发出绿意。②

在相当大的程度上，这些观察受到地点和季节的影响。外国旅行
者发现，冬天的荒芜特别令人感到压抑。"在其他季节，北方人知
晓这块土地的生意盎然和肥沃所带来的美丽。"③然而，这短暂的
翠绿，并不能长久地隐藏为生存而进行的持续且普遍的潜在
斗争。

尽管如此，在本研究关注的相关时期内，传统集体暴力行为在
山东区分布得并不均衡，只是在某些地方特别普遍而已。因此，在

---

① 马克·贝尔：《中国：山东和直隶东北部军事调查报告；南京及其道路；广州及其道
路等；中国民政、海军和军事管理汇总》（Mark S. Bell, *China. Being a Military
Report on the Northeastern Portions of the Provinces of Chihli and Shantung；
Nanking and Its Approaches；Canton and Its Approaches；etc.，Together with an
Account of the Chinese Civil，Naval and Military Administration*）Ⅰ，第 162 页。
② 康斯坦德·库明：《浪迹中国》（Constance F. Gordon-Cumming, *Wanderings in
China*）Ⅱ，第134 页。
③ 梅尔思：《北京至上海陆地旅行记》（S. F. Mayers，"Report of a Journey from
Peking to Shanghai Overland"），第 10 页。把他与满乐道（Robert Coltman）于
1885 年秋在德州去往济南的途中，所感受到的压抑的印象做比较："这些沉寂的村
落使我想起了家乡。除了'肮脏'外，并没有别的词语来修饰这里的景象，泥质砖块
的房子风化到四面八方……废墟和灰烬一直拍打着人们的面孔。"见满乐道《中国
人的现在与未来》（Robert Coltman, *The Chinese；Their Present and Future*），第
40 页。

深入探讨集体暴力活动的主要形式前,首先要分析一些背景因素,这涉及地理、气候、人口、经济和社会特征及其空间变化的背景信息。这将帮助我们确定是哪些特定背景结构可能促发或抑制了集体暴力。仅基于单因解释(Monocausal Explanations)(诸如"生物决定论"、"结构性贫困"、"世界市场")的农民动乱研究,不能充分解读集体行动的潜在复杂性。在研究华北农民的抗议运动中,裴宜理通过运用一种通用性理论从而克服了这种局限,使之能够解释这些农村暴力的诸多固有变量。她对淮北地区长期失序极为精妙的解读,是坚定地建立在环境生态学框架的基础之上,这使其能够"解释在自然环境、社会形态和民众行为之间一系列潜在的动态关联"①,而这正是某些地理区域反复出现乡村动乱的长期原因。这种方法对本书研究也大有裨益。

但笔者要澄清的是,本书并不是深入分析构成特定地区结构的所有因素,更不是精致细微地重建 19 世纪山东区的社会经济现实。本书的篇幅和可靠资料的明显匮乏,均不允许开展这项宏伟的工程。② 这份简短提纲的目的在于,把读者的吸引力放在山东区诸多背景因素的复杂性和多样性以及该地民众所使用的各色适应性策略上。

---

① 裴宜理:《华北的叛乱者和革命者(1845—1945)》,第 250 页。小威尔奇的著作对本研究也有所帮助,见其著《解析叛乱》,第 1—52 页。

② 整体而言,对山东区社会经济状况细致综合的学术性调查,鲜有成果问世。下列著作研究的范围没有涵盖本书的研究区域,作用也是相当有限。见黄宗智《华北的小农经济与社会变迁》(Philip C. C. Huang, *Peasant Economy and Social Change in North China*);马若孟:《中国农民经济:河北和山东的农业发展(1890—1949)》(Ramon H. Myers, *The Chinese Peasant Economy: Agricultural Development in Hopei and Shantung between 1890 and 1949*);

(转下页)

一、地理环境

山东区处于卜凯（John Lossing Buck）所定义的"冬小麦和高

（接上页）鲍德威：《中国的城市变迁：1890—1949 年山东济南的政治与发展》（David D. Buck, *Urban Change in China：Politics and Development in Tsinan, Shantung, 1890 -1949*）；魏根深编译：《清代山东经营地主的社会性质》（Endymion Wilkinson, *Landlord and Labor in Late Imperial China*. Case Studies from Shandong）；威尔姆：《1949 年前华北的土壤肥力和产量》（Paul W. Wilm, *Die Fruchtbarkeit und Ertragsleistung Nordchinas bis 1949*）。19 世纪和 20 世纪初的游历家笔下的系列印象描述，提供了农村的些许状况。但大部分的观察都是来自一些易于到达的地方，少有游历家冒险进入华北平原偏远的边远地区。部分相关作品如下：阿姆斯特朗：《乘苦子前往儒家圣地的旅行》（Armstrong, *In a Mule Litter to the Tomb of Confucius*）；韦廉臣：《华北、满洲及东蒙旅行记》（A. Williamson, *Journeys in North China, Manchuria, and Eastern Mongolia：With Some Accounts of Corea*）；《北京到烟台游记》（"Notes of a Journey from Peking to Chefoo"）；伊沙贝拉•韦廉臣：《中国古道》（I. Williamson, *Old Highways in China*）；贝斯：《1898—1910 年青岛开埠以来山东省的经济发展》（Betz, *Die wirtschaftliche Entwicklung der Provinz Schantung seit der Eröffnung Tsingtaus 1898 - 1910*）；郝尔：《鲁西和直隶南部的贸易和交通》（Holzhauer, "Handel und Verkehr in Westschantung und Südtschili"）；李希霍芬：《在中国写作的日记》（*Tagebücher aus China*）、《山东及其沿海门户胶州》（*Schantung und seine Eingangspforte Kiautschou*）；海司：《山东与德属中国——1898 年从胶澳租借地到中国圣地和从扬子江到北京之旅》（Hesse-Wartegg, *Schantung und Deutsch-China. Von Kiauts chouins heilige Land von China und vom Jangsekiang nach Peking in Jahre, 1898*）；满乐道：《中国人的现在与未来》；法思远编：《中国的圣省山东》；马安：《山东全境旅途记》（John Markham, "Notes on a Journey through Shantung"）和《马安的山东旅行报告》（"Report by Consul Markham of a Journey through the Province of Shantung"）；比少耐：《从北京到上海，旅游纪念》（Eugène Buissonnet, *De Pékin à Shanghai. Souvenirs de voyage*）；梅尔思：《北京至上海陆地旅行记》；阿查立：《关于烟台至镇江陆路旅途的回忆》（Chaloner Alabaster, "Memorandum by Mr. Alabaster of a Trip Overland from Che-foo to Chin-kiang-foo"）和《1868 年夏从烟台到潍县和郯城的陆路旅途日记》（*Diary Entries of a Journey Overland from Yantai to Weixian and Tancheng in the Summer of 1868*），可见伦敦大学亚非学院（SOAS）档案；瓦特•安兹：《从山东到苏北的冬日旅行》（Walter Anz, "Eine Winterreise durch Schantung und das nördliche Kiang-su"）。

梁"区域。① 这种半干旱地区的特征就是冬天干冷、夏天潮热。温度状况虽然适宜,但稀缺且不规则的降水损害了土壤肥力,因此降低了作物产量。平原北部地区的年平均降水量在450—600毫升之间;南部地区为500—580毫升之间;鲁东地区为600—680毫升之间。大量的降水,在7—8月份形成了暴雨。这种季节性的集中降水使洪灾成为一个严峻的问题,它给华北平原部分地区造成山体滑坡、涝灾、淤泥沉积和土地的盐碱化。然而,在这种不稳定的降水状况下,旱灾在该地要远多于水灾。其实,与中国本土的其他地方相比,该区域面临更多的自然灾害困扰。②

为了便于识别本书考察的宏观区域下的不同地理区域,我们将山东区划分为六个地文亚区。这些次区域坐落在华北平原,都是该平原的主要构成部分,在宏观层面上并没有地貌上的差异,因此这种划分方法稍有武断。这些次区域和其主要背景特征概述如下③。

山东半岛。系为丘陵地区,土地呈弱碱化,中等生产力的山东棕壤,养蚕业、手工业、食品加工业、制盐业和渔业等非农产业在该地相当重要。当地的土质和气候状况,有利于种植大量的甘薯。海上运输促进了区域间的贸易和移民,尤其往东北方向更是

---

① 卜凯:《中国的土地利用》,第3—4、60—65页;黄宗智:《华北的小农经济与社会变迁》,第62—66页;威尔姆:《1949年前华北的土壤肥力和产量》,第51—62页;也可参阅白兰和伊懋可:《中国文化地图》(Caroline Blunden & Mark Elvin, *Cultural Atlas of China*)著,第28—29页(地图)。
② 姚善友:《中国历史上的旱涝地理分布》(Shen-yu Yao, "The Geographical distribution of Floods and Droughts in Chinese History")。
③ 景甦和罗仑(Jing Su & Luo Lun)设计了一套不同的次区域系统,包括大运河沿岸的一块独立的狭长区域。见魏根深编译:《清代山东经营地主的社会性质》,第156页地图二。其他的地理划分方法包括行政方式、宏观区域的内核—边缘结构和区域城市的贸易系统,见施坚雅:《华北的社会生态与反叛力量》(Skinner, "Social Ecology and the Forces of Repression in North China")。

如此。

胶莱盆地。除了部分滨海沼泽区域外,该区土壤极为肥沃。潍县南部地区以烟草生产知名。至 1880 年,草编业在掖县的沙河地区发展良好。冶金业在平度州时而也占据重要地位。

鲁中山区。众所周知,农业在峡谷地带受到极大的限制。丘陵和低矮的山群除了些许草丛和灌木外,均一片光秃,而这些草丛和灌木供牲畜食用,或被年年砍伐以作柴料。① 手工制造业,特别是养蚕业以及果木种植业和畜牧业,在该地区相当重要。至 19 世纪末,在沂州至胶南周边的贫瘠沙地,花生种植业占据突出的地位。莱芜、新泰、淄川、博山②、(峄县)枣庄、沂州以及潍县东南地区的主要矿区,运营着传统采煤业。淄川和博山也拥有小规模的制造业。

鲁北平原。该次区域的大部分地区系新近冲积而成。频繁的水灾,尤其是对济南东部黄河沿岸和沿海盐滩的农业生产影响较大。下面这段关于寿光县的描述,是该区域大部分地方的典型特征:

> 该县相当平坦,众多河流在这里相交。土质特别贫瘠,表层覆盖着盐碱化合物,其中的大部分土地都不适宜种植小麦,即使在年景好的时候也只能生产质量低下的高粱。该地种植了大量的大豆和花生,这些作物适宜轻微沙化的土质……在潍县附近有数英里土质较好的土地。但总的来说,寿光是个极为贫穷的县城,并不能为那些身体羸弱、地位卑

① 卜凯:《中国的土地利用》,第 61 页。
② 参见莱纳·法尔肯贝尔《20 世纪最初 30 年博山县的采矿业》(Rainer Falkenberg, *Der Kohlenbergbau in Boshan-xian Shandong, im ersten Drittel des 20. Jahrhunderts*)。

微的民众提供足够的生活资料。①

不过,该次区域的南部山麓地带得益于良好的灌溉,农业发展较好。齐东、高苑、博兴是该次区域的主要产棉区。

冀鲁豫平原。华北平原的这块区域,处于鲁中山区和西部的太行山脉之间,其土地主要由石灰土冲积而成,整体上具有发展良好农业的潜力。但是,由于黄河和其他河流的频繁改道,这里也分布了数不清的沙土和有害的盐碱地。许多低洼地区只生产一种作物(冬小麦),这是因为(7—8月份)雨季每年都会带来一次水灾,并因排水不足而导致内涝。② 如同临清北的大运河沿岸地区(如卫河)和更北部的海河涝区③,沿黄区域频遭水患。在直隶—河南—山东交界处的一些地区,棉花是重要的经济作物。年景好的时候,临清和济宁地区用船装载大量小麦分别运往天津和上海地区。④ 烟草种植业长期以来在兖州地区也占有一席之地。

淮北平原。该农业区也包括了一些较好的耕地。按某英国领事官员所言,睢州等某些区域属于河南—山东产棉区。"但是在北方,它没有其他作物重要,不能同等于该区所种植的小麦、高粱和花生。"⑤然而,他继续说道:

---

① 郝馥兰(Frank Harmon)(1889年2月19日,青州)文,载《北华捷报》1889年3月8日,第288页。
② 卜凯:《中国的土地利用》,第60页。
③ 郝勤:《转危为益:海河巨变》(Chin Ho, *Harm into Benefit: Taming the Haiho River*),第1—7页。
④ 《北华捷报》1894年5月第18日,第761页。1873年,某游历者观察到该地小麦与直隶的棉花做贸易交换。见艾约瑟《山东的普通生活》(Joseph Edkins, "Common Life in Shantung"),载《北华捷报》1873年1月第28日,第566—567页。
⑤ 《北华捷报》1894年5月第18日,第761页。1873年,某游历者观察到该地小麦与直隶的棉花做贸易交换。见艾约瑟《山东的普通生活》,载《北华捷报》1873年1月第28日,第566—567页。

　　因与黄河古道毗邻,该县受影响较大。宁陵以河南最为
　　贫穷的县城而知名,这里分布着大片沙盐荒地,数英里的土
　　地没有开荒。没有任何外国货品到达该镇或下面的村落,这
　　一事实充分证明了该地无可救药的贫困。[1]

黄河改道后,该区域通常变得更加干燥。尽管如此,洪涝仍是个
经常性的问题,特别是在沂、沭、淮河沿岸较为低洼的地区。[2]

　　因此,就宏观层面而言,华北平原无甚差别;但是在微观层面
上,(在相当大的程度上)具有不同寻常的背景差异。[3] 甚至具体
到县级区域也是如此,肥沃的土地突然夹杂着大片沙土。在其
他地方,盐分浸渍着土壤,农民在播种前必须去除土地的表层。

二、人文面貌

　　在诸多重要方面,山东区的生态边缘性对人文面貌产生了
影响。

人口分布

　　沿袭已久且社会分层制的密集居住型村庄,是该区域的主要

---

[1] 梅尔思:《北京至上海陆地旅行记》,第 13 页。

[2] 王维屏:《水乡江苏》(Wei-p'ing Wang, *Kiangsu: The Water Country*),第 38 页;孙
敬之编:《华东地区经济地理》(Ching-chih Sun, *Economic Geography of the East
China Region*),第 114 页。关于淮北地区环境的综合讨论,见裴氏《华北的叛乱者
和革命者(1845—1945)》第二章。

[3] 请注意梅尔思对直隶西部地区的描述;郝爱礼对山东西部和直隶南部的描述;皮
少耐对鲁西南的描述。对直隶做全面的描述,但是也包括了广平县,见郝爱礼
《直隶省的作物及(1904)光绪三十年巡抚奏暨各地禀文编译》(Erich Hauer,
"Die Erzeugnisse der Provinz Tschili. Zusammengestellt auf Grund der im 30.
Jahre Kuang-hsü (1904) vom Generalgouverneur eingeforderten Berichte der
Departments und Kreise")。

聚落模式。晚清人口数量空前膨胀,山东是当时人口密度最大的省份之一。我们假定 1900 年人口总量为 3800 万,这远远多于通常的人口数据(3000 万)。然而,在农业社会中,地文多样性意味着人口密度的不同。其实,山东区的平均人口密度相对较高(每平方公里大概 300 人),这一数字在冀鲁豫平原和胶莱盆地达到 300 人以上。淮北平原要低于这个数字,山东半岛的东部地区每平方公里大概有 200 人,鲁中山区的核心区有 150 人左右,而在黄河三角洲,每平方公里的人口大概在 100 人左右。[①] 即使在人口密度较高的华北平原,也有着显著差异。因此,关于 1890 年鲁西临清地区的两处地方,某美国观察者报道了它们明显的差别:临清东 90 华里处的一地,每平方公里有 822 人,但就在临近基本同样大小的区域内,却只有 205 人。[②]

以每平方耕地面积的人口数量为基础的数字统计,明显是计算农业人口密度的更佳指标,但是很难得到这些准确的数据。然而,现有的统计数据表明,在大部分的山东区,单纯依靠农业收

---

① 据官蔚蓝《中华民国行政区划及土地人口统计表》(台北,1956 年)计算而成。尽管这些数字编制于 20 世纪 40 年代,如果再参考 1953 年的统计数字,却有可能精确反映了 1900 年的真实人口数量。比如,把官的山东总人口(含青岛)40 150 690 与户部的 1902 年统计数字 38 247 900 做比较即可,见《亚洲杂志》(*Revue d'Asie*)第 3 卷第 28 期(1903 年 1 月 15 日),第 1787 页。应当注意的是,官统计的地区人口数字与张育民和刘敬之著《山东政俗视察记》(1934 年,两卷本)的统计完全吻合。我没有找到该本著作,但该数字也出现了如下著述:卡尔·E. 赖歇尔:《山东人口与耕地的关系》(Karl E. Reichel, "Ein Beitrag zur Beziehung zwischen Bevölkerung und Boden in Shantung")。《中国实业志》也记载了山东人口统计数字,见山东卷第一册第 35—38 页,特别是在第 51—58 页记载了 1933 年的统计数字,部分数字和官的统计相符。

② 《鲁西通讯》("Western Shandong corr"),1892 年 4 月 29 日,载《北华捷报》1892 年 5 月 13 日,第 634—635 页;明恩溥的《中国乡村生活:社会学为视角的研究》(A. H. Smith, *Village Life in China : A Study in Sociology*)也出现了该数字,见该著第 5—6 页。

入,不足以在最低水平线上养活大多数的农民。① 总而言之,逐渐增加的人口压力是一个微妙的长期发展过程,因此,它的影响也很难进行量化分析。但反过来说,可以合理地假定人口增长会导致土地过度的耕作,结果使土质衰竭并导致水土流失。此外,并不像中原地区——它因 19 世纪中期的农民起义而造成大量人口死亡——山东区只稍受影响。相反的是,动乱和黄河的改道却加重了对物质资源的严重压力。

施坚雅创造了地文学宏观区域的空间概念——核心地区与边缘地区。他以流域盆地、水路交通效率和山脉分布为基础,把 19 世纪的中国本土划分为八大宏观地区,每区都基本对应着一个大的区域经济体系。"每个地区的特征在于各式各样的资源——耕地、人口、资本投资——集中在中心地区(即内核区),而边缘区的资源较为稀疏。"②在施氏模式的宏观内核区域概念中,人口密度是关键性的决定因子,故大部分的山东区都被他纳入华北的宏观内核区域。只有鲁中山区、渤海沿海地带以及山东半岛东南地区被划为边缘地区。

然而,这却与现实相左。华北平原的暴力活动多发之地,其

① 见《中国实业志》(山东省)第二册,第 10—17 页。赖歇尔在当时掌握的数据和个人观察及分类计算的基础上,试图更为详尽地研究山东的劳动力和土地的比率。见其著的附录和图 23。同时也可参阅赵冈:《中国历史上的人类与土地:一项经济学分析》(Kang Chao, *Man and Land in Chinese History : An Economic Analysis*),第 116—118 页。
② 施坚雅:《中华帝国晚期的流动策略:区域体系分析》(Skinner, "Mobility Strategies in Late Imperial China : A Regional Systems Analysis"),第 330 页。他在《19 世纪中国的地区城市发展》("Regional Urbanization in Nineteenth-Century China")一文中首次发明了这个概念。对华北宏观地区的进一步阐述,见其未刊论文《社会生态与华北的反叛力量》。此外,请注意施坚雅从整体上将 20 世纪的中国划分为十大区域。见《中国的农村市场:复兴与重估》("Rural Marketing in China : Revival and Reappraisal"),第 10—11 页。

特点在于偏高的人口密度,但是,这些区域并不是经济资源的重要集中地区。与之相反,就经济、文化和行政管理层面而言,该区毕竟处于边缘区。[①] 华北平原的人口增长,是发生在生态逐渐不稳的环境下。当把城市化和商业贸易的程度等其他标准考虑在内,就会清楚看到华北平原的这块所谓"内核区",其大部分地区实际上还很落后。当然就本书关注的 19 世纪而言,施氏的内核—边缘模式认为人口密度和商业化程度两者间存在着积极联系,但这在山东区的应用上还颇受局限。因此,我们发现山东东部以及施坚雅所划定的其他"边缘区",其实比人口密度高但贫困的山东西部更为发达。

商业发达地区

本书考察的一些区域,有着相当高的非农专业化程度。鲁东的商业活动最为广泛和发达,这主要集中在潍县贸易圈。省府济南,已经发展成为重要的贸易中心。[②] 章丘和历城地区,"是最为富饶和人口稠密的地区,不像山东的其他地方,它不是单单地或主要地依赖农业,而是为华北地区培养了大批的钱庄掌柜、商人和铁匠技术工人"[③]。周村、青州和沙河,因作为手工业中心和刚

---

① 其实,应注意到当人口密度达到一定界限时,它不再是"社会经济的发展指标",却是"倾向性的停滞和阻碍"。见姆利纳尔、亨利·图恩:《变化的社会生态学》(Mlinar Zdravko & Henry Teune, *The Social Ecology of Change*),第 16 页,转引自萧邦齐《中国精英与政治变迁:20 世纪初的浙江》(R. Keith Schoppa, *Chinese Elites and Political Change: Zhejiang Province in the Early Twentieth Century*),第 210 页注 13。华北边缘地带自然也适合这一描述。
② 鲍德威:《中国的城市变迁:1890—1949 年山东济南的政治与发展》,第 26—27 页。
③ 白向义:《山东省的工作》(E. W. Burt, "Work in Shantung Province"),载《传教士先驱报》(*Missionary Herald*)(1898 年 9 月 1 日,伦敦),第 434 页。他描述道:"北京的候补官员用贪婪的眼光盯着章丘,该处是山东 108 县中最好的肥缺。"

起步的小规模工业企业知名。在半岛地区,烟台、龙口和胶州以沿海和出口贸易闻名。"两个主要的加工工业在原材料上依赖满洲:烟台的蚕桑缫丝和编织业所需要的茧收获于安东地区,由平底帆船经渤海运输;一种知名的绿粉丝由满洲绿豆加工而成,然后由船运至上海市场。"①鲁东地区大部分财富并非来自农业,而是来自食品加工业、采矿业、手工业和其他形式的商业活动。

与鲁东这块有着商业化程度较高且呈现出(虽然是有差别的)整体富裕的区域相反,除了大运河沿岸的货物分散中心(清江浦、徐州、济宁、东昌、临清、德州和沧州)以及淮河流域的一些码头城镇之外的鲁西区域,都是基础农业地区。农民进入集市确实是为了交换农业产品,但这样做只是为了暂缓饥饿并坚守自己的那份薄田。在华北平原,小规模集镇的发展是高人口密度的一个反映。该区域相对较低的农业商业化程度,是它不发达的标志之一。

诚然,商业发展的前提是有着足够的交通路线。鲁东地区拥有广阔的海岸线,这将使它们能够进入国内外市场。与之相反,鲁西地区的一体化程度较弱。在铁路和现代公路建设之前,大部分的山东区的交通相对不便,运输大吨货物(特别是节余的谷物和煤炭)还是受到严重限制。即使是潍县去济南的道路,也仅仅能供骡马勉强通行,车夫则要从田地里中穿行。② 雨季时节,泥泞的道路严重地阻碍了陆路交通。③

---

① 高鹏程:《华北向满洲的迁徙:1891—1942 年的经济史》(Thomas Richard Gottschang,"Migration from North China to Manchuria:An Economic History,1891-1942"),第 79 页。

② 马勤泰(John McIntyre)文(1872 年 8 月 31 日),载《苏格兰长老会传教士记录》(*Missionary Record of the UPC*),新增卷 5(1872 年 12 月),第 347—351 页。

③ 科尔顿:《无声的战争,江北的大饥荒》(Walter Kirton, *A Silent War , or The Great Famine in Kiangpeh*),第 46,57 页。

  几条适宜通航的河流尽可能地被利用了:冀鲁豫平原北部地区的卫河、滏阳河、子牙河、滹沱河,南部的淮河水系[1],以及黄河一些下游支流。然而,北部河流受到水位季节性波动的影响,在冬季时分往往结冰。铁路修建之前,大运河是内地最重要的长途运输线路。临清、济宁等城市的繁荣,主要依靠每年一度的漕粮运输,以及通过官私船只运输的谷物、食盐和手工制品的相关贸易。[2] 1848—1865 年间,由于太平军和其他类似组织的骚扰以及黄河的大范围改道,经由大运河的漕粮运输暂时中断。起义平定之后,山东至江北的水路运输又部分地得到恢复。济宁、东昌、临清和德州,仍然是主要的谷物运输站(卫)。章丘和阿城是当地漕粮(高粱、小麦和黄豆)的储藏和运送点。[3]不过,来自江南的漕粮则通过陆路或者由蒸汽船和舢板船经海路运输。[4]

  大运河运输效率的逐渐降低,归因于山东较低的水位和河流的淤塞,以及大运河流域过多的厘金征收站(变相的行政抢劫[5]),但(据许多观察者报道)时至 20 世纪,大运河南北段的交通仍很可观。镇江的繁荣,就是得益于经由大运河向山东西部及相邻省份地区的贸易。[6]

---

① 有关淮北的通航,见孙敬之编《华东地区经济地理》,第 169 页。

② 鲍德威:《中国的城市变迁:1890—1949 年山东济南的政治与发展》,第 23 页。更加详尽地讨论,见景甦、罗仑著第一章;关于大运河沿岸的每年一度的谷物市场对贸易的刺激,见《北华捷报》1892 年 9 月 2 日,第 340 页。

③ 韩书瑞:《山东叛乱:1774 年王伦起义》(Naquin, *Shantung Rebellion : The Wang Lun Uprising of 1774*),第 4 页。

④ 更多的细节,请参阅韩丁《晚清漕运制度(1845—1911)》(Harold. C. Hinton, *The Grain Tribute System of China*, 1845–1911)。

⑤ 瓦特·安兹:《从山东到苏北的冬日旅行》,第 135 页。

⑥ 有报道称在 19 世纪 90 年代末镇江与山东西部贸易的增加是在牺牲烟台利益的基础之上,见《德文新报》(*Der Ostasiatischer Lloyd*)1897 年 11 月 26 日,第 166 页。

1900 年前,临清①、东昌②和济宁的经济地位也没有大幅下滑。然而,1855 年的黄河改道,的确给徐州地区贸易带来了损害。③

在 19 世纪中期的农民起义期间,除了幅匪在沂州、徐州交界区出没外,大运河的船夫在该世纪下半叶并没有参与集体行动事件④,虽然大运河从暴力丛生的山东边缘地区——南部的台儿庄和北部的临清——穿越而过。大运河劳工在嘉庆朝时是严重的动乱问题,现在也逐渐消退。呼吁利用大运河的两江总督沈葆桢,指出许多"流民"在太平军起义期间加入了起义军,但在平乱中,"歼厥渠魁,余匪各自逃散",这是由于没有足够的空间供这么多的帮派生存。⑤ 换言之,在 19 世纪中期的农民起义中,这些暴徒船夫可能算得上威胁,但是在义和团爆发后,他们

---

① 尽管临清的老城被太平军摧毁后并没有重建,但郊区仍然繁荣发展并扩散,可见韦廉臣《北京到烟台游记》,第 2—3 页。

② 韦廉臣在 1865 年对这里巨大的贸易活动留下了深刻的印象,见其著第 3 页;同时可见其著《华北、满洲及东蒙旅行记》Ⅰ,第 106 页。但 1900 年后,东昌"由于贸易河道的改变而大受损失",见《北华捷报》1908 年 1 月 17 日,第 124 页。由于 1901 年漕粮船运的废除,黄河和临清间的河道也逐渐荒废。

③ 盛世音:《加拿大人在中国——加拿大耶稣会传教区徐州府概况》(Édouard Lafortune, *Canadiens en Chine. Croquis du Siu-tcheou-fou*)第 23 页;同时可见艾贲沃(Gain Léopold)文(1906 年 10 月 3 日,徐州),载《北华捷报》1906 年 11 月 9 日,第 323 页。按照某外国观察家的说法,河南归德的贸易也同时下滑了,见爱莲斯《1868 年黄河新河道之旅》(Ney Elias, "Notes of a Journey to the New Course of the Yellow River in 1868"),第 23 页;但是也请注意梅尔思的 1897 年报告。

④ 关于幅匪来源于船工的观点,见蒋迪《幅军》。但是这可能仅是当地对土匪的一种叫法。官府曾经把谷物运输称之为"幅匪"活动。因此,清军于 1872 年在宿迁县将幅匪歼灭。他们的首领朱方谋被处死,其余人等被解散,见《京报》1874 年 9 月 8 日,转引自《北华捷报》1872 年 10 月 24 日,第 347 页。1874 年 8 月,幅匪首领孙怀武和严光泰在宿迁处决。见《京报》1874 年 9 月 22 日,转引自《北华捷报》1874 年 10 月 15 日,第 371 页;《京报》1875 年 2 月 5 日,转引自《北华捷报》1875 年 3 月 11 日,第 226 页。

⑤ 沈葆桢奏,载《京报》1879 年 9 月 25 日,转引自《北华捷报》1879 年 10 月 17 日,第 378 页。

已经销声匿迹了。因 19 世纪 50 年代大运河的衰落而导致的混乱,在 19 世纪 90 年代已不再尖锐。然而,在 1901 年漕运终止时,由船夫而引发的集体暴力犯罪问题,在鲁苏交界区再次变得急迫。

山东上层士绅的不均衡分布

山东东西部在自然禀赋分布上的不均衡性,也同样体现在获得科举功名人数的对比上。通过对 1851—1900 年间 1828 名山东文举人的空间分布分析,可以看到相当程度上的不均衡分布程度。大部分的文举人来自济南—潍县贸易圈,这种态势反映出商业发展、富有程度和功名获得之间的显著关联。与之对比的是,除了商业行政中心济宁(本州)和东昌(聊城县)外,鲁西地区只培养出少量的文举人。这种不均衡的态势,同样表现在同时段 430 名进士的空间分布上(故此,只有 23.5% 的山东举人才能获得这个功名)。然而,鲁西一些地区在武进士(山东省共 119 名)和武举人(山东省共 1110 名)的培养上稍有成效。这可能体现了该区域普遍盛行的尚武风气。①

---

① 信息统计自《山东通志》卷九六、九七、一○四、一○五、一○七、一○九。请注意有 62 名山东举人毕业于四氏学(本书倾向翻译为"Four Family Academy"),该校是由曲阜孔、孟、曾子和晏子的后代建立。大部分都来自孔子一系,但是还不确定他们是否都居住在曲阜县。因此,这些人并没有包括在地图一中。关于四氏学,见《山东通志》卷八八,第 2689 页。山东西部的士绅分布不均衡与 1734—1774 年间相仿,其中临清本州的状况也令人出奇地糟糕。见韩书瑞《山东叛乱:1774 年王伦起义》,第 30—33 页。

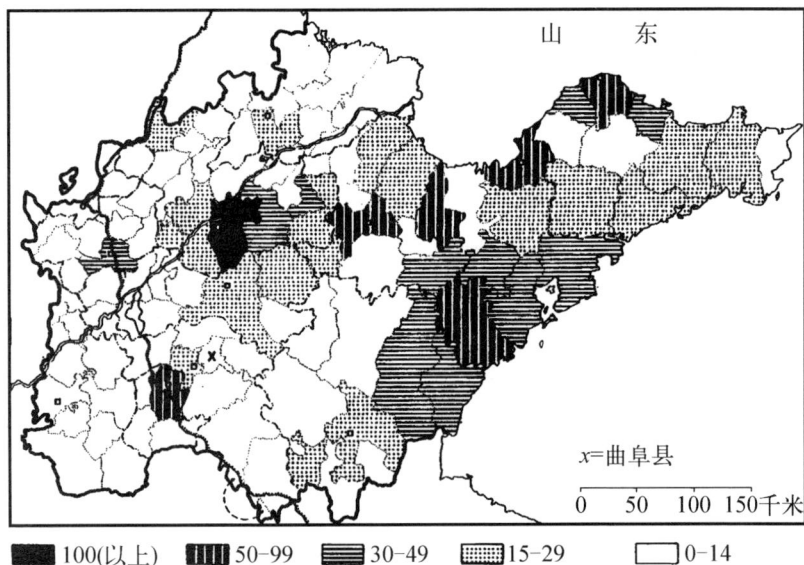

图例：■ 100(以上) | 50-99 ▬ 30-49 ▦ 15-29 □ 0-14

地图一　1850—1900 年文举人地域分布

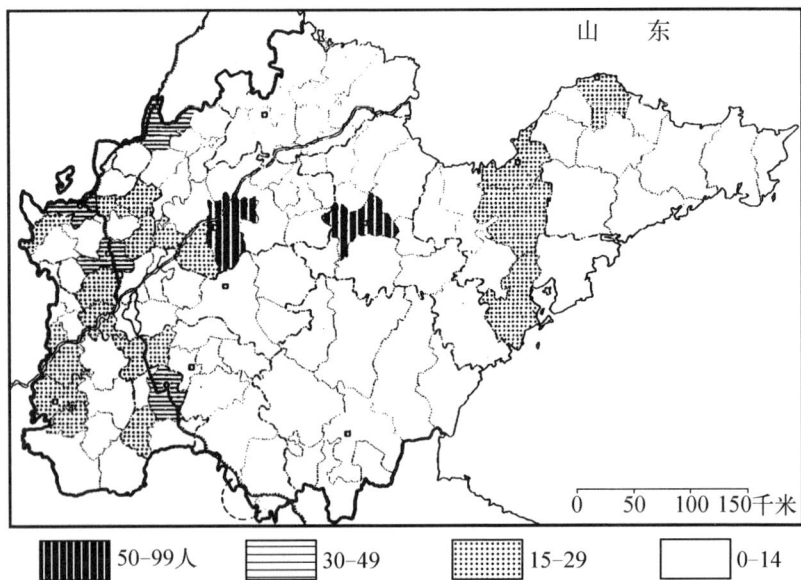

图例：‖ 50-99人 ▬ 30-49 ▦ 15-29 □ 0-14

地图二　1850—1900 年武举人地域分布

表二　1850—1900 年间山东区各府、直隶州文武举人和进士地理分布

府和直隶州	举人						进士			
	文		武		合计		文		武	
	男	%	男	%	男	%	男	%	男	%
济南	* 371	20.30	♠222	20.00	593	20.18	72	16.74	12	10.08
青州	* * 258	14.11	●121	10.90	379	12.90	56	13.02	■8	6.72
莱州	256	14.00	82	7.39	338	11.50	68	15.82	13	10.92
登州	249	13.62	72	6.49	321	10.93	72	16.74	11	9.24
沂州	146	7.99	3	0.27	149	5.07	36	8.37	0	0.00
兖州	♦143	7.82	♥105	9.46	248	8.44	27	6.28	15	12.62
武定	96	5.25	31	2.79	127	4.32	25	5.82	3	2.52
东昌	84	4.60	168	15.14	252	8.58	18	4.19	18	15.13
济宁	74	4.05	67	6.04	141	4.80	17	3.95	9	7.56
泰安	74	4.05	54	4.86	128	4.36	19	4.42	6	5.04
沧州	52	2.84	127	11.54	179	6.09	12	2.79	18	15.13
临清	25	1.37	58	5.22	83	2.83	8	1.86	6	5.04
总计	1828	100.00	1110	100.00	2938	100.00	430	100.00	119	100.00

    * 有 3 人来自德州满洲营。

    * * 有 34 人来自青州满洲营。

    ♦ 有 62 人来自曲阜的四氏学(是指来自孔子、孟子、曾子和晏子后裔创办的学校)。

    他们大部分出自孔氏一脉,但并非一定居住在曲阜。

    ♠ 有 23 人来自德州满洲营。

    ● 有 43 人来自青州满洲营。

    ♥ 有 2 人来自四氏学。

    ■ 有 4 人来自青州满洲营。

表三　1850—1900 年间山东区州、县文武举人地理分布

	文举人			武举人			文武举人合计	
1	历城	142	1	历城	77	1	历城	219
2	潍县	77	2	益都	●57	2	益都	123
3	蓬莱	69	3	德州	♠41	3	济宁	93
4	诸城	69	4	聊城	37	4	蓬莱	90
5	益都	**66	5	济宁	32	5	潍县	84
6	四氏学	§62	6	临清	30	6	掖县	77
7	济宁	61	7	金乡	29	7	聊城	75
8	掖县	54	8	菏泽	25	8	诸城	73
9	章丘	47	9	阳谷	25	9	德州	66
10	日照	42	10	汶上	24	10	四氏学	62
11	安丘	41	11	掖县	23	11	章丘	57
12	福山	40	12	蓬莱	21	12	黄县	50
13	聊城	38	13	高唐	21	13	福山	48
14	高密	36	14	寿张	21	14	安丘	46
15	黄县	36	15	长清	19	15	胶州	46
16	常山	32	16	茌平	18	16	日照	44
17	驹州	31	17	馆陶	17	17	常山	44
18	胶州	31	18	清平	17	18	临城	43
19	即墨	30	19	定陶	17	19	菏泽	39
20	兰山	29	20	濮州	16	20	即墨	38

＊＊ 有 34 人来自青州满洲营。

● 有 43 人来自青州满洲营。

♠ 有 23 人来自德州满洲营。

§ 另外 10 人来自曲阜。

晚清士绅①的主要职能,即是儒家政权的民间代表。考虑到山东上层功名获得者的分布不均衡性,我们可以认为一些地方与其他区域相比,更有能力使用有效的规范性策略。华北平原省际交界处的边缘区不能培育出大量士绅的这一事实,导致了当地乡村集体暴力的持续和增长。

土地所有制和社会结构

当华北的人口密度到了自给自足型农业当时水平所能承载的临界点时,生产资料分布的不均衡性将会使这种状况更加恶化。然而,研究华北社会经济状况的任何尝试,都将遇到无法逾越的障碍。那些令人徒劳地且不充分的实证性材料,使任何精确的描述都成为枉然。考虑到无穷的变量,在小范围且非典型性区域的调查基础上所得到的概述,总是存有误导性。也不存在足量信息,使我们构建一个随时空差别变化的合理性精确图景。此外,关于这些与乡村暴力行为有紧密联系的地区,其信息总是微乎其微。

然而,零散的史据确实表明,地主所有制在山东区并非占据主导地位。按照 20 世纪 30 年代的统计数据和其他的印象性描述②,土

---

① 这里的"士绅"是指在科举考试中获得功名者以及应考者。它包括"上层士绅"(进士、举人、贡生)和"下层士绅"(监生、生员),以上由张仲礼定义,见其著《中国绅士:其于 19 世纪中国社会所扮演的角色之研究》,第 6—8、26—27、116—141 页。关于对"下层士绅"分类的批判,见何炳棣《中华帝国之成功阶梯:社会流动领域研探(1368—1911 年)》(Ping-ti Ho, *The Ladder of Success in Imperial China—Aspects of Social mobility: 1368 - 1911*),第 27—28、37、40 页。

② 《中国实业志》(山东省)第二册,第 61—63 页;可参见卜凯《中国的土地利用》。但是也请注意艾琳达的《中国土地所有权的集中:对卜凯调查的修订》(Linda Gail Arrigo, "Landownership Concentration in China: The Buck Survey Revisited")。关于土地使用权的类型、租金的类型和佃户的细致分层,参见如下著述:薛田资《山东的农民》(Georg Maria Stenz, *Der Bauer in Schantung*);肖柳《捻军诞生的社会背景》(Liu Hsiao, "The Social Background of the Birth of the Nien Army"),第 9—10 页;威廉·瓦格纳《中国的农业》(Wilhelm Wagner, *Die Chinesische Landwirtschaft*),第 132—133 页。

地确实不均衡分布,但也没出现高度集中的状况。无论是在当地社群中还是社群之间,资源的差异性分布是个永恒性特色。整体而言,地主所有制在作为行政和商业中心的双功能城市中占据主流地位,其特征是在更为商业化的区域中,特别是济南—潍县走廊所出现的经营地主所有制的迹象。①

在鲁西南地区,租佃型的地主所有制要稍高于全省平均水平,这毋庸置疑是对孔、孟、曾氏较大世袭地产的反映。比如,在山东先圣故里,2万亩的土地被授予了第76代衍圣公孔令贻(1872—1919年)。② 坐落在邹县的孟氏家族,在山东享有广泛的特权和土地。③ 曾氏在嘉祥拥有大量的地产。这些宗族地产遍及山东西南部和江苏北部。只有宁阳县的颜氏看起来相对贫困。④ 此外,那些所谓的"运田"(Canal Land),也称作"卫田"或"屯田",主要集中在大运河沿岸的鲁西地区。起初,那里的佃户被指派替运河世袭船夫缴纳漕粮,然而,大部分的运田在没有地

---

① 魏根深编译:《清代山东经营地主的社会性质》。请注意景、罗两人首先把兴趣放在了经营性的地主所有制,但在租佃型的地主所有制方面没有提供综合性的细节。对这一材料的评述,见魏根深译著的"导言"部分,也可参阅彭慕兰《腹地的构建:华北内地的国家、社会和经济(1853—1937)》(Kenneth. Pomeranz, *The Making of a Hinterland: State, Society, and Economy in Inland North China, 1853-1937*)。

② 师特恩博(Speck)文,转引自 K. J·里温纽斯:《世俗势力的庇护与传教工作的进行:德国对天主教鲁南传教的保护》(Karl Josef Rivinius, *Weltlicher Schutz und Mission: Das deutsche Protektorat über die katholische Mission von Süd-Shantung*),第111—112页。也可参阅李秉衡关于归还孔子后裔土地的奏折,载《京报》1895年7月29日,转引自《德文新报》1895年8月9日,第784页。师特恩博使用普鲁士语旧时词汇"Morgen",本书认为这是"mu"的意思。

③ 《山东散记》(1896年4月13日,庞庄),载《京津泰晤士报》(*Peking and Tientsin Times*)1896年4月23日,第32页。按照来自山东南部的报道,孟子的第74世孙得到了朝廷册封的7400亩土地,见佛尔白:《邹县的孟庙》(Volpert, "Der Tempel des Mencius in Tschouhsien"),载《德属亚洲观察》(*Deutsch-Asiatische Warte*)1904年3月27日,第51—52页。

④ 彭亚伯:《颜夫子之陵墓》(Albert Tschepe, "Das Grab des heiligen Yen-fu-tse")。

契的情况下抵押给了大地主。① 此外，宗室大族在大运河沿岸占据大量"湖田"（Lakeland）。比如，济宁望族孙氏在微山湖附近拥有大量地产。② 像这样的田地每年只产一种作物即小麦，在 11 月份礁湖干涸的时候耕种，在次年 6 月来临的雨水再次充溢湖泊前收割。③ 最后，鲁苏两省黄河故道的河床"尚未耕作，其绝大部分土地都相当肥沃"④。

从对晚清的其他印象性描述中，也可类似地察觉到鲁西南这三个区域的一些明显的地方差异，这些地区与本研究有着特别关联。我们通过其中的一处资料可知，有八大家族在 19 世纪 90 年代掌控着单县的大权。据说最为富庶的家族拥有 10 万亩田地。⑤ 这份资料的作者宣称，临地曹县有大片良田和"一些较为富足的农民"。但是成武的土地质量并不很好，因此那里人民的

---

① 关于"运田"和此后骚乱的区域，见《济宁直隶州续志》卷一，第 259—268 页；也可参见《华英会通》（*Mesny's Chinese Miscellany*），第 4 卷第 14 期（1905 年 4 月），第 275 页；韩丁：《晚清漕运制度（1845—1911）》，第 11 页；薛田资：《山东的农民》，第 444—445 页。学术界尚未有对青州和德州满八旗土地地理分布及分配的研究。

② 魏根深编译：《清代山东经营地主的社会性质》，第 150 页。来自世家大族的孙毓汶 1884 年官拜军机大臣，并在 1894—1896 年战争中任兵部尚书。见恒慕义编《清代名人传略》（Arthur Hummel, *Eminent Chinese of the Ch'ing Period*），第 685 页。江苏北部的骆马湖被另一个宗室大族占有。

③ 卜凯：《中国的土地利用》，第 60 页。

④ 梅尔思：《北京至上海陆地旅行记》，第 14—15 页。艾约瑟注意到，黄河故道上的土地被士兵所开垦，这些人先前被征发看守河道，其薪俸是耕作这些土地的产出粮食，而不是金钱，见艾约瑟：《黄河与大运河》（Edkins, "The Yellow River and the Grand Canal"），载《北华捷报》1873 年 7 月 19 日，第 49 页。

⑤ 韩甯镐：《圣言会福若瑟神甫：其生平和著作，兼论鲁南传教史》（Augustin Henninghaus, *P. Josef Freinademetz SVD. Sein Leben und Wirken. Zugleich Beiträge zur Geschichte der Mission Süd-Schantung*），第 218 页。这个数字有可能被夸大了。另外一处材料言称在鲁西某地，有人竟然拥有超过 3 万亩的土地，见《德文新报》1907 年 1 月 18 日，第 109 页。总体印象是地主拥有的平均地产，大概是在 100—200 亩之间，这个数字小得出乎人的意料。

生活就不是多么富裕。① 另外一位观察家留下了一番对曹县较
为详细的描述：

> 曹县坐落在肥沃的平原……拥有许多富裕的地主。它
> 的人口密度实在是太高了，而土地则被掌控在富人手中。少
> 量的农民为富人种植土地，在收获时上缴一半的收成。许多
> 无产农民特别贫困，他们并不能像劳工和工匠那样赚取一份
> 收入……没有人知道他们是怎么生存下去的。②

就土地权属的总体格局而言，在因社会和地理不同而出现的
差异性土地稀缺背景下，山东区的特点是自耕农占据主导地位。
学界普遍认为，每户自耕农所耕作的土地亩数在 10—30 亩（官
亩）之间。③ 20 世纪 30 年代，超过 80％的可耕作区域仍然是由
小农户家庭耕作。该体制之所以得到延续，其原因在于商业性手
工业和雇佣劳工对它的支撑。"就是依靠这双重拐杖，这种贫困
的小农经济在内卷和分化的联合压力下，依然站立不倒。"④与此
同时，一些比较大的租佃型地主则分散在鲁西南和苏北地区。

---

① 韩甯镐：《圣言会福若瑟神甫：其生平和著作，兼论鲁南传教史》，第 218 页。这个数
字有可能被夸大了。另外一处材料言称在鲁西某地，有人竟然拥有超过 3 万亩的
土地，见《德文新报》1907 年 1 月 18 日，第 224 页。
② 佛尔白：《义和团历史的回顾》（Anton Volpert，"Ein Rückblick auf die
Boxergeschichte"），第 14 页。
③ 见魏根深编译：《清代山东经营地主的社会性质》，导言第 9 页表格 A。马若孟认
为，对于五口之家来说，30 亩土地是生存下限。收集山东信息的瓦格纳，则估计每
户自耕农[（是否为中农？）40％的农户被纳入该范畴]耕作的土地在 15—50 亩之间
（每亩合 675 平方米）；小自耕农的耕作范围在 5—15 亩之间。见威廉·瓦格纳《中
国的农业》，第 124 页。
④ 黄宗智：《华北的小农经济与社会变迁》，第 185 页。

三、非暴力生存策略

　　尽管存在零星的具有较高程度的租佃制,但山东区社会经济的基本模式仍是勉强在最低生活水平线上的小农经济。如同旱涝、虫害及人为灾难等偶然因素,土地状况的变动、家族的规模和圈子,以及能否进入市场,也同样影响了农户的生计。但即使在县与县之间,也隐藏着诸多异质性。注意到鲁西东昌至开封沿途的土质较为薄弱且贫瘠,特别是考虑到该地农民使用的"低级的农业方法",法国商人比少耐(Buissonnet,1827—1902 年)感觉到这种土地只会导致可悲的结果。① 他总结道:"我真的搞不明白,这种田地怎么能够为这么稠密的人口提供足够的粮食;甚至是清醒的中国人也难以破开这个费解之谜。"④

　　为了适应这种环境的边缘化,山东区的居民采纳了诸多固定和流动的生存策略。复杂的种植制度不仅满足了大部分农民的基本生活需求,同时也给他们保证了一个更好的生存机会。种植者从不会在他们的田地上只种植一种作物,这虽然可能给他们提供最大的收益,与此相反,他们往往种植不同类型的作物,以便降低绝收的风险。

　　尽管山东区普遍采用的是粗放型农作,但未到农忙季节还是需要大量的劳动。"田地收拾得像花园一样。连小草的叶子也不放过,每一个富有营养的作物杆茎像珍贵的植物般得到照料。"②

---

① 比少耐:《从北京到上海,旅游记念》,第 114 页。在当时的普遍环境下,该低级的农业方法可能很好地适应了这种贫瘠的土地状况。
② 蓝文田:《中国的教区:徐州》(Rosario Renaud, *Süchow. Diocèse de Chine*)Ⅰ,第 31 页。

当他们的经济状况恶化时,这些边缘化的农户被迫将他们的大部分土地改种为经济作物(首先是棉花,在一些区域则是烟草)。虽然在大部分的区域里,他们出售的经济作物在数量上还微不足道。在山东区的大部分区域,农民普遍把他们的高价值农作物如小麦等,交换为粟、高粱等粗粮。不过,这并不意味着一股朝向初期资本主义农业的潮流,因为这些小农户并不是出售自己多余的作物,而是为了扩充他们的食品资源。[①] 在土质较为贫瘠的区域,特别是在山东半岛地区,农民们改种甘薯(穷人的食品),这是因为在每单元土地上,这种作物比传统农作物能够提供更多廉价的碳水化合物。[②] 19 世纪末,一些贫瘠的土地上开始种植花生。在华北平原的边缘地带,最主要是在单县和砀山县,种植罂粟也成了一种主要的风气,虽然这有时是种违法行为。[③]

不过,越来越多的小农户无法依靠土地耕作而养家糊口,他们不得不转求于各种各样的副业来弥补农业收入的缺口。农户愈穷,愈要参加这种副业活动[④],以此作为他们"生存策略"的常

---

① 黄宗智:《华北的小农经济与社会变迁》,第 109—110 页。请注意,小麦自古就是一种高度商业化的作物,故此穷人们"出售"小麦以此"购买"粗粮。因为农民只能提供少量的作物,故(在偏远的集市)易货交易才能成为可能。

② 威尔姆:《1949 年前华北的土壤肥力和产量》,第 109 页。

③ 见史景迁《清朝的鸦片吸食》(Spence, "Opium Smoking in Ch'ing China");艾约瑟:《山东的罂粟种植》(Joseph Edkins, "Cultivation of Opium in Shantung")。关于鸦片种植的合法性,见黄宗智:《华北的小农经济与社会变迁》,第 210 页注 12,第 219—220 页。

④ 参见魏特夫《中国的经济和社会》(Karl August Wittfogel, *Wirtschaft und Gesellschaft Chinas*)Ⅰ,第 651、675 页;关于人均产量和副业间的负相关关系,见卜凯《中国的土地利用》,第 298 页。

规性必要补充。① 19 世纪 70 年代早期,艾约瑟(Joseph Edkins,1823—1905 年)在鲁西游历,这位伦敦会传教士观察到"仅靠农业是不能够养活这个国家的人口,所以大量的劳苦民众被永久性地吸引到了城镇……"。② 一些副业可能是有常规的(如手工业、季节性的农工和在煤矿的非农工作、农作物炼油工作、磨面或酿酒工作、小贩和脚夫工作、季节性的迁徙),寄生性的(如临时或季节性的乞讨③),或者是非法性的(非法制盐、偷盗或者是各色使用暴力或暴力威胁的营生、械斗和绑票)。然而应当注意的是,对于大部分农民而言,即使在动荡的地区,逆来顺受也是个明智的生存策略。此外,在冬季时,某些区域的居民把进餐数降低到每天只吃一顿,采用"集体冬眠"的方式节省能量。④

　　农业劳作的季节性需要,使贫困农民不得不从事手工产业。在过去,该产业只是用于农户的自我消费,至多是在当地集市上进行易货交易。但是,随着人口压力在 18 世纪和 19 世纪初期的持续增长,这超出了粗放式农业的承载量——而这种耕作方式势必加重土质的衰竭——家庭手工业已经为诸多农民提供了不可或缺的补充收入。不过,依赖这种副业生存的人口增长速度已经超过了手工业市场的增长速度,这是因为华北的城镇化比率要低

① 关于生存策略的概述,见詹姆斯 C. 斯科特《农民的道义经济学:东南亚的反叛与生存》(James C. Scott, *The Moral Economy of the Peasant : Rebellion and Subsistence in Southeast Asia*)。在传统社会的环境下探讨"生存策略",其真实的意涵在于"生存"一词。关于法国农民的凄惨生活,见赫夫顿《18 世纪法国的穷人(1750—1789 年)》(Olwen Hazel Hufton, *The Poor of Eighteenth-Century France 1750 - 1789*)。

② 艾约瑟:《山东的普通生活》,第 567 页。关于当地社群专业化技能的外输范围,见施坚雅《中华帝国晚期的流动策略》,第 327 页。

③ 乞讨在河间府是个常规副业,见《北华捷报》1894 年 5 月 18 日,第 761 页;关于山东北部地区,见《北华捷报》1898 年 12 月 12 日,第 1081 页。

④ 卢国祥(Rudolf Pieper)文,载《耶稣心小使者报》第 16 卷第 4 期,1889 年 1 月,第 30—31 页。

于农村人口的增长速率。① 总而言之，市场对自足小农经济的基本模式来说，仍然处于次要位置。就山东区而言，它没有明显地出现资本主义农业的趋势（即纯农业的较大专业化以及辅助营生的消失），而是朝着更为多样化的方向发展。在他们的生存策略中，"商业性"的活动只不过是保障性补充元素。② 事实上，诸多小自耕农只不过是身体流动的农村半无产者，他们多样职业的角色帮助其保住了自己的几份薄田。贫困和生态的不安全性，导致了身体流动和市场关系，而不是追求最大化的企业经营利润。黄宗智叙述道：

> 人口压力和社会分层在停滞的小农经济上的联合效用，导致了一个顽固体系，就人类而言，它极为残酷。贫农受制于家庭式农作和雇佣劳动的双重依赖，无法摆脱其一，又不得不接受从它们两者身上得到的低于最低生活线的收入。他们的廉价劳动，又反过来支撑着一个寄生性的地主所有制和一个停滞不前的经营式农业。③

在鲁东地区，季节性的长途和长期迁徙已屡见不鲜。考虑到它与辽东自古已有的紧密联系，这里的大量民众有规律地从半岛

---

① 魏根深："序言"，载其著《清代山东经营地主的社会性质》，第4—5页；也可参见施坚雅《19世纪中国的地区城市化》(Skinner, "Regional Urbanization in Nineteenth-Century China")，第227, 243—247页。关于欧洲人口压力和手工业发展间的密切关系，见克里尔得特等《工业化之前的工业化：资本主义起源中的乡村工业》(Kriedte et al., *Industrialisierung vor der Industrialisierung. Gewerbliche Warenproduktion auf dem Land in der Formationsperiode des Kapitalismus*)。他们认为快速发展的城镇化和广阔的海外市场，是手工业持续发展的关键性因素。
② 农民前往市场并不一定进入现金经济。伊莎贝拉·韦廉臣提到了农妇用原棉与卷心菜做物品交易。见其著《中国古道》，第54—55页。
③ 黄宗智：《华北的小农经济与社会变迁》，第201页。

地区迁往东北地区，有的务农，有的经商，还有的沦为绑匪。① 前
往东北地区的多是山东半岛本地人，不过还有很多来自鲁西北和
该省与直隶搭界的地区。② 大饥荒时期，来自鲁南兖州地区和苏
北的民众更倾向于前往长江下游地区寻找饭碗和食物。按照临
清某西方观察家所述，在直隶东南部的一些地区，这种长途乞讨
已经成为季节性的营生：

> 直隶的河间府是一个遭受周期性水灾的地区。几十年
> 来，这里诸多食不果腹的民众，在全国范围内游荡乞讨，以此
> 维持生计。笔者所熟悉的某家庭，正是依靠这种方式游荡了
> 至少六个北方省份。曾几何时，乞讨从一种生存的必须变成
> 了一种习惯，甚至是富足的农户也在秋天时，储存好谷物，锁
> 好家门，远离家乡，去往据称获得丰收的地方乞讨。因此，男
> 人、女人和孩子们结伴而行，在春季时带着他们的乞讨物返
> 回家乡。③

但值得注意的是，鲁西南、苏西北和直隶南部并没有长途迁
徙的历史。从这些偏僻之地向外迁移所花费的高昂费用，或许可

---

① 卢威廉：《青岛内地县城即墨的旧时代与新时期》(Lutschewitz, "Alte und neue Zeit
in Tsimo, der kreisstadt vom Hinterlande in Tsingtau")，第 46—47 页。何炳棣：
《中国人口研究(1368—1953 年)》(Ho Ping-ti, *Studies on the Population*，*1368 -
1953*)，第 158—163 页；李希霍芬：《在中国写作的日记》Ⅱ，第 152，256 页。拉铁
摩尔：《中国的殖民与满洲的发展》(Lattimore, "Chinese Colonization and the
Development of Manchuria")。在胶州湾地区的大范围的季节性迁移，见德帝国海
军署《德属胶州地区及其人民》(Reichs-Marine-Amt, *Das deutsche Kiautschou-
Gebiet und seine Bevölkerung*)，第 7 页。
② 高鹏程：《华北向满洲的迁徙：1891—1942 年的经济史》，第 37—38、74—77 页。
③ 《临清通讯》(Linqing corr)，1894 年 4 月 27 日，载《北华捷报》1894 年 5 月 18 日，第
761 页。

以解释该地民众倾向使用暴力生存策略的原因。①

四、分裂的力量

长期以来,为了应对人口的增长、土质的衰竭和冲蚀而采取的这些生存策略,都潜移默化地导致集体凝聚力的下滑和农村村社之间的紧张关系。然而,在具体讨论这些影响之前,非常有必要考察当地系统内一些"外在因素"的发展所带来的影响,即山东区内行政效率的下滑、周期性的灾祸事件,以及山东区被宣称有害的经济帝国主义渗透。

(一)行政效率的下滑

清帝国晚期,中国被一个冗沉的官僚机构和薄弱的各地镇压力量所统治,是一个大一统的中央集权制国家。有品衔官员的数量出奇得少,故地方官员不得不依靠师爷、家仆和乡里体制下的胥吏(书吏和差役)。就山东区的军队配置而言,八旗驻扎在德州、青州、开封和沧州。绿营在济南和丌封建有省部,登州、兖州、曹州、徐州和归德设有镇标,在沂州还部署一个营的兵力。然而,这些武装力量被划分为较小的分支戍守在山东区各地。② 此外,河东河道总督驻扎济宁,其河标编制由 1 613 名士兵和 49 名官员组成。③ 最后,漕标在大运河流域和沿岸水路配置一等和二等

---

① 考虑实证性资料少得可怜,租佃关系在多大程度上抑制了大规模的长途迁徙还不得而知。

② 拉尔夫 L. 鲍威尔:《中国军事力量的崛起:1815—1912》(Ralph L. Powell,*The Rise of Chinese Military Power*,1895 - 1912),第 13—15 页。

③ 时任河东河道总督的李鹤年,在检查这些部队之后,于 1877 年禀告说,士兵只是手持标枪、盾和弓箭操练,并进行战争模拟滚翻。参见《京报》1877 年 1 月 20 日,转引自《北华捷报》1877 年 7 月 7 日,第 11 页。

驻地（卫和所）。①

　　在封建王权统治的顶峰时期，统治系统或许运转得相当不错。然而，作为王朝衰落长期过程的一部分，行政腐败自然在 18 世纪末显现出来，并因空前的人口增长和此后发展机遇的全面缺乏而逐渐恶化。② 平定太平军起事之后，清王朝上层官僚机构虽厉行改革，但下层机构的旧秩序却持续恶化，③如官员办事不力、管理不善、渎职泛滥。如刘广京所言，随着清朝出卖监生功名甚至官位行为的加剧，大部分官员的素质似乎随之恶化。④

　　官员的正俸不切实际，1724 年设立的"养廉银"制度给官员们提供不定期补贴以维持他们的廉洁，基于如上两者考虑，中国官僚体制在骨子里易于造就官员的腐败。⑤ 19 世纪末期，地方官员的平均任期大为缩短，这些官员逐渐转向利用非正规收入来源来收回其投资：读书的费用、漫长且花费不菲的候补期⑥、补缺花

① 韩丁：《晚清漕运制度（1845—1911）》，第 10—11 页。
② 刘广京：《19 世纪的中国：旧秩序的解体及西方的影响》（Liu Kwang-Ching, "Nineteenth-Century China: The Disintegration of the Old Order and the Impact of the West"），第 93 页。
③ 同上书，第 94 页。
④ 刘广京：《清代的中兴》（Liu Kwang-Ching, "The Ch'ing Restoration"），第 478—479 页；孔飞力：《民国时期的地方自治：控制、自治和动员等问题》（Kuhn, "Local Self-Government under the Republic: Problems of Control, Autonomy, and Mobilization"）；萧公权：《中国乡村：19 世纪的帝国控制》（Hsiao Kung-chuan, *Rural China: Imperial Control in the Nineteenth Century*），第 415 页；欧中坦：《省级中国的官僚政治改革：丁日昌与江苏重建，1867—1870》（Jonathan K. Ocko, *Bureaucratic Reform in Provincial China: Ting Jih-ch'ang in Restoration Kiangsu, 1867–1870*），第 146—147 页。对《山东通志》粗读后发现，19 世纪晚期山东的许多官员都曾买过官衔，包括巡抚张曜和毓贤。
⑤ 关于官僚政治腐败，主要参考刘创楚、李佩良《19 世纪中国官僚政治的腐败：原因、控制及影响》（Chong-chor Lau & Rance P. L. Lee, "Bureaucratic Corruption in Nineteenth-Century China: Its Causes, Control, and Impact"）。
⑥ 山东巡抚福润在 1894 年抱怨该省候补官员过于泛滥。见《京报》1894 年 4 月 7 日，转引自《北华捷报》1894 年 7 月 13 日，第 62 页。

费、可能需要偿还的大笔债务、衙门上的大笔开销,以及相当多的行政和社交支出。

平定太平军后的几十年中,这种风气弥漫着整个社会,业已形成一种日常的生活方式,当其演变为过度的侵吞国库和赈款及营私舞弊时,贪腐已对政权构成较为危险的损害。这些明目张胆的贪污,涉及各种苛捐杂税,包括银铜汇率的人为操控、税款豁免的缺位、公共工程的疏建①、侵吞国库、官仓的管理不善②以及其他行政职权的滥用。因此,1874 年,保平知县文庸因非法征收漕粮,遭到弹劾。③ 1894 年,栖霞知县陈洵因管理不善和滥施酷刑,而被御史官弹劾。经过一番严查后,巡抚李秉衡发现这些指控属实,"该员声名甚劣,违例加征,屡被控告,举办团练,按户勒派"④。

腐败行为在衙门的书吏和差役中尤为盛行。某种层面而言,这包括所有形式的陋规,也即是习惯性额外收取费用。这些胥吏是"官之爪牙","通常能够凌驾于官员之上,成为地方的实际管理中枢"。⑤ 书吏在衙门里控制着文书的起草、递送和储存,而差役的主要功能是维持治安、看守监狱、催征赋税、传送文书和解压犯人。书吏和差役不享用或只有很少的俸禄,所以,他们不得不依

---

① 胡昌度认为,官僚体制的扩大和权利的分散导致河道的失修。见其文《清代的黄河治理》("The Yellow River Administration in the Ch'ing Dynasty"),第 508—509 页。

② 关于清朝官仓体制的衰落,见萧公权《中国乡村:19 世纪的帝国控制》,第 144—184 页。

③《京报》1895 年 8 月 15 日,转引自《北华捷报》1875 年 9 月 11 日,第 254 页。

④《京报》1894 年 11 月 22 日,转引自《北华捷报》1895 年 1 月 18 日,第 81 页;也可参阅李秉衡于 1894 年末弹劾其他不称职官员的奏折,见《李忠节公奏议》(卷五),第 21—24 页;关于税款征收和官员弹劾,见欧中坦《省级中国的官僚政治改革:丁日昌与江苏重建,1867—1870》,第 108、110、126—127 页。

⑤ 欧中坦:《省级中国的官僚政治改革:丁日昌与江苏重建,1867—1870》,第 8 页。

赖各种陋规。①

> 陋规的多少受制和取决于当地的习俗,且为当地人
> 熟谙。费用只要在习俗的范围内,付费人就不会有什么
> 反对意见。然而,如果胥吏们要求过高的费用或者有新
> 的索费名目,也会遭到对方的反对,甚至可能会导致一场
> 骚乱。②

至 19 世纪晚期,书吏和差役数量增加显著,已远远超出当地所
需。捻军起事平定之后,御史山东滨州人游百川估算,在规模稍
大的县中有两三千的书吏和差役,即使在小县中也达到三四百人
之多。此外,这些书吏和差役相互勾结。③ 他们依靠敲诈勒索为
生,蓄意影响词讼程序④,或者是萧公权所称的"天马行空式的和
利润丰厚的诈骗"。⑤

---

① 欧中坦:《省级中国的官僚政治改革:丁日昌与江苏重建,1867—1870》,第 130 页;
　瞿同祖:《清代地方政府》(T'ung-tsu Ch'ü, *Local Government in China under the
　Ch'ing*),第 41—43、44—49、60—61、64—67 页。对胥吏衙役的详细研究,见白德
　瑞《爪牙:清代县衙的书吏与差役》(Bradly W. Reed, *Talons and Teeth : County
　Clerks and Runners in the Qing Dynasty*)。
② 刘创楚、李佩良:《19 世纪中国官僚政治的腐败:原因、控制及影响》,第 126 页。
③ 刘广京:《清代的中兴》,第 479—480 页。也可参见瞿同祖《清代地方政府》,第 39、
　59 页。
④ 梅杰:《中国近代刑法导论》(M. J. Meijer, *The Introduction of Modern Criminal
　Law in China*)著,第 20,附录一,第 128 页。李秉衡关于昌邑县衙役的长篇奏折,
　见《京报》1895 年 6 月 28 日,转引自《北华捷报》1895 年 8 月 30 日,第 359—360
　页;《京报》1895 年 6 月 23 日,转引自《北华捷报》1895 年 8 月 23 日,第 315 页。也
　可见山东巡抚文格的奏折,其中有关委员高文保的随从的谋杀案件,在调查这些随
　从的勒索行为时,知县朱永康隐瞒了事实。见《京报》1878 年 5 月 30 日,《北华捷
　报》1878 年 7 月 6 日,第 9 页;《京报》1879 年 6 月 30 日,转引自《北华捷报》1879 年
　8 月 5 日,第 134 页。
⑤ 转引自欧中坦《省级中国的官僚政治改革:丁日昌与江苏重建,1867—1870》,第
　130 页。关于腐败的不同类型,见瞿同祖:《清代地方政府》,第 49—53 页(书吏)、
　第 67—70 页(衙役)、第 49—53 页(奴仆)。山东的具体案例,见《京报》1882 年 8 月
　25 日,转引自《北华捷报》1882 年 10 月 25 日,第 442 页。

在暴力横行的区域,政府衙役和其他人等尤为贪婪。某天主教传教士在曹县和单县交界区这样报告:

> 他们如恶狼一样在村子搜刮,任意擒拿无辜的受害人,以莫须有的罪名将其投入监牢。头脑简单且没有保护网但是财产众多的受害人,更是他们搜索的目标,这些人被榨干财产,要么活活地饿死在监狱,要么在高昂的赎金下变为废人或乞丐。①

官员和乡里制度下富有贪欲的胥吏所犯下的此种腐败和欺压行径,能够且常常滋生集体暴力。从《大清皇帝实录》拮取的1796—1911年间的资料显示,腐败案件具有波动性,它在19世纪中期的太平军起义中达到顶峰。此后逐渐消褪,至1876—1880年间重新升温,旋即在1891—1895年间下降到低点,再次于19世纪90年代末出现新的高峰。②

就本研究相关时间段而言,我们拥有的山东区反应型暴力事例的资料还为之尚少,但这些资料倾向于证实上述发现,即腐败行为加剧和诱发了社会动乱。1878年初,陵县发生地方自卫组织纠众抗漕,同年5月21日抢掠一处村落作为对知县赵多熙的

---

① 佛尔白:《鲁南传教士的希望与恐惧》(Volpert, "Hoffen und Bangen eines Missionars in Südschantung"),转引自《耶稣心小使者报》,第21卷第7期(1894年4月),第51—52页。另外一个传教士声称,仅在单县一地就有5000名捕役,参见如下著述:福若瑟《与单县大盗在一起的日子》,第120辑;伯义思(Buis)文(1894年8月,李家集),载《天主之城》(Stadt Gottes),第18卷第16期(1895年),第296页;《圣弥额尔历》,第133—134辑(1892年)。武城县的相似案例,见《京报》1871年12月31日,转引自《北华捷报》1872年2月8日,第109页。综合论述见欧中坦著,第72—78页。

② 细节详见刘创楚、李佩良《19世纪中国官僚政治的腐败:原因、控制及影响》,第129页。

报复。① 1885 年 4 月 9 日，因蒙阴知县压榨，民众放火焚烧衙门。② 1887 或 1888 年，夏邑民众反对官府征用劳力修缮黄河，触发了一场骚乱。③ 在大饥荒时期，博兴知县拒绝免征赋税，这在当地引起了一场粮食暴动。④ 1890 年夏，东光县民众攻击了坐落在万庄的官仓。⑤ 1895 年夏季洪灾时，陵县当地士绅要求知县赈灾，遭到了知县的拒绝，聚集在县衙附近一座庙宇的部分士绅也被活活烧死。其中的一位头目侥幸逃脱，并纠集一支约 4 万人的武装力量。随后驻扎在德州的满洲铁骑应召前来恢复治安。⑥ 临清知县徐桂芬大幅增收税银，该县西部两百个村庄被描述为处于"叛乱状态"。⑦ 19 世纪 90 年代后更多的反应型集体行动事件，在此后章节中将一一展现。1868—1900 年间，山东的反应型暴力事件相对较少，这与 19 世纪 50 年代、60 年代初和此后的 1900 年发生的频繁抗税运动形成了鲜明对比。⑧

晚清时期，在乡村动乱频仍的地区，政府力量的固有脆弱更为明显。考虑到地方知县频繁的调用，地方官更倾向于保持低

---

① 《北华捷报》1878 年 4 月 11 日，第 367 页；1878 年 1 月 15 日，第 619 页。《京报》1880 年 2 月 29 日，转引自《北华捷报》1880 年 4 月 1 日，第 285 页。

② 葛光被（Bücker）文，载《耶稣心小使者报》，第 13 卷第 7 期（1886 年），第 55 页。

③ 《京报》1888 年 3 月 18 日，转引自《北华捷报》1888 年 4 月 20 日，第 446—447 页。

④ 《北华捷报》1889 年 2 月 22 日，第 216 页。

⑤ 《时报》1890 年 8 月 6 日，转引自《中国时报》(Chinese Times)1890 年 8 月 30 日，第 556 页。

⑥ 《京津泰晤士报》1896 年 2 月 15 日，第 407 页。山东巡抚李秉衡对该知县极为不满，后者后以自杀谢世。

⑦ 《临清通讯》1896 年 1 月 24 日，转引自《北华捷报》1896 年 2 月 21 日，第275 页。

⑧ 在捻军起义期间的抗税运动，见戴玄之《红枪会》(Hsüan-chih Tai, The Red Spears)，第 8—9 页。其中的案例总结自《山东军兴辑略》。义和团运动后的案例，见蒲乐安《1910 年山东莱阳的抗税运动——平民组织与县治政治精英的对抗》(Prazniak, "Tax Protest at Laiyang, Shandong, 1910")；《地缘政治学维度下的乡村集体暴力：1868—1937 年的华北平原》，第 36 页。从中可知抗税运动多是由地方士绅组织发起。

调,而不去介入一些本质上的私人冲突,因此免于冒着受到降级和免职的风险。孔飞力如是评论:"当调令即将来临时,地方官可能很轻易地无视其下辖民众的福祉,总是不可避免地引导大部分的普通人变得不负责任、懒惰且贪婪。"①此外,地方官并没有足够的压制力量,以便随时在暴力丛生的环境中实施有效的管治。② 臭名昭著的贪污和压榨性的乡里体制,更会煽起而不是阻止社会动乱。

鉴于官僚上层结构的普遍性孱弱,晚清通过"官府与诸多地方士绅的谨慎合作",在地方贯彻国家政权。③ 这被视为是地方反对中央控制和权威与其认同儒家政权的"有益平衡"。④ 从宏观区域的核心层而言,这种体制看似良好地运转到了19世纪末。其实,太平天国运动期间及此后,大部分的上层士绅较强融入到了公共空间。因此,他们仍旧起着团体凝聚力的作用,且能够应对日益紧张的地方局势。⑤

---

① 孔飞力:《民国时期的地方自治:控制、自治和动员等问题》,第 262 页;关于弊政和腐败的问题,见萧公权《中国乡村:19 世纪的帝国控制》,第 413—416 页;邓嗣禹:《捻军运动的新意义及其对满清帝国谢幕之影响》(Teng Ssu-yü, "Some New Light on the Nien Movement and Its Effect on the Fall of the Manchu Dynasty"),第 67 页。更为中性的观点,见费维恺:《19 世纪中国的叛乱》,第 50 页。

② 绿营以较小分支驻扎各地,且装备糟糕。从上一级的行政中心派来较大规模的部队前往动乱地区,却行动迟缓,往往难收成效,且不受当地民众的欢迎。关于华北这个宏观区域政府武装的不同结构,见施坚雅《地方系统的城镇和等级制度》(Skinner, "Cities and the Hierarchy of Local Systems"),第 308 页。

③ 魏斐德:《序论》,载魏斐德、格兰特等编《中华帝国晚期的冲突与控制》(Frederic Wakeman & Carolyn Grant, Conflict and Control in Late Imperial China),第 2 页。

④ 伊拉·M. 拉皮杜斯:《阶级制度和网络:汉人与伊斯兰教社会之比较》(Ira M. Lapidus, "Hierarchies and Networks: A Comparison of Chinese and Islamic Societies"),载魏斐德、格兰特等编《中华帝国晚期的冲突与控制》,第 28 页。也可见魏斐德文,载上述论文集,第 4 页;孔飞力文,载上述论文集,第 260—262 页。

⑤ 刘广京:《19 世纪的中国:旧秩序的解体及西方的影响》,第 119 页。

不过应当指出的是,18世纪和19世纪初人口的显著增长,也导致了进入士林阶层的机遇匮乏。"竞争的环境……滋生了焦虑和精神上的紧张……,这种焦虑是关于个人地位、家庭财产的安全;对传统精英而言,其关注的是永保自己的统治地位。"[1]教育的扩大化或许创造了更为强烈的文化整合,但同时也导致了统治阶级内部更显著的社会分化和社会紧张。[2] 特别是许多低级士绅,更有可能与作乱的或异端的团体发生联系。[3]

总而言之,在动荡的山东边缘地带,由于缺乏有影响力的士林阶层,致使地方绅耆和儒家政权的合作发展不足。这些区域的地方精英与省府和朝廷内的当权者,或许没有有效的联系。[4] 因此,他们不能或者是不愿代表政府实施有效的社会控制,或者没有能力请求武装力量来维持或重塑秩序。[5] 其实,地方领导者并没有强烈的意愿去请求外来力量,后者可能会干扰他们的半自主状态。诚如丁日昌这样评论徐州道台:

> 辖地文武官吏,惟务取陋规,以饱私囊。吏治暗无天日,衙役倚恃官势,吓诈乡里,亦与盗匪勾连,暗中分肥……遂使

---

[1] 罗友枝:《晚清帝国文化的经济与社会基础》(Evelyn S. Rawski, "Economic and Social Foundations of Late Imperial Culture"),第10页。作为一个团结的力量,士绅阶层的衰败见巴斯蒂:《社会变化的潮流》(Bastid-Bruguière, "Currents of Social Change"),第536—539页。

[2] 罗友枝:《晚清帝国文化的经济与社会基础》,第33页。

[3] 刘广京:《19世纪的中国:旧秩序的解体及西方的影响》,第93页。

[4] 或者是武科的功名获得者,他们通常是军事将领(团总)或者民团的领导人如地主和土豪,在山东某些区域被称作董事(乡村首领)。董事好像是由地方推举,然后经所在地方官的确认。见艾马克《合法之印》(Mark A. Allee, "The Seal of Legitimacy");欧中坦:《省级中国的官僚政治改革:丁日昌与江苏重建,1867—1870》,第136—140页。

[5] 见蒂利《革命中的城镇和国家》(Tilly, "Town and Country in Revolution"),第293页。

民畏官府更甚盗贼。①

在这些暴力丛生的区域,运用常规策略的成效稍逊,而镇压策略也大为不足。

（二）灾祸和饥荒

华北平原常受自然和人为灾害困扰,如水旱两灾、霍乱、伤寒、蝗虫或其他害虫以及战争。因此,黄河于 19 世纪 50 年代改道时,这给其新河道沿岸地区造成了巨大的变化:濮州、范县和郓城县区域变成了一片泽国,"淹毙人口甚重,数十年未见"。② 处于济南东部的华北平原区域,在该世纪余下的几十年中,每年都饱受洪灾摧残。然而,旱灾对人类生活来说,最具有破坏性。影响整个华北平原宏观区域的 1876—1879 年大饥荒,导致 900万—1300 万民众丧生。1889—1890 年和 1898—1900 年的两次大饥荒,给山东区造成了严重的困难,其他一连串更为地方化且强度不一的自然灾害也同样如此。③

当地人如何应对自然灾荒和饥荒所带来的危机? 更为确切地说:易发灾祸环境和集体暴力的关系是什么? 裴宜理在研究淮

---

① 转引自欧中坦:《省级中国的官僚政治改革:丁日昌与江苏重建,1867—1870》,第140 页。
② 李元华奏,载《京报》1877 年 3 月 30 日,转引自《北华捷报》1877 年 4 月 21 日,第397 页;丁宝祯奏,载《京报》1871 年 10 月 31 日,转引自《北华捷报》1871 年 12 月13 日,第 960 页;《京报》1872 年 11 月 24 日,转引自《北华捷报》1872 年 12 月 26日,第 550 页。直至 1870 年代中期,山东区黄河新河道沿岸地区的沟渠堤坝才彻底完工。见鲍德威《中国的城市变迁:1890—1949 年山东济南的政治与发展》,第52—58 页。
③ 关于直隶南部的系列灾荒的新近研究,见李明珠《华北的灾荒抗争:政府、市场和经济恶化(17 世纪 90 年代—20 世纪 90 年代)》(Lilian M. Li, *Fighting Famine in North China: State, Market, and Environmental Decline, 1690s-1990s*),特别要关注第九章"灾荒救济:19 世纪的地方分权"("Famine Relief: Nineteenth-Century Devolution")。

北集体运动的研究中,认为"受连年不断的旱涝灾祸之影响,其环境艰难而不稳定,一种攻击性的生存策略由之而生"。[1] 不凑巧的是,我们没有足够的可信材料,来确定脆弱的生态环境、影响广泛的灾荒和社会动乱之间的确切关联。[2] 不过,有关华北平原诸多饥荒状况的描述,已充分彰显灾区的绝大多数民众穷尽一切方式,而不是依靠暴力手段来获得食物。他们可能外借食物或金钱,出卖自己的家产、家畜和田地,去乞讨、偷窃、迁徙[3],依靠祈祷和宗教仪式[4],如果上述措施都不奏效的话,那么会出现卖妻典子、溺婴或自杀,抑或坐以待毙等家破人亡的局面。[5] 如某传教士在易发饥荒的鲁北平原上所观察的:"即使在由于黄河而导致洪灾的地区,数以千计无家可归的民众露宿在河边,很少听到抱怨声。"[6]

---

[1] 裴宜理:《华北的叛乱者和革命者(1845—1945)》,第 3 页。

[2] 杨庆堃:《19 世纪中国群众运动的若干统计模式》,第 181 页。

[3] 除了传统的向东北地区迁徙外,在 1889 年饥荒期间,鲁北地区大概有 1 万名民众前往山西。见《北华捷报》1889 年 5 月 4 日,第 546 页;1893 年 8 月 18 日,第 270 页。

[4] 关于印度农民对灾荒的解释和反应中所体现的宗教元素,见戴维德·阿诺德《灾荒中的农民自醒和举措》(David Arnold, "Famine in Peasant Consciousness and Peasant Action"),第 63—71 页。他进而言之:"干旱、饥荒以及相关的灾难如霍乱、天花、庄稼歉收的原因,归咎于没有正确地开展祈祷和庆祝仪式,或者是有罪的个人或整体村民。"见其文,第 70 页。

[5] 马罗利:《饥荒的中国》(Walter H. Mallory, *China: Land of Famine*),第 21 页。"可能更为普遍的情况是,为了避免经济上的压力而尽卖财产,但当整个区域都面临饥荒的威胁时,是不可能找到买家的。所以,最为贫困的人只能活活地坐着等死。"

[6] 满乐道:《中国人的现状与未来》,第 110 页。对 1876—1879 年大饥荒时期极其苦难状况的形象描述,见博尔《中国的饥荒与传教士:李提摩太之救荒事业与变法思想(1876—1884)》(Paul Richard Bohr, *Famine in China and the Missionary: Timothy Richard as Relief Administrator and Advocate of National Reform, 1876-1884*);中华饥荒救济基金委员会(Committee of the China Famine Relief Fund)《中国的饥荒》(*The Famine in China*);华地码编:《大饥荒》(William Shepard Wetmore, *The Great Famine*)。

诚然,对大部分华北地区的农民而言,夏收前的几周都是每年必经的挨饿时节。此外,由干旱导致的饥荒也并总是不期而至。但是,由于降雨的普遍缺少和不规则性,干旱的初期阶段不容易被人识别。"只有当庄稼绝收及饥饿状况显现时,旱灾才为人所知。"①此外,山东区复杂的耕作模式,总是使民众对下季作物抱有更大希望,从而使他们行动延缓以致变得过于孱弱,而不能采取有力的举措。

统治阶层的有效干预,能够进一步消除或抑制易灾区域的民众暴力。然而,相关区域的情况却不尽相同。由政府或(和)地方士绅发起的救济举措,在山东的北部和东部区域颇有成效,这是由于该地能够最为便利地用船只从东北贩运粮食。② 饥荒救济所和救济中心是济南当地慈善事业的常有特色,该地是山东最为重要的行政中心,也是该省最大的士绅聚集地。除了在遭受饥荒的地区减免税银,政府把可利用的漕粮储藏在大运河沿岸的粮仓里,并低于市价出售。因此,山东北部洪涝区从政府和士绅的介入中受益良多。此外,政府在省府周边地区平息动乱的把握最大。在本书研究的时间段中,灾难易发的山东北部并未受长期暴力事件困扰;相反,在英文著述中,这片区域被形容为"积困之地,

---

① 转引自《中国的人口压力和饥荒的发展》("Population Pressure and the Growth of Famine in China"),载《中国经济杂志》(*Chinese Economic Journal*),第 4 卷第 3 期(1929 年 3 月),第 251 页。

② 关于东北到鲁东运粮船只的相关史实,见慕杂甫(W. F. Seymour,又名慕维甫)致法勒(Fowler)函,(1899 年 4 月 12 日,登州),载法勒致戴维·希尔(Hill)函件 6(1899 年 4 月 14 日),载美国国家档案馆第 59 类暨国务院一般函件,《1863—1906年美国驻烟台领事馆报告》(4),文件号 153;1888 年,经天津由大运河运抵山东西北部的船运救济粮食,见《鲁西通讯》1890 年 10 月 8 日,载《孖剌报》(*Hong Kong Daily Press*)1890 年 11 月 18 日。

民众性格的特点是具有坚韧的忍耐力"①。

　　因此,必须谨慎对待"饥饿的出现……不是导致消沉压抑而是带来狂暴不安"等类似论断。② 大饥荒时期,数以百万计的尸体腐烂在华北平原的乡间地头,与之对应的是,只有很少的民众付诸暴力生存手段。尽管如此,我们也确实注意到连续的大饥荒时期,在一些攻击型策略并不是人们常规生存手段的地区,集体暴力事件有一定幅度的上扬。在这点上,有必要厘清这种反应是针对由自然灾祸还是人为导致或恶化的灾难。屯粮者、试图把粮食用船运出灾区的商人、无能的官员以及鱼肉百姓的贪婪胥吏,都是惹起饥民泄怒的对象。1868—1900 年间大饥荒时期,关于山东区反应型冲突的文献资料不是很多,且多是个案,还称不上社会动乱。大的灾荒同时也导致了内部冲突,诸如族群间因洪水控制引起的内讧。最后,令人生厌的大量难民的涌入,也会打乱原本稳定地区的秩序。③

　　某些区域已形成了一种暴力文化,当地民众也习惯使用暴力获得资源,因而该地饥民更有可能更加迅速地转向暴力生存策略,以及形成掠夺性集团。我们可以推见,这些区域在大饥荒时期的暴力集体行动有显著增加。在这种环境下,裴宜理认为"自然环境是刺激掠夺性和防护性活动的一个主要因素",这种论断可能较为适宜。④

---

① 沃尔特、赖特森:《近代早期英国的饥荒和社会秩序》(Walter & Wrightson, "Dearth and the Social Order in Early Modern England"),第 29 页。
② 詹姆斯 C. 斯科特:《农民的道义经济学》,第 191—192 页。
③ 科大卫(David Faure)提到了江苏北部饥荒难民给长江下游地区救济中心带来的破坏性影响。见其文《江苏省的农村经济(1870—1911 年)》("The Rural Economy of Kiangsu Province 1870 - 1911"),第 418 页。
④ 裴宜理:《华北的叛乱者和革命者(1845—1945)》,第 5 页。

　　大灾荒除了立即带来破坏性的影响外,也带来了一些长期性的不良影响。洪水过后,积水在土地上需要花费很长的时间才能排干,表层土壤也会被冲刷得一干二净,房屋只剩下断墙残垣,家畜均死亡,交通运输也会遭到进一步的破坏。但从长远而言,旱灾的破坏性更大。"除了直接带来饿殍遍野外,也会在此后数年里给生产力带来消极影响,这是因为为了生存肯定要采取一些权宜之计。农民不得不食用自己的牲畜、种子粮以及防止土层流失的杂草和树叶。"①通常情况下,他们不得不出售自己的几亩薄田、农具和家具。即使难民在旱灾中侥幸生存,他们萎缩的可耕土地、种子和畜力的缺乏,都迫使其外出举贷,这将会进一步破坏家庭的经济存活能力,其中的一些人也不可能恢复如初。②

　　但应当注意反复出现的饥荒所带来的累积效应,因为它们加速了王朝衰落的长期过程。这不仅加剧了乡村地区的动乱,同时这种动乱也逐渐从外围区域蔓延到核心地带。因此,与1876—1879年的相比,1898 1900年的自然灾荒伴随的暴力事件更多。当然,在这两个时段中间,外国势力的逐渐渗透成为另外一种复杂的因素。在已经普遍信奉自然灾祸宿命论的地区,惊恐的人们更倾向于将他们的灾难与不幸归咎于外来势力。③

　　(三)经济帝国主义的影响

　　帝国主义是怎么陷入清朝衰败的根因泥潭中的? 外来压力

---

① 高鹏程:《华北向满洲的迁徙:1891—1942年的经济史》,第201页。
② 见何炳棣《中国人口研究》,第233—236页;马罗利:《饥荒的中国》,第36—37、45—58页。
③ 注意印度人对饥荒的相似反映,印度人"把神学因果观与他们不适应由英国统治者在技术、生态学和行政统治管理方面带来的变化和革新相联系"。见戴维德·阿诺德《灾荒中的农民自醒和举措》,第71页。

在哪些层面上加剧了内部的压力？在本节中，我们将简要考察经济帝国主义在1895年《马关条约》前对山东区的不同影响。1895年后的宗教帝国主义（传教士的侵入）和经济帝国主义在此后章节中详细阐述。过去已经广泛论证，西方殖民主义应该对华北交通模式的改变以及本土棉纺织业的摧败负有责任，它是导致农民生活凄惨的主因。然而，我们的论点是：经济帝国主义在19世纪晚期对山东区的影响，从整体而言还算温和，在鲁西更是微不足道。此时，经济帝国主义并没有直接影响到农民的生活，这是由于当地的普遍性贫困以及效率低下的交通运输系统，并不能将该地区纳入到世界市场。从另一方面而言，在鲁东地区，亦可证明国际市场刺激了当地某些区域的农村经济，特别是在蚕丝业和草编业的专业化方面。

产量虽然相对较小，但在19世纪的中国，山东显示了极速的养蚕业发展速率，"这是因为本色柞丝府绸在世界范围内的突然流行"[1]。1854年，一场瘟疫摧垮了法国的养蚕业，法国随之成为山东生丝的主要进口国。[2] 除了"野蚕丝"外，山东还生产了大量白黄两色的生丝，这都是来自依赖桑叶生存的蚕茧。蚕茧的主要市场是周村（以蒙阴、沂水、泰安、兰山、滕县、莱芜为支撑）、安丘、（临朐县）冶原集。潍县东北40公里处的柳疃，是胶州、诸城和莒州等地以"野蚕丝"为主的蚕茧市场。接着，这些蚕茧被船运送到

---

[1] 李明珠：《中国近代蚕丝业及外销（1842—1937年）》（Lillian M. Li, *China's Silk Trade: Traditional Industry in the Modern World, 1842 - 1937*），第117页。本色柞丝府绸是指未经加工的山东丝绸，这是由蚕茧所吐出的野蚕制作，蚕茧的主食就是生长在山上的某些树木，包括灌木砾。见魏根深译：《清代山东经营地主的社会性质》，第66页；《中国的近代蚕丝业及外销（1842—1937年）》，第11、18页。

[2] 李明珠：《中国近代蚕丝业及外销（1842—1937年）》，第8、82—83页。

坐落在烟台的缫丝厂。① 最后，这些丝绵衣绸在昌邑、宁海和栖霞地区由中国传统织布机制作。只有质量上乘的产品才会出口到法国和印度，价格低廉的则销往河南和直隶。② 韦伊莎(Isabella Williamson，?—1886)记述，养蚕业和蚕制产品的出口给鲁东民众提供了重要的机遇："山东省的大部分地区，特别是青州府附近的地区，这种与欧洲的贸易真是个大幸事，因为它给成千上万的妇女和女童提供了饭碗，否则这些人将会陷入贫困。"③

　　以鲁东掖县沙河地区为中心的草编品，亦受到外国需要的刺激而发展起来。④ 由于新兴海外市场对草编品的需求，该镇在19世纪70年代有了快速发展，这与周边地区形成了鲜明对比。⑤尽管在19世纪80年代，由于质量下滑而导致一场临时性的危机⑥，但沙河的草编业仍被奉为"世界上做工最为精致、价格最为昂贵的草辫"⑦。尽管该地所有民众并非都从这项产业中获益，

---

① 由中国资金占部分股份的德国公司兴宝洋行(Crasemann & Hagen)，于19世纪70年代在烟台建立了技术先进的缫丝厂，见赫尔姆特·施丢克尔：《十九世纪的德国与中国》(Helmut Stoecker, *Deutschland und China im 19*)，第129页；也可参阅伊莎贝拉·韦廉臣《中国古道》，第81页。李明珠在其著第117页中，也声称烟台缫丝所用的野蚕来自东北地区。
② 贝斯：《1898—1910年青岛开埠以来山东省的经济发展》，第37—38页。
③ 伊莎贝拉·韦廉臣：《中国古道》，第81页。
④ 1864年，琼记洋行(Heard & Co.)的买办前往潍县购买草编品，这是关于山东草编品销往海外市场的最早记录。见郝延平《十九世纪的中国买办：东西间桥梁》(Yen-p'ing Hao, *The Compradore in Nineteenth China：Bridge Between East and West*)，第76页。但在1868年，沙河仍被描述为没有任何重要贸易的地区。见阿查立1868年7月26日的日志。
⑤ 伊莎贝拉·韦廉臣：《中国古道》，第48—49页；贝斯：《1898—1910年青岛开埠以来山东省的经济发展》，第38—40页。
⑥《北华捷报》1888年8月18日，第196页。
⑦ 博科曼：《山东的经济和交通》(Bökemann, "Ueber Wirtschaft und Verkehr in der Provinz Schantung")，第96页。

但沙河给人一种富裕的印象,据称有些人的财富在山东也首屈一指。[1] 不过,随着依赖这种手工艺民众人数的增加,以牺牲质量为前提的过度生产,日本人的激烈竞争所带来的价格降低,以及19世纪90年代美国人时尚潮流的改变,这些导致该地草编业在20世纪20年代的衰落和生活的贫困化。[2] 但饶有意思的是,草编业在直东交界处得到发展,大名、南乐、清丰和朝城成为该手工业的又一个中心,这些地方的出口贸易经由卫河和天津外输。据说草编业在收入上要超过棉纺业,但是该地仍然没有达到沙河的盛况。[3]

当然,据称现代棉纺业的兴起也威胁了中国农民的生计。[4] 特别是大量外国纱线的进口,据说摧毁了当地的手工棉纺业。(这是帝国主义侵略论的第二个口实。)义和团运动兴起后,美国传教士明恩溥在位于(鲁西北)棉纺区恩县庞庄布道站的一番描述,为后来者常常引述。虽没有明确指向鲁西地区,但明恩溥声称这里的"织布机闲置一旁,储藏棉布的仓库也荒废了"。他继续描述道:

> 没有织布机的大量民众,也能通过弹棉线获得基本的生存费用,这是他们抵抗中国频发自然灾害的重要辅助保护手

---

[1] 《青岛新报》(*Tsingtauer Neueste Nachrichten*)1911年3月11日,第2页。某英国领事于1869年报告中说,在山东丝绸出口方面,大获其利的是中间商而不是当地的生产者。见马安《马安的山东旅行报告》,第30页。

[2] 金璋:《1898年烟台贸易报告》(Lionel Charles Hopkins, "Chefoo Trade Report for 1898"),见英国外交部档案:《使领馆档案之中国通讯》,第1332件;韩甯镐:《圣言会福若瑟神甫:其生平和著作,兼论鲁南传教史》,第52页。

[3] 《北华捷报》1883年8月3日,第136页。也可参阅《北华捷报》1879年3月21日,第283页;《青岛新报》1911年3月11日,第2页。

[4] 关于中国现代棉纺业的兴起和传统手工业的存留,相关记述见赵冈:《近代棉纺业的发展与手工制品的竞争》(Kang Chao, "The Growth of a Modern Cotton Textile Industry and the Competition with Handicrafts")。

段。但随着孟买、日本以及上海的工厂的快速发展,纱线在中国的产棉区大肆泛滥,质量更优且价格比本地棉便宜,这都导致了中国本地织布机的工作停滞,那些年轻人、老人和贫弱者以及无助者所依靠的这些微薄收入,也永久地陷入枯竭。①

棉纱在 19 世纪 90 年代的大幅进口,特别是来自日本方向是客观事实。就如某英国领事于 1898 年在烟台的记录,该年此地从日本进口的纱线要比从印度进口的多四倍,这与两年前的状况截然相反。他同时指出,来自上海机纺纱线的数量也大幅增加。② 至于鲁西地区,该地的外国纱线,更有可能经天津而不是烟台输入。

但是否如明恩溥所言,当地的手工纺纱业趋于绝迹?某英国官员于 1897 年末在直隶南部游历时,记述了以下截然不同的景象:

> 棉花在直隶南部的贸易中,占据了最为突出的地位。在每个农户家门口,妇女们都在清理棉桃,绕成圆形,然后纺成纱线……那些可怜的家庭需要对原材料进行种植培育、清理、纺织,并编织成同样廉价的粗布衣服,完成的物品在保定府和正定府上市后,才能从这无休止的劳作中获得糊口的收

---

① 明恩溥:《动乱中的中国》(Smith, *China in Convulsion*)I,第 90—91 页。周锡瑞倾向认为,"经济帝国主义"因素是义和团运动的起因。见周锡瑞《义和团运动的起源》(Joseph Esherick, *The Origins of the Boxer Uprising*),第 71 页。

② 《烟台情报》1898 年 6 月季刊,附与金璋(Hopkins)致窦纳乐(McDonald)函(1898年 8 月 1 日),载英国外交部档案:《使领馆档案之中国通讯》,第 1283 件。对于中国国内突然涌入的大量的日本纱线,见川胜守《19 世纪晚期棉纺制品的国际竞争:英国与印度及东亚的交锋》(Kawakatsu, "International Competition in Cotton Goods in the Late Nineteenth Century: Britain versus India and East Asia"),第629—633 页。

入。这里没有一丁点的浪费,甚至连花籽都被收拾好送往镇上的油铺,按照一定的比例兑换棉油……不过,这里却呈现出自相矛盾的景象,正定和直隶西部沿途拥有着大量的贸易,且种植着大量的棉花和谷物,但这里的民众展现出一幅极为贫苦的面孔。长期居住在该省的传教士认为,过多的人口是导致这种状况的主要原因之一。如果某种农作物绝收,那就意味着依赖其丰收才能生存的几千口人不得不忍饥挨饿。①

换言之,在土质适宜的区域,当地会广泛栽培棉花,人们也会参与清理、纺织以及编织工作。但是,种棉区的大部分民众仍旧过着最为凄惨的生活。例如,某德国领事笔下的鲁西北种棉中心区高唐,被描述为"一片可怜的、饱受贫困困扰的泥潭地"②。基本问题在于,这个区域的小农家庭,被迫在丰收前以较低的价格把棉花卖给来自济南、章丘、枣庄和沂州的商人。③因此,华北平原上在生存线上苦苦挣扎的农户,需要参与纺织和编织工作,以求弥补农业收入的不足。由于他们的技术原始,手工业发展的较为缓慢,因此不能满足棉制品的发展需求。外国进口货物也进而相应增长了。④

随着从事棉纺织品工人的急剧增多,手纺业面临着一个基本的问题:原棉的持续缺乏。但在华北平原这个高密度人口的区域里,棉产区的扩大要建立在打破经济作物和农作物的稳定平衡基础之上。与之相反,土质的普遍性下滑和生态环境的趋于失衡

---

① 梅尔思《北京至上海陆地旅行记》,第 7 页。
②③ 郝尔文,《青岛新报》1911 年 1 月 7 日,第 2 页。
④《德文新报》1897 年 10 月 1 日,第 11 页。

性,特别是 19 世纪 90 年代后产棉区发生的大灾荒,加重了棉花的匮乏。总体而言,大量的原棉从鲁西北和直隶南部植棉区外运到其他区域。因此,1910 年,一位德国领事在调查鲁西和直隶南部的经济潜力时,记录到大量的原棉被运往彰德和天津,以及鲁东的章丘、周村和沂州的手工厂。① 也就是说,在稀缺的资源即原棉面前,至少有一部分农村手工纺织工人在与原工业化和初步兴起的中国工场工人的竞赛中无疑处于下风。

关于积弱的徐州地区(尽管该地毗邻大运河),梅尔思(S. F. Mayers,1873—1934 年)也注意到了当地棉线的缺乏:

> 在所有的外国商品中,纱线比其他洋货都要多。据该地某商人估计,进口货物在当地可能要占据百分之五十的份额,而纱线又占据其中的百分之三十,英美布匹和煤油占据剩下的百分之二十。他声称棉线的进口并不能满足当地的需求;另外,虽然该地的交通运输四通八达,但把外国货物推往市场所需的扩张成本仍然是个巨大的阻碍。②

然而,如赵冈所示,手工纺织业非但没有灭绝,反而延喘到 20 世纪 20 年代。不过,更为重要的是,价格低廉且经久耐用的工厂纱线的到来,解决了中国原棉供应不足和传统纺织业效率低下的瓶颈问题。此外,机器纺纱线的出现,导致了新兴手工业和新兴生产中心的诞生,甚至是山东德平这种边缘地区在 19 世纪

---

① 《德文新报》1897 年 10 月 1 日,第 11 页;《青岛新报》1911 年 1 月 7 日,第 2 页;《青岛新报》1911 年 1 月 10 日,第 2 页。
② 梅尔思:《北京至上海陆地旅行记》,第 15 页。

下半叶也出现了上述状况。①

当然,可能有人论证罂粟种植的扩散和帝国主义的渗透有着间接关联。直至 19 世纪 60 年代末,罂粟作为进口替代物,其数量在华北平原的边缘地区得到持续增长,尤以恶名在外的砀山、虞城和单县②为甚,同时还包括直隶南端③和鲁西北地区④。尽管鸦片的种植损害了中国的农业和城市风气,但这种作物对当地人而言极为重要,因为它的价值是小麦的三到五倍。此外,鸦片便于运输,这对于交通不畅的地区更为重要。⑤ 最后,曾经有人断言白银的贬值与帝国主义的渗透有关。但已有学者对该论点进行了批驳,认为这个问题的根源来自官员出于税收目的而操纵银铜汇率。⑥

柯文指出,经济帝国主义只是充当了刺激因素或局域性的瓦解资源,在某种层面上甚至充当的是积极的促进因素。"但是从

---

① 赵冈:《近代棉纺业的发展及手工制品的竞争》,第 182、184、188 页;威廉·冯·克里斯:《中国的人口与国家预算》(W. von Kries, *Über Volks-und Staatshaushalt Chinas*),第 30 页。关于 20 世纪中国传统手工业顽强的发展,见魏特夫《中国的经济和社会》,第 640—671 页。

② 爱莲斯:《1868 年黄河新河道之旅》,第 23 页。也可参阅《北华捷报》1869 年 7 月 8 日,第 358 页,该文主要以某领事的报告为基础。该报告可见《北华捷报》1869 年 7 月 15 日,第 374 页。

③ 罂粟种植在广平府的发展,见徐昕波(Leboucq)文(1872 年 8 月 29 日,河间府),转引自《拉瓦尔信函》(*Lettres de Laval*)增刊 2(1873 年 6 月),第 10 页。

④ 明恩溥声称,1880 年恩县大量的土地都种植了罂粟,并担心由于它的高额利润会导致种植面积的迅速扩大,见明恩溥文,载《传教士先驱报》,第 76 期(1880 年 11 月,波士顿),第 469 页。

⑤ 史景迁:《清朝的鸦片吸食》,第 173 页。关于苏鲁边界地区的相关史实,见梅尔思:《北京至上海陆地旅行记》,第 14、15 页;福若瑟:《与单县大盗在一起的日子》,第 120 辑。关于罂粟种植的可观利润,见理雅各(James Legge)文,载《北华捷报》1973 年 6 月,第 502—503 页;艾约瑟:《上海的罂粟种植》,第 563—566 页;科大卫:《江苏省的乡村经济:1870—1911》,第 371 页。

⑥ 关于银铜汇率和对农民的影响,见萧公权《中国乡村:19 世纪的帝国控制》,第 563—566 页;科大卫:《江苏省的乡村经济:1870—1911》,第 428—439 页。

整体而言,中国经济过于庞大,过于自给自足,过于积贫,以致很难受到实质性的影响。"①特别是华北平原暴力频发的臭名昭著之地,因它过于偏远,帝国主义的经济渗透在19世纪后期都不会带来严重的社会经济危害。1900年以前,鲁东的对外贸易对当地经济产生了全面的有益影响。当然,这并不是说帝国主义在动机上是慈善的。恰恰相反的是,帝国主义会榨取它面前任一地点和空间的机会。其实,1900年后,某位走访青岛的德国经济学家清楚地认识到从贫苦农民身上得到的潜在利益,并建言通过低工资的家庭手工业和外销,山东的自然生产力可为德国的经济利益服务。②

19世纪90年代,山东区所发生的变化是个有着地理差异且长期的过程,而贫困化则是在经济帝国主义来到中国之前该地已经具有的状况。因此,它本身的不足发展不能克服普遍性的贫困和长期性的生态失衡,多次的作物歉收和解决严重人口压力上的举手无措,更是加剧了上述状况,这些因素才是导致山东区鲁西区域衰败的因素。对外国势力渗透后所发生变故的处处担忧,有些是合理的,但也有无所根据的。当然,明恩溥在这方面的观察是到位的:

至目前为止,现代文明的这些附属品给中国带来何种影

----

① 柯文:《在中国发现历史:中国中心观在美国的兴起》(Paul A. Cohen, *Discovering History in China: American Historical Writing on the Recent Chinese Past*),第125页。关于农民暴动和帝国主义的谬误联系,见史考波《国家与社会革命:法国、俄国、中国的比较分析》(Theda Skocpol, *States and Social Revolution: A Comparative Analysis of France, Russia and China*),特别是第327—328页注126。

② 豪希斯德特:《山东的家庭加工业》(Hochstetter, "Hausindustrie in Schantung"),第269—274页。马罗利《饥荒的中国》,第128页,也倾向于扩大家庭手工业以便利用人们的闲余时间,即"发展的潜力几乎是无限的"。

响的疑问，很难给出一个恰当的答案；同时也没有这个必要，这是因为基本的问题在于它不是源自政治经济学学者的探究，而是在于中国人自身对这些问题的看法。[1]

这些"附属品"是指轮船、电报、铁路和电车，以及科学采矿技术。除了电报线路外，上述附属品在1900年以前并没有出现在山东区的边缘地带。此点而言，在义和团运动期间，沿海的轮船使大运河船夫丢掉了工作，或在义和团运动中心地区铁路（还没有建设）使得传统运输工人变得多余，这些老旧的说法都是彻底错误的。

（四）竞争环境下社会凝聚力的下滑

中国农村居民在应对严峻的日常生活现实时，历来依赖集体而非个人策略。或正如柯慎思（J. H. Cole）所论，"为了在清朝中国的恶劣环境中生存，团队合作成为必要"。[2] 内部分层但高度整合的自然结构（这与人为的但大体失效的由政府发起的组织如保甲制度相对应），为集体行动提供了凝聚点，即家庭成为基本的经济和社会单位，更小层面言之，宗族充当了这种功用（据称中国北方的宗族发展弱于南方[3]）。在华北平原异姓混居的村落，庙

---

[1] 明恩溥：《动乱中的中国》Ⅰ，第94页。

[2] 柯慎思：《绍兴：19世纪中国的竞争与合作》（James H. Cole, *Shaohsing: Competition and Cooperation in Nineteenth Century China*），第1页。

[3] 甘博（Sidney Gamble）如是观察华北的宗族组织："在大部分的村子里，即使最大的家族也没有大到或富裕到拥有祠庙及其地产。据我们所能够观察的，如上财产是华北家族普通模式中的例外。"见其著《1933年之前华北乡村的社会、政治和经济活动》（*North China Villages: Social, Political, and Economic Activities before 1933*），第15页。普遍情况下的中国社会的自然结构，见拉皮德斯《阶层与网络》，第29页。

会的功用在于它是当地社群内部团结的组织单位。① 柯慎思指出，一些村社组织的赛会是当地社会组织和动员的重要机制。② 这些赛会孕育了地方团结、贸易往来以及社会政治网络，这些因素在货物中转区域得到了整合。③ 地方精英拥有和保持着地区内外的联系，以他们为首的高级别的社群组织有能力在地方社群和外界间建立联系。

基于生命和财产所面临持续威胁之考虑，联合参与河岸筑堤，在华北平原最显而易见。在评论徐州的诸多防御工事时，加拿大传教士蓝文田（Rosario Renaud）指出："河流和大运河两岸构建着高20到30英尺的堤坝。人们把这与其他沟渠连接起来，让它顺着沼泽低洼地或者是绕湖泊而流。"④在华北平原，建造和维护这些巨大的民用防御工事，明显需要大量的地区合作和资源的集中调度。

但是，不单是与自然的长期斗争需要集体应对。倘若由于人口压力、统治下滑和生态失衡而导致的社会、政治和经济状况变动，农村社会则愈加变得更富竞争性。"在任何时期，为了在外部

---

① 尤可参见李仁杰《华北的社庙与村落文化整合》（Charles A. Litzinger, "Temple Community and Village Cultural Integration in North China"）；明恩溥：《中国乡村生活》，第138页。也可参阅布瑞慕：《香港的联村村庙》（Brim, "Village Alliance Temples in Hong Kong"）；萧公权：《中国乡村：19世纪的帝国控制》，第279页；托培理：《19世纪的中国宗教与乡村凝聚》（Marjory Topley, "Chinese Religion and Rural Cohesion in the Nineteenth Century"），第19页。

② 柯慎思：《绍兴：19世纪中国的竞争与合作》，第36—37页。

③ R. G. 格罗夫：《民团、市场与斗争：1899年中国抵抗香港新界的被占》（R. G. Groves, "Militia, Market and Lineage: Chinese Resistance to the Occupation of Hong Kong's New Territories in 1899"），第34页。

④ 蓝文田：《中国的教区：徐州》I，第14页。有关鲁西普遍分布的堤坝，见铁爱东《中国平原的移民》（Josef Thiel, "Die Besiedlung der Großen Ebene Chinas"），第158页。

的竞争中生存,社会群体都需要在成员之间进行合作。"①在深入考察一些集体性策略之前(即不同形式的有组织竞争型暴力),有必要简要探讨一些削弱当地社群这个有机整体的对抗性趋势。尤其是在何种层面而言,这些内部的紧张,是否为村落的普遍贫困和较大分化所致? 进一步而言,如果本研究的时间范围正是处于贫困化的过程中,那么是否有必要在它和兴起的集体暴力之间建立有意义的联系。

就山东区的社会分层而言,人口的增长和分家的联合作用对它有着重要的长期性意义。它导致了农户数量的递增,大多数农户所拥有的平均家产数量也随之降低。这不仅导致了小农户从他们萎缩的田地里获得的收入减少,而且也影响到了佃农制的范围。把 19 世纪 90 年代和 1930 年的资料作对比,马若孟注意到山东租佃农户比例的整体下降。② 这可能表明由于分家,比如地主的家产被逐渐分割,他们的继承人也沦为富农。此外,如果马氏资料精确的话,租佃制的衰退,并没有导致经营性地主所有制和大规模商品化农业的发展,这是因为当地也发生了务农农户比例明显的整体下降。③ 也就是说,由于地主财产的细分,部分佃户在农业中失去了土地的使用权,而迁往东北等地,或者从事绑架或其他非法营生。因此,佃户比例的下降并不是农村繁荣的指征,"却是乡下目前贫困凄惨的标志"④。

---

① 柯慎思:《绍兴:19 世纪中国的竞争与合作》,第 11 页。
② 马若孟:《中国农民经济:河北和山东的农业发展(1890—1949)》,第 222—224 页。也可参阅李氏家族这个具体个案,见魏根深编译《清代山东经营地主的社会性质》,第 123 页。
③ 马若孟:《中国农民经济:河北和山东的农业发展(1890—1949)》,第 217—229 页。
④ 沃尔夫冈·威尔曼斯:《中国的农业》(Wolfgang Willmanns, *Die Landwirtschaft Chinas*),第 35 页。尽管威尔曼斯指出 1931—1934 年间中国租佃制的衰落,但是这种趋势可能在 19 世纪末就已经开始了。

　　社会流动下倾①的过程，也因主要作物的歉收而加速。贫困人家因为死亡和离乡而数量减少，中农家庭则变得愈加贫穷，在持续时间较长的灾荒中，富农也会受到影响。1876—1879 年饥荒高峰时期，天主教传教士马天恩（Pierpaolo DeMarchi，1838—1901 年）在临朐县观察到了如上过程。他以某士绅为例，该人曾拥有 500 亩土地，生活也算得上奢华，但是沦落到凄惨的境遇。由于不能为土地寻觅到买主，他不得不打发家人外出乞讨。② 类似的是，当大饥荒于 1889 年来袭时，武定县自 1883 年时就已遭受了物品的持续短缺，而且这种缺乏无情蔓延，影响到各阶层的所有农村人口。"它从贫困阶层向上逐渐侵袭到富有人群，年复一年，使受害者受到物品短缺的困扰，通过一个逐渐缩小的圈子来笼罩猎物，直至剩下先前体面甚至是富有的阶层遭受蹂躏。"③大灾荒除了带来严重的混乱外，还有一个永恒的特色，即庄稼的绝收和家庭的灾难（比如亲人离世，不可避免地将支出一笔不菲的丧葬费用），这都把农民陷入债务的深渊之中，最终被纳入社会下层的轨道。

　　赵冈论证到有清一代，土地所有权出现了持续的分散进程，而不是两权分化。"土地并不是集中在数量日趋减少的大地主手中，而是聚集在数量增多的中小佃农手中。"④土地所有权的分

<hr />

① 更多细致的讨论，见穆义思《中国革命前的社会流动下倾》（Edwin E. Moise，"Downward Social Mobility in Pre-Revolutionary China"）。
② 马天恩（DeMarchi）文（1877 年 5 月 24 日，临朐），转引自《华北诸省饥荒报告》（"Report on the Famine in the Northern Provinces of China"），载《英国蓝皮书》（British Parliamentary Papers），第 42 卷，第 131 页。迄今为止，富有家庭在这种压抑的时期内走向集体自杀是非常普遍的。
③ 甘淋（Geo. T. Candlin）文（1889 年 4 月 13 日，天津），载《北华捷报》1889 年 4 月 27 日，第509 页。
④ 赵冈《中国历史上的人类与土地：一项经济学分析》，第 107 页。

流,尽管是不均等的,但是逐渐变得不那么不平等,这是所有权多样化普遍趋势的部分表现。① 生态环境的恶化或可解释华北租佃制的衰败,然而,我们不可忽视各种形式的盈余榨取行径,特别是在饥荒期间和之后的高利贷,以及钱庄和海外财富的投机行为,这些都导致了与土地集中相反的进程。②

如果马若孟的那些稀缺实证性材料值得信赖的话,某种层面而言,将会看出土地的分化程度要大于土地的集中程度。然而,如果从这种相对稳定的阶级分层的统计数据中,得出农民的生活标准有了提高的结论,这肯定有误。与之相反,这些数据隐瞒了财富的彼此消长这个基本的持续平衡性过程③,以及 19 世纪末山东社会流动下倾的整体趋势和随之而来的社会动乱。也即是说,山东农村的逐渐贫困化可能带来了一个稍显平等主义的社会,但同时也愈来变得争端四起。

为了在各色长期性分裂压力下生存,与之所采用的生存策略反过来加剧了当地社会对稀缺资源的竞争态势,并削弱了内部的合作忠诚度。④ 如上文所述,山东区农村居民的流动之频繁令人诧异。地方市场的拓展,游动的边缘人员如游商、流动性的手工业者、乞丐、乡村社会中的文化人,以及前往泰山等古刹名寺进香的众多香客,还有村落间的内部婚姻纽带,这些都增加了农民接触外在世界的机会,并刺激了他们的流动。迁徙尤其拓宽了农民

① 赵冈:《中国历史上的人类与土地:一项经济学分析》,第 106 页。
② 比如,请注意莱阳县最为富有的孙姓地主,是在东北发家致富的,见《胶州邮报》(Kiautschou-Post)1910 年 7 月 16 日,第 50 页。
③ 关于家族的繁盛衰变,见杨懋春《一个中国村庄:山东台头》(M. C. Yang, A Chinese Village: Taitou, Shantung Province),第 132—142 页。
④ 内部压力的出现,见曼素恩、孔飞力《王朝的衰落与叛乱的根源》(Jones & Kuhn, "Dynastic Decline and the Roots of Rebellion");巴斯蒂:《社会变化的潮流》。

对周围地区的视野和知识，促使他们建立一个超越当地市场体系的宽泛区域的来往网络。

总而言之，在明清时期，迁徙就如同从事商业或零工一样，是当时民众上显现的一股潮流，呈现出永久性或暂时性的特点。这种潮流扩大改变了定居模式，转移了劳动力，扩展了商业，改变了土地的使用以及打破了社会和经济生活结构的现有垄断地位状况。①

罗友枝（Evelyn Rawski）同其他学者一样，认为发展中的"商品经济的兴起削弱了社会控制的传统机制"②，并认同伊懋可（Mark Elvin）的说法，即"社会变得焦躁不安、支离破碎以及竞争激烈"。③ 经济上的所有变化，包括上升的发展，都会导致混乱以及当地社群内外对某些特定利益的争夺。按照魏斐德（Frederic Wakeman）的观点，随着社会的逐渐开放以及对变化的差异化应对，这些都滋生了嫉妒并产生了紧张关系："利用村外更多经济机会的村民们，在经济上占有先机，因此，可能是在牺牲邻居利益的代价上发家致富。这反过来可能分化整个社群，并摧毁它的凝聚力。"④不过更为常见的是，日渐衰落的财富侵蚀着当地的凝聚力，比如"和谐的血缘关系"的瓦解。血统关系的分化，可能导致

---

① 华璋：《中华帝国晚期之县官》(John R. Watt, *The District Magistrate in Late Imperial China*)，第105页。
② 罗友枝：《晚清帝国文化的经济与社会基础》，第10页。
③ 同上书，见第7页。引注内容出自伊懋可：《中国历史的范式》(Mark Elvin, *The Pattern of the Chinese Past*)，第235页。
④ 魏斐德：《叛乱与革命：中国历史上的民众运动研究》(Wakeman, "Rebellion and Revolution: The Study of Popular Movements in Chinese History")，第357—369页。

冲突和财产权益的竞争。① 类似的是，一些杂姓混居的村子或许产生村庙财产的争端。②

最终，对异端宗教日益增长的兴趣，也进一步加剧了当地社群的侵蚀性趋势。庇护关系链和其他的公共忠诚理念代替了血缘关系，特定的个人、家庭或者小团体与强大的外来力量——诸如外国教士或本土秘密团体结成联盟。

不过，虽出现如上内部分裂，但就山东区大部分区域而论，旧的农村社会经济和政治秩序依旧大体保留。基本而言，面对外来竞争者所需要的公共团结，在整体上大于内部纷争的趋势。此外，由此导致的竞争与合作，在当地系统内产生了不同层次的相互作用。与此同时，竞争性冲突在集体之间的加剧，更是抑制了各集体内部的阶级对抗。这是因为集体行动的压力，对生活的各个方面而言仍然非常之大，不同的个人利益自然地要从属和包含在集体努力中。③

五、小结

正如本章试图揭示的那样，贫穷是山东区乡村生活的主要特色：泛滥的人口，过少的土地，生态环境的严重失衡。然而，泛泛探讨这些问题是有可能的，但是来确定这些种类各异的困境在何

---

① 托培理：《19世纪的中国宗教与乡村凝聚》，第13—14页；萧公权：《中国乡村：19世纪的帝国控制》，第280、357—369页。
② 萧公权：《中国乡村：19世纪的帝国控制》，第279、280页。
③ 集体凝聚力并没有体现在不长居本乡的居民身上，如小店主和僧侣。这些人群或被孤立的家庭，只被卑微的或者是社会下层民众所接纳。见裴达礼《中国的家庭与宗亲》(Hugh D. R. Baker, *Chinese Family and Kinship*)，第142页。也可见施坚雅《中国农民与封闭社会》(Skinner, "Chinese Peasants and the Closed Community")。

种环境下演化为社会动乱,仍有许多问题待以解决。此外,鲁西为何比鲁东更有集体暴力的倾向?正如我们在上文所释,这两部分地区存在一些显著差异。这也从侧面反映了山东省划为齐、鲁的传统分割。鲍德威论述:

> 将整个鲁东(包括省会济南)称为"齐"[系战国时期(前722—前421年的一个主要诸侯国)],是常见做法。该区域因发展良好的手工制造业和蒸蒸日上的贸易业知名。这里的士绅具有远见,且比其他地方的山东人更易接受外来思想和方式,故此享有盛誉。因此,山东东部在文化和政治上具有明显的认同性……①

至于区域面积相对较小的鲁,即以繁忙的大运河货栈地济宁为中心,但也包括兖州和曲阜,他这样描述:

> 济宁地区被广泛称之为鲁,这是指战国时的一个诸侯国,且是孔夫子的诞生地。孔夫子出生在曲阜县,是朝圣者经常拜访的一个地方。鲁地以其上层士绅的保守和缺乏发达的手工业而闻名。与齐地相比,该地通常被认为更为粗俗和落后。②

这恰如其分地描述了经济和学术资源相对集中的两个截然不同的区域。但应当指出的是,这种对山东区域的传统划分,并没有包括其南部和西部的边缘地区。就战国诸侯国而言,这片区域大抵属于宋国的领土,该国同时也包括19世纪江苏省的北部边缘地区、豫东和直隶南部。

当把这片广袤的鲁西地区与鲁东做比较时,会明显看出齐地

---

① 鲍德威:《中国的城市变迁:1890—1949年山东济南的政治与发展》,第36页。
② 鲍德威:《中国的城市变迁:1890—1949年山东济南的政治与发展》,第39页。其实,济宁至19世纪仍旧是商业活动的中心。

更有能力应对 19 世纪的人口压力和王朝衰落。特别是临近的东北地区吸纳了鲁东的过剩人口，且是该地至关重要的食品供应和资金输出地。此外，发展中的沿海贸易，能为该地的手工制造业进入地区和国际市场提供便利。齐地拥有更为集中的资源、更多的商业人才和大量的山东上层士绅，这些都赋予它能够运用常规的、慈善的和压制性的控制。换言之，齐地的民众有能力使用样式多种的生存策略，且这些策略通常不包含竞争性暴力。

相比之下，鲁西过于稠密的人口且不稳定的环境，还有迅速恶化的经济状况以及上层士绅阶层的缺少，孕育了该地民众具有社会破坏性的人类行为，并诱导产生过激的生存策略。例如有人指出，在冬季时分，由于在经济上的营生不多，"男人们过着极为空虚无聊的生活"，"年轻人和年长者都毫不例外地热衷于赌博"。① 自古以来，徐州府百姓就处于防卫的状态：

> 与洪水、饥荒、绑架和土匪以及远路来此战斗的军队做抗争。这种与自然和人类持续千年的斗争，创造了一个勤奋但又粗野的种族，他们热衷词讼，首要关注日常生计，且不惧险难和长途跋涉攫取。这是个单纯的种族，喜形于色，贫穷、无知但知习古老风俗，且以他们的传统和习俗为傲，并深深眷恋家庭和世袭财产。②

> 这些周期性的饥荒和每年一度的食品短缺，其规律性如同四季一样，深刻塑造着当地人的性格。对一日两餐的过多关注，深深地印刻在他们的脑海中，饥饿把这群天性自傲和

---

① 贝勒森（A. G. Bryson）文，转引自古多尔《伦敦会史：1895—1945 年》（Norman Goodall, *A History of the London Missionary Society 1895–1945*）。
② 蓝文田：《中国的教区：徐州》I，第 23—24 页。

> 无拘无束的人们变成了食欲的奴隶。这通常泯灭了他们的同情心和互助精神,并滋生了自私、对他人不幸的漠然、嫉妒和仇恨。在穷人中,产生了数量增多但不知廉耻的乞讨者、无可救药的窃贼,他们并最终沦落为小偷和土匪。①

诚然,这些品行并不专属于徐州地区,在鲁西的其他区域也有所体现。

对施坚雅关于华北宏观区域空间模式的修订(特别是考虑到功名获得者的聚集程度要远比单一的人口压力更能精确地反映经济资源模式),允许我们把鲁西再次归类为宏观区域的边缘地区。在这种语境下,施氏对边缘地区盛产军事专才的评论才合乎逻辑:"当地培育了大量的士兵和军事专家,这符合地理区域边远地带的状况……(这里)年轻人自然而然地变得精通武术。"②毕竟,这块区域有着辉煌的尚武传统,养育了刘邦、项羽和曹操在内的知名将军和农民起义首领。

但我们应注意的是,敌对的自然环境和累进的贫困并不一定导致普遍性动乱的产生。19世纪后期,将这种苦难状况在某些地方转化为集体暴力行动的一些关键的中介变数合乎地缘政治学本质。这种区域往往都是统治的边缘区。该地民众更为倾向参与集体暴力,因为这些区域"政治权威最为薄弱,自古以来都是叛乱活动之策源地"③。除了行政效率的普遍下滑外,其他因素也加剧了政府权威的弱化:(1)华北平原这片区域由五省分而治之的犬齿交错态势;(2)省际统治边缘区与盐政管理区

---

① 蓝文田:《中国的教区:徐州》I,第26页。
② 施坚雅:《中华帝国晚期的流动策略》,第351页。
③ 谢诺:《〈水浒传〉的现代意义:它对19和20世纪中国叛乱运动的影响》,第18页;也可见邓嗣禹《捻军及其游击战,1851—1868年》,第46—71页。

的不相吻合;(3) 山东、直隶、河南和江苏四省边界诸多复杂的行政怪胎——这包括极端复杂的边缘地区和没有规则的地理面貌,四分五裂的行政机构和飞地纠缠其中。① 人口的压力、经济的停滞、长期的社会政治腐败,以及易受灾荒的环境都塑造了集体行为,并为乡村动乱提供了可能性。但正是地缘政治学中边缘地区的战略重要性,才促进和维持了华北边缘地带的长期混乱。鲁西北的边缘地区恰好就是一个佐证。这是一片灾害易发的地区,有着迁徙的传统和饥荒救济的历史。但是,该地大部分区域都相安无事,集体暴力恰恰在边缘地带较为普遍,这是因为它地处边界。换言之,无论是在宏观区域还是行政管理的术语下,施坚雅关于华北平原边缘区的下列假设是较为合理的:

> 在这里,你会发现自治公会在从事不法的生产活动,执法人和收税人对其鞭长莫及。从教派到具有煽动性的秘密会社,都属于异端团体的范围;大多数的匪帮都带有浪漫主义的反叛思想。大部分的下层民众包括比例不一的走私犯、流浪汉、政治犯以及各色术士。②

这些发生在华北平原边界地区的集体暴力活动,将在余下章节得到深入考察。

---

① "飞地"被定义为一块"政治岛屿",它归属于某行政单位,但被另一个行政单位所属领土完全包围。见霍诺雷·加塔道尔《西欧的飞地问题》(Honore M. Catudal, *The Exclave Problem of Western Europe*)第 1—4 页。1978 年,著者在国际学术会议上首次提出飞地这种行政怪胎问题,但得到了与会人员的质疑。只有堪萨斯州立大学的罗伯特·麦克尔(Robert McColl)教授意识到了这种现象。见《地缘政治学维度下的乡村集体暴力:1868—1937 年的华北平原》,第 34 页;罗伯特·麦克尔:《中国行政怪胎:中国共产党统治前的地方行政新论》(Robert McColl, "China's Administrative Anomalies: A New View of Local Administration in Pre-Communist China")(未刊硕士论文)。
② 施坚雅:《华北的社会生态与反叛力量》,第 47—48 页。

第二章　派系纷争

　　离开归德府,进入了河南、山东和江苏交界地区一个类似三不管的地区。这一地区为三省不法之徒出没之区。这些人结成团伙,在当地被称作"十八团",他们居住在(归德至徐州)大道沿路建有圩墙的村庄或者"寨"里。他们推举头领,联合反抗官方对其事务的干涉。他们因"反抗官府"而联合起来,也因此而终结。但是,这并不能阻止他们彼此之间不断地殊死搏斗。每隔五六英里,我们就会经过这样的一个"寨"。①

—— 梅尔思(1898 年)

华北边缘地带的不稳定环境,足以解释普遍性动乱的传统。特别是曹州府,据称"作为山东省最为动乱之府而恶名远播"。②"众所周知,它从古代开始在整个帝国疆域里便最为难以管治——其实相当无救。"③首位到达该地的天主教传教士安治泰(Johann Baptist Anzer,1851—1903 年)主教指出,该地居民与山东边缘地区居民相比,更以凶残著称:

---

① 梅尔思《北京至上海陆地旅行记》,第 13 页。他于 1897 年途径了山东、河南和江苏的边缘地带。
②《北华捷报》1906 年 10 月 12 日,第 90 页。
③ 明恩溥:《序言》,转引自法思远编《中国的圣省山东》,第 7 页。

他们好像具有天生的残忍、冷血的残忍。其实，他们公然吹嘘这种劣行……从来不惧严刑拷打和死亡，以自豪的态度对待官府极刑折磨，并伴以冷酷的轻蔑。个人恩怨延传至七八代。据说婴儿在出世时要攥握匕首，当长大成人后，作为担负为家人复仇的象征。①

另一位天主教传教士则把单县当作该多事之府中最臭名昭著的地方：

单县人的名声，使许多诚实的人们计划行径该地时望而却步。当地百姓被描述为终生以刀和匕首为伍，游戏人生，无畏死亡。在田间忙于农活时，他们攻击不加提防的过路人。如果这些过路人只被留下行李而不是生命，那么应该自视为是多么地幸运了。②

邻地徐州，被描述为"萧条时期无法边界抢劫的不竭温床"③。两江总督沈葆桢奏曰："风俗强悍好斗，乡里豪滑，动辄啸聚，椎埋剽掠，视若寻常。积习相沿，浸成风气。"④

直隶东南及与山东交界地区的民众，也被同样描述为"残暴"⑤。耶稣会神甫徐昕波（Prosper Leboucq，1828—1905年）断言，河间府所属的11个县治每年至少发生100起凶杀案，"它们并没有经过事前谋划，而是光天化日之下邻居或亲属之间的斗殴

① 安治泰致杨生（Arnold Janssen）函（1883年7月18日），转引自《耶稣心小使者报》，第10卷第12期（1883年12月），第91页。
② 转引自《圣言会福者瑟神甫：其生平和著作，兼论鲁南传教史》，第217—218页。
③《频临的饥荒》，载《北华捷报》1888年11月23日，第581页。
④ 沈葆桢奏，载《京报》1877年7月7日，转引自《北华捷报》1888年7月28日，第86页。
⑤ 袁世凯奏，载《京报》1902年6月5日，转引自《德文新报》1902年6月13日，第478页。

所致。每个知县在衙署每年要处理 1000—1200 起词讼案例,而只有百分之六十的原告能够侥幸生存,并向官府控诉"①。直隶武邑的滏阳河流域沿岸民众,被认为"有着特别的性格,勤劳而又积极,同时他们比其他人群也更为强横。当滋生竞争、嫉妒、仇恨之后,与其他地方相比,这些思想在该地扎根得更为持久深入"②。

暴力性派系纷争的爆发,是山东区边缘地带村落关系的最为鲜明的特色。基于研究目的之考虑,在本书中,派系纷争是指两个竞争性且具有相似结构的社群之间的有组织暴力。这种竞争性冲突,可能发生在近亲的血缘亲族、村落或者较大的群体社群之间,也有可能发生在不同民族或宗教组织之间③,抑或源自不同地理区域的民众。方言、习惯、传统、个人观以及日常生活细节的不同,都潜在导致了多样衡量标准,以致给双方造成偏见或仇恨,使他们在一些极为琐屑的日常小事上也会产生争执。最后,两个竞争性官能社群间的竞争,导致有组织暴力的爆发。④ 集体中间出现派系并不罕见,在结构脆弱的异姓混居的村子中尤是如此。此外,来自竞争性村子里的对手可能借机与外来力量结盟,借此消灭自己的敌人。因此,当已建立社群分化时,新的联盟随

① 徐昕波文(1870 年 1 月 18 日),载《传信年鉴》(*Annales de la Propagation de la Foi*),第 42 卷(1970 年 9 月),第 342 页。

② 万其偈:《圣若瑟的艰难诉讼过程》(Albert Wetterwald, "Un procès difficile gagné par St. Joseph"),第 17—18 页。

③ 中国回族社区分布在山东全境。虽然我们并没有发现关于暴力冲突的任何记录,但汉回居民间的派系纷争在直隶盐山地区似乎时而发生。见《北华捷报》1892 年 8 月 19 日,第 273 页。

④ 参见如下著述:萧公权《帝制中国的和解》,第 25 页;萧公权:《中国乡村:19 世纪的帝国控制》,第 419—433 页;裴达礼:《中国的家庭与宗亲》,第 146—150 页;裴宜理:《华北的叛乱者和革命者(1845—1945)》,第 74—80 页。

之诞生。这是我们此后章节关于反教冲突的主题。

一些掠夺性的行动是一次而终的,但有一些却是数代不共戴天的仇恨。这些宿仇郁积数代,期间可能演变为公开的冲突。[①]如同艾姆利斯·皮特斯(Emrys Peters)所描述的地中海世界的宿仇:"如同脓化的疮口,宿仇中的敌意逐渐化脓,溃烂重又结郁,这个过程周而复始。"[②]宿仇在多数时候都处于潜伏状态,区分处于暴力阶段的它们与其他形式的派系纷争通常非常困难。这些集体行动看起来是孤立的,但事实上是一系列链条事件中的某个的血腥情节。在这点上应指出一个事实,即反教冲突经常包含着长期不和的隐藏因素。

派系纷争主要——但不是单单为——竞争各样稀缺资源:攫取和保护经济资源,这包括控制当地市场、扩大或维护头领的政治和社会威望。裴宜理认为:"在资源稀缺的环境下,针对其他竞争者的暴力是合理的策略。资源的短缺和没有丝毫保障的生活需求,可能会滋生冲突,并把它作为一种生存方式。剥夺他人的基本生活用品被视作可以增加自己的活命机会。"[③]不过,并不是所有的派系集体行动都是出于理性的选择。悔婚、妒忌他人的经济财富、莫名的猜疑,同样导致了遗留数代的怨恨和敌对。"面子"的损伤和情绪的失控,在残忍报复心态的驱动下,酿成了暴力冲突。比如,在濮州的某个村落,孙氏家族"以恶霸知名",坑骗和欺压徐氏家族。最后,孙达文与徐守仁之妇通奸事发后,后者纠

---

① 械斗纷争在中国东南最为盛行。见蓝厚理《械斗:中国东南地区的暴力病理》。
② 裴宜理:《华北的叛乱者和革命者(1845—1945)》,第 xxiii 页。雅各布:《械斗社会》(Black-Michaud Jacob, *Feuding Societies*),第 16 页。在同样的语境下,该处资料认为"宿仇的本性是永恒的"。
③ 裴宜理:《华北的叛乱者和革命者(1845—1945)》,第 3 页。

集数人连续杀害了孙氏的七名家眷。①

区别长期纷争的最初起因——这很难获悉——和具体的暴力表现自然非常重要。大多数的纷争并未经过精心策划,多是因一些孤立个案而致的冲动事件。一些人情绪失控或一次侮辱等之类举止,极易再次煽起长时间的争执。当恶语相向导致大打出手时,两人之间的争吵很快升级为一场全面战争。大的聚会如集市和节日,尤其可能导致暴力的爆发。

关于鲁南的下列叙述,揭示了械斗暴力夸张性的一面和琐碎的起因:

> 当该地两个村子即将发生械斗时,双方都尽可能纠结更多人手。稍后不久,枪声响起,这是战斗开始的标志。于是双方互相吆喝并咒骂。如果问题能够得到解决,(双方村子的头领)会达成裁决,然后大家平安回家;反之,会有更多的枪支向空中开火,作为勇气和胆量的表露,而这用语言则无法详尽描述。②

1892 年,福若瑟(Josef Freinademetz,1852—1908 年)在单县偶遇到数百人结队前去斗殴,"携带着土炮、火枪和手枪等武器"。

> 这些人何以纠集一起?原来甲村某人买的一个烧饼在途中丢了,被乙村某人捡到吃光了。当后者被抓住后,前者非得要求归还自己买的那个烧饼,且非此不可。这肯定是不可能的,随之发生了两个村子间的战斗。

---

① 张曜奏,载《京报》1886 年 11 月 3 日,转引自《北华捷报》1886 年 12 月 1 日,第 589—590 页。
② 伯义思文(1895 年 3 月 4 日,徐立口),载《圣弥额尔历》,1897 年,第 199—200 辑。

福若瑟继续叙述说,双方的头领招募打手来支撑自己的门面。为了煽起勇气和斗争激情,参战者首先"在纠集人处好吃好喝;把牛从棚里牵出来,屠宰时毫不手软。这是旧风俗的要求"。此后交战的双方"进入土炮和火枪雷鸣的战场"。就在这时,调停人可能会干预其中,协调双方在这次争端中做出一个和平的结果。如果他们失效的话,参战双方会竭尽全力地投入斗争。殴斗结束后,宿仇将会继续以非暴力手段控诉到县衙,若出现死伤更会如此。①

一、词讼

词讼是中国传统社会中最为普遍的特色,尽管帝国劝民息讼。② 据说山东人"热衷词讼"③。某传教士记录了沾化县境内"偏好争论、打官司、报复的风气",并评论说:

> 每个人看起来都和别人有官司纠纷,家族之间也存在着宿仇。大部分的宿仇像传家宝一样从父辈到子孙延传数代,直至还没有出生的后代。这些满怀仇恨的遗产会被心甘情愿地接受并且得到执行。但是,这里没有一个人值得

---

① 福若瑟:《与单县大盗在一起的日子》,第 120 辑。
② 关于理想和现实的落差,参见如下著述:孔杰荣《现代化前夜的中国调节》(Jerome Alan Cohen, "Chinese Mediation on the Eve of Modernization"),第 1206—1207 页;萧公权:《帝制中国的和解》,第 14—15 页;欧中坦:《省级中国的官僚政治改革:丁日昌与江苏重建,1867—1870》,第 65 页;华璋:《中华帝国晚期之县官》,第 212—213、219—223 页。
③ 倪戈氏:《倪维思的一生:在华传教四十年》(Helen S. C. Nevius, *The Life of John Livingston Nevius, for Forty Years a Missionary in China*),第 408 页。

尊敬。①

对高度竞争性环境而言,词讼不可或缺。有利的时机和金钱,能够提升自己获得和继续控制资源的几率。讼棍受雇为当事人起草状纸并公然编造诉状,牵连无辜人群,串通"完全无关但富有的民众进堂作证"。他们还敲诈钱财,并向处于要职的胥吏行贿。② "词讼致使某些人及其家族,处于濒临家破人亡的边缘。因此,把自己的敌手牵连到某桩案子里,是复仇的一个有效策略。"③或如蓝文田所述:

> 律法管治,是打倒某人最为直接的办法。无论清白与否,被控人都难逃官府的魔爪,直至家穷财尽,一穷二白。他的财产遭到抵押,亲属也陷入长时间的债务中。这是小户农的恐惧所在,但是大批敲诈者在利益的驱动下持续追逐,大批无所营生的生员依靠衙署家丁和书役的关系为生。④

有着词讼传统的区域,要比其他地方更有打官司的癖好。除胥吏和村霸外,许多无所营生的低等功名生员,在潜在的词讼当事人间积极煽动冲突,以此从中牟利。⑤ 这种方式非常适合此时中国盛行的对抗性法律程序。

不过与此同时,绅耆调节在阻止纷争扩大中起到了重要作用。即使在开堂审判后,地方官员也倾向于堂外调节,因为词讼

---

① 文书田(G. Owen)致怀特豪斯(Whitehouse)函(1879 年 7 月 23 日,北京),载伦敦会档案之国外来函华北部分,Ⅲ/5/A。
② 欧中坦:《省级中国的官僚政治改革:丁日昌与江苏重建,1867—1870》,第 70—71 页。
③ 孔杰荣:《现代化前夜的中国调节》,第 1214 页。
④ 蓝文田:《中国的教区:徐州》Ⅰ,第 217 页。
⑤ 柯慎思:《绍兴:19 世纪中国的竞争与合作》,第 131—134 页。干预词讼是个关键的皈依策略,在某些中国官员眼里,天主教传教士不比挑唆词讼者好多少。

程序是个"雷区",有葬送官员仕途的可能。① 书吏可能篡改笔录,这将会导致不公正的判决,且面临着失利一方散布流言的危险。不管如何,词讼意味着要弄清双方当事人的受害和犯罪一方,裁决惩处,甚至诸如身带枷锁的轻处,也意味着丢掉了面子。一些仲裁判罚并非完全公正,而且不一定能够重建和谐关系,但这可能更为适宜解决争端和使此后的暴力斗争最小化。调节处理牵涉到如下惩罚,比如为所有在场的人购买茶点、摆宴或者是搭台唱戏等等。这也通常要向因受冤而"丢面子"的一方赔礼,一般通过"作揖"的方式,一些严重案件可能需要"磕头",和解宴能营造出促使当事人一方承认过错的氛围,当然这肯定要大伤颜面。②

词讼在山东区虽然看起来较为普遍,但它只是在一些区域才成为暴力派系纷争的一部分或者是导火索。这些地方词讼,其实通常仅是社群内部隐而未发敌对状态的延续,只不过是换了方式表现而已。当然,这也可能是新世仇的开始,这是因为在这种好战的环境中,失利一方并非一定接受地方官员的裁决。与之相反的是,词讼是依靠政权打击对手的一种方式,而地方军事化的相关发展过程,则通常把政权拒之门外。

二、乡村社会的军事化

本书业经指出,在竞争性暴力盛行的行政边缘区,当地官员

---

① 欧中坦:《省级中国的官僚政治改革:丁日昌与江苏重建,1867—1870》,第 70 页。官员对词讼抵触原因的相关讨论,也可参见瞿同祖:《中华帝国晚期之县官》,第 223 页。
② 萧公权:《帝制中国的和解》,第 58—61 页;萧公权:《中国乡村:19 世纪的帝国控制》,第 290—292 页;杨懋春:《一个中国村庄:山东台头》,第 163—171 页。

不能或者是不愿实施有效的社会管治。在这些区域,当地的自助保护组织承接了这一职能。掠夺性行动的升级和与之采取的防护措施两者之间的联合效用,可以解释乡村军事化程度提高的原因。从孔飞力(Philip Kuhn)的研究中可知,清帝国的首个军事化过程肇始于 18 世纪末,从边缘区延展到内核区域。他指出,地方武装组织的扩散,是统治力量和叛乱力量的双重标志。这包括为了应对"异端"军事化组织(匪帮、教门反叛力量)而建立的"正统"组织(单庄团练,此后联合成为更为广泛的联庄团练)。经时已久,这个过程呈现出规模扩大化和多样武装力量复杂化的特点,其发展顶峰是地方武装和大规模"武装叛乱团伙"的形成,比如太平军和捻军。①

19 世纪中期太平军起义后,乡村军事化水平旋即大幅减弱,但一个新的高峰在该世纪末再次明显地显现出来。此后章节将讨论掠夺型生存策略,故该节将简要探讨与之同步发展的防护型元素。自卫组织的形成随掠夺型乡村动乱的强度而起起落落。山东区的基层防护组织,是以村庄为基础的在居住地看守财产的夜看会②和活跃在田间地头的青苗会③。同时,防护型策略也包括加固当地的防御措施,如在鲁豫苏三省交界区围和寨的盛行以

---

① 孔飞力:《中华帝国晚期的叛乱及其敌人:武装化与社会结构(1796—1864 年)》。但是也要注意他在该书平装版本序言中的修正观点,见该著第 v—ix 页。
② 徐昕波:《中国的社团》(Prosper Leboucq, *Associations de la Chine*),第 193—206 页。
③ 同上书,第 165—172 页;徐昕波:《中国的看熟卫士》(Prosper Leboucq, *La garde des moissons en Chine*);甘博:《1933 年之前华北乡村的社会、政治和经济活动》,第 22—23 页;裴宜理:《华北的叛乱者和革命者(1845—1945)》,第 81—84 页。也可见佛尔白《旅行在中国》(Volpert, "Ein Ausflug im Lande der Mitte"),第 19 卷第 1 期,第 6 页。德天恩(Vilsterman)文(汶上县郭家楼),载《耶稣心小使者报》,第 17 卷第 7 期(1890 年 4 月),第 50 页。该文论述了鲁西南地区盛行的偷盗庄稼和看青。

及村子周围用圩环绕,正是说明了上述论点。① 更高级别的防护措施,包括官方批准的联庄官团、民团以及其他诸如联庄会的自卫力量,这些组织在 19 世纪中期农民起义中也曾参与了反政府活动。

有学者认为,捻军起事平定之后,华北的团练遭到遣散。② 捻军和其残部起义失事之后,大范围的动乱逐渐式微,对自我防护力量的迫切需求肯定不复存在。然而,并没有确凿证据证明其遭到解散。总而言之,尽管团练力量在大部分区域内已经销声匿迹,但它现有的跨村结构仍是有用的政治建制。③ 19 世纪晚期,竞争型暴力在山东区一些区域有所抬头,团练力量再次变得较为活跃。1891 年,平原县被称有团练活动④;1893 年末,武城县的团练力量发起了剿匪行动。⑤

甲午中日战争期间,防护性力量自然再度被广泛激活或又有新的发展。⑥ 值军事化弥漫之际,新型地方自卫组织开始显现,

---

① 某天主教传教士指出,富有"领主"的圩子散布在徐州东部的乡村地区,使人联想到欧洲的封建领土。见艾赉沃致倪怀纶(Garnier)函(1883 年 4 月 21 日,邳州),载《泽西信函》(*Lettres de Jersen*),第 3 卷(1884 年 3 月),第 2 页。请同时注意本章对梅尔思评论的简短引用。

② 鲍德威:《中国城市变迁:山东济南的政治与发展(1890—1949)》,第 428 页;麦金农:《中华帝国晚期的权力与政治:袁世凯在京津,1901—1908 年》(Stephen MacKinnon, *Power and Politics in Late Imperial China: Yuan Shih-k'ai in Beijing and Tianjin, 1901-1908*),第8页。

③ 葛光被:《1902 年 5 月直隶新一轮的叛乱》(Émile Becker, "Une nouvelle insurrection"),第 112—113 页。

④《鲁西通讯》1891 年 11 月 21 日,载《北华捷报》1891 年 12 月 11 日,第 805 页。

⑤ 常明德(C. Schang),转引自《方济各传教会》(*Missioni Francescane*),第 4 卷第 8 期(1894 年 8 月 31 日),第 463 页。团练值此期间在直隶威县周围建立,见《威县志》卷二,第 534 页。

⑥ 济宁地区团练的形成,见《济宁州志》。关于 1895 年鲁南地区的乡团,见李秉衡光绪二十一年八月十四日(1895 年 10 月 2 日)奏,载《李忠节公奏议》,第 720 页。如翰林修撰王懿荣被允许在登州府建立一支乡团。见 1895 年 1 月 28 日上谕,载《京报》1895 年 1 月 28 日,转引自《北华捷报》1895 年 4 月 11 日,第 1895 页。

最为知名的是大刀会,还有更为让人摸不着头脑的组织如义和拳和神拳。由于团练多建立在集贸地区,通常体现出已经存在的团结一致,那么,这种新型自卫团体在多大程度上反映了地方社群出现的裂变趋势?经时已久,防护型集体出现一种趋势即分裂成竞争型的组织。[1] 此外,联庄团练并没有义务保护整个地方社会,而是主要保护富人和名门望祖。[2] 故此,声望稍低的士绅或敌对首领感到有必要建立另外一支防护组织。防护组织的现任头领被当地社群(当地恶棍、佣兵或其他下等人群)其他望人替代后,也有可能导致分裂,其中的利益使得冲突能够长期存在。

地方自卫组织是竞争性环境的组成部分,因此其并不一定起到完全防护的功用。当机会来临时,它也有掠夺性的表现。竞争渗透在中国社会的各个层面。正如柯慎思对浙江绍兴地区绅耆策略的论述,这些互补性力量对外合作,在内部却存在着激烈的竞争,"在大的生存策略范围中权衡利益"。换言之,"运行环境是决定性的"。"如同阴阳,合作和竞争决定了两者互相依赖:为了在外部竞争环境下生存,其构成部分在任何阶段都要精诚合作。这正是外部竞争激发了内部合作。"[3]所以,尽管普遍存在着分裂性的冲突,山东区边缘地带民众仍然团结一致抵制外来侵略,甚至包括来自政府的镇压。因此,外部威胁有利于减缓村落之间的对抗。这种内部冲突和对外团结的悖论,曾是且仍然会是山东区

---

[1] 如 1878 年,陵县一支团练发生分裂。然而,经过一场调节性的戏剧演出后,双方避免了战斗。见《北华捷报》1878 年 4 月 11 日,第 367 页。

[2] 徐昕波:《中国的社团》,第 174—175 页。请留心与之相左的是,穷人是团练的主要力量,当地社群的头面人物在冲突期间给养团练力量,并提供足量武器。

[3] 参见如下著述:柯慎思《绍兴:19 世纪中国的竞争与合作》,第 11 页;葛光被:《1902 年 5 月直隶新一轮的叛乱》,第 161 页;裴宜理:《华北的叛乱者和革命者(1845—1945)》,第 94—95 页。

边缘地带的重要特色。

三、水利冲突

我们虽然已经注意到山东区边缘地带居民的火爆性格和悠久的反抗历史,但令人意外的是,关于村落之间竞争性冲突的具体案例只有少得可怜的信息。在械斗方面更为细枝末节,没有任何观察家目睹了整个过程,通常只是支离破碎的若干片段而已。另外,公共纷争就其本质而言属于私人冲突,只有发生致命性的暴力时,清朝官方才会介入。当大规模的事件牵涉到较大区域时,相关信息才会相对丰富。甚至连械斗整个过程中的长段潜伏期,也被官方文献忽略了。

沟渠建造和灌溉工程等水利项目,为集体劳作和乡邻冲突提供了机会。"在兴修水利过程中,沟渠的建造地是关键所在:在某地建造沟渠,可能就切断了别处的灌溉水源。因此,水利兴建史打上了长期不和以及公然斗争的烙印。"[1]鲁西北的泛区及毗邻的直隶部分地区,更易于发生此种集体暴力。这主要缘于以下因素:(1)雨季时分,该地易遭洪灾;(2)该地属于边缘地区,行政管理相对薄弱;(3)士绅阶层较少,而这些人能够组织治水工程以及在争端处理中发挥有效调节。[2]

下列事件多是关于河岸筑堤冲突,大量劳力牵涉其中。绝大部分的此类事件,都牵连到两个相邻地区的民众,也有少数案例

---

[1] 萧邦齐:《中国精英与政治变迁:20世纪初的浙江》,第90页。

[2] 当然了,这与济南东北部的黄河下流区域形成了鲜明的对比,后者的洪灾是个长期性的问题。关于水利冲突记载很少,显示出该区域士绅比较聚集、得到更多救济,以及济南和青州驻军的镇压能力。

发生在两省之间。在大部分的这些事件中,还没有理清他们的斗争是没有任何先前历史的自然而发,还是源自长期存在纷争的集中爆发。按照我们制定的派系纷争年表,首次案例应当发生在1871年8月18日,此时恩县数千劳工聚集一起,"全都携带着旗帜和长矛",掠夺了临县武城的几个村庄。秀才王士绅所在的村子有8人丧命、20人受伤,他立即控诉至武城和恩县知县。王陈述说,该年上半年,在农历六月(1871年7月18日至8月16日)期间,恩县数位"暴民"纠集,"在获得木材建造沟渠的借口下",砍伐了其村子的树木。恩县和武城民众,在沙河问题上存在着长期摩擦。虽然该河长期干涸,但雨季时分,来自大运河的盈余水分注入沙河,流经武城县后,再次流回运河但没有造成太大破坏。"后来,恩县人为了不让河水再次流向武城,堵塞沙河旧河床。这导致了两地间频发纷争和控诉。"据王姓士绅所言,他的村子并没有介入这场词讼,因为上述变化并没有给他们带来较大影响。①

阳谷和莘县民众,也陷入了一起由水利导致的暴力冲突。"阳谷县的一些人居住在河流上游,希望破开沟渠排泄洪水;而恩县民众正好居住在河流下游,想继续保留这条沟渠来保护自己不受无情洪水的侵害。"1880年,东昌知府和莘县知县通过"调停",达成了较为满意的解决协议。② 1883年11月,一艘官府炮船不

---

① 《京报》1872年5月22日,转引自《北华捷报》1872年6月22日,第506页。该地知县则把这起案例淡描为"一起水坝之争"。王士绅随之向济南的省府控诉,巡抚旋发出审理的指令。但是长达一年的时间也没有开堂审讯,故王决定控诉到朝廷以求再度审理。出处同上。没有材料表明这起冲突是如何解决的。

② 萧公权:《帝制中国的和解》,第44页;萧公权:《中国乡村:19世纪的帝国控制》,第420—421页。

得不介入直隶献县的一起河堤暴力冲突,造成 11 人毙命。① 此后数年,在另一起因沟渠而发生的事件中,大运河某处堤坝决口从而造成水患,进而淹没了直隶的几处区域,1890 年 7 月 24 日和 25 日,六七千名民众在东光五六十里外的范家庄聚众械斗,导致近 30 人丧生。②

临清北大运河的一处堤坝发生溃决,导致武城、夏津和恩县三处交界地区因沟渠修建而致冲突。由资料可知,恩县民众并没有经过精心准备,但武城人却雇佣了“精通武术的八名壮丁”前往探看。③ 1895 年 7 月的一场暴雨,造成水灾且毁坏已经收割好但没脱粒的小麦,8 月 9 日的持续大雨更是加重了庞庄的受灾情况,而该地正是美国公理会设在恩县的布道站。“庞庄西 4 里处是曹四屯,这两个村中的这代人中间存在着长期的仇恨。”曹四屯非但拒绝与庞庄合作泄洪,反而构筑一道水坝,致使庞庄成为一片湖泊。但庞庄的长辈束手无策:“他们向我们证明,四十年前的那场官司,对他们来讲至今是个噩梦,所以自己无能无力。”④

水利冲突有时会有出乎意料的发展过程,如德州某地案例所示:“德州南 20 里的四女寺至临清州附近的沿大运河广泛区域,被称为悬河地区,现遭受水困已达数周。这块洼地的正南角地势

---

① 《京报》1884 年 2 月 14/15 日,转引自《北华捷报》1884 年 4 月 9 日,第 413—414 页。也可参见李鸿章奏,光绪九年十二月四日(1884 年 1 月 1 日),载《李文忠公全集》(卷四八),第 26 页;光绪十年二月十六日(1884 年 3 月 13 日),出处同上,卷四九,第 25 页;光绪十年十一月二十一日(1885 年 1 月 6 日),出处同上,卷五二,第 10 页。

② 《中国时报》1890 年 8 月 9 日,第 504 页。后有报道称,来自东光县万庄的贫苦百姓“造反”并攻击了官仓。见《时报》,1890 年 8 月 6 日,转引自《中国时报》1890 年 8 月 30 日,第 556 页。

③ 《鲁西通讯》1890 年 7 月 26 日,载《北华捷报》1890 年 8 月 29 日,第 257 页。

④ 庞庄布道报告(1896 年 3 月 31 日),载《美国公理会之华北差会记录》(ABCFM:NCM),第 15 卷,文件号 31。

很低,导致该处村庄大面积受淹。"有人认为,这次水灾的起因是漕粮船队运输的结果。当恩县民众挖开了坐落在四女寺的堤坝时,遂引发了和德州民众间的冲突。[①] 这起因保护本村不受洪水侵害而带来的争端仇恨,却导致了一个新兴集市的建立。大运河流域重要的集贸中心四女寺每十天举办四次集市,春秋两季还有大型交易会。由于这场冲突,对岸村落的某位举人号召在其地建立一所竞争性的市场。若河北岸村民前往四女寺集市,会被处以1 000铜板的罚金。据说别的村子也发过这种类似事情。[②]

在常年洪水泛滥和防护型堤坝纵横交错的地区,有关水利的举措可能导致冲突的连锁反应。1890年夏的一场超强暴雨,造成徒骇河河水泛滥,致使临邑县大部地区被淹。一些堤防与河流同向,一旦某处发生溃决,居住偏北部的民众当即切断下道堤防,如是以此类推。随之引发了不同两地间的多种斗争,造成6人丧生。武城县最终全境被淹,这引发一起词讼,来自省府的委员到达该地进行调查。[③]

1892年,有外国观察者报告说,大运河沿岸直隶地区的水灾,"在关于何地应该放弃或者是如何切断河床方面,导致不同县治和地区爆发了常态性的斗争。据称某起交锋导致多人丧命,这似乎在本质上难以避免,因为它激起的热情最为强烈。除了斗争这个赌注外,绝对没有任何别的解决方式"。这位作者继续说道:"没人有对这些事件显露出惊讶,因为多年以来肯定发生过类似事件,就如同现在的状况一致。迄今为止还没有任何外国人观察

---

① 《孖剌报》,1890年9月10日。
② 《鲁西通讯》1890年10月8日,载《孖剌报》1890年11月18日。
③ 1890年9月13日报道,载《孖剌报》1890年10月1日,重刊于《北华捷报》。

和报道过这些事件。"①

　　我们收集了大运河沿岸边缘地带诸多派系冲突的资料,但只有一起发生在其他主要洪灾区的案例引起了我们的注意,它处于黄河下游地区。陈世杰的一份奏折言称,章丘民众武装齐备地前往齐东县,准备切开位于张家林的河堤,因此挽救自己的家园,但把包括齐东县城在内的全县地区置于洪水之中。②

　　因水利而引发派系纷争的相关信息,在黄河旧道沿岸地区也同样缺乏,而该区域也是地方暴力活动的主要发生地。一起案例使金乡和鱼台两县民众牵涉到了长期争端中,它此前也曾导致了多起词讼。一条名叫柳河的河流流经上述区域,但黄河在1855年的改道也大幅改变了这条河流的面貌。黄河因河床的升高而有时导致水流外溢,造成周围县城变成一个巨大的湖泊,从而致使大量泥沙注入柳河。上游民众建造水坝防御洪水,但这导致下游地区的洪水更为泛滥,从而引发一起"暴力威胁与人身殴打事端"。③

　　1897年,苏北发生了一起两省民众的派系纷争。耶稣会传教士艾赉沃(Léopold Gain,1852—1930年)在(江苏)萧县报告了这起事端。大运河先前经由山群流入安徽,期间带走此地的盈余水分。但它已堵塞多年,官方也没有资金进行修缮。1897年夏的一场暴雨,淹没大片区域,这缘于积水不能排泄。可怜的萧县民众前来求见当地传教士郎本仁(Pascal Le Biboul,1862—

---

①《鲁西通讯》1892年8月13日,转引自《孖剌报》1892年9月2日,第339页。粗体为强调说明。
②《京报》1883年10月2日,转引自《北华捷报》1883年11月28日,第616页。
③ 参考自巡抚文格奏文,见《京报》1878年7月25日,转引自《北华捷报》1878年8月31日,第221页。李家庄和临近的位于巨野县的刘家庄因治水而引发的长期械斗,将在第七章进行考察。见《山东义和团调查资料选编》,第35、36、38页。

91

1932 年),言说若能提供帮助,将有一百多名村民愿意整体皈依。[1] 在另外一起可能孤立的事件中,萧县北数千民众全副武装地准备破开某处河堤,以期向南泄洪,但是这遭到了南部民众的反对。艾赉沃记述说,接下来的对峙浪费了大量的精力。[2]

四、土地冲突

考虑到土地的日益短缺,关于这方面的争端定是常态事件。这种冲突通常只牵涉到单户家庭——宗族发展在北方还不算强盛——故这种低级别的冲突似乎没有留下记录。不过,主要因为传教士的介入,我们已掌握两起旷日持久且有特殊意义案例的相对详细资料。这两起案件都和 19 世纪 50 年代黄河改道而引发的变动有关。首起案例是江苏砀山县刘、庞两家族围绕黄河旧河床上的一小块土地而起的冲突,第二起是因黄河改道原河床水位消退后,由微山湖西岸的一块狭长土地而引发的。

如同其他事例,黄河旧河道两岸的刘堤头的刘氏和庞家林的庞氏(见第 265 页地图十),长期不和的真正起因和早期状况还不得而知。然而,似乎是该起事件发生前的数年,庞氏家族的族长庞世均与某衙门胥吏串通,非法获得一块狭长沙地,该地被称为

---

[1] 艾赉沃(1897 年 8 月 9 日,徐州),载《泽西信函》,第 17 卷第 1 期(1898 年 5 月),第 14 页。饶有意思的是,毕仰高(Lucien Bianco)也引用了 1932 年夏发生在该地的类似事件。当萧县民众决定把两道河床的积水排向沟渠,以期自己的庄稼免遭水淹时,来自宿县(在清朝时隶属安徽)的数千民众介入了此事。1933 年秋另外一起对峙也发生在该地。见毕仰高《农民与革命:以中国为例》(Bianco, "Peasants and Revolution: The Case of China"),第 320 页。

[2] 艾赉沃文(1897 年 8 月 9 日,徐州),载《泽西信函》,第 17 卷第 1 期(1898 年 5 月),第 14—15 页。

湍地（"湍流"之地）①或东湍（可能是黄河旧道河堤内的土地）②，而刘家也宣称对该地拥有所有权。所以此后每年，刘家都在麦收季节偷收部分庄稼作为报复，而庞家则用暴力手段进行回击。③

刘家乘庞世均在1892年逝世之际，袭击了庞家，但好像使用了不一般的暴力方式。在刘堤头村私塾发生的反击中，庞世均的长子庞耀静受了数处轻伤。在接下来的官方调查中，地方官员起初站到了传教士和刘家一方。然而，庞耀静于33天后离世——按照传教士所言，其死亡是偶然性的——地方官员转向支持庞家。当地知县、知府、道台、总督刘坤一，甚至上至李鸿章，都"要求艾赉沃神甫、陶泳思（Olivier Durandière，1842—1902年）神甫、倪怀纶（Valentin Garnier，1825—1898年）阁下甚至包括主教安治泰，交出罪人刘广志或刘三娇（是为刘家长子），这两人都被控诉为谋杀罪名"④。根据传教士的说法，此案最终未得到圆满解决。

鉴于庞世均已经去世，必须要推举新的族长。"这个首领通常是位长者，在学问和功名上最好也有较大成就。总而言之，这个机智的人应当在言语上较有威信，在知县和邻居面前有一定的

① 这明显是被清朝政府遗弃的官地，见《山东义和团调查资料选编》，第24、25页。
② 东湍的意涵还有待考证，中国历史学者认为这是个地理概念。见《山东义和团调查资料选编》，第2页。然而，这可能在此指某种类型的土地，即在每年部分时间中被水淹没的黄河旧道沿岸土地。这没有直白指向微山湖沿岸的团里地区（这在下文中将作具体考察）。
③ 艾赉沃：《回忆录》（Gain，"Souvenirs"）Ⅱ，第16—17页，转引自蓝文田《中国的教区：徐州》Ⅰ，第120页。
④ 艾赉沃：《回忆录》（Gain，"Souvenirs"）Ⅱ，第16—17页，转引自蓝文田《中国的教区：徐州》Ⅰ，第120—121页。此后数年，另外一位传教士报告，在刘堤头村不远的地方，有四百人参与在黄河旧河床上的斗争。见禄是道文（Doré）（1897年8月21日，侯家庄），载《中国新闻》（Nouvelles de Chine），第7卷第2期（1897年9月15日），第4页。但是这起冲突似乎与刘庞间的恩怨无关。

发言权。"①此外,艾赉沃认为,庞世均"是位老人,没有文化但为人圆滑",他终生忙于词讼,"像其他望人一样",设法增加自己的影响和财富。②如今年轻的精英庞三(别名庞三杰和庞盛选)"通过集体一致同意"成为家族新的头领,这是因为庞家的其他长子"心胸狭窄,从小就急切地按照接班人培养"。庞三在 20 多岁时,就有了非凡的体格,身高高于同辈人。在县武科举童试中,他不费吹灰之力就获得了武生功名。③

当地天主教传教士艾赉沃曾试图不去介入宗族冲突,但他现在却卷入了一场重大世仇之中。他与官员的关系恶化,因为后者坚信传教士包庇刘家的"罪魁祸首"。此外,庞三现今变得公然反教。如艾赉沃所言,老庞曾经对侯家庄的教民尚可容忍,这个只有 35 户人家的村子是 19 世纪 90 年代初耶稣会在苏西北的主要堂口。侯家庄是所谓的庞氏宗族的 18 个村子之一,这些村子"如果不是以法理而言,事实上是在强盛庞庄的保护或管辖范围内"④。因此,这起争端是起典型的宗族械斗,或严格而言是刘庞两姓间的冲突。这 18 个据点并不是单独居住着庞氏家族,是否有可能是在庞氏家族政治影响下的村落联合? 它们是否属于半官方或市场结构的性质? 换言之,作为乡董的老庞和庞三,是否在徐州西部地区的地方政治中扮演着重要角色? 他们也有可能是政治头领,能够在派系纷争中动员和赢得当地多姓村落的支

---

①② 艾赉沃:《生活在新时期的中国》(Gain, "Dans la Chine nouvelle"),第 488 页。

③ 艾赉沃:《生活在新时期的中国》,第 489 页。关于庞三的多个别名,见李秉衡奏,光绪二十二年六月二十四日(1898 年 8 月 3 日),见《义和团档案史料》(上),第 4 页。耶稣会传教士倾向称其为拿破仑二世。见蒙念恬(Hamon René)文(1931 年 5 月 20 日,砀山),载《中国关系》(Relations de Chine),第 9 卷(1931 年 10 月),第 550 页。

④ 艾赉沃:《生活在新时期的中国》,第 488—489 页。

持？总而言之，因为刘家在两家结仇过程中搬来了外部力量（传教士），庞三因此在 1896 年与山东大刀会结为联盟（详见第七章）。

上述案例反映了在集体冲突中另一个反复出现的主题：因弃土复垦而起的争端。① 当黄河改道造成先前被淹没的土地重新坦露后，弃地在鲁苏交界地区变为一个重要的问题。本章考察的最后一起事例自然归属于这种类型，但是称其为苏北原住民和来自山东边缘地带移民间的亚种族冲突可能更为合宜。这起发生在 19 世纪 50 年代和 60 年代的长期集体暴力，其起因的详细记录也被我们幸运掌握。②

1851 年 10 月 14 日，徐州西北大约 90 里处的黄河北堤口发生溃决，致使黄河与微山湖之间的大片土地变成一片洪泽。大约四年之后，即 1855 年 8 月 1 日，黄河在开封附近再次造成溃堤，河道遂发生巨大改变。结果，黄河旧道的水位快速消退，一块狭长的土地也随之重见天日。这块 1851 年后就一直淹没水下的土地，有几公里宽，分布在微山湖西沿岸，北至（山东）鱼台县，南到（江苏）铜山县。1856 年，来自山东边缘地带可怜的饥荒难民定居在这块显然无主的土地，他们的家园因黄河改道而遭受破坏。这些背井离乡的非法占地者，绝大部分来自郓城县、巨野县和嘉

---

① 关于弃地口头法律的山东案例，见柯爱华（Eduard Kroker）文，第 204（利津县）、207 页（寿光县）。总体讨论可参阅：黄伯禄《中国特有的产权观念》（Pierr Hoang, *Notions techniques sur la propriété en Chine*），第 22 页注 61；布莱斯译：《中国律例指南》（Gui Boulais, *Manuel du code chinois*），第 223 页注 464；傅兰克：《中国不动产的合法关系》（O. Franke：*Die Rechtsverhältnisse am Grundeigentum in China*），第 32 页。

② 下述主要是参考徐勋的著作，见其著《徐州府团里的历史记述》（*Notice historique sur les T'oan*）。徐勋[Etienne (Stephanus)Zi, 1851—1932 年]是位中国天主教徒，曾于 20 世纪初在苏北工作。

祥县，也有少数来自成武县、定陶县、菏泽县和其他山东地区。

这些贫穷且年轻的外来移民到达此地的时候，只携带了少量的生活必需品：矛、镰刀、锄头和睡觉的席子。不过，这些早期的定居者带来了两种优质作物：小麦和高粱。作物的丰盛自然吸引了更远的山东移民。但是，他们的好运气激起了土著居民的妒忌和敌视。所以，山东移民发现自己陷入了与返回的江苏当地居民间的官司和长期暴力冲突中，后者也声称拥有这块被淹狭长土地的主权。移民不仅无家可归，而且为数众多难以驱逐，看到调停无望，地方政府遂决定划定边地分离两个敌对群体。边外地区对其而言是危险的领土，因此山东人通过在边地一侧（长180里）修建圩墙来加强防卫自己的土地。① 在圩墙和湖泊中间的该狭长土地逐渐被称之为"边里"（边界以内）。移民自我组织为大的领土单位"团"（被徐劢译为"Circles"），这片争议的土地从而被人称作"团里"。江苏共有8个团，还有2个位于山东的鱼台县。每个团又进而划分为段（Sections）。在一些文献中，这种领土被称为湖团（被邓嗣禹译为"Lakeside Communities"）。② 这些居住点的组织基础依赖亲属关系和籍贯来源。每团为团总（Circle Chief）率领，该人多是地方士人（科举功名获得者或攻考者）。其实，这些精英人物是被他们的亲属从山东邀请而来，他们具有号召力和管理经验，特别是善于词讼事务，这些能够促使他们勇敢地对抗江苏的民众和地方官员，故而占据移民居住地的头领职位。③

---

① 在泥墙外面好像还有条水渠。见徐劢《徐州府团里的历史记述》，第36页。因为泥墙和水渠都牵涉到水的流向，故移民和当地人的矛盾更加恶化了。
② 邓嗣禹：《捻军运动的新意义及其对满清帝国谢幕之影响》，第133页注73。也可见裴宜理《华北的叛乱者和革命者（1845—1945）》，第56—57页。
③ 也可参阅萧公权《中国乡村：19世纪的帝国控制》，第422页。

当地人继续声称,他们继续保有 1851 年洪水所致弃地的所有权,这并非无理取闹,故两社群间的仇恨仍旧非常炽热,致命性的集体冲突也是司空见惯。"谁敢越边一步,等待他的将是一番噩运！痛打、鞭抽,如果侥幸生还的话,他所在村子将会伺机报复,无休止的战斗随之而来。"①1863 年 12 月发生了最为严重的冲突,造成 24 名江苏人和 2 名山东人死亡。次年 7 月,来自新团的山东人杀害沛县刘天寨(或刘家寨)民众约 80 人。后面的这起袭击致使官府在 10 月份强劲介入,并惩戒了新团。曾国藩在1866 年接管该案,这些连环暴力最终告结。②

经时已久,两者关系有所改善,暴力冲突也随之减少,但他们仍然存在着猜疑和隔阂。两地民众虽开始在同一个集市中营生,但相互通婚仍绝无可能。为了表明其永久外来人的地位,移民要承受与徐州本地人不同的特殊税制,并且禁止参加徐州府的文武科举考试。③ 江苏人继续称这些定居者为"侉子"(吹牛皮的人；北方人),与之对应的是,这些移民把本地人叫做"蛮子"(野蛮人；南方人)。侉子和蛮子的对立在中国比较常见,但也折射出汉民族中南北方差别的消极性表征。在徐州府一地,这更加含有侮辱的意涵,引申为"暴力""凶残"的特性。其实,如此后某传教士所指,团里人总体上更为好斗,"时刻准备着拿出长矛和火枪"④。徐劢感觉江苏人称呼这些移民为老贼子也有合理的成分,因为移

---

① 艾赉沃:《盗匪纪事》(Gain, "A propos d'un brigand"),第 161 页。
② 徐劢的记述大多以曾国藩的奏折为主。
③ 艾赉沃:《盗匪纪事》,第 161 页。很有趣味的是,那块被称作团地的狭长地块近来被划拨给山东省。据称甚至在 20 世纪 70 年代,这些居民仍没有被江苏人接受。见 1979 年山东地图。
④ 段之馨(Van Dosselaere)文,载《天主教传教区周刊》(Les Missions Catholiques),第 23 卷(1899 年 6 月 23 日),第 291 页。

民与当地人相比,其大体上出现了更多的盗贼。①

发生在江苏的冲突虽比较严重,但鱼台的两个团看似也经历了些许困难,只不过是程度稍逊罢了。曾国藩在1866年描述说:"东省客民,人数寡而耕地少,一经官为处置,渐以相安无事。"②不过,这并非完全属实,因为我们发现了移民和当地人此后冲突的少量材料。一次冲突发生在1879年③,另一起发生在1888年夏④。

传统上,移民一直是中国长期集体冲突的一个起因(本地人对抗客家人)。江苏本地人和山东移民间的仇恨,自然是微山湖西沿岸民众之间的主要矛盾。他们虽然在外表和语言上无甚差别,但仍旧表现出了亚种械斗的一些特征。19世纪90年代末这些纷争的规模有大幅下降,但在团里定居者之间出现了新的矛盾,而这对本研究尤其重要。最重要的地方在于,这里有一些相当模糊的迹象,即至少有部分来自郓城和巨野的定居者与他们以前在山东的老家人仍存在着长期纷争(见第七和第十章)。

同时,湖团内部的冲突也明显与特殊的团里税制有关。当地的赋税不是由地方官员而是由团总收取,他随后将银饷移交给徐州的湖团团部。团总素有欺凌和敲诈行为,被压迫移民农户长期以来要求按照常规的土地税缴纳田赋。反对领导人的斗争肇始于19世纪90年代末,这提供了被统治阶级关于阶级冲突的掠

---

① 徐劻:《徐州府团里的历史记述》,第67页。然而,他进而认为,这个称呼的发音好像是当地土话的"老砸子",这个意思更具有侮辱的意味("砸"在英文中的对应意思是to smash或to strike)。
② 转引自徐劻《徐州府团里的历史记述》,第41页。关于鱼台团里,也可参阅《济宁直隶州续志》(一),第259、331页。
③《京报》1879年4月3日,转引自《北华捷报》1879年5月13日,第464页。
④ 据报道当地土著和外来移民在南阳湖沿岸发生了摩擦,而该湖为微山湖的北扩展湖。见《北华捷报》1888年7月21日,第65页。

影,但通常被更主要的集体冲突所遮蔽。但当外部威胁消退后,内部合作趋向让位于更强烈的内部竞争。这两种自相矛盾的环境,都给传教士提供了机会。例如,铜山县豫团望人李玉伦的强征税款,致使农户寻求天主教的庇护。[①]

　　总之,有关在山东边缘地带看起来无处不在的派系纷争的信息,我们不得不承认是相当稀缺的。只因传教士的介入和教案,我们才能对之做一番管窥。即使如此,在这些资料中也难发现明确的表述。最后,就是在与竞争性暴力背景的抗争下,基督宗教在山东区的发展才有可能。

---

① 艾贲沃:《盗匪纪事》,第 161 页,第 161—166 页。

第三章　盗　匪

　　大概这河南、山东、直隶三省,及江苏、安徽的两个北半省,共为一局。此局内的强盗计分大小两种:大盗系有头领,有号令,有法律的,大概其中有本领的甚多;小盗则随时随地无赖之徒,及失业的顽民,胡乱抢劫,既无人帮助,又无枪火兵器。抢过之后,不是酗酒,便是赌博,最容易犯案的。[①]

——《老残游记》

　　盗匪活动的猖獗地点,也大致坐落在因悠久派系纷争而知名的山东区。此外,当时文献记录清楚表明,盗匪是那时乡村集体暴力最为普遍的形式,但地方官员只上报了少量具体的相关案件。另一方面,就如械斗团伙一样,个别匪帮并不能够对政权构成威胁,故而最好视而不见。萧公权指出:

　　　盗匪活动与"暴动"和"叛乱"不同。叛军有其目标即推翻现行政权,但盗匪并没有摧毁政府的目标,只是触犯法律而已。后者也有可能公然反抗已有政府,但仅仅是作为"自我保护"的一种手段,或者是实施抢劫活动的必要步骤。因此,在实际情况下,盗匪和叛军的界限并不是多么明朗,但是

---

① 刘鹗:《老残游记》,第61页。

两者确实存在着广泛的区别。①

幸运的是,中国资料的匮乏在某种程度上由西方——主要是传教士的资料所补充。天主教传教士长久以来就在鲁西北和直隶东南地区活动。19世纪80年代,圣言会的传教士开始在鲁南传教,他们工作和生活的地点多是乡下,且经常遇到盗匪,在这点上与1890年后在邻地徐州府活动的传教士类似。虽然基督教传教士多是分布在通商口岸,但一旦他们在庞庄(1880年)、临清(1887年)、济宁(1891年)、沂州(1891年)建立了永久性的内地布道站,便开始向中国沿海报纸和母会发送盗匪活动的报告。固然缺乏分析性的细节,传教士的记录仍清楚地表明19世纪最后二十年山东区一些地区盗匪活动的普遍性盛行。整体而言,这些资料更为可信,它包含了中国文献所缺乏的相对客观性。尽管如此,我们仍仅仅掌握了一些主要匪徒的短瞬掠影,而非他们的完整人生故事。

一、盗匪环境

在中国的一些地方,盗匪活动甚是猖獗。一份对中外资料的粗略调查显示,云南、贵州、四川、豫西和东北是盗匪活动较为常见的地区。在这些地区,掠夺性活动的空间分布符合霍布斯鲍姆(Eric Hobsbawm)关于典型盗匪环境的描述:"最为常见的是,盗匪盛行于遥远和偏僻之地,如山脉、人迹罕至的平原、沼泽地、有

---

① 萧公权:《中国乡村:19世纪的帝国控制》,第453页。关于盗首叛乱的可能性,也可参阅裴宜理《华北的叛乱者和革命者(1845—1945)》,第62、72页。

着错综复杂的河湾和水道的河口……"①这种区域的人口普遍稀疏,而山东区的盗匪环境却具有相当的非典型性,因为盗匪是在华北平原这片高密度人口地区起家的。

盗匪当然不是近有的现象。但在山东区甚至是中国,即使是在平常时节,这也是个永恒性特色。比如,请注意《圣谕广训》和《大清律例》特别关注了盗匪问题。② 霍布斯鲍姆在其欧洲匪帮研究中的评论,如是描述盗匪的变化强度:

> 除了些许异常之外,它可能反映任一传统社会的周期性灾害,如绝收、瘟疫、战争、统治及行政衰败,或是基本均衡地反复出现的动乱如中华帝国的"王朝循环"。此后社会迟早回归"常态",这包括通常可以预见的贫穷、压迫,以及他们的社会性或其他的盗匪活动。③

从中国官员于19世纪20年代的观察可看出盗匪已兴起的苗头,且已成为王朝长期衰落的一种表现形式:"东省素多盗贼……揆厥由来,实缘东省多窝盗之区。"④19世纪中期太平军起

---

① 霍布斯鲍姆:《盗匪》(Hobsbawm, *Bandits*),第21页。霍氏的研究地域只是牵涉到少数人群。偏远的人口稀少的边界地区也被认为是盗匪的聚集地,见贝思飞《1911—1928年中国的盗匪:以河南省为考察中心》(Billingsley, "Banditry in China, 1911 to 1928, with Particular Reference to Henan Province");钱德勒:《盗匪之王:巴西的兰佩》(Chandler, *The Bandit King: Lampião of Brazil*);阿赫塔尔:《印度中部的抢劫》(Akhtar, "Dacoity in Central India");司莱特编:《恶棍之徒:拉丁美洲的盗匪活动类型》(Slatta, *Bandidos: The Varieties of Latin American Banditry*)。
② 鲍康宁译:《圣谕广训》(Frederick William Baller, *The Sacred Edict*),第163—165页;布莱斯译:《中国律例指南》,第3—5章。黄六鸿曾于17世纪70年代在盗匪出没的(山东)郯城和(直隶)东光出任知县,也同样在其《福惠全书》中大幅书写了匪患问题。
③ 霍布斯鲍姆:《社会性盗匪》("Social Bandits"),第149—150页。
④ 贺长龄:《耐庵奏议存盗稿》一,第15页上—15页下,转引自萧公权《中国乡村:19世纪的帝国控制》,第466页。虽然其并没有提到具体位置,但他可能指向的是鲁南,因为其于1822—1824年在此地任道台。见恒慕义《清代名人传略》,第281页。

义前夕特别是值此期间,掠夺活动迅猛增长,此后便迎来了短暂的相对平和期,除了平定捻军后旋即围剿其残部之外。山东巡抚丁宝桢在 1873 年末的奏折中说,"豫省毗邻山东地方,向多匪徒聚众滋事",缘于此地"士风刚猛,其民雕悍习兵,"及"黄河连岁溃决",又因地处边界便于"匪徒逃逸",经多省官军"奋勇痛剿,匪众聚歼",并生擒"首要数名",由其供词可知原为"捻匪余孽"。①

　　掠夺性活动的复生,被认为与 1876—1878 年的大饥荒有关。比如,英国浸礼会传教士李提摩太在 1876 年夏记述说,益都县报告发生了 19 起抢劫案件,邻近的博兴县民众聚帮成匪,抢劫当铺。② 方济各会传教士从鲁西也发出类似报告,该地"饥荒盗匪"攻击了当地富人。但随后就遭到官府的镇压,丁宝桢处决和贬黜了地方官员。③ 直隶东南"15 人或 20 人为一伙的窃贼乘黑钻入村子,闯入富人的住宅"④。部分报告甚至来自通常不发生抢劫的地方。

　　在动乱的山东—河南—江苏的边缘地带,居民已经习惯了对稀缺资源的争夺,我们可以同样地揣测,盗匪活动值长期饥荒之

① 《京报》1871 年 1 月 11 日,转引自《北华捷报》1874 年 2 月 12 日,第 133 页。
② 李提摩太文(1876 年 1 月 30 日,青州),转引自《北华捷报》1876 年 7 月 22 日,第 75 页。
③ 顾立爵(Eligio Cosi)致陆文彬(Nivardo Jourdan)函(1876 年 7 月 6 日,济南),载《天主教传教区》(Missioni cattoliche)第 5 卷第 44 期(1876 年 10 月 28 日),第 523 页;顾立爵致坐落在格鲁阿罗(Portogruaro)方济各会总院长贝蒂纳托(Bernardino)函(1877 年 5 月 8 日,济南),载《天主教传教区周刊》第 6 卷 33 期(1877 年 8 月 18 日),第 391 页;也可参阅《天主教传教区周刊》1877 年 12 月 28 日,第 625 页。
④ 马泽轩(Henri Maquet)文(1877 年 4 月 17 日),载《天主教传教区周刊》1877 年 8 月 31 日,第 418 页;该文概述可见《天主教传教事业》(Katholische Missionen),第 5 卷 11 期(1877 年 11 月),第 233 页。也可参阅雷于逵(Xavier Edel)致杜巴尔主教(Edouard Dubar)函(1877 年 10 月 27 日),载《天主教传教区周刊》1878 年 1 月 18 日,第 26 页。雷氏报告一伙 30 人、60 人或 80 人全副武装的盗匪团伙乘天黑潜入村子。

时会急剧上升。由于缺乏可信的资料,这里还不能估定山东单县、曹县和江苏丰县、砀山县在19世纪70年代和80年代初盗匪活动的程度和范围。但是,当天主教传教士在上述区域活动时,普遍性盗匪活动的真正地区就随之暴露了。因此,1884年,圣言会传教士安治泰记述说,匪帮是传教区部分地区的永久性特征,尤在郓城县、濮州、菏泽县、巨野县、峄县和兰山县为甚,"但今年匪帮的数量翻倍,且进入了先前从未闹匪的地区"。安治泰把匪徒的增加和扩散归因于一些区域的洪水和饥荒状况。①

不过,通过对1870—1899年间整个山东区多种来源资料的系统整理,从中所得到的141份盗匪事件,揭示出盗匪活动有着明显的地理差异。只有3起发生在山东半岛,14起发生在鲁中山区,124起(占总数的87.9%)却发生在华北平原。其中,可清晰识别的盗匪活动区域主要有三个。1882年,新任总镇赵鸿举禀称,曹州与直隶和河南接壤,该地民众"民风素强,贼势猖獗"。② 山东巡抚福润奏曰:"(曹州、归德和徐州府)地方辽阔,盗风素炽。"③19世纪90年代,耶稣会传教士用稍微隐晦的语气,描述了鲁苏交界地区对盗匪活动的普遍性态度:"每个人都习惯了盗匪,这毕竟是日常生计;人们谈论他们时就如喝茶一样,(迟早)任何人都会这样:对盗匪不利的人都被杀掉了。"④1898年初,六位美国基督教传教士在济宁抱怨道:

---

① 安治泰文(1884年3月14日),载《耶稣心小使者报》,第11卷第9期(1884年6月),第70页。也可参阅《天主之城》,第7卷第17期(1884年),第272页。
②《京报》1882年11月9日,转引自《北华捷报》1883年2月7日,第155页。
③《京报》1893年8月18日,转引自《北华捷报》1893年10月6日,第538页。
④ 禄是遒文(1897年1月5日),载《泽西信函》,第16卷第1期(1897年5月),第35页。

直隶南部、鲁西南、苏北和豫东在内的整个地区,简直是恐怖之地。有组织的强盗团伙在夜间拦路袭击,破坏或抢走财富,杀害或伤害反抗之人,严厉拷打强迫交出贵重物品,并绑架儿童、老人和妇女以此榨取赎金,这几乎都是日常之事。县城衙门甚至连营兵都曾遭到袭击,里面的人遭到杀害或致残,武器、军火和其他贵重物品都被洗劫一空。①

在曹州府,掠夺性活动尤其盛行于以下地区:单县、曹县和成武县。据称单县最为臭名昭著②,曹县人虽在品性上稍微温和,但抢劫事件也并不少见。③ 19世纪90年代,两江总督刘坤一单单把曹县和单县指为“盗贼之渊薮”。④ 这种民众动乱的特征,也同样适用于邻地江苏砀山和丰县地区。

盗匪活动的第二个主要区域以鲁西的临清周边为中心,包括东昌府的大部,并延伸至省外的直隶地区。该地“碎片化”的行政体制便利了盗匪活动,特别是直隶威县和清河县之间的山东飞地地区更为如是(见地图五)。“与外界隔绝的地理位置和远离县府(冠县、丘县和临清州府治),是十八村(系为飞地)成为盗匪钟爱出没之所的原因。”⑤据说馆陶和丘县人“生性蛮横”。⑥ 1895年,

①《济宁美国传教士声明》,载法勒致戴(Day)函(1898年1月19日,烟台)附二,见美国国家档案馆:第59类暨《国务院一般函件》之《1863—1906年美国驻烟台领事馆报告》(3),文件号61。
② 福若瑟:《与单县大盗在一起的日子》,第119辑;也可见《圣言会福若瑟神甫:其生平和著作,兼论鲁南传教史》,第217—218页。
③ 同89页注⑥,第224页。
④《刘坤一遗集》二,第951页。
⑤ 傅于谦:《(山东)十八村地区史录》[Arsenius Völling, "Geschichtliche Notizen über den Distrikt sche Ba Tsuin(shantung)"],第28页。也可见《威县志》(五),第1508—1510页。
⑥ 郎汝略:《济南宗座代牧区》(Vitalis Lange, *Das apostolische Vikariat Tsinanfu*),第192页。

某通讯员在临清观察到盗匪泛滥于该地西北地区，特别是在南宫县、衡水县、冀州及相邻地区。①

盗匪活动的第三个重要区域（虽然没有前两个突出）位于鲁苏边界的东部走廊，甚至延及山东的郯城和兰山地区②，江苏的海州③、邳州和宿迁县④等地。这些区域"为匪徒渊薮，到处裹胁抢掠，民不聊生"。⑤

上述数据和生动的描述证明了一个观点，即抢劫发生在"叛乱之间"相对平和的年份，且主要聚集在省际交界地区。这里的自然环境和地方社会经济状况固然为潜在的有组织暴力形成了一个基本前提条件，但正是决定性的地缘政治因素才便利了这种持续的掠夺活动。恰如山东巡抚丁宝桢所言，盗匪活动之所以在这些战略要地盛行，原因在于这种高度流动的匪帮能够逃窜到邻省，以此逃脱政府的武力镇压。⑥

在这种地缘政治格局中有一个明显例外，就是以兰山为中心的较小范围的盗匪活动区域，该地处于毗邻黄河和大运河的华北平原的显著外凸部分。兰山并不与任何省界接壤，但长久以来

---

① 《临清通讯》1895 年 12 月 20 日，载《北华捷报》1896 年 1 月 17 日，第 84 页。也可见《京报》1895 年 7 月 22 日，转引自《北华捷报》1895 年 10 月 11 日，第 611 页。

② 方伟廉（William Parker Chalfant）文（1890 年 10 月 3 日，益都），载美国宾州长老会历史协会（Presbyterian Historical Society, Philadelphia）：《美国北长老会海外布道部档案》（Archives of the Board of Foreign Missions of the Presbyterian Church in the United States of America）之中国部分，第 24 卷第 2 册，文件号 45。

③ 这里的盗匪势力被称为占支配地位的"社会制度"。见许锺岳《我的中国乡亲》（Joseph Hugon, Mes paysans chinois），第 21 页。

④ 刘坤一（等）奏，载《京报》1891 年 10 月 9 日，转引自《德文新报》1891 年 11 月 6 日，第 91 页。

⑤ 刘坤一（等）奏，载《京报》1892 年 7 月 3 日，转引自《北华捷报》1892 年 8 月 12 日，第 225 页；也可参阅《刘坤一遗集》二，第 689—690、728 页。

⑥ 《京报》1874 年 1 月 11 日，转引自《北华捷报》1874 年 2 月 12 日，第 133 页。

"就以贼巢而臭名远扬"。① 但就是在这个例子中,我们也不可完全无视地缘政治学的视角,因为这些山脉坐落在兖州府的狭长属地中,而兖州正是处于泰安府和曹州府之间。此外,该区域的特征在于其惊人的行政碎片化程度(见地图三)。

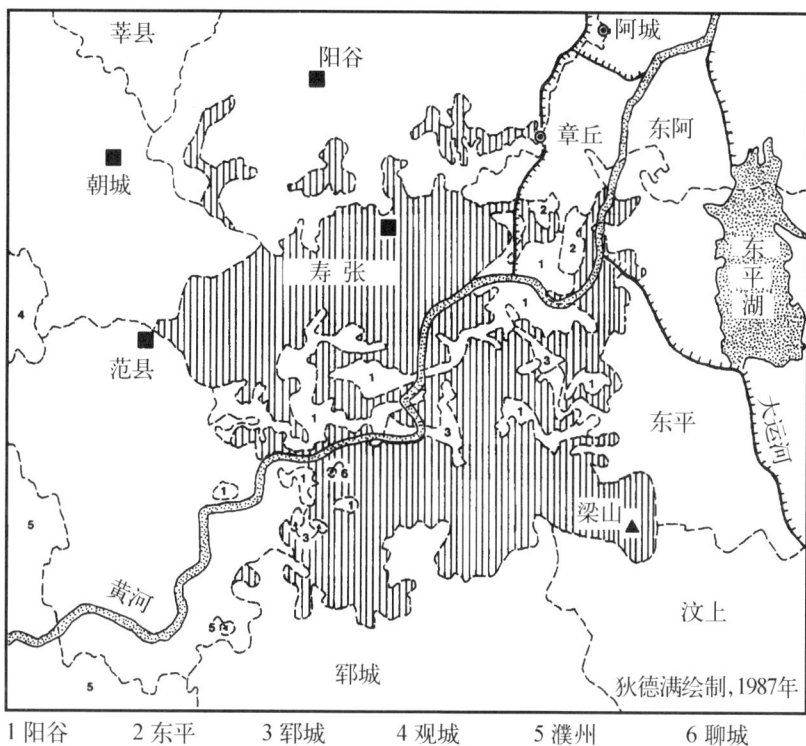

| 1 阳谷 | 2 东平 | 3 郓城 | 4 观城 | 5 濮州 | 6 聊城 |

地图三　寿张县梁山行政碎片化示意及盗匪活动区

①《福若瑟日记》(1886 年 8 月 21 日),转引自包敏《真福福若瑟传》(Fritz Bornemann, *Der selige P. J. Freinademetz*),第 116 页。山东巡抚福润奏曰:"周围皆有村落树株,路径纷岐,平日最易藏奸,向为盗贼渊薮……"见《京报》1892 年 12 月 24 日,转引自《北华捷报》1893 年 2 月 10 日,第 196 页。一幅粗略的梁山地图标志出了"宋江寨营",见《寿张县志》一,第3页。

二、盗匪类型

清代官方报告对盗匪活动和其他形式的乡村动乱，并不总是给予清楚的区分。"在官方话语里，'匪'是指任何罪犯，从普通盗窃到公然造反。"[①]与其说这是个模糊的律法术语，不如说这是地方官僚故意创造的概念。中国律法在盗匪概念上相当精细，分为持械和徒手匪徒，并按照匪帮的规模大小量刑。阿拉巴斯特（Ernest Alabaster）论述，《大清律例》厘定了窃盗（Theft）和强盗（Robbery）的区别，这两项罪名都归属于盗（Larceny）罪。[②] 偷窃属于前项罪名，公开抢夺则属于后者。强盗又进而划分为"抢夺"（Simple Robbery），包括少于 10 人团伙的徒手抢劫；"强盗"（Robbery with violence），指持械的匪帮。[③] 然而，中国官方使用了不甚精确的术语。土匪是盗匪最为常见的称呼，但有时特别是在一些较早的文献中，也单用"匪"来代替。山东官方报告中的其他称呼，包括匪徒、寇贼、寇盗或杆匪。[④] 最后，"贼"就其本身而言，使用相当广泛。就如我们已经注意到的术语"匪"而言，官员

---

① 萧公权：《中国乡村：19 世纪的帝国控制》，第 453 页。虽然土匪、狡匪、邪匪等意指某种类型的危险分子，但官方没有因含义不同而专门使用。关于术语"匪"的概念模糊性，谢诺评论到："它来源于中国古代汉学的一个贬低性词汇。匪就是被文人、有教养的人粗暴忽略的其他社会人群，因为他们已经越出了社会规范之藩篱，故应当且必须被摧毁之。"见谢诺《1840—1950 年中国民众运动与秘密社会》（Chesneaux, *Popular Movements and Secret Societies in China 1840 – 1950*），第 5 页。

② 阿拉巴德：《中国刑法评注》（E. Alabaster, *Notes and Commentaries on Chinese Criminal Law and Cognate Topics*），第 385—386 页。该著主要参考鲍书云《刑案汇览》，1834 年。

③ 同上书，第 396、401 页。

④ 李秉衡在称呼曹州府的匪帮时用过此名称。见《李忠节公奏议》，第 611 页。杆是指杆子（Shaft）、把手（Handle）或者是柱子（Pole）。

使用这个模糊的术语来混淆不同种类的非法活动。阿拉巴斯特这样解释说：

> 应当着重留意的是，"贼"这个字，通常被翻译为"Robber"或"Thief"，但其意并不仅仅局限于此，而是指通过暴力掠夺手段与政府作对的所有人——由于"它设法获得的目标可能是一袋钱或者是帝国的江山"，这导致"贼"的意涵是指"窃贼、土匪乃至叛军"。①

在山东区，一些地方方言对盗匪的称呼显示出当地匪帮的独有特点。在曹州府，这伙人被称为老儿子（Burglars）②、光棍（Bare Sticks）。③ 头目被叫做杆子头。沿沂州和徐州的交界地带，盗匪最为广泛的称呼是兔子（Rabbits）和快腿（Fast Runners）④，这是他们因"狡焉思逞，聚散无常"而著名⑤。据最后两个称呼可知，山东区的盗匪基本上是游贼（Roaming Bandits）或流贼（Plains Bandits）。在这块平坦且人口稠密的多省交界地区，这些流动的盗匪非但没有建立固定和独立的匪巢，反而与他们各自的老家保持着联系（下文详述）。

第二种类型的盗匪在大部分的山东区都可见到，但与盗匪活动相近的是"短路的"（Highwaymen）。在要道和重要的河流桥渡沿途的一些战略性地方，他们的活动尤为活跃。"短路的"以较少的团伙行动，人数常在 10 人左右，攻击落单的过路人和商人。

应当对所谓的饥民（Famine People）也做些介绍，这些难民

---

① 阿拉巴德：《中国刑法评注》，第 385—386 页。
②④《德文新报》1907 年 1 月 18 日，第 107 页。
③ 这个称呼暗示它可能与村霸有关。
⑤ 刘坤一奏，载《京报》1891 年 10 月 15 日，转引自《北华捷报》1891 年 11 月 13 日，第 666 页。

依靠盗抢在长期严重的饥荒中苟存。下面关于 1896 年直隶南部严重盗匪问题的论述，显示出区分惯匪和"饥荒匪徒"并不容易：

> 这是因为他们无以糊口，且旱灾在该县特别严重。不合时宜的雨水、洪水和冰雹更使这块可怜的地区雪上加霜，该地民众仅能糊口而已。乞讨也不能给他们提供日常生计，所以不得寻觅其他营生。但我不得不说的是，这些强盗并非没有礼貌。例如，他们拦截住一艘粮船后，并不炫耀武力，也不粗暴地勒索钱财和取人性命。他们的头目按照着中国人的礼节，表明为自己和随同团伙借款的意愿。为了显示诚意，他还会签署上自己的名字和在村子里的小名，并保证等到光景稍好时偿还债务。①

此外，作者认为，这些人只是临时成为匪徒的。另外一位观察家表述说，只要丰年来临，大部分的"饥荒匪徒"会再次成为良善。②

以上引言也涉及直隶东南子牙河地区的掠夺性活动。虽然这种"河匪"也影响了大运河沿岸、微山湖和其他河道的水运，但是我们还不能把它视作另外一种类型的"盗"。海盗在山东沿海有时也特别知名，但是超出了本书的研究范围。

最后，应当注意的是枭私也与盗匪有着密切关系。食盐是政府垄断商品，由政府征收巨额盐课，但在不同的盐引区（甚至在同一盐区的不同市场）却存在着明显的价格差异，这是招致不满和掠夺性暴力的传统源头。枭私包括三个相互关联的方面：非法生产、非法储运和非法销售。储运的特定形式尤为吸引盗匪，因为他们可以武力攻击政府准许的盐队和地方政府的盐仓。在本书

---

① 巴鸿勋（Jules Bataille）致柴罗特（Chériot）函（1896 年 9 月 27 日，献县张家庄），载《泽西信函》，第 16 卷第 1 期（1897 年 5 月），第 38 页。
②《德文新报》1907 年 1 月 18 日，第 111 页。

考察的区域中,非法储运私盐需要穿过多省和盐引边界地区,这需要拥有能够穿越整个山东区的广泛关系网。此外,这种非法的长距离运输也必须得到流动武装的保护。

安徽—河南—江苏—山东边界地区的枭私也是捻军叛乱根因的一个重要元素①,不过,在掌握的资料中只发现了 1868—1900 年间的少量案例。19 世纪 70 年代,耶稣会传教士徐昕波言及,直隶回族盐贩武装袭击了鲁西北的盐仓和盐商。② 府治南京的两江总督曾国藩认为,苏鲁交界的微山湖成了江苏徐州府和其他地区"盐枭出没之所,屡有私枭纠集"。③ 山东巡抚李秉衡斥责滕县知县程万德,"办理盐务,几酿事端,平日公事亦失公允"④。然而,相关记录案件的缺乏似乎并不意味着枭私的下降,反而是政府控制渐为不力的表征。

更为重要的是,普通百姓也通常支持盐贩。地方官员对辖内盐铺课以高额盐税,所以农村百姓乐于以较低价格购买私盐。其实,百姓更为害怕的是乡里体制下的巡弋,因为后者的职责就是禁止私盐销售。⑤ 大部分的地方盐业巡弋的前身即是盐贩,他们

① 关于盐贩是捻军叛乱的先驱,见裴宜理《华北的叛乱者和革命者(1845—1945)》,第60—62 页;邓嗣禹:《捻军及其游击战,1851—1868 年》,第 40—41 页;蒋相泽:《捻军叛乱》,第 14 页。

② 徐昕波:《中国的社团》,第 289—296 页。这些人被称为盐驴子。在山东区的南部地区,盐贩被叫做盐枭。见蒋相泽《捻军叛乱》,第 14 页。

③《京报》1889 年 9 月 22 日,转引转引自《北华捷报》1889 年 10 月 11 日,第 444 页。来自长芦盐区的大量私盐,事实上藏匿在返程的漕粮平板船只,并在大运河和长江沿岸售卖。见姜道章《中国的盐业:以历史地理学为中心的研究(1644—1911)》（Tao-chang Chiang,"The Salt Industry of China, 1644-1911: A Study in Historical Geography"）,第 181 页。

④《京报》1895 年 7 月 22 日,转引自《北华捷报》1895 年 10 月 11 日,第 611 页。

⑤ 1888 年 12 月份,发生在山东潍县的一场关于普通百姓、盐贩和官府仆役的骚乱中,数人被杀,某盐铺被损毁。见《京报》1892 年 8 月 11 日,转引自《北华捷报》1892 年 9 月 23 日,第 445 页。

依靠敲诈勒索为生,甚至还有人参加掠夺性活动,如绑架合法盐商并榨取赎金。[①]

总之,盗匪活动在本研究中是指(10 人以上)持械团伙的掠夺性行动,该团伙使用暴力或以暴力相威胁,从而夺取他人财产。派系纷争只是牵涉到敌对性的两个相邻村落为稀缺资源而发生的竞争;而匪帮则是来自不同地区个人间的自愿组织,在季节性或长期性的基础上,他们纠结一起去抢劫较为偏远的地区。

三、盗匪组织

孤立地看,盗匪只不过是普通的窃盗,对地方社会也只造成很少的危害。"为了成为真正的强盗……结盟就成为必需。匪帮人数一般不超过 20 或 30 人,这些匪徒一旦加入后,就要绝对服从匪首的权威。"[②]但直至 19 世纪 90 年代早期,山东区的匪帮开始变得具有组织性了。天主教传教士韩甯镐报告说:

> 匪帮是如何继续发展的,这令人感到特别惊奇。这不再是个松散匪帮的问题,而是一支有良好组织性的武装,有着纪律性、独特的标志(如徽章和旗帜)和各级头目。这有个公开的秘密,即在河南和直隶北部边界区(活动的)曹州府盗匪归一人领导,不过民间只知道二把手的名称。他们公开招募

---

① 因此,负责三县盐业的巡弋头领段德胜被指控在 1892 年绑架数位盐商。见《鲁西通讯》1892 年 9 月 17 日,载《北华捷报》1892 年 10 月 7 日,第 523 页。关于巡弋的这种"不正当生意",也可参阅明恩溥《中国教区概述》(Auther H. Smith, "Sketches of a Country Parish"),第 284 页。

② 艾赍沃:《徐州的强盗》(Gain, "Les brigands du Siu-tcheou-fou"),第 413 页。霍布斯鲍姆言称,匪帮的平均人数在 10—20 人之间,"在年龄和来源地区的数字上也出奇地一致"。见其著《盗匪》,第 20 页。

队伍,于百姓甚至是官府的众目睽睽下在官道上行进。①

圣言会的佛尔白(Anton Volpert,1863—1949 年)在 20 世纪 30 年代回忆称,他于 1893 年被指派到成武县传教期间,有一个两百人的盗匪团伙归某头领所属,而大头领的管辖人数则达到 2000 人。然而,他又认为,每一个组织都有活动的具体范围。② 在直隶南部也可见到这种地盘的分割:"他们都有明确的活动地盘——每个匪帮都在自己的地盘里活动,以免招惹其他帮派。"③

大量结论认为,特定人群才有可能成为土匪。比如,据称这些匪徒来自无业者、失地者和农村人口中流动性的边缘人,"有固定和永久性营生的民众,绝无可能成为土匪……他的财产制止其成为土匪"。④ 谔尔福(Eric Wolf,1850—1912 年)在此认为,这种农业周期所导致的"残酷劳作",使大部分人长年都难以摆脱每年度的日常工作。⑤

然而对山东区而言,这种农业周期并不具备抑制作用。这里

---

① 韩甯镐:《中国近年来的国内形势及前景》(Henninghaus, "Chinas innere Lage und Aussichten in den letzten Jahen"),第 51 页。他的这番军事术语使人联想到 20 世纪 20 年代中国大部分地区的兵匪(Soldier Banditry)。见如下著述:贝思飞《1911—1928 年中国的盗匪:以河南省为考察中心》;也可参阅他的另一著作《盗匪、首领和光棍:民国初期地方控制的背后》("Bandits, Bosses, and Bare Sticks: Beneath the Surface of local Control in Early Republican China");狄德满:《持续的匪患:华北平原边缘地带的事件》。

② 参考自克劳斯《佛尔白神甫(1863—1949 年)——在山东和甘肃的传教士》(Johann Kraus, *P. Anton Volpert 1863 - 1949. Missionar in Shantung und Kansu*),第 30 页。

③ 巴鸿勋致柴罗特函(1896 年 9 月 27 日),载《泽西信函》,第 16 卷第 1 期(1897 年 5 月),第 38—39 页。

④ 李照寰:《中国盗匪增多的经济学释义》(J. Usang Ly, "An Economic Interpretation of the Increase of Bandits in China"),第 367 页。

⑤ 艾瑞克·沃尔夫:《20 世纪的农民战争》(E. Wolf, *Peasant Wars of the Twentieth Century*),第 289 页。也可见霍布斯鲍姆《盗匪》,第 30 页。

有许多农闲时期，比如冬季和夏收后两个月左右的淡季。① 其实，这些阶段是盗匪活动尤为活跃的时期（见如下分析）。一些人是在一年的大部分光景中从事盗匪活动，然而大部分的人还是在特定时期从事掠夺性活动，后者在冬季时分更是如此。把农业劳作和偷盗相联系甚至也是有可能的，某观察者于 1895 年在沂州西南记录道：

> 这些强盗分散在村子里，并为邻里所熟知。据说他们中的一些人较为富裕，在**老实巴交的农民外衣**下惯以开展这种营生，他们的锄把里别着长刀，当一些落单的路人成为合适的目标时，这些长刀便派上了用场。②

对于盗匪仍与其村子保持紧密联系的观点，魏斐德（Frederic Wakeman）并不完全认同。他坚持认为在"贼"和"盗"间必须有个明显的区分："盗（Bandit）是个特殊的农村帮派，以小股聚集，随机抢劫，人员也较为流动。一个农民也许参加某次抢劫，下次可能就不参加了。有时为了实施临时性的抢劫，也偶然组成较大的联盟。"从另一个角度而言，魏斐德把贼形容为"罪犯"或者是：

> 这些贼人生活在村子外的山落里或丛林地区。他们鲜与农民合作。事实上，各村不得不支付保护费，以求让这些贼远离他们的寨。这些贼反过来处于一种长久性集体动乱的状态，强索过路费、绑架路人、索要公粮，有时甚至攻击较

---

① 参见 W. Y. 申《中国山东潍县的农业类型、生产费用和年度劳动分配》（W. Y. Swen, "Types of Farming, Costs of Production and Annual Labor Distribution in Weihsien county, Shantung, China"）。
② 《沂州通讯》1895 年 8 月 17 日，转引自《北华捷报》1895 年 9 月 13 日，第 439 页；黑体为强调说明。

小的行政中心。①

或许这种以村落为基础的团体和常态性"罪犯"之间的细微区别,在广东地理环境下是存在的。但在山东区,"盗"和"贼"这两个术语似乎并不具备上述涵义。在这种环境下,其实所有的盗匪都和所居的村子保持着联系,这或许有助于界定偶然性或季节性的盗匪与"职业"盗匪的区别,抑或裴宜理所定义的临时性匪帮和"半永久性"的匪帮。②

匪徒来源于恶劣的乡村生存环境。因此,一些外国观察者甚至给予了适度的同情:"对匪徒不应过于严厉……是合宜的。实际上在大部分时间,这里的土地不能够养活当地人口。因此,许多人发现了比劳作更为轻松的营生,在牺牲邻里利益的前提下过着冒险的生活。"③尽管如此,贫穷不能单单地充分解释匪帮在部分山东区盛行的特点,而在其他地方却难以捕捉到他们的身影。萧公权接着指出:

> 盗匪活动根源于贫困。然而,饥饿的村民必定沦为匪徒的说法是不准确的。他们的逆来顺受已根深蒂固,单是饥饿并不足够促使他们从事掠夺性活动……这些贫穷的农民经常选择流浪、乞讨或死亡,而不是"步入危险的道路"。④

---

① 魏斐德:《大门口的陌生人:1839—1861年间华南的社会动乱》(Frederic Wakeman, *Strangers at the Gate: Social Disorder in South China 1839 -1861*),第122页。
② 裴宜理:《华北的叛乱者和革命者(1845—1945)》,第66—67页。裴氏把"匪军"定义为第三种类型,它基本是小团伙的联合,"特别是值长期饥荒时期,更有可能出现",见该著第70页。这可能与1890年代曹州府规模较大的著名匪帮相似。然而,由于裴氏把匪帮论述为捻军叛乱和太平军起义的前奏,她可能混淆了"匪军"(Bandit Armies)和"军匪"(Army Bandits)的概念。贝思飞全面探讨了兵匪(Soldier Bandits),见贝思飞《1911—1928年中国的盗匪:以河南省为考察中心》。
③ 许锺岳:《我的中国乡亲》,第21页。
④ 萧公权:《中国乡村:19世纪的帝国控制》,第453页。

萧公权继而叙述说,"这里存在着两种情况:即在通常性良善变为匪徒前,在一些地方出现了'莠民'和严重的社会动乱"。①

有着长期性有组织暴力传统的山东区边界地区,适应稀缺的土地、贫困与饥荒的其他替代性非暴力机会相当有限,农民通常易于诉诸掠夺性手段,要么是为了应对暂时的生存危机,要么是将之作为常规的副业活动,之后他们又回归了普通的农户生活。此外,这种环境产生了过多的"莠民"。此类人群是匪帮的重要组成部分,这从当地土话对土匪的称呼"光棍"中也可得知。这个称号也指出了匪徒和村霸间的紧密联系,而这些村霸被认为是强壮、胆大、暴躁的人,且并不一定贫穷。"他们并非因贫困而抢劫,而是把这种营生视作一种活动或饭碗。"②这些人与霍布斯鲍姆所定义的"犟驴子和骚动分子"有着些许类同,这些逆贼"并不容易就范或容忍不公"。③ 他们可能是派系斗争中的失利者,满怀怨恨;或者是受到官府衙役不公正待遇的受害人,抑或是与地方当局有摩擦的人。④

最后,匪帮也可能大量来自游民,裴宜理就此指出:

> 这些游民是指经常失业的人,通常是那些在集市上闲逛赌博、小偷小摸的青年男性,这些人来自儿子较多的贫穷家庭,在其贫瘠的家乡经济中无法找到稳定的工作。对他们而言,土匪的世界给他们漫无目标的饥饿生活提供了颇有吸引

---

① 萧公权:《中国乡村:19 世纪的帝国控制》。萧公权认为"莠民"在英文中的意思是"Bare Sticks",属于某些秘密组织的成员、叛军或游勇。见其著《中国乡村:19 世纪的帝国控制》,第 454—462 页。
②《德文新报》1907 年 1 月 18 日,第 107 页。
③ 霍布斯鲍姆:《盗匪》,第 35 页。
④ 比如,请注意庞三在 1896 年大刀会失败后加入了匪帮。

力的选择。①

此外,还有诸多来自流动性职业的匪徒。② 流犯和遣散营兵的加入,是因为他们发现自己很难再次适应乡村生活。③ 其实,对这些民众而言,匪徒是(或者曾经是)他们的一种生活方式;而对于一些人来说,这是他们祖传的饭碗。这给每日辛勤劳作的农民生活,提供了一种并不枯燥的选择。

与普通匪徒来自乡村低级阶层这个事实相反的是,有不充分的资料表明,大部分的匪首并非来自老百姓。一份有关鲁南盗匪的详细报告指出:"匪首们受过教育,富有教养。"④作为首领,他们选择目标并计划袭击。这种活动需要组织技巧,这超过了普通农民的能力。裴宜理把这种类型的领导称为"乡村豪杰"(Village Aspirants)。她继而叙述道:

> 淮北乡村培育了诸多雄心勃勃的年轻人……家境相对

---

① 裴宜理:《华北的叛乱者和革命者(1845—1945)》,第 66 页。徐昕波:《中国的社团》,第 278—286 页。该处描述直隶东南的武义—衡水地区被称作"快刀会"的"莠民"组织。在赌博和匪帮之间的关联,见黄六鸿的《福惠全书》第 497 页所言:

> 赌博者,盗贼之媒也。始而荡废家财,既而潜行偷窃,乃至胆大手滑,而公然以劫盗终矣。故欲禁盗源,先严赌博欲。禁赌博先断赌窝。所谓赌窝,皆无赖积棍专一引诱不孝子弟、市井浮浪之徒,窝赌其家,彼则放椿捉头。某人输,彼为垫钱起发,还则重息滚算。

② 许多职业性的匪徒从事流动性的商贩活动来掩盖抢劫意图,他们以铁匠或游商的身份走乡串户。见培渥蓝《中国的强盗故事》(Hubert Peulen, "Räubergeschichten aus China"),第 283 页。某中国官员报告指出匪徒"假冒游商"。见《京报》1888 年 5 月 31 日,转引自《北华捷报》1889 年 1 月 9 日,第 744 页。

③ 然而应当指出的是,我们只发现了一处模糊的资料,指出遣散营兵加入到了匪帮:天津的某外国观察家在 1882 年记述,大概有 5000 名来自中国南方的遣散营兵变为匪徒,给天津东南 600—700 里处的某地县城造成极大毁坏。他们被叫做"捻匪"。见《天津通讯》1882 年 5 月 4 日,转引自《北华捷报》1882 年 5 月 19 日,第 536 页。至今为止还未发现相关佐证。

④《德文新报》1907 年 1 月 18 日,第 107 页。

富裕,他们发现自己向上层流动的计划被当地权势所阻碍。这些人通常不是受过教育、可以升官发财的缙绅地主的后代,而是比较富裕的自耕农的子弟,他们向上流动的渠道似乎被堵死了。目不识丁但又有远大志向,他们在淮北乡村面对的是惨淡的人生未来。因为合法的创业机会实在稀缺,其中的一些人进而到罪恶的世界里追求财富。①

在一些事例中,报复是某些人加入匪帮的动因。有时候,一些"殷实家庭"的经济衰落成为刺激因素,比如在莒州一地,一些"衰落家族富有野心的子孙"组织帮派,"在牺牲公众利益的前提下重蓄财富",他们的对象包括富人和穷人。② 诚然,对他们而言,匪帮可能是向上流动的途径。

晚清时期,大量观察者指出匪帮有着严格的纪律。这是它们维持帮派所必须的。普通匪徒要至死服从匪首。匪徒获得的所有赃物都要上缴给头领,交到预先指定的地方。私吞丁点儿赃物,会被处以极刑。当某匪徒落入法网,便会遭到严刑拷打,从而逼迫招出其他同伙。据说"真正"的匪徒即使在极刑下,也不会背叛自己的同伙。但是,还有一些人害怕肉体折磨或者是在赏金的诱使下屈服了。当地衙门经常招募这些人为捕役,雇佣他们抓获盗徒。但是,这些人迟早会被原来的同伙杀害。比如,某佛教徒被发现杀害于蒙山。原来他曾是曹州府的强盗,背叛了同伙,后在鲁中山区一处偏僻的寺庙避难。他所在的匪帮花费了三年的时间追踪到了其下落。③

---

① 裴宜理:《华北的叛乱者和革命者(1845—1945)》,第 67—68 页。
②《沂州通讯》1895 年 10 月 2 日,转引自《北华捷报》1895 年 10 月 25 日,第 690 页。
③《德文新报》1907 年 1 月 18 日,第 107—108 页。

根据一些说法，一个人一旦变为匪徒，便很难从中脱身。打算脱身的任何一位匪徒，都会被在众匪徒面前警告两次。如果还是执意欲为，那么他就是"犯法"了，且很少能够逃脱惩罚。这种严厉的纪律，使大多数匪徒都难以放弃这种营生。[①] 然而，也有资料显示出匪徒可以自由地进出匪帮。这可能是因为与职业性匪帮的制度相比，临时性或季节性的匪帮比较宽松。

四、盗匪活动

在本书考察的区域中，掠夺性攻击虽贯穿全年，但某些时段却是明显的"匪季"（Bandit Seasons），这在如下山东谚语中有所表露："六月、腊月不出门。"盗匪活动在这两个时段内尤为活跃。有人指出，匪徒季节的最主要时段大概是从 6 月中旬至 8 月中旬，此时乡村被"成片的高粱"覆盖，这甚至可以给马匪提供绝佳的掩护。[②] "无人胆敢外出，除非有人护卫且武装良好。强盗和短路的四处盛行。"[③]当高粱收割后，大部分的匪徒都回到了村子，每个人"像其他百姓一样"从事农业劳作。[④] 1868—1899 年间

---

① 艾贽沃：《徐州的强盗》，第 413 页。

② S. W. 史密士文，载《济南情报》（*Jinan Intelligence Report*），1918 年 3 月份季刊，见英国外交部档案《使领馆档案之中国通讯》，第 3277 件。高粱达到 10—12 英尺高。某基督教传教士在沂州写到，匪帮在该地的南部和西南地区较为普遍。"以至于没人敢在夏季外出，那时长高的高粱给强盗提供了掩护。"见富维斯（W. P. Chalfant）文（1890 年 10 月 30 日），载美国宾州长老会历史协会《美国社长老会海外布道部档案之中国部分》，第 24 卷第 2 册，文件号 45。也可参阅《德文新报》1907 年 1 月 18 日，第 110—111 页。

③ 艾贽沃：《徐州的强盗》，第 414 页。也可见可参阅《北华捷报》1897 年 8 月 13 日，第 309 页。

④ 伯义思文（1894 年 8 月，单县李家集），载《天主之城》，第 18 卷第 16 期（1895 年），第 295—296 页。

山东区的 141 起盗匪活动事例证明了这种季节性的模式。

然而,盗匪在夏季盛行还有另外一个重要原因。在 6 月麦收后的几周内,当地人更有条件养活盗匪,后者则在乡村间流窜。在食物稀缺的季节,大规模的掠夺活动便不会被农民容忍。这也是一年中抢劫最为疯狂的时节。麦子已在 6 月份收割完毕。更为重要的是,在单县、丰县和砀山的边界地区,"地主们刚收割完罂粟或者刚卖了钱"。① 最后,在炎热的夏季时分,匪徒可以终日在田间活动,值下雨之时,在废弃的宝塔或砖窑里搭起帐篷。②

盗匪活动在 12 月和 1 月份的兴起,大约发生在中国新年前夕。除了这是一年中的淡季之外,该时间段也是人们需要资金偿还债务的时候。同时又值春节来临,大批现金在路上运载流通。4 月份之所以发生掠夺性攻击,是因为这是处于长期性饥饿的时期。其中的一些攻击可能是由饥民发起,但盗匪袭击的地点似乎也发生了季节性的转移,即从乡村转向城镇,这是由于大部分的事例发生在冬春时分的非农地区。③

一般而言,匪徒不在自己的家乡而在遥远地区活动。省际边

---

① 韩甯镐:《鲁南的劫匪》,第 131 页。另外一位传教士评论说,来自北方的许多商人前往单县购买收割好的罂粟。他们携带大量的银两,所以吸引了匪徒的目光。佛尔白文,载《耶稣心小使者报》第 18 卷第 5 期(1891 年 2 月),第 45 页。

② 韩甯镐:《鲁南的劫匪》,第 131 页。为了应对匪患,曹州当局封闭了大量的塔。

③ 如附录盗匪活动图所示,1868—1899 年山东区的主要匪患发生在夏季时段。但其他研究者把秋收后紧来的冬季认同为掠夺攻击的主要时节。这种差异性是否有助于解读背景状况,或者是否反映了中华民国掠夺模式的变化?见费德曼《退回革命:中华革命党》(Edward Friedman, *Backward Toward Revolution: The Chinese Revolutionary Party*),第 121—122 页;裴宜理:《华北的叛乱者和革命者(1845—1945)》,第 23 页;贝思飞:《1911—1928 年中国的盗匪:以河南省为考察中心》,第 237 页。

界地区的相邻性刺激了帮派在邻省而不是本省活动。① 在掠夺战斗开始前,匪首通告不同村落的手下,在实施抢劫地区的指定地点会合。到达之后,匪帮设立临时匪巢,在此制定攻击策略。他们并不总是连续游动,而是在一起或数起攻击之后便分散到别地或者是回到家中。临时性的匪徒因此能够重新开始农户生活,他们和其职业性的同伙在此后的战斗中又重新集结起来。②

匪首谋划攻击方案,差遣当地的土匪,分发武器和弹药,并给每个人安排具体的任务:一些人看守洗劫对象的宅院大门,一些人翻越墙头,绑架人质或打包赃物。③ 出其不意是盗匪活动的一个重要方面,但更多资料强调匪帮在没有发出事先警告前是不会袭击的。在夜间袭击前,他们通常会开上几枪。倘若这些匪徒找不到足量贵重物品,便有可能拷打受害人的家人,或者劫持人质,而人质通常是家中的长子。受害人必须交纳赎金,金额多少可以通过中间人公开商议,尽管绑匪事前在心里已经有了合适的数额。④

如果受害人有足够胆量反抗,那匪帮就会杀人和纵火。当

---

① 值得注意的是,还没有资料显示出临省匪徒长途袭击过山东省,而一些在案事例表明山东匪徒攻击了江苏和河南省的民众。其中的一起例外:1885 年 4 月袭击阳谷县坡里某某财主的匪徒,据称来自直隶南部地区。见陆神甫(Gottfried Riehm)文,载《耶稣心小使者报》第 13 卷第 2 期(1885 年 11 月),第 12,14 页。请注意徐昕波提到的直隶沧州的穆斯林匪帮,每年长途袭击河南南部,见徐昕波《中国的社团》,第287—289 页。

② T. B. 格拉夫顿:《匪帮的发展》(T. B. Grafton, "The Growth of Banditry"),第 600 页。J. L. 史密士(J. L. Smith):《曹州府的强盗》("Tsaochowfu Robbers"),附于《济南情报》(1913 年 6 月 15 日),见英国外交部档案:《使领馆档案之中国通讯》,第 1877 件。

③ 格拉夫顿:《匪帮的发展》,第 413 页。

④ 在匪帮黑话中,人质被叫作"肉蛋";被绑架的儿童叫作"凤凰鸡子"。见《德文新报》1907 年 1 月 18 日,第 108 页。匪帮把这种掠夺活动叫作"做生意"或"贸易",攻击叫作"去要"。见韩甯镐《鲁南的劫匪》,第 131 页。

然,如果与目标受害人事先达成一致,那暴力也可避免。匪帮会给预定目标寄送一张赎金条,来表示他们"借钱"的愿望。数额则根据对该富人估定财富多少而定。在多数情况下,受害人屈服于勒索,而不是将他们的生命和财产置于危险之中。其实,多数农村人并没有与匪帮积极斗争的愿望,他们更多满足于保护自己的财产。其中的殷实人家雇佣大批保镖日夜护守,还有一些当地官方派遣的兵勇。不过,一旦袭击真正开始时,这些防卫是不足够的,因为盗匪在人力、胆量和武器上占有优势。因此,"借钱"似乎比流血冲突更为明智。[1]

但是,如果地主或富农相信自己的防卫力量并拒绝掏钱,匪帮将会在白天或黑夜突然现身,攻击他的宅院。所以,村庄和富农家庭在住宅防卫上虽然逐渐加强,但匪帮还是千方百计混入其中。"他们有千条诡计",让人们措手不及:

> 有时候他们装扮成官员,坐在轿子里四处巡视;有时候装扮成在举行一场葬礼(在棺材里藏有武器);有时候装扮成理应有人护卫的新郎官。由于此类诡计,人们不得不日夜提防。最为恐怖的是逐渐适应了这种生活方式,而日渐忽略了基本的警惕,尽管(这使人)精疲力竭。[2]

攻击地方官府在山东区也并不少见。常用策略就是匪首打扮成文武官员模样,坐在轿子里,并有穿着兵服的"营兵"护卫。在某事例中,据称一位匪首伪装为头戴蓝色"顶戴"的官员,在三

---

[1] 主要参考如下著述:艾贵沃《徐州的强盗》,第414—415页;韩甯镐:《鲁南的劫匪》,第132页;《德文新报》1907年1月18日,第108页。

[2] 禄是遒文(1897年1月31日,萧县马圈),载《泽西信函》,第16卷第2期(1897年11月),第228页;也可参阅伯义思文(1894年8月,单县李家集),载《天主之城》,第18卷第16期(1895年),第295页。

百名"营兵"的护卫下深入嘉祥县治。该地知县"急于迎接这位重要宾客,并引领进入衙署。抵达之后,该贵宾检查了库银,勒索了印信,脱掉了那位可怜知县的靴子和官帽,然后有序撤出"。"他们抓住知县千金作为安全通行的保证,印信稍后返还,这位千金小姐也大概送回去了。"①

盗匪以勒索、绑票和暴力抢劫为生。至于抢劫物,他们倾向于银两、生鸦片、贵重服饰、珠宝、武器和家畜(如马和骡子)。它们要么是贵重的物品或者是家畜,这便于盗匪的流动并解决了运输难题。铜钱并不格外地吸引盗匪,这是由于其太重。盗匪通常不携带铜钱,除了几串外,其他的都抛到了路上。他们把这叫做"买路"。穷人们蜂拥至路上捡钱,因此阻碍了追捕。② 这毫无疑问地提升了盗匪在民众间的欢迎程度。虽然获取资源是匪帮的目标,但应当指出的是,粮食并不是盗匪抢劫的对象。这更倾向于证明一个论点,即盗匪活动并不是绝望或极度匮乏的一种举措,而是暴力环境下的生活方式。

每次袭击之后,盗匪尽快撤退,以此逃脱追捕。他们通过关系网和黑市前往遥远的地区抢劫。银两和其他物品都存入一个共同账户,当"季节性"抢劫结束后或期间,匪首拿走大头后,余下的分发给各位成员。匪徒们返回各自的家园,"貌似什么事情都没有发生过一样"。③

---

① 《德文新报》1907 年 1 月 18 日,第 109 页。这起案例在官方档案和地方志都没有提及。这个来自曹县郭堂名叫郭二兔子的土匪,明显与新县衙门被袭有关,见韩甯镐《鲁南的劫匪》,第 132 页及余文。

② 《德文新报》1907 年 1 月 18 日,第 110 页;也可参阅艾贲沃《徐州的强盗》,第 413 页。

③ 韩甯镐:《鲁南的劫匪》,第 132 页。也可见巴鸿勳致柴罗特函(1896 年 9 月 27 日,莘县张家庄),载《泽西信函》,第 16 卷第 1 期(1897 年),第 39 页。

五、盗匪与地方关系

鉴于在稠密人口环境下的盗匪活动模式,当地民众的态度对盗匪的生存至关重要。然而,这种关系极为复杂,不宜简单地把这个停滞的社会划分为充满敌意的少数富裕阶层(盗匪攻击的目标或潜在目标)和一个和善的多数农民阶层,而后者因为没有什么值得掠夺的东西,故也无所畏惧。其实,民众的态度从冷漠、中立、羡慕和合作,渐变为恐惧和公开反抗。此外,由于盗匪始终在遥远的地方活动,他们与家乡民众的关系明显不同于受害地区的民众。小规模、季节性匪帮的表现也与规模较大、半永久性的职业性匪帮不同。最后,掠夺活动在危机时代,比平时更为普遍。[1]

考虑到匪帮的地方关系,以及他们在非掠夺活动期间在当地建立基地的需要,那么这些盗匪如何能够在这种边界环境中生存?那些同村人对他们的出现,呈现出什么样的反应?苏西北的一位天主教传教士总结道:“徐州府的盗贼很多,简直不计其数。很少有村庄没有盗贼……如同其他行业,这也是一种职业。”他进而认为,这在一些家庭中是祖传职业。因此“有人天生就是盗匪。同村人知道他是做这种行当的,但从未有人提及”。同村人并没有必要保护盗匪,但在盗贼和同村人之间,其实存在着地方性的团结。[2] 正如某中国俗话所言“兔子不吃窝边草”[3],作为一条规

---

① 这些因素或许可能解释关于盗匪本质的一些看似矛盾的观点,特别是霍布斯鲍姆具有争议性的概念“社会性土匪”。但关于这方面的讨论超出了本书的研究范围。关于此番争论的简短参考资料,见狄德满《持续的匪患:华北平原边缘地带的事件》,第425—427页。

② 艾赉沃:《徐州的强盗》,第413页。

③ 这句谚语摘选自鲍康宁译《圣谕广训》,第161页。

则,盗匪不在本村盗抢。因此,"村民们乐见有盗匪居住在他们附近",作为抵御匪帮的保护性措施。[①] 只要他们的邻居不向当局控告,盗匪也保证本村(通常包括毗邻的村落)不受匪帮的侵扰。

在他们的活动区域,盗匪主要祈望有值得下手的东西。在乡下(盗匪活动的主要区域),首要的肥利目标是士绅、地主和富农,在少数情况下,对象也可能是路上的官员或商人。对 19 世纪最后三十年山东区盗匪事例的分析,显示出盗匪在抢劫的目标上具有高度的选择性。他们倾向于袭击那些得不到同村人帮助的对象,这是由于这些人平素为人贪婪、欺压邻居或者是卷入了派系斗争。在城镇地区,盗匪攻击的对象是县衙或乡里、银庄和当铺。特别是后者风险系数较低的对象,因为他们的邻居"对富有但又可恶的同行也轮到吃'苦果子'而无动于衷"。[②]

盗匪活动区域的一些人甚至走得更远,积极与盗匪合作。他们被称为"同匪"(Associates of Robbers)。有人充当匪帮和被绑架人家庭的中间人,其他人成为线人或通风报信者这个庞大网络的一分子。包括老妪和女丐在内的乡村流浪无产者,是重要且广泛的情报网络中极为有用的环节。[③] 此外,作为外来人,盗匪需要临时性的住宿和藏身之处。赌场和妓院[④],以及偏僻地方的庙宇,香客频顾的寺院[⑤],均为他们传统的藏匿之所。另外,很多黑市有诸多财富,有潜在能力处理大数额的银两,并充当匪帮的买办代购补给品、外国的枪支和弹药,同时寻觅殷实人群购买盗

---

① T. B. 格拉夫顿:《匪帮的发展》,第 669 页。
②《北华捷报》1891 年 12 月 11 日,第 805 页。
③ 培渥蓝:《中国的强盗故事》,第 283 页。
④ 鲍康宁:《圣谕广训》,第 163 页;黄六鸿:《福惠全书》,第 500 页。
⑤ 鲍康宁:《圣谕广训》,第 165 页。

匪抢来的贵重物品。在鲁南和苏西北地区,与盗匪合作的这种士绅被称为窝匪(Harbour Bandits),他们不仅免遭袭击,而且可以分得一笔不菲的赃物。① 徐州府的某官员晓得了士绅和盗匪之间的这种关系,他告诉当地的老传教士艾赉沃:"介于你我之间,在徐州府中,你还能找到哪个董事不是匪帮的销赃犯或者帮凶么?他们有一个帮派,基本是听匪帮的命令。这其实对他们而言是生存的必须,如果他们想免受抢劫。"②

下面这份来自徐州府西部地区的报告,或许有助于说明盗匪和地方精英间的微妙关系。1894—1895 年冬天,一位臭名昭著的山东匪首在三地交界地区的某镇上建立了活动基地。

> 所有的邻近村子都邀请他去喝酒和参加庆祝宴会等,被迫借给这位匪首部分现金,并许诺在危急的时候给予掩护。该地区的士绅头目竭力把这个团伙赶出自己的辖内,为此接连设宴并送礼无数,但没有奏效。由于恐惧这些可怕的来客,他也不敢反抗。③

由上述可知,匪帮有足够的能量掌控某个地区。裴宜理在此认为:"他们通常在农村集市期间活动,向当地百姓索取酒食,并向店家商贩勒索保护费。"④从另一个角度来说,如果得不到有力的保护,再臭名昭著的盗匪也活不长久。因此,他们需要与"在位

---

① 《德文新报》1907 年 1 月 18 日,第 109 页。
② 艾赉沃:《盗匪纪事》,第 107 页。
③ 董师中文(1895 年 1 月 27 日,萧县马井),载《泽西信函》,第 14 卷第 2 期(1895 年 9 月),第 175 页。这个匪首可能是刘二天,因为某传教士报告中也指出刘占据石城达数月之久,而该地坐落在江苏西南与萧、丰两县交界的铜山县。具体可参阅下文。
④ 裴宜理:《华北的叛乱者和革命者(1845—1945)》,第 64 页;《德文新报》1907 年 1 月 18 日,第 111 页。

当权者"打造联系,甚至充当这些保护人的钱袋子。① 在鲁西南地区,门勇是被有钱人雇来保护生命和财产的,被描述是:

> 年轻、胆大的小伙子。他们的佣钱很高且包管吃喝。他们不做旁事,就是日夜看守大门,当雇主外出的时候,像保镖一样陪同前往。这些雇主外出时规模很大,坐在有旗子和其他饰物簇拥的轿子里,如同官员一样。这些私人侍卫对当地穷困百姓而言则是灾难。他们犯罪却不受惩罚。如果向当地官府指控,他们有影响力的主人便会施以保护……而这些阻道的人就会被抓住,当作盗匪投进监牢……这些门勇通常和匪帮有染,常与后者一起参与长途抢劫,而匪帮也通常招募他们入伙。②

盗匪和地方精英间的这种关系,在盗匪活动和派系纷争中也有所体现。

在政府力量薄弱的边缘地带,大量农民出于谨慎而对匪帮采取无所谓的态度。一些欲有作为的官员(这种官员极为稀有)竭力消融民众的冷漠,促使他们参与剿匪行动。但村民们并不愿意做这番事情,这是因为匪帮通常装备着现代步枪,而大部分民众手无寸铁或者是装备落后,故盗匪是在相对不受损失的环境下实施抢劫。行政普遍性的无力和碎片化,以及不可靠的镇压力量,使解除匪患问题更不确定。此外,目无法纪的兵勇的出现,有时也同样不受百姓的欢迎。对广大农民而言,盗匪通常是这两害之中危害较轻的。这是边缘地区一个永久性的生活特色,也是民众

---

① 安东·布洛克:《农民与强盗:社会性盗匪再审读》(Anton Blok, "The Peasant and the Brigand: Social Banditry Reconsider014"),第501—502页。
②《德文新报》1907年1月18日,第109页。

在生存中学习得到的。从另一个角度而言,官军的干预是无常的,而且他们的掠夺更具破坏性。此外,这种干预威胁了长久以来的半自治状态,而这正是边缘地区民众蓄意维存的。

盗匪的报复性威胁,也是民众向惯常软弱的官府控告的主要阻碍。许多愚蠢到家的村首因为通风报信,后来被盗匪或者是他们的同伙杀害。① 1899 年,滕县盗匪把某绅耆剁成碎片,一位绅耆的手和腿也被卸掉了,这是因为他们向当地知县通告了匪徒的到来。② 因为从村民中得到了情报,那位知县捕获了一位匪徒并严刑拷打,而案犯也咬出了线人,后者也得到了同匪徒一样的惩罚。这种形式的复仇叫做"匪咬"(To be bitten by the bandit)。③

总而言之,地方对官府的支持,很少发自自愿,而是受迫于官府的恫吓。这里有数起事例,有关官员将所谓的匪村削为平地的恐吓。其他策略包括逮捕盗匪的家人。如果该盗匪还有亲属的责任感,那他将被迫投案自首。但也有一些事例,地方衙役和匪帮的勾结打消了民众的警觉。单县发生过这等事例,某地方抓获了一个较大的匪首。但是后者与衙役有良好的关系,而衙役说服知县相信该匪首是他们的卧底,目的是抓获其他盗匪。故此,该匪被无罪获释,而抓捕者则被抓进监牢。后者最终花了一大笔银子才被获释,以后便生活在匪帮报复的恐慌中。④ 这些事情使鲁

---

① 单县某地方有人就是这样被杀害的。见韩甯镐:《鲁南的劫匪》,第 132 页。
② 佛尔白文(1899 年 5 月 2 日,济宁),载《耶稣心小使者报》,第 27 卷第 2 期(1899 年 11 月),第 51—52 页。
③ 韩甯镐:《鲁南的劫匪》,第 133 页。
④ 伯义思文(1895 年 5 月 23 日,北贾楼),载《天主之城》,1896 年第 19 卷第 18 期 (1896 年),第 355—356 页。对诸多边缘地带民众而言,皈依基督宗教是摆脱官府恐吓和盗匪报复这一困境的手段。

南的民众相信和官府合作,并无意义。

当然了,暴力也是匪帮战术技能的必要组成部分,有时相当残忍。以曹州府的一起报道为例,匪帮为了表示出向三位被绑架地主勒索赎金的要求,他们杀害了其中一人以显示是动了真格。① 这些暴力往往是蓄谋已久的行动,旨在恐吓当地民众,使他们变得沉默和屈从。如同同时代西西里岛的同行一样,华北平原的盗匪是"自我赢得尊重的人"。② 但整体而言,至少是在平常时期,无端暴力和野蛮并不是匪帮的突出特色。外国人注意到匪徒在对付受害人、平民和外国传教士上遵循着一套严格的行为准则:

> 没有必要害怕曹州府的盗匪,如果他们在袭击的时候没因反抗而激怒。这些盗匪有着些许高尚的行为,颇有侠义风度。他们不会无端杀人,也不会伤害穷人;相反,他们往往帮助那些需要施舍的人。他们总是及时还债,看重名誉并且从不毁约。③

一位法国天主教传教士几年后写道:"(苏北)盗匪并不是粗俗的暴徒,也不是西方世界中的窃贼。他们享有一定的名声。他们有自己的原则和不太成熟的道德规范……"④。

对农村百姓不分青红皂白的攻击,会把原本对盗匪支持或处于中立的民众推到对立一面。此外,疏远那些对盗匪生存无甚价值的民众,也没有什么意义。反之,有人在曹州府观察到穷人能

---

① 伯义思:《与中国土匪的经历》(Buis, *Ein Erlebnis mit chinesischen Räubern*),第395页。
② 霍布斯鲍姆:《盗匪》,第51页。
③《德文新报》1907年1月18日,第108页。
④ 许锺岳:《我的中国乡亲》,第107—108页。

够出入匪营,如果这人碰巧带有食物而盗匪刚好有钱,这些盗匪会慷慨地给予补偿。① 另外,关于盗匪的本领、勇敢、胆大和狡猾的故事在整个地区流传,这更助长了人们一定程度上的敬畏。

虽然盗匪是华北平原边缘地带的强悍势力,有着长期的竞争性暴力传统,但他们的存在并非没有受到挑战:"他们的确是令人畏惧的统治者,是民众身上的重担;但同样存在着反抗他们的斗争。乡村遍地坐落着防御工事。多年以来或者数世纪里,这里的民众一直与盗匪斗争。"②在盗匪活动区居住的乡村百姓,通常使用的策略是在夜间定期放枪,作为警戒的标志。江苏宿迁的某位观察者描述了这种喧闹的效果:"躲在暗处的盗匪感觉每个人都在扣动扳机。到处可以听到开火的声音;当月光消逝后,端着火把的看夜人、盗匪和居民,再加上放学归家的孩子,看上去就像一座集镇。"③当地的许多村落谋划出许多防卫措施,包括积极地与掠夺性攻击作斗争。

但是,这种自卫性的反应绝不普遍。因为有效的反抗需要诸多资源,对实力强弱的村落必须区别对待。在较人且富裕的村子里,士绅能够获得同村人的支持(这取决于血缘、庇护关系、强制力等因素)以及在组织公共防御时的武器。必须修缮广泛的防御工事,以及获得武器和弹药。然而,一些村子坐落在当地防御系统之外,故他们没有资源进行自卫。盗匪通常在这种没有防御的地方建立临时性总部,这被叫作"匪巢"。那些村民们未必是盗匪,但所居村子已被占领,他们无论自愿与否都会成为附庸。他们虽然不随盗匪长途抢劫,但通过看守人质或者提供食物以及帐

① 韩甯镐:《鲁南的劫匪》,第 131—132 页。
② 许锺岳:《我的中国乡亲》,第 86 页。
③《北华捷报》1898 年 11 月 7 日,第 856 页。

篷来协助盗匪。当盗匪最后解散或继续前行后,这些村民不再被认作是匪帮的帮凶,重为自我财产的"诚实保护者"。[1]

但应该注意的是,因掠夺性攻击而产生的自卫型反应发生在盗匪的活动区域。而盗匪老家的民众,则抱着积极的态度来看待这些活动。虽然人们参加匪帮是为了生计,把它看作有规律的副业或者是生存危机下的反应,但是对他们各自家乡而言,对外地的掠夺也有一些(与本地不同的)经济优势。故此,这可能触及了施坚雅在地方系统专业化上关于匪帮的概念,其中"一些地区培育了可供输出的专业技能"。[2]

在这点上或许应当指出,大部分的匪徒特别是他们的头领(这些人拿赃物的大头),通常不能积蓄财富,虽然有时获利丰厚。他们往往铺张消费由掠夺活动而得来的收益,而不是返回老家过一个体面的生活。"其实,绝对不能认为盗匪会留下大笔遗产,当他们活跃的时候,日子过得惬意,获得的收益会很快地购买弹药、酒和鸦片。"[3]诚然,正如我们已经注意到的,有相当的一笔赃款落到了给予纵容和保护作用的盗匪庇护人手中。

六、盗匪与镇压力量

晚清时期,政府力量的孱弱在省界地区最为明显。边缘地带的政府官员,既没人手也无武器去镇压具有较大规模、高度流动性和装备精良的匪帮。盗匪可以在任何情况下越界进入另一个司法管辖区,因为各个军事和行政当局很少协同发起镇压行动。

---

① 许锺岳:《我的中国乡亲》,第 21—22、86、107 页。
② 施坚雅:《中华帝国晚期的流动策略》,第 327 页。
③ 许锺岳:《我的中国乡亲》,第 135 页。

逮捕本辖区内的盗匪,这是每个知县的职责所在。[①] 对山东区那些即使在"太平"时期盗匪也较为盛行的区域而言,这并非易事。这是由于当地官府必须依赖"大批没有道德准则的下属"[②],其中主要是那些臭名远扬的捕役来完成这项任务。如来自单县某位传教士的报告:

> 捕役不是那些为保护别人而牺牲自我的人。他们甚至不愿意在夏季外出,这主要害怕遭遇盗匪。此外,他们的武器也不足够。只有当对方人数明显处于劣势时,他们才会冒险攻击。他们会大赞彼此情谊,否则会被盗匪消灭。[③]

一些官员因辖内盗匪活动受到贬斥,这进一步挫伤了他们的剿匪热情。清廷敕令当地官员在限定的时间内,缉拿与某起案件有关的额定盗匪人数,以及追回被盗货物。如果行动有失,这可能导致这些官员遭到降级或罢黜。[④] 考虑到缉获盗匪的困难性,以及由于诸多翘首期待"候补官员"的竞争而导致知县一职的快速更替,谨慎的心态深深嵌入了在位者的思想中。为了避免降级或遭到罢黜,部分官员倾向于隐瞒匪帮案件,或者是在报告中把匪徒仅仅称为窃贼(程度较轻的罪犯)。地方官员力保乌纱帽的做法,鲁南的传教士已有所认识:

---

① 瞿同祖:《清代地方政府》,第 122 页。
② 萧公权:《中国乡村:19 世纪的帝国控制》,第 415 页。
③ 韩甫镐:《鲁南的劫匪》,第 133 页。
④ 瞿同祖:《清代地方政府》,第 122—124 页。某匪帮攻击了坐落在大运河沿岸的重要城镇(隶属吴桥)安陵镇后,直隶总督王文韶指令知县劳乃宣在两个月内缉拿嫌犯。期限过后,王给与劳乃宣"重责"。见《京报》1896 年 9 月 24 日,转引自《北华捷报》1896 年 11 月 29 日,第 903 页。1896 年 1 月,直隶广平县的秦焕耀在限定时间内,未能缉获攻击县衙西门外某处房屋的盗匪,而被解押到刑部。见《京报》1896 年 9 月 24 日,转引自《北华捷报》1896 年 11 月 29 日,第 903 页。

比如,官员不能向上级报告说,盗匪具有很大的威胁。如果他把盗匪指责为叛军,那就招来了军队……然而,当营兵到来时,盗匪已循于无形,那他将会被指控为欺骗。如果照实汇报成盗匪,那也会遭受惩处,因为他并没有根除盗匪。因此,惯常的犯罪仍旧存在。官员们当众宣告每个人都应看好自己的家园,这已算尽到了自己的官员职责。他们在向上级的报告中竭力掩盖真相,因为上级也同样如此。①

因此,盗匪之祸的受害人也不愿提出控诉,那些敢于报告抢劫的人也因"诬告"而常受处罚。② 有人记述说,县令有时鼓励盗匪潜入其他司法辖区。③ 但鉴于华北平原边界地区盗匪遍布,这种方法收效甚微,只是暂减了受害地区的匪帮。当然,匪帮很快了解到政府力量过于孱弱,故总是聚集于此。1896 年,(隶属广平府)清河知县据称极为无能:"居住在县衙三四十英里外的盗匪和绑匪,都知道其辖区是安全的拜访之地。"④

为了保住官位,一些知县更是滥用职权。如果有受害人申诉遭匪袭击,派出捉拿盗匪的捕役首先从控诉人处勒索陋规。如果他抓住了盗匪,接受一笔贿赂后便放后者跑掉。捕役在限定时间

---

① 韩甯镐:《鲁南的劫匪》,第 133 页。
② 梅杰:《中国近代刑法导论》,第 20、128—129 页。这绝非近有现象,类似观点在鲍康宁的《圣谕广训》中也有所表露,见《圣谕广训》,第 157—158 页。也可见也可参阅《京报》1889 年 12 月 15 日,转引自《北华捷报》1890 年 1 月 10 日,第 41 页;邓嗣禹:《捻军及其游击战,1851—1868 年》,第 57 页。
　　御史曹志清在 1895 年上折称直隶特别是河间府、深、冀直隶州地区盗匪充斥,请饬认真缉捕。见《京报》1895 年 7 月 25 日,转引自《北华捷报》1895 年 10 月 11 日,第 611 页。关于此时期冀直隶州的盗匪,见《京报》1895 年 9 月 16 日,转引自《北华捷报》1895 年 11 月 29 日,第 902 页。
③ 华璋:《中华帝国晚期之县官》,第 182 页。
④《临清通讯》1896 年 6 月 12 日,转引自《北华捷报》1896 年 7 月 3 日,第 15 页。

内"因不能够缉获罪犯而定期受到责打"①,故他们通常缉拿那些罪名较轻且无关人员,甚至是无辜民众②,而使这些人遭受酷刑。很少有人能够经受起这番折磨,从而做出虚假口供。这样,其他好人也被牵连其中(因为这些受刑者要求供出同伙姓名,任一姓名即可)。③ 这往往导致原告本人备受衙役虐待。因此,民众倾向于保持沉默,而不是向官府控诉抢劫词讼。④ 某位熟悉鲁南状况的传教士指出,地方官员应罢免所有捕役,方可根除匪患,正是这些捕役把无辜农民推进了匪帮。⑤

尽管上述说法有所夸张,但在动乱的边界地区,掠夺性帮派和乡里体制下的衙役有着密切的联系。拉拢收买是盗匪倾向使用的太平式策略,许多原为盗匪的人后来也进入了捕役队伍⑥,而且衙役和盗匪过从甚密也屡见不鲜。直隶东南的某天主教神甫断言:

> 盗匪在抢劫战斗开始前,首先与地方官的下属达成协

---

① 阿拉巴德:《中国刑法评注》,第 135 页;也可见瞿同祖《清代地方政府》,第 72—73、124 页。

② 阿拉巴德:《中国刑法评注》,第 136—137 页;也可见瞿同祖《清代地方政府》,第 70 页。

③ 具体可参阅山东道监察御史何桂芳的长篇奏折,见《京报》1883 年 4 月 8 日,转引自《北华捷报》1884 年 6 月 1 日,第 620 页。也可参阅黄六鸿《福惠全书》,第 396 页。

④ 卢国祥:《盗匪在中国无法根除之原因》(Rudolf Pieper, *Warum das Räuberwesen in China nicht ausgerottet wird*),载《天主之城》,第 16 卷第 5 期(1893 年),第 79 页。

⑤ 韩甯镐:《中国近年来的国内形势及前景》,第 51—52 页。

⑥ 据临清的某报告,一个恶名远扬的名叫卢志的匪首,在被抓获的几年后,成为临清本州的重要盗匪捕役。然而,他因前科被临清地官府处决。《临清通讯》1894 年 7 月 9 日,转引自《北华捷报》1894 年 7 月 27 日,第 139 页。按照《大清律例》,定罪的盗贼须充当捕役。见陈张富美《18 世纪中国对定罪盗匪的地方控制》,(Fu-mei Chang Chen, "Local Control of Convicted Thieves in Eighteenth-Century China"),第 122—128 页;也可参阅黄六鸿《福惠全书》,第 379、385 页。

议,每月给予其额定的份钱,这样他们就平安无事了。如果
有针对他们的指控,地方官即使发出拘捕状,也是无用之功。
在控告引起地方官注意之前,盗匪在衙门里的兄弟朋友已经
给通风报信了。当捕役到达现场的时候,这个团伙已仓皇逃
走。一切已经恢复秩序,没有丝毫的盗抢痕迹。①

此外,地方牢狱的高死亡率,可能被知县用来作为提升自己
镇盗记录的便利手段。在边缘地区,关于当场处决"巨匪"的特别
谕令,也同样出于这个目的。② 这些官员是在19世纪中期太平
军叛乱之时,出于权宜之计而被清廷委以职权,虽然此后再三遭
到弹劾,但是直至19世纪末仍然保留着权力。③ 华北地区所有
总督和巡抚出于震慑之目的,力主保留该谕令。安徽巡抚认为,
当场处决可能避免监牢人满为患。④ 当场处决或者盗匪刚进监
狱就暴毙,也有着明显的经济益处,因为把这些罪犯押运到省城
处决,特别是对于遥远的边缘地带来说花费不菲。

边缘地区虽有着官员松垮的长期历史,但并不是所有的官员
都对盗匪抱着宽宏态度。19世纪90年代初,毓贤充任曹州知
府,发起了一起强力剿匪运动,据说有数千人丧命。1894年初,

___

① 巴鸿勋致柴罗特函(1896年9月27日,莘县张家庄),载《泽西信函》,第16卷第1
期(1897年),第39页。
② 苏北传教士报告说,宿迁监牢在1898年2月至10月期间大概处死284人。见《宿
迁通讯》1899年1月16日,转引自《北华捷报》1899年1月30日,第171页。关于
清初牢狱的具体状况,见黄六鸿《福惠全书》,第307—318页。此外,黄六鸿提出,
如果想省去进一步调查的麻烦,最好还是把恶名在外的盗匪折磨致死。见其著,第
27—28页。
③ 一些对该律法持批评意见的人,认为这将变为"实施复仇的手段",见《京报》1873
年8月11日,转引自《北华捷报》1873年9月6日,第195—196页。该特殊法款在
四川、河南、安徽、湖北、山西及江苏和山东的部分地区生效。见阿拉巴德《中国刑
法评注》,第401—402页。
④《京报》1874年7月12日,转引自《北华捷报》1874年8月15日,第164页。

韩甯镐如是评论道:

> 曹州的现任知府毓贤在五年时间里斩首、绞杀(在木笼中)和拷打(至死)5 000名盗匪,这样的成绩连省府都有所胆寒,遂制止这一行动。这导致现今的盗匪与先前相比,人数更多且更为勇猛,并主要活动在毓贤衙署附近……①

然而,即使如此残酷的镇压也无济于事,因为一旦"前人已逝,后人便跟随着脚步仍旧从事这种活动"②。

盗匪主要是乡村现象,针对的典型目标是行人、孤立的地主宅院和村落。但随着盗匪在19世纪90年代的增长以及个别帮派规模的扩大,攻击城镇中心也渐为常态。地方官员及其衙署也是盗匪乐于攻击的对象。有过此等遭遇的山东莘县县官曹榕向巡抚福润禀报,大概有20名马匪攻击了县衙。这伙人"乘间闯入公所",卷走大批物品和莘县知县印信。③ 这起事例很好地阐释了地方官在盗匪活动区所处的屡弱地位。如果曹知县的描述无误,那么进入该县县城的盗匪数量少得惊人。该官声称自己当时外出公务,但这是此等情况中的常有托词。地方营兵很快到达现场并投入战斗,擒获一名盗匪。按照这名盗匪的供词,该帮匪首好像因知县先前对其惩罚而怀有怨恨。因此,该匪首组织了这起

---

① 韩甯镐:《中国近年来的国内形势及前景》,第50页。毓贤作为盗匪刽子手的名声,也可参阅刘鹗的小说《老残游记》第四章。有人曾说毓贤是一名"颇有畏惧但刚直的官员","他每天都要睡在不同的房间里,在身旁还放着枪",因为"不只一次有人要他的命"。见《华洋通讯》(*Celestial Empire*)1896年7月31日,第118页。
② 薛田资:《在孔夫子的家乡》(Stenz, *In der Heimat des Konfuzius*),第162页。
③ 《京报》1893年8月16日(光绪十九年七月五日);也可参阅《京报》1893年8月18日,转引自《北华捷报》1893年10月6日,第538页。曹补充说,19世纪中期的太平军叛乱给城墙带来了破坏,迄今一直没有修缮。出处同上。莘县在1661年被白莲叛军占领,见《山东军兴纪略》卷一二,第1页。

陷害知县的攻击,原本以为后者会因官印丢失而被革职查办。①

1893 年 12 月,一个纠集了数百人的团伙突袭堂邑县衙。这伙匪徒进入城墙,四处鸣枪,"吓退了人们的抵抗念头",据报道,他们口中大喊自己是"老百姓的朋友,前来报复压迫者"。在衙门里,知县被迫交出所有白银,共计一千多两,因为守卫根本没有抵抗的胆量。据说,这些盗匪来自曹县。②

当然了,这些官员避免向上级报告此种令其尴尬之事。1895 年 10 月,《北华捷报》之《苏北通讯》这样描述说:"寄生暴徒们重新活跃在该地。"一百名盗匪攻击了睢宁县衙(而知县恰好外出)并掠去了所有物品。妇幼在逃离时,把官印藏掖在衣服里面。"但是该知县并不敢请求外援来平定地方,因为他知道在其任内发生如此严重的事情,是要丢掉乌纱帽的。"③

无论这些地方官员存在着怎么样的缺点,但他们在盗匪侵扰之地处于一个明显不利的位置,即手头可用的镇压力量少之可

---

① 《京报》1893 年 8 月 18 日,转引自《北华捷报》1893 年 10 月 6 日,第 538 页。曹榕确实被剥去了官衔,并被责令在一个月时间抓获匪首并追回印信。没有更多资料表明他是否完成了这项差事。他于 1878—1883 年、1888—1898 年期间仍在莘县任职。1885—1888 年该人充任冠县知县。见《山东通志》卷六二,第 2118—2119 页。1898 年,原籍河南河内的曹榕在曹县任职。见《山东通志》卷六一,第 33b—34a 页。

按照鲁南地区广泛流传的故事所言,曹县郭堂的郭二兔子曾攻击莘县衙门,掠走官印、误传文告来作为消遣。见《德文新报》1907 年 1 月 18 日,第 110 页。但中文文献并没有提到该人。

② 《临清通讯》1893 年 12 月 21 日,转引自《北华捷报》1894 年 1 月 19 日,第 89 页。1895 年 4 月 20 日,据说来自曹州府的一伙 70 余人的盗匪闯进了临清州衙署,见《临清通讯》1895 年 4 月 25 日,转引自《北华捷报》1895 年 5 月 17 日,第 743 页。豫东虞城也发生了类似事情之后,该县孔知县被勒令在两个月内抓捕匪徒。见《京报》1894 年 9 月 6 日,转引自《北华捷报》1894 年 11 月 30 日,第 895 页。

③ 《宿迁通讯》1895 年 10 月 8 日,转引自《北华捷报》1895 年 10 月 25 日,第 692 页。这些知县不但试图隐瞒这些攻击,且不得不通过征收额外款项来弥补损失,这进一步疏离了当地民众。

怜。就常规军而言,在 19 世纪后期,镇压匪帮是绿营的具体职责。① 至于敏感的华北边缘地区,匪帮的巢窝坐落在兖州、曹州、大名、归德和徐州。不过,还有大量的盗匪"分散在各地且几乎定居于此",所以各地都需要部队。② 那些驻扎各地的绿营规模较小(人数通常在一百人左右),装备落后,不能和一些力量更强的匪帮匹敌。因此,两者不是处于对等的敌对地位。当派遣规模较大的军队前去镇压匪帮时"锣鼓喧天",给后者足够的时间"望风而逃"。另一方面,当匪徒在人数占优时,便会主动攻击并摧垮前来镇压的军队。③

除了人数和武器占优外,聪明的战术也使匪徒占到优势。在奏报曹州府和济宁直隶州日益增长的匪患时,山东巡抚福润如是描述:

> 间有马贼游弋,扮作防营……使查路兵役不敢盘诘。④

以巨野县的龙崮集为例,50 名士兵前往缉拿盗匪。但是后者提前知道了这起消息,匪首打扮成官员的模样,在身着兵服的匪众护卫下前往这个集镇。所以,真正的士兵被蒙骗了,导致了他们中的 28 人被杀,另外试图缉拿该盗匪的 8 名地方百姓也不幸遇难。⑤

一些地方武官发现很难管制当地盗匪,遂被迫与后者达成妥协。一份资料表明,某匪首在得到一定的年费后,允诺和平地撤

---

① 拉尔夫 L. 鲍威尔:《中国军事力量的崛起:1815—1912》,第 138 页。
② 同上书,第 13—15 页。
③《德文新报》1907 年 1 月 18 日,第 109—110 页。
④《京报》1894 年 6 月 14 日,转引自《北华捷报》1894 年 9 月 7 日,第 402 页。
⑤ 伯义思文(1894 年 8 月,单县李家集),载《天主之城》,第 18 卷第 16 期(1895 年),第 295 页。巨野地方志所载,1894 年 7 月 20 日,以菏泽王鹏为首的一伙盗匪杀害了龙崮集防营的 17 名营兵。见《续修巨野县志》,第 94 页。

离地方防营及邻近地区。① 据安治泰主教所言,济宁守备吹嘘"附近有 8000 名盗匪,但我毫无畏惧,因我与他们和平相待"。② 由于地方营兵的饷银较低,他们才不愿拿着生命冒险。御史刘恩溥察觉地方官员并没有管制盗匪的意图,遂建议说:

> 捕拿盗犯,固各省地方官之要务。其有成群结伙、著名巨匪为州县官不易捕拿者,自应佐以兵力……,然非予以奖励,则谁肯出力。查山东之兖、沂、曹、济,江南之丰、沛、萧、砀,河南之汝、正、新、息,安徽之颍、亳、寿州场系向来盗贼渊薮……。凡此数十州县,著名巨匪经营兵拿获者,均照军营章程加衔,似足示鼓励。③

如果某地盗患过于严重,州府甚至省府都会派军前来镇压。但在这种情形下,盗匪会很快消失,躲进别的州府或外省。通过相关守军的参与,以及在地方官员和朝廷的协调计划下,才能有效地开展剿匪行动。因此,1892 年夏,山东巡抚福润在暗地调查鲁西梁山地区的盗匪活动后,饬令曹州镇总兵王连三连同知府毓贤驰赴弹压盗匪,"不动声色,假以会哨为名,调集附近各防营带领队伍出其不意入山搜捕"。同时,兖州镇总兵、道台和知府都被饬令关闭与梁山毗邻之各处隘口。该合作策略取得了成功。1892 年 10 月 22 日,一起武装接火后,盗匪杨木和其他三位匪首以及 24 名手下"皆供认抢劫、奸淫、杀人犯火、掳人勒赎"的罪名而被处决。其他缉拿归案的 84 名匪徒得到惩戒后分别移交给所

---

① 《德文新报》1907 年 1 月 18 日,第 109—110 页。
② 安治泰文(1894 年 7 月 29 日,济宁),载《耶稣心小使者报》,第 22 卷第 2 期(1894 年 11 月),第 10 页;也可参阅《天主之城》,第 18 卷第 4 期(1895 年),第 75 页。
③ 《京报》1889 年 7 月 2 日,转引自《北华捷报》1889 年 7 月 20 日,第 80 页。

在村庄的庄长,因为他们还没有承认参与任何一起的盗窃事件。此外,福润奏称,因盗匪"身带洋枪",造成诸多勇丁受伤。①

七、19 世纪 90 年代的"盗匪化"

在上述案例中,两个地区的文武官员已协调双方行动。1895年,清政府为应对华北边缘地带盗匪急剧增加的问题,谕令省府间合作行动。其实,根据我们已掌握的 1868—1899 年间集体行动资料可以确定,盗匪活动在 19 世纪末期已有显著的增长。安治泰主教在 1893 年末的记述,注意到了掠夺性活动显著的增加和扩大:

> 虽然去年冬天(1893 年初)已经展开一场真正的剿匪战役,许多盗匪的首级也被悬挂在城镇和集市门楼上示众,但盗匪在近几月看起来更加嚣张。不仅是城镇居民和乡间农民,甚至有诸多勇丁保护的官员也不再安全自在了。在不到三个月的时间内,附近地区的三个衙门被盗匪掠夺,官员也被赶走,妇幼备受摧残。②

有资料表明,此间日渐增多的盗匪也来自临清地区。"关于拦路盗匪和他们不分年龄性别而施暴的报告,更凝重了这种气氛。"1893 年夏,马匪光天化日之下在县城东部实施抢劫,这是因

---

① 《京报》1892 年 12 月 24 日,转引自转引自《北华捷报》1893 年 2 月 10 日,第 196 页。也可参阅《大清德宗景(光绪)实录》卷三一七,第 13 页;《京报》1892 年 12 月 5 日。
② 安治泰文,载《耶稣心小使者报》,第 21 卷第 6 期(1894 年 3 月),第 43 页。这是他在阳谷坡里所写信函。1983 年 6 月 11 日,盗匪攻击附近的莘县县衙;1893 年 12 月 16 日,又攻击堂邑县衙。

为地方官员太懦弱了。从省府来的军队最终驱散了这些匪帮。[1]1893 年初,河南巡抚裕宽获准增设军营,来解决直东交界地区的盗匪问题。[2] 山东巡抚福润上奏,禀称已从省城派遣营兵前往曹州府和济宁府,这些区域"马匪四处混迹,结党成群"。[3]

此时,盗匪之间差别减少,均极为凶残。在传教士的报告中,至少可以看到这种明确的敌对腔调:"这伙人,或准确来讲这些怪物,就是那些盗匪。他们的行为近乎不可思议,令人厌恶和恐惧。"[4]另外一名传教士观察说,"这些抢劫大王丢掉了好的一面,他们也攻击穷人并数次抢劫传教士"。[5] 匪帮和盗匪行为已经到了无法无天的程度。那里每天都是抢劫、纵火和谋杀。[6]

19 世纪 90 年代盗匪活动猖獗的另一个标志是此时在传教士期刊上出现了诸多该主题的文章[可参阅圣言会传教士韩甯镐、卢国祥(Rudolf Pieper,1861—1909 年)、伯义思(Jan Buis,1866—1935 年)、佛尔白等人的文章]。盗匪活动不再仅仅是乡村现象,因为它们也攻击一些城镇目标特别是县衙,这种情况愈为普遍。正如安治泰于 1894 年夏记述,地方官员无法应对日益增长的掠夺性威胁:

> 此时,整个(鲁南)传教区极为不安,到处都有强盗和抢劫活动。地方官也差点丢了脑袋,有的官员因害怕躲在城墙

[1] 《临清通讯》1893 年 12 月 21 日,转引自《北华捷报》1894 年 1 月 19 日。六个月后也有一篇类似报道说,临清地区的盗匪在过去两年中分布广泛。引文同上,转引自《北华捷报》1894 年 7 月 27 日,第 139 页。

[2] 《京报》1893 年 3 月 23 日,转引自《北华捷报》1883 年 5 月 19 日,第 755 页。

[3] 《京报》1894 年 6 月 14 日,转引自《北华捷报》1894 年 8 月 7 日,第 402 页。

[4] 伯义思文(1895 年 3 月 4 日,徐立口),载《圣弥额尔历》,第 201 辑(1897 年)。

[5] 转引自克劳斯《佛尔白神甫(1863—1949 年)——在山东和甘肃的传教士》,第 31 页。

[6] 韩甯镐:《战乱下的中国》(Henninghaus, "China nach dem Kriege"),第 97 页。

里面,而让盗匪在乡村为所欲为;一些官员则在任逃跑或递交辞呈……我在盗匪区域已经生活了很多年,关于抢劫和凶杀的故事通常使我沮丧:情感随着时间的流逝而麻木……(但是)盗匪今年的活动使我忧心。这看起来像演变成一场反抗政府的叛乱。[1]

韩甯镐和他在单县的工友担心中国"走向崩溃和革命",鲁南匪帮的显著增长使这些盗匪成为"天生的革命先驱"。[2]

我们不同意韩甯镐关于盗匪有潜在革命的判断,但掠夺性侵略的惊人发展,反映出大部分山东区内源性发展的恶化。此外,这些报道的重要性在于,它们显示了盗匪活动在甲午中日战争前的上升态势。在边缘地区,政府力量在平时就已孱弱。战争爆发之后,普遍性的不安全感进一步增强,因为许多军队从盗匪出没的地区撤离。盗匪由于此时更大的权力真空进而得到发展。1895 年初,伯义思谈及成武知县:

> 成武知县惊恐万分,就是在大白天也不敢打开城门。南北门日夜封闭,东西门只有在太阳高照时才临时开放,当太阳快要落山时,又赶快关闭。但这名官员的处境仍然非常艰难,因为他的兵勇都被抽调走了。

他进而记述,邻县单县的处境类似,并希望省府能够派来营兵防止该地法纪的全面崩溃。[3] 该地的另一位传教士报告说,"数以

---

[1] 安治泰文(1894 年 7 月 29 日,济宁),载《耶稣心小使者报》,第 22 卷第 2 期(1894 年 11 月),第 10—11 页。传教士韩理曾告诉安治泰,他所在的传教区(嘉祥和巨野)遍布着盗匪,在匪帮杀害 21 名兵勇并绑架 7 名兵勇之后,县城城楼在大白天也紧闭不开。

[2] 韩甯镐:《战乱下的中国》,第 50 页。

[3] 伯义思文,载《耶稣心小使者报》,第 22 卷第 10 期(1895 年 7 月),第 75—76 页。

百千计"的马匪到处游荡。①

　　其实，一些传教士和中国官员的记录表明，1895 初一些较大的匪首在复杂的华北边缘地区开展活动，这包括"李二天爷""王三白炼"。李、王两人是在江苏西北的四个地区活动，强迫整个地区为他们提供金钱、鸦片和马匹。李二曾在铜山县西北部一个较大且有城墙的集镇石城建立据点，位于天主教堂口戴套楼南 15 里处。总督张之洞把这些盗匪称为"幅匪"——一个"叛乱团体"。② 按照天主教传教士的记述，派出镇压盗匪的绿营在数月中并没有和后者交火。最后，事态变得清晰的是，李和一百名意志坚决的随从公开起义，谋划占领丰县县城，于是招来了来自徐州的军队。在随后的石城城门发生的战斗中，李带领的盗匪打败了帝国军队。次日，清军返回，李在此前也离开该地。然而，李二请来的救兵即王三所属的两三百人也同时到达。但是，王部盗匪因缺乏弹药也被迫撤退。不过，逃跑的王三被萧县民团打伤。看到万事已去，王三也自杀身亡。王三是山东郓城县人氏，26 岁，穿着丝绸长袍。据说李二的随众四散，他本人也从军并参加了甲午中日战争。③ 李二后回到山东，和盘踞在巨野县西部地区的匪帮联合，在 1895 年农历二月（2 月 25 日至 3 月 25 日）爆发起义，

---

① 韩甯镐：《战乱下的中国》，第 97 页。他说盗匪穿着统一服饰。
② 《京报》1897 年 7 月 19 日，转引自《北华捷报》1885 年 9 月 27 日，第 530 页。四名被抓的盗匪坦白认罪，并带有幅会的明显标志，即"该团体名称来自其长发和特别的头巾"，同上。然而，《张之洞全集》中并没有提到幅匪和幅会的联系。当地传教士也没有提到过幅匪。
③ 艾赍沃致董师中函（1895 年 3 月 14 日，戴套楼），转引自《泽西信函》第 14 卷第 2 期（1895 年 9 月），第 178—180 页。也可参阅《京报》1895 年 5 月 26 日，转引自《北华捷报》1895 年 8 月 2 日，第 194 页；《张文正公全集》卷七七，第 22 页，1895 年 3 月 18 日。

但大雪迫使该计划落空。①

掠夺性活动的升级在甲午中日战争中也影响到了临近的归德府,但现有资料却莫衷一是。据称来自曹州府臭名昭著的匪首岳二米,带领两三百人进入归德府,特别是在集贸中心申集和清武集一带"四处抢劫"。另一个"著名巨匪"葛地龙带领数百名盗匪在永城县肆意抢劫。归德府参将杨玉书玩忽职守,被指控为因害怕盗匪而不敢冒险出城。② 在答复以上指控时,河南巡抚刘树棠言称,他不知晓盗匪对以上地方的攻击,而是认为是御史把这些地方与他地混淆,如山东曹县的青堌集。不过,他承认在 1895 年 3 月 16 日,有八九百名来自山东的盗匪骑马或徒步进入河南,攻击了王桥村。但是,这伙人被当地农民打败,在绿营到达后便撤退了。河南都统上奏称"豫鲁联营"剿杀了岳二米。③

这些发生在 1895 年初的事件表明,个别匪帮的寿命较短,抢劫活动具有地方性,且在华北平原边界地区是个扩散性现象。尽管传教士和官员的报告是零碎和模糊的,但甲午中日战争导致的地方镇压力量的衰减,使其不能够应付这种扩散。因此,在缺乏有效的政府支援下,地方民众通过重塑或新建各种保护性组织来应对日渐增长的掠夺性活动。正如上文所述,主要是一些集体组织而不是政府军队,在 1895 年春击溃数支匪帮中起到了关键性作用。在这个短暂的过程中,盗匪化进程仍然有增无减,只不过是在 19 世纪 90 年代后期被其他事件所掩盖。与此同时,膨胀发展的自卫性组织助长了大部分处于自治状态的边缘地区的军事

---

① 《巨野县志》,第 79—80 页。
② 《京报》1895 年 5 月 12 日,转引自《北华捷报》1885 年 7 月 12 日,第 59—60 页。也可见 1895 年 4 月 2 日谕令,载《大清德宗景(光绪)实录》(卷三六三),第 8 页 b。
③ 《京报》1895 年 5 月 12 日,转引自《北华捷报》1885 年 7 月 12 日,第 60 页。

化进程,他们最终对清政府和传教士都构成了威胁(详见第七章)。

八、小 结

在山东区,盗匪仍然是个"传统"现象,主要来自内部的压力,并在一个逐渐结构化和周期性的变化环境中不断演变,有着周期性的峰点。换言之,这不是在"现代性"和世界市场渗透的影响下,反映"整个社会瓦解"的近有且突然的发展过程。[①] 致使盗匪成为一种持久性社会机制的最主要因素,应归结为管理的松懈、边界的地理性、社会经济的滞后,最为重要的是根深蒂固的暴力传统。对这种与众不同集体暴力行为的分析,可以看出它也是在一个竞争激烈的环境中,一系列相互关联的掠夺型和防护型的集体策略。

然而,盗匪可能成为权力的替代性中心,但它并不具备独立性和统治地位,只是从属于复杂且不稳定的权力结构。匪帮隶属于地方村落结构,只不过是在家乡之外开展活动罢了。在活动区域,一些地方豪强安置外来盗匪,因此加剧了竞争问题。盗匪和地方望族间的勾结是建立在恐惧和利益的基础上,并与派系纷争和宿仇紧密地联系在一起。随着盗匪的繁殖发展以及对于稀缺资源的争夺加剧,在竞争性的村落、地方望族甚至是盗匪之间,一个极为复杂的关系网也日渐形成。在上述情形加剧的区域,盗匪和百姓间并没有明确的界划,"而是以多种仇恨为不太明确的分界点,这导致了百姓和匪帮各自内部间的斗争。因此通过出人意

[①] 霍布斯鲍姆:《社会性盗匪》,第 150 页。

料或暗地里达成的协议,良民和匪首间达成了联合"。[1] 此外,所谓的"良民村"在剿匪战斗的托词下,可能去掠夺别的村子,因为后者可能和前者的敌对性帮派有所结盟。"这是因各方及不同原因造成的一个难分彼此的混合物,里面充满了怨苦和不可饶恕的贪婪。"[2]

---

[1] 许锺岳:《我的中国乡亲》,第22页。
[2] 许锺岳:《我的中国乡亲》,第22页。

第四章　教门暴力

　　对人间天堂的渴望以及对许诺带领我们前往天堂的救
世主的盼望,是世人隐藏在内心深处最基本的希望。在常态
社会中,这些希望所蕴藏的强有力的精神能量,被理性和常
识所驯服和疏导。只有在发生危机和扑朔迷离的变化时,惯
常的行为模式遭到破坏,这些希望才显现出来且通常具有爆
破力,从而扫荡整个社会并将它陷入非理性的幻想,同时诱
发极端且普遍使用暴力手段来解决即将到来的问题。当常
态手段无法应对这些危机时,继而在宗教和精神层面上追求
重生:救世主出现了,带着人间天堂即将来临的好消息。①

——石秀娜(Anna Seidel)

　　宗教信仰引发的民众叛乱,是中华帝国悠久历史的一个持久
特色。在清朝官方文书中,各种各样的宗教通常被不加区分地泛
指为白莲教,据称该派素有武装起义的倾向。这个在 18、19 世纪
中国的庞大异端且具有颠覆性的白莲教派所存在的上述性质,不
仅为清政府也为此后的历史学家所认同。这一假定只是在近几
年才受到了质疑。除了田海(Barend ter Haar)所定义的"中国居

---

① 石秀娜:《道教救世主义》(Seidel,"Taoist Messianism"),第 161 页。

士群体"(Chinese Lay Buddhist Groups)具有白莲教的理念外[1]，还有其他被禁宗教团体有意识地保留了这一独特身份，用此鲜明特色来作为创会标志——通常掺和着某些秘密元素——及对世间轮回这一"真理要言"的信奉。于是，这些自发性组织明显地与中国主流民间文化和宗教隔离开来。在这点应当注意的是，中国学者也在寻觅一个更为中性的词语来描述这些教派组织，因此使用了诸如民间宗教（Folk Religions）、民间秘密宗教（Secret Folk Religions）等术语。山东大学的路遥教授提出了"民间秘密教门"(Secret Folk Sects)[2]的概念，这尤为适合山东区蓬勃发展的此类团体。因此，不是盲目地打上白莲教这个标签，"民间秘密教门"在本书中是指在华北这个遍布宗派主义的地区中，经过长期融合性变革演变而来的组织。[3]

18世纪末19世纪初，华北平原的秘密教门领导或影响了一些起义活动，其中最为知名的是1774年王伦起义和1813年的八卦教起义，这已在近些年的学术研究中得到了重视。[4] 然而，当审读19世纪最后30年的文献时可以得知，在长期易发灾害环境的危急情况下，山东区的教门很少和乡村暴力有着关联。我们暂

---

[1] 田海：《中国宗教史上的白莲教》(B. J. ter Haar, *The White Lotus Teachings in Chinese Religious History*)，第12页注28，第13页。

[2] 路遥：《山东民间秘密教门》。

[3] 田海反对"教派"这个定义，因为它是掌控我们大部分资源的精英们脑海中的"异常和异端的观念"。见田海《中国宗教史上的白莲教》，第12页注18。另一角度的论述，见郝瑞和裴宜理的《中国社会的融合教派简介》(Stevan Harrell & Elizabeth J. Perry, "Syncretic Sects in Chinese Society: An Introduction")，第285—287页。这个对教派的定义，似乎适合中国环境。

[4] 西方的综合性研究，见韩书瑞《千年末世之乱：1813年的白莲教起义》(Susan Naquin, *Millenarian Rebellion in China*)；《山东叛乱：1744年王伦起义》。也可见郝瑞和裴宜理的《中国社会的融合教派简介》，以及巴瑞特的书评《中国的秘密宗教》(T. H. Barrett, "Chinese Sectarian Religion")。

且把如今看来也高度矛盾的论断置于一旁,即白莲教在义和团的起源上扮演着重要的角色,我们应当确定民间秘密教门是否经历了深刻的变化,从而降低了它们的激进性;或者说,对欲铲除中国"异端"信仰的官僚机构而言,行政活力的普遍衰退,要么降低了它们的警觉性和猜疑心,要么增重了其无能和踌躇。终究而言,19世纪中期灾难性的农民起义之后,普遍性的宗教狂热在华北地区随之高涨,这也包括本土宗派和基督宗教的传播。出于研究目的,在处理宗派问题时只能使用一些概括性术语,尤其是有助于我们更好地理解19世纪晚期华北中国民间教门和基督宗教的关系,在该地有许多基督教徒皈依自本土教门,而后者则被中国政府视为异端,且在此前遭到镇压。然而,教门组织作为团契的替代形式,考察不同教门的关系、教门参与地方自卫以及在乡村社会整体上的变化性角色等问题,都有着相当重要的学术意义。不过,在本书考察的时间段里,这些复杂的问题存在着调查上的难点,这需要更为全面的考察。①

一、民间秘密教门类型

各种独特的中国教门分支,在其历史发展过程中有两个特点即融合与分裂,且在此过程中与中国主流民间宗教相互影响。因此,这些分支含有宗教教义、地方习俗以及神秘起源论等元素,已被清政府和以往的学术界普遍归结为白莲教。因此,这种宗教传统就是一个关于救世论的高度融合的混合体,它发源自净土宗、

---

① 关于20世纪民间宗教习俗的西方研究,可见杜博斯《圣村:华北乡村的社会变迁和宗教生活》(Thomas David Dubois, *The Sacred Village: Social Change and Religious Life in Rural North China*)。

弥勒佛教传统中的千禧年思想,同时也融合了道教、摩尼教和中国古代民间信仰的一些因子。至 16 世纪中叶,这个教门教义的主神是无生老母(Unbegotten and Venerable Mother)①,它在信仰系统和其他分支中处于主导地位。

白莲教的中心教义是"时光"概念,该概念被划分为三个宏大纪元或三劫。现在所处的是第二劫的末期,将出现一场宇宙灾难,会摧毁整个世界,并迎来第三重劫。在劫带来破坏之时,无生老母将派弥勒佛度化尘世的孩子(即信徒)返回到"真空家乡"(Original Home in the World of True Emptiness)。无生老母宫殿里将举行龙华会(Dragon Flower Assembly)欢迎他们的到来,届时各路神仙也会参加。② 这个信念会带来更为直接的利益,就是"劫"的到来会在人世间改朝换代。"在这个新世界里,盛行的是公正、丰裕和长寿,虔诚的信徒也将赢得较高的教内地位。"③这个有关千禧年幻象的全新信仰社会,明显具有反叛倾向。因为关于弥勒佛在大灾难之时即将来临的谣言,激发有"神授能力"的教首组织信徒参与推翻现有秩序的暴力活动,从而加快"劫"的转换。④

然而,假定所有的教门都有反叛思想,也不甚准确。与之相反,在诸多民间秘密教门中,只有很少分支发起或参与了武装起义。学者们逐渐认识到这个现象,即在白莲教里面也有许多非暴

---

① 这个主神也被称作"无生父母"(Eternal Progenitor),19 世纪末以后还有叫作"王母娘娘"(Empress Mother Ruler)和老圣母(Venerable Sagely Mother)。见韩书瑞《千年末世之乱:1813 年的白莲教起义》,第 8—11 页。

② 韩书瑞:《千年末世之乱:1813 年的白莲教起义》,第 11 页。

③ 欧大年:《中国民间宗教教派研究》(Daniel L. Overmyer, "Alternatives: Popular Religious Sects in Chinese Society"),第 159 页。

④ 欧大年文,载包克、贝内克编:《宗教与乡村叛乱》(János M. Bak & Gerhard Benecke, *Religion and Rural Revolt*),第 339—340 页。

力的分支。欧大年(Daniel Overmyer)认为："这个群体都是在一个虔诚的自愿组织中生活和死亡,在生活中希望得到帮助,在未来盼望得到救赎。他们往往被人忽略,也可能几十年或上百年都不被官方所留意。"①我们应当记住的是,这个教门——无论是否属于千禧年教——被迫运用反应性的斗争精神来应对独裁政府的迫害,而这个政府对任何自愿组织都抱有猜疑态度,尤其是对于那些信奉非正统信仰的教门。②

使教门对暴力的态度问题进一步复杂化的是,白莲教被人理解为包含两个主要分支。在18世纪初期于山东传教的西班牙方济各传教士南怀仁(Miguel Fernández Oliver,1665—1726年)的报告中,至少可以看到这一区分。他把白莲教教派清晰地划分为"文""武"两种教门组织。南怀仁得知"文"场背诵诸如"八字真言"的秘密教义,即"真空家乡,无生父母"。他还描述说,这个支派还参与政治事务,包括兜售千禧年时的官职凭证。③

根据同一资料,在白莲教的阶层中,"武"这个分支的领袖已

---

① 欧大年文,载包克、贝内克编:《宗教与乡村叛乱》,第339页。

② 捻军起事期间,山东区非千禧年反应型事件的研究,见裴宜理、张中训《晚清黄崖山之乱质疑》(Perry & Chang, "The Mystery of Yellow Cliff: A Controversial Rebellion in the Late Qing")。

③ 南怀仁致纪理安主教(Kilian Stumpf)函(1718年5月2日,济南),载《中国方济各会志》(Sinica Franciscana)8A(1975年),第955—968页;南怀仁致康和之(Carlo Orazi)函(1719年10月10日,济南),载《中国方济各会志》8A(1975年),第994页。该处资料间接提到一个特别的教派,即在满人入关之时,由刘明德所创立的教派,其教名诸多,如性理教和空子教。近年出版的雍正年间档案文献把它称为"三元会空子教",这和欧大年所提到的应为同一教派。见庄吉发《清世宗禁教考》,第28页。其实,康和之把"三元教"称为"性理教",见康和之《性理教邪恶头脑的命令》(Carlo Orazi, "Intimazione dell'iniquo capo settario dell setta Zin-li-kiao"),载《中国纪事:中国文件》("De rebus Sinensibus Monumenta Papyracea Sinensia"),文件号73。该处文献系缩微胶卷,藏于美国圣文德大学(St. Bonaventure University)方济各会研究学会图书馆。

经被授予了武职,他们挥舞着武器并谋划造反。更为重要的是,传教士指出这个分支进而划分为八个部分即八卦(古书《易经》中的八卦)。① 在此后参与反抗王朝统治的起义的一些教门支派中,它是重要且特色的机构设置。

白莲教的"文""武"分类,大致类同于韩书瑞(Susan Naquin)至今仍坚持叫作"白莲"组织(Organization)的两种模式,即"聚会派"(Congregational)和"禅定派"(Meditational):

> 从更加公共化到更加个人主义的谱系变化,可以审视清朝的教派。第一个类型的特点在于其集会是为诵经服务,在于其素食主义和僧侣式的行为方式,在于其更为熟悉书面宗教教义。而另外一派则完全不同,师傅通常单独会见徒弟,教习打坐和武术,以此来吸引随众,而且他通过口头而不是书面形式传授教义。②

本书对包括八卦教在内的"禅定派"尤感兴趣,这主要因为它更多地参加了乡村动乱。在描述 19 世纪初的激进教门时,韩书瑞写到在白莲教"禅定派"分支中流传的特色技术,就是"拳击"和"拳棍"。"赤手或手擐棍子练习的初衷,是要有益于人的自我防卫、健康和精神。"③1800 年前后,一些战斗技巧传授到了"禅定"派的分支,包括金钟罩、八卦拳、阴阳拳、梅花拳、义和拳和红拳。

---

① 南怀仁致纪理安函(1718 年 5 月 2 日,济南),载《中国方济各会志》,8A(1975 年),第 957 页。他记述说,武派在背诵的经义上与文派一样,他们对妇女加入教派并没有过多的禁忌。

② 韩书瑞:《叛乱之间的联系:清朝的教派谱系》(Naquin, "Connections between Rebellions: Sect Family Networks in Qing China"),第 359 页注 2。在她近来发表的文章《白莲教教派主义在晚清中华帝国的传播》("The Transmission of White Lotus Sectarianism in Late Imperial China")中进一步阐述了这个重要的发现。

③ 韩书瑞:《千年末世之乱:1813 年的白莲教起义》,第 30 页。

韩氏描述到"这些操练据称是预防性的医学措施,有助于消化和疏通,保持身体灵巧和健康。它们也适合用战斗,在集市上能经常见到不同拳社徒弟之间的比武"①。

根据韩书瑞的调查,可以得到以下观点:(1)几种明显竞争的拳派与八卦教有关;(2)拳社在起初已经摒弃了中国教门教义,武术在 18 世纪期间已经成为一些教门的技能手段②,但仍然有"其他形式的中国拳派并未和这些教门发生关联"③。(3)18 世纪晚期,大量的拳社与 19 世纪 90 年代末某些义和团原发性组织有着相同的名称。这导致了学者得出前后两个组织之间存在着有机联系的结论。但应当指出的是,并非所有的学者都认同这个观点。

直到最近,还有学者假定所有的教门都是白莲教的分支。但现在所得到的认识是,白莲教其实也只是一支中国民间教门。在这点上,应当注意的是,正如中国学者的研究表明,无处不在的八卦教有着较大且明显的异教传统,它来源自罗教——这个复杂的信仰系统是罗清于明末在运输漕粮的大运河船夫中间创立的一套复杂的信仰体系。此外,马西沙和韩秉方指出,根据这些船夫后裔的散播,这个神被称为"无生老母",八字真言也得到传扬。④另外,白莲教和八卦教是由诸多不同类型的衍生组织构成,各组织之间的关联甚少。在此背景下,"教门网络发展的正常模式是撒播和裂变"。⑤ 本书更为认同的是,"禅定派"白莲教有着更大

① 韩书瑞:《千年末世之乱:1813 年的白莲教起义》,第 31 页。
② 韩书瑞:《白莲教教派主义在晚清中华帝国的传播》,第 259 页。也可参阅其著《山东叛乱:1744 年王伦起义》,第 191—192 页注 129。陆景祺认为义和拳在 1767 年兴起于山东冠县,见其文《山东义和拳的兴起、性质与特点》,第 265 页。
③ 韩书瑞:《千年末世之乱:1813 年的白莲教起义》,第 31 页。
④ 马西沙、韩秉方:《中国民间宗教史》,第 9、19—20 页。
⑤ 韩书瑞:《白莲教教派主义在晚清中华帝国的传播》,第 346 页。也可见其《千年末世之乱:1813 年的白莲教起义》,第 43 页。

的分裂趋势,这是因为其师徒网络脆弱。此外,显而易见的是,一些分支在发展过程中比"聚会派"更具有激进性,在某种程度上也更乐于追求激进的千禧年图景。①

二、山东区的"教门"叛乱

1774—1864 年间,一系列主要涉及"禅定"白莲教派的叛乱发生在山东区,而该区恰好是我们认定的乡村动乱的主要区域,同时这也是 19 世纪 90 年代出现的义和团原发性组织的起源地,故有必要简要回顾下山东区的主要教门起义。1774 年的王伦起义,发生在一段长期的相对繁荣和社会安定之后,是华北由白莲教发起的第一次重大起义。起义的首领王伦,鲁西寿张县人氏,策划在其认为即将来临的"劫"的转换时发动起义。当这一图谋被地方官员得知后,遂被迫临时发起行动。该人纠集了千名徒众前往临清,途中攻下了三座县城。当上级行政中心派来的清军到达现场时,教派运动被迫停止且很快遭到镇压。②

山东区爆发的下一个重大起义,是八卦教总首领林清在1813 年发起。该人把有着明显差异的"禅定"教门分支组织,以及分散在鲁西南、豫北、直隶东南部和京城的部分诵经派成功"重组"为一个新的八卦组织。同时在这些区域爆发起义,试图闯入紫禁城。这些叛乱分子再次遭到击溃,随后的镇压沉重打击了教

---

① 韩书瑞:《白莲教教派主义在晚清中华帝国的传播》,第 282 页。
② 韩书瑞的《山东叛乱:1744 年王伦起义》一书,对这次起义进行了全面的研究。陆景祺注意到了王伦教派内部的区别即清水教和义和拳。见其文《山东义和拳的兴起、性质与特点》,载《义和团运动史论文选》,第 265 页。

门的激进性。①

山东区爆发的新一轮教门动乱②,发生在大规模的捻军起义之时(不过,捻军并非白莲教的分支)。这些重要起义在 1861—1864 年影响到了直东交界的部分地区,以及 19 世纪 90 年代梅花拳的发源之地。这些在中国官方资料中被称作"丘莘教匪"的八卦教起义,迄今也没有得到太多的学术观照。特别是中华人民共和国的历史学家更倾向专注于宋景诗——一个非宗教性的武术教头,他来自堂邑县,与捻军、八卦教叛军和政府军有着复杂的瓜葛。③ 然而出于研究目的,我们必须指出教门和非教门性质的习武组织相互并存,甚至有时可能合作。

三、1868—1900 年民间教门本质

19 世纪太平军起义期间和之前由官方发起的各种镇压白莲

① 见韩书瑞《千年末世之乱:1813 年的白莲教起义》,第 43 页。至于林清对八卦教的"重组",见韩书瑞《白莲教教派主义在晚清中华帝国的传播》,第 288—289 页。19 世纪 20 年代至 30 年代,山东区爆发了一些较小的教门起义,见高延《中国的宗教教派和宗教迫害》(J. J. M. de Groot, *Sectarianism and Religious Persecution in China*),第 489—497、523—528 页。也可参阅邓嗣禹《捻军及其游击战,1851—1868 年》,第 52 页注 30,第 55—56 页。
② 其概述可见刘广京《清代的中兴》,第 463—469 页。刘氏谈到了来自八卦教分支的高永清,与 1861 年发生在河南归德府的起义有关。
　　还有一个模糊的提法即各教门试图建立发起一个统一的行动。徐昕波提到了在 1862 年前后官府逮捕并处决了两位王姓和高姓领导人,据称该二人的先祖是八卦教的创始人。见徐昕波《中国的社团》,第 8—9 页。
③ 关于丘莘教门起义,见《山东军兴纪略》,卷一二至一四;《赵城县县土志》,第 16—17、39—42 页。关于宋景诗,见陈白尘《宋景诗历史调查集》。至于西方学界的最新研究,可见杨炳章《宋景诗和黑旗军》(Benjamin Yang, "Sung Ching-shih and His Black Flag Army")。也可参见包德甫《宋景诗传奇》(Fox Butterfield, "The Legend of Sung Ching-shih");贝尔辛:《中国的宋景诗农民起义》(Siegfried Behrsing, "Chinesische Arbeiten zum Bauernaufstand des Sung-Ching-Shih")。

教的战役,并没有削弱此后教派主义的发展。相反的是,现有资料表明在19世纪最后几十年中,它们有着明显的扩展。此外,在白莲教内部,可以清晰地看到两种基本的分类,即"聚会"和"禅定"教派。需要特别指出的是,尽管有一些重叠,但两者还是有着明显不同的空间范围。被当时外国观察者称为秘密教的聚会教派,在鲁北和该地与直隶的交界处占有支配地位。耶稣会传教士徐昕波记述他在河间府南部地区的工作:"由于1860至1862年间的大起义,清水教至少在直隶和山东两省被广泛称作秘密教,即不和外界接触的宗教。"①在描述大运河东岸和黄河北部这块历时已久的洪区无处不在但并不活跃的本土教派时,基督教传教士也使用了"秘密"教这个称谓。这个模糊的术语表明了传教士在中国民间宗教特别是秘密教门方面知识的不足。作为"传教士中的权威人士"的李提摩太承认:"迄今为止,从整体上还没有对它进行科学分类和详尽研究,这仍然是个急需解决的大问题。"②

更富激进性的禅定派的余绪,主要集中在山东区的西部和南部地区。该区域不像北部地区那样频遭灾难性的洪灾。但在华北平原的这片复杂区域,教门已经成为暴力竞争环境的有机组成部分。不过,至19世纪晚期,一些禅定教派把主要关注点放在了实用格斗技巧的发展上,似乎有部分分支已经丧失了大部分的宗教成分。美国基督教传教士博恒理(Henry Dwight Porter,1845—1916年)对文、武两种类型的教门做了清晰划分,认为后者在宗教发展上存在明显缺陷:"武派虽然广泛存在,但我们对它只有很少的特殊兴趣。它们完全沉浸于习武和念咒,因而要想从

---

① 徐昕波:《中国的社团》,第6页注1。
② 李提摩太:《中国的秘密教派》(Timothy Richard,"The Secret Sects of China"),载《中国传教手册》(*China Mission Hand-Book*)Ⅰ,第41页。

伦理层面对其加以研究实则意义不大。"[1]

　　基于脆弱的师徒关系,八卦教更倾向于裂化(某些时候,在不同组织中又重新融合)。它们的宗教教义——无论在何种程度上都比较简陋且建立在口头传播的基础上——都会被轻易地曲解。[2] 然而应当指出的是,并不是所有的八卦教门的宗教成分都有了衰减。例如,势力无处不在的离卦道的某些分支,仍然保留着强烈的宗教成分。总而言之,一定程度而言,八卦教看起来与其他习武团体已有所分离。[3]

　　具有较少宗教成分的一些地方教门,"能够也逐渐为其他社会群体提供行为准则"[4],特别是对武力比宗教更能够提供有效保护的区域而言更是如此。在动荡的华北平原边缘地带,教门原有的某些辅助性手段(即武术)开始独立发展起来。此时宗教元素只局限在教门成立仪式、念咒和祈求刀枪不入的臆想上。这种组织和个人经常与无教门的武师[5]打成一片(宋景诗即为最著名的例子)。因此可以假定出这些习武组织只是丧失了——白莲教或八卦教——特定元素。虽然它们的观念和做法在源头上和这些教门有关,但是它迄今已经不属于后者了。

----

[1] 博恒理:《山东的秘密会社》(Porter,"Secret Societies in Shantung"),第 7 页。传教士对更具武力性的八卦教派的兴趣甚少,这是由于该派比具有"宗教性"的"文"派更难皈依基督教。同上。

[2] 韩书瑞:《白莲教教派主义在晚清中华帝国的传播》,第 285—288 页。

[3] 关于早期的八卦教,见韩书瑞《千年末世之乱:1813 年的白莲教起义》,第 55—58 页。

[4] 韩书瑞:《白莲教教派主义在晚清中华帝国的传播》,第 288 页。

[5] 练拳和相关的身体锻炼,长久以来就是中国大众文化的重要组成部分。关于非宗派性的拳击锻炼,可见 G·威恰特《中国拳击的基本原则》(Clarence G. Vichert,"Fundamental Principles in Chinese Boxing");葛尔士:《中国的巫术和巫术艺术、灵性和萨满教》(Goltz,"Zauberei und Hexenkünste, Spiritismus und Schamanismus in China")。此时,诸多非宗教性的社会群体甚至包括了匪帮都有自己的仪式和"迷信"的做法。参阅欧大年《中国民间宗教教派研究》,第 5 页。

最后，由于裂化过程的持续进行，它不再是（如果曾经是的话）一个包罗万象的八卦教组织，而是许多无关联的组织使用了八卦教的早期建制，至少其中的一些组织正处于分裂的不同阶段。欧大年指出："1813 年对八卦教的镇压是非常彻底的，以致白莲教在组织层面上进一步分化，只是在一些新的和不断变化的名号下以较小规模的组织生存。"①

然而，不仅是一些习武教门，而是所有的教门都在 19 世纪经历了巨变。韩书瑞指出，它们宗教的连续性相当脆弱。"对教门组织而言，这里有一个经常存在的趋势，即裂化和分解，其宗教思想也渐渐被扭曲和放弃。"②裴士丹（Daniel Bays）发现，教门的裂化很大程度上归因于"对调和根深蒂固的向往"。③ 某种程度而言，这种极端折衷主义的观念，可能归因于对教门的公开迫害和普遍建立的地方宗派传统混合作用的结果。例如，徐昕波对直隶东南部教门意图的描述："尽管我们只崇拜无生老母，但是我们必须尊敬自己村子所尊崇的各路神仙，这是与他人和谐相处的良策，从而使他人对我们信仰的优越性不抱有怀疑。"④

然而，表面上的顺从似乎只是一种权宜之计或者是为了公共

---

① 欧大年：《中国民间宗教教派研究》，第 105 页。在写作时，欧氏并没有意识到聚会和禅定这两个分支。关于八卦教自清朝中叶始日渐增长的全然不同的性质，可具体参见廖一中《论义和团运动的特点》，载《义和团运动史讨论文集》，第 161—163 页。

② 韩书瑞：《叛乱之间的联系：清朝的教派谱系》，第 338 页。

③ 裴士丹：《基督教和中国教派》（Daniel H. Bays，"Christianity and the Chinese Sectarian Tradition"），第 131 页。他的评断是建立在秀耀春所举综合性宗教文献的基础上，即《山东秘密教派》（Francis James，"The Secret Sects of Shantung"）。然而我们应当留意的是，秀耀春只不过是一名非专业性的观察者，他没有关于中国宗派主义的专业知识。

④ 徐昕波 1875 年 2 月 27 日函，载《研究》，（Études），第五系列第 8 卷（1875 年 11 月），第 209 页。转引自博恒理《山东的秘密会社》，第 66 页。

的和谐,但极端的折衷主义正是中国民间宗教的特点,甚至多于其本身的宗派主义。这对"聚会派"和"禅定派"而言,均为适合。例如,徐昕波在给改宗皈依天主教信徒的一本"小部头手稿"的摘要,可能是对诵经派的劝诫:

> 我们承认除老母外别无它神。但为了不引起他人对我们信仰的注意,我们在外表上还是要信奉佛、玉皇和菩萨。人的灵魂的重量是 16 盎司。考虑到其创造物的深爱,老母在每个灵魂上都留下了 4 盎司,同样的 4 盎司也分别交付给了玉皇和菩萨。因此,现实生活中的人们只剩下 4 盎司重量的灵魂。[①]

该手稿的第一部分表明了其表面上的顺从;第二部分表明它对玉皇、道教尊神的崇拜,实际上已经从属地方宗教信仰体系。同样的是,泰山碧霞元君与无生老母的地位也大致等同。[②]

杜博斯(Thomas Dubois)在研究直隶地区沧州的宗教生活时,发现当地社区的部分教门公开参与公共宗教仪式活动。"地方上的民间信仰,特别是隶属于教门组织的,是村子里重要的宗教资源。而且,教派节日在当地宗教生活中与村庙各类节日的地

---

① 徐昕波(1866 年 8 月 19 日,交河县),载《传信年鉴》,第 39 卷(1867 年),第 389 页。也可参阅徐昕波(1867 年 3 月 17 日),载《研究》第五系列新增卷第 9 期(1866 年),第 99—100 页。徐氏在该信中陈述说,"老母"给每个凡人一磅的灵心。请注意菩萨应该翻译为 Bodhisattva,而不是 Buddha。

② 欧大年:《中国民间宗教文学对统治者和国家的态度》(Overmyer, "Attitudes Toward the Ruler and the State in Chinese Popular Religious Literature")。请注意下列基督宗教传教士对泰山娘娘有趣的评论:"当地人祭拜的主要对象是碧霞元君(通常也被称作圣母)的庙宇和神像,她庞大且漂亮的庙宇矗立在泰山之巅。"此外,他记述说该神也通常被叫做老奶奶。见卞方士(1887 年 10 月),载《传教阵地》(*Mission Field*)1888 年 7 月 2 日,第 261 页。关于碧霞元君,参见柏尔根《泰山之行》(Bergen, "A Visit to T'aishan")。

位相似。"①然而他又指出,并不是所有的教门和民间信仰"都倾向于认同村子里的宗教生活"。他讨论了太上门教和天地门教,并认为这两个教门与一炷香教"在公众和私人宗教生活中的重要节日的行为上一致:历法节日,临时性的祈祷如祈雨、祈福、驱妖、葬礼等"②。因此,某些社群教派有助于维持地方上的凝聚力。

中国学者近来揭示了禅定派所包含民众元素的发展倾向,这有助于我们理解白莲教和义和团运动之间存在的可能关联性。在这点上,路遥评论:

> 八卦教从信奉弥勒佛而扩及玉皇大帝、关圣武帝以及《封神演义》、《三国演义》中的神圣、忠勇人物,大概始于道光年间,出现在直隶清河、巨鹿一带。③

鉴于正统民间宗教和教门信仰两者强烈的折衷倾向,白莲教元素和地方文化产生混合作用也是可以推见的。无论如何,19世纪中期的太平军起义后,清政府在镇压本土邪教上的警惕性减弱,因此这些异端邪说更为人所接受,且流传愈发广泛。④

当然,定量分析教门成员不太可能。但一些印象性的描述,也确实显示出19世纪下半叶异端信仰被山东区农村民众广受信奉。在直隶东南部的吴桥、东光、宁津三地传教的徐昕波,言称

---

① 杜博斯:《圣村:华北乡村的社会变迁和宗教生活》,第51页。
② 同上书,第153页。
③ 路遥:《论义和团的组织源流》,载《义和团运动史讨论文集》,第80页。
④ 关于教派习俗和传统民间宗教的关联,也可见韩书瑞《白莲教教派主义在晚清中华帝国的传播》,第291—292页。20世纪,在鲁南传教的某法国传教士这样说:我们地区的教派虽然不是多么突出,但为数众多,以至于人们把它们称为该地区真正的民间宗教。见康方济《山东南部的秘密教派》(Franz Pilgram, "Religiöse Geheimsekten in Süd-Shantung"),第107页。但就如郝瑞和裴宜理所述,民间宗教和教派间的区别继续存在,这是因为后者在入会时仍保留着具体仪式,并忠于特权阶层中的上层信仰。见其文《中国社会的融合教派简介》,第286—287页。

80万总人口中有一半之多信奉白莲教。① 他认为山东、河南和直隶的1/3人口与教门有着联系。② 在（山东）茌平县，"飘忽秘密"的白莲教以"惊人的方式"增长，据称该地90%的地区的人都是该教信徒。③

　　教派主义的发展，也可以从19世纪晚期改奉基督教的教门信徒数量上衡量（详见第五章）。在沾化县和（鲁北）滨州，方济各会在1877—1878年大饥荒的时候皈依了数千名"秘密"教信徒。④ 这些报告中所涉及的快速增长的本土教门，主要来自易受灾荒的鲁北、鲁西北和临近的直隶部分地区。⑤ 他们也暗示出当地的社区——特别是重要的区域——也大批加入教门组织。在（山东）临邑县某村，据称每个人都加入了

---

① 徐昕波文（1875年2月27日，吴桥），载《研究》第五系列第8卷（1875年），第214—215页。

② 徐昕波文（1866年8月19，交河县），载《传信年鉴》，第39卷（1867年），第389—390页。也可见其著评论，徐昕波：《中国的社团》，第25页。

③ 卫保禄：《茌平县的基督宗教》（Salvucci, "La Christianità di Che-pin-hien"），第249页。另一位传教士言称，一炷香在茌平和邻县平阴的教徒无数。见林披基（M. Greenwood）文（1884年7月15日，烟台），载《华北传教组织信函选刊》（*Printed Letters of the North China Missionary Association*）（合订本），第2—3页，该合订本藏于宣道联合会图书馆（library of the United Society for the Propagation of the Gospel）。

④ 马天恩致顾立爵（Eliguis Cosi）函（1878年2月5日），载《天主教传教区》，第7卷第24期（1878年6月14日），第283页。秘密教在沾化县的迅猛发展，见文书田（George Owen）致约瑟夫·慕兰（Joseph Mullens）函（1878年5月1日，北京），载《伦敦会档案之国外来函华北部分》，III/2/B；文书田、景雅各（James Gilmour）致约瑟夫·慕兰函（1878年1月3日于北京），出处同上，III/2/A；艾约瑟：《山东省的基督教运动》（Edkins, "A Christian Movement in the Province of Shantung"），第283页。

⑤ 这些教徒主要来自聚会教派。但也有部分传教士的记述显示出八卦教广泛流传的性质，"是山东所有宗教团体中最突出和最强大的"。据称仅在新泰县一地，就有3万名徒众。见伯夏理：《秘密会社》，（Henry John Brown, "Secret Societies"），第13—17页。

"秘密"教。① 据说（直隶）武邑县大刘家村也同样举村皆为白莲教徒。②

常有人声称，教门吸引的主要是中国社会的边缘分子。③ 但上述引用的大量皈依资料清楚表明，至少在19世纪晚期已有大量教门信徒是在集体入教的基础上皈依的，因此吸引了定居式农村社会中的各阶层，这甚至包括一些富裕人家，在他们中间也有为数不少的低级士绅。当然，富裕人家拥有必需的资源在无生老母和弥勒佛的千年世界中，为自己下注（即头衔和职位）。同样的是，普通农民也必须有一定经济能力才能负担起教门组织索求的定期物质捐献。④

如上文所述，聚会教门的迅猛扩展，发生在一个长年遭受自然灾害的背景下。这种环境容易产生一些千禧年的教义，但未必具有激进性质。19世纪晚期，洪涝区的教门信徒，似乎把获得有效的精神资源放到了头等重要的位置。但许多人仍在救赎信念中寻求慰藉，而不愿接受激进的末世论，情愿被动地等待新千年的到来。⑤

除了重要的精神激励外，集体加入教派组织也会得到物质奖励。艾约瑟论述说，"秘密教"是"宗教和互助性社团两者间的混合性组织"。⑥ 其他传教士认为，加入教门便会拥有更多的随众、

---

① 马天恩致陆文彬函（1877年10月13日，济南），载《天主教传教区》，第7卷第21期（1878年5月14日），第245—246页。
② 万其偈：《圣若瑟的艰难诉讼过程》，第18页。
③ 郝瑞和裴宜理的论著依旧提出了这一观点，见其文《中国社会的融合教派简介》，第299页。
④ 徐昕波文（1866年8月19，交河县），载《传信年鉴》，第39卷（1867年），第390页。
⑤ 关于环境在千禧年中重要性的不同观点，见郝瑞、裴宜理《中国社会的融合教派简介》，第300页。
⑥ 艾约瑟：《山东省的基督教运动》，第283页。

权利和财富。① 此外,也有人认为教门的一些专业技能也被用于自卫目的:"随着 19 世纪中期以后社会秩序的瓦解,教门组织融入社区结构,所有村子的领导体制和自卫技术都采用自白莲教。"②此后的章节将对这个观点做进一步的探讨。但很明显的是,至 19 世纪晚期,教门组织至少在一些个案中已经成为集体生存的策略。教门信徒资格并没有具体的阶层界限,但是反映了当地的社会构成。这并不是说没有完全融入普通乡村社会结构中的个人,在民间秘密教门找不到自己的位置,因为这些自愿性的组织给每个人都提供了所需:

> 这些社团营造的兄弟情谊,必定有助自我的繁盛。男人不再受到孤立,他们是这个广大且强大组织中的一员。每个人在背后都有支持他的社团,社团中的每个成员都发誓用武力和律法手段来给予保护,而免受官府的欺压。③

此外,一些教门也能够赢得流民特别是非农人口的支持。例如,在理会的领导阶层主要来自城市的流动分子,比如落魄的书生和武将。普通教徒来自各色背景,如占卜者、小贩和兵勇。④类似的是,在大运河运输糟粮的具有高度流动性的船夫也建立了青帮,据称该帮发展自罗教。在鲁苏交界的大运河沿岸地区,这

---

① 文书田、景雅各致约瑟夫·慕兰函(1878 年 1 月 3 日,北京),载《伦敦会档案之国外来函华北部分》,Ⅲ/2/B。他们感觉在鲁北饥荒地区突然兴起的对基督教的热衷,也是由于这个动因。

② 韩书瑞:《叛乱之间的联系:清朝的教派谱系》,第 260 页。

③《秘密会社》,载《北华捷报》1883 年 4 月 11 日,第 396 页。

④ 徐昕波:《中国的社团》,第 50 页。他进而记述,不像秘密教中的白莲教,在理会信徒并不会轻易地皈依基督宗教。至于在理会,可参见石汉椿(Shek Richard)的文章《1891 年热河在理教和金丹教的叛乱》("The Revolt of the Zaili, Jindan Sects in Jehol, 1891")。据称金丹教和无极道与白莲教有关,或至少吸收了白莲教的一些宗教思想。在山东,它们主要兴盛于鲁中的北部地区。

个功能性组织被称作安清帮、安清会、安青、安庆会或安清道友，这只是文字使用的不同而已。尽管该组织在华北内河航道建立了广泛的网络，但它在 19 世纪并没有参与集体暴力行动，也没有招致政府的镇压。然而，当大运河的漕粮输送在 1901 年停止后，据报道在苏鲁交界地区出现了一个新的组织"安清帮"，招募了一些"好战"分子。[①] 换言之，只要大运河的漕粮运输功能依旧，船夫们正常工作，也就不会参与暴力活动。[②] 但到 20 世纪初，这批人处于失业状态，遂扩大活动范围，愈来在山东、河南、江苏三地的交界区开展掠夺活动。[③] 然而，必须强调的是，这个功能组织转变为带有掠夺倾向的秘密会社，是发生在义和团之后。也就是说，义和团运动主要是运输漕粮的无业船夫的反抗而致的断言，明显无证可循。[④]

四、1882 年茌平县的教门事件

尽管秘密教门在 19 世纪下半叶有普遍盛行和扩展，但由它们发起的动乱在 19 世纪中期太平军起义之后还是微不足道的，

[①]《德文新报》1902 年 5 月 2 日，第 354 页；《北华捷报》1901 年 8 月 6 日，第 250 页；《耶稣心小使者报》，第 30 卷第 10 期（1903 年 7 月），第 154 页。

[②] 关于青帮，也可参考科大卫的评论，即"19 世纪没有反叛思想的出现"。见其《19 世纪中国的秘密会社、异端教派和农民叛乱》（Faure，"Secret Societies，Heretic Sects，and Peasant Rebellions in Nineteenth Century China"），第 194 页。

[③] 关于青帮和安清帮的简史，见胡珠生《青帮史初探》；也可参阅大卫·凯利（David E. Kelley）《庙宇和贡粮船队：18 世纪的罗教与船夫组织》（"Temples and Tribute Fleets：The Luo Sect and Boatmen's Associations in the Eighteenth Century"）。关于罗教，可参见欧大年《中国民间宗教教派研究》，第 113—129 页。也可参见马西沙《罗教的演变与形成》；罗教的发展过程和青帮的诞生，见马西沙等《当代中国宗教研究精选丛书：民间宗教卷》，第 145—201 页。

[④] 陈志让（Jerome Ch'e）试图在青帮的亲满倾向与义和团运动扶持王朝倾向两者间建立联系，见其《义和团的起源》（"The Origins of the Boxers"）。

且只局限在山东区的某些区域。当然,教门动乱在清帝国其他地方也有发生,特别是在本书研究的山东区边缘地带。因此,19世纪70年代和80年代之交,来自山东青州名为王觉一的教门领袖,在华北为其先天无生教广泛招收信徒。1883—1884年,清政府在苏北海州和沭阳地区镇压了该教。王觉一声称他的组织与白莲教有着极深渊源。[1] 该人一直被某些学者认为是一贯道——青莲教某分支的创始人。虽然一贯道在19世纪晚期成立,但直到20世纪三四十年代在华北地区才分外突出。[2]

1894年3月1日,带有政治色彩的一起会匪起义在开封被击败,该组织是来自直隶开州的宋金龙在1880年代末建立的仁义会。该会此后改名为龙会。在1894年起义中,叛乱分子携带着帝国颜色的印章和旗帜。宋自我标榜为"终明王"。[3]

在本书考察的时间段中,山东爆发的带有教门成分且具备考察价值的事件,发生在1882年夏。但是,该事件的相关信息却相当简略。山东官方报告说,来自直隶冀州小城屯的张恩俊来到鲁西地区,建立了一个名叫白阳九宫道的教门,其弟子分布在平阴、长清和茌平县。这些小团体都有自己的书面契约、咒符和口令。[4] 正如我们已经指出的,该地是教门活动活跃的区域。此

---

[1]《左文襄公奏稿》,卷六〇,第32—34页;卷六一,第28—31页。《曾忠襄公奏议》,卷二二,第2193—2204页;卷二四,第2391—2395页。王觉一也被叫做王养浩和王古佛。1884年,该教由其子王继泰领导。

[2] 王天奖:《十九世纪下半纪中国的秘密会社》,第87页;欧大年:《中国民间宗教教派研究》,第106页。然而,路遥教授坚信,是王觉一的弟子刘清虚创立了一贯道。王觉一建立的是该教的前身末后一著教。见路遥《山东民间秘密教门》,第372、379—383、386—387页。其他论述,见周育民《一贯道前期历史初探:兼谈一贯道与义和团的关系》,载马西沙等:《当代中国宗教研究精选丛书:民间宗教卷》,第282—296页。

[3] 朱寿鹏:《光绪朝东华录》,第119卷,第9—10页。

[4]《大清德宗景(光绪)实录》卷一四七,第12—13页。

外,太平军北伐部队和捻军余部都被歼灭于此。1863 年,清政府镇压的信奉非千禧年宗教的中心地区——黄崖,也坐落在这个区域。① 长清和茌平地区在此后的 19 世纪 90 年代也爆发了神拳。

目前还不清楚是何种原因造成了 1882 年暴力事件的爆发。《北华捷报》山东通讯只是模糊地提到这事关教门主义的"村落之间的战斗",据称官府缴获了该村子的教门人员名单。② 德国天主教传教士听说有数千人手持长矛、刀和老式火枪开始起义,并宣布成立新的王朝。但这一事态迅速被政府军控制。虽然所有的记录都把其描述为一个较小的组织,但是它仍然赢得了山东区其他教门的支持。我们从中得知一个来自鲁南的郭姓之人(是否带着随从待考)也加入了这个行列。此外,德国传教士还发现了一炷香教、离卦道、无极道教、九宫教和其他来自山东中部山区的教门参加了这次起义,在次年起义失败后,其中的一些幸存者还寻求沂水和蒙阴地区天主教堂的保护。③

五、小　结

很大程度而言,本土教门主义在 19 世纪晚期的扩散,归因于根除异端信仰的统治活力之衰减。但是,在逐渐增强的不安全和危机的气氛中,山东区这些普遍存在的教门组织,也未能产生强

---

① 裴宜理、张中训:《晚清黄崖山之乱质疑》。
② 《北华捷报》1882 年 6 月 9 日。关于该组织的被禁及几位教首的被捕,见《大清德宗景(光绪)实录》卷一四四,第 13 页。
③ 韩甯镐:《圣言会福若瑟神甫:其生平和著作,兼论鲁南传教史》,第 99—100 页;夏德威:《中国的圣言会传教士》(Richard Hartwich, *Steyler Missionare in China*)卷 I,第 76 页;文安多:《中国的伯大尼》(Wewel, "Ein Bethanien in China"),第 379 页。也可参阅《茌平县志》卷一一,第 3 页上。

力的宗教—政治运动。这些异端组织宗教性的增强和反叛性的衰减，在很大程度上归结为其自身长期的发展过程。缺乏全面的整合性组织架构，教门只不过是一个分裂性和特殊主义的团体组合，它们中的一些来源于白莲教或受其影响。此外，在所有的教门中，我们可以察知两个主要分支，即韩书瑞所定义的"禅定"和"聚会"两种类别。过度简化也有偏颇之处，可能有人认为这两个派别存在着地域上的一致性，当地民众也同时使用了暴力和非暴力的生存策略。

在暴力普遍盛行的地区，大部分分散的"禅定"八卦教失去了大部分的宗教特性，而主要关注于习武。事实上，某些组织已经变为了秘密会社。[①] 虽然教门和地方自卫之间的确切联系尚为模糊，地方上一些非教派性的武装组织运用八卦教的技能时，两者才有偶然性的上述联系。[②] 同样的是，如果民间教门和义和团之间也存在联系的话，这可能是通过有禅定派背景的信徒个人。如上文所示，在主要教门组织中，长期以来存在着两个基本的组织系统和网络，即：（1）相互联系的聚会派；（2）依靠师徒联系的禅定派。然而，单个的教门"拳师"和地方非教门性的组织之间将出现第三种联系模式。

---

① 韩书瑞：《千年末世之乱：1813年的白莲教起义》，第35、54页。她引用了一些使用秘密手语的八卦教和某些秘密会社。关于宗教派别和秘密会社之间的分别，托培理认为"秘密会社没有独立的和系统的思想体系，以及宗教信徒资格的系统……"，这些组织起来的"结拜兄弟"只是"用宗教元素来达到其世俗目的"。见托培理《19世纪的中国宗教与乡村凝聚》，第35—36页。不同观点见田海《中国三位一体的仪式和神话：构造与认同》（Barend J. ter Haar, *The Ritual and Mythology of the Chinese Triads: Creating an Identity*）。

② 直隶某例证支持下述观点，即一些教派习武教师也参与地方自卫。任丘某王姓团练教头拜访了徐昕波，后者发现王也是当地的八卦头。见徐昕波报告（1875年5月6日，河间府），载徐昕波《中国的社团》，第161—164页。

聚会派类别中的所谓的"秘密"教,在 19 世纪晚期并不是因为他们的激进而知名,这样没有证据允许我们在它和义和团运动之间建立起有机的联系。面临变化无常的自然所带来的巨大困难,这些教门逐渐沉浸在非激进的末世论问题上。它们的高度融合性做法,也在整体上逐渐适应了中国乡村社会,这也就是孔飞力所定义的异端的"训化"(Domestication)。① 在鲁北长期易灾的环境下所产生的民众对宗教的狂热——这也可能带有物质上的利益,也同样发生在 1877—1879 年大饥荒时,民众对外来"异教"所产生的突然且广泛的兴趣。此外,很多民间教门的依附者,包括白莲教众都对基督宗教产生了兴趣(见第五章)。其实,因为"各个村落的宗教建制各不相同"②,一些村子依靠主流民间信仰,而其他村子则实施某些教门的仪式活动,且两者在村落信仰上都不实施垄断,因此,一些组织在逐渐增多的变数和困难之时乐于接受基督宗教也就不足为奇了。

---

① 孔飞力:《中华帝国晚期的叛乱及其敌人:武装化与社会结构(1796—1864 年)》,平装本序言,第 viii 页。

② 杜博斯:《圣村:华北乡村的社会变迁和宗教生活》,第 40 页。

第五章　传教士与反教暴力

神父更盛气凌人，县官来见他，还得先来个帖，神父答应接见才来，不答应，县官也就灰溜溜地走了。神父来的时候，教民都跪在轿前迎接，看热闹的村民也要跪倒在地。神父的权力比县官还要大……。[1]

——梨园屯的高元昌，时年68岁（1960年）

所谓的"教案"（Missionary Case）[2]，在19世纪最后几十年山东区有记录的集体暴力事件中，占据了大部分的比例。不像其他形式的乡村动乱——绝大多数已经流失在岁月长河里——多数教案受到了广泛的关注。由于牵涉到了外国传教士，所以中国官员、外国政府以及支持福音传播事业的母国虔诚支持者，通常关注此类事件。因此，我们所掌握的此类记录较为丰富，与中国其他任何形式的地方集体暴力行动相比，关于教案的资料是比较翔实的。[3]

---

[1] 《山东义和团调查资料选编》，第256页。

[2] 必须对针对中国教民的暴力和目标直指传教士或其他外人的暴力做一区分。柯文已经对此作了充分的界定，可见本书《导论》第14页注三。

[3] 请尤其注意由台北"中研院"近代史研究所编纂的《教务教案档》的出版。然而，本书在此指出，虽然有诸多关于"反教暴力"的文献资料，但是山东地区在有清一代与其他地方相比，还不是教案的易发地区。

　　传教事业 1860 年后的扩展,招致了广泛的反教抗议。某种意义而言,这些教案也是中华民族对帝国主义势力所带来日益增强的压力而发起的抵抗。这同时也是对外国传教士活动对乡村社会的传统政治、社会和文化结构毁灭性影响的回应。这些外部势力可能是导致教案爆发的重要因素,但也有人认为这种冲突实际上根源于使人日益难以忍受的内部环境。毕竟,基于对排外主义普遍渗透到中国各社会阶层之考虑,仍可令人吃惊地发现仍有诸多农村居民加入了教会。因此,考察促使这些个人和群体加入基督宗教的动因有着重要意义。在本章中将要看到,传教士所提供的不仅仅是心灵慰藉。特别是在动乱的华北平原地区,物质和政治诱惑也至关重要。传教士于 19世纪 90 年代在鲁南地区通过努力产生了最显著的效果,这当然绝非偶然。在该区域,对基督宗教的拥护和敌对都从属于现存竞争性暴力的模式。①

一、传教事业的发展

　　在帝国主义侵略、传教士的传教雄心和既存内在矛盾三者相互作用的背景下调查形式各异的反教暴力之前,有必要简述基督宗教在山东区不同区域的发展史。基督宗教在山东的传播史可

---

① 英语世界对 19 世纪中国其他地区的乡村基督教的新近研究,可见史维东《中国乡村的基督教:1860—1900 年江西省的冲突和适应》(Alan Richard Sweeten, *Christianity in Rural China: Conflict and Accommodation in Jiangxi Province, 1860 -1900*);李榭熙:《圣经与枪炮:基督教与潮州社会(1860—1900)》(Joseph Tse-Hei Lee, *The Bible and the Gun: Christianity in South China ,1860 -1900*)。

以上溯到 17 世纪。① 据载意大利耶稣会士龙华民（Nicolo Langobardi，1559—1654 年）曾在该地开展过传教事业。他于 1636 年抵达济南。在 1650—1665 年间，西班牙方济各会在济南、泰安、济宁和青州地区打下了教会基础。1701 年，方济各会的伊堂人（Bernardo Della Chiesa，1644—1721 年）被教廷传信部（Propaganda Fide）指派到中国，新任北京主教区主教（山东教区于 1839 年前隶属于北京代牧区），在紧邻直隶的大运河重要口岸临清建立了自己的主教驻地（Residence）。在 18 世纪上半叶，罗马教廷传信部意大利方济各会传教士（Italian Franciscan "Propaganda" Missionaries）在大运河两岸省际交界区的许多地方建立了教会，这包括后来成为重要天主教村的魏村和赵家庄（两村都隶属于直隶威县）。②

这些早期的传教工作，尤在康熙朝后期蓬勃发展。这也给 19 世纪下半叶福音传播的复苏奠定了基础，特别是在著名的鲁

---

① 本部分叙述主要参考如下著述：赖德烈《基督教在华传教史》（Latourette，*A History of Christian Missions in China*）；马斯：《新时代中国方济各会士传教事业之重开》（Maas，*Die Wiedereröffnung der Franziskanermission in China*），第 143—160 页；马斯：《17 世纪在华的方济各会：从 1669 年利安当神甫归主至 1722 年康熙逝世》（idem，"Die Franziskanermission in China um die Wende des 17. Jahrhunderts：Vom Tode des P. Antonio de Santa Maria 1669 bis zum Tode des Kaisers Kanghi 1772"）；《18 世纪在华的方济各会》（"Die Franziskanermission in China während des 18. Jahrhunderts"）。也可从以下著述参考相关论述，见《中国方济各会志》卷 2—8A。

② 临清和德州交界处的直隶所属区域基督教的早期发展，尤可参见明思德《北京区教廷传信部的方济各会（1705—1785）》（Georges Mensaert，"Les Franciscains au service de la Propagande dans la Province de Pékin，1705－1785"）。罗马教廷传信部传教士（the Sacred Congregation for the Propagation of the Faith）是指由天主教布道会派遣到中国传教的教士，天主教布道会又被称作传信部（Propaganda Fide）。该布道会于 1622 年在罗马成立，目的是督查和协调葡萄牙和西班牙皇室保教权下的各个罗马天主教传教团体。后来北京主教区与葡萄牙保教权的脱离，造成了两者之间的紧张关系，同时也促使伊堂人在临清而不是北京建立自己的主教驻地。

北和鲁西北以及与直隶交界区域,这里的一些至关重要的老教友
(Old Christian)教会曾在雍正、乾隆和嘉庆朝的周期性打压中幸
存下来了。

罗马天主教会在山东新的扩张周期肇始于 1839 年,时值罗
马教廷决定将山东从北京分离出来,成立由天主教方济各会独一
代管的宗座代牧区。① 此时的当紧工作,就是找出先前福音皈依
工作中幸存的教会。19 世纪 40 年代,在该省大致梳理出 5000
名教民。他们的教会成为此后福音传播工作的重要基础。这次
新的皈依运动,具有绝对的乡村传播特性——19 世纪初期的城
市事工在 1724 年雍正皇帝禁教后的宗教打压中几被摧毁。最重
要的老教会聚集区分布在鲁西(大部分是在武城县、恩县和德州)
和鲁中山区北部(泰安县、平阴和临朐县)的农村地区。方济各会
的江类思(Luigi Moccagatta,1809—1891 年)被任命为山东代牧
区首任代牧(Vicar Apostolic)和领衔主教(Titular Bishop)②,在
19 世纪 40 和 50 年代把十二里庄设为主教驻地。③

在邻省直隶,来自法国香槟地区(Champagne)这个耶稣会教
省(the Jesuit Province)的法国传教士,在 1856 年接管新近建立
的直隶东南代牧区。他们此时能够在分散于代牧区北的任丘、献

---

① 此部分关于天主教的叙述主要参考了如下著述:郎汝略《济南宗座代牧区》;林茂
材:《传教士在中国的冒险经历及忆方济各会山西宗座代牧区主教江类思》
(Giovanni Ricci, Le avventure di un missionario in Cina. Menorie di Mons. Luigi
Moccagatta, O.F.M., vescovo titolare di Zenopoli e vicario apostolico del San-
si);山志高:《中国的圣方济各会修会》(Pacifique-Marie Chardin, Les Missions
franciscaines en Chine)。
② 因为代牧并不监管教区,故通常被称为"领衔主教",这是在异教区的古教会落入非
教徒征服者的手中后得名的。
③ 见梁振铎《山东宗座代牧区的起源与发展》(Kilian Menz, "Annales de origine et
progressu Vicariatus Apostolici Shan-tung");梁振铎:《方济各会的现在和历史》
(idem, "Fragmenta, ne pereant, historiae missionum O.F.M.")

县、深州，以及更为重要的以威县为中心的区域所属的老教会开展工作。1860 年，设立在（威县）赵家庄的直隶东南代牧区的首座总堂搬迁到更为安全的村子献县张家庄。① 应当注意的是，在山东南境、直隶北端地区，甚至是在整个淮北平原（河南归德府的鹿邑县除外）均没有教会幸存。直到 19 世纪 90 年代，天主教传教士才能进入上述动乱区域。然而，当他们开展福音传播工作时，其"皈依"成果确实令人印象深刻。

　　19 世纪中期后的传教工作，因此后著名的"不平等条约"和附属协议而受益良多。特别是 1860 年的《北京条约》，拟定了 19 世纪最后三十余年重要的福音传播事工的扩展框架。1860 年 10 月 25 日签订的《中法北京条约》第六款规定，因 1724 年禁教谕令所没收的天主教产要重新发还给天主教会。此外，法国翻译官在该条约第六款的中文文本上擅自添加内容，允许天主教传教士在所有省区都可以租赁和购买土地，并在此建造房屋。《中法北京条约》还保证天主教传教士在内地传教的权利，并准许中国信徒传习基督宗教而免受责罚。1862 年 4 月 8 日的谕令，免除了中国天主教徒迎神赛会之费用。更为重要的是，尽管没有任何条约支持，法国自认为有权力保护在华的所有罗马天主教传教士，无论后者是何国籍。其实，法国的保教权也同时延伸到了中国教民

---

① 直隶东南的耶稣修会早期传教士，见裴化行《中国的耶稣会士》（Henri Bernard, *La Compagnie de Jéus en Chine*）；A·托马斯：《北京的传教史：从开头到遣使会的到来》（A. Thomas, *Histoire de la mission de Pékin depuis les origines jusqu'a l'arrivée des Lazaristes*）卷二；徐昕波：《杜巴尔神甫》（Lebocuq, *Monseigneur Edouard Dubar*）；葛光被：《在华传教五十年：耶稣会会士鄂尔璧神甫》（Émile Becker, *Un demi-siècle d'apostolat en Chine. Le Révérend Père Joseph Gonnet de la Compagnie de Jésus*）。

身上。①

表四　山东区天主教修会团体

英文简称	官方名称	英文通俗名	代牧区	创立年份	国籍
CM	遣使会 (Congregatio Missionis)	Lazarist 或 Vincentians	直隶西南	1856	法国
			直隶东	1856	法国
MEM	米兰外方传会 (Missioni Estere di Milano)	Milan Missionaries	河南(豫南)	1844♣	意大利
			豫北	1882	意大利
OFM	圣方济各会或 方济会(Ordinis Fratrum Minorum)	Franciscans	山东(鲁北)	1839	意大利
			鲁东	1894	法国
SJ	耶稣会 (Societas Jesu)	Jesuits	江南(江苏和安徽)	1856	法国
			直隶东南	1856	法国
SVD	圣言会(Societas Verbi Divini)	Steyl Missionaries	鲁南	1885	德国

♣ 在其创立的 1844 年,河南代牧区(此后涵盖全省)是在遣使会的监管下。米兰外方传会于 1870 年接管。

1860 年,意大利方济各会在山东的传教工作虽有一定进展,

---

① 关于条约中的宗教条款和不同的宗教宽容谕令,参见如下著述:卫青心《法国对华传教政策:清末五口通商和传教自由 1842—1856》(Louis Tsing-sing Wei, *La politique missionnaire de la France en Chine 1842 -1856*);柯文:《中国与基督教:传教运动与中国排外主义的发展(1860—1870)》;柯文:《1900 年以前的基督教传教活动及其影响》(idem, "Christian Missions and Their Impact to 1900");管宜穆:《教务纪律:奉周福主教之命而出版;外交文献,附录,关于近来规定的译文等》(Jérome Tobar, "Kiao-ou ki-lio:Résumé des affaires religieuses publié par ordre de S. Exc. Tcheou Fou: Traduction, commentaire & documents diplomatiques, appendices contenant les plus récentes décisions");韦尔利:《中英与反教骚乱(1891—1900)》(Edmund S. Wehrle, *Britain, China, and the Antimissionary Riots 1891 -1900*);吴朝光(音译):《中国传教运动的国际影响》(Wu Chao-Kwang, *The International Aspect of the Missionary Movement in China*)附录 A,第 248—256 页。

但还没有足够的资源来开展整个省区的工作。这最终导致了一个更有活力的天主教传教团体的出现，即新建立的圣言会（Society of the Divine Word），又被通称为斯泰尔修会（Steyl Mission）。[①] 1881 年，首批圣言会传教士到达该省，他们是来自巴伐利亚（Bavaria）的德国人安治泰和来自南蒂罗尔（South Tyrol，当时隶属于奥匈帝国）拉登语区的福若瑟。经过济南意大利方济各会士的短暂培训，这两人被派往鲁南的兖州、沂州和曹州三府。1885 年，这些区域（此时济宁直隶州也归属在内）从方济各会分离，建立一个新的代牧区即鲁南代牧区，安治泰被擢升为首位代牧和领衔主教。[②]

此前，鲁南地区一贯被视作传教工作的高危之地。当圣言会传教士接管后，该地只有 300 名在册教民，且主要集中在新建的主教驻地阳谷县坡里周围，该县地处教区北端。但至 1900 年时，经过短暂但令人印象深刻的发展，鲁南成为全中国最大的教区之一。此外，圣言会在山东南端的活动，为广阔的江南代牧区（包括江苏和安徽两省）的法国耶稣会士提供了机遇。毗邻山东的砀山县侯家庄，整个村子在 1890 年皈依教会，并成为基督宗教此后近

---

① 该部分主要参考如下著述：柯博识《中国与鲁南天主教修会（1882—1900 年）》(J. J. A. M. Kuepers, *China und die katholische Mission in Süd-Shantung 1882 - 1900*)；包敏：《杨生神甫：圣言会创始人（1837—1909 年）》(Fritz Bornemann, Arnold Janssen, der Gründer des Steyler Missionswerkes 1837 - 1909)、《真福福若瑟追忆》(*Erinnerungen an. P. Josef Freinademetz*)、《1880 年来山东前的安治泰》(*Johann Baptist Anzer bis zur Ankunft in Shantung 1880*)、《真福福若瑟传》；夏德威：《中国的圣言会传教士》I；韩甯镐：《圣言会福若瑟神甫：其生平和著作，兼论鲁南传教史》请注意圣言会是由德国司铎杨生（Arnold Janssen）于 1875 年在"文化斗争"（Kulturkampf）的高峰时期，在与德国接壤的一个名叫斯泰尔的荷兰小村庄建立的。

② 安治泰曾任北非太莱斯特（Telepte）前主管教区的领衔主教。

十年在江苏北端地区快速扩展的基地。①

表五　1900 年山东区基督新教差会团体

英文简称	差会名称	国籍	创立年份	永久外人居留地	
				建立地点	时间
ABCFM	美国基督教公理会；美部会；公理会（American Board of Commissioners for Foreign Mission Congregational）	美国	1867	庞庄	1880
				临清	1887
AEPM	同善教会（Allgemeiner Evangelisch-Protestantischer Missionsverein 或 General Evangelical Protestant Mission Society 或 Weimar Mission）	德国	1898	青岛	1898
BMG	巴陵信义会（Berliner Missions-Gesellschaft 或 Berlin Mission Society）	德国	1898	青岛	1898
BMS	大英浸礼会（Baptist Missionary Society）	英国	1860	青州	1875
				邹平	1888
CI	烟台工艺会（Chefoo Industrial Mission）	英国	1895	烟台	1895
CIM	中华内地会（China Inland Mission）	英国	1879	烟台	1879
				宁海	1887
CMML	弟兄会（Christian Missions in Many Lands（Unconnected；或 'Plymouth Brethren'）	英国	1889	石岛	1889
				威海卫	1892
				文登	1898

---

① 关于巴黎耶稣会省在徐州府的开创工作,见蓝文田《中国的教区:徐州》I;董师中:《艾赉沃传(1852—1930 年);南京代牧区徐州府传教士》(Henri Boucher, Le Père L. Gain, S. J. 1852 - 1930. Apôtre du Siu-tcheou Fou, Vicariat de Nan-King);高龙鞶:《江南传教史》(Colombel, L'Histoire de la Mission du Kiang-nan)III 。请注意砀山县在清朝时,隶属于江苏,现在划给了安徽省。

续表

英文简称	差会名称	国籍	创立年份	永久外人居留地	
				建立地点	时间
CPM	坎阿大长老会（Canadian Presbyterian Mission）	加拿大	1888	楚旺(河南)	1890
				新镇(河南)	1893
				彰德(河南)	1894
GM	美南浸信传道会 Gospel Mission（Baptist）	美国	1893	泰安	1894
				济宁	1894
				水北街	1894
LMS	伦敦会或伦敦宣道会（London Missionary Society）	英国	1861	萧张(直隶)	1888
MEC	美以美会（Methodist Episcopal Church）	美国	1874	泰安	1899
MNC	圣道堂（Methodist New Connexion）	英国	1866	朱家寨	1868
				乐陵	1878
PN	（美北）长老会（Board of Foreign Missions of the Presbyterian Church in the U. S. A. 或 American Presbyterian，North）	美国	1861	登州	1861
				烟台	1862
				济南	1872
				潍县	1882
				沂州	1891
				济宁	1892
				青岛	1899
PS	（美南）长老会（Executive Committee of Foreign Missions，Presbyterian Church in the United States，或 American Presbyterian，South）	美国	1880s	宿迁(江苏)	1893
				徐州(江苏)	1896

续表

英文简称	差会名称	国籍	创立年份	永久外人居留地	
				建立地点	时间
SBC	美国南浸信传道部或浸信会（Southern Baptist Convention）	美国	1860	烟台	1860
				登州	1861
				黄县	1885
				平度	1888
SCM	南直隶福音会（South Chihli Mission）	美国	1896	大名（直隶）	1902
SPG	大英安立甘会（Church of England，1912 年后属于中华圣公会）	英国	1874	烟台	1874
				泰安	1887
				平阴	1893
				威海卫	1899
SwBM	瑞华浸信会（Sallskapet Svenska Baptist Missionen 或 Swedish Baptist Mission）	瑞典	1892	胶州	1893

　　罗马天主教传教事业在 19 世纪中期已有较好发展,与之相反的是,新教的传教工作起步较晚且发展缓慢。① 直到 1858—

---

① 该部分主要参考如下著述:法思远编《中国的圣省山东》;奚尔恩:《在山东前线:1861—1940 年美国北长老会山东传教史》(John J. Heeren, *On the Shantung Front*:*A History of the Presbyterian Church in the United States of America*,*1861-1940*,*in Its Historical*,*Economic*,*and Political Setting*);小海亚特:《圣使荣哀录——19 世纪山东东部的三个美国传教士》(Irwin T. Hyatt Jr.,*Our Ordered Lives Confess*:*Three Nineteenth-Century American Missionaries in East Shantung*);甘淋、殷约翰:《华北传教事工》(George Thomas Candlin & John Innocent,*The Story of Mission Work in North China*);倪戈氏:《倪维思的一生:在华传教四十年》;白向义:《在华五十年:浸礼会山东、山西和陕西传教史(1875—1925)》(Ernest Whitby Burt,*Fifty Years in China*:*The Story of the Baptist Mission in Shantung*,*Shansi and Shensi*,*1875-1925*);魏礼模:《英国浸礼会在华传教史(1845—1952)》(Henry Raymond Williamson,*British Baptists in China*,*1845-1952*)。

1860 年的第二次条约协议（从各方面而言，其还是有利于天主教而非新教），才赋予了基督新教传教士合法进入华北和开拓内地的权利。诸多英美差会在 19 世纪 60 年代确实派遣了传教士前往芝罘和天津这两个通商口岸，以及非条约口岸的登州①，这些口岸城市成为传教士在山东早期传教工作的基地。

不同于罗马天主教修会——在内地已有老教会且在可疑"特殊"条约协议下得法国政府之庇护——美国和英国的新教徒们通过一己之力在该省内陆地区建立自己的据点有着明显阻碍。对其而言，在内地购买地产的法律问题在义和团之前还没得到明确解决。此外，大部分基督新教传教士都有家庭，因而他们更倾向于在安全且相对舒适的通商口岸而非落后且充满敌意的内陆生活。尽管如此，在义和团运动爆发前夕，基督新教差会也赢得了大量的皈依者。

二、传教工作的方式和成效

基督新教在山东传教早期，传教士只准居住在口岸城市如芝罘、登州和天津——并且在内地没有传教基地——故他们不得不把内地的福音传播事工限定为周期性的内陆旅行布道。这种巡游通过在集市和路边客栈的布道以及散发宗教小册子的方式，来散播基督教义。同时，传教士也借机为将来的内地布道站进行勘

---

① 在 1858 年《天津条约》中原本指定登州为新的通商口岸，但是在此后签订的 1860 年《北京条约》中改为了芝罘。美国北长老会和南浸信会传教士因为登州计划开放并前往该地，此后虽然在条约中规定了传教士只限在通商口岸中拥有永久居住权，但他们拒绝离开登州。美国舰队"协助"传教士在登州获取差会地产。见狄德满《山东新教"教案"（1860—1900）》（R. G. Tiedemann, "Protestant 'Missionary Cases' in Shandong Province, 1860 – 1900"）。

察。虽然手头上并没有合适的统计资料，但这种看似富有希望的福音传播工作的效果应该相当有限。自发性的宗教皈依相当罕见。加入基督教会的决定，更可能是由于这种或那种的物质引诱。

直到19世纪70年代基督新教在教徒皈依上才迎来了第一个重大突破，且与山东和直隶东南一些地区的饥荒救济有关。在旅游布道的初期，基督新教传教士已经建立了诸多联系。此时，他们可以在先前结知或对其宗教产生兴趣的地方建立赈济中心。因此，美国长老会传教士倪维思（John L. Nevius，1829—1893年）在安丘西的高崖这个集市上建立救济站。英国浸礼会的李提摩太（Timothy Richard，1845—1919年）和仲钧安（Alfred Jones，1846—1905年）在青州开展事工，美国公理会传教士则在恩县庞庄发放救济物。①

1876—1879年大饥荒期间和此后（还有类似的1889年饥荒救济运动）赢得的所有信徒皆为典型"吃教者"（Rice Christians或Millet Christians）的说法，可能是夸大之词。但毋庸置疑的是，基督新教的信徒皈依数量在这段时期有显著增加。这里可能有多种皈依动机，但传教士参与大规模的慈善工作的确为信徒皈依创造了一种有利氛围。这种氛围造就了诸多乡村民众对基督宗教产生积极兴趣，而不会担忧遭受迫害。1878年，在饥荒救济中心庞庄的一位美国公理会传教士评论道："这里我感觉到了敌

---

① 关于1876—1879年间传教士在山东的整个饥荒救济工作，见博尔《中国的饥荒与传教士：李提摩太之救荒事业与变法思想（1876—1884）》；华地码编：《大饥荒》；倪戈氏：《倪维思的一生：在华传教四十年》，第319—324页；倪维思：《差会工作方法》（J. L. Nevius, *Methods of Mission Work*），第56页；史嘉乐：《1876—1879年华北大饥荒记录》（Charles Perry Scott, *An Account of the Great Famine in North China, 1876-79*）。

对的思想壁垒已经坍塌,现在只剩下无知这个隔阂。"①在1899年大饥荒时期,美国北长老会记录道:"整个省份对我们的好感与日俱增。在过去一年中,我们在饥荒救济中提供(发放)的大量救济物品,营造了深刻而又广泛的对传教士的感激之情……"②

从1880—1900年间山东省皈依信徒的数量和地理分布上来看,可发现饥荒救济和信徒增加两者之间具有明显的关联。在基督新教差会团体中,皈依教徒人数较多的依次为美国北长老会、大英浸礼会和大英圣道堂。有关统计资料表明,大部分新信徒的所在区域恰好是1877—1879年和1889年传教士开展的饥荒救济之地:青州—潍县、济南—邹平和鲁北乐陵地区。③

表六 山东区基督新教差会的发展

差会团体	1880		1890		1900	
	信徒 (圣餐 会友)	外人居 住地传教 士工友♣	信徒 (圣餐 会友)	外人居 住地传教 士工友♣	信徒 (圣餐 会友)	外人居 住地传教 士工友♣
美国公理会	327	0	350	10	831	8

---

① 谢卫楼(D. Z. Sheffield)文(1878年7月19日),载《传教士先驱报》,卷七四(1878年11月,波士顿),第392页。也请注意当时已有报刊指出,山东对基督教会的兴趣已与饥荒救济工作联系在一起,见《美国北长老会年度报告》(the Annual Report of the ABCFM),1879:67。在即墨县的饥荒救济工作上,郭显德(Hunter Corbett)也发表了类似话语:"这种兴趣并不仅局限于我们拯救过的濒临饥饿死亡之人,也包括我们先前的一些仇敌……",见郭显德文(1877年6月8日,烟台),载《国外传教士》(The Foreign Missionary),卷三六(1877年9月),第118页。

② 1890年1月7日,山东差会的23名传教士联合签署请愿书,见美国宾州长老会历史协会《美国北长老会海外布道部档案之中国部分》,第24卷第2册,档案号17。也可见《中国传教手册》II(1896年),第43页;白向义:《在华五十年:浸礼会山东、山西和陕西传教史(1875—1925)》,第36页。

③ 1900年,美国北长老会的半数信徒集中在潍县地区;大英浸信会有4000名信徒集中在青州—邹平区域;大英圣道堂的近2000名信徒集中在乐陵地区。总之,大约70%的基督教教民分布在1877—1878年和(或者)1889—1900年间的饥荒救济区域。具体可见表六,以及《美国北长老会年度报告》,67(1900年),第71—91页。

续表

差会团体	1880		1890		1900	
	信徒（圣餐会友）	外人居住地传教士工友♣	信徒（圣餐会友）	外人居住地传教士工友♣	信徒（圣餐会友）	外人居住地传教士工友♣
同善教会	–	–	–	–	0	2
巴陵信义会	–	–	–	–	37	5
大英浸礼会	361	3	1196	25	4195	◆37
中华内地会	8	4	42	*23	82	§40
弟兄会	–	–	?	4	45	15
坎阿大长老会	–	–	–	–	?	19
伦敦会	♥496	0	–	–	–	–
美以美会	17	0	140	0	263	4
圣道堂	¶351	4	†1296	?	1883	7
美北长老会	¶521	21	2292	53	5980	59
美南浸信会	¶120	4	?	8	416	12
中华圣公会	?	3	?	6	‡451	10
瑞华浸信会	–	–	–	–	4	6
苏格兰长老会▲	38	4	–	–	–	–
山东区总人数	2239	43	5316	129	14187	224

♣包括按立牧师、平信徒单身女性和传教士的妻子。

◆包括大英浸信会(女部)的7名单身女性。

*包括烟台学校的11名教师。

§包括烟台学校的30名教师。

♥山东地区的传教事工在1880年由伦敦会转交给圣道堂。

¶大概是1877年的统计数字。

†1893年的统计数字。

‡1898年的统计数字。

▲1886年,苏格兰长老会的山东传教事工转交给中华内地会。

同时,天主教传教士在上海中华赈灾基金会(China Famine Relief Committee)的组织下,也参与救济物品的发放工作。但是,他们在慈善救济上会附带一些条件。以直隶东南的耶稣会传教士为例,只有当接受者许诺皈依教会后才能得到救济物。① 天主教修会在饥荒时期以非常便宜的价格购地,随后出租给皈依教会的平民。因此,这些修会也能够增加信徒人数和收入。在少数情况下,天主教传教士建立了另类的农业聚居地,比如在直隶东南的新建村落范家圪垯,以及鲁南鱼台县一处不太成功的聚居地。②

表七　山东区天主教修会的发展

宗座代牧区	1880		1890		1900	
	教友(受洗的成人和幼童)	宣教师驻在地传教士工友♣	教友(受洗的成人和幼童)	宣教师驻在地传教士工友♣	教友(受洗的成人和幼童)	宣教师驻在地传教士工友♣
山东◆	15 000	12	*鲁北:18 242 鲁南:2 733	§19 15	鲁北:16 595 鲁东:11 929 鲁南:16 183	12 §14 44

---

① 徐昕波注意到在1878—1879年的大饥荒时期,大量民众皈依。见徐昕波《杜巴尔神甫》,第426页注1。直隶东南的某耶稣会传教士因参与赈灾事工,在南宫和清河两县拥有4000名新信徒,见傅梦公(Fourmont)致鄂尔璧(Gonnet)函(1879年11月5日,范家寨),载《天主教传教事业》1880年4月,第78页。

　　某基督教传教士指出:"罗马天主教会利用民众需求,建立了一个极为广泛的赈款发放机构,但灾民只有在以下前提下才能得到钱款,即必须成为罗马天主教信徒、必须把其子送往修会学校、必须在秋收时偿还在施舍他们的部分钱款。对面对饥荒而产生恐惧的皈依者而言,这种诱惑是前所未见且十分苛刻的。"见明恩溥文(1879年7月10日,天津),载《传教士先驱报》卷七五(1879年11月,波士顿),第467页。某天主教学者对天主教会的这种传教方法有着全面而又坦诚的讨论,见约翰内斯·贝克曼《近代(1842—1912)在华天主教的传教方法:关于其工作方式、障碍与成功的研究》[*Die Katholische Missionsmethode in China in neuester Zeit (1842-1912). Geschicht-liche Untersuchungen Über Arbeits-weisen, ihre Hindernisse und Ertolge*]。

② 裴化行:《中国的耶稣会士》,第59页;海伦尼斯·海尔德《教民村:对一个传教方法的研究》(Helenis Held, *Christendörter. Untersuchung einer Missionsmethode*)。

宗座代牧区	1880		1890		1900	
	教友(受洗的成人和幼童)	宣教师驻在地传教士工友♣	教友(受洗的成人和幼童)	宣教师驻在地传教士工友♣	教友(受洗的成人和幼童)	宣教师驻在地传教士工友♣
总数	15 000	12	20 975	§ 34	44 708	§ 70
直隶东南	29 105	34	37 921	44	50 575	51
江南♥	0	0	61	1	4 275	12
豫南¶	未详	未详	未详	未详	未详	5

♣司铎和修士。

♦1885 年,山东传教区分为南北两个教区。鲁北归方济会,鲁南归圣言会。1894年,鲁东教区从鲁北分离。1898 年,四个地方治所(三县一州)以及德国租借地胶州从鲁东分离,划到鲁南教区;同时,从鲁北教区分离三处治所,作为补偿划归到鲁东教区。

* 1891 年的统计数字。

§不包括 1886 年后管理烟台法国医院的修女(玛利亚方济各传教女修会)。

♥统计数字只指江南代牧区的最北段地区即徐州府和淮安直隶州。

¶ 统计数字只指归德府。1880—1900 间的教友数量不详。请注意该地在 1911年时已有 5 087 名教友。

　　永久性的教会一旦建立,其他"慈善工作"(Good Works)①也随势而来,诸如医疗设施(药房、医院和戒烟所)和学校等。一些基督新教传教士甚至鼓励和支持地方社区的改善计划。② 总体而言,天主教修会也同样使用福音布道和"慈善事工"两者相结合的策略。然而,他们的医疗和教育事工与基督新教相比还有发展落差。天主教传教士把重点放在了收养和拯救濒死儿童灵魂的事工上,因此我们发现所有主要的天主教堂口都附设孤儿院。

---

① 关于"慈善工作"策略的整体讨论,见小海亚特《1877—1890 年中国新教差会》(Hyatt, "Protestant Missions in China");也可见《中国传教手册》1896 年相关记述。

② 英国浸礼会的林惠生(Samuel Bingham Drake)组织了高苑地区的河工事工。见《济南通讯》1891 年 5 月 15 日,转引自《北华捷报》1891 年 4 月 3 日,第 393 页。英国浸礼会传教士仲均安引进先进棉种,提升该区的耕作方法。见仲均安文,载《传教士先驱报》(1896 年 5 月 1 日,伦敦),第 242 页。

在这些机构中,尽管儿童的死亡率极高,但在这种严控环境下的幸存者,此后将提升皈依者的质量和成为天主教徒的婚配对象。

"慈善事工"这个皈依策略在一些区域比较重要,但在其他地区不那么奏效。特别是在传统暴力流行地区,天主教传教士倾向采取更有效率的策略:代表一方干预词讼,以换取皈依。1858—1860 年条约协议的宗教条款,以及法国获得了天主教在中国的保教权,使传教士开始享有这些特权并攫取利己优势。19 世纪60 年代和 70 年代初期,直隶东南的耶稣会传教士在干预中国词讼进程上特别成功。实际上,两位传教士被指派在教区内寻找并处理能带来好处的词讼。[①]

尽管直到 19 世纪 70 年代初期,耶稣会开始放弃蓄意寻找词讼的策略,但传教士对中国司法事务的干预在传教事业上仍发挥重要作用。天主教和新教福音传播者代表他们的"教友"和"问道者"干预其中,仅在表面上是为了保护后者免受宗教迫害。这种富有争议的皈依策略被证明尤在传统冲突盛行的区域取得了成功,这是由于民众加入教会的目的,是想要寻求传教士在世俗事务上的帮助。[②]

外来宗教的身份给基督宗教带来了污名之感——仍被许多中国人视作异端宗教,基于如上考虑,天主教和新教传教士于 19 世纪最后几十年在山东地区正是使用了多样皈依策略才取得相

---

① 葛光被:《在华传教五十年:耶稣会会士鄂尔璧神甫》,第 121、245、255、334 页;裴化行:《中国的耶稣会士》,第 44—55 页。也可见海伦尼斯·海尔德《教民村:对一个传教方法的研究》,第 153—166 页;韩甯镐:《圣言会福若瑟神甫:其生平和著作,兼论鲁南传教史》,第 118、462,464,598 页;史式徽:《中国小史》(Joseph de la Servière, *Croquis de Chine*),第 146 页及此后。
② 参见蓝文田《中国的教区:徐州》I,第 217—220 页,此处资料有关徐州府。

对的成功(见表六和表七)。[①] 不过,对传教策略和成效两者间作定量关联分析仍然没有操作途径。[②] 然而,应当可以看出的是,单纯依靠福音布道不足以吸引大量教众,故不得不通过物质利诱作为补充手段。以华北地区为例,在传教士饥荒救济事工开展期间和稍后,该地区对基督宗教的兴趣显著上升。更明显的是,天主教传教工作在鲁南和苏北所取得的快速发展。1890 年前,这块暴力之地基本上没有教友。但在 19 世纪最后十年,传教士的政治干预策略使这块普遍动荡之地产生了意想不到的丰硕成果。[③]

在 19 世纪 90 年代和 20 世纪初,外国传教士的人数增加、山东天主教的教区划分和诸多新传教站的开辟,也可管窥基督宗教的发展。在这点上,曹州和徐州两府的事业开辟有了特殊的意味。

---

① 这里衡量成功的标准,是根据其前期的工作以及与中国其他地方的同时段比较。山东总人口为 3800 万,在 1900 年只有 6 万名教友,占总人口的 0.16%,其数量微乎其微。

　　表五和表六的相关统计来源于如下著述:《中国传教手册》II(1896 年);《美国南浸信会年度报告:1880,1890,1900》;《美国北长老会年度报告》(1890:53;1900:63);《1880 年苏格兰长老会差会记录》(*Mission Record of the UPCS*,1880);《中国亿兆》(*China's Millions*)1902 年,第 63 页;《1900 年美以美会年度报告》(*Annual Report of the MEC* 1900),第 139 页;《1898 年山东传教士大会记录》,第 139 页;兰姆金:《南浸信会福音传播运动》(Lamkin, "The Gospel Mission Movement within the Southern Baptist Convention");《中国新闻》1898,增卷 1—2;《江南传教会》(*Oeuvres de la Mission de Kiang-nan*),1889/90:3;《方济各会杂志》(*Revue franciscaine*)(223),1901 年;夏德威:《中国的圣言会传教士》I。

② 对天主教和新教皈依人数的对比也有很多困难。天主教的数字包括儿童在内的受洗人数,而新教数字则主要是指排除儿童在外的圣餐会友。传教士配偶在传教工作的重要性也较难判定。可参见弗里德里希·施瓦格尔《修会当紧要务暨天主教修会在亚洲的形势》(Friedrich Schwager, *Die brennendste Missionsfrage der Gegenwart. Die Lage der katholischen Missionen in Asien*)。

③ 安治泰文,载《耶稣心小使者报》,第 21 卷第 6 期(1894 年 3 月),第 46 页;佛尔白:《鲁南传教士的希望与恐惧》,载《耶稣心小使者报》,第 21 卷第 7 期(1894 年 4 月),第 51—52 页。请注意 1900 年后,同样的模式在曹州和徐州两府也取得了成功,见马德赍《1911 年华夏管区和教徒人口》(Joseph de Moidrey, *Carte de prefectures de Chine et leur population chrétienne en 1911*),第 7、10、15 页。传教事业于 19 世纪 90 年代在鲁南和徐州地区取得成果的原因,见本著第六章,尤可参考表八和表九。

```
┌──────────┐      ┌──────────┐      ┌──────────┐
│   清廷   │──────│ 德国政府 │──────│   教廷   │
└──────────┘      └──────────┘      └──────────┘
      │                 │                 │
┌──────────┐      ┌──────────┐      ┌──────────┐
│ 总理衙门 │──────│ 德国公使 │      │ 圣言会   │
└──────────┘      └──────────┘      │ 总会长   │
      │            ┌────────┐       └──────────┘
┌──────────┐       │ 领事   │
│   巡抚   │───────└────────┘
└──────────┘
      │          ┌────────────────────────────────┐
┌──────────┐     │             主教               │
│   道台   │     └────────────────────────────────┘
└──────────┘
      │                                  │
┌──────────┐                       ┌──────────┐
│   知府   │ ─ ─ ─ ─ ─ ─ ─ ─ ─ ─ ─│ 总司铎   │
└──────────┘                       └──────────┘
      │                                  │
┌──────────┐                       ┌──────────┐
│   知县   │ ─ ─ ─ ─ ─ ─ ─ ─ ─ ─ ─│ 地方神甫 │
└──────────┘                       └──────────┘
      │                                  │
┌──────────┐                       ┌──────────┐
│ 地方董事 │ ─ ─ ─ ─ ─ ─ ─ ─ ─ ─ ─│ 传教先生 │
└──────────┘                       └──────────┘
      │                                  │
┌──────────┐                       ┌──────────┐
│ 庄首领   │ ─ ─ ─ ─ ─ ─ ─ ─ ─ ─ ─│ 教友会长 │
└──────────┘                       └──────────┘
      │                                  │
┌─────────────────────────────────────────────┐
│   平民          村民          教民           │
└─────────────────────────────────────────────┘
```

───────── 正式联系渠道

- - - - - - - - - 非正式联系渠道

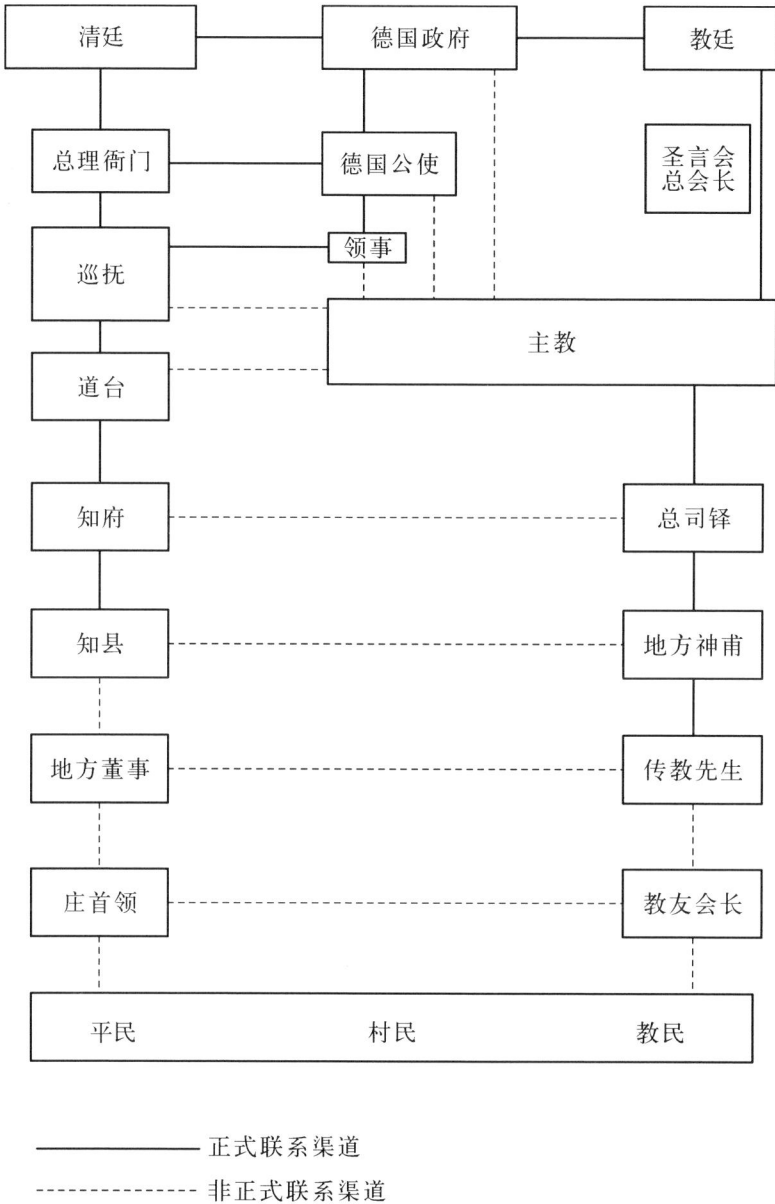

天主教传教团体与世俗政权体制阶层对比平行结构图

三、皈依背后的动机

> 和他们谈说天堂和地狱,他们总是告诉你,天堂一天到
> 晚都管够大米,而地狱则没有任何吃食。[1]

——鄂尔璧(1849 年)

外国传教士之所以使用多种皈依策略,是由于他们借此才能被山东区乡村居民所欣然接受。强大的社会压力尽管约束民众遵守传统礼仪,但仍有不少人加入了基督教会。必须指出的是,其背后的皈依动机是复杂的、混合的且非显性的。出于分析目的,本书将把这些动机划分为如下三种宽泛的类型:(1) 精神慰藉;(2) 物质利诱;(3) 政治利诱。然而,我们应当了解的是,这里的动机有太多的变数,且无法用实证材料来进行精确的统计分析。[2]

如同一些中国人为获得精神利益,而自愿加入白莲教一样,这里也有寻道者后来成为基督徒。其实,在山东区一些地方,有许多跨教者(Crossover)从白莲教转而加入基督教会(见下文)。很难断定基督教会里有多少真正的信徒,因为我们并没有可靠的衡量方式。但至少在一些区域可以看出,出于宗教动机而加入教会的信徒也不在少数。[3]

---

[1] 鄂尔璧文(1849 年 10 月 22 日),转引自葛光被《在华传教五十年:耶稣会士鄂尔璧神甫》,第 30—31 页。

[2] 关于皈依的模式和动机,也可参见 M. S. 乌兹《教徒可否计量? 豫北差会初期研究报告(1890—1925)》(Margo S. Gewurtz, "Do Numbers Count? A Report on a Preliminary Study of the North Henan Mission, 1890 - 1925")。

[3] 不应当忽略的是,一些老天主教会早在在条约权利之前就已经建立,并在各种逆境中存活下来。他们皈依的原始动机应该不同于 19 世纪晚期的皈依者。

在这点上，要特别注意中国农民对精神问题持有模棱两可的观点。正如前文所述，民间信仰是兼容并蓄的，宗派和非宗派之间的区分早已模糊不清。杨庆堃就此指出："在民间信仰生活里，教派的道德和巫术功能而不是宗教思想的特质，在制约着民众的意识。"[1]村松祐次（Muramatsu Yuji）贴切地总结了宗教本质上的宽容态度："与其认同某一教义而反对其他教义竞争者，不如更为明智地采取认同姿态且博纳他者的巫术。"[2]因此，我们怎么才能确定在一个日趋动荡的世界里，这些所谓的"教友"是为了追求额外巫术精神的保护而皈依基督宗教的呢？

虽然基督宗教本身不一定与中国民间宗教教派格格不入，但现有的那些印象派记述表明，外国传教事业的功利诉求对山东区基督宗教的发展更为重要。一位山东传教士数年后，用夸张的语调作如下所述："比如，我没有听说过有人被感化入教，或者通过一次较好且令人信服的说道而加入教会……他们中的大部分人成为基督徒的原因，在于传教士能够提供世俗事务帮助。"[3]

我们已经注意，协调开展的 1877—1879 年和 1889—1890 年这两次饥荒救济运动，为鲁北民众皈依营造了氛围。从中可以明显看出的是，这种物质帮助仅发生在重大生存危机时期。在其他时期，山东区的新信徒通常被其他物质利诱所吸引，尽管也产生

---

[1] 杨庆堃：《中国社会中的宗教》(C. K. Yang, *Religion in Chinese Society*)，第 25 页。民众对这种精神魔力的态度以及他们的心态，从总体上来看，将是个非常引人产生兴趣的话题，但是出于行文需要，本书对此不做讨论。

[2] 村松祐次：《中国反叛意识形态主题》(Muramatsu, "Some Themes in Chinese Rebel Ideologies")，第 256 页。

[3] 毛思德：《战争前线》(Maus, "On the Line")，载《我们的修会》，第 9 卷第 6 期(1929 年 6 月)，第 134 页。耶稣会传教士在此点的类似观点，见彭廉石《徐州府的农民》(André Bonnichon, "Chez les paysans du Siu-Tcheo-Fou")，载《泽西信函》第 45 卷(1935 年 9 月 8 日)，第 208 页。

了一定的效果。皈依运动带来了新的就业机会,因为传教士需要一批助手,如语言向导、私人随从、厨师和马车夫。甚至包括许多功名较低的生员在内,一些受过教育的信徒也寻觅到了就业岗位,如作为教会学校的教师或者是传播基督教义的传教先生(Catechist)。

有时,某些地方社会群体也整体上从传教事业中获益。传教士在不同类型的建筑物(教堂、学校、居所、药房等)上需要投入资源,因此刺激了地方经济活动。作为所在地最大的地主,天主教会也能给予其新信徒土地使用的权利。[①] 教民由于可以免除许多迎神赛会的费用,所以也有一部分中国人出于这一原因而加入教会。[②]

在对稀缺资源激烈竞争普遍盛行的地方——如鲁南地区——基督宗教所提供的政治利诱具有特别的吸引力。这是由于天主教传教士在"不平等条约"下享有特权地位,且经常得到母国政府的心甘情愿的支持,他们也因此能够通过代表一方积极而又成功地干预地方派系斗争而展示自己的实权。由于赢得了教会的支持,地方上弱势集团也获得机会成为支配者和压迫者。一位耶稣会传教士指出,"不公正的牺牲品"转而依赖传教士,从而

[①] 关于对天主教物质利诱非常精妙的概括,可见倪维思《传教方法的历史回顾》(J. L. Nevius,"Historical Review of Missionary Methods")。相关资料引自吴费斯坦《天主教在中国(1860—1907 年)》(Bertram Wolferstan, *The Catholic Church in China from 1860 to 1907*),第 234 页。但倪氏没有注意到新教传教士也同样提供了多种物质诱惑。其实,他最终还是在中国新教传教士建立自治派的鼓吹者。

[②] 关于繁重的宗教性奉献,萧公权在其著作中引用了一处地方县志的记载:我庄村庙洪神庙每三年举行一次祭神仪式……托管人强向村民勒索奉献,因此导致部分村民售财典子。如果缴款不足,(仪式)管理人则会带领暴徒捣毁房屋。见萧公权《中国乡村:19 世纪的帝国控制》,第 698 页注 32。

至于教民的仪式奉献(比如婚礼或葬礼)的具体金额是否真正比平民要低,则需要做进一步的研究。

摆脱了那些依靠诉讼和敲诈为生人群的魔爪。①

传教士频繁干预地方行政事务,旨在保护他们的信徒和潜在的皈依者不受官府行为的迫害。地方当局以单县赵家庄是臭名昭著的贼窝为借口,威胁要铲平该村,当地人不得不向圣言会传教士寻求帮助。他们的干预挽救了整个村子,该村此后也成为该地区一个重要的基督宗教教会。② 我们在第三章已经讨论了19世纪90年代初期,(曹县)郭堂村是鲁南边界地区最令人闻风丧胆的贼窝。当地方官欲缉拿这些匪首的近亲以迫使后者自首时,传教士最终介入并为该地村民说项。1900年后,郭堂成为一个著名的圣言会堂口。③ 既要面对官府的恐吓,又要面对匪帮的报复,这也是诸多居住在边界地区的农村居民所面临的两难处境,而皈依基督宗教看起来则是摆脱这种困境的出路。应当注意的是,传教士在干预的过程中,并没有意识到真正的问题所在和对方的动机,因为摆在他们面前的案件,在表面上看来是为了摆脱宗教迫害而寻求帮助。

在关于19世纪中国基督教会的一篇文章中,柯文声称,由于天主教传教士介入地方政治,以及衙门"是非颠倒"的裁决有利教民,"莠民自然会攀附基督教会"。④ 他继续论述道:"基督宗教的

---

① 艾贲沃文(1897年6月,徐州),载蓝文田《中国的教区:徐州》I,第217—218页。单县贾庄因与邻村有着长期冲突而全村入教,见包敏《真福福若瑟传》,第180—181页。关于教民成为暴力环境的一部分,也可见徐昕波文(1870年1月18日),载《传信年鉴》,第42卷(1870年9月),第342—343页。

② 庆万德:《圣徒福若瑟:圣言会先驱》(William Duncan King, *A Man of God: Joseph Freinademetz, Pioneer Divine Word Missionary*)第119页。也可见包敏《真福福若瑟传》,第135页。

③ 克劳斯:《佛尔白神甫(1863—1949年)——在山东和甘肃的传教士》,第30页;德天恩文(1894年6月1日),载《耶稣心小使者报》第22卷(1894/95),第27—28页。

④ 柯文:《1900年以前的基督教传教活动及其影响》,第567页。

攀附者……在通商口岸里大多局限于贫困的农民和小市民,犯罪分子或其他声名狼藉的下层民众以及流浪汉。"①这种观点被诸多中西学者所认同,但该论点还是过于简单化和有失偏颇。

我们首先想要强调的是,皈依基督宗教在农村地区是绝对普遍的现象。② 此外,基督宗教教会的绝大多数会众——特别是鲁南边缘地区的情形——大致反映了当地的社会和职业构成状况。当然,大多数的中国统治阶层倾向于把教民称为"莠民"。但是,这可能与教民放弃儒家正统思想及勾结外人有关。朱钟祺任兰山县候补知县时,谴责圣言会传教士白明德(Franz Bartels,1859—1928年)与恶徒勾结。沂州府的天主教主持神甫准备了一番陈述,它可在细节上证明皈依者的社会背景:

> 无论从整体还是个人来看,兰山的信徒都是令人尊敬的民众,对世俗政权充满了顺从和尊敬,对邻居也心平气和且彬彬有礼。在职业上,他们中的大部分人以农业为生,还有一些是店铺商人,其他人也收入稳定且待人礼貌。信徒中既有大量儒生,也有部分人已经获得文、武功名。③

诸多传教士的记录显示出大量的基督教徒出身于农村背景。但令人吃惊的是,还有不少皈依者来自当地的精英阶层,其中包

---

① 柯文:《1900 年以前的基督教传教活动及其影响》,第 560、563 页。
② 可参见董师中《艾赉沃传(1852—1930 年):南京代牧区徐州府传教士》。费正清把这称为"Agrotropic Tendency"(泛农化趋势),见《天津教案背后的模式》("Patterns Behind the Tientsin Massacre"),第 492 页。
③ 布恩溥(Theodor Bücker)致安治泰函(1895 年 12 月 10 日,沂州),载柏林联邦档案馆《外交部卷宗之驻华使馆报告》,325/9。知县的谴责之词,可见《教务教案档》第五辑(二),第 814 件,第 609—610 页。

括地主和功名较低的生员①,这无疑清楚地证明已有很多人疏远了日趋瓦解的正统秩序。特别是在山东区,基督教徒和平民在社会构成上大致相似,这是因为在高度竞争的环境下,皈依基督教会是典型的集体生存策略。尤其在曹州和徐州地区,出现了集体加入教会的现象。此外,这种策略看起来也得到了当地传教士的鼓励。以耶稣会传教士艾赉沃的如下陈述为例:

> 我们拒绝孤立的家庭。我们只接收同一村子里的 20 到 30 个家庭。在每一个或大或小的村子里,都有自己的公认的官方首领。如果首领不愿加入教会,他手下的村民至少可以在其允许下加入教会。这并没有太大的困难,因为在中国基层政权的统治里,专制与民主参半。20 至 30 个家庭团结一起,甚至在一个大的村子里多达 100 个家庭,这很容易得到"庄长"的批准,因为他也不愿意与邻里为敌。②

艾赉沃继续记述说,村长或族里的长辈有时率先发起集体入教,而普通的村民甚至不知道自己的名字已被记入在会名册上。在特定的社会环境下,族群团结之需要和望族所施加的压力,集体入教的决定只可能来自他们的领导人。从另一个角度而言,如果个人所在族群集体反对加入教会,那么这些个人可能担心会遭到排斥,这也会抑制他们对基督教会的皈依。

---

① 关于精英皈依基督教会的相关资料,本处可暂举如下例证:韦廉臣的私人文书原是甘肃的一名地方官员,见《苏格兰长老会差会记录》,新增卷 1(7)(1880 年 7 月),第 276 页。在(寿张县)梁山的新信徒里,有一位"睿智和有影响力"的原官员,见夏德威《中国的圣言会传教士》I,第 165 页。在邻地汶上县,许多"士人"和望人也加入了教会,引文同上,第 175 页。
② 艾赉沃致鄂尔璧函(1897 年 3 月 22 日,徐州),载《泽西信函》,第 16 卷第 2 期(1897 年 11 月),第 230—231 页。也可参见蓝文田《中国的教区:徐州》I,第 200—201 页。

　　尽管对于一些住所偏僻的家庭来说,寻找一个代理家庭进而被传教士接收是可能的,但后者也倾向喜欢集体皈依,因为这在经济上比较合算,且能够减少与家族和其他村民间的摩擦。① 然而,集体皈依也会带来一些风险,这包括集体中有一些皈依愿望不太强烈的人。在一些情况下,这种不圆满的状况会进一步恶化,这是因为是一些追求私利的中国传教先生而不是外国传教士在从事皈依事工和作出新信徒集体皈依教会的决定,而外国传教士此时要专注于分散各地教会的日常教牧职责。② 不过,现有材料并不能证明,在动乱的鲁南边缘地带,基督教会中"莠民"的比例要比农村地区更高。

　　19 世纪 90 年代,基督宗教虽在边缘地区取到了非同寻常的发展,但仍有大量先前对基督宗教产生兴趣的民众最终没有加入教会。首先,传教士对"教民"这个术语的使用非常含糊,特别是在与教案有关的相关表述中。而在通常情况下,这些在教案中被描述为"教民"的人并未完成受洗礼,他们仍然是慕道友,即"潜在皈依者"或是准备受洗的新信徒。对相关传教士年度统计数字的分析,在此尤具有启发意义。在山东区其他区域,慕道友的数量在受洗信徒总人数中所占比例极低,而鲁南和苏北两地边缘地区——特别是曹州府和徐州府的状况恰与之相反,慕道友比受洗信徒在人数上要多出数倍之多(见表八和表九)。此外,对慕道友

---

① 参见徐昕波文(1870 年 1 月 18 日),载《传信年鉴》,第 42 卷(1870 年 9 月),第 336 页。

② 请特别参见蓝文田《中国的教区:徐州》I,第 218—220 页。曾有一较大群体集体加入教会,传教士尽力剔除了其中的莠民。然而,教士们明白这种驱逐办法会招致反教纠纷。

　　蓝文田曾这样评价徐州府的新信徒:"这些人要么毫无价值,要么把兴趣放在词讼而非宗教身上。"出处同上,第 209 页。

和教民每年增加人数的比较，也可明显看出大量慕道友最终没有皈依为教堂的永久性信徒。因此，我们从这些发现中可以得出如下结论，即不是宗教而是外国宗教事业所能提供的物质和政治利诱，把这些慕道友带给了传教士。也可以从中看出，一旦传教士代表他们干预地方事务后，许多"宗教慕道友"又开始疏远教会了。

教民和潜在皈依者在资源竞争中处于优势地位，原因在于他们能够赢得强大的外来支持。特别是有着较为全面基础体系的天主教会，它拥有超区域的等级网络，且能接触到通商口岸和北京的外交人员（见本章第 187 页图示）。而对于没有上层士绅的地方非教民团体，根本没有如此强大的关系。因此，在这些区域里，传教士权势在吸引百姓攀附教会中起到了关键因素，这是由于它能够给予其信徒及潜在皈依者优先获得稀缺资源的权势。

四、常态性的反教冲突

传教事业在山东区的扩张，伴随着教案的显著增加。反教骚动的爆发有着多重动因。通常情况下是由几个因果关系同时发挥作用，并非一定牵涉到对宗教本身的反对。同时，基督宗教的到来，也并非引发敌意。特定的地方环境和冲突，才会决定教民和百姓之间是冲突还是合作关系。进一步而言，我们需要作出如下概念的区分：其一，精英和百姓对传教士和基督教会的不同反应；其二，反教冲突的发源地是位于城镇中心还是乡间。

在本节中，我们将考察一些诱发反教抗议的直接因果关系。然而，我们还必须要记住的是，这些冲突场景也蕴含了一些长期存在的乡村动乱模式。明恩溥就此指出："引发冲突的场合随处存在。拌嘴、误解都会打乱村子的平静。当传教士到来的那一刻,这些不和就像恶性皮疹一样浮出水面,但应当注意到,其大部分的根源比表面看着都要深得多。"①这些不太容易认别的潜在原因将在下一节中予以讨论。②

在人口稠密的山东区,土地是最为珍贵的资源,关于它的冲突更是普遍存在。因此,地产所带来的必然争端,终究会在传教士和中国平民之间存在:

> 几乎所有对传教士的攻击,都伴随着发生在这块土地上的各种宿怨,以及土地问题……因此并不能把这归结为个人的鲁莽、脾气的暴躁,抑或是对由来已久风俗的抨击等问题。在中国内地的基督宗教传教事业有着辛酸的宿根,并最终衍生出戕害和穷凶极恶,但这丝毫没有伤及堡垒保护下的基督教会。③

传教事业的扩展需要地产,来建造祈祷室、小堂、教堂、学校、工场、医院、孤儿院以及外国传教士居所。在获得这些地产的过程中,传教士遭遇到了民众和(或)精英们无休止的反对。这种敌意可能来源于多种原因:(1) 地方土地的稀缺;(2) 手续问题(当

---

① 明恩溥:《中国教区概述》,第 327 页。

② 已有学者对这些问题做了较为详尽的论述,但是主要针对其早期发展及中国的其他地区状况,可参见如下著述:柯文《中国与基督教:传教运动与中国排外主义的发展(1860—1870)》,《1900 年以前的基督教传教活动及其影响》;卡尔森:《1847—1880 年间的福州教士》(Ellsworth C. Carlson, *The Foochow Missionaries*, *1847 - 1880*);李仁杰:《天津惨案后的教案模式(1870—1875)》(Litzinger, "Patterns of Missionary Cases: Following the Tientsin Massacre, 1870 - 1875")。在鲁南边缘地带,反教冲突在 19 世纪 90 年代自然是个新兴现象。

③ 笛臣:《维多利亚时代在华英国人》(Alexander Michie, *The Englishman in China During the Victorian Era*)I,第 235 页,转引自李仁杰《天津惨案后的教案模式(1870—1875)》,第 94 页。

有土地出售时,邻里拥有首先购买权;也就是说,如果村子里有人要出售土地,那么应该首先征询其近邻是否有意购买);(3)风水问题;(4)官府基于律法的反对意见;(5)已发生的教产纠纷。传教士对地方问题和顾虑的无动于衷,可能会进一步激化地方局势。凭借着条约权利,外国传教士们坚持收购自己属意的地产。他们很少妥协,并声称地方上的反对只是反对基督教会传播的借口——这也许并非毫无道理可言。

在山东区的府县城镇,对外人收购地产的反对尤为猛烈。传教士的实际工作尽管是在乡间开展,但他们倾向在有城墙护卫的城市里建造一处永久居所。这种地段既能提升教会威望,且能更加方便地接触中国官府,这是为了福音传播而着重考量的两个因素。① 上层士绅往往聚集在城镇,故这些地方对传教士扩展的抵抗最为顽固。该地许多知名教案,都是精英们反对传教士试图驻扎内城的结果:1869—1873 年的广平教案、1882—1891 年的济南教案、1886—1891 的济宁教案、1886—1896 年的兖州教案和徐州教案。② 精英们这种强烈的文化反感,助推了对外人在这些城市

---

① 可参见安治泰致杨生函(1892 年 5 月 8 日,济宁),载《耶稣心小使者报》,第 19 卷第 12 期(1892 年 9 月),第 91—92 页。

② 《教务教案档》有大量关于教案的文献,在此不一一列举。关于济南教案,见韦斯特《济南地产争端(1887—1891 年)》(Philip West, "The Tsinan Property Disputes, 1887-1891");兖州教案,见柯博识《中国与鲁南天主教修会(1882—1900)》,第 59—105 页;豪斯特·格林德:《基督宗教传道与德意志帝国主义:一部特别关注非洲和中国的德国殖民时代(1884—1914)政治关系史》(Horst Gründer, *Christliche Mission und deutscher Imperialismus. Eine politische Geschichte ihrer Beziehungen während der deutschen Kolonialzeit (1884 -1914), unter besonderer Berücksichtigung Afrikas und Chinas*),第 271—275 页;K. J·里温纽斯:《鲁南的天主教传教》(*Die katholische Mission in Süd-Shantung*),第 87—106 页;K. J. 里温纽斯:《世俗势力的庇护与传教工作的进行:德国对天主教鲁南传教的保护》,第 430—456 页。

中心谋求永久居所的坚决抵制。① 此外,城内地产纠纷所招致的反教暴力,也激发了城外反教情绪的蔓延。这是因为高级行政中心同时也是地方士绅网络的结点,士绅和(或)官员有能力在内陆乡村地区促发敌对气氛(见下文)。

地方社会——宗教习俗上的争端,是反教冲突的另一个主要根源。在教民占少数的村子里,他们可能会遭到其他村民的排斥。某位传教士指出,这些村子的平民总是"不借给教民东西,拒绝一起工作,在街上进行侮辱,并千方百计进行骚扰,且常常不以宗教为名控诉教民"。② 更为重要的是,在大多数情况下,教民们自己选择特立独行,以便享受宗教宽容条款下传教士为他们攫取的特权。此类行为势必造成或恶化族裔内部的紧张关系。由于他们信仰的改变,新信徒不再参与据说带有"迷信"色彩的所有公共习俗。教民拒绝参加传统的祭祖仪式,即"家庭依附关系价值观最重要的仪式表达",引来了颇多争议。原因在于他们的这种拒绝参与,直接挑战了"传统文化的核心价值观"。③ 婚丧仪式,是导致对基督宗教敌对和暴力事件的主要场合。以明恩溥的记录为

① 传教士试图进驻内城的努力,并非都遭到抵制,地方状况和时机至关重要。比如,1863 年,意大利方济各会传教士曾成功在济南建立了主教驻地。1871 年,美国北长老会传教士麦尔维(Jasper McIlvaine)在一个贫困潦倒的秀才帮助下,在济南顺利获得一处地产。见麦尔维致马丁(Martin)函(1871 年 4 月 15 日,济南),载《美国北长老会海外布道部档案之中国部分》(10),第 10 卷,文件号 74。在沂州,在"一个睿智威严但邪恶的、多妻且食烟的异教徒"张明杰也给予了美国北长老会以援助之手。见纪力宝(Charles Andrews Killie)文(1890 年 12 月,沂州),载《美国北长老会海外布道部档案之纪力宝件》,第 14 页;《临沂县志》,第 173—174 页。也请留意青州和潍县地产的获得也是通过和平的方式。

② 孙汝舟(O. Neveux)文,载《泽西信函》,第 16 卷第 1 期(1897 年 5 月),第 37 页。

③ 柯文:《1900 年以前的基督教传教活动及其影响》,第 568 页。教民拒绝参与祭祖仪式,可参见 1890—1891 年发生在海阳县的教案,见郭显德(H. Corbett)致富勒(Fuller)函(1891 年 4 月 23 日,1891 年 7 月 13 日),载美国国家档案馆:第 84 类暨《外交人员函件》之《烟台领事馆档案及杂函》(4)。

例,(鲁西)管庄村曾组织:

> 掀起了一场对几个新兴教堂信徒的抵制,特别是在婚丧
> 仪式方面。在这点上有个习俗,即村民应相互帮助,如搬运、
> 驾车等。据说在一个只有50户家庭的小村子里,有48户在
> 一些坏心肠带头人的唆使下,在这些事情上拧成一股绳。①

另外一位新教传教士得知,汶上县某天主教神甫禁止天主教徒在
葬礼上参加哭拜仪式,但"这对中国人来说是个莫大的侮辱,立即
引发了一场骚乱"。②

在长期干旱时节,教民拒绝参加公共宗教仪式,特别可能导
致一些严重的后果。比如1896年夏,大名县县丞在该县魏县镇
召集联庄会的首领,指令他们惩罚"那些不听话的拒绝参加求雨
仪式的教民,当然,如果这些祈求是不正当的,上至皇帝下至县令
都不会准许。因此,法律是站在我们这边的"③。这个不走运的
县丞,明显没有意识到中国皈依者们不再顺从于本国法律的管

---

① 明恩溥文,载《传教士先驱报》,第85卷(1889年5月,波士顿),第201页。

② 《济南通讯》1886年9月19日,载《北华捷报》1886年10月20日,第423页。但也
请注意天主教的一份报告,有关1885年11月2日(汶上县)李家庄一场宏大且和
平的葬礼。见包敏《真福福若瑟传》,第103页。关于悔婚冲突的描述,见夏德威
《中国的圣言会传教士》I,第209—210页;《真福福若瑟传》,第116—117页;柯博
识:《中国与鲁南天主教修会(1882—1900)》,第40—41页。

③ 孙汝舟文,载《泽西信函》,第16卷第1期(1897年5月),第36—37页。1872年
末,德平县也发生类似事件,其中牵涉到圣道堂差会,见《教务教案档》第三辑(1),
第347件。

在一些地方,教民也自发组织了祈雨队伍。义和团运动爆发前夕的1899年
夏,大英浸信会从严重的旱区发来一份报告,言称当地传教士在青州地区张贴布
告,告示民众说耶稣教也在祈求下雨。见司布真(Charles Spurgeon Medhurst)文,
载《传教士先驱报》,第85卷(1900年5月,伦敦),第220页。关于山东的祈雨者,
也可参见如下著述:佛尔白《中国的祈雨民俗》(Volpert, "Chinesische
volksgebräuche beim T'chi Jü, Regenbitten");卢威廉:《青岛内地县城即墨的旧时
代和新时期》,第43—44页。关于中国的祈雨,见鲁惟一《拜龙教与祈雨》(Michael
Loewe, "The Cult of the Dragon and the Invocation for Rain")。

辖。事实上,他在此后大名教案中丢掉了乌纱帽。但是,这种事情只会加剧教民和平民的彼此憎恶感。较有意味的是,义和团运动兴起前的 1899 年,也正值一场严重的干旱席卷大部分山东区。①

在传统中国,不可能把宗教事务从世俗村落事务隔离开来。李仁杰(Charles Litzinger)的研究表明,社庙具有重要的认同整合功能,这是因为它"作为同居一村的村民集体拥有的机构,发挥着全村社会活动中心的功能"。对于一些地方而言,社庙并不仅仅是座宗教的场所。它充当着全村节日、戏剧表演、防卫和教育(充当着义学或慈善学校)等活动策源地的作用。教民拒绝支持以社庙为中心的活动,势必增加社区内平民的经济压力,且会激起进一步的敌意:

> 村中的长者和社庙的托管人团结一起,向教民强索迎神赛会和社庙修缮所需要之摊派。中国教民坚持认为应忠于自己的信念,反对那些自认为有权力和能力管制教民的人,这随即引发了冲突,导致一场野蛮的械斗。一些房屋被焚毁,某些教民也被迫背井离乡。②

从地方平民的角度来看,教民从当地社会宗教事务的退出,严重损害了地方上的公共凝聚力。当教民们坚持分享社庙经济资产时,团结则遭到进一步侵蚀。发生在山东区梨园屯关于玉皇大帝庙产旷日持久的争夺,是教民和平民之间最臭名昭著的社庙

---

① 李仁杰:《华北的社庙与村落文化整合》,第 79 页。以社庙为基础的迎神赛会,是调争解纷以及干旱、瘟疫和饥荒时期的主要场所。见佛尔白《鲁南的中国戏曲表演》(Volbert,"Das chinesische Schauspielwesen in Südschantung"),他发现每家根据自己拥有土地的多少进行实物捐献。
② 倪维思:《差会工作方法》,第 140 页。

财产纠纷事件(见第八章)。然而,来自直隶省的案例表明,并不是所有的村子都是单一仪式的社区。① 这点在本书第四章结尾处已有谈论,一些村子依靠主流民间信仰,而其他村子则实施某些教门的仪式活动。因此,对于在村社宗教仪式没有形成垄断组织的村落,则为基督宗教在该地的传播预留了空间。

传教士对中国习俗的漠视,以及"怪异的基督教教俗习惯成为民众恐惧和猜疑的另外一种重要源头",这也促使柯文把这激进地定义为"黑暗的力量、非理性的性格"。② 基本而言,对传教士的普遍性态度,成型于社会各阶层对中国文化优越性的坚定信奉。进一步来讲,我们必须要牢记的是,绝大多数农村人都没有见过欧洲人,他们关于欧洲人的观点,来自一些煽动性的揭帖、恶意诽谤的小册子和丑陋谣言里的荒谬故事等写作传统。③ 当传教士特别是新教传教士冒险进入内陆时,其外观更增色了这种陈词滥调。下文是苏格兰长老会传教士深入鲁中地区时的记录,可能会更好地诠释上述论点:

> 我们穿着本国的服饰——面料是质量较好的粗花呢,外套和裤子都是紧身的款式,每个人都戴着一顶太阳帽。我不愿给你描述这一外形给单纯的中国人所带来的魔鬼印象。我知道他们中的大部分人此前都没有见过外国人。我惊奇的是我们竟然全都顺利地通过了整个县城。假如先前知晓

---

① 杜博斯:《圣村:华北乡村的社会变迁和宗教生活》,第 40 页。
② 柯文:《1900 年以前的基督教传教活动及其影响》,第 568 页。他把这定义为"激进偏见的黑暗暴躁的力量",这是"中国人特别恶毒的性格"。出处同上。
③ 对该传统历史和本质的详细论述,见柯文《中国与基督教:传教运动与中国排外主义的发展(1860—1870)》。1886 年,兖州地区流传的一份揭帖的文本内容,见柯博识《中国与鲁南天主教修会(1882—1900)》第 61—64、213—215 页。也可参见《教务教案档》第五辑(1),第 515、414—416 页。

了这将给中国人以震惊的感觉,我们不可能取得这么大的成功。我们长满毛发的脸庞,头发较短的脑袋,贴身的衣服,笨重的鞋子等都是评论的对象。在中国,一个男人不到五十岁可能不会蓄须,而他们通常因拥有柔软光滑的头发而自豪。我们稠密的头发对他们来说是个困惑:他们问到我们的身体是否也长满了毛发。我们短窄的衣服在他们的眼睛里,把我们和苦力的形象联系在了一起。[1]

所谓的"非理性力量"在一些反教骚动中之所以发挥效用,其前提是广大中国人持有一个信念,即外国传教士从事一些残暴行径、令人发指的放荡行为、巫术行骗和拐卖儿童。[2] 在这点上,教会的育婴堂和医院特别激起了中国人的猜疑,而且是义和团运动前中国最严重反教运动中的攻击对象。上海的某位新教牧师指出:

> 暴动和迫害……大都是以育婴堂为借口,中国人认为这里只是外国传教士利用孩子谋求巫术的地方。医院也常认为有极大的疑点。那些在教会医院死去的孩子,在入棺前会被人检查是否还有眼睛:中国人相信他们使用了摄心术或其他见不得人的手段。[3]

---

[1] 马勤泰文,载《苏格兰长老会传教士记录》,新增卷五(1973 年 2 月),第 398 页。请注意所有的天主教传教士都穿戴中国服饰。基督教传教士在内地生活时,也接受了中式服装的部分款式。

[2] 费正清:《天津教案背后的模式》,第 500—501 页。关于中国历史上拐卖儿童和偷盗身体器官的新近研究,见田海《讲故事:中国历史上的巫术与替罪》(B. J. ter Haar, *Telling Stories:Witchcraft and Scapegoating in Chinese History*)。

[3] 阿尔伯特·克莱因:《中国的福音传播与天主教会》,第 8 页。同时也应注意,山东也感觉到了天津教案的影响,见高第丕(T. P. Crawford)致花撒密(Samuel A. Holmes)函(1870 年 7 月 11 日,登州),载美国国家档案馆:第 86 类暨《外交人员函件》之《烟台领事馆档案及杂函》(2)。1891 年的芜湖教案,也因谴责天主教传教士诱骗孩子的谣言而起,见韦尔利《中英与反教骚乱(1891—1900)》,第 25 页。

在中国社会普遍存在溺婴特别是女婴现象的背景下,天主教传教士十分重视受洗弃婴和奄奄一息的儿童,多年来成千上万的婴幼儿进入了育婴堂。但是,他们中的大部分人——可能要超过百分之九十——在稍后不久便离开人世了。① 天主教传教士忙于接管垂死婴幼儿的行径,很容易导致流言的产生,而这些流言不但是没有受过教育的大众,甚至连文化精英也都乐于接受。这些关于外人行为的荒谬概念,已经植根于许多中国人的思想深处,并延续至今。比如,以孙祚民教授一篇关于义和团运动的文章为例。在关于 19 世纪末传教士所犯罪行的证据方面,孙不加评论地引用了一篇老旧资料,该资料宣称"从教堂中搜出恶物甚多,人眼珠、心肝、阴类等物,有数十缸。甚至剥人皮,刳孕胎"②。当然,鉴于中国人身上尚未科学化的思想和抱着猜疑的态度审视外部世界的趋向,可能会有人认为,19 世纪 90 年代简单质朴的中国平民对外人这种发自内心的担忧是合理且可以理解的。但是,一个著名学者在 20 世纪末的今日,仍诉说这种荒诞故事的动机又是什么呢?

1897 年,一种严重的"关于迷拐儿童的恐慌……席卷了整个华北"。③ 然而,诸如此类的拐骗现象在中国传统社会屡见不鲜,在这个事件上,无数的揭帖和谣言隐射出这些活动是在外国传教

---

① 圣言会在中国工作的头十年中,在鲁南地区受洗了 5 万名濒临死亡的幼儿。见包敏《真福福若瑟传》,第 600 页注 40。1894 年这一数字是 10 568 人,1900 年则达到 11 000 人。见夏德威:《中国的圣言会传教士》I, 第 259,440 页。

② 孙祚民:《关于义和团运动评价的几个问题》,第 199 页。解放前夕,社会上流行类似的关于育婴堂的故事,称其为溺婴堂(Child Killing Institution)。见舒德《红色中国报刊镜像下的中国天主教修会》(Johannes Schütte, *Die katholische Chinamission im Spiegel der rotchinesischen Presse*),第 338 页。

③ 达吉瑞(G. R. Davis)文,载《1897 年美以美会年度报告》,第 139 页。

士的指使下进行。① 由于这些煽动性行为干扰了他们的工作,恐慌的传教士们请求其母国领事和中国官员的保护。"在一些地方,当地政府通过强硬的手段查禁有关传教士的谣言揭帖;然而,其他官员——包括巡抚(山东巡抚李秉衡)——不仅没有查禁这些揭帖,他们的行动反而变相地加剧了这种局势。"②在这些事件中,在山东区没有发生一起此类谣言引发的严重教案。不过,1897 年的煽动性运动,揭示了歇斯底里般的反基督教运动扩展得是多么地迅速。1899 年,一个类似的心理因素也产生了效用,并成为义和团运动的诱发因素之一。

在大量教案中,反教暴力的发生是对传教士干预地方争端的回应。这点我们在第二章已有所述,竞争型集体行动的盛行与词讼有着紧密联系。扩张中的传教事业代表教民和潜在皈依者成功干预中国词讼案件,以此占据地方优势。他们认为这种举措是合理的,其理由是中国法令没有统一标准,而且明显不公。另外,传教士质疑中国"保护、干预(以及)暗箱操作(以上行动是通过地方社会里望人的安排)是司法行政的元素,这些都远离了我们的现代西方思想"③。其实,有舆论认为传教士应"充当社区领

---

① 在山东各地出现的大量揭帖,暂列举如下地区:潍县见《北华捷报》1897 年 8 月 13 日,第 130 页;1897 年 9 月 3 日,第 448 页。揭帖内容是要报复任何为了医疗之用而偷盗儿童的外人;青州见《北华捷报》1897 年 8 月 20 日,第 354 页;临清载《北华捷报》1897 年 8 月 27 日,第 399 页。也可参见秦恒瑞(H. P. Perkins)文,载《临清布道站报告》(1897 年 4 月 30 日),见《美部会华北差会记录》(15),文件号 81。邹平载《华洋通讯》1897 年 8 月 6 日,第 154 页。通讯记者得出如是结论:"需要下场雨来给民众脾气降温。"关于外人迷拐幼童的谣言在鲁东地区的流行状况,见佛尔白文(1898 年春,蒙阴),载《圣弥额尔历》1901 年,第 133—141 辑。

华北地区常见绑架幼童及勒索赎金的现象,可参见一位御史的奏折,有关直隶南部绑架暴行,见《京报》1895 年 9 月 23 日,转引自《北华捷报》1895 年 10 月 18 日,第 647 页。

② 林惠生(S. B. Drake)文,载《传教士先驱报》(1898 年 5 月 1 日,伦敦),第 220 页。

③ 彭廉石:《徐州府的农民》,第 208 页。

袖的职责,并利用自己的影响力和资源使他们的社群获益"。①
换言之,在不同农村社群对各种资源激烈竞争的背景下,作为天
主教会的首领神甫也就自然地——以及预期地——应该介入其
中,并为他们的教众提供保护。

在研究反教暴力的动因时,李仁杰发现,确实也存在着外国
传教士代表受害方的事例:"应当注意的是,传教士对词讼的介入
有时绝对出于公正之原因。"②但他们的成功干预,可能进一步激
怒失利方。在词讼过程中,教民的对手可能已经行贿了那些习惯
从不公中得利的一方(乡绅恶霸、讼棍、衙役),试图得到偏袒自己
的词讼结果。然而,由于传教士强有力影响的介入,这些人词讼
失利,通常情况下要付出赔金,或者失去了对争议资源的控制权。
失利方还至少要摆上一桌和睦餐,并公开致歉。在鲁南边缘地区
激烈的竞争环境下,失利方很难接受在权力和面子上的失势。即
使眼前的问题迅速得到解决,并偏向教民,但教民和百姓间的争
端——如普遍存在的宿怨——在未来可能再次浮现。

当外人介入并且"教民"没有正当理由时,反教暴力的可能性
就会逐渐增大。传教士不愿妥协的立场,更是经常性地恶化了这
一状况。他们认为,自己必须不惜一切代价来维持和提升自己的
公信力。就中国官员而言,他们在裁定案件时也逐渐偏向教民,
因为这些人已经认识到传教士能够——而且通常如此——通过
向领事呼求而给中国政府施加很大压力。此外,教民也开始利用
特权地位制造假案并经常欺凌百姓。早在 19 世纪 80 年代中期,
倪维思就已经指出:"通过外国传教士的影响,命运的大潮开始转

① 蓝文田:《中国的教区:徐州》I,第 218 页。
② 李仁杰:《天津惨案后的教案模式(1870—1875)》,第 101 页。

向教民,他们也一直没有放弃复仇的心理。"①

在这点上,有必要重申一个关键点,即 19 世纪 90 年代基督宗教恰好是在因普遍性竞争性暴力而臭名昭著的部分山东区(特别是曹州和徐州两府)盛行。有充分的迹象表明,许多教案也是传教士来临之前已有冲突模式的一部分。在许多案例下,基督宗教的到来只不过是深化了已有的宿怨。这也就是说,皈依本身就是社会衰败的表征之一。

五、反教暴力的根本原因

前文所讨论的常态性冲突问题,其大部分牵涉到具体事件且限定在特定社区内。但这些以村落为区域背景的事件,仍是反教普遍潮流的一部分。这个广泛的抵抗——往往来自城市中心——通常是由中国的统治阶层组织。士绅和(或)地方官有一套手段和社会政治网络,来制造和散播谣言以及煽动性的文字。他们也有能力动员和组织有效的反教骚动,并迅速扩展出特定区域。

在本节所要研究的主要相互关联的根本原因中,基督宗教和儒学在"思想体系的冲突",自然是中国上层阶级对传教士充满敌

---

① 倪维思:《差会工作方法》,第 105 页。19 世纪 90 年代末,这种压迫现象在曹州和徐州两府极为普遍。本书第六章将重点讨论这个问题。请留意的是,在 19 世纪 90 年代,天主教传教士对这种行径则缄默不言。其实,这可从福若瑟在此后 1905 年评论中管窥出现象:"现在基本放弃了这种在词讼中的老套做法……在教民和新信徒身上也没有压迫行为。因此天主教会在所有区域都取得了无可匹敌的好名声。"见福若瑟致韩甯镐函(1905 年 5 月 27 日),转引自包敏《真福若瑟传》,第 457 页。

意的根源。① 此外,1858—1860 年条约协定签订后,传教士开始对既定的社会主义政治秩序构成严重威胁。时至 19 世纪末,对快速扩展传教事业的焦虑日益与普遍性反对外国逐渐增加的压力交织联系。

中国精英反对外来宗教传播的意识形态根源,在很多宏观研究中已有体现,于此不赘。在本研究中,更多的重点是放在传教士对那些试图保留中国文化完整性的努力所做出的过激性回应。面对强烈的中国中心文化观,外国宗教专家发起了一场不妥协的对整个儒家价值体系的攻击。他们叫嚣着希望得到有利于皈依中国的变化,"所有的传教士,就其使命的本质而言,对中国传统文化来说是具有革命性的挑战"②。柯文还这样叙述道:

> 尽管其人生观和宗教观狭隘保守,但他们对中国历史进程的影响却是激进的。因为他们对中国文化的观点是特别苛刻的,故此,在中国人看来,他们公然反对中国传统文化经典。③

大多数新教传教士鼓吹激进的"近代化"(他们通常称之为"西方化")作为中国走向"救赎"的途径④,与之相反的是,天主教

---

① 关于两者思想体系的冲突,可具体参见杨意龙《儒学与基督宗教的首次相遇》(J. D. Young, *Confucianism and Christianity*: *The First Encounter*)。
② 柯文:《1900 年以前的基督教传教活动及其影响》,第 544 页。也可见韦斯特《济南地产争端(1887—1891 年)》,第 121 页。关于"意识形态环境"对基督教的敌对,见柯文《中国与基督教:传教运动与中国排外主义的发展(1860—1870)》第一章;柯文:《中国反教传统的根源》(idem, "The Roots of the Anti-Christian Tradition in China"),第 34—40 页。
③ 柯文:《1900 年以前的基督教传教活动及其影响》,第 543 页。
④ 参见小施莱辛格《传教事业与帝国主义论》(Arthur Schlesinger Jr., "The Missionary Enterprise and Theories of Imperialism"),第 360—361 页和第 372 页阐述了传教士活动的革命内涵。

对这种变化的态度则模棱两可。在欧洲,罗马教廷仍固守守旧的封建统治秩序,强烈地反对近代化;但在东方中国,它的神甫们却是与中国儒家正统相抵触思想的吹鼓手。由于18世纪罗马教廷在"礼仪之争"上的不幸决定,鼓励维护中国传统文化秩序不符合传教士的长远利益。因此在19世纪下半叶,天主教传教士发现与根深蒂固的清朝统治阶级的合作没有任何余地。①

天主教传教士和中国精英们所存在的思想竞争,在鲁西南地区尤为激烈。在基督宗教占领府县中心的漫长斗争史中,兖州府因与曲阜接壤被证明尤其困难,而曲阜是孔氏的祖籍所在地和祭孔的圣所。1886—1896年间,一些顽固的精英组织动员欲把传教士赶出城外——同时也得到了同等坚决的圣言会传教士的反击,这把兖州和周边区域变成了真正的思想斗争阵地。② 其实,安治泰主教用残酷的军事术语描述了这场冲突:

> 鲁南已经变成了战场,与其他区域相比,此地更加困难。前进中的每一尺领土都要经过艰苦的斗争;一批勇士已经投入到黄河两岸的战斗中,不仅在两岸前线,而是在数以百千条前线上……鲁南囊括中国人的圣所,孔夫子以及他著名学生孟子的出生地和祭祀之所:这真是个数不清的纠缠和阻

---

① 关于传教士对官员、士绅和地主等寄生基层的反对,见赫尔姆特·施托尔克《19世纪的德国与中国》,第35页;福兰阁:《两个世界的回忆》(Franke, *Erinnerungen aus zwei Welten*),第51页。在"礼仪之争"之前,天主教传教士与晚明及清初政权有过一定程度地合作。但随着最后一位在清廷的遣使会成员于1836年逝世,天主教在政府的服务也宣告终结。见约翰内斯·贝克曼《近代(1842—1912)在华天主教的传教方法:关于其工作方式、障碍与成功的研究》,第6页。

② 关于兖州教案的参考资料,请参看第180页注2。也可见安治泰文,载《天主之城》,第10卷第18期(1886/87),第282—283页;载《耶稣心小使者报》,第14卷第9期(1886/87),第70页。

碍啊！①

经过漫长的斗争，圣言会传教士终于于 1891 年在大运河重要口岸济宁获得了一片地产，并把这视为打开兖州城的一块极为重要的基地——一座"边塞"，并希望能够"攻击圣坛里的敌人"。② 因此，圣言会继续给邻地兖州这个"中国异教的主要城堡"施加压力，按照安治泰所述，它也"正是修会的中心"。但是主教预测到将会发生一场艰苦的斗争：

> 这座黑暗之城是否最终垮塌？什么时候呢？这也许只有主晓得吧！但是我们现在能做的就是要尽力摧毁它。也正是这个原因，我才把来源于真神的信念旗帜插到这片土地上；也正是这个原因，我才把所有的热情灌注于此。③

这位毫不屈服的主教拒绝与中国文化情感相妥协，最终赢得了这场"战斗"。1896 夏，他们在当地最高行政官员的欢迎会中，胜利进驻兖州。上层阶级公开的反教敌对活动暂时得到压制，但在义和团运动期间，鲁地抑郁已久的怒火终于再次爆发。

令人遗憾的是，由于缺乏相关材料，我们无法对中国当局的观点作详细评估，以更精确地衡定在这个或山东区其他地方精英反教中的意识形态成分。无论如何，我们必须要牢记的是，这一对抗是在儒家秩序衰落的背景下发生的。④ 特别是大部分低级

---

① 安治泰，载《耶稣心小使者报》，第 21 卷第 6 期(1894 年 3 月)，第 43 页。
② 韩甯镐文，转引自海德《斯泰尔传教会》，第 254 页。
③ 安治泰文(1896 年 3 月 23 日，济宁)，载《耶稣心小使者报》，第 23 卷第 12 期(1896 年 9 月)，第 108 页。
④ 值得注意的是，孔氏后裔曾于 1876 年前往位于济宁的主教驻地，礼节性拜访了主教顾立爵。见陆文彬致贝蒂纳托函(1876 年 8 月 13 日，烟台)，载《天主教传教区》1876 年 10 月 28 日，第 523 页。

生员已疏离了中央政府,并有部分人甚至准备加入基督宗教。此外,由于山东高级阶层分布的不均衡性,该省部分地区已不再坚守正统儒学了。

异端在 19 世纪的发展,是儒家世界观逐渐瓦解的另一例证。在这点上,我们应当注意的是基督教会已被雍正帝于 1724 年宣称为异端宗教。[①] 1870 年的《大清律例》揭除了这张异教标签,但是许多官员、士绅、类似的百姓仍把基督宗教视为反动教派。按照 19 世纪晚期传教士的记录,一些敌对的地方官以"串通外人散播腐朽教义"的罪名,坚持迫害和惩罚新信徒以及"望道者"。其他人把基督宗教看成一种"腐败且危险的宗教,可能的话,必须把它赶出中国"。[②]

考虑到基督宗教被视为一支被禁教派,对于本研究而言,这支外来邪教(洋邪)和本土白莲教的任何联系都是本书的研究兴趣所在。其实,裴士丹已经注意到,中国秘密宗教和基督宗教在价值观、结构和社会角色上存有一定程度的共性,这为两者之间的彼此身份认同提供了实质性的共同基础。[③] 裴氏进而建议,并不应该单纯地把 19 世纪的中国基督宗教视作"外来宗教":

> 就其在中国社会的功能而言,它能够也应该被看作一种

---

① 具体内容,见高延《中国的宗教教派和宗教迫害》,第 329—334、387—405 页。

② 请注意,1880 年,一位天主教传教先生因散播禁教的罪名被淄川县知县缉拿。见马天恩文(1880 年 2 月 13 日),载《天主教传教区》1880 年 5 月 28 日,第 255 页。

③ 裴士丹:《基督教和中国宗教:19 世纪末的民间教派》(Daniel H. Bays, "Christianity and Chinese Sects: Religious Tracts in the Late Nineteenth Century"),第 37 页;《基督教与中国教派》,第 127—128 页。也可见鄢华阳《边境的另类宗教:18 世纪四川的白莲教和天主教》(Robert Entenmann, "Alternative Religions on the Frontier: The White Lotus Religion and Catholicism in Eighteenth Century Sichuan")。关于 18 世纪初期山东地区天主教会的教派性质,见狄德满《基督教与中国"邪教"》(Tiedemann, "Christianity and Chinese 'Heterodox Sects'")。

宽泛意义的异端宗教或宗派主义……它已经在中国的大部
分地区建立并繁盛发展。在宗教意涵和地方宗教组织的结
构与角色层面上，当考虑到基督教会和中国本土教派时，要
注意两者有许多重要的相似性。①

如上相似性，映射在它们令人惊奇和重要的发展阶段上。我
们关于山东区传教事业的综合研究，显示出一大批皈依者来自中
国本土教门。韩书瑞在白莲教的研究上已经指出，个人在教门间
转换是普遍性的："这里有一些人从一个教门转到另一教门，加入
某个教门后很快就转换门庭，总是在寻求'最好的'系统。"②因
此，对于一些教门会众来说，转而皈依基督教会是个不太困难的
选择，因为后者能提供一种颇富吸引力的宗教替代物。对基督宗
教而言，天主教和基督新教传教士都意识到了白莲教信徒皈依基
督教会的潜在可能性。大英浸礼会的李提摩太在青州所使用的
方法，是传教士对异端教派的一种典型态度："李提摩太的首要原
则，是寻找那些有价值的皈依者。这些寻求真理的人有很多来自
遍布中国各地的秘密教派，并且我们的一些最热心的教会领袖也
来自这些教派。"③

虽然有个别"寻道者"被教会接纳，但民间秘密教门集体皈依
的情况更是普遍现象。总的来说，本土教门皈依基督教会，在地
理分布上与黄河北部华北平原区域民间宗教的空间分布大致吻
合。自19世纪60年代初期后，徐昕波便皈依他定义的白莲教会
众，声称在此前十年时间里仅于河北河间一地就皈依了将近

---

① 裴士丹：《基督教和中国宗教：19世纪末的民间教派》，第33页。
② 韩书瑞：《千年末世之乱：1813年的白莲教起义》，第37页。
③ 白向义：《在华五十年：浸礼会山东、山西和陕西传教史（1875—1925）》，第20页。

6000 名白莲教教徒。① 在沾化县和滨州，当地的天主教中国神甫在 1878 年接纳 2000 名秘密教派会众为新信徒，且很有希望在稍后的时间内将另外的两至三千名秘密教派会众皈依入教。② 在鲁中山区北部，很多无极道的信徒皈依到基督教。③ 在泰安县，有 1800 人请求加入天主教会。④

如前一章所述，秘密教门在鲁北的发展强于鲁南。但鲁南地区仍有部分教门会众皈依到基督教会，尽管规模较小。这其中包括圣言会的一些比较重要的教会，如（巨野县）张家庄⑤、（嘉祥县）周家庄⑥、（汶上县）李家庄⑦、（单县的第一个圣会）秦奶奶庙⑧以及（曹县）郭堂⑨。当然，在这些事例中可以看到较清晰的迹象，即传教士的保护成为皈依的动机。⑩

跨教现象对本研究而言意义重大。特别重要的一个事实是，

---

① 徐昕波 1875 年 2 月 27 日函，载《研究》，第五系列第 8 卷（1875 年 11 月），第 213 页。
② 马天恩致顾立爵函（1878 年 2 月 5 日），载《天主教传教区》1878 年 6 月 14 日，第 283 页。也可见郎汝略《济南宗座代牧区》，第 78 页。
③《山东济南宗座代牧区传教士公报》（Communicationes）(8)，1929 年，第 31 页。
④ 卫保禄致顾立爵函（1877 年 8 月 22 日），载《天主教传教区》1878 年 4 月 26 日，第 203 页。在该区域的大英安立甘会传教士也记录了类似皈依报告。
⑤ 薛田资：《在孔夫子的家乡》，第 200—201 页。
⑥ 夏德威：《中国的圣言会传教士》I，第 119 页；韩甯镐《圣言会福若瑟神甫：其生平和著作，兼论鲁南传教史》，第 197 页。
⑦ 福若瑟 1885 年 8 月 15 日报告，载《圣弥额尔历》1887 年，第 64 页；韩甯镐：《圣言会福若瑟神甫：其生平和著作，兼论鲁南传教史》，第 175 页。
⑧ 佛尔白：《旅行在中国》，第 6 页；韩甯镐《圣言会福若瑟神甫：其生平和著作，兼论鲁南传教史》，第 219—220 页；夏德威：《中国的圣言会传教士》I，第 120—121 页。
⑨ 佛尔白：《鲁南传教士的希望与恐惧》，第 47 页；夏德威：《中国的圣言会传教士》I，第 251 页。本书已经描述了该村与盗匪的关联。
⑩ 特别是在 1882 年，茌平县的教门起义在（沂水县）王庄和（蒙阴县）井旺庄得到了传教士的保护。见韩甯镐《圣言会福若瑟神甫：其生平和著作，兼论鲁南传教史》第 99—105 页；夏德威：《中国的圣言会传教士》I，第 318 页；佛尔白文，载傅于谦：《秘密教：中国的一个秘密教派》（Arsenius Völling, "Mimikao, eine beachtenswerte Geheimsekte in China"），第 103—104 页。

尽管有诸多会众改宗为基督宗教,但很少有资料证明白莲教和基督教会之间存在着冲突。圣言会传教士佛尔白就此指出:"不同教派之间和平相处……这些教派对天主教会也并没有敌意。白莲教甚至还送出一份有着风险的友情。"[①]这些对白莲教和基督教"和平共处"普遍性状态的证据,相当程度上支持了我们的论点,即义和团运动期间的反教冲突,不是心怀不满的白莲教众为了寻求报复所煽动的。

在特定的反教事件中,我们还未能厘清反对者的思想成分,但这并不妨碍推导出 19 世纪晚期中国精英们在反对"外国邪教"和本土邪教上更猛烈地针对前者,而后者在此间甚至得到了一定程度的宽容。作为强力性的制度宗教(Institutional Religion)且带有完善的基础体系,基督宗教与中国本土教门相比,对日渐瓦解的儒家秩序来说是个更大的威胁。传教士和教民,要远比白莲教信徒更倾向于违反中国社会的文化和道德信条。形成对比的是,无生老母(Unbegotten Mother)的会众——有着秘密信仰但表面从众——主要在中国传统民间文化里运作,而基督信徒有时不太愿意这样做。他们公开开展外来宗教仪式,通常情况下非常显眼且挑衅似地展示他们成功扩张的象征(小堂、教堂和学校)。

不过,在明显缺少高级官员的山东区部分区域,思想成因在精英们反对基督教的活动中充其量处于次等地位。对地方权势者的最大威胁,来自传教士作为可畏的政治参与者(Political Actor)的角色。特别是天主教神甫成为挑战政治势力的直接和间接代表。他们从属于复杂且活跃的教会等级制度,且蓄意与相

---

① 佛尔白:《中国的社团与宗派主义》(Volpert, "Vereins- und Sekten Wesen im Reiche der Mitte"),第 94 页。

当惰性的中国官僚制度平行对等。[1] 1898年以前,为了与山东道台级别官僚机构平行,天主教重新界定了教会的管理结构。此外,在与地方官僚打交道的过程中,天主教神甫坚持穿戴中国官服[2],并认为这是与地方官员交往的权力,以此表现他们的社会地位。他们索求优惠待遇,比如有立即和直接接触上至巡抚下至地方官员的权力。

地方官员如果拒绝接待这些传教士,或者说没有按照传教士的意思处理教案,后者将会诉求外交支持,从而给北京政府施压。清政府随后采取的措施,从侧面暴露了道台级别官僚统治的惰性、效率低下、公平失效和腐败。因此,传教士的介入对当地官员的仕途有着不良影响。这削弱了他们的政治权力,增加了财政负担(对传教士或基督信徒的经济赔偿;从省会派遣来的调查委员的花费;亲自到省会报告的往返花销),且甚至会被免职丢官。[3]

所以,传教士的到来会引起当地官僚的敌意是必然的。然而,这种感情是否转化为公开的敌对,还要取决于下列因素:(1)中央政府当前的态度和政策;(2)省级高级官员的态度[4];(3)当

---

[1] 第187页的这个简单图示显示出圣言会的等级划分,以及其与梵蒂冈和德国政府的关系。法国传教士也有着类似联系,同时,这两个团体都有着其他各样的非正式联络人。

[2] 早在1899年3月谕令下发之前,天主教传教士就享有半官方的地位。关于谕令内容,见施达格《中国消解基督宗教的努力:1899年3月15日谕令》(George Nye Steiger Steiger, "China's Attempt to Absorb Christianity: The Decree of March 15, 1899")。

[3] 以1894年滕县教案为例。当该县知县支付了委员的费用以及传教士的大额赔款后,巡抚还是罢免了他的官职。见文安多文(1895年3月25日,滕县),载《耶稣心小使者报》,第22卷第11期(1895年8月),第85—86页。

[4] 呈递到总理衙门的教案大多按照巡抚的意愿进行处理。总理衙门往往只是拟定与外人交往的基调。请特别注意山东巡抚李秉衡的阻挠手段和两江总督刘坤一较为通融的风格形成的鲜明对比。1894年后,山东上报的教案显著增多,但在总理衙门的档案中,没有一起来自徐州府,尽管该地教民冲突有所增加。

地官员对传教士和基督宗教的态度；（4）当地精英的力量和态度。虽然有部分地方官员义无反顾地反对基督宗教的传播，且在辖地带头迫害皈依者，然而在 19 世纪 90 年代，这里大量的史实显示出政府官员变得愈加软弱，害怕不依不饶的传教士的介入，在处理教案时也偏袒教民，他们这样做的目的是避免更为严重的复杂情况。但是，这样的裁决在降低当地紧张关系上不但收效甚微，反而激起了反教暴力的进一步爆发。

我们在此应当注意到是，这种对"正义"的渴求未必激化了对传教士介入的反应。而这常与此类介入是否给当地政治和经济上的权势者带来严重挑战有关。通过他们的有效介入，传教士能够提供一种权利的替代资源，因此削弱了社区（当地望族、土豪①、诸多基层官僚体制下的差役和传统宗教的头目）等已有统治元素。在有些地方，传教士的扩张其实导致了当地政治权势的重新排序。

传教团体在华北平原的权势中，以直隶东南和苏北的法国耶稣会修会最为突出。在这里，外国神甫拥有几处建有较大防御工事的院落——资金通常来自地方赔款——且处于中国地方政府提供的常驻性军事护卫的保护。如，请注意某英国使馆官员对（位于徐州府萧县）马井天主教堂口的描述："其实这才算的上战斗教会（Church Militant）。建筑物由坚实的围墙环卫，墙上建有塔楼监视各个角落，里面架有枪支并储存着弹药。"②

因此，在这种激烈的竞争性环境下，许多教民社区比老百姓

---

① 关于"残暴的土豪"是传教之障碍，见明恩溥《中国教区概述》，第 320—321 页。传教士带来的挑战所处大环境的简要讨论，见柯文《1900 年以前的基督教传教活动及其影响》，第565 页。
② 梅尔思：《北京至上海陆地旅行记》，第 14 页。

族群得到了更好的保护。然而，我们不能忘记的是，在竞争态势
下的垂直权利结构所组成的社会-政治结构中，传教士与其他地
方社群领袖一样，利用自身的权利和影响来使其社群最大化地获
取并控制各类资源。传教士正是有着相对较大的权力，这样才能
有效地推进其团体的事业。通过他们精心构筑的教会网络以及
与本国政府代表的联系，传教士始终能够对清廷施加压力，而清
廷又被迫要求地方官员采取行动。特别是省级交界区域，这种因
教会引起的国家干预，破坏了长期抚育起来的半自治地方体系。

所以，当传教事业在山东区扩展时，当地精英对传统社会政
治秩序所面临挑战的反对也同步加强。此外，我们也注意到了一
个明显的变化，即孤立的教案开始转化为统筹一致的反教行动。
更有效的反教网络，建立在已存联村网络（Supra-Village）基础
上。在兖州地产的长期纠纷中，我们已经注意到以城市为基础的
精英网络的运用。早期乡村社会向有组织和持续的精英领导的
反教运动发展，主要建立在联村自卫组织的基础之上。以 1884
年对美国北长老会和南浸信会的暴力攻击为例，这两起事件均有
"贡举"这个"该地七八名最顶端的富人和士人组成的自治委员
会"发起。① 同样的是，1894 年（邹县）薄梁的一场极为血腥攻击
之后，传教士声称当地"孔夫子"组织 100 名会众建立了一所灭洋
局（Foreigner Extermination Office），以此威胁地方官以及阻止

---

① 贺牧师（N. W. Halcomb）致副领事包赉德（Archer Russell Platt）函（1885 年 2 月
11 日），见美国国家档案馆第 84 类暨《外交人员函件》之《烟台领事馆档案及杂函》
（3C）；郭显德致包赉德函（1885 年 2 月 11 日），出处同上。《天津时报》曾刊发一篇
文章鼓吹利用团民来抵制基督教的传播，该文载于光绪十九年九月十八日（1893
年 10 月 27 日），其英文译文可见葛光被《防御起来抵抗外人》（E. Becker,
"Preparation for the Defence against Foreigners"），载《泽西信函》1894 年，第 60—
62 页。

与教民的媾和。①

在(巨野县)张家庄——通常被称作巨野县磨盘张家庄,也是本书第七章的重点研究对象——19世纪80年代中期,姚鸿烈在此发起组织攻击天主教民。姚鸿烈是临村姚家楼人氏,是个武举人,并担任当地二十余村民团的团总。因此,他的影响力明显辐射到曹州府以外更广阔的区域。② 然而,应该重视的一点是,这类坚定且各方协力运作的对基督宗教扩展活动的抵制行动,与多重既有内在矛盾和竞争性斗争模式紧密地联系在一起,特别是在——当然并不局限于——鲁南地区。比如,对1884—1886年张家庄教案仔细甄读后可以发现,反教运动根源于村社内部间正在进行的纷争。村子里的新信徒原是所谓的白莲教会众,这个重要事实就很好地表明村社内聚力的下滑并不是在新近发生。而对一亩薄田的长期地产争端,更进一步破坏了村社团结。这可能

① 安治泰致绅珂(Schenck zu Schweinsberg)函(1894年8月7日,济宁),载绅珂致卡普里维(Caprivi)函附三(1894年8月25日,北京),见柏林,外交署政治档案(Auswärtiges Amt, Politisches Archiv, Berlin):中国6《1895年—1916年中国政府对基督教会的态度》,第26卷,文件号121。也可见总理衙门致绅珂函(1894年8月31日)中的安治泰报告,载绅珂致卡普里维函(1894年9月10日,北京)附一,出处同上,文件号131。

也请注意某道士的活动,他在1896年带领"暴徒"袭击位于平度的数个村子里的教民。他得到了英雄会(Society of Heroes)的支持,后者曾数次作乱。见狄考文及赫士(Mateer&Hayes)致平度知县函,载柏尔根(Bergen)1896年10月19日报告,见美国国家档案馆第86类暨《外交人员函件》之《烟台领事馆档案及杂函》(6)。也可见柏尔根致法勒函(1896年10月22日,烟台),出处同上。

② 参见包敏《真福若瑟传》,第103—104页,570页注61—70;柯博识《中国与鲁南天主教修会(1882—1900)》,第31—32、40页;韩甯镐《圣言会福若瑟神甫:其生平和著作,兼论鲁南传教史》,第176、182—183页;夏德威《中国的圣言会传教士》I,第84—85页。姚鸿烈是1851年科考的武举人,见《山东通志》卷一〇九,第3 161页;捻军叛乱时期,他是鲁西的主要民团领导人,见《续修巨野县志》,第261页。

就是这一争端才导致部分村民转向圣言会传教士寻求帮助。①
最后要补充的是，姚鸿烈身上的这种强烈和持久的仇恨，可能是
由于他的一个兄弟皈依基督宗教而引起的。②

苏北的状况同样如此，传教士由于介入了当地社群内外的长
期冲突，而建立了数个重要的基督教会。（本书第二章和第七章
所讨论的）砀山县庞、刘两宗族间的宿仇，就是本研究的重要案
例。类似的是，1892 年，一起明显的宗族内部纷争导致了一所教
会和坐落在（丰县）戴套楼的耶稣会驻地的建立。那时，一名叫戴
北辰的当地人，需要银两用于支出家庭葬礼费用。但是，该人没
有把自己的一份薄田卖给较有权势的亲属戴成洲，而是决意去联
系在徐州的耶稣会传教士，欲把土地出售给后者。这份交易以及
此后戴北辰家族的皈依，加剧了该村的紧张局势。1893—1894
年，可能是在戴成洲的煽动下，一群盗匪袭击了修会据点。由于
传教士的有效干预，教民们也盼来了出头之日，并在该地占据主

---

① 戴济世（François F. Tagliabue）致巴特纳（Jules Patenôtre des Noyers）函（1885 年 7
月 20 日）。载法国外交部南特档案中心（Centre des Archives diplomatiques de
Nantes, France）：《法国驻北京公使馆档案》（Archives of the French Legation in
Pékin），第 10 箱；戈可当（François-Georges Cogordan）致总理衙门函（1886 年 1 月
31 日），出处同上；《教务教案档》（第四辑）（1），第 285 件；也可参见《山东教案资
料》，第 178 页及以下。

   请注意，在 1877 年初，该村有 115 人皈依教会，其中 90 人受洗。见夏德威《中
国的圣言会传教士》I，第 108 页。

② 《圣弥额尔历》1888 年，第 56 辑；柯博识：《中国与鲁南天主教修会（1882—1900）》，
第 47 页。除姚鸿烈外，《巨野县志》还列举了同辈同姓的另外两人：姚鸿杰，在捻军
起义期间同样是一名团练首领，并在 1885—1886 年和 1893—1894 年间任江苏丰
县知县——时值大刀会运动时期（见下文）；姚鸿魁，1888 年科考的武举人。以上
据《续修巨野县志》，第 214、246—247 页；《丰县志》，第 200 页；《山东通志》卷一〇
九，第 3 168 页。但不能确定是否是他们中的一人变为了教民。也可见《山东义和
团调查资料选编》第 34 页关于姚良通和姚来城的口述记载。两人声称姚鸿烈家拥
有 10 顷（1000 亩）的土地。关于他的一个兄弟是教民的说法，见戴济世致巴特纳
函（1885 年 7 月 20 日），内附樊国梁（Alphonse-Pierre-Marie Favier）的报告。载法
国外交部南特档案中心：《法国驻北京公使馆档案》，第 10 箱。

导地位,戴成洲及其家族被迫搬离该村,在村外建立了一处独立的居住地。①

同时,也应当注意的是基督宗教的发展,并不总是既有对立关系所带来的结果。毕竟,在社区内外复杂且易变的竞争与团结的网络下,教民社群只是其中的一环。因此,教民和平民间的合作也极为常见,特别是本地整个系统面临外部威胁时。当地方环境变化和时势要求时,对抗便会转化为合作。基督宗教的昔日死敌,可能突然转向支持和保护教会(见第七章)。在此场景下,大量的地方精英甚至能够配合——至少是容忍——教民和传教士。一些人感激传教士的"慈善工作",在19世纪90年代晚期,可以发现一股对外国福音传播者所传播西学的浓厚兴趣。正如我们所示,这里不只一撮人准备加入教会。因此,断言教民"在很大程度上开始与社群脱离,并被其他中国同胞所孤立和经常性地疏远",这并没有必然反映华北边界地带教民和百姓的关系。②

六、小 结

面临着同胞对外来教义强烈的文化反感,招致社会排斥或被捕,财产被没收以及损失,人身受到伤害或死亡,在这种情况下,为什么还有大量乡村居民皈依这种异国教义?我们已经论证,很大程度而言,教民社群是不断恶化和竞争日益激烈的社会—经济

① 蓝文田:《中国的教区:徐州》I,第151—159页。此案直到1938年才达到最终和解。
② 柯文:《1900年以前的基督教传教活动及其影响》,第557页。关于广东皈依网络的描述,见魏扬波《广东皈依的血缘与模式》(Jean-Paul Wiest, "Lineage and Patterns of Conversion in Guangdong")。

环境里不可或缺的元素。传教事业于 1860 年后在山东区的稳步发展,表明了中国乡村秩序的矛盾正不断深化。毫无疑问的是,也有少数人受宗教信念驱使,但大部分人对教会产生兴趣的原因在于后者能够提供多种世俗利益。在山东区的北部地区,物质利诱和"慈善工作"是重要的考量因素。但在 19 世纪 90 年代,基督宗教在华北平原边缘地区的发展尤为迅猛。在这里,传教士对当地稀缺资源持续斗争的有效干预,给传教事业带来了显著成果。特别是他们的政治利诱,更是强有力的诱惑。在竞争激烈的地方体系下,许多人不能够从当地权势者获取帮助或者是与后者素有矛盾时,便转向教会寻求支持。于是,皈依基督宗教就成了乡村群体性——在某种程度上也是个体性的——生存策略之一。教民和望道者在面临诬告、抵制衙门差役的勒索、反抗过分的土地剥削、时而还抵御土匪的掠夺时,传教士代表他们赢取这些争端,并在这一系列行动中展示权威。换言之,传教士成为有效能的地方保护者,影响了既有的掠夺模式和寄生活动。故从诸多方面可以看出,教民通常比老百姓要更少地遭受压迫,于是在一些地方出现了新型的"特权阶层"。①

我们虽然确实强调内源因素是基督宗教发展的重要因素,但这并不意味着我们低估这个过程中的外部因素。没有既存的内在矛盾,传教士或许没有机会介入地方事务。但是如果没有外国政府的支持,这种干预将会面临更多困难,也不会有这么大的收获。也就是说,虽然侵入性的基督宗教不是乡村秩序长期恶化的始作俑者,但它确实从很多重要方面加重了这一趋势。传教士介

---

① 布朗:《美国长老会中华差会考察报告》(Arthur Judson Brown, *Report of a Visitation of the China Missions of the Presbyterian Board of Foreign Missions*),第 69 页。

入地方所取得的巨大成功,导致了教民和平民之间新的争端和冲突。这些摩擦所带来的累积效应与其他源头上的冲突相结合,并导致憎恶,进而逐渐转移到基督宗教而不是其他地方问题身上。

基督信徒在量上尽管不多,但教案的扩散给人造成了外国教义无所不在的印象。特别是在 19 世纪 90 年代,无论某起诉讼案件的真正原因以及法律依据,人们愈加感受到在案件中获胜的一方多半和教民有所关联。[①] 从普通百姓的观点来看,"教民"这个对手似乎到处都在,而基督宗教则越来越像个毒瘤。在这种背景下,教会能够给信徒提供新的集体身份,以及远超本地体系的宽泛而又强力的组织网络。此外,基督宗教的成功扩张,也鼓励了攀附信徒。在一些事件中,这种新建力量,足够鼓励皈依者在当地社会中占据更为主导的地位。从 19 世纪 90 年代晚期可以普遍看出,一些教民在行为模式上开始由自卫型向相当激进型过渡。故此,某些区域的一些阶层可能开始抵制这种异国文化代理人的渗透和基督宗教看似不可阻挡的扩展,也就成了司空见惯的现象了。

传教事业的本质促使了反教冲突的增长,这是因为传教士在获得"甜头"后进一步刺激了他们的胃口,从而穷追不舍地索取更多。也就是说,传教士皈依他人的使命感,并不允许和谐世界和既有现状的存在。"适可而止"充其量是他们的短期战术策略,这一策略的目的是巩固已有成果,并为下阶段的基督"征服"做好准备。他们的最终目标,自然是对全中国的皈依,进而对旧秩序进行根本变革。作为皈依战略的最重要环节,传教士建立教堂并把它作为全能机构。他们担心如果未能有效地行使这种权力,将会

①　也可参见柯文《1900 年以前的基督教传教活动及其影响》,第 563 页。

被视为虚弱无力的表现,并会带来颜面的丧失,这从而促使大部分传教士转而依赖外国势力的胁迫位势。传教事业和外国帝国主义的这种联系明显始于 19 世纪 60 年代,但是它直至 19 世纪 90 年代才变得更为紧密。然而,应当注意的是,与中国其他地区的传教士相比,即使在灾难性的 1899—1900 年义和团运动期间,山东传教士也并不具有很强烈的激进性,其策略也相对温和。

最后,应再次回顾本章开头引言中调查对象的评述。1960年接受采访的梨园屯居民高元昌,在 1900 年时只是个八岁孩童。当他发出"傲慢且嚣张的外国传教士手中的权力比地方官还要大很多"这样的话语时,是真正反映了他年少时的观点,还是说在当时的采访中,吸收了新中国的一些政治语言和平等主义观念?总之,梨园屯教民的那种毕恭毕敬的举止,即跪在神甫的轿子前,可能不会被今时所接受,但这种行为在一个世纪前的中国乡村是合适的,且是那种背景下的常有现象。而且对于地方首领,都要施以这种礼节,并不仅仅针对天主教神甫。至于天主教会的所作所为,我们应该把它视作是适应地方环境的产物。尽管前文毫无疑问地揭露出,传教士确实对所处区域行使和通常施加了相当多的权势影响。这种权势的源头,将在余下章节展开讨论。

第六章　帝国主义进入山东

> 这船虽有二十三四丈长，却是破坏的地方不少：东边有
> 一块，约有三丈长短，已经破坏，浪花只灌进去；那旁，仍在东
> 边，又有一块，约长一丈，水波亦渐渐侵入；其余的地方，无一
> 处没有伤痕。那八个管帆的确是认真的在那里管，只是各人
> 管各人的帆，仿佛在八只船上似的，彼此不相关照。那水手
> 只管在那坐船的男男女女队里乱串，不知所做何事。用远镜
> 仔细看去，方知道他在那里搜他们男男女女所带的干粮，并
> 剥那些人身上穿的衣服。①
>
> ——《老残游记》

中国惨败给日本人的 1895 年战争，在该世纪最后几年对社会、经济和政治产生了全国性的重大影响。它触发了帝国主义势力深入渗透的新阶段，"帝国主义借此通过强占势力范围、租借地和各项利权等深化方式，加速了瓜分中国的进程"②，严重地损害了中国的领土完整。此外，中国的战败，《马关条约》的签订，以及俄、法、德三国因"干涉还辽"的索求，使先前英国在中国一家独大的垄断局面，加速向国际帝国主义激烈竞争局面的过渡。费正清

---

① 刘鹗:《老残游记》,第 5 页。
② 怀德爵士:《中国与列强》(Sir Frederick Whyte, *China and the Powers*),第 7 页。

贴切论述道："大国势力的介入,主要推动英国、法国、德国、俄罗斯和日本乃至包括美国的策略,彼此之间进行激烈的挑战、互助、独占、合作,以便在瓜分中国中抢得优势。"①

中国显现出来的疲弱,刺激了西方势力的施压,后者希望获得进一步的经济特权,以及探求在沿海地区获得永久租借地特权的可能。自1894年末,有关这种情况的谣言盛行开来。② 英国殖民者和位于伦敦的陆军部,曾施压以求扩大在香港九龙的地盘。③

1895年后,法国、俄国和德国的海军舰艇深入到中国内海,为他们的远东中队寻找合适的基地。④ 甚至在"瓜分利权"的早

---

① 费正清、赖肖尔等《东亚文明:传统与变革》(Fairbank & Reischauer, *East Asia*: *Tradition and Transformation*),第625页。

② 罗伯特·斯坦利·麦克杜克:《英国的远东政策(1894—1900年)》(Robert Stanley McCordock, *British Far Eastern Policy*, *1894 –1900*),第127—128页。

③ 史维礼:《1898—1997年不平等条约:中国、英国与香港新界》(Peter Wesley-Smith, *Unequal Treaty 1898 –1997*: *China*, *Great Britain and Hong Kong's New Territories*),第11—15页;杨国伦:《英国对华政策(1895—1902年)》(L. K. Young, *British Policy in China*, *1895 –1902*),第87页。

④ 在1895年10月9日和11月27日的报告中,法国驻北京公使施阿兰(Gérard)为强调了占据一座煤站的必要性。但是,他声称获得完全所有权的前提是英国获得在香港等地领土特权,或者是德国占领金门(即厦门附近的金门岛)抑或拱北(毗邻澳门),当时流传着他有可能付诸实践。1896年夏的海军调查,降低了法国在胶州湾、广州湾、巨济岛(Cargado Island,韩国)建立海军基地的可能性。见施阿兰致布尔乔亚(Bourgeois)函(1896年4月14日,北京),载法国外交部档案馆(Archives du Ministère des Affaires Etrangères)《政治通讯之中国卷》(Correspondance politique. Chine),第94卷,文件号43(绝密);施阿兰致阿诺多(Hanotaux)函(1896年7月30日),出处同上,第95卷,文件号104;施阿兰致阿诺多(Hanotaux)函(1896年9月30日),出处同上,第96卷,文件号122。1895年,在舰队司令波蒙特(Beaumont)的带领下,法国舰艇在胶州湾进行探测。见吕班(Dubail)致阿诺多函(1895年11月18日),载法国外交部南特档案中心《法国驻北京公使馆档案》,第3箱。另外,要注意的是,在美国公使康格(E. H. Conger)批准下,法勒(Fowler)敦促美国国务院于1897年初在烟台索取一座煤站。见法勒函(1897年1月20日,烟台),载美国国家档案馆第59类暨《国务院一般函件》之《1863—1906年美国驻烟台领事馆报告》,文件号22。

期阶段,就有个别帝国主义势力要求瓜分中国。① 应当指出的是,所有主要的帝国主义势力,现在都准备利用教案在大清帝国实现进一步的世俗野心。比如,法国、英国和美国对 1895 年发生在福建和四川教案的反应,显示出外国宗教事业和帝国主义的广泛野心,在某种程度上已密不可分。② 诉诸炮舰外交、索取巨额赔款以及严惩清廷高级官员,成为义和团运动爆发前夕解决教案的范式。③

　　当然了,发生在山东的一起教案给了德国于 1897 年 11 月抢占胶州湾的借口。④ 对领土的这种强行占领,极为深化了帝国主义对中国领土的侵略,也唆使了其他外国势力强索港口使用权作为赔偿。俄国夺取旅顺口和大连湾,法国在广州湾建立海军基地,英国获得了在香港新界以及山东威海的租赁权。如上案例中外国抢占和分割租借地的过程,同时也伴随着与当地民众的流血

---

① 例如,请注意《北华捷报》的社论题目《瓜分中国狂潮的到来》,指的是不同利益集团对帝国瓜分的要求。见《北华捷报》1895 年 9 月 13 日,第433 页。

② 英国首相索尔兹伯里(Salisbury)所勒索的一系列要求,竭力与福建古田华山教案产生关联,见《北华捷报》1895 年 10 月 18 日,第 638 页;英国此时在华的领土和经济野心以及在教案中的强力举措,见麦克杜克《英国的远东政策(1894—1900年)》,第 76—141 页;美国传教士在 1895 年四川教案后呼吁采取强硬措施,见保罗·A. 瓦格《传教士、中国人和外交官:1890—1952 年美国新教在华传教运动》(Paul A. Varg, *Missionaries, Chinese and Diplomats: The American Protestant Missionary Movement in China, 1890 - 1952*),第 38—41 页;也可参见韦尔利《中英与反教骚乱(1891—1900)》,第 84—95 页;高弟爱:《1860—1900 年中国与西方列强关系史》(Henri Cordier, *Histoire des relations de la Chine avec les puissances occidentales, 1860 - 1900*)III,第 322—326 页。

③ 对中国传教事业的影响,见狄德满《中国基督宗教手册》(Tiedemann, *Handbook of Christianity in China*)II,第 309—310、325—329 页。

④ 德国公使海靖谋划利用(1895 年)广东美林教案和(山东)兖州(1896 年)地产纠纷作为侵占沿海区域的借口。见豪斯特·格林德《天主教会与德意志帝国主义》,第278 页。

冲突。① 由于租借协议的某些条款带有相对广泛的经济特权（采
矿和筑路特权），以及进一步独占的声明（或更为明确地定义为
"势力范围"），外国势力渗透的影响在内陆地区比租借地更能直
接地被当地民众感触。这种侵略行径的发展，直接影响了排外主
义的蔓延和加剧。

在国家层面而言，统治精英对 1895 年战败以及此后"瓜分利
权"兴起的反应，体现在从以华夏为中心的旧式文化优越感所产
生的传统战斗精神，到统治阶级中具有变革精神的阶层所具有的
民族意识的早期觉醒上。对《马关条约》所签条款的不满，尤其四
处弥散。即使是在对日战争官方求和之前，一些中国官僚就表达
了他们反对向日本做任何领土让步的意愿。比如，有翰林警告
说，一旦同意割让此种权益，其他外国势力也会提出类似要求，
"割据疆土尤如析豆剖瓜"②。

---

① 民众对法国占领广州湾的抵抗，见高弟爱《1860—1900 年中国与西方列强关系史》
III，第 369—376 页；田友仁：《广州湾：1899—1945 年法国在华的租借地》（Hugues
Jean de Dianoux，"Kouang-Tchéou-Wan, un territoire cédé à bail par la Chine à la
France de 1899 à1945"），第 522—523、536—538 页；香港新界发生的冲突，可见格
罗夫《民团、市场与斗争：1899 年中国抵抗香港新界的被占》；韦尔利：《中英与反教
骚乱（1891—1900）》，第 109—113 页；史维礼：《1898—1997 年不平等条约：中国、
英国与香港新界》，第 3—4 章；夏思义：《1899 年的六日之战：帝国主义年代下的香
港》（Patrick H. Hase, *The Six-Day War of 1899: Hong Kong in the Age of
Imperialism*）；对威海卫所发生暴力事件的描述，可见该著第 33—38 页。郭玫曼
考察了强租旅顺港（Port Arthur）的曲折过程，见其作《亲善帝国主义者？沙皇俄国
在满洲（1895—1917 年）》（R. K. I. Quested, *"Matey" Imperialists? The Tsarist
Russians in Manchuria 1895 - 1917*），第 38—41 页；郭玫曼：《1895—1900 年东北
中俄政治关系》（idem, "Local Sino-Russian Political Relations in Manchuria 1895 -
1900"）。
② 黄少祺奏（1895 年 3 月 3 日），转引自郭松平（音译）《中国对外国侵略之反应：以甲
午中日战争及其余波为中心》（Sung-ping Kuo, "Chinese Reaction to Foreign
Encroachment: With Special Reference to the First Sino-Japanese War and Its
Immediate Aftermath"），第 115 页。对这次战争媾和谈判的反对，也可参阅冉玫烁
《中国精英行动主义与政治变迁：1865—1911 年之浙江》，第 168 页。

在面临对中国领土和经济主权的日益威胁时,几乎所有的中国精英们都认识到改革和增强国家凝聚力的必要性。然而,在方法上的根本性差别揭示出中国统治阶级内部存在的深刻分歧,而这种分歧因战争的影响更为显著。[①] 宽泛而言,我们可以把它划分为四个主要派别:(1)以李鸿章为中心的主流务实派,他们基本的目标就是尽量减少外国压力的影响;(2)张之洞和刘坤一之流的温和改良派;(3)康有为和梁启超等人的激进改良派;(4)山东巡抚李秉衡之类的极端保守派,他们促进复兴改良并坚守文化的纯洁性。[②]

在国家层面进行这种明确的划分,无疑过于简单化了。在地方一级中,我们所掌握的非常琐碎的信息,使我们不可能用具体的方式在省级范围内划分派别,更遑论县级精英了。不过,我们仍要承认如上分歧的存在,地方上对外国文化、政治和经济侵入的抵抗,也类似地体现在极端保守分子到进步的改革者身上。此外,新近的区域研究显示,对外国入侵的反对声中已掺杂着更乐于接受革新的呼声。冉玫烁(Mary Backus Rankin)在关于浙江省精英活动的大作中指出:"精英们寻求工业利润和现代交通的新方式,改革者试图引进西式的机构、技术、方法和材料来增进生产力、提高教育水平、改善社会状况,**从而强健中国**。"[③]类似精英

---

① 巴斯蒂:《社会变化的潮流》,第 565 页。

② 主要参考石约翰《帝国主义与中国民族主义:德国在山东》(John E. Schrecker, *Imperialism and Chinese Nationalism: Germany in Shantung*),第 43—56 页。

③ 冉玫烁:《中国精英行动主义与政治变迁:1865—1911 年之浙江》,第 171 页。粗体为强调说明。在战争期间及此后对改革的认同,可参见邝兆江《百日维新的碎片》(Luke S. K. Kwong, *A Mosaic of the Hundred Days*),第 153—156 页;19 世纪 90 年代中期后,中国精英阶级对西方知识和价值观的逐渐认同,见张灏《思想的变化和维新运动,1890—1898 年》(Hao Chang, "Intellectual Change and the Reform Movement, 1890 - 1898"),第 274—277 页。

们的意见在山东区也颇为突出。

虽然在甲午战争稍后不久,兴起了这种对西方知识和新技术的广泛兴趣,但这并不意味着对外人在中国日益占据优势地位的认可。比如,地方精英分子的"爱国改良主义"①(Patriotic Reformism)鼓励地方民众组织自卫,而这种自卫既是对不断上升的内部社会动乱的回应,也是针对迅速发展的外部威胁。同时,本书想强调的是,地方精英活动虽公然反对朝廷内的务实分子,但是还不至于忤逆作乱。

在这里有必要补充另一个重要的方面,即中国政府的改良潮流和地方的主动态势有着紧密的相互影响,并随着新型且更富效率的沟通工具的出现而更为便利,特别是一些激进型的爱国报刊在战乱年份(1894—1895年)于主要沿海城市外的内陆地区开始发行。1897—1898年的危机及此后,国家事件对地方事务的影响已非常显现,石约翰(John Schrecker)把该时段巧妙地定义为"中外关系史的关键转折点之一,也的确是中国对现代纪元所带来的新境遇极难适应时期"②。因为政府里相对被动的主流务实派显然未能阻止外国侵略的加深(即胶州湾的被占和此后的瓜分狂潮),激进派控制了北京并在1898年夏发动改革计划。然而,在许多反动满族③和极端保守派的支持下,1898年9月爆发的宫廷政变,使所谓的"百日"维新走到尽头,太后慈禧也随之重掌大权。

---

① 冉玫烁:《中国精英行动主义与政治变迁:1865—1911年之浙江》,第191页。

② 石约翰:《帝国主义与中国民族主义:德国在山东》,第43页。

③ 徐中约:《晚清的对外关系,1866—1905年》(I. C. Y. Hsu, "Late Ch'ing Foreign Relations, 1866-1905"),第115页。对激进派改革和保守派反应的研究,可参见邝兆江《百日维新的碎片》。

　　九月政变对地方省份有着即刻和巨大的影响,它严重打击了受西方刺激的地方革新运动。同时,1895 年后,在中国受西方侵略的诸多地区,排外主义势头有所上升,山东也在这些地区之列。因此,本章将考察具体的背景因素和事件——它们在 1895—1898 年间对该地区产生影响且诱发广泛排外暴力,并最终导致 1900 义和团运动的爆发。

一、1894—1895 年中日战争下的山东

　　战争初期,山东并未直接受到影响,地方民众对这场斗争显示出"显著冷漠"。① "老百姓基本不在乎统治者是鞑靼人还是日本人,只要给他们生存的空间即可。但这对文人阶层并不适用:对他们而言,清王朝是最为理想的……"②当首批清朝部队穿越该省西部前往东北前线时,当地居民依然平静如初。一位美国传教士的如下记录见证了该地民众有规律的日常生活:

　　　　1894 年初,从南边来的首批部队路过这里。始于南方省份的一条宽阔的主干道,由清江浦经高唐至德州,由此进入大运河。在这条线路和位于临清的大运河段,有大量部队通行,计有 25 万之众。他们就离我们住地不足两英里的地方路过。当地民众惊恐万分,生怕遭受这些游动铁骑的侵

---

① 金发兰(Franklin Munroe Chapin)文(1895 年 3 月 31 日,临清),载《美部会华北差会记录》,第 15 卷,文件号 5。尽管日本海军在 1894 年 7 月 25 日已经攻击并击沉了中国运输轮高升(*Kowshing*)号,但官方宣战于 1894 年 8 月 1 日。
② 陵博约(E. Limbrock)致杨生函(1895 年 2 月 18 日,费县),转引自夏德威《中国的圣言会传教士》I,第 271 页。战争爆发之新闻的含糊性及当时流传的谣言,可参见佛尔白《战争期间的鲁南》(Volpert, "Südschantung während des Krieges"),第 167—168 页。

扰。结果出乎当地人的意料,每营的军士们都如期通过,行军讲究。尽管在秋日里与凄雨和被水淹没相伴,在冬日里与严寒且刺骨的泥路为伍,但这些来自南方的士兵在艰难跋涉中少有怨言且尽可能不扰乱当地民众。①

在该省东部,这种宁静的状态在1894年末随着日本对山东半岛入侵的临近而发生显著变化。某长老会传教士在12月初记录说,潍县地区受战争刺激很大,许多村落都在做防御准备。诸城县城"有一规模较大的护城墙,在春季时分,这里并没有建造防卫,而是用于耕作小麦。在秋季时,这道墙已建造很高,每一寸可以利用的空间,都被新建的城楼占据"。② 1895年1月18日,日本对登州城的轰炸更是加剧了大祸来临的感觉。敌人侵入荣成两日后,在2月中旬最终占领威海卫,这造成半岛地区许多惊慌失措的居民向西逃亡。③

清政府抵抗日本入侵的无望挣扎,进一步使该省东部地区趋于不稳。二三月间,从帝国各地区来的大量部队蜂拥至位于海角的新前线。④ 此间,士气也大为懈怠。许多部队被形容为"难管

---

① 博恒理文,载《庞庄布道站第十五年度报告》(1895年4月1日),见《美部会华北差会记录》,第15卷,文件号8。关于鲁中地区的类似报告,可参见庆万德致达纳履(Donelly)函(1895年2月15日,泰安),载美国国家档案馆第84类暨《外交人员函件》之《烟台领事馆档案及杂函》(5)。

② 费习礼致艾琳伍德(Ellinwood)函(1895年1月25日,潍县),载美国宾州长老会历史协会《美国北长老会海外布道部档案之中国部分》,第35卷,文件9。

③ 日本人对登州城的轰炸,可参见费舍《狄考文传:一位在中国山东生活了四十五年的传教士》(Daniel W. Fisher, *Calvin Wilson Mateer : Forty-five Years a Missionary in Shantung , China*),第284页;《北华捷报》1895年2月1日,第148,156—157页;《北华捷报》1895年2月8日,第181页;《北华捷报》1895年2月15日,第218页;《北华捷报》1895年2月23日,第267页。也可参阅《美国领事通讯》,见美国国家档案馆第84类暨《外交人员函件》之《烟台领事馆档案及杂函》(5)。

④ 清军在山东地区的活动,可参见《北华捷报》1895年2月8日,171页;《北华捷报》1895年2月15日,第215页;《北华捷报》1895年3月15日,第376页。

的、无法无天的流浪汉"①。一支开往前线的部队据称在沂州发起暴动,并于次日在诸城杀害带兵严苛的首领。其他兵勇脱离部队,在沿海地区从事匪帮营生。然而,他们最终被地方军事力量驱散。②

整体而言,在战争进行期间和旋即结束后,只有很小一部分兵勇在山东区制造祸端。据鲁西地区的一位观察者记录,从东北前线回来的兵勇三三两两结伴而过,没有携带兵器,状态很是凄惨。③ 在苏北清江浦的通讯员,对平静穿行而过的一支湘籍部队,也表达出了此类同情:

> 在这些兵勇在一瘸一拐的前行中,可看到他们悲惨的境遇——寒冷、疲倦、十分沮丧,这真让人感到心酸。这些来自南方的汉子赤脚穿着草鞋,裤子里缠着厚布,而路面刚布满了积雪! 我们的诊所收留了部分兵勇,他们只是些孩子,才18到22岁而已。④

终究而言,在中日冲突期间,并不是过多兵勇的出现,恰是他们的离开严重扰乱了山东农村地区的安定。特别是在暴乱横行的地区,该地镇压力量外调出去与外来敌人作战,快速发展的掠夺性群体组织趁权力出现真空之机,造成了农村地区冲突的进一步升级。⑤ 在政府有效干预缺失的情况下,农村居民只有依赖自己的力量来遏制逐步加剧的盗匪活动。但是,以单个村落为基础

---

① 罗伯逊(J. Robinson)文(1895 年 4 月 25 日,朱家庄),载《禾场拾穗》(*Gleanings from Harvest Fields*),第 3 卷第 33 期(1895 年 7 月),第 458 页。

②《北华捷报》1895 年 3 月 15 日,第 375,390 页。

③《临清通讯》1895 年 2 月 25 日,载《北华捷报》1895 年 3 月 22 日,第 434 页。

④《清江浦通讯》1895 年 3 月 25 日,载《北华捷报》1895 年 4 月 5 日,第 518 页。

⑤ 可参阅本书第三章。苏北的观察者记录说,徐州驻军很难抑制匪帮上升的势头。见《宿迁通讯》1895 年 3 月 26 日,载《北华捷报》1895 年 4 月 5 日,第 515 页。

的地方防卫,已不能完全奏效。因此,不同的联庄防卫组织,如团练和联庄会,这些大部分起源于19世纪中期叛乱的组织在整个山东区重焕活力。①

然而,扩大乡团力量这个当务之急,也是政府阻止日军侵略推进孤注一掷的努力,却给农民带来了忧虑之感,甚至导致后者的公然抵制。鲁东的观察者发现,团练这个组织"在山东的这块区域活跃发展"。但是,他也表明当地人不愿参加这个乡团训练系统,并声称有人通过自杀这种方式来"避免烦忧"。② 当然,鲁东人与他们的邻居鲁西人相比,的确不常采取武力形式。然而,就本书尤为关注的乡村居民而言,有史实可以证明,政府利用团练来作为招募年轻人对日作战的手段。③

当团练被派到前线后④,普遍性暴力地区的有产阶层开始组建一支新型且非常规形式的自卫组织,如位于曹县"半宗教性"的大刀会(详见第七章)。地方掠夺活动的升级,以及此后中日战争

----

① 可参见理一视(Jonathan Lees)致托马逊(Thompson)函(1894年12月13日,天津),载《伦敦会档案之国外来函华北部分》,IX/2/E。
② 《潍县通讯》1894年10月27日,载《北华捷报》1894年11月16日,第816页。也可见1895年1月28日谕令,载《北华捷报》1895年4月11日,第533页。上述文献牵涉到登州团练资料。
③ 关于战争期间"政府多次募兵"而导致的民情浮动,可见安治泰致珂珂函(1894年11月4日),载绅珂致霍亨洛(Hohenlohe)函(1894年11月7日,北京)附一,见柏林外交署政治档案"中国6"《1895—1916年中国政府对基督教会的态度》,第27卷,文件号195。也可见魏若望(J. Weig)文,载《耶稣心小使者报》,第23卷第2期(1895年11月),第11页。
　　"冬天的人口稽查引起了民众对强行募兵的怀疑。年轻人逃离隐匿,老人们大惊小怪,说他们的儿子将被卷入战场,而且必死无疑。"见佛尔白《战争期间的鲁南》,第167—174页。乐安知县在巡视团民操练时"遭到袭击…… 并抱头逃命",见《山东通讯》1894年11月24日,载《北华捷报》1894年12月7日,第975页。
④ 请特别留意临清传教士的报告,言称来自曹州府和临清的团民曾经急急匆匆奔赴战争前线。见《临清通讯》1894年11月16日,载《北华捷报》1894年11月30日,第893页。

期间常规和非常规自卫力量的再次抬头，导致了山东区军事化水平的显著提升，也衍生出普遍的不安全感，这些都让人联想起捻军肆虐该省的那段时光。

哪些民间秘密教门，以及它们在何种程度上促进了山东区的军事化水平，这较难估定。尽管在战争期间，某些圣言会传教士发出过教门活动的警报，但这些信息模糊不清，也可能存在蓄意误导。这里以安治泰主教在 1894 年 11 月的声明为例。在关于鲁南农村地区因战争而日益升级的动乱上，他如此断言："秘密教门动员炽热，尤以白莲教为甚，他们欲寻觅合适时机发动攻击，并把他们的'教主'送上皇位。"[①]安治泰的外甥魏若望（Johann Evangelist Weig，1867—1948）甚至如此说道：

> 在造反方面，募兵是导火索，（强制性）运输士兵及军火是助燃剂，而**许多反政府的民间教派**则成为煽动性元素，他们认为，在这个士兵外调的省份终于等来了无所忌惮的出头之日。革命及其带来的恐慌迫在眉睫，而济宁看起来则会成为这场运动的中心。

此外，魏若望记述说，教首们聚集一起与政府武装进行数次交锋，并占领了一个较大的治所，但一场大暴雪阻止了他们的深入

---

① 安治泰致绅珂函（1894 年 11 月 4 日），载绅珂致霍亨洛函（1894 年 11 月 7 日，北京）附一，见柏林外交署政治档案"中国 6"《1895—1916 年中国政府对基督教会的态度》，第 27 卷，档案号 195。安治泰声称，甚至有些"造反者"劝说鲁南教民加入队伍。在数天后给德国公使的信中说，白莲教试图在曹州府滋事，据传该地民众宁愿反叛也不愿当兵。安治泰致绅珂函（1894 年 11 月 22 日，济宁），载绅珂致霍亨洛函（1894 年 12 月 10 日，北京）附二，见柏林外交署政治档案"中国 6"《1895—1916 年中国政府对基督教会的态度》，第 27 卷，文件号 220。

前进。①

然而,在中国的官方文献中,并没有中日战争期间鲁南地区教门动乱的记载。魏若望所说的或许是 1895 年复活节前后,发生在嘉祥县的一起匪帮和地方自卫组织间的冲突。另外一个传教士用类似散漫的语言也进行了描述:②

> 我们这里的生活始终充满着风险。成群的盗匪这个地区游荡,一场变革即将到来。所有较大的村庄都建立了圩墙,普遍性的恐慌在此前已广泛流行。成千上万的民众逃到较大的镇子和有圩墙的村子里。袭击在某天按计划发动时,天主突降大雪,在那个时候(当年)下雪是极不寻常的。恐慌也因之消去。

尽管有如此明显的普遍恐惧,山东传教士仍相当安定地度过了战争的风暴。鲁南地区的安治泰主教简直不敢相信这种好运:

> 官吏们从未像战时那样殷勤地照顾我们和我们的信徒。一句话或一封信就足以为我们获得充分的保护,还能为被土匪和排外分子欺压的信徒争取到足够的正义。发出有利于(我们)宗教的布告达三十份之多,巡抚(李秉衡)九次派遣特使或下发特令到传教区,目的是教育顽固官吏和感化民众。

---

① 魏若望文,载《耶稣心小使者报》,第 23 卷第 2 期(1895 年 11 月),第 11—12 页。粗体为强调说明。美国公理会传教士报告说,一起谣言曾导致曹州府某县县令被杀,见《庞庄通讯》1895 年 4 月 29 日,载《京津泰晤士报》1895 年 5 月 11 日,增刊。

② 薛田资(Georg Maria Stenz)文,载《耶稣心小使者报》,第 22 卷第 2 期(1894/95),第 91 页。也可参见薛田资《十字旗下的龙土》(Stenz, *Ins Reich des Drachen unter dem Banner des Kreuzes*),第 106—108 页;薛田资:《在华二十五年,1893—1918》(Stenz, *Twenty-five years in China, 1893 - 1918*),第 50 页。请注意复活节(Easter Sunday)时值 1895 年 4 月 14 日。据《巨野县志》所载,光绪二十一年(1895 年 2 月 25 至 3 月 35 日)二月份的一场大雪阻止了以菏泽王鹏为首匪帮的暴动,该人在巨野县西部地区活动了一年有余。见《续修巨野县志》,第 78—80 页。

所有的这些都在这一年之内发生,难道我们还能从这个异教
政府中要求更多么?

更为重要的是,他进而认为,由于官府的保护,教会的名誉和地位
上升了,又赢得了许多民众的皈依。①

主教坚信传教士和地方官员出现这种友好关系的原因,在于
帝国政府刚刚授予他二品官衔,"这是对我传教工作的认可,以及
我为信徒和百姓的和平相处所作出有效努力的奖赏"。此外,安
治泰认为,授予他红色顶戴(二品官衔)的时机非常关键,因为这
正值战争中期,排外情绪在山东某些地区高涨。"但上述衔位奖
赏,给我们传教区的民众所带来的照顾是其他朝廷谕令所无法相
比的,德国并没有站在敌对国的一边(即日本),山东的传教团也
随之享受着(清)帝国的特殊恩惠。"②

不过,受日本武力直接威胁下的部分山东区仍有一股排外情
绪,且随着战争的深入而愈演愈烈。关于欧洲列强联合侵略中国

---

① 安治泰:《年度报告》(1895年10月15日,济宁),载《耶稣心小使者报》,第25卷第
5期(1896年2月),第36页。同时,请注意法国方济各会传教士的如下报告:为了
应对战争末期地区的流言和无常,许多民众想要皈依教会借机寻求保护。"整个村
子曾请求允许在圩墙上悬挂十字架和法国国旗",见德志修(Chérubin-Marie
Theule)致柏春(Etienne-Marie Potron)函,载《天主教传教区周刊》(27),1895年,
第362页。新教传教士也有过类似的报告,见纪力宝(1894年11月19日),载《教
务杂志》(The Chinese Recorder and Missionary Journal),第26卷第2期(1895年
2月),第94—95页;博恒理文,载《庞庄布道站第十五年度报告》(1895年4月1
日),见《美国公理会华北差会记录》,第15卷,文件号8。
② 安治泰致慕尼黑路德维希会(Ludwig—Missionsverein of Munich)函(1894年12月
8日),载《福音传道纪事》(Annalen der Verbreitung des Glaubens)(63),1895年,
第25页。清廷在1894年11月22日下发谕令宣布该项殊荣,见绅珂致霍亨洛函
(1894年11月25日),见柏林外交署政治档案"中国6"《1895—1916年中国政府对
基督教会的态度》,第27卷。传教士和地方官员的友好关系,以及大量新信徒的皈
依,也可参阅薛田资文(1895年6月12日,济宁),载《天主教传教事业》,第23卷
10期(1895年10月),第232页。薛田资详细记录了济宁士绅在1895年6月3日
为主教举行了一场盛大的典礼,庆祝后者获此殊荣。出处同上,第233页。

的谣言四起,声称所有外国人都应该被杀掉。"教民也应该得到这种下场,这是因为他们与欧洲人沆瀣一气。"①1895 年初,一些在鲁东内陆地区的新教传教士家庭感受到严重威胁,遂求外国军舰帮助其撤离。② 当战争结束时,该省一些地区张贴布告,用图画的形式刻画出是大清在战争中获胜而非失利。比如,某一布告详细说明了作乱的日军"如何遭到溃败并被彻底铲除,而大清朝未损一兵一卒"。其他布告则展现出李秉衡带领的清军是如何击败日、英、法、德和美联军的。③

----

① 安治泰致绅珂函(1894 年 11 月 4 日),载绅珂致霍亨洛函(1894 年 11 月 7 日,北京)附一,见柏林外交署政治档案"中国 6"《1895—1916 年中国政府对基督教会的态度》,第 27 卷,文件号 195。1894 年 12 月,(山东)潍县盛传谣言,怀疑美国长老会传教士"与日人串通,地方官员也紧接着搜查了我们的住所",见费习礼致艾琳伍德(Ellinwood)函(1895 年 1 月 25 日,潍县),载美国宾州长老会历史协会《美国北长老会海外布道部档案之中国部分》,第 35 卷,文件号 9。应当注意的是,大约一个月前,当地张贴布告,解释说这是与日本人的战争,故不应干扰英美居民,见《潍县通讯》1894 年 10 月 27 日,载《北华捷报》1894 年 11 月 16 日,第 816 页。

② 谢万禧(William Henry Sears)致达纳履函(1895 年 2 月 3 日),载美国国家档案馆第 84 类暨《外交人员函件》之《烟台领事馆档案及杂函》(5);《北华捷报》1895 年 1 月 18 日,第 80 页;《北华捷报》1895 年 3 月 15 日,第 384 页;《传教士先驱报》(1896 年 4 月 1 日,伦敦),第 165 页;《传教士先驱报》(1896 年 5 月 1 日,伦敦),第 242 页。一些粗鲁的营兵曾威胁沂州的长老会,并在平度武力攻击南浸信会的传教士霍瑞斯博士(A. H. Randle),见纪力宝致其母亲函(1895 年 3 月 18 日,沂州),载《美国北长老会海外布道部档案之纪力宝件》,第 37—38 页;《华洋通讯》1895 年 4 月 19 日,第 535 页,该处文献摘选自《芝罘差报》(Chefoo Express)。

③ 《潍县通讯》1895 年 9 月 18 日,载《北华捷报》1895 年 10 月 4 日,第 567 页。其中的一些布告原本抄录在卢国祥《中华帝国里的杂草、萌芽和花朵》(Pieper, Unkraut, Knospen und Blüten aus dem blumigen Reiche der Mitte),第 137—138;卢国祥文,载《圣弥额尔历》1897 年,第 199—202 辑。一些五颜六色的布告附于公使馆书记官师特恩博鲁南之行报告,上面言称李秉衡躬亲处决日、法和德国的"逆贼"。师特恩博言称"这些画像被官员用来调动无知百姓的排外主义和盲目排斥外来事物,这可能主要是在排外东抚李秉衡的授意下,该人总是走在排外骚动的最前端。见师特恩博文(1895 年 11 月 16 日,坡里),载柏林外交署政治档案"中国 6"《1895—1916 年中国政府对基督教会的态度》,第 32 卷。当法、英、美联军拟登陆烟台去保护该地外国传教士的谣言出现后,更广泛的排外主义随之升级,见马德莲(Pazzi)文(1895 年 1 月 25 日,烟台),载《天主教传教事业》,第 23 卷 7 期(1895 年 7 月),第 156 页。

但是,试图挑起民众排外情绪的努力被证明归于徒劳。一旦和平重塑,骚动便大大平息。山东老百姓对清政府的溃败,显示出一种无所谓或者是无知的心态。例如,我们从一份来自青州的报告中可以得知,"这里普遍盛传的观点是有一支野蛮部族逆上作乱并招致祸端,圣主赐银抚慰,劝其返乡并循规蹈矩"。其他人认为日本人被打败了,并请求和平。①

二、快速发展的传教年

1895 年 4 月中日停战,给整个山东区带来了一阵短暂的相对稳定期。随着清军从战争前线的撤回,官府对掠夺性暴力行为的控制更为强势。这种状况在边界区域也同样如此,虽然有着一些困难。一位来自鲁西南的传教士在他的报告中指出:"官府派出大量兵勇,盗匪也随之四处逃逸,但仍未完全消散。"②各个州府意志强加并深入合作,终在 1895 年秋控制了地方局势。③

然而,这段安定的小插曲在 1895 年底便戛然而止,此时我们可发现传统农村动乱的再次浮现。除了竞争型集体暴力这种"常态"模式外,反应型冲突在山东一些区域也开始抬头,而其中大量的案例与战争后期的后遗症有关。此外,这碰巧和地方性的荒灾同时发生。本书此前已经提到 1895 年末或 1896 年初发生在陵

---

① 怀恩光(John Sutherland Whitewright)文,载《传教士先驱报》(1896 年 4 月 1 日,伦敦),第165 页。
② 韩甯镐文(1895 年 5 月 2 日),载费歇尔《韩甯镐传:53 年的传教士和传教主教生涯》(Hermann Fischer, *Augustin Henninghaus*, *53 Jahre Missionar und Missionsbischof*. *Ein Lebensbild*),第 130 页。也可见韩甯镐《战乱下的中国》(Henninghaus,"China nach dem Kriege"),第 97 页。一些中国沿海地区的报刊也提到了 1895 年夏匪帮和官军的交火。
③ 韩甯镐(1895 年 11 月 24 日)文,同上书,第 130—131 页。

县的暴力抗税活动(见第一章)。地方官府不公正的税收行径,导致与直隶接壤的鲁西南地区大量农民的起义。① 在鲁东的乐安县,当地人被"高昂的赋税……以及额外征收的战争赔款所激怒"。②

除了征收这些新型且明显繁重的税款,位于济南的山东巡抚衙署为重铸秩序做出了一些无用努力,而这恰与1895—1898年间逐渐深化的改革思潮同期。基于对1898年后在山东出现的广泛排外主义这种敌对情绪之考虑,北京政府在1898年改革措施前发出的两道谕令值得注意:(1)敕令各省当局开展教育改革,诸如修订课程即引进西方知识和实用技术,以及在全国各主要城市建立专门学校教授这些新知;(2)敦促地方官员鼓励矿业和铁路的发展。③

山东巡抚李秉衡系保守派,竭力阻止教育改革长达一年有余,并宣称在省府设立此等学校既无益处,也没适宜设施。最终,

---

① 柯瀛洲(Ludwig Klapheck)文(1897年3月30日,朝城),载夏德威《中国的圣言会传教士》I,第296页。也可见《京津泰晤士报》1896年9月26日,报道了直隶大名府爆发的一场动乱。据传在1896年秋,有一小股起义在河南夏邑县爆发,见《京津泰晤士报》1896年10月24日,第135页。

② 《潍县通讯》1898年4月11日,载《北华捷报》1898年4月25日,第704—705页。关于与战争赔款有关的新税种,山东巡抚李秉衡在1894年末报告说他接到户部指令,增加糖和茶等百货厘金,并增收鸦片种植者的税金用来支付战争赔偿,载《京报》1895年1月24日,转引自《北华捷报》1895年4月11日,第552页。关于战后赔款,见李秉衡奏,光绪二十二年七月十日(1896年8月18日),载《李忠节公奏议》卷一二,第22上—24页上。请注意,当政府股票(昭信股票)发行后,有两位御史报告说一些山东地方官员出售这些股票作为勒索辖区内大户钱财的借口,载《京报》1898年7月5日,转引自《北华捷报》1898年9月19日,第535页。也可见《沂州通讯》1898年3月30日,载《北华捷报》1898年4月18日,第659页。关于赔款股票,也可参阅光绪二十四年七月五日(1898年8月21日)谕令,载《大清德宗景(光绪)实录》卷四二三,第4上—4页下。

③ 邝兆江:《百日维新的碎片》,第153—154页,可见相关谕令;张灏:《思想的变化和维新运动,1890—1898年》,第328—331页。

务实派在朝廷上占据上风,饬令李秉衡责令广仁善局负责新型西式学校在济南的建立。①

虽然反对朝廷务实派的务实改革举措(也可能反对实业派精英的任何地方变革②),但李秉衡本人也开展了一些相当保守的革新。尤为注意的是,他把注意力放在了河工和行政效率的改善上,因此搅动了"停滞的济南官场",并引进了"一些所谓的诚实和效率因素置入官场中"③。一些居住在济南的外国人欣赏李的这些改良措施④,但也有人为他反对西式改革而感到遗憾,把他描述为"最顽固的保守派,不久前刚向朝廷谏言反对铁路事工。他年事已高,思想保守,毫无意外地要被充满着改革思想的年轻人所取代"。⑤

山东巡抚尽管有着强烈的排外立场,但对于该省大部分区域而言,1895—1899 年仍是传教事业空前发展的时期,进而涌现出向往并皈依基督宗教的热潮。多难时代是传教时期这个因素除

---

① 《济南通讯》1897 年 1 月 26 日,载《北华捷报》1897 年 2 月 26 日,第 339 页;也可见《北华捷报》1897 年 4 月 30 日,第 772 页。关于广仁善局,可参见鲍德威《中国的城市变迁:1890—1949 年山东济南的政治与发展》,第 30 页。其他相关信息也可参阅该著第 96—98 页。

② 该省民间在近代化方向上的努力程度较难评估。张玉法的《中国现代化的区域研究(1860—1916)》一书对 1900 年前相关状况的学术关注较少。然而,从传教士的记录中可以大致看出该地在采矿业现代化上的若干努力。

③ 《济南通讯》1895 年 9 月 30 日,载《北华捷报》1895 年 10 月 18 日,第 645 页;《北华捷报》1897 年 6 月 18 日,第 1091 页。

④ 据传李秉衡曾要求提前引退,某济南的传教士如是记录:"据说巡抚对外人甚不友善且反对西式改革,但是如果让他提前引退则不是多么理想。他是十分诚实的人,反对一切弄虚作假和渎职行为,并渴望尽一己之力在山东实施纯粹的行政管理……从许多方面来看,他是个好官。"见《济南通讯》1896 年 4 月 20 日,载《北华捷报》1897 年 5 月 15 日,第 755 页。

⑤ 韩维廉(William Beeson Hamilton)致布朗函(1896 年 7 月 29 日,济南),载美国宾州长老会历史协会《美国北长老会海外布道部档案之中国部分》,第 35 卷,文件号 65。

外,还有另外两个因素能够解释这种非常态的发展。其一是中国在战败后所处岌岌可危的国际地位这种政治现实。这产生一种恐惧和谨慎的气氛,以至于比较顽固的排外官员在处理传教事务时也变得较为恭顺,以免导致更为复杂的境遇,致使帝国惨遭瓦解。比如,鲁西某新教传教士声称,公开讲道变得较为容易,这部分可说是由于"被自己看不上的东洋矮子打败所带来的积极影响"。[1] 1895 年因福建的古田—华山教案和四川暴动带来的谈判,暴露出外国列强确实在寻找任何借口,以在中国谋求更多的特权。此外,1895 年底,清政府已经意识到了德国想在中国建立海军基地的野心。[2]

促使基督宗教发展的另一个因素,是此时普遍出现的改革氛围。对西式改革感兴趣的地方官员和地方精英,显示出乐于接触传教士的姿态(他们中的一些人自然被视作内地近代化的代表人物[3])。据某天主教传教士记录,在沂州府,不仅有许多被富人剥削的穷人加入教会,就连部分富人也同样如此。"在老百姓间有声望的士人和强势的领导人,在有异教徒的场合下,羞与传教士交谈——更不用说走访教会了——现在却以能够成为我们的朋友和支持者为荣。"[4]这种有利于传教的氛围一直持续到 1898

---

[1] 秦恒瑞:《1896 年 4 月 30 日临清布道站报告》,见《美国公理会华北差会记录》第 15 卷,文件号 28。

[2] 可参见石约翰《帝国主义与中国民族主义:德国在山东》,第 28—29 页。1896 年 6 月,李鸿章拜访了位于柏林的德国外交部,德方提出了这个要求。

[3] 请注意,大英浸礼会曾于 1887 年在青州开设了一间小型"教育博物馆",这给地方精英留下深刻印象,并缓解了排外偏见。见怀恩光《山东的工场事工》(John Sutherland Whitewright, *Institutional Work in Shantung*),第 309—311 页。根据美国驻烟台领事档案记述,山东传教士出于同样目的发出大量请求,索取西方发明的插图和样品。

[4] 布恩溥(Theodor Bücker)文(1899 年 5 月 5 日,沂州),载《天主之城》,第 23 卷第 4 期(1900 年),第 182 页。

年，当时鲁东南的浸信会传教士如此满意地记录道："我从来没想到该地民众的思想具有如此的接纳力。问道者成倍增多……据我所知，这里的教会和谐。我们所处的所有困难看来都已经被舒畅地一一克服了。"①

山东—江苏两省交界区域所出现的问道浪潮比其他任何区域都要高涨，尽管该地在 1896 年出现了反基督宗教的大刀会。总之，1896 年这起事件的快速解决有助于徐州府教会的快速扩张。表八令人信服地指示出的这一发展，表明了 1896—1897 年间该地西部五县新入教人数的急剧增加。

表八　江苏徐州府天主教民分布

年度*	新 入 教 者									徐州府受洗人数**
	铜山县	萧县	砀山县	丰县	沛县	邳州	宿迁县	睢宁县	徐州府	
1889—1890	35	–	265	–	–	–	116	10	426	41
1890—1891	未详	未详	未详	未详	未详	未详	未详	未详	未详	98
1891—1892	35	119	375	120	–	–	476*	80	1205	258
1892—1893	–	114	883	126	78	24	597	80	1902	281
1893—1894	45	477	647	342	365	86	807	54	2821	441
1894—1895	15	570	1323	529	205	75	373	55	3145	760
1895—1896	12	665	1325	722	353		440	34	3551	1119
1896—1897	72	1995	2888	804	4029	5	410	35	10238	1433
1897—1898	2575	2721	3244	1808	5460	10	1474	78	17370	2229
1898—1899	3035	4055	3227	5654	8325	180	1225	815	26516	3422
1899—1900	4314	4056	3945	2214	4725	177	378	745	20554	4233

*耶稣复活节为统计自然年　**县级人数统计不详
资料来源：高龙鞶《江南传教史》，第五卷，第 794—795、843 页。

① 幕拉第（Charlotte Moon）文（登州），载《海外传教杂志》（Foreign Mission Journal），第 49 卷第 1 期（1898 年 7 月），第 45 页。

在鲁南天主教代牧区的下属县中,也出现了类似发展。然而,下列表九只是给出了整个宗教代牧区的平均数据,而鲁南地区下属县的统计资料未详。但是,对单县这个在整个圣言会教民皈依发展比率最为显著的地区,该地传教士在 1899 年仍然做出如下评论:"就连当地刀子会的首领,仍然与传教士保持了和平的睦邻友好关系。"①

表九　鲁南地区天主教民发展

	1890 年 12 月	1891	1892	1893 复活节	1894	1895	1896 复活节	1897 复活节	1898 复活节	1899 复活节	1900 复活节
受洗人数	2733	3301	4000	4835	6473	6800	7181	9027	10940	15252	16183
新入人数	8017	10458	11432	11885	11991	13929	19278	16531	27878	37787	未详

资料来源:夏德威《中国的圣言会传教士》卷一《鲁南传教区的开辟(1879—1903)》,第 180、203、225、239、259、278、304、332、336、398、440 页。

尤其在暴力盛行的曹州府和徐州府地区,战争期间及战后给这里带来了内部的社会动乱环境,再加上中国所处外部环境的不

---

① 转引自费歇尔《韩甯镐传:53 年的传教士和传教主教生涯》,第 142 页。关于圣言会显著增加的教民数量,也可参见赫德明(1898 年 5 月 18 日)文,载《耶稣心小使者报》,第 26 卷(1898/99),第 26 页;怡百礼(Wolfgang Ibler)致艾伦布洛克(Eilenbrock)函(1898 年 8 月 20 日,汶上县),载夏德威《中国的圣言会传教士》I,第 341 页;德天恩文(1898 年 7 月 9 日,孟家村),载《耶稣心小使者报》,第 26 卷(1898/99),第 5—8 页,该处资料牵涉传教工作最为艰难的嘉祥县的皈依人数;福若瑟:《1898 年 6 月 17 日报告》,载包敏《真福福若瑟传》,第 289—290、653 页注 199。

稳,传教士因此能够为当地民众提供有吸引力的政治和经济诱惑。在徐州府,法国耶稣会士因为成功处理 1896 年大刀会事件而声名大振。所以,大批的农村居民出于寻求帮助和保护而被吸引进教会。如同传教士们指出的那样,这些人加入教会的首要动机,就是渴望摆脱地方官、官府衙役、地方望人和土匪的不公和压榨。

> 对这些饱受勒索的穷鬼而言,传教士就是以天主的化身出现在他们面前。当面临词讼官司时,面临衙门的刁难、过高的赋税、财产上的纠葛等(或者简而言之)各种威胁时,如果该人没有钱财疏通官员,便会导致自己失势。所以(总是)有向天主教寻求帮助的诉求……①

从表八可以看出,1896 年复活节至 1897 年复活节这段时期,(徐州府)沛县的入教人数有着最为壮观的上升。这些问道者大部分是居住在赵团、唐团、王团和新团的山东籍移民,他们渴望摆脱团总的"威逼勒索"和过高税款。② 20 世纪 40 年代末,蓝文田曾翻阅上海徐家汇和徐州的耶稣会传教士档案,对神甫段之馨在沛县湖团的事务做了如下评述:

> 他所在的教区,到处都是匪徒、大刀会众和横征暴敛的虚伪士绅。这里处处充斥着不满。受洗的(中国人)与其他人相比,并没有受到过多勒索。但是他们有向神甫呼求帮助的途径,且加以充分利用。虔诚的神甫段之馨不断地与地方

---

① 蓝文田:《中国的教区:徐州》I,第 200 页。
② 段之馨文,载《天主教传教区周刊》1895 年 6 月 23 日,第 289 页;该刊 1900 年 3 月 16 日,第 121—122 页。

官员做抗争、谴责犯罪、向当局抱怨、威胁以及怒斥⋯⋯。①
蓝文田进而认为,传教士这种坚定且成功的干预,缓解了教民的悲惨境遇。地方官不得不道歉、赔款,以及许诺保护教会。蓝氏于是总结说:"没有任何权力——大清皇帝的权力除外——在徐州府取得很大的成就。"②

1898年夏,传教力量的影响力此时被人感受得最为深刻。例如,一位来自直隶南部的耶稣会传教士曾记录说,开州和邻近地区有大量民众皈依教会,这不仅缘于德国强占胶州湾带来的不稳定环境,还有为了应对政府为了支付战争赔款增加新税款。据谣传,教民可以免交这一税款。当地传教士声称,自己不知道豁免这一事情,但是又记录说许多地方官并没有向教民征收。"这是源于恐惧,抑或是对自己一方的欺骗,或许两者都有吧。"此外,这名传教士坦承,很多人之所以被教会吸引,是因为地方官不敢惩戒这些人所犯下的不端行为。③

由于知道自己会受到传教士的保护,教民和潜在的皈依者很快利用了这一优势,并显现出更强势的蛮横。艾赉沃1897年6月份的如下记述,描述了徐州府此类事务的状况:

> 大部分的穷人,特别是我们的新教民,他们是广受权贵、富人和衙役不公正欺凌的无势受害者,因此我们为他们争取到的相对公平的待遇让许多人头晕目眩。其实这对教民来说,只是争取了些许权益,他们悲惨的境遇已经延续至今了,

① 蓝文田:《中国的教区:徐州》I,第221页。
② 同上书,第200页。
③ 雍居敬(Paul Jung)文(1898年6月5日,开州),载《泽西信函》,第17卷第2期(1898年12月),第380页。

只是刚刚从(被压迫的)泥潭中被解救出来。他们现在反戈一击,因自己过去所遭受的屈辱向非教民大肆索取赔偿。我近来得知,在一个城镇里,不只是受洗的教民,而且连新信徒也基本晓得用念珠、圣衣和圣牌等作为教会的标志招摇过市,并把这些当作吓唬衙役和与异教民发生事端时的护身符。如果他们满足于一直处于这种自我防卫的状态,这也无可厚非。但是从中国人的角度而言,这离攻击、个人报复和不公行径只有一步之遥了。①

尽管出现了这种咄咄逼人的趋势,传教士们还是执意保护皈依者和望道者,替他们的词讼出头,否则这些人将遭受严重不公或者是迫害,以及任由"词讼官的偏袒、衙役无耻的贪婪或者土豪的欺凌"等摆布②。

应当注意的是,徐州府耶稣会传教士在保护教民过程中,事前并没有了解实情。教民在词讼中用尽一切伎俩,蓄意误导这些教士:

> 很多时候,教民告诉神甫和知县的只是利于自己的部分事实,伪证相当常见。这些人会很干脆地编造出并不存在的证据。一些人(皈依者)焚烧了教会学校和他们自己的房屋;还有人甚至殴打和伤害自己的亲属,并嫁祸对手,以此勒索钱款。所有的传教士都或多或少地被这些不诚实的教民和不虔诚的传教先生所蒙蔽,所以才有时会支持一些欺诈性的请求。③

---

① 艾赉沃文(1897年6月,徐州),载蓝文田《中国的教区:徐州》I,第217—218页。
② 蓝文田:《中国的教区:徐州》I,第218页。
③ 蓝文田:《中国的教区:徐州》I,第218—219页。

除了教民的骄横来源于对外国势力的依赖这个事实外，上述案例也并无特殊之处。但是，在诸如华北平原边界区域这种不稳定的环境下，贿赂、作伪证、伪造证据以及对抗性词讼都是竞争生存策略中沿袭已久的传统手段。

不过可以肯定的是，天主教传教士的忍耐也有限度。他们特别留心传教先生（Catechist）所做的"利己的交易行为"，这些传教人员总是装作拥有传教士的权威，在词讼中滥用传教士的影响力来伸张权益。因此，这些传教先生比普通的教民在施加压力方面更有优势：

> 做为神甫的线人、文书和代表，以及与其他民间权力代表的掮客，这些传教先生的意见颇有分量。因此，这些人对地方董事和村首都有着影响。衙役在平等的基础上与他们相处，而官员们则把他们视作传教士的权力代表，确切而言，这种以礼相待发生在 1896 年之后。

然而，传教先生滥用这种权力和信任的情况也并不少见，他们往往与教民甚至是与地方董事和官员相互勾结。"福音传道的中心旋即变为贪欲之所，教会周围发出官臭之味，诚实的异教民被普遍疏远，但就是这些奉信这些教义的异教徒，曾经认可这种新宗教的正直性。"①

此外，来自徐州府的资料显示出一些传教先生和教民有时与衙役勾结，欺压无辜民众。现以萧县为例，朗本仁的一位中国佣人与他人勾结，向老百姓索取"保护费"，并声称这样是为了避免传教士即将实施的"复仇"。这个佣人后来供职于丰县大衙，把这

---

① 蓝文田：《中国的教区：徐州》I，第 219—220 页。耶稣会传教士通过鞭笞和穿枷等手段来阻止这种不法行为，同上书，第 220 页。

当作一个由教民组成的匪帮的活动基地,并在掠夺活动中还穿戴着念珠和圣衣。有人确定其为教民后,都不敢向地方官控告他们。① 在冯罗村这个坐落在沛县湖团的臭名远扬的"匪巢",堂口的岗楼成了当地掠夺活动的总部:

> 这些土匪在这里随意开展活动。他们于此商量被绑架儿童的赎金,安排打劫征程等事务。他们在堂口的占用空间从门卫房扩展到马厩,然后再到夜间打劫回来后在岗楼休息。在神甫(段之馨)频繁外出后,这撮五六十人之众的匪帮就在(堂口)居所居住,他们每晚从这里出发打劫周边居民,在黎明前返回。他们带回的战利品要么当场分掉,要么临时藏匿在不同的空房间里。②

正如上文我们所示,教民的行为与传统中国乡村社会的典型做法相比,并没有特别之处,而这在普遍性竞争性暴力行为盛行和政府权力相对薄弱的鲁南这块动乱之地更是如此。在该区域,被压迫的一方寻求新的力量源泉,希望向对他们有利的局面改变,并在此过程中重翻旧账。在中日甲午战争后传教士占据主导地位的数年中,他们的干预实质上改变了某些地方建立已久的压迫和剥削模式。反过来,逐渐发展的基督教会则充分利用了这种新生权力。或正如某耶稣会传教士所言:"最为重要的是,对正义的渴求驱使那些可怜的中国人来到我们身边。但这种自由,或者是对于压迫的摆脱,冲昏了一些人的头脑,使他们从被压迫者走

---

① 蓝文田:《中国的教区:徐州》I,第 217 页。
② 同上书,第 197 页。

向剥削者……"①

三、传教士与帝国主义

传教士的权力和教民的骄横来源于他们从条约中得到的特殊地位,或许更为重要的是,来自法国和(此后)德国的保教权。没有如此频繁的外交干涉和军事武力威胁,传教士在内陆的地位想必更加不稳。考虑到如此多的教案只有在外国的外交干涉下才得以解决,因此,传教事业长期以来被密切地与帝国主义整个扩张过程联系起来,也就不足为怪。所以,中国学者现仍声称 19 世纪的传教士是"帝国主义侵略扩张的工具"。他们把反教斗争视作帝国主义和中国人民广泛斗争的一部分。甚至还有人因其出现得早、持续时间长且具有不同的发展阶段,而把反教风潮看作是最为重要的反抗帝国主义运动。② 很明显,倘若没有外国势力的积极支持,传教事业也不会如此繁盛。那么,我们在何种层面上可以说传教士和外国势力有着积极的勾结?

就本书关注的鲁南地区圣言会而言,对相关资料的仔细甄读,可以发现天主教传教士和德国政府在 1900 年前并没有持续明确的"政治勾结"。我们的论点是,圣言会传教士并不关注其母国在中国内地的政治和经济这一狭隘目标的推进状况。他们所从事的在本质上是一个**超越国家**的事业,他们首先要忠诚于梵蒂

---

① 戴尔第(Johannes Twdry)文(1898 年 12 月 16 日,庐州),载《泽西信函》,第 18 卷第 1 期(1899 年 6 月),第 30 页。

② 一些学者在 1985 年 4 月成都举办的"近代中国教案学术讨论会"上发表如上言论。见吴金钟《近代中国教案学术讨论会简述》,载《人民日报》1985 年 5 月 28 日。鲍德威教授提供了这部分材料,在此深表谢意。

冈而不是柏林。所以,卫青心(Louis Tsing-sing Wei)所得出的如下论断就没有多大实质意义了,他声称安治泰在 1886 年再度返回中国时,"为了扩大德国的影响力而摇旗呐喊,支持和鼓励威廉二世宏伟的殖民计划"①。更为确切地说,在德国于 1890 年从法国手中夺取了在山东的德国天主教会的保教权后,安治泰适时利用了德法帝国主义的激烈竞争,以此推动圣言会的教会工作以及其个人抱负(见下文)。②

　　然而就中国而言,天主教传教士和外交保护之间的关系相当暧昧——教会和世俗政权在欧洲却存在着坚定的对抗③——而美

---

① 卫青心:《罗马教廷,法国与中国》(Louis Tsing-sing Wei, *Le Saint-Siège*, *la France et la Chine*),第 81 页。

② 关于山东圣言会宗教保教权从法国向德国的转移,可见如下著述:K. J. 里温纽斯《世俗势力的庇护与传教工作的进行:德国对天主教鲁南传教的保护》(特别是该书第六和第七章);费歇尔:《杨生神甫:圣言会创始人及其生涯》(H. Fischer, *Arnold Janssen, Gründer des Steyler Missionswerkes. Ein Lebensbild*),第 251—267 页;本尼迪塔克·维尔茨:《帝国主义的海外与传教政策——以中国为例的论述》(Benedicta Wirth, *Imperialistische Überseeund Missionspolitik, dargestellt am Beispiel Chinas*),第 59—65 页;包敏:《杨生神甫:圣言会创始人(1837—1909 年)》,第 248—256 页;K. J. 里温纽斯:《传教与政治:圣言会传教士与中央党政治家卡尔·巴赫恩未公开的通信往来》(*Mission und Politik. Eine unveröffentliche Korrespondenz zwischen Mitgliedern der 'Steyler Missionsgesellschaft' und dem Zentrumspolitiker Carl Bachem*),第 22—26 页;K. J. 里温纽斯:《安治泰主教——写于其逝世 80 周年之际》(idem, *Bishop J. B. Anzer. On the Occasion of the 80th Anniversary of His Death*),第 377—380 页。关于法国保教权的深入讨论,见 H. M·科尔《法国在华天主教保教权之源起》(H. M. Cole, "Origins of the French Protectorate over Catholic Missions in China");戈可当:《法国在华天主教保教权》(Georges Cogordan, "Les missions catholiques en Chine et le protectorat de la France");查尔斯·里梅尔:《法国的保教权及远东政策》(Charles Lemire, "Le protectorat français en Orient et en Extrême-Orient")。

③ 请注意教会与世俗政权在法国、德国和意大利存在的激烈冲突。但同时,法国继续保护在中国的比利时籍、意大利籍和西班牙籍的天主教传教士。其实,当法国政府成功避免意大利政府收回意大利教会的保护权后,每年则付给在华的意大利传教士一笔补偿,见法国外交部南特档案中心《法国驻北京公使馆档案》,第 10 箱,文件 1。

国世俗和宗教利益则整体上密切交织。因此,美国新教传教士更为普遍地适应于美国世俗利益在中国的扩张目标。他们的外交官员、贸易商人和传教士均坚定地致力于美国生活方式的福音传播。①

这些外国神职人员——天主教徒和新教教徒——普遍有着将并不主动的中国皈依基督的使命感。外国世俗渗透——无论是经济上抑或是军事上的,只要利于基督宗教的传播,都会被大多数传教士视作神旨进而对其支持。同时,传教事业本身具有的扩张本质,不断将"条约权利"问题推向极限,必然会造成复杂的局面,需要外国的干预,从而可能被帝国主义势力利用。

无论传教事业扩张和外国侵略存在的共生互动关系的本质如何,但中国人从自己角度认为两者是密不可分的。传教士的活动越来越受到质疑,它既被视作是对中国社会文化秩序的挑战,更是与世俗帝国主义势力有着既定联系。乔治·林奇(George Lynch)在其著作中,几近全面地总结了中国人思维中的这个链条:"先是传教士,再是坚船利炮,接着是掠夺领土——这是中国人观念中的事情演进顺序。"②为了应对日益发展的外国政治威

_____

① 也可参见瓦格《传教士、中国人和外交官:1890—1952年美国新教在华传教运动》,第31、82—85页;费正清文,载巴尼特、费正清《基督教在中国:来华新教传教士早期著述》(Suzanne W. Barnett&John K. Fairbank, *Christianity in China: Early Protestant Missionary Writings*),第4页;林德贝克:《美国传教士和美国对华政策,1898—1901》(John M. H. Lindbeck, "American Missionaries and Policies of the United States in China, 1898‐1901"),第88—89页。其实,美国传教士在1860—1895年间山东排外骚动时,数次要求美国政府进行直接外交干预,可参见信尔利(E. D. Sims)致法勒函(1899年1月16日,泰安),载美国国家档案馆第84类暨《外交人员函件》之《烟台领事馆档案及杂函》(8)。
② 乔治·林奇:《文明的交锋:一个"洋鬼子"的八国联军侵华实录》(Lynch George, *The War of the Civilisations, Being the Record of a 'Foreign Devil's' Experiences with the Allies in China*),第254页。转引自吴费斯坦《天主教在中国(1860—1907年)》,第266页。也可见瓦格《传教士、中国人和外交官:1890—1952年美国新教在华传教运动》,第31页。

胁,排外主义首先在国家层面的精英中浮现,但有时会渗透到地方精英和内陆民众中,从而演变为排外主义骚动。但要注意的是,重大外交和军事危机的余波在山东内陆地区诱发了排外谣言,这对传教工作产生了不安的影响。①

在鲁南地区,兖州地产纠纷引起的骚动已经出现了一种新的迹象,即在对基督宗教的敌视中,也同时包含对外国世俗侵略的反抗。1886 年,在兖州地区流行的揭帖就包含了大量常见的无理指责,旨在激起排外情绪,进而捍卫中国传统文化价值观。然而,这份揭帖广为流传,作为对爱国的东鲁义士的呼求,敦促其驱逐西方知识(基督宗教)、铲除汉奸,进而拯救乡间。揭帖的作者提到了印度和东南亚诸国被征服和侵占的史事,用如下话语概括了欧洲人的侵略本质:"以夺人之国为奇功,占人之土为豪举。"同时,黑旗军的领导人刘永福因举义旗,以及击败安南法军并促成和约而被广受传扬。②

尽管 19 世纪后期对外国威胁的意识逐渐加深,以及爱国情绪出现,但战争旋即结束后的 1895—1898 年中外关系的主流标志是中国人的谨慎和顺从。同时,我们也可以看出,基督宗教在鲁南地区的快速发展也发生在这段时期。

---

① 上文已经提及山东区对 1870 年天津教案及 1894—1895 年甲午中日战争的反应。1875 年 9 月,因为马嘉理教案而爆发了同英国即将交战的谣言,坐落在山东区偏远地区的传教布道站由之变得益发忧虑。见倪维思致威廉·兰金(Wm. Rankin)函(1875 年 9 月 4 日,烟台),载美国宾州长老会历史协会《美国北长老会海外布道部档案之中国部分》,第 10 卷。在伊犁危机及 1880 年山东清军调遣部署中,出现了中俄将要开战的谣言。该谣言带来的不稳定影响,见明恩溥(1880 年 7 月 20 日)文,载《传教士先驱报》(1880 年 11 月,波士顿),第 469 页。
② 揭帖的文本内容,见《教务教案档》第 5 辑(1),第 515 件,第 414—416 页。中法战争期间中国人爱国主义的崛起,可参阅 19 世纪 80 年代长江中下游具有激进观点的主流报刊《申报》,其赞扬黑旗军,并呼吁全民抗法,见冉玫烁《中国精英行动主义与政治变迁:1865—1911 年的浙江》,第 156 页。

因此,令人惊讶的是,安治泰主教此时竟然向德国公使馆和其他部门寄送令人震惊的报告,哭诉修会"悲惨的"境遇以及德国政府对传教士和教民的保护不足。所以,本章余下部分将考察外国势力在中国扩张的关键阶段里,安治泰是如何利用传教士和德国政府利益所缔造的"权宜婚约"的。这段插曲说明了源自内生矛盾的原本以反教为出发点的冲突,是如何陷入帝国主义渗透的网络中去的。

1895 年 2 月,安治泰还在给德国公使的信中称,"修会非常安静,前所未有的平静。这个红顶戴给德国人和中国人在这里带来了友谊……"。此外,他确信一些未处理的教案也将要得到解决,"这是因为德国人在该地已有了较好的名声,也被视作中国人最为亲密的朋友"①。但就在 6 个月后,安氏如是对中国官员的敌意态度大倒苦水,"他们只是以我们或者甚至是以德国取乐"。② 1895 年 12 月,这位主教称,在鲁南地区发生了严重的排外事件:

> 整个传教区,除了个别地方外,都在设定计划驱逐我们并铲除教会。这并非空穴来风,一些文人和庄首在多地聚集商讨攻击我们的阴谋……。德国的名声此时已经下滑很多。我们以自己身为德国人为耻。我实在后悔写出这样的言论,但这真的是事实。③

是什么导致了这种冰火两重天的态度转变? 或者说安治泰是在夸大其词么? 经过对外交档案中大量信函的仔细解读,可明显发

① 安治泰致绅珂函(1895 年 2 月 23 日,济南),载柏林联邦档案馆《外交部卷宗之驻华使馆报告》,324/11。
② 安治泰致绅珂函(1895 年 9 月 5 日,济南),载柏林联邦档案馆《外交部卷宗之驻华使馆报告》,324/85。
③ 安治泰致绅珂函(1895 年 12 月 26 日,坡里),载柏林联邦档案馆《外交部卷宗之驻华使馆报告》,325/8。

现安治泰的修会除了在 1896 年夏受大刀会袭击这起事件外,并没有遭受严重的反教事件。如果不考虑安氏这份狡诈且虚伪陈述背后的复杂性,也不把德国政府对国内外政治形势的反应纳入考察视野,则会有人坚持认为主教在 19 世纪 90 年代末是在竭力谋求有利的政治氛围,以此推动他的传教野心。① 安治泰及其他传教士主要关注以下两个问题:(1) 长期渴望在兖州建立教区;(2) 把德国的保教权延伸至在华的天主教民。他使用的煽情和感性的语言、他不加掩饰的威胁,以及他对国会中天主教徒议员的游说②,都促使德国政府采取行动。

安治泰对德国当局施加压力,请求后者代表圣言会采取更为激进的措施,而这恰与德国在中国不断上升的帝国主义野心同期。柏林也一度认为,鲁南修会所处的复杂境遇,可以成为在中国谋求领土进而建立海军基地的借口。然而,还有另外两条动

---

① 相蓝欣指出,"安治泰在抓住机遇,达到既定目的的谈判上特别有能力",因此"他是大清帝国最为惧怕的传教士之一"。见相蓝欣《义和团战争的起源:跨国研究》(Lanxin Xiang, *The Origins of the Boxer War: A Multinational Study*),第 56 页。周锡瑞在其书中用"披着基督教外衣的帝国主义"(Imperialism, for Christ's Sake)做章节名,用消极的笔调描绘了安治泰的形象,见《义和团运动的起源》第三章。关于不同意见的评判,可见狄德满《传教士、帝国主义和义和团起义》(Tiedemann, "Missionaries, Imperialism and the Boxer Uprising")。

② 比如,安治泰指令下属薛田资给其亲戚国会议员达斯巴赫(G. F. Dasbach)写了一封危言耸听且夸大其词的信函:"虽然我们处在德国的保护名义下,但目前却无任何实质上的保护……目前为止,德国公使在一些重要事务上并未为我们提供任何帮助。"见薛田资致达斯巴赫函(1896 年 8 月 8 日),该函部分内容刊登在《特里尔州报》(*Trierische Landeszeitung*)(1896 年 10 月 27 日),标题为《中国的德国传教会》("Deutsche Mission in China"),转引自利伯(Ernst Maria Lieber)致马沙尔(Marschall von Bieberstein)函,载柏林外交署政治档案中国 6《1895—1916 年中国政府对基督教会的态度》,第 33 卷(文件署期 1896 年 11 月 4 日)。也可参见达斯巴赫在 1900 年 5 月 21 日演讲,有关中国教民的保护权。转引自 K. J. 里温纽斯《帝国主义的世界政策与传教政策:以胶州湾为例》,第 93 页。薛田资此后成为安治泰施压政策的替罪羊,并受到青岛外人的反感,见薛田资《在华二十五年,1893—1918》,第 115—120 页。

转下页

机,决定了德国政府是否与安治泰站在同一条战壕:(1) 德国担心安治泰可能会重新依附法国的保教权①;(2) 德国政府依赖国会中的天主教中央党(Catholic Centre Party)来支持其海军扩张计划。② 因此,德国外交部指示驻华公使向总理衙门施加压力,从而解决兖州教案。③ 所以,尽管李秉衡仍旧执意反对,1896 年 9 月 8 日,安治泰还是在兖州获得了一处常驻传教基地。④

然而,德国政府此时仍然拒绝把保教权延伸至中国信徒。但安氏不为所动,在此后数年中游走在梵蒂冈和柏林间积极谋求此事,谴责德国驻华使馆,特别是直指作为天主教徒的克林德(Clemens von Ketteler,1853—1900 年)无所作为,并威胁到将转而依附法国的保教权,因为法国此前曾长期保护中国天主教民。1900 年 3 月,德国当局终于做出让步,同意向法国政府在此事的做法上看齐。⑤ 但华北此

(接上页)此时,意大利方济各会传教士似乎也想利用法德的竞争,比如,马天恩声称,由于德国政府的强力政策压力,山东当局对德籍传教士关照有加,与之相反的是,意大利方济各会传教士"虽然得到条约和法国保教权之庇护,但仍被视为贱民"。见马天恩致阿兰函(1896 年 8 月 25 日,济南),载法国外交部南特档案中心《法国驻北京公使馆档案》,第 10 箱,文件 1。

① 当安治泰的酗酒问题传到柏林和梵蒂冈后,德国公使馆书记官师特恩博爵士被派往鲁南进行实地调查,见 K. J. 里温纽斯《鲁南的天主教传教》。

② 石约翰:《帝国主义与中国民族主义:德国在山东》,第 21 页。

③ 外交署(Auswärtiges Amt)致绅珂函(1896 年 3 月 20),载柏林外交署政治档案中国 6《1895—1916 年中国政府对基督教会的态度》,第 32 卷,文件号 14 号。

④ 夏德威:《中国的圣言会传教士》I,第 301 页。也可见柯恩博识《中国与鲁南天主教修会(1882—1900)》,第 100—105 页;K. J. 里温纽斯:《鲁南的天主教传教》,第 87—106 页。关于李秉衡对总理衙门开放兖州给圣言会之饬令的阻碍执行,见海靖私人信函(1896 年 12 月 4 日,北京),载柏林外交署政治档案"中国 20"(绝密)《1894—1917 年中日战争带来的列强对华领土觊觎》,第 9 卷。

⑤ 伯恩哈德·冯·比洛致安治泰(此时正在欧洲)函(1900 年 3 月 30 日,柏林),载柏林外交署政治档案"中国 6"《1895—1916 年中国政府对基督教会的态度》,第 40 卷;红衣主教科普(Cardinal Kopp)致外交署(1900 年 6 月 6 日,布雷斯劳),载柏林外交署政治档案《驻华使馆报告》,第 1 卷。比较综合的讨论,见 K. J. 里温纽斯《鲁南的天主教传教》《世俗势力的庇护与传教工作的进行:德国对天主教鲁南传教的保护》。

时的局面,已经发生了相当显著的变化。

　　总而言之,在 1897 年夏,安治泰可能会对教会此时的发展相当满意。在前往欧洲的路途中,他告诉北京的海靖(Edmund von Heyking,1850—1915 年):"传教士和各阶层的中国人,在各个方面都有着极为融洽的理解。"①

四、胶州湾事件与"百日维新"

　　鉴于 1896 年夏后山东传教区相对稳定的局面,两位圣言会传教士于 1897 年 11 月 1 日在巨野的被害只能被视作偶然和孤立的袭击。② 但对山东甚至是对中国而言,这起事件引起了严重的反响,因为这给了德国强占胶州湾的借口,而且进一步加剧了外国势力的"瓜分狂潮"。同年 11 月 14 日,德国海军在青岛这个渔村登陆,驱逐中国守军,开始占领这个村子及周边土地。③ 经

---

① 海靖致霍亨洛函(1897 年 8 月 12 日,北京),见柏林外交署政治档案"中国 6"《1895—1916 年中国政府对基督教会的态度》,第 33 卷,文件号 125。1897 年 7 月 29 日,安治泰从上海返欧。
② 第七章将讨论巨野教案。
③ 1897 年夏,经过柏林长时间的讨论和德国海军亲自的实地调查后,德国图谋占领胶州湾。见石约翰《帝国主义与中国民族主义:德国在山东》,第 28—32 页;李国祁:《中国抗议〈马关条约〉与反对胶州湾被占的政策》(Kuo-chi Lee, *Die chinesische Politik zum Einspruch von Shimonoseki und gegen die Erwerbung der Kiautschou-Bucht*)、《三国干涉还辽后中德租借港湾的洽商与德璀琳(G. Detring)上德政府建议书》;《欧洲各国政府内阁重大外交政策(1871—1914)》(*Die Große Politik der europäischen Kabinette*),第 9,14 卷。也可见罗梅君、余凯思编《"模范殖民地胶州"——德意志帝国在华的扩张》(Mechthild Leutner & Klaus Mühlhahn, 'Musterkolonie Kiautschou': Die Expansion des Deutschen Reiches in China),第 61—67 页;余凯思:《在"模范殖民地"胶州湾的统治与抵抗:1897—1914 年中国与德国的相互作用》(Mühlhahn, *Herrschaft und Widerstand in der 'Musterkolonie' Kiautschou. Interaktion zwischen China und Deutschland, 1897-1914*),第 70—97 页。

过旷日持久的谈判,中国和德国在 1898 年 3 月 6 日达成如下主要条款:

(1) 德国租借胶州湾,租期 99 年;

(2) 德国获得济南至青岛铁路的修筑权,并可建造至沂州的支线;

(3) 德国拥有铁路沿线 15 公里以内的采矿权。①

该条约为外国势力提供了在山东渗透的基础,德国把山东变为自己的势力范围也就有了十足的意图和目的。但必须指出的是,德国在鲁东地区的这些排他性的经济特权直到 1900 年前才真正在鲁中和鲁东地区得以实现。义和团运动爆发前夕,德国人拥有的煤矿并未运营,铁路也根本没有修筑。因此,外国经济渗透对山东地区的直接影响,依然是微不足道的。只有在青岛开发的一些新的建筑工程(海军船坞和外国人居所)才会对地方经济产生影响,因为这给鲁东地区的当地人提供了新的就业机会。②

1899 年,租赁权的划界带来新的麻烦。1898 年 3 月 6 日所订立的条约,只是大致划分了胶州湾的租借区域。几个月后,德

---

① 条约文本可见马慕瑞《列国对华约章汇编(1894—1919)》(John V. A. MacMurray, *Treaties and Agreements with and Concerning China*, *1894 - 1919*) I, 第 112—116 页;条约的相关概括,见石约翰《帝国主义与中国民族主义:德国在山东》,第 39—41 页;关于德国的铁路特权,见维拉·施密特《1898—1914 年德国在山东的铁路政策》(Vera Schmidt, *Die deutsche Eisenbahnpolitik in Shantung 1898-1914*)。

② 参见海司《山东与德属中国——1898 年从胶澳租界地到中国圣地和从扬子江到北京之旅》(Ernst von Hesse-Wartegg, *Schantung und Deutsch-China. Von Kiautschou ins heilige Land von China und vom Jangtsekiang nach Peking im Jahre 1898*),第 23—24 页。也请注意英国浸礼会传教士武城献博士(James Russell Watson)前往胶州"给因黄河水灾而流离失所的中国苦力寻找工作机会",见《传教士先驱报》(1899 年 5 月 1 日,伦敦),第 222 页。

国和山东官员对此作了更为精确的界定。① 当地居民不想居住在外人野蛮管理下的区域,故而偷偷移走界牌以示拒绝被划进德国的租借区,这引起了双方的冲突。②

历史学者普遍断定,圣言会传教士积极参与了德国在占领胶州湾上的决定。以石约翰为例,他声称"安治泰或从中建议北京公使,在中国索取一块基地作为兖州教案的赔偿,而这块基地的最佳地点就是胶州湾"。③ 不可否认的事实是,在保护传教士方面,安治泰确实要求一些更为积极的举措,但并没有任何证据证明他本人或者是其属下在抢占胶州湾(或其他方面)上,鼓励德国政府或者给后者出谋划策。毕竟,该海湾在那时处于圣言会的传教区之外,德国传教士也因此不太可能对这片区域有着任何具有

① 石约翰:《帝国主义与中国民族主义:德国在山东》,第 39 页。德国在胶州湾的租借地,包括即墨县部分区域、青岛这个渔村、胶州的一块狭长区域、胶州湾的深水区以及海湾和近海区的大量小岛。对中国在这次谈判中过于妥协的批评,见《清季外交史料》卷 135,第 116 页及此后;《大清德宗景(光绪)实录》卷四二五,第 6 页上;卷四四三,第 8 页下;卷四四四,第 13 页。

② 饶有趣味的是,数年后发生了截然不同的景象:中国的村民们把界石移到了德国租借区内,这是因为德国人占领的区域能够给他们带来不菲的利益,见韦礼敦(E. C. Wilton)致麻木勒(William Grenfell Max-M üller)函(1910 年 7 月 6 日,济南),载英国外交部档案《使领馆档案之中国通讯》,第 1758 页;韦礼敦推断说"中国官员阶层和士绅看起来对日渐繁荣的青岛愈发感到震惊"。

③ 石约翰:《帝国主义与中国民族主义:德国在山东》,第 28 页。其资料参考自《欧洲各政府内阁重大外交政策(1871—1914)》第 9 卷,文件号 2221;第 14 卷,文件号 3662。但对于安治泰是否介入,并没有提供任何线索。也可阅如下著述:戴福士《锡良和中国的民族革命》(Roger V. Des Forges, *Hsi-liang and the Chinese National Revolution*),第 6—7 页;包敏:《真福福若瑟传》,第 255,629—633 页注 19—24;K. J. 里温纽斯:《传教与政治:圣言会传教士与中央党政治家卡尔·巴赫恩未公开的通信往来》,第 26—39 页;K. J. 里温纽斯:《帝国主义的世界政策与传教政策:以胶州湾为例》;豪斯特·格林德:《基督宗教传道与德意志帝国主义:一部特别关注非洲和中国的德国殖民时代(1884—1914)政治关系史》,第 280 页;舒德:《红色中国报刊镜像下的中国天主教修会》,第 180—189 页;本尼迪塔克·维尔茨:《帝国主义的海外与传教政策——以中国为例的论述》,第 65 页。但是,这些著述中并没有确凿证据来证明安治泰确实怂恿了德国政府对胶州湾的侵占。

实用价值的了解。

　　然而,安治泰同其他在华的天主教和新教传教士一样,一旦占领成为既定事实后,便会热情地给予支持。1897 年 11 月 7 日,德国外交副大臣罗登汉(Wolfram von Rotenhan,1845—1912年)在柏林和安治泰会面后,如是记述说:"他表达了让我们利用时机占领胶州湾的希望,并认为这个基地在各方面对我们而言,都是最佳的和最具发展性的。"①在德国登陆山东数月后,安治泰以其一贯具有的独特自负作风,发表了一直鼓励德国占领胶州湾的言论。他也因为这番夸夸其谈,而受到新教出版物和德国国会社会民主党的猛烈攻击。②

　　然而,能方济(Franz Xaver Nies,1859—1897 年)及韩理

---

① 罗登汉:《备忘录》(1897 年 11 月 6 日,柏林),载柏林外交署政治档案"中国 20"(绝密)《1894—1917 年中日战争带来的列强对华领土觊觎》,第 12 卷。德皇威廉二世在同年 11 月 6 日曾下达抢占胶州湾的谕令,见包敏《真福福若瑟传》,第 255 页。在 1897 年 11 月 10 日,即就在实际占领前的几日,安治泰还仍然给北京的海靖发送电报,要求采取类似行动,以避免巨野惨案类似事件的再次发生,"我相信,应当占领胶州湾,帝国(运河)将开放(外国)贸易直至济宁地区,可在该地派驻德国领事",见安治泰致海靖函(1897 年 11 月 10 日,柏林),载柏林联邦档案馆《外交部卷宗之驻华使馆报告》,326/172。该电文的记录时间为 1897 年 11 月 28 日,材料有稍微折损。

　　也请注意安治泰对伦敦《泰晤士报》(The Times)报道的德国可能清洗胶州湾这一谣言的消极反应。见奥托·冯·比洛(Otto von Bülow)致外交署函(1897 年12 月 10 日,罗马),载柏林外交署政治档案"中国 20"(绝密)《1894—1917 年中日战争带来的列强对华领土觊觎》,第 20 卷,文件号 2;外交署致奥托·冯·比洛函(1897 年 12 月 11 日,柏林),出处同上,文件号 4。

② 可具体参见以下著述:菲利普·豪尔巴赫《安治泰传》(Philipp Horbach, Anzer contra Anzer),《安治泰主教在华传教及与政治的关系:据主教本人及其他传教士的陈述为基础的论著》(idem, Bischof von Anzers China-Mission in ihren Beziehungen zur Politik. Aktenmäßige Darlegungen nach den Aussagen des Bischofs und seiner Missionare),《致安治泰主教的公开信——论传教士与政治的关系,同时也是向德国政府提供的备忘录》(idem, Offener Brief an Herrn Bischof von Anzer über die Stellung der Mission zur Politik, zugleich eine Denkschrift an die deutsche Regierung);也可见德意志帝国国会《中国问题讨论(1900—1901 年)》(Germany. Reichstag, China Debatte: 1900 -1901)。

(Richard Henle,1865—1897 年)两者被杀所带来的巨大物质好处，更符合圣言会传教士的切身利益。经过海靖、福若瑟、安治泰以及驻北京德国官员的共同谋划，1898 年 1 月的巨野和解给圣言会带来了诸多利益，被誉为"对两位被害传教士最伟大的赔偿"。这份压迫中国人的协定主要包括如下条款：教产所失之款，赔偿 3000 两白银；在兖州、曹州和济宁三地各建立"赎罪"教堂（造价约 6.6 万两）一处（尽管当时正在济宁建立一所主教堂且几近完工），每个教堂都有一块刻有"敕建天主堂"字样的匾额；此外，在曹州府下辖县区建立 7 处较小但有防御工事的住所（共需银 2.4 万两）①，以及给与修建这些住所所需的土地。此外，山东巡抚李秉衡和其他 6 名官员，因所谓的敌对行为曾助长排外情绪而被革职②，而且要在特别谕令中公开这次革职决定。③

　　如上文所叙，1895 年福建和四川教案所达成的协议，成为解决此类过激行为的先例。其实，大多数的天主教和新教传教士赞

---

① 福若瑟还想要求传教士外出时有人护行，因为在徐州府的传教士已经享有该特权。其详细要求，可见《曹州府传教团要求清单一览》（Kurzer Überblick über die Missionsverhältnisse in der Praefectur Z'ao-tschou-fu）。德国公使馆于 1897 年 12 月 5 日接到了这份清单，见柏林联邦档案馆《外交部卷宗之驻华使馆报告》，326/200—202。

② 李秉衡强烈的排外主义其实早就显现出来了。早在 1895 年秋，德国公使就建议总理衙门"将山东巡抚李秉衡外调到另外一个能施展其才能的省份，李因排外和反对传教士而声名在外，且给下属施加了很坏的影响"，见绅珂致总理衙门函（1895 年 10 月 16 日，北京），载绅珂致霍亨洛函（1895 年 10 月 16 日，北京）附二，见柏林外交署政治档案"中国 6"《1895—1916 年中国政府对基督教会的态度》，第 30 卷，文件号 221。请同时注意，李秉衡并没有起用在济南的洋务局，该局是由前任巡抚丁宝桢为了处理教案于 19 世纪 70 年代初期建立的。

③《京报》刊发的光绪二十三年十二月二十三日（1898 年 1 月 15 日）谕令以及此后补发的光绪二十四年一月十一日（1898 年 2 月 1 日）谕令，宣布了李秉衡一干人等的罢免决定。德文文本见海靖致霍亨洛函（1898 年 2 月 12 日，北京），载柏林外交署政治档案"中国 6"《1895—1916 年中国政府对基督教会的态度》，第 35 卷。1898 年 1 月 15 日谕令的中文文本，见《大清德宗景（光绪）实录》卷四一三，第 13 页上—第 14 页。

同德国的侵略政策,这是因为他们期望从山东出现的这种新政治氛围中受益,这将更加适宜其宗教事业的扩展。由于胶州湾的被占和巨野协定的惩罚措施,特别是李秉衡的被撤,中国官员其实在与外国人和中国本土教民打交道时变得过分畏手畏脚。以新任巡抚张汝梅为例,他在 1898 年 1 月 29 日非常热切地接见了副主教福若瑟,随后又进行了回访。"他在全省广散布告,使人皆知天主教受到官府保护。"①

胶州湾事件在传教工作上的影响,不仅局限于鲁南境内。一位法国耶稣会传教士描述了直隶南部官员发生的显著变化:

> 如果官员全心照顾中国本土教民,那么他对那些"欧洲鬼子"更为关爱有加。他们一直没完没了地前来拜访,所流露出的友情使你感动得痛哭流涕。他们向民众下发公告,颂扬这些来自法国等伟大国度的巨人们的美德。不幸使人明智!②

另外一个传教士说得更直截了当:"官员们此时似乎怯于与外人

(接上页)传教士从巨野教案中获取的利益,见安治泰《年度报告》(1898 年 10 月 22 日,济宁),载《天主之城》,第 22 卷第 5 期(1899 年),第 225—226 页;也可参阅伯恩哈德·冯·比洛(Berhard von Bülow)于 1898 年 1 月 35 日在国会中的讲话,载《圣弥额尔历》,1899 年,第 193—194 辑。请注意 225 000 两白银划给了圣言会在华俄道胜银行(Russo-Chinese Bank)的账户,见华俄道胜银行致海靖函(1898 年 4 月 2 日,北京),载柏林联邦档案馆《外交部卷宗之驻华使馆报告》,327/4—5。

最终,由于德国强占胶州湾,圣言会也趁机进入了租借地周边的四个区域。也可参见包敏《纳入鲁南代牧区的胶州》(Fritz Bornemann, "Die Angliederung von Kiaochowan das Vikariat Süd-Shantung")。

① 福若瑟文(1898 年 3 月 1 日),载《圣弥额尔历》1899 年,第 194—196 辑。关于福若瑟的拜访日期,见福若瑟至海靖函(1898 年 1 月 30 日),载柏林联邦档案馆《外交部卷宗之驻华使馆报告》,326/328—329。

② 雍居敬(Paul Jung)文(1898 年 6 月 5 日,开州),载《泽西信函》,第 17 卷第 2 期(1898 年 12 月),第 380 页。

发生任何纠葛。"①

弥散中国官场的这种驯服态度,也使山东地区搁置多年的教案旋即得到解决,教会也得到快速发展。② 可能令我们感到惊讶的是,该省美国和英国新教传教士也支持德国的侵略行动。美国公理会传教士博恒理的如下感触,为大多数新教传教士所认同,但是他的表述方式最为直率:

> 全世界具有正义感的人们都会钦佩德国政府……德国势力的影响力已经超越了一省范围,甚至影响到无视自己政府干预和其他外国势力无法进入地区的官员。

> 这给山东省带来的直接影响,就是增强了传教各方面的工作。山东人也会不加掩饰地乐见任何新状况,只要能够使他们摆脱地方官及其成群如狼似虎下属的掠夺控制。③

圣言会在鲁南地区发展,在 1898—1899 年间同样特别迅猛。副主教福若瑟向刚从欧洲归来的主教做了如下情况的介绍:

> 巨野事件在鲁南地区开创了一个全新的局面……德国以前未有的强势终得以如愿以偿,给整个统治机器带来了巨大恐慌,上上下下都畏惧吵醒这个狮子。因此上下级官员都愿意参与教会和基督徒的事务,有时还提供一些不当的优

---

① 费习礼致布朗函(1898 年 3 月 3 日,潍县),载美国宾州长老会历史协会《美国北长老会海外布道部档案之中国部分》,第 45 卷,文件号 12。

② 可见詹姆斯·凯斯(J. N. Case)文(1898 年 1 月 8 日,威海卫),载《北华捷报》1898 年 1 月 21 日,第 104 页;《庞庄通讯》1898 年 5 月 16 日,载《京津泰晤士报》1898 年 5 月 28 日,第 52 页;《1897—1898 年庞庄布道站报告》,载《美国公理会华北差会记录》第 15 卷,文件号 84。

③ 博恒理:《世界传教士之窗》(*Missionary Review of the World*),新增卷 12(1899 年 3 月),第 238 页。类似的观点,见《青州通讯》1898 年 1 月 28 日,载《北华捷报》2 月 14 日,第 227 页。

待……因此在曹州府乃至兖州,都有大量教民皈依。但有一些传教士报告说,他们不能接受诸多皈依者,原因在于(教会)人员短缺,不能够应对这么多(额外的)劳力。①

此时的政治形势,虽然对传教事业在鲁南的发展颇为有利,但也加剧了战后普遍流行的一些消极倾向。此时状况与临近徐州府1896年夏以来发生的状况类似(上文已经讨论):外国威胁、中国官员的懦弱以及传教士果敢的付诸武力,都怂恿圣言会教民在1899年更为骄横,这主要是和这些区域由来已久的强性竞争型暴力有关。1895年,时任曹、单地区总司铎的韩甯镐,深知他的教民正发动攻势,企图以牺牲平民为代价来扩大自己的资源优势:

> 在官员对教会颇有好感的这些区域,教民们感到自己现在就是这块土地的主宰,有些人相信现在到了翻旧账、找老本,以及羞辱自己先前对手的时机了。但这也有一些危险,即有太多的阴暗分子混入到新信徒中间,这些人滥用传教士的威望来达到自己的一己之利……②

---

① 福若瑟至安治泰函(1898年6月17日),转引自包敏《真福福若瑟传》,第289页。也可参见如下著述:良安氏(J. A. Laughlin)致布朗函(1898年5月23日,济宁),美国宾州长老会历史协会《美国北长老会海外布道部档案之中国部分》,第45卷第2册,第25页;韩甯镐《圣言会福若瑟神甫:其生平和著作,兼论鲁南传教史》,第383—386页,谈到了"这种突然变化的氛围"。总理衙门见海靖时说,地方官员遵行了近来颁发的谕令,"在处理教务时格外谨慎,百姓间也充满了担心和恐慌",见柏林联邦档案馆《外交部卷宗之驻华使馆报告》,327/8。天主教堂在徐州府和鲁南地区的发展,也可见表八和九。

② 韩甯镐:《圣言会福若瑟神甫:其生平和著作,兼论鲁南使教史》,第384—385页。其实,就如同李秉衡、毓贤、张汝梅甚至彭虞孙在他们报告中有关教民的表述(见下文)。也可参阅吕海寰致伯恩哈德·冯·比洛函(1898年10月27日,柏林),柏林外交署政治档案"中国6"《1895—1916年中国政府对基督教会的态度》,第36卷。

　　福若瑟在给主教安治泰的一份长篇报告中,也暗示了教民愈发嚣张的压榨行径。他说到,尽管非常谨慎,但也有一些"品行缺失之人"蒙混入教。他感觉到另一个需要警惕的方面,在于修会里一些滥用职责的中国先生身上"相当令人遗憾"的素养,"他们滥用职权,肆意欺凌,勒索钱财,损害了教会在政府和百姓心中的声誉,进而导致了一种难以弥补的局面"①。

　　1898年春,教民在曹县的统治地位已达令人恐慌的高度,时任知县董杰被迫来到济宁的圣言会驻地,向福若瑟通告一些"莠徒"频繁滥用特权的行径,这些人"依仗自己受保护的身份,敛取钱财并屡欺乡邻"。他警告说,如上行径将会导致"与全部乡民为敌",并骤然"刺激民众"。如董所言,福若瑟于是做了表态:

　　　　他愿意调查这些事情,并把(犯法的)教民移交给官方惩处,目的是平息公愤。他(福若瑟)同时也下发通告,严禁教民惹是生非,驱逐不合格的教民,以此作为对其余教民的警戒。他同时指令曹县修会司铎韩甯镐,查办好事之徒李来成等三人。这三个人后来移交到我处,经过仔细审查后,被痛打收监。所有民众对这一举措都感到满意……②

　　其实,韩氏在1898年6月17日的报告中证实,考虑到一些教民的"不端行为",他被迫下发"指令",而这"受到异教徒和正直

---

① 福若瑟至安治泰函(1898年6月17日),转引自包敏《真福福若瑟传》,第290页。
② 董杰致张汝梅函(大概在1898年春),载法勒致摩尔(J. B. Moore)函(1898年11月18日,烟台)附件四,见美国国家档案馆第59类暨《国务院一般函件》之《1863—1906年美国驻烟台领事馆报告》(3),文件号109。董杰在曹县短暂任职后,于1898年调到沂水任代理知县。

教民的热烈欢迎,甚至一些官员趾高气昂地把它张贴到四座城门上"。① 从此后山东区的后续发展来看,饶有意思的地方在于福若瑟的和解态度与安治泰相当麻木不仁的处理方式所形成的鲜明对比。②

基督宗教的这种优势地位一直持续到 1898 年夏,传教士和中国统治阶级此时的关系也特别融洽,尤其是在北京精心策划的短期激进改革期间。这进一步鼓励了地方官员和精英前去结会传教士,与其探讨西式革新。博恒理描述了庞庄的状况:

> 1898 年期间,"西学"是处于最前端的,我们传教士居所很快成为这片广大区域的兴趣中心。我们与数位知县都有联系,特别是我们居所所在地(恩县)知县再三拜访,并赠送由他书写的卷轴和扇子,自称是我们的"愚弟";在洪灾时,总会给我们提供援助。③

山东区的这种中外关系,固然自胶州湾被占至 1898 年夏百

---

① 福若瑟至安治泰函(1898 年 6 月 17 日),转引自包敏《真福福若瑟传》,第 290 页。
 韩甯镐数年后言及此事说,福若瑟曾竭力通过严惩犯事教民和驱逐传教先生来遏制这些出格行为的发生。"他在各地公开传发的公告中,告诫教民避免犯事。如果有人胆敢托教会之威行不公之举,老百姓可任意向上面的传教士报告或者将其扭送到衙门。"见韩甯镐《圣言会福若瑟神甫:其生平和著作,兼论鲁南传教史》,第 385 页。
② 安治泰于 1898 年 5 月曾回到鲁南地区。他也不得不承认传教士和教民此时的过分之举:"毓贤作为委员巡视曹州府,言称接到了数百份针对传教士的请愿书。当然,毓贤是带着不友好的情绪,但多是传教士确实存在一些问题。"见安治泰致海靖函(1898 年 6 月 2 日,济宁),载柏林联邦档案馆《外交部卷宗之驻华使馆报告》327/85。1898 年春,毓贤曾被派往曹州府调查关于大刀会事宜,见毓贤本人的禀文,载张汝梅奏,光绪二十四年五月三日(1898 年 1 月 21 日),载《教务教案档》第六辑(1),第 240—242 页。
③《1898—1899 年庞庄布道站报告》,载《美部会华北差会记录》,第 16 卷,档案号 7。

日维新期间相对平和①,但也有一股正在发展中的爱国主义和排外主义潜流。某种程度而言,这也是官员和地方精英欲抑制德国在鲁东半岛地区经济活动的狡猾性尝试。比如,山东巡抚张汝梅——被称作"一位能干的和进步人士"②,且"深切体会到自己在外籍人士上的责任"③——却依然鼓励当地人"赶在德国特权生效前,尽可能多地开采矿山"④。同时,巡抚也试图限制传教士对中国词讼事务的干预(见下文)。

此外,山东地区好像并没有多么乐于接受百日维新所推出的激进改良措施。在教育改良方面,济南一位传教士报告说,除了在省府、州府和县府建立先进的"西学"学校外,一些较大村庄也建立了新式小学堂,"共计 240 所……这些学校大多借用道、佛两家寺庙,把本来用于寺庙的费用转用到了学校的运转花费上"。⑤就如安治泰主教所言,并非每个人都为之高兴:"和尚(即僧侣)咒

---

① 1898 年春后,德国工程师和测量师开始活跃在鲁中山区。但是直到 1898 年 10 月,某传教士还记录道:"德国来到该省这部分区域,并没有给当地人带来任何困扰。"见纪力宝致其母亲函(1899 年 10 月 16 日,沂州),载《美国北长老会海外布道部档案之纪力宝件》,第 54 页;也可参见《北华捷报》1898 年 8 月 1 日,第 204 页;该刊 1898 年 8 月 15 日,第 292 页;该刊 1898 年 10 月 10 日,第 678 页;该刊 1898 年 11 月 21 日,第 949 页。

②《青岛通讯》1897 年 12 月 14 日,载《北华捷报》1898 年 1 月 7 日,第 12 页。

③《青州通讯》1898 年 1 月 28 日,载《北华捷报》1898 年 2 月 14 日,第 227 页。

④《沂州通讯》,载《北华捷报》1898 年 8 月 15 日,第 292 页。也可见石约翰《帝国主义与中国民族主义:德国在山东》,第 87 页。请注意,李鸿章于 1899 年以"中德中兴公司"(Sino-German Zhongxing Company)的名义重新运行峄县煤矿时,就提前阻止德国对该煤矿的垄断权,见韦立德《中国经济和社会中的煤矿业:1895—1937》(Tim Wright, *Coal Mining in China's Economy and Society 1895 -1937*),第 142 页;维拉·施密特:《在华欧洲顾问的任务及影响:李鸿章的顾问德璀琳(1842—1913)》(V. Schmidt, *Aufgabe und Einfluß der europäischen Berater in China: Gustav Detring 1842 -1913 im Dienste Li Hung-Changs*),第 97 页。

⑤《济南通讯》1898 年 8 月 1 日,载《北华捷报》1898 年 8 月 22 日,第 339 页。

骂,文人迷惑。"①一些宗教中人(僧侣和道士)之所以此后参与义和团运动,至少在一定程度上缘于他们反对教育改革。在一部分山东人印象里,激进改良也多是外国渗透的另一种表现。

鉴于该区域此后的发展态势,一份来自鲁中山区传教士的报告相当富有趣味。它声称近期关于赔款贷款和礼遇传教士的谕令和布告,似乎刺激了地方精英,他们虽然此时还不敢发动公开的暴力行动。② 该人也注意到,新泰县的士绅首领印发了激烈排外的反教手册《辟邪实录》(*Death Blow to Corrupt Doctrines*)③,其中一些正在"小范围"传播。④

1898 年春夏时节,外国入侵在山东已呈深入之势,但该地此时并没有大规模的公然排外骚动。与之相对应的是,中国其他地方的民众精英们,则已更为强烈地表露出对外国侵略的反抗。以

---

① 安治泰:《年度报告》(1898 年 10 月 20 日),载《耶稣心小使者报》,第 26 卷第 6 期(1898/99),第 86 页。百日维新期间,(临淄县)药王庄的浸礼会教民和老百姓把村庙改造为学校,遭到了外村士绅的反对。知县秦福源谴责教民亵渎庙宇。英国公使金璋随后介入,在 1898 年 9 月 2 日的一场和解酒宴上解决了这起争端。但是,金璋坚持认为应把秦福源"这个害群之马"调离该省,见卜道成(J. Percy Bruce)致金璋(1898 年 9 月 3 日,青州),附金璋致窦纳乐函(1898 年 9 月 19 日,烟台),见英国外交部档案《使领馆档案之中国通讯》,第 1283 件。

② 庆万德致法勒函(1898 年 4 月 9 日,泰安),载美国国家档案馆第 84 类暨《外交人员函件》之《烟台领事馆及杂函》(7)。他说百姓"在表面上比先前友善"。然而,在济宁附近发出的报告称,一些地方的民众因"无形的害怕"而"从小村庄搬迁到较大的城镇和城墙里",也修建了一些防御工事。"我认为他们是害怕外国军队的入侵。"见良安氏致布朗函(1898 年 5 月 23 日,济宁),载美国宾州长老会历史协会《美国北长老会海外布道部档案之中国部分》,第 45 卷第 2 册,第 25 页。

③ 山东的传教士在 1870 年翻译了这份小册子,名字直译为"Pixie Shilu"(《辟邪实录》,*A True Record to Ward off Heterodoxy*),该书是 19 世纪 60 年代臭名远扬反教小册子《辟邪纪事》(*A Record of Facts to Ward off Heterodoxy*)的删节版。见柯文《中国与基督教:传教运动与中国排外主义的发展(1860—1870)》,第 45—47、293—294 页注 82 和 84。

④ 庆万德致法勒(1898 年 4 月 9 日,泰安),载美国国家档案馆第 84 类暨《外交人员函件》之《烟台领事馆及杂函》(7)。

中国报业对即墨(山东)教案的反应为例,从中我们可以看出中国的爱国情绪在19世纪90年代末已有显著增长。1898年1月22日,德国军队驻入当地文庙,亵渎了一些圣像。① 该事传到北京后,多省文人——可能包括候考的进士②——向吏部递呈请愿书,进而于1898年4月28日上呈皇帝。请愿书后来在天津《国闻报》(National News)刊发。下文摘引的由江苏愤怒士人起草的请愿书,反映出中国民族精英身上所体现出的强烈排外主义:

> 互市以来,西人为保彼教累有责言矣。一教堂之毁,一教士之戕,而要我金币,夷我人民,操舍我官吏,割据我疆土。此固权力之不侔抑彼人士所为,持此砭砭者所见固深且远也。孔子之教,其式微矣。承学之士帖括是务,即无他族之凌侮,亦几几乎不绝如丝矣。然天地之经,君臣父子之义,其名一日存则人心一日不死也。侧闻德国兵船占据青岛,本年正月初一日突入即墨县城驻兵……文庙竟将……圣像支体残毁,并将先贤仲子双目挖去。大夫君子众口一词,涂炭衣冠祸方未已。是可以忍孰不可忍。天地之经将由此绝,君臣父子之义将由此废,此非薄海内外凡有血气所当攘臂奋袖同心御侮者耶! 西人事事辄言公法,及其举动何独不然,而宜责问德藩德驻京公使,悚以微言,申以大义,务令罪人斯得……庙貌如故,然后布告天下人民,善守其教,善保其种

---

① 白劳迪(Barauday)致伯恩哈德·冯·比洛函(1898年1月25日,柏林),载柏林外交署政治档案"中国20"(绝密)《1894—1917年中日战争带来的列强对华领土觊觎》,第33卷,档案号420I。德国海员在1898年1月23日的骚动中被杀,见路遥、程歗《义和团运动史研究》,第321页。

② 他们可能是康有为于1898年4月12日成立的保国会的成员。该会在北京的活动,见石约翰《保国会:1898年的改革团体》(John E. Schrecker,"The Pao-kuo hui: A Reform Society of 1898")。

类，以维天地之经、君臣父子之义。不然，彼人将奴隶我之不
若犬羊之也。德人信之，幸也；其不信之，彼无谓我无人。十
八行省之大四万万人之众，动其公愤，挟其私力，一夫夜呼挺
刃交集，将有刭彼亲藩，贼彼公使，拉摧彼教堂者，苟以其道
还治其人。在我既上劳……宵旰之忧，在彼已先受艾莩之
祸。兴言及此，可为寒心。此不可不使之闻之也……等为大
局起见，以保我教，即以保彼教，迫切上陈，伏乞据情上奏皇
上圣鉴谨呈。①

尤其值得我们特别留意的是，这份由诸多民众精英发起的请
愿书的起草时间，正值戊戌变法前夕，但其中的煽动性语言在大
约一年后的义和团期间也能找到它的影子。诸如《国闻报》等报
刊和先前激进的上海《中外日报》(Universal Gazette)，当仁不让
地在通常口岸内成为宣传爱国诉求的重要媒介。但遗憾的是，我
们并不清楚这些报刊在山东内陆地区②是否拥有广泛的读者群，
以此确定它们在 1898 年后的义和团运动期间是否成为煽动广泛

① 本书的英文引文，根据 1898 年 5 月 9 日《国闻报》的德文翻译文本，见柏林联邦档
案馆《外交部卷宗之驻华使馆报告》，371/192。《国闻报》还在同年 5 月 6 日和 12
日刊发了当时反对德国强占胶州湾的请愿书。出处同上，371/190—194。德皇威
廉二世之弟普鲁士的海因里希(Heinrich of Prussia)亲王于 1898 年 5 月拜访北京，
并于 5 月 18 日在颐和园得到慈禧召见。见维尔纳·洛赫《1898—1901 年帝国主
义德国的对华政策及其镇压义和团人民起义的军事干预》(Werner Loch, "Die
imperialistische deutsche Chinapolitik 1898‐1901 und die militä‐rische Intervention
gegen den Volksaufstand der Ihotwan")，第 155 页注 147。
② 总而言之，我们可以大致推断出激进士绅广泛分布的鲁东地区应拥有此类报刊的
大量读者群。据了解，由传教士群体和其他势力创办的中文报刊，如《山东时报》
(Shandong Times)、《万国公报》(Review of the Times)和《华北汇报》(North
China News)的确在鲁西北乡间发行。关于读者数量的研究，见安德文(E. E.
Aiken)《临清布道站报告》(1899 年 4 月 30 日)，载《美国公理会华北差会记录》第
16 卷，文件号 4。《1897—1898 年庞庄布道站报告》，出处同上，第 15 卷，文件号
84；《1898—1899 年庞庄布道站报告》，出处同上，第 16 卷，文件号 7。

排外骚动的手段。总之，并没有太多史料证明山东是年夏爆发了针对外国世俗势力渗透的公开性敌对行为。

五、九月政变与排外主义的爆发

山东区这种相对平和的中外关系，在 1898 年 9 月 21 日宫廷政变后旋即结束。当极端保守派和反动分子开始重塑在朝廷和政府的领导权后，对外关系中的务实方式也随之让位于激进举措。保守派的整顿措施给整个帝国都带来了影响。

北京发生的这些事件所带来的影响，清楚地表明清廷高层对反教和排外暴力所持态度的重要性。山东的一些地方官僚，也已经同情或者至少暗中默许此类排外行动，其他人则很快地学会了如墙头草一样顺势倒向北京的反动朝廷。更有甚者公开反对外人①，而大部分官员则在处理教案时仍抱有矛盾情结。总之，这里没有史料证明官方发动了大规模的排外运动，尽管时有持久且

---

① 美国公理会的博恒理在 1898 年末的夏津、高唐、茌平地区旅行中记录了这种态度的突变："旅途中小事不断，这显现出这股新生活的潮流已经停而不前了。"在夏津，"二皮脸"知县赵尔萃已经在任四年，且极为谦恭地给传教士寄送过"私人信函"，"现在却风头转向，竭力削弱我们日益隆盛的影响力"。赵本人撰写、印刷和发行一本十二页的小册子，"表述了各种危险的可能"。从博氏的如上引文可知，这些内容与前期一些煽动性的文献有很大程度上的相似。它们攻击西方宗教而不针对"西知"，尽管赵宣称"西方科学都发源于中国原理，只不过是被偷换和巧妙挥发了……就其在地球奥秘探索方面而言，他们确实远比我们聪明，但他们这样做仅是为了利益，工业技术的外表下蕴藏着野蛮……这些蛮人偷走了我们的技术原理；在我国只为寻找利益；他们目的是愚弄我民众，占领我们的土地，扰乱我们的律法和习俗"，转引自博恒理致 J·史密斯(J. Smith)函(1899 年 1 月 13 日，庞庄)，载《美国公理会华北差会记录》第 20 卷，档案号 192。

赵尔萃，汉军正蓝旗人，1895—1899 年任夏津知县。见《山东通志》卷六二，第 2130 页。

主教安治泰曾担心宫廷政变后教民会处于困难境遇，见其年度报告(1898 年 10 月 20 日，济宁)，载《天主之城》，第 22 卷第 5 期(1899 年)，第 273 页。

广泛的谣言存在,即慈禧太后曾下令消灭或驱逐西人。①

张汝梅在任山东巡抚期间,山东官僚大体采取和解方式处理对外关系,同时又试图抑制西人的文化和经济渗透。在温和的张汝梅被极端保守派毓贤于 1899 年 4 月取代前②,该省官员的态度并无变化。该新任命之后,先前于 1898 年末和 1899 年初因竭力抑制反教暴力的官员被革职或调离,那些因排外主义而指控革职的官员则又被重新录用。③ 另外,值得注意的是,毓贤的这次复职,正好与 1899 年春夏时节鲁西地区发生的第二波反教暴力活动同期。

然而,九月政变稍后不久发生在山东区第一次大规模的排外高峰,是由地方精英而不是省级大员发动的。其实,北京发生的一系列事件曾酝酿出的氛围,现在对鼓舞全国范围内的爱国主义和广泛排外的精英行动主义(Elite Activism)之发展至关重要。政府现在并不情愿继续采用和解政策来处理教务和其他对外关系,这也刺激了地方精英更为有力地回应传教士的统治地位和外国政治及经济的既定侵略。因此,恐惧和愤怒的融合,刺激了自

---

① 请注意,1898 年和 1899 年之交的暴力高涨期间,沂州府的大部分官员竭力保护教民和传教士,甚至有时置自我生命危险于不顾。见第九章。

② 关于对张汝梅的弹劾和调查,见《京报》1899 年 2 月 27 日,转引自《北华捷报》1899 年 12 月 18 日,第 1217—1218 页;《京报》1899 年 4 月 29 日,转引自《北华捷报》1900 年 1 月 10 日,第 54 页。张上达因受贿而被革职。同时,请注意李鸿章作为钦差大臣勘察山东黄河,在 1899 年 12 月 11 日到达济南,见《北华捷报》1898 年 12 月 19 日,第 1133 页。

③《北华捷报》1899 年 6 月 26 日,第 1155 页。一位在济南的美国长老会传教士言称:"慈禧太后的反动政策震惊了山东官场的亲外倾向分子。我听说近来官方任命的知县都坚决排外。"见韩维廉(W. B. Hamilton)文,载《长老会旌旗》(Presbyterian Banner),第 86 卷第 6 期(1899 年 7 月 27 日),第 11 页。关于毓贤明显的排外态度,也可见安治泰《年度报告》(1899 年 11 月,济宁),载《天主之城》,第 23 卷第 6 期(1900 年),第 275—276 页。

甲午中日战争后被大多抑制的各股排外骚动。① 在一些情况下，排斥任何类型"西学"的传统主义分子煽动了这些骚动，然而也有人之所以作出如上举动，是由于在中国政治和经济改革改革中利益损失惨重。此外，这些激进的改良计划，也被认作与传教士密切相关。② 因此，排外主义的掀起，在某种程度上也与这些对改良的回应有关。但矛盾的是，鲁东地区进步爱国的实业士绅，看起来组织或参与了第一波的排外暴力。在近代化进程以及扩大鲁中山区矿产投资上，他们受到挫折。他们在该省与拥有排它性经济特权的德国相比，处于弱势地位，所以有可能在抵抗外国的既定经济侵略上发挥了组织作用。③

义和团运动爆发前夕，经济帝国主义在山东区所产生的实质影响微不足道，严重的社会和经济错位主要源于该地长时期的内源性发展。外国调查者和工程师的活动，可能会给当地百姓心中带来猜疑、不稳定感和恐惧，但这些人并不是此后排外攻击的首要目标。④

---

① 柯文曾提出了四种类型的"真正"排外主义："激愤为中心""恐惧为中心""蔑视为中心"和"以自愧为中心"。但是，柯文认为，政治性的排外主义并不是真正的排外主义，它的首要功用是消灭满人统治阶层，见《在中国发现历史：中国中心观在美国的兴起》，第48—49页。

② 康有为与传教士的关系，见柯文《1900年以前的基督教传教活动及其影响》，第587—588页。

③ 小规模手工作业的民间煤矿经常招致麻烦，而李鸿章投资的产业（峄县煤矿和招远金矿）则免受官府的骚扰。

④ 笔者不认同胡永年的如下表述，即认为当外国调查者和工程师在内陆旅行时，"几乎会立即招致暴力的反应，这在本质上是排外和卢德式的（Luddite）"。见胡永年《龙与铁马：1876—1937年中国的铁路经济》（Ralph W. Huenemann, *The Dragon and the Iron Horse: The Economics of Railroads in China, 1876 - 1937* ），第59页。当确有攻击发生时，它们往往与具体的地方不满有关，比如与德国1899年夏以及此后铁路勘测有关的高密冲突。见维拉·施密特《1898—1914年德国在山东的铁路政策》，第102—103页。

事实上，大部分的传教士和教民，在 1898—1899 年间成为首要攻击对象。这些冲突源于分散的各式竞争性纷争，由于传教士的统治地位和教民的过分蛮横而加剧。如前文所述，在大多数中国文人脑海中，传教士的权力等同于外国的政治和军事侵略。尽管许多特定的反教事件起因于历时已久的地方性冲突，但传教士这个因素在其中也起到了重要作用。传教士（以及此后他们的护教者）设法淡化自己的责任，并把矛头转向有组织反教骚动的其他方面。1899 年 4 月，某圣言会神甫这样记述道：

> 鲁南地区迫害的产生，不应该在传教士和教民身上寻找原因，这根本就是一些报纸的误导。因为传教士向来谨慎行事，教民整体而言也属于良善。正是纯粹的排外主义给传教带来了困难。

作者谴责说，"宫廷政变"、德国对胶州湾的占领以及外国旅行者在寻找矿产时的轻率行为，则是这些麻烦的原因。①

当然，这些论断并非全无道理。但作者也有意忽略了传教士时有的侵略行为、在利用中国弱点上的渴求、鼓励外国干预地方教案、利用帝国主义之间的竞争。比如，安治泰主教总是看起来乐于寻找借口，把母国拖进因"宗教"事件而起的这潭浑水中。我们上文已经讨论，他间接参与了德国入侵胶州和山东的侵略图谋。胶州湾被占领后，似乎给传教事业的扩展提供了一个更好的前景，天主教和基督新教传教士都与德国在山东的

---

① 《中德骚乱》（"Zu den Unruhen in Deutsch-China"）（1899 年 4 月，鲁南），载《科隆人民报》（*Kölnische Volkszeitung*）1899 年 6 月 16 日。摘引自柏林外交署政治档案"中国 22"《1899—1922 年的胶澳租界和德国在山东的利益》，第 4 卷，A7281。

世俗活动摆脱不了干系。相反,一些人还热烈支持这一活动。直到九月政变之后,传教士才开始弱化与德国的关系,此时高涨的排外浪潮已经对传教工作产生了消极影响。特别是圣言会传教士,拒绝承认对反教民或传教士的暴力行动负有责任。但也就是在他们的记录中,可发现在 1895—1898 年间其依赖保教权所带来的权力,吸引了大量民众皈依,正是自己身上的这种机会主义、顽固不化和戾气疏离了中国普通百姓。而中国普通百姓也自然认为,外国世俗和宗教渗透两者间存在着强烈紧密的联系。① 时至九月政变之后,这个国家的政治新景象给了传统当权派重新掌权的机遇。

世俗帝国主义和宗教帝国主义两者之间不幸的纠葛,固然是1898 年末和 1899 年排外主义兴起的重要因素,但必须要注意的是,这也恰与下文讨论的第三次大饥荒同期。19 世纪 90 年代中期以来,山东区部分地区连遭严重歉收和其他灾害,这包括 1895年和 1897 年的鲁中山区。② 淮北平原的大片区域自 1897 年后也频遭灾害。③ 类似的是,黄河下游地区(济南下游)常年因决堤而遭

---

① 德国驻胶总督叶世克(Paul Jaeschke)也认为存在着这种联系,但也质疑宗教给德国在山东世俗利益的价值,见叶世克致铁毕子(Alfred Peter Friedrich von Tirpitz)函(1899 年 4 月 20 日,青岛),附于铁毕子致伯恩哈德·冯·比洛函(1899 年 6 月11 日,柏林),载柏林外交署政治档案"中国 22"《1899—1922 年的胶澳租界和德国在山东的利益》,第 4 卷。
② 1895 年沂州和青州地区因暴雨所导致的洪灾,见伊维廉(W. O. Elterich)文(1895年 8 月 19 日,沂州),载《教务杂志》,第 26 卷第 10 期(1895 年 10 月),第 497 页;1897 年蒙阴和莒州所爆发的斑疹伤寒和霍乱流行病,见《圣弥额尔历》1897 年,第206 辑。
③ 特别是沂州南部地区的小麦歉收,相关报道可见《北华捷报》1897 年 10 月 1 日,第617 页。1897 年鲁南和苏北地区大面积的歉收,见董师中文(1898 年 1 月 25 日),载《泽西信函》,第 17 卷第 2 期(1898 年 12 月),第 333—334 页。

受洪灾。① 19 世纪 90 年代华北平原每年都会发生洪灾,但根据资料所载,1898 年 8 月济南西南黄河堤坝决口所造成的危害最甚,甚至影响到了先前从未遭遇洪灾的地区。② 不过,需要注意的是,大雨在此时不仅给黄河流域带来了水灾,也同时影响了大部分的山东区。③

　　1898 年夏黄河水灾虽然惨烈,但并不能被视作此后鲁西地区爆发排外暴力的决定性动因。其实,甚至在 1899 年初,基督新

①《北华捷报》1895 年 8 月 30 日,第 344 页;李秉衡奏,《京报》1895 年 10 月 23 日,转引自《北华捷报》1896 年 1 月 10 日,第 48 页;蒲台、乐安和滨州的洪灾,见《北华捷报》1895 年 10 月 4 日,第 567 页。1895 年鲁西地区阳谷遭受的"滔天洪灾",见贺德满(August Horstmann)文,载《天主之城》,第 20 卷第 2 期(1897 年),第 38—39 页。安治泰的年度报告言称,有数百个村庄被洪水卷走,见安治泰(1895 年 10 月 15 日),载《耶稣心小使者报》,第 23 卷第 5 期(1896 年 2 月),第 36 页;也可见《天主之城》第 19 卷第 9 期(1896 年),第 174 页;韩宵镐:《战乱下的中国》,第 100 页。同时,洪水也摧毁了武定府的庄稼,见约翰·罗宾逊(John Robinson)文(1895 年 4 月 25 日,朱家寨),载《禾场拾穗》,第 3 卷第 33 期(1895 年 7 月),第 460 页。大运河堤坝决口,从而淹没了临清的北部和西部地区,见《临清通讯》1895 年 12 月 20 日,载《北华捷报》1896 年 1 月 27 日,第 84 页。1895 年 11 月 11 日,来自庞庄的报告称恩县秋作物歉收,见《京津泰晤士报》1895 年 11 月 23 日,第 359 页。
② 方法敛:《黄河水患》(Frank Herring Chalfant, "The Yellow River Floods"),载《北华捷报》1898 年 12 月 12 日,第 1081 页,这份材料带有洪灾区地图;也可见《青州通讯》1898 年 9 月 3 日,载《北华捷报》1898 年 9 月 26 日,第 583、585 页;《大清德宗景(光绪)实录》卷四二三,第 7 页上—7 页下。
　　安治泰报告说,鲁西的 33 个县区遭灭顶之灾,形成一个巨大的礁湖。张汝梅告诉安氏这是四十年来最为严重的洪灾。见安治泰(1898 年 9 月 3 日,济南),载《耶稣心小使者报》,第 26 卷第 3 期(1898 年 12 月),第 38 页;安治泰文《年度报告》(1898 年 10 月 20 日,济宁),载《天主之城》,第 22 卷第 5 期(1899 年),第 227 页。请注意在这次大洪灾之前,就有报道称鲁西北地区已遭受大面积的小麦歉收,见《临清通讯》1898 年 6 月 10 日,载《北华捷报》1898 年 6 月 27 日,第 1113 页。1898 年 10 月 25 日,一份发自潍县(山东)的报告,如实记录道:"今年洪水的特点在于它淹没了许多远非泛区的区域,因此许多殷实的村落也遭摧毁,贫富人家均未能幸免于难。"见《北华捷报》1898 年 11 月 7 日,第 858 页。
③ 济宁地区的洪灾(影响了范县、郓城、寿张、汶上、东平、济宁和鱼台等县),如下期刊对此有报道:《耶稣心小使者报》,第 26 卷(1899),增刊 4,第 62 页;薛田资(1898 年 8 月 16 日,张家庄),载《天主之城》,第 22 卷第 8 期(1899 年),第 362 页。鲁中山区和淮北平原尤其是徐州府洪灾的相关资料,见如下著述:蓝文田《中国的教区:徐州》I,第 223 页;《苏北通讯》1898 年 3 月 29 日,载《北华捷报》1898 年 4 月 18 日,第 660 页;《宿迁通讯》1898 年 4 月 21 日,载《北华捷报》1898 年 5 月 9 日,第 795 页;(转下页)

教传教士已在济南下游地区忙于赈灾事工,而山东区其他地方此时已开始组织了反教攻击。①更重要的地方在于,大部分的山东区刚遭受洪水浸没,持久且广泛的旱灾又随后而至,在与其他因素中和后,便酿成了极易触发暴力的潜势。鲁中山区在 1898 年夏末最早上报了这场持久性旱灾②,这点非常重要,这是因为也正是该地在九月政变后,爆发了第一波有组织的排外暴力行动。1898 年末,淮北平原也遭受一场毁灭性的旱灾。③ 1899 年年底,几乎所有的山东区甚至是山东半岛,都因长期缺少降水而遭受旱灾。④

（接上页）《沂州通讯》1898 年 10 月 3 日,载《北华捷报》1898 年 10 月 24 日,第 771 页;董师中文(1898 年 3 月 28 日和 4 月 7 日,张山镇),载《泽西信函》,第 17 卷第 2 期(1898 年 12 月),第 335 页。皖北地区的受灾情况,见董师中文(1898 年 3 月末,太和),载《泽西信函》,第 17 卷第 2 期(1898 年 12 月),第 335—336 页。

① 浸礼会的聂德华(E. C. Nickalls)曾救济来自寿丘、齐东、邹平、高苑、博兴等地的灾民,圣道公会传教士在武定府也做了同样事工。见聂德华(1899 年 3 月 22 日)文,载《北华捷报》1899 年 4 月 17 日,第 686 页;林先生和法思远的相关工作,出处同上,第 686—687。林仰山(F. S. Drake)曾组织 5600 人从事赈灾事工,如铺建堤道、修筑堤坝、加深河床以及修缮桥梁等事工,见《传教士先驱报》(1900 年 5 月,伦敦),第 227—228 页。法思远劝说地方官员在博兴县开展类似事工,出处同上,第 217 页。

② 布恩溥(1899 年 5 月 5 日,沂州),载《天主之城》,第 23 卷第 4 期(1900 年),第 184 页;佛尔白(1899 年 5 月 2 日),载《耶稣心小使者报》第 27 卷第 3 期(1899 年 11 月),第 19 页;佛尔白(1899 年 6 月 22 日,蒙阴),载《天主之城》第 23 卷第 2 期(1900 年),第 74—76 页;恩格礼(Christoph Nägler)致杨生函(1899 年 8 月 20 日,沂水),载《耶稣心小使者报》,第 27 卷第 4 期(1900 年 1 月),第 48 页;伯义思文,载《十字与剑》(Kreuz und Schwert),第 8 卷第 11 期(1900 年),第 282 页。关于滕州和峄县的旱灾,见魏若望致杨生函(1899 年 5 月 27 日),载《耶稣心小使者报》,第 27 卷第 7 期(1900 年 4 月),第 91 页。

③ 舒复礼(Jean-Marie Chevalier)致姚宗李(Prosper Paris)函(1899 年 6 月 22 日,安徽泗河),载《泽西信函》,第 19 卷第 1 期(1900 年),第 37—38 页。

④ 参见如下著述:浦安纳(Anna S. Pruitt)文(1899 年 10 月 4 日,黄县)载《海外传教杂志》,第 50 卷第 6 期(1899 年 12 月),第 208 页;伊维廉致布朗函(1899 年 12 月 8 日),美国宾州长老会历史协会:《美国北长老会海外布道部档案之中国部分》,第 45 卷第 3 册,文件号 46;伊维廉致布朗函(1899 年 12 月 23 日,烟台),出处同上,档案号 51;《济南通讯》1899 年 6 月 5 日,载《北华捷报》1899 年 6 月 26 日,第 1155 页;《传教士先驱报》(1900 年 5 月,伦敦),第 220 页;《青州通讯》1899 年 5 月 2 日,载《北华捷报》1899 年 5 月 29 日,第 959 页。

　　传教士期刊和中国沿海地区报纸,满版充斥着对大饥荒的报道。在许多地区,耕地因过于僵硬而不能犁地和施肥。[1] 土地被廉价出售,但还是很难寻觅到买主[2],就连农村地区一些较为殷实的人家也开始挨饿。[3] 我们手头得到的对人类悲恸最为恐怖的描述,来自皖北地区。比如,一位在蒙城的耶稣会神甫观察到,在城里已有许多民众等待死亡的来临,那些已经去世和奄奄一息的人都被拖到城墙外喂狗了,而"傲慢的士绅"则以此为乐。[4]

　　有人坐以待毙,也有人转而借助各种生存策略。饥民结成丐帮在路上讨饭,并跑到镇江、北京和东北等地聚集等待救济。[5] 在一些灾区,传教士和地方官员确实提供了一些救济,但对大部分区域而言,此类帮助还远未到位。在滕县,该县知县允许饥民从当地饼店拿取食物,当店主关门后,这些穷人又把手伸向富

---

① 董师中致姚宗李函(1899 年 5 月 16 日,宿迁),载《泽西信函》,第 19 卷第 1 期(1900 年 1 月),第 42 页;佛尔白文(1899 年 6 月 22 日,蒙阴),载《天主之城》,第 23 卷第 2 期(1900 年),第74 页。

② 江神甫(Raoul-Marie Beaugendre)文(1899 年 4 月 2 日,太和),载《泽西信函》,第 19 卷第 1 期(1900 年 1 月),第 40 页。

③ 佛尔白(1898 年 9 月初,蒙阴)文,载《十字与剑》,第 8 卷第 6 期(1899/1900),第 149 页。

④ 聂思聪(Joseph Dannic)致顾洪义(Joseph Ducoux)函(1899 年 6 月 5 日,蒙城),载《泽西信函》,第 19 卷第 1 期(1900 年 1 月),第 19—20 页。也有来自亳州和涡阳的类似恐怖描述,见江神甫文(1899 年 4 月 2 日,太和),载《泽西信函》,第 19 卷第 1 期(1900 年 1 月),第 39—40 页。

⑤ 来自徐州府和鲁南地区饥民在镇江的救济请求,见吕承望(Joseph Bastard)致鲍伯尔(Gabriel de Beaurepaire)函(1898 年 5 月 17 日),载《泽西信函》,第 17 卷第 2 期(1898 年 12 月),第 337 页;陆凯氏(Ida Carey Lawton)文,载《海外传教杂志》,第 49 卷第 11 期(1899 年 5 月),第 389—390 页;《北华捷报》报道了京城的山东饥民,见《北华捷报》1899 年 3 月 6 日,第 369 页。关于农民、手工业者甚至道士从鲁东向东北的迁徙,见伊维廉致布朗函(1899 年 12 月 23 日,烟台),载美国宾州长老会历史协会《美国北长老会海外布道部档案之中国部分》,第 41 卷第 3 册,文件号 51。

人。① 类似的是,"沂水知县在告示中,劝诫富人与穷人共同分享存粮。这是允许公开抢夺的信号,所以当知县旋即撤回该指令时,就已经太晚了"。② 其他地方的知县厘定较低的粮价,以避免那些发难民财的贪婪富人对穷人的盘剥。此外,难民们也开始采用自己的方式进行自救:

> 这些投机商有时也要被一些更为极端的措施所威胁,即被迫放贷。一些地方已经出现了这种生存策略。饥民使用武力寻找有富足存粮的大地主。如果这个大地主同意借钱,那么平安无事。土地作为贷款担保转接给地主。随后两方签订借条,标明金额以及偿还日期。但是谁若拒绝要求,便会惹火上身。③

也有富人以高价售粮,并强迫穷人出售最后一份薄田来获得暂时的口粮,而穷人也多报复和偷盗这些毫无人性的地主。④ 特别是在传统竞争性暴力盛行的区域,富裕的屯粮者更是成了粮食暴动的目标。此外,就如本书第三章所述,在这段持久的大饥荒时期,掠夺性活动的普遍增长随处可见。⑤ 换言之,这种对持续

---

① ④ 佛尔白文(1899 年 5 月 2 日,济宁),载《耶稣心小使者报》,第 27 卷第 2 期(1899 年 11 月),第 20 页。

② 佛尔白文(1899 年 6 月 22 日,蒙阴),载《天主之城》,第 23 卷第 2 期(1900 年),第 74—76 页。

③ 董师中文(1898 年 3 月末,太和),载《泽西信函》,第 17 卷第 2 期(1898 年 12 月),第 335—336 页。

⑤ 见如下著述:白藻泰(G. G. S. de Bezaure)致毕盛(Stephan-Jean-Marie Pichon)函(1898 年 8 月 11 日,上海),载法国外交部南特档案中心《法国驻北京公使馆档案》,第 14 箱,档案号 93;安治泰致海靖(1898 年 9 月 2 日,济南),载柏林联邦档案馆《外交部卷宗之驻华使馆报告》,327/144;禄是遒文(1899 年 2 月 17 日,马井),载《泽西信函》,第 19 卷第 1 期(1900 年 1 月),第 48 页。佛尔白言及争斗和词讼的蔓延,"抢劫杀人更是普遍的不值一提"。见佛尔白文(1899 年 6 月 22 日,蒙阴),载《天主之城》,第 23 卷第 2 期(1900 年),第 74—76 页。在滕州和峄县也发生类似情况,相关报告见魏若望致杨生函(1899 年 5 月 27 日),载《耶稣心小使者报》,第 27 卷第 7 期(1900 年 4 月),第 91 页。

饥馑的普遍性反应,对既定社会秩序构成严重挑战。"造反"谣言四起[1],团练力量被再次组织起来应对可能要爆发的民众骚乱。[2] 其实,一位传教士对此言之凿凿,断言 1898 年末和 1899 年初颇具破坏性的(但不是排外的)涡阳起义,是皖北五年旱灾所带来的结果。[3]

考虑到地方精英遭受普遍性攻击的可能性之增强,他们竭力将攻击的焦点转嫁到教民和传教士身上也有较大可能。而新近发生的生态危机又正值外国侵略的深化、传教士的统治地位和教民的蛮横时期,因此,大批中国统治阶层有了把侵略性的生存策略有效地引导到反教以至最终排外骚动的时机。虽然有些传教士的陈述并非一定可靠,但还是很有意思地发现某圣言会神甫在 1899 年夏也发表了类似推理。不过,他断言说,衙门是这次风头转向的发起者,并认为官府把歉收、水灾和旱灾视作王朝的威胁:

> 因此,官府设法把灾祸转移到教民身上……它煽动排外主义,把(外国人)描述为王朝政治不幸的根源并嫁祸教民……教民先被抢劫,这是因为官府把他们定性为不法分子;饥荒促使(百姓)去抢劫和掠夺。只要饥荒延续,重塑和平年代就根本没有希望,除非中国政府改弦更张。[4]

---

[1] 佛尔白文(1899 年 5 月 2 日,济宁),载《耶稣心小使者报》,第 27 卷第 3 期(1899 年 11 月),第 20 页。

[2] 董师中文(1898 年 3 月末,太和),载《泽西信函》,第 17 卷第 2 期(1898 年 12 月),第 335—336 页。

[3] 江神甫文(1899 年 1 月 22 日,亳州),载《泽西信函》,第 18 卷第 1 期(1899 年 6 月),第 39 页。在旱灾和社会动乱的关系上,如同一个传教士所述,在沂州地区降水之后,"民情浮动"已经不再明显了。见《沂州通讯》1899 年 7 月 4 日,载《北华捷报》1899 年 7 月 24 日,第 170 页。

[4] 佛尔白文(1899 年 6 月 22 日,蒙阴),载《天主之城》,第 23 卷第 2 期(1900),第 75 页。

笔者在此要提醒的是，教民因其特权和受保护地位，而较易获取资源。正如上文所述，危机时期，常有以"分粮"的要求去袭击较富有的非教徒乡村精英。而在 1898 年末后，对教民的攻击也同样含有"分粮"的要求。事实上，1898—1899 年间反教运动的最显著特点之一就是基本没有导致人员伤亡。颇为激进的饥民的首要目标，是获得维持生存的物质资源。

因此，这里可以自然得出结论，即教民成为这起自然灾荒的替罪羊。在危机时期，他们很容易被定义为一个独特的群体。特别是他们拒绝参与祈雨仪式，这必然煽动了地方对基督宗教的敌意。此外，传统民众对传教士是可疑黑暗魔力的普遍性恐慌，现在被重新诱发并利用。1899 年夏，谣言开始在华北平原大范围流传，即教民往水井投毒，这给遭受持续旱灾的地区酿造出一种真正的爆炸性局势（见第十章）。

因此，1898 年末的危机时期和内外环境的粘合，给山东区各地各阶层提供了为百姓和精英锻造共同关注点的机会，并最终导致 1899—1900 年间有组织的反教和排外运动的爆发。但在本书第九和第十两章详述这个发展路径之前，有必要追溯甲午中日战争后山东区新型军事化集体的起源过程。

第七章 大刀会

19世纪90年代,鲁西出现的新型军事化联村组织,通常被视作义和团运动的前身。其中,最重要的是活跃在鲁豫苏三省交界区的大刀会(Big Sword Society)和直东交界地临清的义和拳(Righteous Harmony Boxers)。但是,这些组织是如何及在何种程度上最终归结为义和团运动,长期以来引起了较大的学术争论。更为复杂的是,近年兴起另外一种学术观点,即认为义和团并非源自以上两个组织,而是从一个第三方且可能没有关联的组织——1898—1899年活跃在鲁西北的神拳(Spirit Boxers)——发展而来,而该组织所在区域向来没有发生竞争性暴力的传统。此外,也有一些学者认为规模遍及各地但学界甚少研究的红拳(Red Fists),也可能是义和团的一个前身或组织源流。

关于这个多元集合体是否为秘密教门,或者是秘密结社抑或官方批准的自卫组织,学界也存在着较大分歧。由于一些会社在名谓、宗教仪式和武术技巧抑或刀枪不入之术的运用上,都与18世纪末和19世纪初的民间教门有相似之处,所以有学者坚持认为,义和团与白莲教和(或)八卦教存在着组织上的关联。但其他研究者反对义和团及其前身源自白莲教的论点,并断言应属于

19 世纪晚期经官方批准且扩散迅猛的团练。①

本书自然不是研究义和团运动史,而是把学术关怀更多地放在 19 世纪晚期华北特定区域发生的乡村动乱本质上。因此,本章及余下章节的首要目标,即是在传统集体暴力的环境下,考察大刀会和义和拳以及它们的反教活动。毕竟,出现这些组织的区域,因长期的社会冲突而恶名在外。以上评述的目的,在于提醒读者们注意一些义和团运动史上的重要学术争议论点。本书研究也许会顺带这些争议的相关信息,但限于研究篇幅,对相关例证不做进一步的深入阐述。

一、大刀会的早期活动

对于 19 世纪 90 年代的外国传教士和中国官员而言,大刀会是第一个引起他们注意的新型武装化集体。尽管大刀会因 1896 年反教袭击而恶名远扬,但它起初是作为一种新型的自卫组织来抵御曹县地区——"教门的真正发源地"——日益发展的掠夺活动。② 如第三章所述,这片动荡的边缘地带向来是盗匪的出没之所,而匪帮在 19 世纪 90 年代初期已有显著增加。中日战争期间,绿营和勇营从内地外调抵御外来侵略,大规模的盗匪活动对

---

① 对义和团起源和复杂本质不同观点的评述,见路遥《论义和团的组织源流》,载《义和团运动史讨论文集》,第 65—66 页。关于中国学界的更多学术争鸣,也可参见 1982 年出版的《义和团运动史讨论文集》。整体而言,在该论点上虽然争议热烈但无太多实质内容,不过该集子也确实收录了一些有意思且比较开化的观点。支持白莲教起源说年龄较长的支持者如谭春林(Chester Tan)、巴素(Victor Purcell)和范文澜;提出乡团说的是施达格(George N. Steiger)和戴玄之。周锡瑞提出了全新且更有说服力的解释,见其著《义和团运动的起源》;关于大刀会的论述,见该著第四章《大刀会》。

② 佛尔白:《义和团历史的回顾》,第 14 页。

华北平原复杂边缘地带下的乡村民众,构成了空前的威胁。因此,大刀会是在官军撤出的情况下建立的,以此填补保护上的真空状态。①

作为**非常规**的自卫力量,大刀会的早期活动仍然神秘莫测,因为这段史实极为支离破碎。但是,当官府文函首次提及其活动时,它们便引起了争议。它们存在的早期阶段,通常被人称作金钟罩(Golden Bell)。1895 年 3 月 29 日的谕令,是首次提到这种集体组织的文献。该文献涉及监察御史管廷献的奏折,事关曹州以段瞎子为首的杆匪造成动乱一事。同时,该御史也提到了金钟罩(或名铁布衫)也在召集信徒,而且看起来比盗匪更为危险。②因此,巡抚李秉衡遂奉命设法驱散金钟罩信徒。③

不久,曹州知府毓贤拟禀文上报鲁豫边界区域剿匪事宜。关于会匪,他只是简单说到这仅是"匪徒"而已,这些人在当年(1895年 1 月 26 日至 2 月 24 日)正月(农历)从外地潜入本地宣传教义。他们操习气功和魔力之术,据称可以刀枪不入。知府发出严厉禁令和指令,缉拿宣传铁布衫教义的民众。他称也曾耳闻曹、单两地的金钟罩和大刀会。④ 看起来毓贤误把它当作同时活跃

---

① 安治泰:《年度报告》(1895 年 8 月 15 日,济宁),载《耶稣心小使者报》,第 23 卷第 5
期(1896 年 2 月),第 35—36 页。

② 《大清德宗景(光绪)实录》卷三六三,第 4 页上—4 页下。也可参见李秉衡《李忠节
公奏议》卷一,第 610—611 页。
　在 1899—1900 年莒州反教暴力中,管廷献的威信可与山东本地官员相比。参
见本书第九章。

③ 《大清德宗景(光绪)实录》卷三六三,第 4 页下。

④ 见李秉衡奏,光绪二十一年五月十八日(1895 年 6 月 10 日),载《李忠节公奏议》卷一,
第 650 页。其他资料也显示出铁布衫或金钟罩出现在 1894 年,比如,可参见徐州道
阮祖棠 1896 年的禀文,见《教务教案档》第六辑(1),第 179 件,第 150 页。然而,请注
意阮氏曾于 1896 年 4 月署理道台一职,并批评了 1895 年发生在山东的一起教
案——这超出了他的管辖范围。见蓝文田《中国的教区:徐州》I,第 184 页。1894 年
起源说,也可见薛田资《在孔夫子的家乡》,第 232 页。

在曹、单二地两股不同的会匪组织。传教士此后的记录，也偶然提到这两股独立但又有着合作的组织之存在。[1] 最先提到金钟罩的传教士，是来自单县的圣言会传教士韩甯镐。他在 1895 的年报告中，肯定这个"教派"出现于甲午中日战争期间。[2]

当然，曹-单的这个组织是否为一个宗教教派，确实值得商榷。如本书第四章所示，金钟罩的武社其实在 1800 年左右就已存在。但是，它们并非均与激进的"禅定派"有所联系。换言之，19 世纪初，金钟罩门徒并非一定加入教门组织。至该世纪末，拳社门徒和民间秘密教门存在联系的可能性就微乎其微了。

当然，见识金钟罩入会仪式和刀枪不入法术的圣言会传教士，也注意到了这些行家显然不是在宣传异端教义（这与盘踞该省的其他诸教门不同）。新信徒入门后，要给师傅孝敬一定费用。[3] 此后，在头三天的"学习期"里，新门徒需要在佛像面前祭奉供品。[4] 在一张红纸上写上符箓并焚烧成灰，再把灰烬

---

[1] 韩甯镐（1896 年 2 月 23 日，单县），载《耶稣心小使者报》，第 23 卷第 11 期（1896 年 8 月），第 83 页；《晋源西报》(*Shanghai Courier and China Gazette*)1896 年 7 月 3 日，转引自《德文新报》1896 年 7 月 10 日，第 932 页。这些资料都是用金龙罩这个名称，英译为"Splendour of the Golden Dragon"。

[2] 韩甯镐：《战乱下的中国》，第 99—100 页。

[3] 韩甯镐（1896 年 2 月 23 日，单县），载《耶稣心小使者报》，第 23 卷第 11 期（1896 年 8 月），第 83 页。韩氏言称会费大概是 5 马克。圣言会的伯义思也亲身观察了成武县一个小村子的金钟罩仪式，因为他的教会紧邻后者的集会地点。见伯义思《风暴来袭》(Buis,"Vor dem Sturme")，载《耶稣心小使者报》，第 24 卷第 3 期（1896 年 12 月），第 21 页。

[4] 海司：《山东与德属中国——1898 年从胶澳租借地到中国圣地和从扬子江到北京之旅》，第 246 页。至于这些信徒是否信奉佛教，有待进一步的考察。苏北某耶稣会士此后的记录言称大刀会崇拜"天地主宰"，见徐劼文（1905 年 1 月 8 日），载《中国关系》1908 年 7 月，第 143 页。中国研究者发现单县大刀会崇拜流行的神祇如真武神（True Martial God），以及该教门的祖师爷。见《山东义和团调查资料选编》，第 1、17 页。

放进盛着热水的碗里。上香之后,开始在佛祖面前叩首三次,然后喝掉这碗混合物。这时候,他将会被传习刀枪不入咒语,这个简单的咒语能够使他如钢铁一样强壮。这个咒语不能泄露给无关人员,甚至包括自己的父亲。仪式以用砖块拍击胸部、手臂、腿部和前额告终。此后,所有的门徒每日操习,要用锋利的刀刃插进自己的身体。韩甯镐言称,他听到了一些人重伤自己的事例。尽管有此意外发生,金钟罩仍然继续发展。①

坚持认为大刀会来源于 18 世纪八卦教支流的中国学者,认定曹县金钟罩是在白莲教和坎卦派双重教门信徒的帮助下建立而来。② 但关于这个人的具体信息还很少。曹、单和成武三知县在 1896 年春的联名禀文中,只是简单提到大刀会会首曾"遇见一位游方道士,其名不详,精通金钟罩之术"。③ 按照韩甯镐所言,刀枪不入之法术是来自莘县的一位神秘老人传入的。④ 但直至 1898 年,才出现金钟罩刀枪不入之术传播者的姓名。那时,副主教福若瑟得知大刀会的创立者名叫赵天古。赵已有 70 高龄,据

---

① 韩甯镐(1896 年 2 月 23 日,单县),载《耶稣心小使者报》,第 23 卷第 11 期(1896 年 8 月),第 83 页。也可参见韩甯镐《战乱下的中国》,第 99—100 页。徐州道台记述咒语是写在白纸上。见《教务教案档》第六辑(1),第 179 件,第 151 页。对 1900 年后大刀会仪式的描述,见艾蒂安(1905 年 1 月 8 日),载《中国关系》1908 年 7 月,第 143 页。也可见《山东义和团调查资料选编》,第 16 页。

② 路遥:《论义和团的组织源流》,载《义和团运动史讨论文集》,第 67 页。

③ 关于这份联合禀文,见李秉衡奏,光绪二十二年五月十二日(1896 年 6 月 22 日),载《教务教案档》第六辑(1),第 172 件,第 143 页。

④ 韩甯镐(1896 年 2 月 23 日,单县),载《耶稣心小使者报》,第 23 卷第 11 期(1896 年 8 月),第 83 页;佛尔白:《义和团历史的回顾》,第 14 页。请注意莘县与阳谷县搭界(见下文)。

说是阳谷县人。① 其他确凿信息可见山东口述史项目中的记载。受访对象回忆说，金钟罩之术由一个名叫赵金环的白莲教教徒引介到鲁西南地区，这个人来自（直隶）河间府一个叫白莲池的地方。他经阳谷县来到山东（曹县）烧饼刘庄，并作为该村望人刘士端的武术师傅而定居此地。②

我们可以相当确定，赵天吉和赵金环实为一人。此外，中国历史学家金冲及论说，赵氏虽有白莲教背景，但是"教师是来教练刀的，而不是来传教的。大刀会并不因此成为白莲教的组织"。③ 金氏的这种论断，使我们想起了数年前敦士（Émile Dunstheimer）在义和团运动史上的重要观点。他提醒我们，应该对政治武装组织的领导人和这种"巫术"师傅作出关键性的区

---

① 福若瑟致海靖函（1898 年 1 月 10 日，济宁），载柏林联邦档案馆《外交部卷宗之驻华使馆报告》，326/278；海靖致总理衙门草函（1898 年 1 月 27 日），出处同上，326/279—281。如上信息是偶然在奥地利旅行者海司在 1898 年走访鲁南的记录中发现的，见海司《山东与德属中国——1898 年从胶澳租借地到中国圣地和从扬子江到北京之旅》，第 247 页。

也可见薛田资不太准确的翻译，言称赵天吉从湖北把这个法术带至该地，因此他试图在大刀会和哥老会之间寻找联系。也可参见薛田资文，载《环球》(Globus)，第 79 卷第 1 期（1901 年 1 月 3 日），第 10 页。关于大刀会与哥老会的所谓联系，见《晋源西报》1896 年 7 月 3 日，转引自《德文新报》1896 年 7 月 10 日，第 932 页。

非常有意思的是，一个名叫周玉仙的湖北人和"一个教习防身术和医术的游方拳师"于 1874 年在江西成立一所"拳会"，并密谋叛乱。见《京报》1874 年 12 月 18 日，转引自《北华捷报》1875 年 1 月 14 日，第 28 页。

② 《山东义和团调查资料选编》，第 1、6 页。一位受访对象言称，赵天吉在世纪中期白莲教叛乱后来到刘庄，向刘士端传授金钟罩法术，并干了几年的农活。当大刀会成立时，赵曾暂时回到曹县。同上书，第 7—8 页。也可参见路遥《论义和团的组织源流》，载《义和团运动史讨论文集》，第 67 页；金冲及《义和拳和白莲教的关系》，载《义和团运动史讨论文集》，第 29—30 页。

③ 金冲及《义和拳和白莲教的关系》，载《义和团运动史讨论文集》，第 30 页。在这点上，安治泰认为大刀会曾从被禁的白莲教招募会众，我们应抱有怀疑的态度。见安治泰致绅珂函（1896 年 3 月 13 日，济宁），载柏林联邦档案馆《外交部卷宗之驻华使馆报告》，325/232。

分。① 这种双重的领导体制，即从外地来的游方拳师和行使实际权力的本地领导人，是鲁西南地区大刀会的另一特色。

当地精英，是大刀会的真正会首。前文提到的青堌集附近（当时属于曹县，见地图四）刘庄的刘士端，是当时的首领。一些受访对象告诉山东的调查者，刘士端拥有 40 亩土地，或者达 100 亩之多。该人接受过庠序教育，并获得监生功名。② 单县西曹楼的曹得礼是该村的二号人物，拥有 33 亩土地，另有 50—60 亩的说法。据称他的叔叔拥有的土地达 300 亩之多。③（单县东南）大李庄的要首彭桂林也拥有超过 100 亩的土地。④ 根据多方资料可知，大刀会的会首有着富农或者是小地主的背景，没有人具有大地主或者是上层士绅的身份。因此，这些会首不属于地方传统精英网络。但是，这种背景倾向于支持这样一种观点，即大刀会的成立初衷是保护乡村社会中富有阶层的利益。不过，在多数乡村集体措施中，领导者希望整个社群都支持地方保护组织，而且建有大刀会的诸多村落都有强制入会的要求。所以，以普通百姓为基础的大刀会，其会徒也有一部分来自贫困农户家庭中的年轻男丁。⑤

金钟罩在曹-单地区的出现，首要是回应中日战争期间复杂边界区极不稳定的状况。一位传教士这样记述道：

---

① 敦士：《中文文本里的义和团运动的宗教与巫术》（G. G. H. Dunstheimer, "Religion et magie dans le mouvement de Boxeur"），第 356 页。
②《山东义和团调查资料选编》，第 1、6、8 页；《教务教案档》第 6 辑（1），第 144 页。由于身居"教派"会首位置，他把其土地从数亩扩大到 800 亩之多。见韩甯镐文（1896 年 2 月 23 日，单县），载《耶稣心小使者报》，第 23 卷第 11 期（1896 年 8 月），第 83 页；也可见佛尔白《义和团历史的回顾》。
③《山东义和团调查资料选编》，第 8—9 页。
④ 同上书，第 28 页。
⑤ 在《山东义和团调查资料选编》一书中，多位受访对象对该论断进行了证实。

这个组织是在战争期间出现的,当时曹州府的秩序较为松懈,盗匪威胁着这里太平农户的人身和财产安全。其中的富裕阶层把这个教派视作对抗盗匪的强固堡垒,而且是当时形势下的紧需。①

匪帮通常装备精良,也拥有越来越多的外国枪支。从另一个角度而言,包括金钟罩在内的地方自卫组织只装备传统兵器:大部分是独特的红缨长矛(标枪),或者是不常见的长柄刀(大刀)。② 通过学习刀枪不入之术,乡村居民因此获得了一种实效且低廉的手段来应对盗匪的技术优势:"这样,他们完全相信刀枪不入之术。当枪支冲他们开火时,子弹不会出膛且会像豌豆一样掉出来。"③换句说法,巫术具有实用的功能价值。使用刀枪不入仪式——特定的咒语秘而不宣——以及符咒,诵念咒语并吞服符箓,这些都是把大刀会塑造为一个强力非正规但公开的集体护卫组织的重要手段。没有任何迹象表明,大刀会曾经或有意发展为异端教门运动,尽管有传教士做出过如上定义。

1895 年初,刘士端的手下展现了这种新建力量,当时他们击溃了一些主要匪帮。某外国观察者这样描述了这起成功:

在第一场战斗中,山东最恐怖的土匪岳二米子——有数百盗匪匪帮的头目,被分散在四处的教派们击毙了,其随众

---

① 韩甯镐文(1896 年 2 月 23 日,单县),载《耶稣心小使者报》,第 23 卷第 11 期(1896年 8 月),第 83 页;也可见本书第三章和第六章,详细论述了 1895 年头几个月的动荡局面。
② 韩甯镐:《战乱下的中国》,第 99—100 页;韩甯镐(1896 年 2 月 23 日,单县),载《耶稣心小使者报》,第 23 卷第 11 期(1896 年 8 月),第 83—84 页;也可参见海司《山东与德属中国——1898 年从胶澳租借地到中国圣地和从扬子江到北京之旅》,第 246 页。
③ 伯义思:《风暴来袭》,载《耶稣心小使者报》,第 24 卷第 3 期(1896 年 12 月),第22 页。

也如鸟兽散。金钟罩在这个和其他类似幸运的小规模战斗中,赢得了名声,很快获得极高威望,甚至受到上层阶层的追捧。通过信徒(在"教门的")这个身份,老百姓可以获得保护从而免受盗匪侵害。当某信徒外出时,他会随身携带一支红枪;也有信徒把红枪放在自家屋外,很惊奇的是,盗匪只要发现这个标志便不会去打扰。甚至还有地方官因军事力量不足,前去拜会金钟罩寻求帮助,以便控制盗匪。①

山东口述史项目中的数位受访对象证实,大刀会曾击溃了岳二米子、段二瞎子等为首的匪帮。② 当时的中国官方文献中也提到了这些匪帮被击败一事(见第三章),只是说是豫鲁联营剿杀了岳二米子。没有一份官方报告提到甚至暗示大刀会参与了这起镇压行动。③ 但就在一年之后,时势发生巨变,地方官员不得不泄露实情。在解释大刀会为何在 1896 年——同教民的斗争中——依旧积极活动时,地方官承认大刀会曾协助过团总捕获诸多要匪,并把后者扭送到官府。他们进而言称,村民们习武是出于自保目的。④ 甚至据传连曹州知府毓贤——我们在第三章已经提到该人在剿匪立场上比较坚定——在 1895 年头几个月也依赖大刀会的支持。⑤

据韩甯镐所言,当时有谣言宣称,在中日战争期间,大刀会的

---

① 海司:《山东与德属中国——1898 年从胶澳租借地到中国圣地和从扬子江到北京之旅》,第 246 页。韩甯镐在文章中也提到了击溃岳二米子一事,见韩甯镐《战乱下的中国》,第 99—100 页。岳二米子的大本营是在瓦房庙。

②《山东义和团调查资料选编》,第 1、7—8、20—21 页。

③《京报》1895 年 5 月 12 日,转引自《北华捷报》1895 年 7 月 12 日,第 60 页。

④ 曹、单和成武三县知县的联合禀文,《教务教案档》第 6 辑(1),第 172 件,第 144 页。徐州道台阮祖棠的禀文,附于刘坤一奏,光绪二十二年六月十八日(1896 年 7 月 28 日),载《教务教案档》第 6 辑(1),第 179 件,第 151 页。

⑤ 阮祖棠禀,出处同上,第 150—151 页。

大师兄刘士端奉命前去给清兵传授刀枪不入之术,使他们在对日战斗中更富效率。也有人说刘在表演这个技巧时并不顺利,一把剑割伤了自己的手臂。尽管遇上了这种挫折,据说刘士端还是凯旋返乡,也到处传播着皇帝赏赐给他顶戴的消息。"举行了庆典和大戏。这个组织因此获得了官方认可,并以更快的速度发展。"①

尽管金钟罩的首要功能是作为集体护卫组织,效忠于曹、单和成武县的特定富有阶层,但是它们仍明显地与鲁豫苏三省交界区的掠夺组织有着合作。这从圣言会传教士的如下记录中可以管窥出:"盗匪和秘密教派**原来有着兄弟般的合作**,但最终还是走向分裂了。单县知县指令金钟罩弟子和团练合作辑匪。这些人不敢拒绝,因此与盗匪们一刀两断。"②一道中国官员的禀文,也同样暗示出刘士端可能和匪帮联手在 1895 年 3 月 16 日袭击了河南(睢州)王桥。③ 在这种高度竞争的环境下,金钟罩组织应该利用自己的力量保护本地社群,同时从别的社群猎取稀缺资源,对此并不应该感到奇怪。在动乱的华北多元边界区域,这也是激烈斗争的生存手段之一。

1895 年春,地方官已经没有能力控制金钟罩的活动,遂采取宽容态度并依赖后者的有力支持。因此,这些武装集体的首领制订更有野心的计划,只是时间问题。从传教士的一处材料中,我

---

① 韩甫镐:《圣言会福若瑟神甫:其生平和著作,兼论鲁南传教史》,第 362 页。请注意道台阮祖棠的陈述,他声称刘士端因建功而保有三品顶戴,《教务教案档》第 6 辑 (1),第 179 件,第152 页。

② 伯义思文(1895 年 5 月 18 日,单县),载《天主之城》,第 19 卷第 1 期(1896 年),第 13 页。黑体为强调说明。

③《教务教案档》第 6 辑(1),第 144 页。也可见《大清德宗景(光绪)实录》卷三六三,第 4 页上。

们可以看出金钟罩曾制订了反抗官府的大起义,时间定在农历三月初二(1895 年 3 月 27)。① 还是根据这份材料,由于此前一场和盗匪的交锋造成诸多信徒丧生,起义也被迫流产。同时,据说地方官也向济南的抚台报告了该教门的叛乱意图,弹压金钟罩的饬令随之发出。据报道,大量精通"刀枪不入"之术的信徒在首次和清军交锋时便毙命了,剩余人等耗死在衙门的木笼里。

有诸多迹象表明,至少有一些大刀会的会首依旧藏有"颠天覆地"的野心。一位天主教传教士这样报告:

> 长时间以来,就有人说大刀会想要拔高造反目标。大师兄刘士端欲在前帝都汴梁(开封)建立新王朝。教派中的聪明人和有钱人,因为拥有财产而依恋故土,他们反对起义,这是因为他们熟知在目前状况下基本没有成功的希望。但是,这种声音淹没在那些只钟情于叛乱的革命者的叫嚣声中。②

另外一个传教士甚至提到了大刀会内部的重大分裂,即"保守分子"组成的"良善",和从"下层民众、迂腐士人以及偏激儒生"中招募的"莠民"。③

在山东大学历史系于 20 世纪 60 年代初开始的田野调查资

---

① 非常重要的是,起义日期正是金钟罩祖师爷真武诞辰的前一天,真武是个保护百姓不受土匪和罪恶侵扰的武帝。在农历三月三,所有的金钟罩会众聚集在烧饼刘庄和其他主要金钟罩会社所在地来纪念祖师爷。届时将搭台唱戏,所以是个吸引大量民众的好机会。见《山东义和团调查资料选编》,第 9、11 页;《教务教案档》第 6辑(1),第 151—152 页。

  然而,不只是金钟罩在这天纪念真武神,这是整个华北平原普遍性的祭奠仪式。对纪念真武神的庙会的描述,见陈永发、班国瑞《道德经济与中国革命:一项批判》,第 45—46 页;也可见杨庆堃《中国社会中的宗教》,第 152 页。

② 韩甯镐文(1896 年 2 月 23 日,单县),载《耶稣心小使者报》,第 23 卷第 11 期(1896年 8 月),第 84 页。

③ 薛田资:《在孔夫子的家乡》,第 232—233 页。

料中,也可以找出刘士端建立王朝野心的一些佐证信息。由于干旱造成小麦几近绝收,大刀会召集大量民众在安陵堌堆集会。"刘穿着戏衣,骑马拿刀,自称皇帝,穿黄衣,坐轿。"最后,下了一场及时雨,人们遂四散回家种豆子去了。① 如果受访对象的这些回忆准确的话,那么这大致发生在 1895 年春末(五月底或六月初)。尽管在中国官方文献中没有爬梳出此次事件的佐证信息,但一个圣言会传教士记述说,地方官宣称至 1895 年夏,所有金钟罩的会徒均被驱散。②

　　1895 年春后,金钟罩的活动确实有所消沉,因为在该年夏秋时的传教士文献中,没有找到关于它们的相关记述。首先,1895年 4 月与日本的和解,增强了官府的镇压能力,使其能够更为有效地对付鲁南地区的盗匪威胁。从前线返回的绿营,此时比盗匪

①《山东义和团调查资料选编》,第 7 页。路遥言称,刘召集民众聚集在安陵集,那里是 1813 年八卦教起义失败之地,并以此认为刘的组织和白莲教有所关联。见路遥《论义和团的组织源流》,载《义和团运动史讨论文集》第 68 页。关于 1813 年起义,见韩书瑞《千年末世之乱:1813 年的白莲教起义》,第 230—231 页。路遥认为安陵集地处江苏,但是更有可能是坐落在曹县和菏泽交界区的一个同名村子。
　　请注意菏泽地方志记录说,在 1876 年阴历五月,一伙人在朱振国的带领下在安陵堌堆聚集叛乱。见《菏泽县乡土志》,第 30 页。
②韩甫镐:《战乱下的中国》,第 99—100 页;也可见海司《山东与德属中国——1898年从胶澳租借地到中国圣地和从扬子江到北京之旅》,第 248 页。但遗憾的是,韩甫镐并没有表明这次交锋的时间和地点。也可参见本书第六章圣言会关于 1895年春叛乱的报告。同样的是,河南巡抚刘树棠上奏言称,河南四镇兵力(每镇 4750人)连同直隶大名府勇丁(6500 人)连续四个月的强势弹压,摧垮了大名府附近的某次起义。见《京报》1895 年 6 月 18 日,转引自《北华捷报》1895 年 7 月 5 日,第 6页;也可见《北华捷报》1895 年 4 月 26 日,第 611 页;《德文新报》1895 年 4 月 26日,第 497 页;《德文新报》1895 年 5 月 3 日,第 512 页。然而,一位旅居该地的外国人声称该地没有发生起义,巡抚刘树棠的陈述系为虚构。见《北华捷报》1895 年 11月 8 日,第 784 页。
　　也请注意 1960 年的一位受访对象声称,一些大刀会众在遭受某此弹压后加入了土匪队伍。但是不清楚这是发生在 1895 年还是 1896 年。见《山东义和团调查资料选编》,第 22 页。

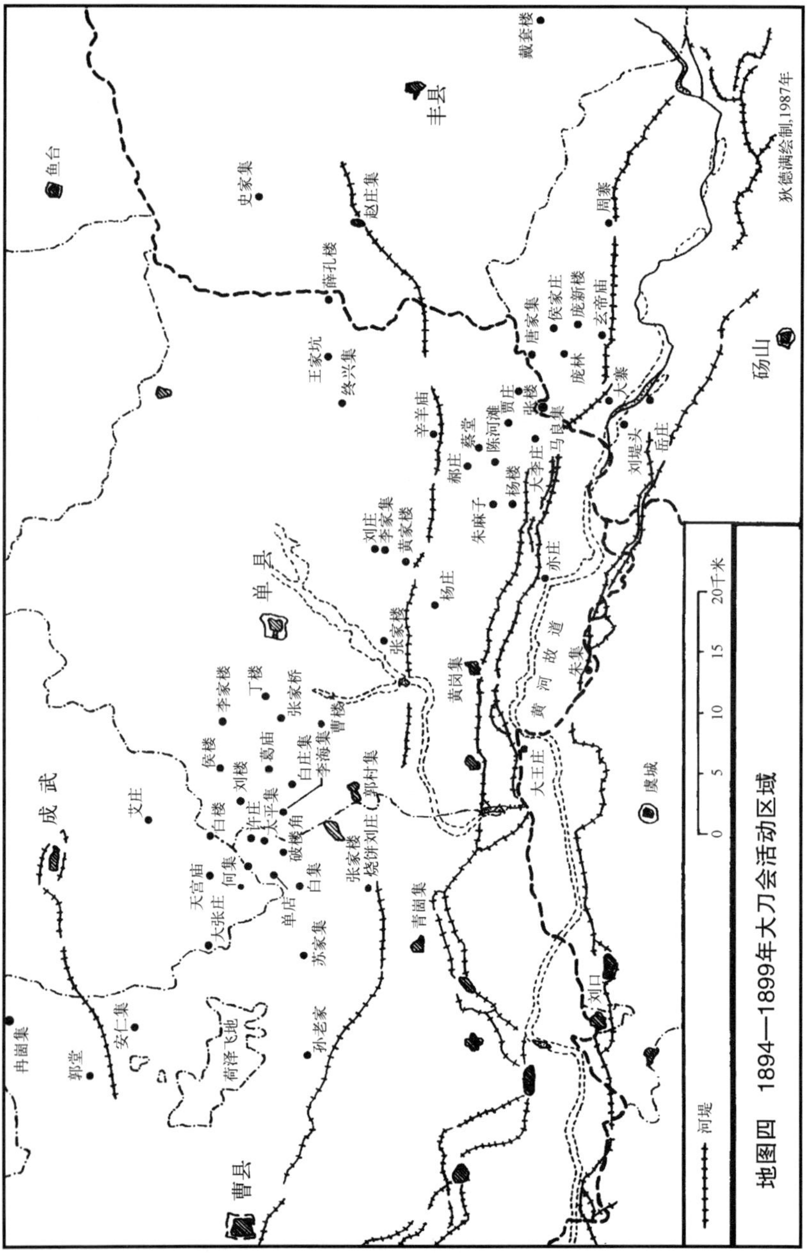

地图四　1894—1899年大刀会活动区域

的装备更为精良,因此显著降低了该区域掠夺性活动的程度,尽管这次抑制是暂时性的。与此前数月相比,金钟罩存在的重要意义就失去了价值。①

　　然而,清政府也没有决心来查禁鲁西南的大刀会,这是因为圣言会传教士在 1895 年末注意到了这个复兴"教派"的活动。这些神甫言称,镇压"教派"的公告实则是一纸空文,连教派信徒们都不为所惧。它们只是更换门庭而已。"先前他们称自己为金钟罩,因为这个教派现在被禁,所以把名字改为大刀会,或者是说'带着大刀的教门'。"②此外,该教门在曹、单和成武及其他地区继续快速发展。1896 年 2 月,据估计大刀会有会徒 5 万人,其会首口中的人数比这个数字还要多。③

二、大刀会的早期反教活动

　　在今人眼中,大刀会是以其暴力反教活动而知名。但是,我们在它活动早期,没有找到关于这种骚动的证据。"起初,在新兴教派和天主教之间不存在任何敌对。"④因此,还不能精确确定大

---

① 参见伯义思文(1895 年 5 月 18 日,单县),载《天主之城》,第 19 卷第 1 期(1896 年),第 13 页。

② 伯义思:《风暴来袭》,载《耶稣心小使者报》,第 24 卷第 3 期(1896 年 12 月),第 21 页。然而,请注意毓贤在 1895 年春曾使用大刀会这个名称,见本章第 282 页注 4。但是 1896 年后,文献中才单一使用大刀会这个名称。一位基督教观察者也听说此时大刀会的很多故事,见《山东时报》1896 年 9 月 11 日,转引自《山东近代史资料》(第三分册),第 183 页。

③ 韩甫镐文(1896 年 2 月 23 日,单县),载《耶稣心小使者报》,第 23 卷第 11 期(1896 年 8 月)第 83 页。徐州道阮祖棠在 1896 年夏提到大刀会众约有两三万之多。见《教务教案档》第 6 辑(1),第 151 页。基督新教的一份资料提到的数字为 10 万,见《山东时报》1896 年 9 月 11 日,转引自《山东近代史资料》(第三分册),第 183 页。

④ 佛尔白:《义和团历史的回顾》,第 15 页。

刀会何时有了蓄意反教的立场。鉴于中国各社会阶层或多或少地渗透了排外情绪——这甚至包括华北平原的内陆地区,那么下列陈述将说明是何种手段煽动了这种排外情绪。下面这份中日战争爆发前(即是大刀会成立之前)几个月的记述,内容有关1894年初邹县薄梁教案所引发的回响:

> 近日我路过单县,在道路边发现了一股奇怪的骚动。人们几乎是用手指来指向我,并在我背后窃声议论。通过充满好奇的询问,最终得知南边的100个村子联合起来,在一些邑绅聚集后唱了四天的大戏,并准备攻击教民和全部欧洲人,制造出类似邹县的大屠杀。其实,当我走进戏台时,便看见漫山遍野的人们在四处走动,数百门重炮和长矛在此处汇集;骚动一触即发。①

事实证明,单县并没有发生任何攻击,这是因为当地教民谨慎从事,避免挑衅发生。不过,从上述引文的确可以看出,社戏与其他形式相比,是创造、宣传和鼓动排外潜能的绝好手段。两年后的1896年,外国传教士观察到类似的场景,只不过这次的主角是大刀会了。戏剧表演通常能够吸引较大区域范围的村民,而后者也是大刀会和此后义和团招募成员时的中意对象。② 此类表演也是那些排外事件的必有现象,而且有着各种各样的理由。③

虽然没有具体教案的相关资料能够解释大刀会反教暴力的

---

① 韩甯镐文(1894年4月13日,济宁),载《天主之城》,第18卷第2期(1895年),第27页。关于薄梁教案,见包敏《真福福若瑟传》,第211—219页;夏德威:《中国的圣言会传教士》I,第242—243页;柯博识:《中国与鲁南天主教修会(1882—1900)》,第93—96页。

② 参见陶步思《义和团与中国戏曲:两者互动之问题》(Bruce Doar,"The Boxers and Chinese Drama: Questions of Interaction"),第97—104页。

③ 佛尔白:《鲁南的中国戏曲表演》。

原因,但传教士列出了大刀会会徒和教民摩擦增加的部分因素。圣言会神甫认为,双方对宗派成员的竞争导致了许多敌意。[1] 这在本书第五章已有详细讨论,在 19 世纪 80 年代末,圣言会传教士所赢得的大部分皈依信徒,就是在 19 世纪 90 年代中期大刀会的发起地(见地图四)。伯义思(Jan Buis,1866—1935 年)指出:

> 圣额我略教区含有四县即单县、成武、定陶和曹县,这是整个修会发展最好的区域,其所属教民,比修会其他所有区域总和还要多。特别是在后三个县,基督教会自去年始便取得了辉煌的进步。在复活节时,单以我在的地区成武县一地,就有 2650 名新信徒经我手登记在册。在曹县,皈依运动更为辉煌,因为仅在一年的时间里,就有超过 50 个教会拥有了教会先生。[2]

所以,在曹州府南部的一些区域,基督宗教事业成为争夺地方权力和机遇的重要竞争组织。也许更为根本的原因在于,在这个在集体上为全体社群作出事关每个成员利益决定的社会里,社群成员加入大刀会这个集体自卫措施,多非个人自愿之举。传教士并不允许其信徒参与大刀会这个"异教徒"使用的刀枪不入之术和武术操习活动,所以,教民对大刀会为整个地方社群提供的防卫活动,也不提供物质上的奉献。拒绝支持集体活动,必然在很多方面激起这有诸多相似点的两者间的紧张关系,即他们都是处于扩张和竞争的态势。"因此,教会几乎变成了迷信社群的敌

---

[1] 安治泰致贝威士(Wilhelm von Prittwitz und Gaffron)函(1896 年 8 月 6 日,坡里),载柏林联邦档案馆《外交部卷宗之驻华使馆报告》,325/131。

[2] 伯义思文(1896 年 6 月 29 日,济宁),载《天主之城》,第 20 卷第 4 期(1897 年),第 72 页。

人,可以预料到两团体之间的摩擦已经不可避免。"①

教民和大刀会出现的不和,应首要在内在发展的环境下进行考察,但排外主义这个因素也非常重要,因为它是由外生环境所致。传教士也当然深信,李秉衡在 1895 年对曹、单和成武三县知县的任命,诱发了不断上升的排外主义。"出人意料的是,巡抚李秉衡上台掌控局势后,在该地和鲁南的其他大部分县治,亲外官员被铁杆儿排外者取代。"②他们特别找到曾启埙,据说后者曾于 1889 年 5 月在曹县唆使民众攻击副主教福若瑟。1895 年,该人二度出任曹县知县,"对我们的教会充满了憎恶,是欧洲人真正的敌人"。③ 据传曾启埙的这种榜样模板,对单县知县李铨和成武县知县杨义塾也产生了影响。1896 年反教暴力爆发时,伯义思评论说:"有一点可以肯定,如果王(曹县的王中军)、赵(成武的赵方喜)和黄(单县的黄仁政)继续在任的话,断没有此类事端发生。他们对我们相当和善,这也是遭到罢免的原因。"④

圣言会神甫也声称——但不太令人信服——当德国公使馆

---

① 韩甯镐文(1896 年 2 月 23 日,单县),载《耶稣心小使者报》,第 23 卷第 11 期(1896 年 8 月),第 84 页。也可见《山东时报》1896 年 9 月 11 日,转引自《山东近代史资料》(第三分册),第 183 页。尽管《山东义和团调查资料选编》的采访者和受访对象们在阶级斗争的层面上刻画了大刀会和教民此后发生的暴力冲突,但是对这些资料的仔细分析,证明了从其他材料的如下结论,即这两个团体在社会构成上类同。

20 世纪 20 年代教民和红枪会发生的冲突也是出于类似原因。见司马力、马赫—《在华四十年》(August Zmarzly&Alois Macheiner, *40 Jahre im Umbruch Chinas*),第 279 页。

② 韩甯镐文(1896 年 6 月 27 日),转引自安治泰致贝威士函(1896 年 7 月 8 日,天津),载柏林联邦档案馆《外交部卷宗之驻华使馆报告》,325/101。

③ 伯义思:《风暴来袭》,载《耶稣心小使者报》,第 24 卷第 3 期(1896 年 12 月),第 22 页。曾启埙,四川人,分别在 1888—1890 年和 1895—1897 年两度出任曹县知县。当毓贤出任山东巡抚时,又委令其于 1899 年第三次赴任。见《山东通志》卷六一,第 31 下—33 页上。关于 1889 年教案,见包敏《真福福若瑟传》,第 137—144 页。

④ 伯义思(1896 年 6 月 29 日,济宁),载《天主之城》,第 20 卷第 4 期(1897 年),第 73 页。请注意毓贤在任山东巡抚时,李铨在 1899 年再次被起用为单县知县。

书记官师特恩博（Speck von Sternburg，1852—1908 年）的 1895
年鲁南之行后，明显的排外情绪（特别是排德）有了显著增加。该
人在传教士进入兖州一事上的"失利"，据说被中国官员兴奋地称
为中国赢得的一个重大胜利，这也刺激了他们此后"肆无忌惮的
反教"。[1] 这种推理路线，尽管可能与安治泰争取德国政府支持
其雄心勃勃的传教计划上的努力有关（详见第六章），但就清廷对
外政策层面而言，它在 1895 年已从亲德转向亲俄。[2] 当然了，这
还不能说国家层面的发展是否或者怎样影响了鲁南地区大刀会
的反教暴力。

然而，至 1895 年末，仍发生了一些涉及大刀会的零星教案。
比如我们得知，在（成武县）大张庄以及单县这些民教对立关系已
经深化的地区，发生了大刀会众袭击天主教中国神甫侯伯禄的事
件。[3] 不过，还不清楚这是些孤立事件，还是说是更有系统和组
织的大刀会反教民运动。1896 年 2 月初，爆发了首起性质较为
严重的冲突事件。如我们所料，传教士和中国官方的文献资料在
这起事件上，存在着很大程度上的矛盾。按照传教士的记述，培
渥蓝（Hubert Peulen，1864—1928 年）曾在大刀会尤为盛行的曹
县地区，走访一些教堂。1896 年 2 月 4 日，他离开破楼角后，老
百姓对这位"欧洲鬼子"发出了一些轻蔑的言论。这导致教民和
大刀会众之间的互相攻击。于是，曹得礼带领一帮大刀会众到达

[1] 关于师氏旅行的原因和结果，见霍亨洛密函（1895 年 11 月 30 日，北京），柏林外交
署政治档案"中国 6"《1895—1916 年中国政府对基督教会的态度》，第 31 卷，文件
号 257。关于这方面的综合讨论，可见 K. J. 里温纽斯《鲁南的天主教传教》。
[2] 参见李国祁《中国抗议〈马关条约〉与反对胶州湾被占的政策》，第 88、102、119、
128 页。
[3] 安治泰致贝威士函（1896 年 8 月 6 日，坡里），载柏林联邦档案馆《外交部卷宗之驻
华使馆报告》，325/131。

该地,在 2 月 5 日抓住了天主教传教先生张连珠。此时,有一小股部队正在(成武县)天宫庙处于待命状态,但这百余人左右的营兵不能够给教民提供足够帮助,因为他们在人数上与大刀会相比处于绝对弱势。2 月 6 日,曹得礼带领一千名随众包围天宫庙防营,这是由于成武传教士伯义思逃至此地,寻求友好哨弁宋清太的保护。此夜,临近村落的一些教民住宅遭到捣毁。①

2 月 7 日,据称大刀会的五千名左右会徒集聚,威胁说要捣毁教会的所有祈祷场所。此时,天宫庙防营哨牟宋清太提议与大刀会首会谈,并听取他们的诉求。韩甯镐这样总结了这次会谈的结果:

> 教派首领以最侮辱性的措辞要求:(1) 你不能接纳我们的任何门徒加入你的宗教;(2) 太平集(有一个发展良好的教会和许多狂热的宗派主义者)不能有任何民众皈依教会。此外,我们现在准备撤离回家,但是你若胆敢前进一步,那战争马上开始! 他们抛下这些话后便离去了,但是这并不是意味着结束。大刀会的大批会众仍在威胁我们单个的教堂。教民被赶走了;其他地方的教民也被禁止公开祈祷。总之,从那时起,他们好像拥有了整个世界。②

当地传教士立即向所在地官府通报这起反教骚动,并要求保护。安治泰亦致书德国公使和巡抚李秉衡。李爽快答应给地方

---

① 安治泰致李秉衡函(1896 年 4 月末),载《耶稣心小使者报》,第 23 卷第 12 期(1896 年 9 月),第 91 页。也可参见韩甯镐(1896 年 2 月 23 日,单县),载《耶稣心小使者报》,第 23 卷第 11 期(1896 年 8 月),第 84—85 页;该刊增刊 11,第 109 页。
② 韩甯镐文,同上书。

知县和防营下达指令。① 2 月 14 日，曹、单和成武三县知县在曹县东苏家集碰头商讨局势。刘士端和曹得礼这两位大刀会的首要，在数百人的护卫下也参加了这次会面。② 起初，这些官员要求这两位会首向传教士致歉，并赔偿财产损失，但遭到后者拒绝。于是，曾知县让他们签署一份声明，大意是此后停止所有反教活动。这起事件到此也暂告一段落，至少地方官员是这样认为的。"这些官员们心满意足地返回家中，好像是他们挽救了国家。这两位领导人也由弟子护送返家。"但是大刀会仍继续着此类活动，而官府仍然毫无作为。③

> 这个教派发展很快。他们基本上在每个村子都建立分会，在那里教授年轻的小伙子怎样使用矛和剑。但是，抵御土匪和保护家宅以及防御攻击的活动，很久之前就已退居幕后了。他们中间已开始产生新的匪帮。④

据说大刀会时刻提防着官府更为果断的镇压措施。⑤

----

① 韩甯镐文。安治泰致绅珂函(1896 年 2 月 8 日,坡里),载柏林联邦档案馆《外交部卷宗之驻华使馆报告》,325/19。安治泰声称,他计划在 2 月 9 日前往济南商讨兖州地产纠纷一事,可能是在此时提出了大刀会一事。

　　然而,安治泰在给李秉衡的首份报告中提到自己并没有看到预期的变化。此外,如主教所言,因为官方函件有部分内容蓄意颠倒黑白,所以他在 1896 年 4 月呈递了另外一起详细报告。见《耶稣心小使者报》,第 23 卷第 12 期(1896 年 9 月),第 90 页及此后。

② 按照传教士的报告,武官刘茂正也参加了这次会面,他把刘士端接受谕令聚众驱逐欧洲人的言论告诉了培渥蓝。见安治泰致贝威士函(1896 年 8 月 6 日,坡里),载柏林联邦档案馆《外交部卷宗之驻华使馆报告》,325/134。宣称拥有谕令或官方批文是义和团运动排外和反教中的一个显著特点。

③ 韩甯镐文(1896 年 2 月 23 日,单县),载《耶稣心小使者报》,第 23 卷第 11 期(1896 年 8 月),第 84—85 页;该刊增刊 11,第 110 页。

④ 伯义思:《风暴来袭》,载《耶稣心小使者报》,第 24 卷第 3 期(1896 年 12 月),第 22 页。

⑤ 韩甯镐文(1896 年 2 月 23 日,单县),载《耶稣心小使者报》,第 23 卷第 11 期(1896 年 8 月),第 84—85 页;该刊增刊 11,第 110 页。

　　然而,中国文献对这些事件的记述却大不相同。巡抚李秉衡的信息来自委员秦浩然的禀文,李秉衡指令后者"乔装打扮"前往曹县暗查,后者与曹、单和成武三县知县草拟一份联合禀文。按照禀文所言,麻烦是由一个名叫郝和昇的山西游贩惹起的,他曾向太平集的吕登士索取未偿还的药材费。这导致两者激烈的争论,而在这个过程中,吕的亲戚教民吕莱谴责郝是个白莲教巫术的操习者。郝和昇反过来把吕莱称为"洋羔子"(Foreign Lamb)和受宗教保护的土匪。① 此外,秦浩然言称,因为那天恰逢集市,所以周边仅是些围观百姓,而没有敌对的人群。尽管教民和大刀会会众都曾寻衅生非,但此时既没有发生什么暴力事件,也没有给教民财产造成损失。另外,这三位县令联合发出一份文告,宣称大刀会已遭查禁,它们已经不再从事教派活动。2月14日,这三位知县以及地方武官均公开谴责这个组织。这份由委员提交的禀文,充分证明地方官员并不像传教士口中的那样毫无作为。秦浩然附上三位知县的联禀,声称刘士端联合其他武装首领曾抓获诸多盗匪。当他们数次禁止刘士端操习那些仪式之后,又在此后发现刘使用这些仪式只是出于自卫目的,而且合乎律法。但至于教民,这些知县们听说这些人里面没有一个良民。此外,刘士端的那些很见成效的剿匪活动,并没有给教民带来好处,因为后者夸大自己的索赔要求,同时也导致传教士不分青红皂白地代表他们干预其中。② 鉴于如上调查结果,总理衙门通知德国公使绅

---

① 李秉衡奏,光绪二十二年五月十二日(1896年6月22日),《教务教案档》第6辑(1),第172件,第145页。

② 李秉衡奏,光绪二十二年五月十二日(1896年6月22日),《教务教案档》第6辑(1),第172件,第140—146页。韩甯镐证实这些知县曾发出过一份通告,但是评论说它"弊大于利",见韩甯镐致某耶稣会传教士函(1896年2月26日,亦庄),转引自艾贲沃《生活在新时期的中国》,第491页。

珂（Schenck zu Schweinsberg，1843—?）说已具结完案。①

　　主教安治泰随后驳斥了清廷官员的描述，把巡抚李秉衡的奏文称为"在逻辑上充满无耻谎言和借口的杰作，而中国官员深谙使用此类巧技来处理恶劣案件"。② 传教士坚持认为，二月初这起事件的起因在于"教派分子"郝和昇侮辱了教民。③ 安治泰断言，郝受到了太平集庄长的唆使，而后者与教民有着长期的口角。"吕登士和吕菜拒还药材费一事，首先在（曾知县）一份告示中被过度渲染。"此外，该人言称吕氏两人均非在册教民。④ 七名兵勇前往李海集释放被曹得礼囚禁的传教先生张连珠，结果招致大刀会的怒火，并造成冲突进一步的升级。⑤ 这个委员的"秘密之行"其实并非完全隐秘。他的调查结果，是建立在谣言和地方知县的禀文基础上。据说，一个叫做曾广寰的人曾给秦浩然行贿白银七百两。此外，因为秦是在冲突事件发生几个月后才来到现场的，而教民的损失财产此时已有所修复，直观损伤证据因此也就无从寻找了。⑥

---

① 总理衙门致绅珂函（1896 年 6 月 24 日，北京），《教务教案档》第 6 辑（1），第 174 件，第 147 页。也可见柏林联邦档案馆《外交部卷宗之驻华使馆报告》，325/88。相关情节，也可见周锡瑞《义和团运动的起源》，第 114—115 页。

② 安治泰致贝威士函（1896 年 8 月 6 日，坡里），载柏林联邦档案馆《外交部卷宗之驻华使馆报告》，325/126。

③ 韩甯镐致安治泰（1896 年 6 月 27 日），附与安治泰致贝威士函（1896 年 7 月 8 日，天津），载柏林联邦档案馆《外交部卷宗之驻华使馆报告》，325/103。

④ 安治泰致贝威士函（1896 年 8 月 6 日，坡里），载柏林联邦档案馆《外交部卷宗之驻华使馆报告》，325/130。

⑤ 出处同上，325/131。

⑥ 安治泰致贝威士函（1896 年 8 月 6 日，坡里），载柏林联邦档案馆《外交部卷宗之驻华使馆报告》，128—129。韩甯镐把曾广寰称为"首恶"，后者也是刘士端的一个大弟子。见韩甯镐（1896 年 2 月 23 日，单县），载《耶稣心小使者报》，第 23 卷第 11 期（1896 年 8 月），第 83 页；韩甯镐文（1896 年 6 月 27 日），附于安治泰致贝威士函（1896 年 7 月 8 日，天津），载柏林联邦档案馆《外交部卷宗之驻华使馆报告》，325/103。在山东的田野调查资料中，曾广寰被称作曹县东的团总，在地位上接近于刘士端。见《山东义和团调查资料选编》，第 29 页。

在作出几点澄清后,安治泰在给德国驻华代办的报告中如是结尾:

> 这个故事有两个问题值得注意:(1)巡抚的禀文到处掺杂着谎言和歪曲的事实;(2)引起这次大骚乱和破坏的真正起因是地方官员,他们的纵容、他们的两面派做法以及他们对欧洲人的敌意,孕育出了整个运动。①

传教士引用的另一个证明地方官员排外的事例,据称发生在成武县。1896年2月27日,在该地上演了一场名叫"洋鬼子完"的戏曲表演,杨知县的一些下属也到场了,而"杨本人也曾对德国公使有过诬陷"。② 安治泰也记述了一些额外但有点奇怪的细节:

> 按照伯义思先生的报告,成武的杨知县和一些衙役穿着欧式服装,并在镇里大街上游荡。这些乔装打扮的人在佯装大哭,镇子的更夫向聚集的民众解释说:看呀,德国公使和他的夫人来了!③

安治泰在此后的二次禀文中指出,这三位知县虽然同日(2月27日)发出联合通告,但这里面含有大量歪曲的事实以及模棱两可

---

① 安治泰致贝威士函(1896年8月6日,坡里),载柏林联邦档案馆《外交部卷宗之驻华使馆报告》,325/137。

② 伯义思(1896年5月29日,成武),载《天主之城》,第20卷第7期(1897年),第131页。安治泰致李秉衡函的时间是1896年4月底。见《耶稣心小使者报》,第23卷第12期(1896年9月),第91页。这可能与佛尔白如下提到的同一事件:在天主教堂前上唱了一台大戏,"地方官员也亲眼欣赏了这次演出",这台戏的主要内容是关于天津教案。见佛尔白《鲁南的中国戏曲表演》,第373页。

③ 安治泰致绅珂函(1896年3月13日,济宁),载柏林联邦档案馆《外交部卷宗之驻华使馆报告》,325/24。

的语言，如用语中的"洋学"在本地有着"非常难听"的内涵。[1] 传教士伯义思则把官员敌对的升级归咎为师特恩博在兖州失败：

> 德国公使馆放弃了开局良好的兖州府事件，但现在一定程度上造成了目前局面的出现，以及地方官员的恶意取笑。难道我们没有听到一些高级官员的这番言辞吗？比如："德皇只会说大话"；或"德国政府像威胁小孩子一样恐吓我们"。[2]

前文已经表明，我们有理由相信这些杞人忧天的传教士，蓄意夸大内地反德思想的升级，目的是激起德国政府采取更有力的措施来干预此时的山东教案。

中国官府和天主教传教士这种彼此抵牾的报告，可以揭示出地方政治中的复杂一面，它只是告诉我们山东大刀会反教活动的一些表面及虚假的内容。然而也有一些迹象表明，在 1896 年 2 月的下半月，大刀会已经将反教攻击的焦点由曹—单—成武地区转向江苏砀山县。单县韩甯镐在一份署期为 2 月 26 日的函件中与一位耶稣会传教士讨论了近来的麻烦，还记述了近来流传的谣言，即大刀会计划攻击耶稣会堂口侯家庄和戴套楼，在那里"他们

---

① 安治泰致贝威士函(1896 年 8 月 6 日，坡里)，载柏林联邦档案馆《外交部卷宗之驻华使馆报告》，325/128。韩甯镐的记述也给出了这份通告的时间，见韩甯镐文(1896 年 6 月 27 日)，附与安治泰致贝威士函(1896 年 7 月 8 日，天津)，载柏林联邦档案馆《外交部卷宗之驻华使馆报告》，325/103。

　　在鲁西南地区，洋学其实就是指基督宗教及其机构，而不是宽泛意义上的"外国知识"。因此，就其内涵而言，它在反教和排外上更趋向于前者。就大刀会而言，洋学的意思就是对资源的争夺。另一方面来说，李秉衡的下属也看到了洋学对儒家正统的威胁。洋学在民众观念里是指天主教以及外国保护势力，可参见《的山东义和团调查资料选编》，第 25 页。

② 伯义思文(1896 年 5 月 29 日，成武)，载《天主之城》，第 20 卷第 7 期(1897 年)，第 131 页。

指望获得丰厚的战利品"。① 安治泰两周后的报告说道：

> 在过去的几天中，我们从事了一些救济事工。这个教派
> 的信徒(会首)越过边界并试图洗劫耶稣会传教士，他们说这
> 样做的目的是获得反叛所需之资。听说这些宗派主义者即
> 将来临的消息后，耶稣会传教士向徐州的官员呼求帮助，后
> 者旋即派遣大批清军弹压这些宗派主义者。这些人立即四
> 散逃去，并被追剿至山东。他们现已变得消静无事了。②

也几乎在同一时间，艾赉沃在耶稣会堂口侯家庄写道："我们
仍然处于战争状态。经过地方官指使而造成的骚乱后，经过匪帮
(过去)的袭击、掠夺和纵火后，现在到了那些读书人出场了，这些
人的表现在这项残忍运动中登峰造极。"他这样解释说，2 月 17
日，在邻村的树上发现了悬挂的红色揭帖，这给教民造成了恐慌，
其内容如下：

> 告示：四方亲朋好友，请你们到砀山城北的侯家庄，外国
> 人在那里秘密建立一所白莲教的庙堂(这在乡下被看作是个
> 巨辱)。他们的会众与日俱增，这将会给我们带来巨大灾厄。
> 本地缙绅秘议制止该罪恶企图。故定于正月二十(1896 年 3
> 月 3 日)晚上亥时，备齐器械驱除外人。③

但是，这起麻烦比预期到来得要早。2 月 18 日，王敬恩和其
他望人带领一伙武装民众袭击程楼教民，该村位于侯家庄东南

---

① 韩甯镐文(1896 年 2 月 26 日，沂州)，转引自艾赉沃《生活在新时期的中国》，第
491 页。
② 安治泰致绅珂函(1896 年 3 月 13 日，济宁)，载柏林联邦档案馆《外交部卷宗之驻
华使馆报告》，325/24。
③ 艾赉沃致夏鸣雷(Henri Havret)函(1896 年 2 月 24 日，侯家庄)，载《泽西信函》，第
15 卷第 3 期(1896 年 12 月)，第 373 页。

12里处,位于窦楼教堂东6里处。教民财物被毁,一些教民被抓并扭送至砀山衙门。2月22日,有消息言称,数百武装人员骑马前往侯家庄。但是由于该村已经做了一些自卫准备,所以致使他们无果而去。①

遗憾的是,并没有足够的资料允许我们对1896年初江苏局势进行适当分析。即使在同一起事件上,德国和法国传教士的记述也言说不明,而对牵涉其中的大刀会会徒更是如此了。直到有组织的反教暴力在1896年夏再次爆发时,山东大刀会和徐州西某些农村利益群体的关系才被清晰地建构起来。

江苏的这些琐细麻烦发生后不久,大刀会的反教骚动又在鲁南边缘地带再起风潮。安治泰在四月份向李秉衡行函说:"目前,这个教派的门徒仍然结聚,在村子间到处流动,携带着武器,搭台唱戏,以此来吸引百姓抵制我们。"②传教士责备官府对现存的反教纷争无所作为。然而,韩甯镐指出地方官员在向济南的报告中,言称传教先生和教民应对这些骚动负责,还说传教士的控告全是些无稽之谈。"此类诬蔑是位于济南的高官(李秉衡)所喜闻乐见的,这个老家伙在中法战争中一战成名。他通过袖手旁观以及轻蔑的对待方式,来挑唆我们的敌人采取更狂妄的行动。"③

当然了,由于可靠客观资料的缺失,虽然有可能判定曹、单和

---

① 艾赍沃致夏鸣雷(Henri Havret)函(1896年2月24日,侯家庄),载《泽西信函》,第15卷第3期(1896年12月),第374—376页。

② 安治泰致李秉衡函(1896年4月末),转引自安治泰致杨生函(1896年5月4日),载《耶稣心小使者报》,第23卷第12期(1896年9月),第91页;也可见伯义思文(1896年6月29日,济宁),载《天主之城》,第20卷第4期(1896年),第71页。该处材料宣称有大批盗匪加入了大刀会。

③ 韩甯镐文(1896年7月22日),载《圣弥额尔历》1898年,第93辑;也可见《耶稣心小使者报》,第24卷第2期(1896年11月),第12、14页。

成武三县知县的真正态度和意图,但还是有相当困难。可以想象,因为他们是李秉衡的选派人员,故此这三人势必认同李秉衡极端保守的爱国主义政策。基督宗教毕竟是带有侵略性的外国信仰,它的传播者和信徒对传统秩序而言是个严重威胁。考虑到这些人对基督宗教的憎恶,其对大刀会的认同也在情理之中,尽管其中原因各异,但是他们对大刀会的反教活动给予了直接或间接的鼓励。

同时,毫无疑问的是,地方官府之所以没有对大刀会实施坚决的镇压运动,实际上有着现实因素的考虑。首先,他们手头上的镇压力量远不足以对抗人数众多的大刀会及其巫术。只要大刀会的暴力活动不超出传统竞争冲突模式的范围,它们便不会对政权构成威胁。因此,上级官员尽量隐瞒此类活动,并提供方便以免受到巡抚的质询。不管怎样,倾向于妥协和合作的谨慎管治政策比残酷的镇压更为适宜,因为后者可能会激起反政府的情绪以及促发大刀会潜在的叛逆活动。

与鲁南边缘地带传统集体冲突上升的态势相比,1896年早春的大刀会反教骚动则是相当低调之事。尽管如此,我们还是较为细致地讨论了这起事件,因为它建立的索赔和反诉的模式,反复出现在此后重大的反教冲突中。其步骤如下:

(1)圣言会传教士会给德国公使递送一份骇人且夸张的报告,其意图是制造出他们以及信徒处于极为危险境况的印象。他们也会宣称是官府唆使了这种暴力。传教士和教民财产受损面会被夸大,目的是获得最大化利益以及赢取更多优势,进而推动传教事业发展。

(2)虽知官僚的惰性和隐瞒伎俩,但清廷会否认或淡化反教暴力的存在或规模。地方官府通常会为敌对行为的爆发作出借

306

口性的解释,总是把原因归咎于教民身上,把大刀会称赞为一个在剿匪战斗中提供宝贵援助的自卫组织。

（3）因此,圣言会传教士反过来驳斥中国官府的这些说法。此后,传教士和官员间便有着漫长的磋商,并伴以相互的刻薄谴责。

（4）当然,这种对抗路径是中国律法/官僚体系中的典型方式。但对教案而言,这增加了新的元素:强大的外部势力。基于对中日战争后东亚地区高度竞争的国际局势之考虑,德国传教士热衷于频繁招致本国政府干预。

（5）这还牵涉到另外一个反复发生的元素:传教士经常暗示德国政府些许责备自己惹下的祸端。而这常与他们为教会信徒赢取本国政府的持久努力有关。他们总是利用各种时机表达,临近江南和直隶地区的法国传教士以及他们的信徒得到了比山东这些不幸教民更有效的保护。

鉴于该险恶时期这些骤增的外部压力,也假设确实存在部分政府官僚曾竭力限制传教士影响力的扩散,这些人也可能会想到诸如大刀会的组织在他们的如上努力中会发挥效用。

虽然还没有任何确凿的证据可以帮助我们提出一个具体的原因,来解释是何种紧张态势和不满情绪导致大刀会在 1896 年初对教民的敌对行为,但我们可大致推测出这起冲突应起因于对资源——特别是各个组织在人力和物力上——激烈的竞争,以及这些竞争背后所折射出的政治权势。因此,我们可以把它看作两个扩张且骄横的集体组织间的初期冲突。鉴于如上考虑,一个新的发展趋势就必须纳入考察范围,即大刀会在竞争性反教冲突中的**干预**角色。

三、1896 年夏的反教运动

传教士给济南和北京的持续压力,最终强迫山东省府在镇压大刀会上采取更为坚定的措施,因此,济南派遣委员调查传教士这些控诉的真实性。最后,鲁南道台毓贤①负责调查该事。按照传教士的记述,该人在路途中曾遭遇过一些携带着剑和矛的大刀会的小头目。一天,毓贤路过一个小村庄,时值一些教门分子正在唱大戏,大概有两三千名年轻人在场。这样的聚会给大刀会会首宣传自我以及吸引年轻从众的机会。② 毓贤对这种事态发展甚为震惊,这个荷兰传教士伯义思口中的"一个光明正大的人",在五月份发出禁止参加"邪教"的通告。此外,毓贤给每个教门首领的首级悬赏白银 100 两。③

圣言会传教士此后质疑说,这起通告简直是一纸空文。总之,安治泰认为,大刀会愈加胆大妄为,胁迫农民入会或者为他们提供基本生存用品。④ 韩甯镐这样指出:

---

① 毓贤任曹州知府直至 1889 年,后在 1895 年充任兖沂曹济道台(他在 1895 年 8 月 27 日到达兖州上任)。见柯博识《中国与鲁南天主教修会(1882—1900)》,第 102 页注 1;《山东通志》卷五五,第 1891 页。1896 年 5 月 24 日,该人擢升为山东臬司,见《北华捷报》1896 年 8 月 7 日,第 236 页。

② 伯义思文(1896 年 5 月 29 日,成武),载《天主之城》,第 20 卷第 7 期(1897 年),第 132 页;也可见韩甯镐(1896 年 7 月 22 日),载《圣弥额尔历》1898 年,第 93 辑。

③ 伯义思文(1896 年 5 月 29 日,成武),载《天主之城》,第 20 卷第 7 期(1897 年),第 132 页;也可见安治泰致贝威士函(1896 年 8 月 6 日,坡里),载柏林联邦档案馆《外交部卷宗之驻华使馆报告》,325/137;韩甯镐文(1896 年 6 月 27 日),附于安治泰致贝威士函(1896 年 7 月 8 日,天津),载柏林联邦档案馆《外交部卷宗之驻华使馆报告》,325/104;韩甯镐文(1896 年 7 月 22 日),载《圣弥额尔历》1898 年,第 93 辑。

④ 安治泰:《年度报告》(1896 年 10 月 12 日,兖州),载《耶稣心小使者报》,第 24 卷第 5 期(1897 年 2 月),第 38 页。

> 这个通告的唯一效果就是增添敌意，因为这些教派分子相信该指令的颁发肯定是我们的挑唆。对我们传教士的仇恨几乎遍及各地。教派分子在单县集会，发出铲除我们的号召；而教民看起来似乎没有危险。①

此外，韩甯镐补充说，没有任何一个大刀会徒被缉拿，而且他们的会首还继续与地方官员保持往来。另一位传教士也言称，成武杨知县甚至不敢张贴这份通告，这是因为教门分子以"造反"相威胁。②

1896 年 6 月 1 日前后，也就是毓贤的这份通告发出的几天后，一些兵勇来到（成武县）天宫庙附近区域。大刀会以为这是道台姚协赞派来剿杀自己的部队。因此，6 月 4 日和 5 日，大刀会徒在单县城外西郊抵抗即将到来的部队。大约在同一时间，单县知县邀请刘士端前往县衙。但当时有谣言说，刘士端其实已被缉拿，所以已经纠结待命的大刀会徒遂向城内进发，去解救他们的"大师兄"。随后引起了民众普遍性的恐慌，许多富有居民准备逃离。③ 走运的是，单县"绅缙从中调停，避免了县城被（大刀会）占领"。④

为了避免给单县招致祸端，知县李铨决定"释放"刘士端，刘

---

① 韩甯镐（1896 年 7 月 22 日），载《圣弥额尔历》1898 年，第 93 辑；也可见《耶稣心小使者报》，第 24 卷第 2 期（1896 年 11 月），第 14 页。

② 伯义思文（1896 年 5 月 29 日，成武），载《天主之城》，第 20 卷第 7 期（1897 年），第 132 页。

③ 安治泰致杨生函（1896 年 8 月 1 日，坡里），载《天主之城》，1897 年增刊 5，第 97 页。也可见韩甯镐文（1896 年 6 月 27 日），附于安治泰致贝威士函（1896 年 7 月 8 日，天津），载柏林联邦档案馆《外交部卷宗之驻华使馆报告》，325/104—105。在一份报告中，安治泰写到清军返途中路过单县。见安治泰《年度报告》（1896 年 10 月 12 日，兖州），载《耶稣心小使者报》，第 24 卷第 5 期（1897 年 2 月），第 38 页。

④ 安治泰：《年度报告》（1896 年 10 月 12 日，兖州），载《耶稣心小使者报》，第 24 卷第 5 期（1897 年 2 月），第 38 页。

被拘捕至此已有三日。知县又张贴一份新通告，言称上次通告是尊毓贤之命，后者只不过是不想让太多民众操习刀枪不入仪式。据称，李铨同时向大刀会再次承诺，"我并未打算缉拿你……，因为我知道你从事的营生（保家护产）是正当的"。因此，大刀会在6月6日撤离单县。① 但传教士仍抱有担忧："教派分子自然对我们的憎意已经深化了。"②

不过，如果真会有严重事端爆发的话，传教士早就料到会爆发于曹、单、成武三县边界地区，这是大刀会的活动中心。但是，首起有计划的反教暴力却于1896年夏发生在（江苏）砀山县，此后扩及临近东南地区单县。其实，砀山冲突，起源于居住在刘堤头的刘姓和居住在庞家林的庞姓两家族间关于一些湍地（"湍流"上的淤土）所有权上的宿怨（见第二章）。19世纪90年代初，刘氏家族在强大的庞氏家族压制下，为了寻求自保而皈依天主教会。因此，在每年一度争议土地的麦收斗争上，刘氏占得上风。而庞氏家族的首领——年轻的庞三，好像是在1896年加入了山东大刀会，欲求依赖这个组织"来满足自己的复仇渴求"。事实上，据说刘士端曾鼓励庞氏捣毁在江苏的教堂，因为大刀会已经在山东做了作出这样的举动，且没有受到官府的惩戒。③

这次斗争发生在6月3日，庞三带领60名——可能都是本地的——大刀会会徒前去攻击刘堤头村这个教民村。这些教民稍作抵抗后便四散逃离。6月7日，艾赉沃与当地知县朱学煌会

---

① 安治泰致杨生函（1896年8月1日，坡里），载《天主之城》，1897年增刊5，第97页；也可见韩甯镐文（1896年6月27日），附安治泰致贝威士函（1896年7月8日，天津），载柏林联邦档案馆《外交部卷宗之驻华使馆报告》，325/104。注意中国文献并没有记载发生在单县的这起祸端。
② 同上。
③ 韩甯镐文（1896年7月22日），载《圣弥额尔历》1898年，第93—94辑。

面,评估了教民的财产损失。朱承诺给予赔偿,并前往庞家林与庞三商讨该事。但后者担心自己被拘捕,所以潜往邻近的山东边界地区。①

在这次小规模冲突后的暂时平静期间,山东大刀会仍继续准备干预这本是两个强力"家族"间的冲突。"农历五月初三和初四(6月13—14日),许多教门分子在一个叫作(山东单县)黄岗集的集市上集会。当有人问到他们的集会意图时,他们声称准备前往庞家林助战。"②毓贤后来上奏说,庞三邀请大刀会的原因在于后者猜测"教民刘荩臣"准备在争端地上抢收小麦。③ 安治泰也同样记述道,庞三曾邀请了大刀会,这是因为此时正值麦收季节,大刀会是帮助他来抢收的。④ 来自单县东南的彭桂林,同时也是这此江苏战斗中的大刀会首领后来交待说,是在刘士端的指使下率千余人前去砀山县攻打和捣毁教堂,因为庞三此前曾受到教民的欺负。⑤ 曾认同大刀会的善行本质以及与地方官交好的两江总督刘坤一上奏称,这些人的外出目的是抓获一个臭名远扬的土匪,但并未成功。就在此时,庞三向他们提出了这起争执,因此他

---

① 蓝文田:《中国的教区:徐州》I,第 176 页;董师中:《艾赉沃传(1852—1930 年);南京代牧区徐州府传教士》,第 59—60 页。该处资料认为此次攻击发生在 6 月 4 日。也可见韩甯镐文(1896 年 7 月 22 日),载《圣弥额尔历》1898 年,第 93—94 辑。

② 安治泰致杨生函(1896 年 8 月 1 日,坡里),载《天主之城》,1897 年增刊 5,第 97—98 页。安治泰也断定单县的这次 6 月 4 日至 5 日集会的目的是协助庞三。他们于同月 6 日到达庞家林和刘堤头。见安治泰致贝威士函(1896 年 7 月 8 日,天津),载柏林联邦档案馆《外交部卷宗之驻华使馆报告》,325/105—107。

③ 参考自李秉衡奏,光绪二十二年六月二十四日(1896 年 8 月 3 日),载《李忠节公奏议》卷二,第 934 页。也可见《义和团档案史料》上,第 4 页。

④ 安治泰致杨生函(1896 年 8 月 1 日,坡里),载《天主之城》,1897 年增刊 5,第 97 页;也可见刘坤一奏,光绪二十二年九月十日(1896 年 10 月 16 日),见《刘坤一遗集》第二册,第 951 页。

⑤ 刘坤一电文,光绪二十二年五月二十五日(1896 年 7 月 5 日),载《刘坤一遗集》第三册,第 1046 页。也可见《义和团档案史料》上,第 2 页。

们试图付诸武力解决。①

大刀会在 6 月 15 日发起了反教的总战役。首先是（单县）黄岗集的天主教礼拜堂被捣毁，一些教民的房屋也被洗劫一空。此后尤金声、彭桂林和刘士端之子刘孔章带领一千余名大刀会徒向江苏进发，②沿路捣毁了杨庄、陈河滩和贾庄的基督宗教教会。6 月 16 日，天主教侯家庄堂口被占，在 6 月 21 日前成为大刀会的指挥部。③ 6 月 30 日，当大刀会最终被击溃时，单县、砀山和丰县的所有基督宗教教会都曾遭到攻击，成武县的少数几处和鱼台县的一处教会甚至遭到了洗劫和摧毁，教民们或侥幸逃走，或被绑票。6 月 25 日，位于戴套楼的主要修会堂口被占领，位于（萧县）马井的堂口也处于危险之中。④ 法国天主教传教士声称，徐州府教民的损失达到 5 万法郎。⑤

按照圣言会传教士所言，单县除了两个教会外，其他都遭到了攻击和捣毁：5 个大的教堂和一些小的被夷为平地，28 个教会

---

① 刘坤一致总理衙门函，光绪二十二年六月十八日（1896 年 7 月 28 日），载《教务教案档》第六辑（1），第 179 件，第 150—151 页。

② 《山东义和团调查资料选编》，第 24 页。

③ 董师中：《艾赉沃传（1852—1930 年）；南京代牧区徐州府传教士》，第 60—62 页。6 月 8 日，法国传教士艾赉沃、董师中和汤执中（Joseph Thomas）正好在堂口戴套楼附近开展他们的年度灵修日活动。由于担心此地被劫，他们前往马井，而丰县知县王德庚此时将艾赉沃的财物护送到县衙。6 月 20 日，汤执中前往上海。出处同上。

请注意，按照某处资料，大刀会曾举着黑黄旗帜。见《晋源西报》1896 年 7 月 3 日，转引自《德文新报》1896 年 7 月 10 日，第 932 页。一个受访对象称，曹得礼拳会的旗帜是白边红旗。见《山东义和团调查资料选编》，第 10 页。

④ 艾赉沃文（1896 年 6 月 29 日，徐州），载《泽西信函》，第 15 卷第 3 期（1896 年 12 月），第 380 页。马井未被攻击的原因是，6 月 21 日来自徐州府的一股清军进驻此地。见董师中《艾赉沃传（1852—1930 年）；南京代牧区徐州府传教士》，第 64 页。庞三在 6 月 21 日后的活动，出处同上，第 63—64 页；蓝文田：《中国的教区：徐州》I，第 179 页。

⑤ 艾赉沃致夏鸣雷函（1897 年 4 月 19 日，马井），载《泽西信函》，第 16 卷第 2 期（1897 年 11 月），第 234—235 页。5 万法郎大概等同于 11 750 两海关银。

被洗劫,教民的房屋或被摧毁,或被推倒。[1] 当时还流传着大刀会准备进攻济宁城的谣言。圣言会传教士旋即向中国官府报告了这个潜在的威胁,遂有一份通告悬挂在济宁城墙上作为预防措施。[2] 德国传教士随后要求 1.5 万贯京钱作为单县教民损失的赔偿。[3]

鉴于自年初以来教民和大刀会的敌对不断升级,大刀会在 1896 年夏的首要目标,无疑就是摧毁可憎的外国宗教(或者是中国文献中的洋学)以及教民的经济掠夺,从而使欧洲传教士无立足之地,因此来消灭一个特定且逐渐发展的强力竞争性组织。这种策略不会干扰普通百姓的日常活动,因为教民因自身身份能够容易地被认定为目标。大体而言,平民倾向于保持中立,或者他们更倾向于支持大刀会。当然了,反教战役的时间也是经过策划的。小麦刚刚收割完毕,高粱秆子长得也很高。教民打下的粮食成为一块肥肉,而且高粱也为发动袭击提供了掩护。比如,某传教士听说有 40 辆满载战利品的马车从天宫庙运抵而来。[4] 另一个神甫报告说,在 1896 年 6 月 21 日的薛孔楼教会被袭后,大量教民财产被就地拍卖给出价最高的买主。[5]

---

[1] 韩甯镐文(1896 年 7 月 22 日,济宁),载《圣弥额尔历》1898 年,第 95 辑。

[2] 伯义思文(1896 年 6 月 29 日,济宁),载《天主之城》,第 20 卷第 4 期(1897 年),第 72 页。

[3] 关于赔偿声明,见安治泰致海靖函(1896 年 11 月 1 日,北京),载柏林联邦档案馆《外交部卷宗之驻华使馆报告》,325/168—169。中国官府认为这笔款项过重,因为捣毁的大部分房屋早已荒芜不用。见总理衙门致海靖函(1896 年 11 月 21 日),出处同上,325/168—189;赔偿问题直至 1897 年 2 月底才得以最终解决,赔偿数额为 1 万贯京钱。见安治泰致安治泰致海靖函(1897 年 2 月 22 日,济宁),载柏林联邦档案馆《外交部卷宗之驻华使馆报告》,326/36。

[4] 伯义思文(1896 年 6 月 29 日,济宁),载《天主之城》,第 20 卷第 4 期(1897 年),第 76 页。

[5] 韩甯镐文(1896 年 7 月 22 日,济宁),载《圣弥额尔历》1898 年,第 95 辑。据耶稣会传教士报告,侯家庄也发生过类似的场景。也可见福守和(Émile Ferrand)(1896 年 7 月 8 日,上海),载《泽西信函》,第 15 卷第 3 期(1896 年 12 月),第 378 页。

　　但这种方式也有一些严重的弊病,最终导致大刀会作为教会真正挑战者身份的衰落,因为对唾手可得战利品的获得,吸引了诸多不法分子。耶稣会传教士报告说,这些来自山东、苏北和(皖北)亳州的掠夺性团体也参加了反教战役。徐州官员在向上级的报告中,也言称这些土匪和窃贼附身于大刀会,因此这场战役变身为一场真正的抢夺活动。值得注意的是,从中可明显看到火枪(盗匪使用的典型武器),而不是大刀会鲜明使用的长矛。① 某位耶稣会传教士言称,攻击这些村子的某些组织成员是些烟民,他们勒索鸦片和马匹作为赎金。"如果得不到这些东西,这些老烟枪也会勒索钱财。"②在前往基督教会的沿途中,这些运动分子可能会"借用"马匹、衣服、鸦片和食物,甚至路边的老百姓村子也未能幸免于难,当然,这些东西都是有借无还的。③ 这种方式显然是盗匪的常用伎俩。

　　由于掠夺性元素的大量涌入,大刀会在成员的遴选上趋于随意,且逐渐侵犯普通百姓。"这些叛贼,在吃空了教民后,开始把爪了伸向了平民。"④因此,在单—丰—砀山三地交界地区,对大刀会活动的普遍性反对也在情理之中。6 月 28 日,庞三的随众加入彭桂林和尤金声的大刀会的刀会,此后数日强占苏鲁边界带

---

① 福守和文(1896 年 7 月 8 日,上海),载《泽西信函》,第 15 卷第 3 期(1896 年 12 月),第 378 页。也可见柯博识《中国与鲁南天主教修会(1882—1900)》,第 128 页。该处资料涉及刘坤一致总理衙门函,光绪二十二年六月十八日(1896 年 7 月 28 日);伯义思文(1896 年 6 月 29 日,济宁),载《天主之城》,第 20 卷第 4 期(1897 年),第 72 页。道台锡良在曹州府调查时发现,这些大刀会众主要来自曹、单、丰、砀山、虞城和亳州等地。见《李忠节公奏议》卷二,第 936 页。
② 董师中致吕承望函(1896 年 7 月 21 日,徐州),载《泽西信函》,第 15 卷第 3 期(1896 年 12 月),第 384 页。
③ 艾赉沃文(1896 年 6 月 29 日,徐州),载《泽西信函》,第 15 卷第 3 期(1896 年 12 月),第 380 页。
④ 韩甯镐(1896 年 7 月 22 日,济宁),载《圣弥额尔历》1898 年,第 96 辑。

有防御工事的马良集,对大刀会的反对声至此达到顶峰。① 应当指出的是,这个镇子并没有一所基督宗教教会。相反的是,大刀会抢劫了一些富有地主、一座盐店、一家酒馆、一间京货铺和江南裁决外委衙门。② 传教士的报告表明,这些大刀会徒还绑架了马良集寨主贾克训的千金。③

因此,在徐州府防营的帮助下,贾克训组织一支乡民武装去对抗大刀会侵略者的掠夺。④ 在山东这边,知县李铨和参加过诸多镇匪行动且剿匪意志坚定的参将岳金堂,在单县绿营的协助下,带领地方团练开展平匪活动。⑤ 6 月 30 日和 7 月 1 日,在马良集的外围区域,50—100 名大刀会徒被杀,另外 30 名会徒被缉拿后旋即在单县处死。⑥ 另外 30 名囚犯被押送到徐州府,这其

_____

① 见李秉衡奏,光绪二十二年六月二十四日(1896 年 8 月 3 日),载《李忠节公奏议》(卷二),第 935—936 页;也可见《义和团档案史料》上,第 5 页。
② 出处同上。刘坤一也提到了马良集盐库所遭受的掠夺。见其电文,光绪二十二年五月二十二日(1896 年 7 月 2 日),《刘坤一遗集》第三册,第 1 405 页。也可见《义和团档案史料》上,第 5 页。
③ 董师中:《艾赉沃传(1852—1930 年);南京代牧区徐州府传教士》,第 66 页。
④ 董师中:《艾赉沃传(1852—1930 年);南京代牧区徐州府传教士》,尤可见禄是遒文(1897 年 3 月 22 日,侯家庄),载《泽西信函》,第 16 卷第 2 期(1897 年 11 月),第 223—224 页。
⑤ 李秉衡奏,光绪二十二年六月二十四日(1896 年 8 月 3 日),载李秉衡《李忠节公奏议》卷二,第 935—936 页。
⑥ 李秉衡奏,光绪二十二年六月二十四日(1896 年 8 月 3 日),载李秉衡《李忠节公奏议》卷二,第 9936 页。50 至 100 人这个数字参引自韩甯镐(1896 年 7 月 22 日,济宁),载《圣弥额尔历》1898 年,第 96 辑。刘坤一也谈到在一场交锋中,有超过 100 名会匪被歼和受伤;在另外一起弹压行动中,重创大刀会徒 80 至 90 人。见刘坤一电文,光绪二十二年五月二十五日(1896 年 7 月 5 日),载《刘坤一遗集》第三册,第 1406 页。刘坤一进而说到,当大刀会徒逃到单县后,与团练的两次交锋中死伤大半。1896 年 8 月 14 日,李秉衡因兖州地产一事接见安治泰,提及有 31 名会匪在山东被处决,其中包括会首刘士端和曹得礼。见安治泰致贝威士函(1896 年 8 月 24 日,坡里),载柏林联邦档案馆《外交部卷宗之驻华使馆报告》,325/254。

中包括彭桂林。[①]

虽然一些大刀会徒在马良集一役中被歼,但这是大刀会的一次局部动员。来自曹—单—成武交界区域的大部分大刀会徒,并没有参加这次行动。这里特别值得注意的是,两位会首仍然安然无恙:据称刘士端修炼巫术并吸引了诸多随众;曹得礼则被描述为"匪首"。[②] 因此,山东当局的遗留任务,就是缉拿这两位会首。但是逮捕刘士端是个较为棘手的问题,因为该人有诸多保镖护卫。最后,曹县知县曾启埙做通了刘的好友——曾田庄乡团团总曾广寰的工作,通过后者的诱使,将刘士端引诱到曹县与当地地方官商讨剿匪事宜。刘落入圈套,并在 7 月 7 日被正式拘捕。毓贤审问之后,便将其斩首。据说为了证明刘士端根本没有拥有刀枪不入之术,刽子手在行刑之前在他的头颅上做了实验。[③] 稍后不久,曹得礼也被官府抓获,在单县被处决。[④] 此后,刀枪不入的咒语似乎已被打破。

大刀会在马良集之役的溃败和主要会首被捉及处决后,会徒

[①] 董师中:《艾赉沃传(1852—1930);南京代牧任徐州府传教士》,第 66 页。彭桂林和另外三名同犯在 1896 年 7 月 8 日被处决,他们的首级也被悬挂在其洗劫过的区域。出处同上。也可见蓝文田《中国的教区:徐州》I,第 180 页。彭的老家是毗邻马良集的(单县)大李庄,见禄是遒文(1897 年 3 月 22 日,侯家庄),载《泽西信函》,第 16 卷第 2 期(1897 年 11 月),第 223—224 页。董师中文(1896 年 7 月 9 日,徐州),附安治泰致贝威士函(1896 年 8 月 6 日,坡里),载柏林联邦档案馆《外交部卷宗之驻华使馆报告》,325/138。

[②] 毓贤禀文,附于李秉衡光绪二十二年六月二十四日(1896 年 8 月 3 日)奏折,见李秉衡《李忠节公奏议》卷二,第 935 页。也可见《义和团档案史料》上,第 5 页。请注意,《义和团档案史料》记载术语为"邪术",而在《刘坤一遗集》中则为"邪教"。这明显有过修改。

[③] 伯义思文(1896 年 1 月 17 日,费县),载《圣弥额尔历》1898 年,第 198 辑。这段描述也基本符合受访对象赵斌亮的说法,见《山东义和团调查资料选编》,第 28—29 页。

[④] 韩甫镐文(1896 年 7 月 22 日,济宁),载《圣弥额尔历》1898 年,第 96 辑;《山东义和团调查资料选编》,第 29 页。

四处逃散。山东巡抚李秉衡呼吁对大刀会应采取宽容政策,他直陈只处决大刀会的会首,应无罪赦免无意加入大刀会的无知民众以及那些悔过自新的会徒。[①] 在临近江苏地区,来自江宁的绿营赶赴徐州,遏制当地冲突的进一步激化,并广贴无数通告敦促民众脱离大刀会。[②] 因此,该地区重归短暂的和平,只要中国官府有所关注,大刀会的活动便会销声匿迹。当然了,这种判断很难让人接受。我们知道大刀会的这些老手已多以万计,砍去一些人的头颅并不会摧毁整个大刀会组织。但是从 1896 年夏后,中国官府坚定认为这些组织已经不复存在了。

在 1896 年夏一系列有组织的反教冲突中,可能会从中发现如下最为有趣的问题:为什么大刀会的主力没有介入到这次斗争中来?从边缘地带的山东一方而言,大部分单县东南的大刀会的刀会看起来攻击了基督教会,而这些教会也同样坐落在这个区域。此外,以曹—单—成武为核心区域的大刀会,在太平集形成了教派中心,并与当地平民磨合成了较强的凝聚力,而与之相反的是,单县东南区域没有出现这种凝聚力。当然,原发性的大刀会刀会是在中日甲午战争即将来临的高峰期时出现的,这给刘士端和曹得礼在各自地方社群内建立以自己为首的强力领导提供了时机,虽然这二人并非当地最显赫的士绅。从另一个角度而言,在单县东南地区,皈依大刀会也是个更为新近的现象。从中可以看出,当地更有权势的绅缙是不愿加入该组织的。而形成对

---

① 李秉衡奏,光绪二十二年六月二十四日(1896 年 8 月 3 日),载李秉衡《李忠节公奏议》卷二,第 937 页。

② 韩甯镐文(1896 年 7 月 22 日,济宁),载《圣弥额尔历》1898 年,第 96 辑。但是,韩甯镐暗地说大刀会整体而言较为团结一致,所以传教士也不期待会发生真正的和平。

比的是,一些强力的个人如郝庄的寨主——也是最大的地主郝绍堂和居住在张楼的团总张安玉,带领地方民团参与了击溃大刀会的战斗。[①] 但话又说过来了,彭桂林这个单县东南地区的大刀会首领,也曾相当富有。被大刀会攻击的殷实百姓——特别是在马良集,也可能是该地区大刀会的诸多敌手。除了这个纵向划分外,大刀会和团练间的冲突,是否也表明了富有阶层内部横向上的分裂。尽管该区域坐落着诸多重要的基督宗教教会,但冲突的起因与其说是对宗教的憎恶,不如说是源于根深蒂固的既有对抗中的复杂模式。异端——不管是源自本土或者是外国的——都不是边缘地带的主要矛盾所在。

砀山县在冲突后的发展状况,特别是庞三的反应,可能会解释出边缘地带生活的复杂性和模糊性,且能够突出传教士在地方事务中日益突出的权力角色。尽管山东区的大刀会主要首领已被处决,他们的会徒也已逃散,但是庞三依旧逍遥法外。为了缉拿该人,地方官实施了一个计谋:他们拘捕了庞三的哥哥庞胜天,尽管后者与大刀会的骚乱并无关联。此外,地方官员提议拍卖庞三的地产。[②] 砀山知县敦促摧毁庞三在庞林带有防御工事的大院,和一座正在修缮的横跨黄河古道的大桥。1897年初,大量地方士绅表示愿意参与这项工作。据称,他们为了得到这个"特权",给县令支付了700吊钱。但这些人不敢擅自动工,因为庞三此时正带着一些有武器装备的打手潜伏在苏鲁边缘地带,随时回来遏制对其大院的拆除。当然了,庞三也要依赖主要的18个庞氏村落的支持。此外,他也明显竭力在红拳会的名头下,建立一

---

① 《山东义和团调查资料选编》,第 25 页。
② 艾赉沃致夏鸣雷函(1897 年 4 月 19 日,马井),载《泽西信函》,第 16 卷第 2 期(1899年 11 月),第 235 页;也可见禄是道文,出处同上,第 241 页。

个新的拳社组织。因此,在庞氏宗族和那些愿意拆除庞三房屋并可能乐见庞氏家族权势坠落的士绅们之间,曾出现一段严重的冲突危险期。①

基于庞氏家族所处的窘境,他们转而向耶稣会传教士寻求解决之道。② 如果传教士愿意且能够保住庞三的房屋和脑袋,那么所有庞氏的村庄将会整体皈依教会。其实,在 1897 年 4 月 4 日,已有部分庞林村民前去侯家庄拜见禄是遒(Henri Doré,1859—1931 年)神甫,并提交了一份愿意入教的 53 个家庭名录。这种意外之事的发生,将传教士置于一个尴尬的位置。无论作出何种决定,都会进一步深化他们与庞氏家族或者是地方当局的困境。但是,地方官员也同样处于这种困难境遇,特别是当庞三攻击传教士作为报复时。因此,必须找出给地方官和那些决意拆除庞三房屋的士绅们留下"面子"的方式。③

在圣枝主日(1897 年 4 月 11 日),300—400 人的庞氏宗亲来到侯家庄参加弥撒,这其中包括庞三的孩子。禄是遒决定请求他的上级——徐州的艾赍沃介入此事,寻求解决这个复杂问题的方法。在此后的商讨中,来自 18 村的庞氏代表向艾赍沃请求三事,以此换取与地方官的和睦共处,甚至是不再追讨被充公的土地。

---

① 禄是遒文(1897 年 3 月 22 日,侯家庄),载《泽西信函》,第 16 卷第 2 期(1897 年 11 月),第 223—224 页;禄是遒(1897 年 3 月 29 日,侯家庄),出处同上,第 237—238 页;禄是遒致艾赍沃函(1897 年 4 月 3 日),出处同上,第 240 页。

　　乐于开展这项拆除工作的士绅,有来自大寨的王智勘(音译)和刘开山(音译),以及来自玄帝庙的庞某人。禄是遒记述说,拆除日期已拟定三次,但士绅们每次都临阵退缩。庞三的母亲、内人以及孩子仍在这处房屋居住,据称庞三曾威胁说要带数百名大刀会徒回家,捣毁那些士绅的房屋作为报复。

② 事情有点复杂,因为当时庞氏统治的村庄(侯家庄和庞新楼)已有民众入教。

③ 禄是遒文(1897 年 3 月 29 日,侯家庄),载《泽西信函》,第 16 卷第 2 期(1897 年 11 月),第 227—228 页;也可见其 3 月 31 日和 4 月 5 日的信函,出处同上,第 239—241 页。

他们如是要求:(1) 免除庞三死罪,并能够回家与家人生活;(2)庞三的哥哥应从监牢释放;(3) 庞氏宗祠应该保留,部分宗祠可作为教堂或学校使用。①

从府城回来后,艾赉沃在 1897 年 4 月 20 日把这些提议转呈给了道台阮祖棠。尽管阮没有给予明确的答复,但基本默许了庞氏的这些意愿。他还建议庞三应该"远走高飞",因为官府毕竟还有拘捕他的公文。在关于释放庞胜天一事上,阮表示需要从砀山知县处获得进一步的信息。但不管怎样,庞三的房屋已安然无恙,他的家人也能够平静地在那生活。至于横跨干涸黄河河床的桥梁,"现在仍然矗立在那里,但是已经被水淹没了"。② 当艾赉沃在其中的努力被人所知时,苏西北地区教民和大刀会两者间的冲突便有所衰减。5 月中旬,庞胜天被释放出狱。"庞三离开家一段时间后,就越来越长地住在家里,并且(他)不久后就(再次)恢复了社会地位。"③

这些精明的耶稣会传教士对自己相当满意。他们已经化解了一个潜在的爆炸性局势,尽管是被迫卷入其中的。同时,他们也意外赢得了诸多新信徒,而这些人先前还在边缘地带掠夺和捣毁基督宗教的教会。这种成功的调解,使传教士获得了经验和对地方社会及政治局势的透彻了解。耶稣会传教士已显示出自己

---

① 艾赉沃致夏鸣雷函(1897 年 4 月 19 日,马井),载《泽西信函》,第 16 卷第 2 期(1899年 11 月),第 235—236 页。

② 艾赉沃致夏鸣雷函(1897 年 4 月 21 日,马井),出处同上,第 237 页。阮祖棠在1896 年 4 月充任徐州道台一职,并与耶稣会传教士保持着亲密的联系,见蓝文田《中国的教区:徐州》I,第 184 页。值得注意的是,尽管阮履新不久,但他已经上报了一份极为详细的关于大刀会起源和发展的禀文。

③ 蓝文田:《中国的教区:徐州》I,第 203 页。关于庞三令堂和其他庞氏妇人所施加的压力,可见禄是遒致艾赉沃函(1897 年 5 月 15 日,侯家庄),载《泽西信函》,第 16 卷第 2 期(1897 年 11 月),第 241—242 页。

已经意识到了地方上的各种关联，以及动荡边缘地带既有的或正在发展中的联盟、矛盾和对立关系。作为自己体系中的地方领导人，他们成为乡村权力架构中的有效组成部分。这些人竭力与地方当权者以及中国官府保持着良好的关系。未能理解这些复杂地方状况的传教士总会轻易地招惹灾祸，这种状况可常见于中国的某些区域。

对于庞三而言，他并不甘心长期屈就他的"社会地位"。经过在庞林两年左右的蛰伏期后，他明显地从事了职业性的土匪营生。在义和团运动期间，有人认为他加入到了北方的这次运动，因为那段时间他从徐州府消失了。1900年后，他加入了安清帮，据称指挥着800名手下从事掠夺活动。1911年辛亥革命时期，庞在边缘地带扩充力量，并宣传支持共和事业。1915年，他在上海租界被捕，后移交给中国当局处决。① 但是这么多年以来，庞三仍是个耶稣传教事业的坚定拥护者。② 庞三的突然"皈依"，固然迫于动荡边界环境下地方性政治所带来的急迫局势。此外，他

---

① 关于庞三在1897年后简要活动的描述，主要参考如下著述：董师中《艾赉沃传（1852—1930）：南京代牧任徐州府传教士》，第70—71页；艾赉沃《生活在新时期的中国》；和致祥（Fortunat Marivint）文（1912年4月20日，砀山），载《中国关系》1912年7月，第461—462页；《单县志》（四），第8页上；《涡阳县志》（二），第619页；《中法新汇报》（L'Echo de Chine）1915年9月18日，第594页；《天主教传教区周刊》1916年，第148页；蓝文田：《中国的教区：徐州》I，第350、395—402、514—515页。匪帮看起来成为一种家族传统，因为庞三的后代庞耀皮（音译）是1938年砀山县的主要匪首。见蓝文田《中国的教区：徐州》II，第214页。

② 倪怀纶主教在1897年11月巡访江南代牧区的最北段地区时，庞三就曾护卫其从侯家庄到戴套楼的沿路行程，此时正值两名圣言会传教士在山东刚被害之后的这段危险时期。见蓝文田《中国的教区：徐州》I，第206—207页。关于庞三此后的人生经历，见狄德满《本土化视野下的反教冲突——庞三的人生及其所处的时代：爱国者、庇护人、盗匪或革命者？》（Tiedemann, "Anti-Christian Conflict in Local Perspective. The Life and Times of Pang Sanjie: Patriot, Protector, Bandit or Revolutionary?"）。

在立场上的乐于转变,也清晰地表明了教会在与大刀会的冲突中处于比先前更为强大的地位,因此能够为诸多农村居民提供利诱。[①]

就大刀会来说,尽管有了1896年的这次溃败,它仍然继续扩张。[②] 但没有先前的刘士端和其他人等的集权领导,大刀会遂逐渐分裂为较小的独立性刀会,通过诸如赵天吉等游方拳师的活动,在鲁西南和苏西北地区广泛繁殖。然而,这种日益膨胀但脆弱的师徒网络并不能为持续和协调的行动提供有效且全面的组织架构。这些各异的大刀会刀会,首要关注的是狭隘性的事务,通常与自卫和掠夺问题有关。同时,公开的反教运动则呈现出明显的下降趋势,尤以原发性大刀会组织的核心区域为甚。当零星的反教事件再起时,这往往起源于具体的地方不满情绪。也就是说,这里从未存在着一个团结排外的"大刀会运动"。

本章余下内容将饶有趣味探讨最后一点。按照山东口述史项目所载信息,在1896年夏的砀山反教运动中,赵天吉再次现身。[③] 奥地利旅行者海司也提供了一些佐证,据说赵在这次大刀会溃败后逃至河南,其项上人头被悬赏1000两白银。[④] 此后,我们偶然才能发现,他于1897—1899年间活跃在华北平原各地的身影。从那以后,他的下落及命运已不为我们所知。

---

① 1896年信徒和问道者的急剧增长,见第五和第六两章,特别是请参考表八和九。
② 蓝文田:《中国的教区:徐州》I,第22页。
③《山东义和团调查资料选编》,第23页。
④ 海司:《山东与德属中国——1898年从胶澳租借地到中国圣地和从扬子江到北京之旅》,第247页。

四、能方济和韩理之死

尽管中国当局宣称,大刀会在 1896 年时已被完全镇压,但此后发生的诸多事件仍与该会有关。首起有记录的事件发生在 1897 年 7 月 23 日,那时一支"匪帮"试图攻击坐落在耶稣会堂口的侯家庄。不过,教民得到了预先警报。在传教士据点常驻的 30 名兵勇的帮助下,教民们成功抵御了这起攻击,并击毙数命。在此后同地方官府的协商中,艾赟沃获得了 800 吊钱。1897 年 11 月,倪怀纶主教巡访徐州府,地方官员"给了主教面子",将 6 名据称指挥侯家庄袭击的小头目斩首。但是,江苏官员和耶稣会传教士都没有把这些袭击者认作大刀会。[①] 邻地单县的圣言会传教士韩甯镐认为,这次袭击牵连着大刀会分子:

> 当我从济宁回到单县时(1897 年 7 月初),我发现修会这个传教大船再次搁浅进了泥淖中。在一些圣会里张贴着揭帖,言称去年曾给我们添加大麻烦的这个教派会再度来袭。我个人认为,这些揭帖只不过是某些顽固儒生所做的恶作剧。然而,与我的期望相反,大刀会在几天后的确再次发动攻击了(但是发生在江苏砀山县)。[②]

---

① 按照吕承望所言,他的大量工友——曾加入到一个人数多达 200 人的匪帮——告诉他有两个不同的组织组成了秘密会社。见吕承望《研究》,第 73 卷(1897 年 10—12 月),第 681 页。但是传教士记不清它们的名字了,见董师中《艾赟沃传(1852—1930);南京代牧任徐州府传教士》,第 71—72 页,该处资料只是简单地把它们称为"匪帮"。也可见蓝文田《中国的教区:徐州》I,第 223 页。在给北京的一份电文中,刘坤一称这些"土匪"是在 7 月 23 日潜入侯家庄。他也提及了这是大刀会前年活动所遗留的麻烦。见《刘坤一遗集》(第三册),第 1407 页。
② 韩甯镐文(1897 年 8 月 12 日),载《耶稣心小使者报》,第 25 卷第 3 期(1897/98),第 22 页。

在 1897 年末两位圣言会传教士在山东被害后,大刀会牵涉反教纷争的问题再度被提起。但是,在关于大刀会徒是否该为这次影响深远的行动负责这一点上,仍然没有一致的认识。同时,山东当局把这归因为几名已经被毙的地方盗匪身上,其官员先前宣称大刀会于 1896 年夏在该省被全部剿灭,所以他们现在不愿承认该会仍然活跃。在 20 世纪 50 和 60 年代,山东学者再次调查该事件,但是他们的调查也并没有得到定论。[①] 因此,质疑仍然存在:凶手是谁? 他们到底是否与大刀会有关?

这次袭击的相关史实细节,倒没有太多争议。1897 年 11 月 1 日深夜,大约二三十人结伙潜入修会位于张家庄(又称磨盘张庄)的堂口——位于(曹州府)巨野县东段,杀害了正在此处拜访当地神甫薛田资的两名德国传教士能方济和韩理。薛田资侥幸逃脱,这是因为他睡在了堂口的另外一处房屋,而把自己的卧室留给了两位客人。他后来宣称,他听说这些袭击者是专门过来捉拿留着"长胡子"的自己。[②]

在谋杀案此后不久,一些文章讨论了这次袭击的动机。这起事件发生一周后,济宁美国北长老会传教士良约翰(John Hood

---

① 关于争议及调查结果,参见如下著述:郎汝略《济南宗座代牧区》,第 451 注 14;韦尔利:《中英与反教骚乱(1891—1900)》,第 117 注 82;柯博识:《中国与鲁南天主教修会(1882—1900)》,第 132—147 页;包敏:《真福福若瑟传》,第 254—268 页;《山东近代史资料》第三分册,第 24—25 页;《山东义和团调查资料选编》,第 39—43 页。

② 主要参考福若瑟致海靖函(1897 年 11 月 4 日,济宁),附于海靖致霍亨洛函(1897年 11 月 23 日,北京),载柏林外交署政治档案"中国 20"(绝密)《1894—1917 年中日战争带来的列强对华领土觊觎》,第 27 卷,文件号 173。接函时间为 1898 年 1月 5 日。报告全文也曾刊发在包敏《真福福若瑟传》,第 256—260 页。奇怪的是,报告原文在位于柏林德国联邦档案馆所储藏的德国公使档案中遗失了。也请注意福若瑟当时代管山东教区,因为安治泰此时已返回欧洲。 (转下页)

Laughlin,1854—1918 年)列举如下可能动机：

(1) 这是一支匪帮的偶然性抢劫事件和无端谋杀。

(2) 同上，但该谋杀案是因神甫首先枪击一位盗贼而起。据说一些村民亲眼见到盗贼们抬走了一位伤者或一具尸体。

(3) 这是因为在(张家庄)新住所建造工程中，有些劳力未能谋取劳工机会，因此采取报复举动。

(4) 这是一些有势力的地方士绅的报复案件，他们与天主教会存在词讼纠纷。

(5) 这是大刀会干的，它们和天主教会之间存在着多年的不和。①

复仇因素，在早期的解释中占据主导地位。在福若瑟于 11 月 4 日致德国公使的官方文书中，这位副主教也坚持认为这次袭击非一般盗匪行为，而是早有蓄谋，或者是中国人口中的"仇杀"。他并没有指向大刀会，而是认为地方官员存在失职，因为他们既没有给传教士提供足够的保护，也未能在动荡的曹州府重塑秩序。② 另外一个传教士认为这件事不是盗匪犯下的，因为这丝毫

(接上页)韩甯镐在 11 月 17 日后的济南至上海途中，也记述了一段极为类似的描述，这后来发表在《德文新报》1897 年 12 月 10 日，第 205—208 页，标题为《血溅鲁南》(*Das Blutbad in Sued-Schantung*)，缩简译文发表在《北华捷报》1897 年 12 月 17 日，第 1096—1097 页。

薛田资在如下著述中给予了自己的谋杀者版本：《一位传教士在中国的经历》(*Erlebnisse eines Missionärs in China*)，第 70—77 页；《十字旗下的龙土》，第 118—122 页；薛田资：《在孔夫子的家乡》，第 211—233 页；《韩理神甫传》(*Life of Father Richard Henle*, *S. V. D.*)第 122—130 页；薛田资：《在华二十五年，1893—1918》，第 82—90 页。应当注意的是，薛田资是在 1896 年秋被指派到巨野传教。

① 良约翰致《教务杂志》编辑函(1897 年 11 月 8 日，济宁)，刊发在《华洋通讯》1897 年 12 月 10 日，增刊，第 2 页。

② 重刊在包敏《真福福若瑟传》，第 258 页。

不是他们的一贯风格,盗贼们多会通过协商获取金钱或其他财物。①

　　当地传教士薛田资坚持断言,这绝非一般简单的抢劫。他指出,张家庄的临近几个村落那时已出现反教骚动。在其中的一个村子,安治泰主教曾指令薛田资"在几个月前"搜集(巨野南)李家庄的一起未决词讼的相关信息。薛田资正在李家庄做相关调查时,一伙持枪匪徒闯进该村教堂,前来捉拿这位欧洲人。福若瑟也确信这起事件与此后的"巨野教案"有一定关联,因为这些人也是在寻找"长胡子"。②

　　张家庄南18里外曹庄所存在的长期摩擦,或许更能解释传教士被杀的复仇因素,以及与大刀会之间更为强烈的关联。张家庄的教民曾为民间教门会众,他们与一些旧派存在着联系,而薛田资于1897年成功地从这个教门皈依了大量信徒。当时,大部分村民都加入了教会,一位年轻的儒生曹作文被指派为教会会长。而庄首曹作胜——会长的叔父也想加入教会,但遭到拒绝。③ 多年后,薛田资这样描述曹作胜:

---

① 恩博仁文,载《耶稣心小使者报》,第25卷第5期(1898年2月),第39页;也可见怡百礼(1897年11月25日,济宁),载《耶稣心小使者报》,第25卷第6期(1898年3月),第46页。

② 福若瑟致海靖函(1897年11月4日,济宁),附于海靖致霍亨洛函(1897年11月23日,北京);载柏林外交署政治档案"中国20"(绝密)《1894—1917年中日战争带来的列强对华领土觊觎》,第27卷,文件号173。一位教民在这起袭击中受到重伤,见薛田资(1897年6月18日),载《耶稣心小使者报》,第25卷第1期(1897年10月),第6页。薛田资进而言之:"一位并不想让我们出现在这个区域且已经给教会带来诸多损失的异教徒,利用我到圣会的机会,准备把我扭送到土匪手中。"出处同上。李家庄和邻村刘家庄因水利导致的长期不和,见《山东义和团调查资料选编》,第35、36、38页。

③ 薛田资:《在孔夫子的家乡》,第200—209页;《圣言会神甫韩理传》,第128页。会长的姓名参考自《山东义和团调查资料选编》,第40、65页。薛田资此后写到,那些教民曾是白莲教会众。见《在华二十五年,1893—1918》,第78—79页。

他不是一个好人。那时他曾被指控从邻镇偷盗并杀死了一头牛。我告诉他必须彻底悔过自新,然后才能被教会接纳。他再三祈求,但结果还是一样。该人被我的拒绝所气恼,便允许拳民(即大刀会)前来该镇亮拳,并想法设法挑衅那些曾指责其罪行的教民。他搭台唱戏,强迫教民提供金钱奉献。但是这种表演一贯为教民所抵制,因为里面的表演均是偶像崇拜之事……。他的敌意与日俱增,并在稍后不久与他人合伙,谋杀了神甫能方济和韩理。①

如薛田资所言,当曹作胜号召一位知名"刀会"首领在当地建立刀会时,"村子里的坏人遂攀附于他,好人也因此成为教民"。② 谋杀案发生后,在曹庄附近王家庄的一处砖窑内发现了薛田资的一些物品,这位德国司铎感觉到这件事肯定和曹庄的反教分子有关。③

20世纪50年代山东大学历史系口述史项目的相关记载,在很多程度上证实了薛田资的这个说法。按照这个调查,来自于堂的曹言学组织了这起对巨野差会的攻击。据说有以下人等也参与其中,分别是来自李家庄的奚阁、小刘庄的盗匪刘德润和上文曹庄的曹作胜。④

① 薛田资:《在华二十五年,1893—1918》,第79页;也可见该书第89—90页。薛田资在另外一本书里写道:"曹州府南的拳民决意伤害一些欧洲人,而且曹作胜……也愿意参与这个行动。"见薛田资《在孔子的家乡:来自山东的描绘、图画和经验》,第208页。关于曹庄富有教民在戏曲表演上的拒绝奉献,可见《在孔子的家乡:来自山东的描绘、图画和经验》,第207—208页。
② 出处同上,第208页。他的"好坏"之概念,自然与清朝统治阶级的背道而弛。
③ 薛田资文(1898年5月10日),载《耶稣心小使者报》,第25卷第12期(1898年9月),第92页;薛田资:《圣言会神甫韩理传》,第130页。
④ 《山东近代史资料》第三分册,第32—33页。随后的口述史调查证实曹作胜是曹庄大刀会会首。他拥有20—30亩土地。见《山东义和团调查资料选编》,第40页。在这份资料中,巨野大刀会的会首叫做曹宫学。

曹庄的这起争端，为反教冲突埋下了种子。然而，其中的主要因素似乎是曹氏宗族内长期存在的极度不和，这种内部分裂在1897年11月份的这起事件后继续恶化。1901年7月12日，六名教民（三男三女）在与其他亲属争端中丧命。这起恶劣案件的首犯曹作明和其他人等，据说也参与了能神甫和韩神甫被害一事。[1]

除了李家庄和曹庄的这种复杂境遇外，该地区还爆发了其他一系列严重的民教冲突。[2] 薛田资的行为，在何种程度上加重了反教敌意？考虑到袭击人专以他为对象这个事实，能方济和韩理的被杀确实含有复仇的成分，尽管报复目标薛田资侥幸活命。当然了，周锡瑞认为薛田资具有"让人生厌的个性"和"赤裸裸的种族主义"。[3] 然而，凭借薛氏在1893年到达上海时对中国生活的第一印象来定性这位传教士是不合适的。[4] 毕竟，这些新手们并没有为来中国传教做任何特别准备，还需要时间来适应这种新的

---

[1] 见巨野知县秦福源禀文，附于东抚致德国公使穆默（Alfons von Mumm）函（1901年8月30日，济南），载柏林联邦档案馆《外交部卷宗之驻华使馆报告》，330/226—227；也可见《斯泰尔耶稣心小使者报》（Steyler Herz-Jesu-Bote），第29卷第3期（1901年12月），第42页。据称曹作明和曹作清兄弟俩也参与了神甫被杀一事。见受访对象张明水的表述，载路遥主编《山东大学义和团调查资料汇编》上，第635页；《山东近代史资料》第三分册，第33页。

[2] 在1957年10月的调查中，当时身处被攻击修会堂口的赵振远，认为这些凶手是来自陈庄和谢集西南的村民，因为他们失利于一场和天主教民的词讼，所以这些人感到很气愤。见《山东近代史资料》第三分册，第40页。20世纪50年代和60年代开展的山东口述史项目有关巨野的调查资料，收录于路遥主编的《山东大学义和团调查资料汇编》上，第622—647页。

[3] 周锡瑞：《义和团运动的起源》，第125页。周锡瑞也引用《山东近代史资料》关于巨野教案的记述，称薛田资曾奸淫数十位当地妇女，见该书第126页。然而，如同本书前面几章所述，在19世纪中国人的头脑中，外国传教士的性出轨是常有之事。

[4] 见薛田资《在华二十五年，1893—1918》，第9页。关于薛的性格，也可见狄德满《中国义和团运动前夕鲁南的传教政治背景》（Tiedemann, "Der missionspolitische Kontext in Süd-Shantung am Vorabend des Boxeraufstands in China"），第288—292页。

且陌生的文化环境。适应中国乡村生活,对某些人而言可能特别困难,因为他们仍然在学习语言以及中国乡村礼节的方方面面。然而,经过初期的文化适应后,薛田资逐渐对中国和中国人有了较深的了解。当然,在动荡且高度竞争环境下的鲁西南地区,并不应该过分冒犯他人。其实,薛田资本人在巨野教案后的几个月后,也仍处在危险之中。"(那时)我仍然过着相当冒险的生活。因为我接到一张恐吓纸条,说到中国农历腊月十五(1898月2月26日)之前是我的祭日。"因此,当薛田资在所辖的这片充满敌意的教区巡回布道时,总有武装护卫。教民们在夜里对他进行看守保护。[1] 在这起谋杀案发生的半年后,薛田资这样写道:"我是大刀会和盗贼们的眼中钉……"他们发誓要在三个月内对薛田资"放血",并焚毁其在张家庄的住所。[2] 1898 年 10 月,主教安治泰把薛田资改派到日照县(见第九章)。

然而,没有一份圣言会传教士的早期报告认为能方济和韩理的被杀与大刀会有关。[3] 但是早在 1897 年 11 月 7 日,一位来自济南的通讯员(可能是基督新教传教士)这样写道:

> 人们普遍地把这场大屠杀,归咎为大刀会这个该省秘密

---

① 薛田资:《一位传教士在中国的经历》,第 77 页。

② 薛田资(1898 年 7 月 28 日,巨野),载《耶稣心小使者报》,第 26 卷第 3 期(1898 年 12 月),第 39 页。

③ 在 11 月 4 日向海靖发送首起报告后,福若瑟在同月 17 或 18 日奔赴京城,29 日抵达,12 月 10 或 11 日返程济宁,同月 22 日到达。见包敏《真福福若瑟传》,第 264—267 页。福若瑟返回济宁后,旋即起草了一份冗长的报告,表述了其迫切得到的赔偿条款,他同时也评述了曹州府修会的相关事务。福若瑟虽然指出大刀会公开反教,但是并未把这个组织与杀害神甫的凶手联系一起。他只是提及一大伙大刀会徒去了江苏团里二至三次。见福若瑟《曹州府修会要求简述》(Freinademetz, "Kurzer überblick über die Missionsverhältnisse in der Praefectur Z'ao-tschou-fu"),载柏林联邦档案馆《外交部卷宗之驻华使馆报告》,326/200—202(该函未标注日期,使馆函档日期 1897 年 12 月 5 日)。

组织的狂热分子所为,而官方版本则认为是土匪干了这场血腥之事,实际上这种说法是不足为信的。这些秘密组织的首领是一些读书人,还包括一些官员。在目前的案件中,官员们完全同情大刀会徒,他们憎恨的目标直指那些洋鬼子。①

不久之后,德国传教士从另一处得到线索,更清楚地表明大刀会确实牵涉进了巨野教案。1897 年 11 月 5 日,韩甯镐在(单县)薛孔楼给侯家庄的禄是遒的信中,称其收到了传教士被强盗杀死的消息。但是几天后,他又来信说到,这件事可能是大刀会所为。"当我陪伴陶加禄(Karl Teufel,1869—1948 年)前往薛孔楼时,在沿途两旁可看到大刀会徒:据称杀死两位神甫的刺客就隐匿其中。"②几乎就在同时,韩甯镐致福若瑟的信中称:"我们再次处于斗争的舞台上。大刀会正在聚集会徒,教民们也正在把财物藏匿在亲属家中,到处都是车马行驶⋯⋯大刀会已经谈及自己是两位传教士被害的凶手⋯⋯"③

1897 年 12 月末,福若瑟接到了更加全面的报告,证实苏鲁边界地区大刀会徒正在被动员起来。本研究至关重要的一个要点,即赵

---

① 《晋源西报》1897 年 12 月 4 日;部分文本内容见法勒致戴函(1897 年 12 月 7 日,烟台),载美国国家档案馆第 59 类暨《国务院一般函件》之《1863—1906 年美国驻烟台领事馆报告(3),文件号 52》。虽然存在诸多谬误之处,但这份早期报告也认为巨野之所以发生这起蓄谋已久的谋杀,李秉衡在其中应负间接责任。"大约在一年前,他调离山东之前,就公开表示决不袒护甚至报复东省传教士,因为传教士在一些争端交锋上占得上风。"出处同上。这种"上风"可能是指兖州在 1896 年对传教士的开放(见第六章)。
② 转引自郎本仁文(1897 年 11 月 12 日,侯家庄),载《中国新闻》第 7 卷第 8 期(1897 年 12 月 6 日),第 2—3 页。郎本仁指出,法国传教士听说这起攻击是刘士端之子的报复之举。出处同上,第 3 页。
③ 转引自福若瑟致海靖函(1897 年 11 月 17 日,济宁),载柏林联邦档案馆《外交部卷宗之驻华使馆报告》,326/195。也请注意福若瑟电文:"单县大刀会发出攻击消极官员的威胁。"见福若瑟致使馆函(1897 年 11 月 12 日上午 10 时,济宁),载柏林联邦档案馆《外交部卷宗之驻华使馆报告》,326/84。

天吉这个大刀会的"精神"创始人可能在某种程度上参与了两位圣言会传教士的被害。这些报告指出,一个名叫严先明的鱼台县人,曾与鱼台团里存在着水火不容的不和。1897年,严邀请大刀会前来帮忙。此后,这里发生了几起小规模冲突:一起发生在11月12日,也即是在张家庄发生暴行事件的数天之后;另外一起发生在12月29日,当时大概有60名大刀会众被杀。如福若瑟所言,在11月12日,大刀会的门徒鲁南王(好像不是个人名)被抓获,据称做了如下供述:

> 大刀会的创始人赵天吉是阳谷县人,有70岁,在农历十月七日(11月1日)带领他的弟子约30人从阳谷途径寿张前往张家庄①,在那杀害了两名传教士,这是为大刀会的会首刘士端复仇。这个鲁南王清楚无误地知道有哪些人参与了这起谋杀,知道刀会的所有会徒,也知道赵天吉路经张家庄前往团里的精确路线。

因此,福若瑟决定深入调查此事。他前往鱼台,要求当地知县张泽成让他亲自审问罪犯鲁南王,并获取如下供述:

> 我知道我们的会首叫赵天吉,他是大刀会的创始人,这些天他带着30名会徒从阳谷前往团里,他的路线途径张家庄。我听说我们的教派信徒杀死了两名欧洲人,这是为被处决的刘士端复仇。但我对其他事情一无所知。

因此,福若瑟在1898年1月10日向兖州道台行函,要求缉拿此

---

① 在11月4日呈送给海靖的报告中,福若瑟言称,坐落在(寿张县)梁山这块复杂地区的张家庄教堂在10月31日遭到土匪攻击。该报告附于海靖致霍亨洛函(1897年11月23日,北京),载柏林外交署政治档案"中国20"(绝密)《1894—1917年中日战争带来的列强对华领土觊觎》,第27卷,文件号173。从梁山到张家庄的路程需要一天时间,两个教堂可能均坐落在阳谷到团里的路边,所以有可能是赵天吉的大刀会分支发起了这起攻击。

时正藏匿在江苏沛、丰两县的赵天吉。[1] 2月底，德国使馆把该消息转呈给总理衙门，提请后者注意[2]，但很快就没有了下文。

我们有幸从另一处文献获得了相关佐证信息，即江苏丰县的耶稣会传教士汤执中（Joseph Thomas，1863—1920年）所写的一份详细报告。这是曾在丰县大刀会大营里两位教民的叙述，并得到了来自张家庄另一教民的补充，而后者亲眼见到两位被杀神甫的尸体。

> 大刀会的头子叫做赵凤来，大约70岁，是这次行动的首领。是他命令杀害两位神甫的，这是为去年山东被杀的人报仇。因为这个（目的）他指定郑造先（音译）带领400人前去讨伐。但是只有30个人前去寻找这两位神甫，而这两人在夜里大约11点时正在熟睡。[3]

毫无疑问的是，赵凤来自然就是赵天吉，或者叫做赵金环。

汤执中继续叙述道，大刀会在杀害这两名传教士后便四散逃离，在赵凤来的带领下从容不迫地前往湖团，在那里继续战斗。

---

[1] 福若瑟致海靖函（1898年1月10日，济宁），载柏林联邦档案馆《外交部卷宗之驻华使馆报告》，326/277—278。海司记述说，鲁南王在接受福若瑟的审问后不久就死于牢狱，可能这是地方官员的灭口。见海司《山东与德属中国——1898年从胶澳租借地到中国圣地和从扬子江到北京之旅》，第248—249页。也请注意济宁州光绪二十六年九月二十七日（1900年11月18日）禀的禀文，言称在鱼台县湖团阎家集有大量刀匪聚集。见《山东义和团案卷》（下），第818页。

[2] 海靖致总理衙门函（1898年1月27日），载柏林联邦档案馆《外交部卷宗之驻华使馆报告》，326/277—278、282—283。中文相关记述，见《胶澳专档》第395条，第400—401页。

[3] 汤执中文（1897年11月12日，戴套楼），载《中国新闻》，第7卷第9期（1897年12月22日），第2—3页。还是在这份函件中，汤执中进而言之："我派去的听墙根的人听到了他们的谋划：真正的造反。他们说即使督抚到场，也会被杀掉。但是他们在等待会首赵天吉的命令，赵是刘士端的师傅。这些人起初想去报复曾冒犯过他们的团里。他们说该计划在本月24日或25日（1897年11月18日或19日）发动。传教士将是下一个目标。"

汤氏关于在团里武装对抗的细节描述,得益于战后归来的一些来
自鱼台的教民。明显的是,不同的大刀会刀会是独自前往鱼台县
的,在关于攻击的约定日期上并没有得到明确的指示。11 月 10
日,才召集了 150 名左右的会徒。他们与湖团的老砸(见第二章)
会合一处。次日,这支联合力量进入仁和屯这个较大的村子,杀
死了一个名叫刘世锦的大地主。但是团里的民众团结起来抵御
这起攻击。大约 100 名骑兵把大刀会驱散到丰县的吴庄。在这
起战斗中,赵凤来和他的儿子都被抓获了,而其子"想把他扛在肩
上突围"。地方官想处决老赵,但是其子执意代他受刑。这个儿
子当场被杀,他的父亲逃脱一命。因此老赵给山东捎信以求救兵
来援,并为湖团之败复仇。①

　　大刀会和团里居民的关系,看起来较为复杂。然而,比较清
楚的一点在于这起冲突截然不同于张家庄事件,因为在此时的湖
团冲突中,并没有见到教民的身影。尽管我们尚不知晓大刀会怎
样以及为何牵涉到了鱼台县和沛县湖团社区的事端,但是确实可
以得知在 11 月事件前,他们已对以上事端有多次介入。此外,我
们知道,大部分的湖团外来移民是来自巨野和成武两县,而且他
们中的某些人仍继续和他们先前邻居有着宿仇,虽然两者相距实
际上很远。最后,大刀会在此方面的活动强化了我们的论点,即
该组织并不是唯一甚至不是主要的排外组织。

　　就两位传教士被杀而言,现在最为合理的解释,可能就是
赵天吉在召集大量大刀会徒由阳谷前往南部团里的途中所犯
下的勾当。虽然当地的各种不满和仇恨直接推动了一场报复

---

① 《山东义和团调查资料选编》,第 23 页。饶有兴趣的是,按照受访对象苏玉章所言,
　赵天吉的四个儿子均死于 1896 年夏的东漏土地争端中。见路遥主编《山东大学义
　和团调查资料汇编》上,第 597 页。

性的杀害,但大刀会的介入可能是种巧合而非预谋之举。山东历史学者新近得出结论说:"参加这次斗争杀死两名外国传教士的有大刀会众,也有非大刀会的一般百姓。另外还有一些是绿林侠客。"①

不管巨野教案的来龙去脉到底为何,比较清楚的是,大刀会在 1896 年的"扫荡"中非但没有被完全歼灭,而且在曹州府全境和苏西北的部分地区继续蔓延发展。尽管如此,山东当局仍坚持否认这一组织的存在。他们一口咬定,这起凶杀案是匪帮之举。其实,就在这起攻击发生的几天后,巨野知县许廷瑞就缉拿了一些人,这是因为据称他们拿了传教士在这起攻击中损失的财物。但是,当地传教士并不相信这些人就是元凶。②

清政府一反常态地火速处理此案,以免德国政府利用此作为侵占胶州湾的借口。同时,他们仍然持有"盗匪"论,以避免重提大刀会这一忌讳之事。此后,总理衙门在 11 月 10 日电旨李秉衡,令其派出知州前去调查此案。③ 次日,李秉衡在致总理衙门的禀文里称,他已委派臬司毓贤和充沂曹济道锡良驰赴巨野查办

---

① 《山东义和团调查资料选编》,第 3 页。也请注意这种早期调查发现"前土匪"刘德润也同此事有牵连,见《山东近代史资料》第三分册,第 32—33、42、44 页。
② 薛田资:《十字旗下的龙土》,第 120 页;《一位传教士在中国的经历》,第 76 页。1897 年底,他写下了如下有点混乱的表述:

> 营兵和捕头(也是抢匪)搜罗该区域并缉拿了一干人等。这里面好坏人都有,甚至还有人只是犯下鸡皮蒜毛之事,他们都被投进牢房了。现在有大约 40 人仍在坐牢。仅在五六天之后,三位元凶终于被抓获。他们给出了同犯的名字。据称达 30 人之多……。

他进而说道:"在德国使馆的煽动下,参与此事的 6 名高官数天后便露馅了。"见薛田资文,载《耶稣心小使者报》,第 25 卷第 6 期(1898 年 3 月),第 46 页。
③ 总理衙门致李秉衡电旨,光绪二十三年十月十六日(1897 年 11 月 10 日),载《清季外交史料》卷一二七,第 17 页上。

该事。① 11 月 15 日,李致电说已有 4 名"凶盗"被缉拿归案②,至 11 月 18 日又有 5 名到案。③ 11 月 28 日,毓贤向李秉衡上呈报告。④ 对中国当局而言,巨野教案至此已经结案。薛田资指出,毓贤在"谋杀案发生几天后"来到巨野,在这待了 8 天,拷问了 50 名左右曾犯下罪行或行为不端的在押犯人。然而,他们中的大部分人都被无罪释放;有一些人则死在了牢狱里。后来发现只有 7 人犯有罪行,他们中的两人即惠二哑巴和雷协身在刚过圣诞节后便被处决,其他人则被判处终身监禁。⑤

由于德国传教士仍坚持声称元凶是逍遥法外的大刀会徒,毓贤在 1898 年 4 月底再次驰赴巨野查办。他在初期禀文中称大刀会的活动已经停息,然后把斗争的矛头指向了教民。他一方面发现曹州府百姓和教民之间的关系较为融洽,根本找不到大刀会动乱的痕迹。但同时又继续说到,有一些莠民混进了教民队伍,比如土匪、杀人犯、逃犯和骗子。该人宣称教民欺辱平民,"平民之愤愈甚,民气遏抑太久","总有教中莠民煽布流言"。虽然各村都驻有保护村民的勇役,但毓贤担心事端在此后将进一步恶化。他请求总理衙门敦促德国使馆,让后者给传教士发送更为严格挑选

---

① 总理衙门致李秉衡电旨,光绪二十三年十月十六日(1897 年 11 月 10 日),载《清季外交史料》卷一二七,第 17 页上。

② 李秉衡电文,光绪二十三年十月二十一日(1897 年 11 月 15 日),载《义和团档案史料》上,第 9 页。

③ 李秉衡致总理衙门电文,光绪二十三年十月二十四日(1897 年 11 月 18 日),载《清季外交史料》卷一二七,第 21 页上。

④ 参见柯博识《中国与鲁南天主教修会(1882—1900)》,第 138 页注释 2。毓贤禀文的简述,见总理衙门光绪二十三年十一月八日(1897 年 12 月 1 日)奏,载《清季外交史料》卷一二七,第 26 页上—下。

⑤ 薛田资:《在孔夫子的家乡》,第 214—215 页。毓贤的禀文给出了 9 名罪犯的姓名。其中,惠二哑巴也被叫作惠招贤,雷协身另名雷吉身。见《清季外交史料》卷一二七,第 26 页上—下。也可见《山东近代史资料》第三分册,第 34 页。惠二来自巨野东十里的惠庄,在团里长大,该处资料对惠二的评述比较有趣。

教民的指令。此外,传教士也应该被告知,只有地方官才有责任负责处理词讼,他们不应该干预和保护罪犯。①

　　虽然毓贤的指控有些许夸大之词——部分是带有极端保守爱国主义的表述,部分是想转移大刀会这个问题的关注视线——但是也并不全是些无稽之谈。本书第六章已经指出,这几年是教民和传教士的骄横时期。此外,在毓贤开始调查的前几日,在巨野县衙发生了一起特别明目张胆的事件,这似乎可以解释毓贤攻击传教士干预词讼的原因。福若瑟在给德国使馆的信中谈到了这起事件:

　　　　谔尔福(Eugen Wolf,1850—1912年)先生在前几天的到访,给我们带来了一些尴尬。我要求他亮出凭证,我不想冒犯这个好人,但仍全然不知他这次到访的目的。我迫于情势而陪伴这位绅士,甚至还作为翻译出席了一些(嘉祥和巨野)词讼庭审。他将会亲自报告这些事件。谔尔福先生在县衙间往返,受到了地方官的官方接待和护送。他只住宿在县衙里,而非客栈或传教士居所。他与官员打交道的方式和对待民众及仆人的态度,极具冒犯性和侮辱性。这些人丝毫没有考虑到他们的所作所为,正在在给德国政府抹黑。他们用陈腐的语言大肆宣扬德国的声誉,这也使我们传教士和所有外国人普遍性地被人憎恨。②

---

① 转引自张汝梅致总理衙门函,光绪二十四年闰三月二十八日(1898年5月18日),载《义和团档案史料》上,第13页。1898年4月27日,毓贤被派往嘉祥,就传教士言称大刀会徒攻击德国会外司铎德华盛(Peter Dewes)一事展开调查。参见柯博识《中国与鲁南天主教修会(1882—1900)》,第140页注释2。

② 福若瑟致海靖函(1898年4月30日,济宁),载柏林联邦档案馆《外交部卷宗之驻华使馆报告》,第327卷。谔尔福是一位德意志国家主义分子和殖民主义鼓吹者,声称与俾斯麦过从甚密。他看起来确实不太招人喜欢,甚至在其文字里都可以看出这点。参见谔尔福《漫游中国》(Wolf, *Meine Wanderungen in China*)。该书卷一讲述了他从北京到湖南的陆路旅行;卷二讲述了他的山东之行,但是不知何故卷二并未出版。也可见包敏《真福福若瑟传》,第284—288、649—652页,该处资料提供了这场争议性走访的相关细节。

　　1898 年 4 月 15 日，谔尔福在到达巨野之初，便坚持参加地方知县石恩培对杀害能方济和韩理的 5 名被控幸存犯人的庭审。福若瑟当时担任翻译官。稍过一会，这些犯人便被提到大堂上，福若瑟逐个质问他们是否与这起谋杀案有关。第一个犯人是个年约 20 岁的小贩，言称惠二哑巴曾欠他债，并拒绝偿还。惠在监牢里被拷问时，咬出了这个商贩的名字作为报复。在监牢里，这个商贩经过严刑逼供后，便坦白了自己的"罪行"。第二个犯人是个客栈店主。来自独山集驻营的营兵经常到他的客栈，但从不付账。这个店主遂向官府控诉，所以这些营兵以巨野教案的由头将其缉拿。虽然有坐满三车的证人前去替他鸣冤，但是地方武官拒绝接见。这个店主经过三天的拷打后，也终于坦白了。第三个犯人说自己是第一个犯人在刑讯下供出来的。第四个犯人认为他的被捕是由于他人诬陷报复。听完这些陈述，地方知县变得相当窘迫。他承认这些人虽然清白，但对此无能为力。然而，谔尔福坚持出具一份书面声明，并让知县在上面签字。"然后，这些穷苦的受害人被护送离开。"[①]这些罪犯的供述也有可能属实。当然，报复和诬陷在词讼中屡见不鲜，这也反映出晚清法制的恶化。在这种情况下，中国官员的阴谋更是增加了这种不公正化。尽管谔尔福是以私人身份而没有得到官方批准进行干预，但是这仍然显现出一个事实，即他的狂妄行为是外人干涉中国内政事务的鲜明

[①] 这段描述主要参考如下著述：薛田资文（1898 年 5 月 10 日），载《耶稣心小使者报》，第 25 卷第 12 期（1898 年 9 月），第 92—94 页；薛田资：《在孔夫子的家乡》，第 218—222 页。薛田资见证了上述词讼程序。关于这些词讼程序以及听说的先前发生在临近嘉祥县的类似案例，福若瑟起草了一份详尽报告。谔尔福在上面签字并做了旁解。见福若瑟文（1898 年 4 月 17 日，济宁），载柏林联邦档案馆《外交部卷宗之驻华使馆报告》，327/62—74。

例证。①

　　这起奇怪事件最引人入胜的地方,或许在于谔尔福在听讯结束后向知县提交的14位"元凶"名单。这份"神甫杀手"名单是顾立爵的音译且没有注明相对应的汉字,这也给辨认带来了困难。② 所以,下文所列举的名字已转化为拼音,但是不能保证每个都完全无误:

1. (嘉祥)小鞠家堂的曹衍学(Cao Yanxue)

2. (巨野)王谷屯的王所(Wang Suo)

3. (巨野)刘家楼的刘文(Liu Wen)

4. (巨野)任官屯的任建学(Ren Jianxue)

5. 曹家楼的胡忠元(Hu Zhongyuan)

6. (嘉祥)刘村的王长雄(Wang Zhangxiong)

7. (巨野)宣口的王兰凤(Wang Lanfeng)

8. (嘉祥)磨山的李英华(Li Yinghua)

9. (嘉祥)赵家庄的方木香(Fang Muxiang)

10. (嘉祥)尚家庄的尚义(Shang Yi)

11. (嘉祥)曹刘庄的李留祥(Li Liuxiang)

12. 赵天吉

13. 阳兴贵

14. 朱德发

---

① 如福若瑟所言,谔尔福曾经说过:"自己是北京派来的监察御史。"然而,并没有任何德国外交文件显示出他是以官方身份前去旅行的。见福若瑟文(1898年4月17日,济宁),载柏林联邦档案馆《外交部卷宗之驻华使馆报告》,327/67。
② 载柏林联邦档案馆《外交部卷宗之驻华使馆报告》,327/72(附件)。

这份名单有意思的地方在于,它包含了一些与其他事件有关的人名:赵天吉是大刀会的主要武师;曹衍学和 1897 年(巨野县)曹庄事端有关;王兰凤和阳兴贵被指控在 1898 年带头攻击了德华盛(Peter Dewes,1862—?);任建学可能此后参与了 1899 年反教骚动。难道说包括来自嘉祥县的这些人,参与了这两位神甫被杀事件? 抑或这是一份传教士拼凑而成的名单,其中有些人是传教事业的敌手而被借机铲除? 此外,这份名单是否就是薛田资在两个月前呈给石知县的那份名单,这不得而知。薛田资后来如是评说:

> 当石(1898 年 2 月)出任时,我就给他送去了与这起谋杀案有关的 14 人名单。他秘密传话给这些人让他们逃跑,然后又带领大队人马前往村子抓捕。然后他又充满遗憾地告诉我们,这些凶手早就逃之夭夭了。[1]

但是,圣言会传教士为何如此固执地寻找元凶呢? 其实,圣言会传教士想依仗巨野教案以及胶州湾被占后德国侵略性的外交政策,而这个论点可以从这起案件中引申而出。他们欲利用这种在中国的有利国际氛围来攫取更多的物质利益(见第六章),并为鲁南传教事业的推进营造环境。他们不停地施压,以求给中国教民更多保护,并要求撤换敌对的地方官员。这些传教士再三请求德国使馆确保彭虞孙出任兖沂曹济道台,而彭氏在任济宁署理

---

[1] 薛田资:《在孔夫子的家乡》,第 215 页。薛田资言称,他是从某些友好的庄长手中获得的名单,参见薛田资文(1898 年 5 月 10 日),载《耶稣心小使者报》,第 25 卷第 12 期(1898 年 9 月),第 92 页。

知府给传教工作带来了诸多便利。① 这的确可以认为,圣言会传教士发出关于大刀会反教活动的夸大性报告,是为了一己私利。除了 1898 年 3 月试图攻击德华盛这起事件外②,山东教民在 1898 年并没有受到大刀会刀会的攻击。与之相反的是,这也在本书第六章有所讨论,即该段是传教事业取得显著发展的时期,尤其是在鲁西南地区。

这并不是说大刀会刀会此时并没有任何活动。相反的是,该会在鲁西南全境和徐州府西北地区仍然继续发展。我们也已经讨论了赵天吉怎样带领 400 名弟子从阳谷县来到团里。事实上,

---

① 李秉衡曾在 1896 年免除了彭虞孙的职位。见安治泰致绅珂函(1896 年 4 月 24 日,坡里),载柏林联邦档案馆《外交部卷宗之驻华使馆报告》,325/64。1896 年 5 月,彭虞孙通过安治泰请求绅珂在其出任兖州知府一事上给翁同龢施压,这样彭才能够解决兖州地产纠纷。见安治泰致绅珂函(1896 年 5 月 24 日,坡里),载柏林联邦档案馆《外交部卷宗之驻华使馆报告》,325/78。同样的请求也可见安治泰致贝威士函(1896 年 7 月 17 日,大运河),载柏林联邦档案馆《外交部卷宗之驻华使馆报告》,325/120。1896 年夏因单县大刀会的破坏活动而招致赔款,李秉衡饬令彭前去协商以求降低数额。安治泰同意只索取一小部分赔偿金,但是前提是让"年长而又公正的"彭虞孙官复原职。见安治泰致海靖函(1897 年 1 月 26 日,济宁),载柏林联邦档案馆《外交部卷宗之驻华使馆报告》,326/19;1897 年 2 月 22 日于济宁函,载柏林联邦档案馆《外交部卷宗之驻华使馆报告》,326/36。在能方济和韩理被杀之后,福若瑟提出一个必须条件,即由彭虞孙取代兖州的道台锡良。参见如下著述:福若瑟《曹州府修会要求简述》,载柏林联邦档案馆《外交部卷宗之驻华使馆报告》,326/201,202(该函未标注日期,使馆函档日期 1897 年 12 月 5 日);福若瑟致海靖函(1897 年 12 月 3 日,北京),出处同上,326/205;福若瑟致海靖函(1897 年 12 月 28 日,济宁),出处同上,326/237。也请注意,主教马天恩也指令福若瑟替张上达讲话,张与彭类似,在被李秉衡革除官职之前为鲁北传教工作给予了大量帮助。见福若瑟致海靖函(1898 年 1 月 10 日,济宁),出处同上,326/283。

② 这是一起琐事,但招致了泛滥的外交函件。简洁的电报制造出一种巨大威胁的错觉——一起稍有乱码的电报这样写道:"大刀会将导致巨大危险□官府也袖手旁观□德华盛昨天在嘉祥受到 80 名大刀会徒的攻击□几近丧命□两名成员被抓□坦白了谋杀传教士的计划□道台有意但却毫无办法"【□为原文空白处——译者注】,见福若瑟致海靖电(1898 年 3 月 11 日 14:30,济宁),载柏林联邦档案馆《外交部卷宗之驻华使馆报告》,326/346。谭尔福在济宁发电说:"如果官府决意铲除大刀会,这将招致致命灾祸。"见谭尔福致公使馆电(1898 年 4 月 14 日 16:30,济宁),载柏林联邦档案馆《外交部卷宗之驻华使馆报告》,327/13。

这个刀会主要是在省际交界区的江苏一边获得了最大发展。1898 年初,法国耶稣会传教士郎本仁(Le Biboul,1862—1932 年)就大刀会的发展对下属萧县西北教区的影响表明了自己的担忧。他指出,山东人"骑马穿村而过",并鼓动当地农民。这也可大致推断出,可能在夏收左右会爆发一场起义。[①] 其实,在 1898 年的四、五两月之交,来自丰县团里的报告就指出大刀会刀会在该地再次聚集,准备与当地(老百姓)居民作战。但是后被来自鲁苏两省的清军驱散。[②]

　　令人遗憾的是,我们对这些大刀会动员的性质了解不多。因为中国官府始终坚持大刀会已不复存在,所以他们自然也没有必要去对这些扩展的习武组织作全面地调查。也正是否认大刀会的存在,他们才把持续的农村暴力行为归咎于盗匪或教民头上。从另一个角度而言,传教士尽管意识到了大刀会的活动,但是,他们主要把关注点放在了该刀会对传教事业的威胁上,而不是致力于收集关于这个新兴刀会组织和他们在广阔农村环境下扮演何种角色的详细资料。此外,1898 年初出现了一种趋势,即把所有对传教士利益的敌对活动,都打上了大刀会所为的标签。但如上文所示,只有少量攻击针对教民。大刀会基本的功能仍然是为自己的社群提供保护,或者是为他人出头。我们也不能肯定,大刀会标签适用于所有的事例。这当然还有一些其他的习武组织与原发性大刀会并未存在着关联。

　　下面这个事例将会证明上述观点。1898 年 8 月初,巡抚张

---

① 郎本仁文(1898 年 2 月 19 日,马井),载《泽西信函》,第 17 卷第 2 期(1898 年 12 月),第 351 页。

② 禄是遒文(1898 年 4 月 26 日,侯家庄),载《泽西信函》,第 17 卷第 2 期(1898 年 12 月),第 352—353 页;艾赍沃文(1898 年 5 月 9 日),出处同上。

汝梅电文称,在鲁豫苏边界爆发了一场造反。一个名叫童振海(别名童振青和童四老瓜)的来自夏邑县的盐枭,在(河南)虞城县集结数百人,与来自江苏的匪徒合成一伙。他们约定日期准备在豫鲁交界区的朱家集起义,"竖旗起事",但实质上是外出打劫。来自单县和归德的营兵与他们交火,歼灭十余人,生擒了包括童振海在内的十余名,余犯逃窜到砀山县境内。①

大约在同一时间,禄是遒写道:"在几天前,在叛军和民团协助下的绿营之间爆发了一场决战。"这个"匪帮"被驱散,有 31 人被活捉,大多数遭歼杀或重伤。岳金堂带领的单县清军因装备洋枪,而具有特别高的效率。"我们的敌人"——这些反叛分子曾一度给该地带来巨大恐慌。他们流窜到河南、山东和江苏地区。②现在不明白这些"反叛"分子到底是谁,也不晓得他们的最终目的。但有一点清楚的是,大刀会并不是参与边缘地带反动活动的唯一组织。

---

① 张汝梅电,光绪二十四年六月十七日(1898 年 8 月 4 日),载《义和团档案史料》上,第 17 页。光绪二十四年七月二十九日(1898 年 9 月 14 日)电,出处同上,第 18—19 页。官府也收缴了一幅刻有"造反字样"的小红旗,见《义和团档案史料》上,第 17 页。
② 禄是遒文(1898 年 8 月 3 日,马井),《中国新闻》1898 年 9 月 1 日,第 1 页。

第八章　梨园屯教案与义和拳的起源

　　义和拳（The Righteous Harmony Boxers），最初叫梅花拳，通常被视作引发义和团运动最为重要的原发性组织。戴玄之最早把它的起源追溯到鲁西冠县梨园屯存在的长期民教庙产纠纷，他在 1963 年发表了这一成果。周锡瑞出版的英文著作更是全面讨论了这个过程。[①] 如同江苏砀山县的庞、刘两家的地产纠纷所引起的 1896 年山东大刀会的反教攻击，梨园屯教案也导致了 1897 年直隶义和拳的产生。

　　在关于早期义和团历史的学术争鸣中，一系列颇为永恒的问题占据了主导地位，但是下列疑问尤为重要：谁是真正的梅花拳民？ 他们何时出现？ 其与梨园屯教案和此后的义和团运动有何关系？[②] 为

---

① 戴玄之：《义和团研究》，第 6—7 页；周锡瑞：《义和团运动的起源》第六章。我们现在知道有很多山东历史学家开始意识到两者间的联系，他们分别在 20 世纪 50 年代末和 60 年代初开展了田野调查。然而，相关研究成果直到 1980 年才出版，见《山东义和团调查资料选编》。也请注意 80 年代还开展了另外一起田野调查，受访对象的表述收录于路遥主编《山东大学义和团调查资料汇编》。
② 比如，请注意在 1980 年济南召开的义和团会议上提交的论文，载路遥编《义和团运动史讨论文集》。在中国以外学者关于早期义和团运动的学术研究中，以下著作在当时有着重要影响力：施达格《中国与西方：义和团运动的起源与发展》（G. N. Steiger, *China and the Occident : The Origin and Development of the Boxer Movement*）（1929 年）；谭春林：《义和团之乱》（C. C. Tan, *The Boxer Catastrophe*）（1955）年；陈志让：《义和团运动的性质与特征》（Jerome Ch'en, "The Nature and Characteristics of the Boxer Movement"）（1960 年）；巴素：《义和团运动：背景研究》（V. Purcell, *The Boxer Uprising : A Background Study*）（1963 年）；陈志让：《义和团的起源》。

了解决上述棘手问题,本章将详细论述这起旷日持久的梨园屯教案和义和拳的早期介入。特别是西方的大部分著述,在基督宗教于临清边界地区的起源,以及1869—1897年梨园屯的庙产纠纷两者上缺乏精确的描述。① 但是在考察这些问题前,我们必须花费一些空间来讨论这块拳民活动初期中心地区的特殊政治地理。这将帮助我们更精确地定位义和拳的起源。

一、梨园屯的地理位置

学习义和团运动史的学生们通常没有意识到一个关键的史实,即梨园屯坐落在冠县北130里(约70千米)处,位于直隶境内的一块小面积飞地上。通过对种类繁多的测绘制图资料的细致研究,我们有可能绘制出一幅精确的地图,来显现出所谓"原发性义和团的核心区"(Proto-Boxer Heartland)所体现出的行政复杂性(见地图五)。② 这幅图清楚地显示:梨园屯位于著名的十八村飞地区域,被直隶

---

① 同时代材料的缺乏与碎化,使精确地重建当时的史实几乎不大可能。后来的记述和回忆则有着史实的歪曲和年代上的谬误。比如,请注意《冠县志》第1574页令人诧异的概括和模糊不清的记述。

② 地图五的绘制,主要参考了如下文献材料:《畿辅通志》《广平府志》《丘县志》《清河县志》《南宫县志》和《威县志》。最为详细的信息来自日本人收集的山东地图,其比例为1:100000,载《东洋文库》(Tōyō Bunko)。其他描述细节收集自《山东义和团调查资料选编》第261、263—264页;傅于谦:《(山东)十八村地区史录》。正是后面的这份资料,才使笔者在20世纪70年代首次注意到了直东边界地区的飞地现象。在此要特别感谢堪萨斯州立大学的麦克罗(Robert McColl)教授,他给我分享了许多自己的稀有测绘制图资料。笔者的这幅图最早发表于1987年,收录在鲍德威编《中国义和团运动新近研究综述》(David D. Buck, *Recent Chinese Studies of the Boxer Movement*)。

"原发性义和团的核心区"是伊懋可的发明,见伊懋可《官员与千禧年运动:1899—1900年义和团运动的反思》(Mark Elvin, "Mandarins and Millenarians: Reflections on the Boxer Uprising of 1899 - 1900"),第116页。

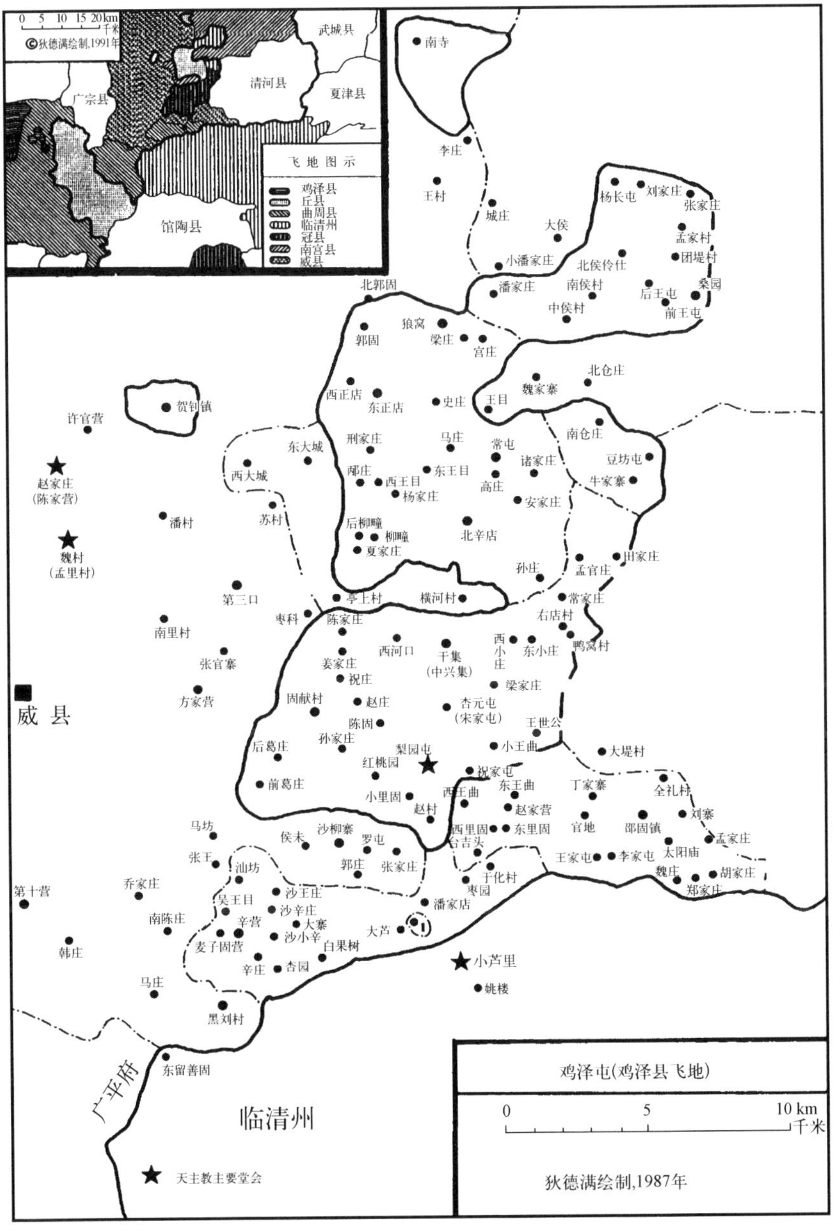

0 5 10 15 20km

©狄德满绘制,1991年

武城县

清河县

夏津县

广宗县

馆陶县

飞地图示

鸡泽县
丘县
曲周县
临清州
冠县
南宫县
威县

南寺

李庄

王村

城儿

大侯

小潘家庄

潘家庄

杨长屯 刘家屯 张家庄

孟家村

团堤村

桑园

后王屯 前王屯

北侯伶仕

南侯村

中侯村

北郭固

狼窝

郭固

梁庄

宫庄

北仓庄

许官营

贺钊镇

西正店

东正店

史店

王旧

魏家寨

南仓庄

赵家庄
(陈家营)

东大城

西大城

刑家店

郗庄

西王目 东王目

常屯

诸家寨

豆坊屯

牛家寨

魏村
(孟里村)

潘村

苏村

后柳疃

柳疃

杨家庄

高庄

安家庄

田家庄

南仓庄

第三口

枣科

亭上村

陈家庄

横河村

夏庄

北辛店

孙庄

孟官庄

右店村

常家寨

南里村

张官寨

方家营

姜家庄

祝庄

西河口

千集
(中兴集)

西小庄

东小庄

鸭窝村

固献村

赵庄

杏元屯
(宋家屯)

梁家庄

王世公

威县

后葛庄

孙家庄

陈固

红桃园

梨园屯

祝家屯

小王曲

大堤村

全礼庄

前葛庄

小里村

赵村

西王曲 东王曲

丁家寨

刘寨

马坊

侯夫

沙柳寨

罗庄

郭庄 张家屯

西里庄 古店头

东官营

赵家营

官地

邵固镇

第十营

乔家庄

张王

汕坊

吴王目

沙王目

沙辛寨

潘家店

于化村

枣园

王家屯 李家屯

魏村

太阳庙

胡家庄

南陈庄

辛营

沙小辛

大寨

白果树

大芦

郑家庄

韩庄

麦子固营

辛庄

杏园

小芦里

马庄

黑刘村

姚楼

广平府

东留善固

临清州

★ 天主教主要堂会

鸡泽屯(鸡泽县飞地)

0 5 10 km
千米

狄德满绘制,1987年

地图五 十八村飞地及原发性义和团的核心区

数县完全包围,因此在地理上与山东其他地方都不存在接壤联系。这块山东飞地,共分为三个集市(最初)、十八个村子。这些集市在行政上都属于山东不同的县治管理,即冠县、丘县和临清。此外,山东与直隶部分县治的行政外围区,存在着较大且复杂的纠葛。除了作为清河县、南宫县和威县的地契外,这块飞地还与南宫县、威县和曲周县的边界区断续接壤。就后者而言,它的最东部"留边地"区域,还包括小村落鸡泽屯(鸡泽县的一个小面积的外围区域)这个飞地。其行政管理的图画更难勾勒,因为这些不同的留边地区域属于山东和直隶各级衙署(府、直隶州、道)管理。

换言之,十八村所处的这块飞地群聚地所具有的地缘政治现实,成为各种形式集体暴力的理想温床,这是因为地方官员发现,很难在这个有着多向行政边缘的留边地里行使权力。在义和团运动爆发稍后不久,一位中国官员奏称该地"盗风日炽,危害尤剧,结党成群,恣意抢掠"。① 从另一方面而言,十八村的经济状况看起来要相对较好。"土地尤为肥沃,每年生产出大量棉花。按照当地的标准,这里的老百姓相当富有。"②尽管该区东面30里的大运河时常给临清和德州流域造成水灾,但是梨园屯一带没有过多地遭受洪水困扰。

有清一代,由行政的碎化造成的飞地现象在华北平原屡见不鲜,但是我们对十八村飞地的起源还是知之甚少。一位天主教传教士提供了如下描述:"据称在很久以前的一次起义失败之后,来

---

① 《京报》1902年6月5日,转引自《德文新报》1902年6月13日,第478页。请注意这片区域也是19世纪60年代初邱莘白莲教匪的活动地区,该群体曾得到宋景诗不可靠的帮助。

② 郎汝略:《济南宗座代牧区》,第191页。

自其他地区的民众迁移于此,与(当地人)混居以求自保。"①1966年,一位受访对象告诉山东大学调查者,他听说这块飞地是明初的战争造成的。②

出于研究目的,我们必须记住的是,这块"原发性义和团的核心区"是一组碎化性行政区的中心地带,而这些行政区正处于以有组织暴力而臭名昭著的直东边缘地区的数县交界处。因此,早期的中国官方记录和传教士的描述造成一个错觉,即原发性义和团的活动扩展至鲁西和临近直隶地区这片广阔的区域。③ 其实,这些冲突主要局限于梨园屯和与其毗邻的几个村庄,但是影响到了直东两地的不同行政区。鉴于这些异常现象,人们不禁发出疑问,即梅花拳或大刀会的早期活动是否更容易地理解为起源于直隶而非山东的现象。

二、十八村区域的基督宗教

同曹州府的动荡边界区一样,临清边缘地带在义和团运动期间也存在诸多天主教会。然而,鲁西南地区的民众皈依是个新近现象,而大运河沿岸的直东交界区域与它不同,后者有一些老教会在18世纪的迫害中生存下来了。在直隶一边,从北京和正定来的葡萄牙耶稣会——和后来的遣使会——在该区域赢得了早期皈依者。自18世纪初期开始,意大利方济各会在临清建立堂

---

① 郎汝略:《济南宗座代牧区》,第191页。
② 小里固的郭庆恩和刘万春的口述,时年分别为73和72岁,见《山东义和团调查资料选编》,第263页。
③ 对原发性义和团活动不精确和片面夸大的空间维度之描述,尤可参见巴素《义和团运动:背景研究》,第 xiv 页地图。

点,并在省际交界区的两端活动。① 因此,那些主要招致拳民攻
击的村庄,有着建制良好的老教会。威县尤其是教民的高度聚集
地,并且该地拥有两个传教士堂点:魏村和赵家庄。② 后面这个
村子在1865年曾暂时作为主教驻地,时值法国耶稣会传教士代
管新建立的直隶东南代牧区。

山东的十八村飞地属于山东代牧区(1839年从北京教区分
离,1885年更名为山东北境或鲁北代牧区),来自不同省份的意
大利方济各会传教士,在诸多中国会外司铎的帮助下,管理该代
牧区教务。③ 江类思(Luigi Moccagatta,1809—1891年)未授主
教前,在1842年来到梨园屯,从该地和飞地的其他四个村子里共
梳理出(12个家庭)58名教民。④ 教民王家"自古以来"就居住在

---

① 18世纪方济各会在该区域活动的综述,见明思道《方济各会北京教区传教事工
(1705—1785年)》(Georges Mensaert, "Les Franciscains au service de la
Propagande dans la Province de Pékin, 1705 - 1785")。

② 赵家庄是葡萄牙保教权下的传教士和意大利遣使会传教士在宣教辖地长期纠纷上
的焦点争议区域。也请注意1805年因赵家庄争端而引发的德天赐(Adeodato)案,
参见矢沢利彦《1805年天主教的在华被禁》(Yazawa Toshikiko, "Ka-kei Junen
(1805) no Tenshukyo kinatsu")。

　　直隶的老天主教友的聚集程度比山东更高。1872年,仅在直隶东南代牧区一
地,就有21 280名信徒和314座圣会,以及3313名望道者。见《拉瓦尔信函》(1),
1874年,第5页。广平府在1891年已有9119名天主教民,在1898年达到11 547
名。大部分的教民位于该府北部的留边地域,特别是威县。参见《中国新闻》,
1898增卷,第2页。临地直隶西南代牧区也有许多老圣会,宁晋县的教民人数最
多。可见1870年的各区统计数字,载费乐理《正定府代牧区历史记录(1858—1933
年)》(Alfonso Maria Morelli, *Notes d'histoire sur le vicariat de Tcheng-ting-fou
1858 - 1933*),第61页。

③ 可以肯定的是,在该代牧区工作的外国传教士并不都是意大利人,比如西班牙籍的
费若瑟(José Maria Vila,1849—1915年)就是个明显的例外。鉴于《冠县志》第
1574页上的错误信息,在此应当指出的是,德国方济各会传教士直到1904年才管
理该代牧区教务。此外,该会在1908年前一直享有法国的保教权。

④《教区全体居民名单》(Status animarum),载《山东济南宗座代牧区传教士公报》,第
7卷第1期(1928年1月),第14页。

梨园屯。① 1845 年,与王家有关系的一个叫做张梦林的穷困村民与其家人也加入了教会。②

在 1860 年(带有关键性宗教宽容条款的第二次条约体系)之前,梨园屯尽管已有一些教民,但是直到意大利小兄弟会传教士梁多明(Domenico Sgarriglia,1810—1869 年)于 1863 年接管该区时,教民数量才显著增长。1861 年只有 69 名教民和 8 名保守(与 1842 年的数字相差无几),而到了 1868 年则蹿升至 145 名教民和 96 名保守(Catechumen)。③

在为何这么多村民当时决意加入教会上,手头获得的材料未能提供太多线索。但是,意大利小兄弟会传教士傅于谦(Arsenius Völling,1866—1933 年)坦承,至少梨园屯的一陈姓人家在加入天主教会时抱着不良动机:"他们在直隶的大部分家属因做土匪而被官府缉拿;自己也被指控为拐卖妇女。因此陈家寻求发展繁盛的教会之庇护。"④20 世纪 60 年代,中国历史学者被告知说,有一些基督新信徒曾参加了 19 世纪中期的叛乱。某李氏曾参与了宋景诗的起义军。当起义被镇压后,李氏返回家中躲避官府追踪。该村的郎中也是天主教徒的王松龄,建议前者去寻求传教士的保护。⑤ 另外一名受访对象告诉调查人员,一个姓

---

① 傅于谦:《(山东)十八村地区史录》,第 35 页。该人自 1920 年后在梨园屯传教。
② 同上。
③《教区全体居民名单》,载《山东济南宗座代牧区传教士公报》,第 7 卷第 1 期(1928 年 1 月),第 14 页。1869 年 9 月 24 日,梁多明后在武城县的十二里庄逝世。见马天恩于 1869 年 10 月 8 日在济南张贴的讣告,载《天主教传教区周刊》1871 年 10 月 27 日,第 34 页。
④ 傅于谦:《(山东)十八村地区史录》,第 35 页。该文在梁多明于十八村飞地其他村落的工作方面,提供了诸多补充信息。1900 年冠县十八村拥有基督教小教堂的村子名称,见冠县知县程文德的禀文,《山东义和团案卷》(上),第 454—455 页。
⑤ 高警世 1966 年口述,《山东义和团调查资料选编》,第 256—257 页。

王的村民因为参与了白莲教起义而被官府追捕,便请求小芦布道站的梁多明接纳其入教。"他入教后,官府就不敢再捕捉他了。"①应当在此指出的是,临近直隶的耶稣会传教士在 19 世纪中期叛乱的尾声时,也皈依了大量有着民间教门背景的新信徒。可以广平县的张东为例,该村在 19 世纪 70 年代就已有超过 500 名的信徒。这些信徒在 19 世纪 60 年代被谴责为叛军,而且官府当时要威胁铲平该村,耶稣会传教士代表村民取得了成功的干预效果,因此村民"感恩戴德"般地皈依了教会。② 在直隶东南代牧区也出现过类似案例,那里在 19 世纪 60 年代初活跃着一伙以白莲教著称的组织。③

鉴于传教士保护所产生的明显益处,基督宗教在梨园屯取得了较好的进展。"人们见奉教后有势力,打官司也能打赢,就奉起天主教了。事后,由一家奉教的发展到十来家,后来又慢慢地发展到三十多家。"④这份口述暗示出一些村民因在这个多姓村的摩擦——也可能是与同宗其他村民——而加入教会,因为我们从中得知他们"打官司也能打赢"。无论如何,梨园屯的重要家族如王氏、张氏、陈氏和阎氏的宗亲,在梁多明离开该地前就已皈依教

---

① 于忠海 1960 年口述,时年 81 岁,同上,第 254 页。请注意,小芦这个村名在传教士文献里也被叫作小芦里。

② 葛光被:《在华传教五十年:耶稣会会士鄂尔璧神甫》,第 158—160 页。

③ 出处同上。徐昕波指出,1862 年威县-临清一带的秘密教起义期间,有大量民众皈依教会。见徐昕波《中国的社团》,第 20 页。

④ 高警世 1966 年口述,载《山东义和团调查资料选编》,第 256—257 页。罗马天主教明显夸大了 19 世纪 60 年代末梨园屯教民的数量。按照当时某传教士的记载,梁多明一人就皈依了 6000 名村民,"(玉皇庙的)护庙人员被迫迁别处以免饿死"。见费若瑟文(1897 年 6 月 20 日,济南),载《天主教修会》(Las Misiones católicas),新增卷 5(1897 年 10 月 5 日),第 435 页。其实,在义和团运动期间,梨园屯也只有 283 户共计 1695 名村民在册。关于这些户主的姓名、职业、拥有土地数量,以及是否为天主教民或者是与拳民有所关联,可参见路遥主编《山东大学义和团调查资料汇编》,第 163—179 页。

会了。正是在这种背景下,爆发了教民和老百姓在梨园屯庙产上的争端事件。

三、梨园屯庙产争端

梨园屯拥有一处祭奉玉皇大帝的庙宇,并且是义学所在地,共计 38 亩土地。1869 年,新皈依的教民请求梁多明为他们争取部分庙产,因为他们在过去对这有过财物奉献。这位传教士在邀请庄首的"宴会"上提出了这个要求,这些"有点吃惊的异教徒避而不答"。经过与当地保守进一步地磋商后,庄首们最终同意划分这块庙产。教民们得到这座破败不堪的庙宇,老百姓拥有土地所有权。1869 年 3 月 1 日,分割契约起草完毕,庄首和地保也签字画押,这在后来得到了冠县知县的准可。[①]

教民们立即占领了这块教堂新址,开始拆除这座小庙宇,并填补附近的土坑。稍后不久,梁多明建立了六间房屋当作小堂,另外五间房屋当作来访传教士的居所。"吃惊的那些异教徒,在表面上看着对教民很友善,其实内心正在蓄谋报复。"[①]

当然,教民和传教士攫取中国庙产在华北地区是常见之事,

---

① 主要参考傅于谦《(山东)十八村地区史录》,第 35 页。圣教会(Catholic Church)和汉教会(Chinese Temple Association)的这份分割契约的副本,上有签名以及划分给教民的庙宇地产(3.09 亩)的精确地理位置,收录在《教务教案档》第五辑(1),第459—460 页。请特别注意刘长安的签名,他此后是天主教的主要反对头领。也可见费若瑟文(1897 年 6 月 20 日,济南),载《天主教修会》,新增卷 5(1897 年 10 月 5日),第 435 页。关于这座玉皇庙的起源问题,当地人回忆说该村村民李成龙在1861 年捐赠土地三亩,村民故此建造这座庙宇并建立一处义学。郭栋臣回忆,载《山东义和团调查资料选编》,第 327 页。
① 傅于谦:《(山东)十八村地区史录》,第 35—36 页及 36 页注释。此后二十余年,这些老百姓好像都不曾再建有寺庙。

并且可能成为冲突的起源之一。① 不久后，梨园屯的冲突也到来了。顾立爵记述说，三名获得生员功名的殷实平民，为了显示这种新地位的权势，与教民打起了官司，"指责后者拆毁庙宇，用暴力抢夺土地"。这导致七名教民被捕，个中原因是这些平民贿赂了冠县衙役。此时，主教决定进行干预，因为他个人担心冠县知县会作出利于百姓的判决，而其他的四个村子也正在隔岸观火。如果教民败诉，这些村子也会就此收回已经分割给教民的公所与教堂用地。最后，巡抚丁宝桢按照顾氏的意愿裁决此案。②

在丁宝桢督鲁以及1876—1879年的大饥荒期间，山东区的反教暴力微乎其微。但到1880年，传教士注意到山东全境的排外情绪高涨，这也影响到了梨园屯的局势。③ 在祭拜玉皇大帝的庆典上，该村爆发了一场严重的冲突。1881年2月8日的一次游行中，一个非教会的神像被抬到大街上，顶住了教堂的大门。带着刀矛的一大伙人群在教堂院子里聚集。尽管有一位反抗的女天主教民受到重伤，但是其余教民仍然保持冷静，于是"避免了

---

① 对直隶西南地区类似争端的详细研究，见李仁杰《华北的社庙与村落文化整合》。
② 顾立爵文（1874年9月3日，济南），载《传信年鉴》，第47卷（1875年），第190—191页。在致冠县知县的函件中，顾立爵就指出他这次分割契约的副本，以及为了获得这起地皮和建造教堂的花费记录。出处同上。一位受访对象在1966年告诉调查人员，传教士确实支付了购买庙产的花费，但是教民们没有把这些钱转交给村民。见高警世1966年口述，载《山东义和团调查资料选编》，第257—258页。1873年，刘世安提出了这起词讼。1874年4月22日案件结束。见法国公使李梅（Lemaire）致总理衙门函，光绪十五年十一月初八日（1889年11月30日），载《教务教案档》第五辑（1），第561件；李梅致总理衙门函，光绪十六年五月初四日（1890年7月20日）函，载《教务教案档》第五辑（1），第568件。
③ 注意如下评论，顾立爵致宝海（Frédéric Albert Bourée）函（1881年1月13日，济南），载法国外交部南特档案中心《法国驻北京公使馆档案》，第10箱第1件。

对这个村庄教民的惨绝屠杀"。① 当地传教士李博明（Benjiamino Geremia，1843—1888年）来到梨园屯时，发现"这完全属实，即异教徒用他们的神像顶住教会的大门，并在那赌博和搭台唱戏。他们还驻马玩拳，我先前给你提过的左保元就是他们的首领"②。1881年2月12日，梨园屯人左保元召集2000名民众把玉皇像安置在教堂里。③ 尽管法国使馆给总理衙门通报了这起严重事端，甚至扬言还要派遣天津领事前往山东，但是我们也没找到此案最终如何解决的相关文献。④

然而，教民们看起来过得相当不错，因为数年后，他们自信满满地建起了一个较大的建筑工程。1887年春，西班牙方济各会传教士费若瑟（José Maria Vila，1849—1915年）面对当地的坚决反对，开工建造一个欧式教堂，来取代先前的临时构造。1887年5月13日，千名老百姓聚集一起，吓跑了费若瑟和他的教民，捣毁了修造过半的教堂，并利用这些建筑材料在原址上建起了一

---

① 李博明致顾立爵函（1881年2月9日），附于陆文斌（Nivardo Jourdan）1880—1881年山东教务回忆录，见法国外交部南特档案中心《法国驻北京公使馆档案》，第10箱第1件。陆文彬当时是方济各会驻烟台总务。

② 李博明致顾立爵函（1881年3月4日），出处同上。可惜的是，无法传译"驻马玩拳"的意涵——这可能是一种拳术。

③ 顾立爵致宝海（Frédéric Albert Bourée）函（1881年8月23日，济南），载法国外交部南特档案中心《法国驻北京公使馆档案》，第10箱第1件。关于奉拜张姓玉皇大帝的民间信仰，见冯汉骥《玉皇的起源》（H. Y. Feng，"The Origins of Yü Huang"）。

④ 相关文献可见《教务教案档》第四辑（1），第260—267页，但多是些无关紧要的信息。法国公使馆档案在此方面也是相当琐碎的。不过，顾立爵的信函显示出山东传教士曾准备了关于此事的一些详细报告，并带有中文翻译，其中包括一些元凶的名字。但是这些报告现在不知藏于何处。

关于派遣领事狄隆（Charles Dillon，1842—1889年）前往山东的威胁，见总理衙门致宝海函（1881年9月16日，29日），载法国外交部南特档案中心《法国驻北京公使馆档案》，第10箱第1件。

座新的庙宇。① 这起教案一直拉扯到 1891 年。长江教案发生后，朝廷在 1891 年 6 月 16 日发出一道有利于基督宗教的谕旨，法国使馆和山东巡抚据此更为积极地处理这起案件了。②

至此，东昌知府李清和、东临道陶锡祺和冠县知县何士箴联合寻求妥善的解决之道。1892 年 1 月，何士箴拨给平民白银 200 两，用于购买新址建庙。老庙（1887 年在拆除的教堂上所建）直到新的庙宇建立起继续保留。但是，这种裁决遭到了教民的反对。③ 地方官员调停该事失败，1892 年 4 月，济南派出委员前往该地。但是当该委员带着满意的报告返回省城时，梨园屯在 4 月底重新爆发了暴力冲突。④ 道台张上达决定亲自干预。他到达梨园屯之始，便责令拆除建立在天主教教堂地基上的庙宇，把这块地皮重新划归教民，并在该村派驻 30 名兵勇保护传教士和教民。⑤ 对于平民，张道台另择地让其建造庙宇。"他同时也竭力使罗马天主教会将他们的礼拜场所迁移到另外一处地方，但是遭

---

① 费若瑟文（1887 年 5 月 20 日，萧楼），载《天主教修会》，（9）（1888 年 3 月 15 日）第 82 页。也可见如下著述：费若瑟文（1897 年 6 月 20 日，济南），载《天主教修会》，新增卷 5（1897 年 10 月 1 日），第 435—436 页；《北华捷报》1887 年 8 月 12 日，第 178 页；《北华捷报》1887 年 10 月 26 日，第 466 页。

② 马天恩致李梅函（1892 年 6 月 23 日，济南），载法国外交部南特档案中心《法国驻北京公使馆档案》，第 10 箱第 1 件。

③ 福润致总理衙门函，光绪十八年五月六日（1892 年 5 月 31 日），载《教务教案档》第五辑（1），第 680 件，第 528 页；李梅致总理衙门函，光绪十八年五月九日（1892 年 1 月 3 日），载《教务教案档》第五辑（1），第 681 件，第 530 页。1966 年，一位受访对象回忆说，冠县何知县出面讲和，花钱买地九亩用来建造教堂。同时也买地盖庙，并为庙堂提供建造资金。但是，教民硬要在原址建造教堂。见高警世口述，载《山东义和团调查资料选编》，第 257—258 页。

④《济南通讯》1892 年 3 月 28 日，载《北华捷报》1892 年 4 月 22 日，第 524 页；《济南通讯》1892 年 3 月 9 日，载《北华捷报》1892 年 5 月 27 日，第 703 页。

⑤ 马天恩致李梅函（1892 年 6 月 23 日），载法国外交部南特档案中心《法国驻北京公使馆档案》，第 10 箱第 1 件。道台作出了令其满意的裁决，马天恩就不再索取赔偿了。但他此后请求李梅让清政府奖赏张上达。出处同上。

到拒绝。后者在教堂地址的坚持激起了长久的反对。"①

四、梨园屯的十八魁

自 1873 年开始,士绅一直组织着对基督宗教明目张胆介入的反对活动。1887—1892 年,由六人组成的组织成为当地百姓权益的首要捍卫者。由于知府大人对此案施以过于激烈的压力,他们六人曾被投进东昌监牢。这些人也因这场磨难而被广泛称为"六大冤"。这个组织包括以下人等,其中大部分都有功名在身:庄首左连勳是贡生;刘长安、王世昌和高松山是文生;姜格亮是监生;阎得胜是武生。②

当他们在 1892 年春未能阻止玉皇庙被拆时,其斗争的领导权也随之终结。知县何士箴从邻地直隶的一个村子里,请来三位士绅前来调停和制止玉皇庙产的词讼争端。因为这些人的调节,"六大冤"承诺不再提诉此案。但是,左连勳(在某些资料中为左树勳)、阎得胜和王世昌被判入监两年,这是因为他们曾将此词讼控诉至东昌知府。③ 这肯定发生在张上达 1892 年 5 月的调停之

① 《临清通讯》1898 年 3 月 4 日,载《京津泰晤士报》1898 年 3 月 19 日,第 12 页。
② 路遥:《冠县梨园屯教案与义和团运动》,载《历史研究》1986 年第 5 期,第 81 页。也可见《山东义和团调查资料选编》,第 252—258、333 页,有些名称和汉字稍有出入;傅于谦:《(山东)十八村地区史录》,第 36 页。李和左被认定为 1887 年聚众捣毁教堂的头领,见张曜致总理衙门函,光绪十六年四月初四(1890 年 5 月 22 日),载《教务教案档》第五辑(1),第 565 件,第 464 页。当地县志认为王和阎二人为 1887 年事件的头领。见《冠县志》,第 1574 页。也请注意,左连勳曾于 1900 年任梨园屯团长。见冠县知县在 1900 年 1 月 11 日的禀文,载《山东义和团案卷》上,第 447 页。
③ 于忠海在 1960 年的口述,载《山东义和团调查资料选编》,第 254—255 页,上面有本村及村外的士绅名字。于认为当时知府是洪用舟,但肯定有误,应为李清和,因为洪在光绪十九年(1893 年)才上任。见《山东通志》,第 1891 页。

后,也许是这六人在维护地方权益上的最后一次无畏斗争。《北华捷报》的济南记者报道说,该案又死灰复燃:"一些首领上呈一份针对罗马天主教徒的请愿书,但是没有引发骚动。"①

由于村子里的绅耆再也无法阻止教民的胜利,梨园屯的普通百姓(愚民)开始首次作出借助村外力量的努力。农历四月初(大概是 1892 年 5 月 1 日),当被强迫的协议即将生效时,村民邀请魏合意——这个来自临清州的道士将先前办团的枪械移至庙内,并承担寺庙主持职责。当关于临清地区"刁民"攻击冠县知县派出的勇役这一禀文送抵济南时,张道台旋即率一干清军驰赴该动荡之区。"愚民"听说张来到的消息后便全行解散。5 月 11 日,张道台指令拘捕和囚禁魏合意。②

在致法国驻北京公使李梅(Victor Gabriel Lemaire,1839—1907 年)的报告中,鲁北教区主教马天恩(Pietro Paolo DeMarchi,1838—1901 年)就梨园屯村民寻求外援对抗教民的早期努力一事,有着一些题外且相当引人注目的细节:

> 前些日子,在该村及周边地区成立了一种宗教和政治教派,以阻止我们可怜的教民和我们的传教士再次赢得他们的房屋和权益。这个帮派——叫作刀子会——的头目是一个老和尚,他在中国官府里声名狼籍。③

---

① 《济南通讯》1892 年 8 月 21 日,载《北华捷报》1892 年 9 月 9 日,第 374 页。

② 福润致总理衙门函,光绪十八年五月六日(1892 年 5 月 31 日),载《教务教案档》第五辑(1),第 680 件,第 528—529 页;也可见《济南通讯》1892 年 5 月 9 日,载《北华捷报》1892 年 5 月 27 日,第 703 页;《济南通讯》1892 年 5 月 28 日,载《北华捷报》1892 年 6 月 17 日,第 811 页。驻济南通讯员进而说,这次骚动的一个头目是直隶人氏(第 703 页)。关于该头目的被捕,作者指出:"一个曾经攻击罗马天主教徒的人,也就是那个道士已经被捉,正在等待惩处。"(第 811 页)该人或许就是魏合意。

③ 马天恩致李梅函(1892 年 6 月 23 日,济南),载法国外交部南特档案中心《法国驻北京公使馆档案》,第 10 箱第 1 件。

令人遗憾的是,我们没有进一步的资料来解释引文里这个耐人寻味的"宗教和政治教派"。这难道有可能是临清附近直东边界地区存在的"半宗教性"拳会组织的早期迹象么?①

从现有资料来看,还很难在大刀会和发起1890年末反教民斗争的地方组织十八魁两者间建立任何联系。1897年5月,鲁北主教首次提及这个新兴组织,也就是所谓的十八魁。在给法国公使的报告中,马天恩追溯描述说,"1888年,这里爆发了一场由一个名叫十八魁的教门领导的反对官府和教民的叛乱"②,但是这个组织更有可能是成立于1892年六位士绅首领失败后。一位基督新教传教士发自临清的如下报告,更能为这种解释增添砝码:

> 后来(1892年官府介入后),一伙支持者和村民团结一起作为卫道士,或者是为在官府手中受尽屈辱的六位士绅报仇。他们由18条汉子组成,愿意为了自己支持的事业,抱成一团并甘受磨难。即使可能要为教民死亡而负责,这些村民们依然达成协议,即如果有一人为团体而在斗争中丧命,其他人家将会给其家庭提供现金300美元(原文如此——译者注)。③

在十八魁上,中国的田野调查发现了两种不同的解释。一种认为他们是红拳会徒,当他们被村民推举保护玉皇庙时便应势成立了。但是还不清楚他们保卫的是哪一座庙宇。本书提醒的是,

---

① 在此饶有兴趣地指出,《威县志》把这个1884年出现于该地的暴徒帮派叫作刀子会。见《威县志》卷一,第270页。
② 马天恩致施阿兰函(1897年5月31日,济南),载法国外交部南特档案中心《法国驻北京公使馆档案》,第10箱第1件。
③《临清通讯》1898年3月4日,载《京津泰晤士报》1898年3月19日,第12页。

玉皇庙一共被建造了三回:1861年的原庙,1887年在拆毁的教堂上建立了第二座,1892年在新址上最终落成的第三座。第二种解释在具体时间上同样较为模糊,言称这个组织因护庙斗争而成立。然而,受访对象认同,大部分的十八魁成员来自村子的下层家庭。①

以梨园屯既有村庄组织如街会(Neighbourhood Associations)和教会(Temple/school Association)为基础的士绅动员,开始转向为以精通拳术的边缘人物为主组织的反抗,这从另一方面显示出反教情绪在19世纪90年代的直东边缘地带已日趋强烈。此外,这种发展态势也彰显出至少某些区域的地方士绅阶层,已发现自己在同传教士的蛮横对抗中愈发吃力。

五、梅花拳的介入

1897年初,梨园屯的天主教民再次准备建造一所适用的教堂,代替先前的临时小堂。方济各会拨出了相应款项,相关建筑材料也被储放在这块争议的地皮上。费若瑟亲自来到梨园屯监工。② 然而,平民的决心一如既往,制止这座新教堂在梨园屯中心位置的建立。住在临清的一位外国人这样记录:

---

① 《山东义和团调查资料选编》,第245—246页,此处列举了名单。一些不同的和新增名单,也见该书第259—260页。也可见陆景琪《义和团在山东》,第31—32页。一位天主教传教士列举的名单中,包含十位姓阎的(其中四人为同姓同辈),三位姓马,三位姓高,另两位分别姓姜和姓刘。他们都被描述为来自梨园屯的破落户家庭。该名单附于樊国梁致毕盛函(1898年6月19日,北京),载法国外交部南特档案中心《法国驻北京公使馆档案》,第10箱第1件;也可见路遥《冠县梨园屯教案与义和团运动》载《历史研究》1986年第5期,第81—83页。

② 费若瑟文(1897年12月20日,东昌府),载《天主教修会》,新增卷6(1898年4月15日),第171—172页。

他们声称土地和庙宇都是出于寺庙的原因才让村里使用；他们的先祖在建造这座庙上多有过物质捐助，这应该属于全体村民共有，而非一己之物。因此，村子不应该割让庙产（给教民），这仍然属于整个村子。①

当天主教徒们开始动工修建教堂时，十八魁的头领阎书勤和高元祥（另名高小麻）决定为了抵抗外国宗教而争取更广泛的支持。他们前往位于威县的邻村沙柳寨（另名沙尔寨），请求拜入威县梅花拳首领赵三多的门下，试图将后者的势力卷入梨园屯的反教冲突。赵三多（又名赵老珠或赵洛珠）起初似乎不太情愿，因为他的拳会还没有卷入任何一起公开冲突，但是最终还是被说服，收下阎、高两人为他的门下弟子。②

1897 年 3 月，在拟定的暴力冲突发动前，赵三多来到梨园屯"摆会亮拳"，当场吸引了大约 3000 名群众。③ 经过这番演示，赵三多的拳会现已深深地陷入了一个绝对狭隘的庙产纠纷。数周后，即 4 月 27 日，梅花拳民开始积极参与梨园屯的反教武装斗争。正是因为这起事件，鲁北主教在 1897 年 5 月下旬致法国驻华公使的函件中，首次证实了"梅花拳"是一场反教运动：

> 去年 4 月 27 日，以梅花拳著称的该教派分子纠集两千

---

① 《临清通讯》1897 年 4 月 30 日，载《北华捷报》1897 年 5 月 14 日，第 863 页。
② 郭栋臣回忆，载《山东义和团调查资料选编》，第 269—271 页。一年后，一位在临清的基督教观察者证实十八魁"得到过梅花拳的帮助，该组织会徒是对官府不满的匿名百姓，他们既善于恐吓征收赋税的胥吏，又精通打发官府派来的兵勇"。见《临清通讯》1898 年 3 月 4 日，载《京津泰晤士报》1898 年 3 月 19 日，第 12 页。
③ 郭栋臣回忆，载《山东义和团调查资料选编》，第 247、328 页。也可见路遥《冠县梨园屯教案与义和团运动》第 83 页注 2，路遥对郭的口述史资料进行了关键的修正。但是，比较难理解的是，如果阎书勤和他的同党确为红拳的话，为什么他们不借助无处不在的红拳会之支持？

多拳民,他们全副武装地前去攻击护卫住所和上文提到建筑材料的 19 位教民。两名教民被杀,数人受伤,有三人被这些教门分子捆绑起来。他们掠夺房屋和分堂,捣毁教堂,使用我们储放在此的材料建造寺庙。本年 5 月 16 日,他们准备摆台唱戏来庆祝成功,但是被地方官所阻止。①

中国官府对这起梨园屯反教骚动严重升级态势的反应还很难评断。委员、知府和知县都曾数次前往该村调查,试图找到一个妥善的解决办法。不幸的是,关于 1897 年春和 1898 年夏这两起事件的同时代记录还相当琐碎。后来的回忆在时间点上存在着模糊,在事实上也有着谬误,因此让人难以理解。下文就是试图建立一个相对合乎逻辑的对梨园屯此时状况的描述。但是,由于缺乏可靠的文献证据,行文受到严重局限。

就在 1897 年 4 月 27 日的袭击后不久,东昌知府洪用舟奔赴该地,在对攻击者的暴力活动和建造新庙行为的责罚上不痛不痒。② 洪于该年夏再次来到该村时,发现庙宇几近完工,他决定采取更为强力的措施:

> 他指令村民交还这起有争议的地产,并重申该地不能作

---

① 马天恩致施阿兰函(1897 年 5 月 31 日,济南),载法国外交部南特档案中心《法国驻北京公使馆档案》,第 10 箱第 1 件;也可见《教务教案档》第六辑(1),第 192、197 件。1897 年 4 月 30 日,《北华捷报》驻临清通讯员首先使用"Mei Hua-ch'üan"这个名称,把它称作是曾活跃在该区域的白莲教流裔。见《北华捷报》1897 年 5 月 14 日,第 863 页。作者所获得的大部分信息来自六名梨园屯教民,这些人在攻击中受伤来到临清传教士处治疗。见《医疗事工年度报告》(1897 年 5 月,临清),载《美国公理会华北差会记录》第 15 卷,文件号 55;也可见费若瑟文(1897 年 6 月 20 日,济南),载《天主教修会》,新增卷 5(1897 年 10 月 1 日),第 436 页。请注意,教民的房屋被洗劫,家畜、钱财、谷物及其他物品被抢走。见马天恩致布雷斯特函,载《传信年鉴》,第 69 卷(1897 年),第 391 页。其他信息可见《天主教修会》,新增卷 5(1897 年 8 月 15 日),第 361 页。
② 《临清通讯》1898 年 3 月 4 日,载《京津泰晤士报》1898 年 3 月 19 日,第 12 页。

寺庙之用。他将和罗马天主教会协商后,在该处建立较大的房屋用于私塾之需。但是,这些村民们依然我行我素。他们已经公开对抗知县,现在告诉知府大人,寺庙重新拨给天主教也好,拨给自己也罢,这都会相安无事。但如果派兵前来,那么他们将会造反。这位知府显然晓得这些人的意志,遂向巡抚报告了他所处的这种窘态。①

尽管带有反抗情绪,这些村民们看起来还是同意达成和平的解决方案。位于临清的观察者继续这样描述说:

> 他们的提议相当有意思。全额赔付他们拿走的罗马天主教会资产;给后者任意一块村内外土地,用来建造礼拜堂(寺庙地皮除外);当神甫前来"缔造和平"时,在村口迎接并施磕头礼。此外,他们还提议唱十天的大戏,其中五场是为了纪念天主在这块存在争议的地皮上施恩建立了圣所。②

地方官员、村民和教民,随后达成了一份差强人意的协定。村民继续保有庙址,教民们则得到另外一块地皮。在冠县知县的命令下,该年夏天建造完毕的寺庙遭到拆除,材料移交给先前的物主教民。③ 这看起来最终还是达成了一个满意的协定。但在不久之后,它就被教民打破了:

> 当本地传教先生倾向于同意(这份协定)时,那座计划好的建筑物其实已经竖立起来了。这便引起了教民公开的拒

① 《临清通讯》1897 年 9 月 24 日,载《北华捷报》1897 年 10 月 8 日,第 654 页。这份报告也包含了一份有趣的关于这座新庙的财政状况描述。一个名叫阎广旭的人明显不听从官府指令,利用这个机会在不同村子间周旋集资。
② 同上。
③ 《临清通讯》1897 年 11 月 30 日,载《北华捷报》1897 年 12 月 24 日,第 1129 页。

绝接受。愤怒的异教徒把房屋推倒重新建立——一箭之遥——正对着教会的新寺庙,目的是祛除天主教修会带来的不良影响。①

教民的这种口是心非引发了又一轮的反教暴力,这同样发生在十八村区域内外持续增强的反教情绪的背景下。1897 年 12月下旬,广平府的法国耶稣会传教士因在他们修会流传的关于梨园屯教案的不详谣言而感到相当震惊。② 同时,更为刚愎自用的意大利传教士所施加的压力,迫使法国临时代办吕班(Georges Dubail, 1845—1931 年)向总理衙门进行更强烈的抗议。在 1898年 1 月 7 日的通牒中,他要求惩处梨园屯的嫌犯,把堂址再次发还给教民,并赔偿修会和教民损失。最后,他坚持调离道台吉濼升和冠县知县何士箴。③ 由于这种强力干预,巡抚张汝梅在 1898年初饬令拆除玉皇庙。也正是这一举动,诱使梨园屯有组织反教暴力的再度爆发。④

大约是在 1898 年 2 月中旬,反教风潮有了重新开始的初步迹象。约有 1000—1500 人——这大概是赵三多和阎书勤拳会的成员和帮手——来到梨园屯,迫使教民从该村仓促逃走。因此,新任知县曹倜首次亲自干预梨园屯事件。但是,当这伙人试图抓

---

① 傅于谦:《(山东)十八村地区史录》,第 36 页。
② 步天衢(Henri Bulté)致樊国梁函(1897 年 12 月 28 日,献县),载法国外交部南特档案中心《法国驻北京公使馆档案》,第 10 箱第 1 件。
③ 吕班致总理衙门函(1898 年 1 月 7 日,北京),见吕班致阿诺多函(1898 年 1 月 14日,北京)附件一,载法国外交部档案馆《新增卷之中国》(Nouvelle Série. Chine),333/99—100。请注意曹倜稍后继任。

   在致外交大臣阿诺多的电文中,吕班言称此系普通案件,外交部也不必大动干戈。然而,吕班对中国当局采取了较为强硬的路线,这是因为他担心意大利使馆正在努力争取山东意大利方济各修会的保教权。出处同上,333/97—98。
④《山东义和团调查资料选编》,第 247—248 页。

住曹偏当人质时,他不得不仓惶撤退。[①] 过了一段时间后,知府洪用舟驰赴该地,邀请包括赵三多在内的当地士绅会商此事。赵起初回绝,但当"知府提出把自己下属交到这些反抗者处作为保证时,赵等才决定赴会"。洪竭力诱使赵放弃反教斗争,但据称后者拒绝接受抛来的高额筹码。知府未能够和平处理该事,威胁要派遣营兵前来缉拿反教活动的首领。[②]

一支清军的确被派至梨园屯,"但是并没有缉拿任何一个义和拳、梅花拳和十八魁教派成员,而是和一些教派分子合伙捣毁了教民和传教士的居所"。[③] 其实,义和拳在这些营兵来到之前,就已经撤离该村了。同时,动乱的情绪仍在延续。3月3日和4日,是梅花拳召集"远近"拳民摧毁教民的约定日子。[④] 因为梨园屯有专门的清军保护,其他的基督宗教圣会——地处邻地直隶——成为反教骚动的目标。

> 这些教派分子始终威胁着乡里,50 至 100 人一伙,最高时有 200 至 300 人,随意游动,威胁抢劫、纵火和绑架,这给(直隶威县地区)四五千名教民频频造成恐慌。[⑤]

1898 年 4 月 23 日或 24 日,位于曲周县最东部留边地辛营的

---

① 《临清通讯》1898 年 3 月 4 日,载《北华捷报》1898 年 3 月 21 日,第 464—465 页。
② 出处同上。一位天主教传教士抱怨说,知府洪用舟并没有缉拿梅花拳民,反而给予后者头目顶戴以防他们造反。见傅天德(Pacificus Fenocchio)致毕盛函(1898 年 6 月 10 日,北京),载法国外交部南特档案中心《法国驻北京公使馆档案》,第 10 箱第 1 件。也可见《山东义和团调查资料选编》,第 247、329 页。
③ 葛光被文(1898 年 5 月 17 日),载法国外交部南特档案中心《法国驻北京公使馆档案》,第 10 箱第 1 件。
④ 《临清通讯》1898 年 3 月 4 日,载《京津泰晤士报》1898 年 3 月 19 日,第 12 页;也可见《临清通讯》1898 年 3 月 18 日,载《北华捷报》1898 年 4 月 4 日,第 570—571 页。
⑤ 葛光被文(1898 年 5 月 17 日),载法国外交部南特档案中心《法国驻北京公使馆档案》,第 10 箱第 1 件。

教民,遭到十八魁的攻击,导致一名教民被害。也基本在同一时间,威县第三口和潘村的教民也遭受攻击。① 当然了,这些村子与梨园屯紧邻。

> 经过这两起攻击后,整个乡里……都震惊了。平民和教民都半睁着眼睛睡觉;每晚都保持着高度警惕。因为得不到官府军事力量的太多支持,每个村子都竭力备好枪支和锈迹斑斑的土炮……砖头被堆积在屋顶(当做武器使用)……这就是四月底发生的事情。②

反教风潮至 6 月底已经平息——尽管是暂时性的,这可能是因为即将到来的夏收。即使巡抚张汝梅此时借机冒险来到临清,但他还是没有找到梨园屯这起看似无休止事端的最终解决之道。③

---

① 葛光被文(1898 年 5 月 17 日),载法国外交部南特档案中心《法国驻北京公使馆档案》,第 10 箱第 1 件。也可见如下著述:鄂铎宣(Jules Gouverneur)文(1898 年 6 月 15 日,献县),载《泽西信函》,第 17 卷第 2 期(1898 年 12 月),第 382—387 页;重刊于《研究》,第 35 卷第 77 册(1898 年 10—12 月),第 93—98 页;苗履(Paul du Cray)文(1898 年 5 月 16 日,天津),载《中国、锡兰及马达加斯加信函汇编》(*Chine, Ceylan et Madagascar*)(1),1898 年 11 月,第 49—50 页。关于这些事件的处理,见《教务教案档》第六辑(1),第 327 件,第 304 页;赵席珍(Remi Isoré)文,载《中国、锡兰及马达加斯加信函汇编》(3),1899 年 10 月,第 225 页。四名元凶被处决,其头颅被悬挂在事发地。第三口的教民得到 1000 两白银的赔偿,但在这个地方,那些"罪犯们"依旧能够继续他们的"秘密集会"。出处同上。

② 鄂铎宣(Jules Gouverneur)文(1898 年 6 月 15 日,献县),载《泽西信函》,第 17 卷第 2 期(1898 年 12 月),第 383 页。这份材料表明此时教民和百姓间在一些地区存在着合作的可能性。

③《临清通讯》1898 年 6 月 10 日,载《北华捷报》1898 年 6 月 27 日,第 1113 页;《临清通讯》1898 年 7 月 18 日,载《北华捷报》1898 年 8 月 1 日,第 204 页。《临清县志》言称,张是在光绪二十四年四月(1898 年 5 月 20 至 6 月 18 日)来到该地的。见《临清县志》,第 122 页。

六、梅花拳的起源

上文详细地追溯了梨园屯这起长期的庙产纠纷历史,现在应该清楚的是,这是一起关于村内事务的近三十年斗争。直到1897年,直隶地区的梅花拳才抵达这里并开始支持平民。这种外部干预也使传教士注意到了梅花拳或义和拳。[①] 在1897年梨园屯教案前,这个组织并没有公开反教的任何迹象,因为赵三多所在村沙柳寨的基督教会并没有报告有关冲突。[②]

虽然赵三多的拳会曾一度活跃在直隶边缘地带,但关于它的组织及早期活动,现仍然一无所知。梅花拳在沙柳寨本地村落中扮演了什么样的角色？ 它是否与其他村落的拳会存在着联系？ 当然了,义和团运动的起源,在中国近代史上仍然是个有着激烈争论的话题。目前而言,有两种说法在这起学术争鸣中处于主流地位:"乡团说"和"白莲教说"。因为本研究在一些地方上已经接触到了这个问题,因此本章仅在1897—1898年梨园屯反教冲突的具体背景下进行考察。

乡团说

戴玄之是乡团说的坚定支持者,认为梅花拳来源自19世纪

---

① 戴玄之认为光绪年间义和拳的首次显身,是在1887年的梨园屯教案中。他这一错误诠释的材料基础是同样有误的《冠县志》的相关文献记载。见戴玄之《义和团研究》,第5—6、32页。

② 万其偈(Albert Wetterwald)在给其母的一封未署具体日期(但是写于1898年末)的信函中,提到了这个圣会,见《泽西信函》,第19卷第1期(1900年1月),第73页。

中期太平军起义期间的乡团。① 他以巡抚张汝梅在 1898 年 6 月
30 日的奏折为主要参考依据,该奏折包含了如下关键性语句:
"据称直隶、山东交界各州县,人民多习拳勇,创立乡团,名曰义
和,继改称梅花拳,近年复沿用义和名目。"②

按照义和团运动史研究名家路遥所言,张汝梅的这番论断是
以冠县知县曹倜向他的禀文为基础,曹氏在偏远的十八村飞地地
区,很难贯彻自己的行政权力。因此,曹关于梅花拳或义和拳是
从 1860 年的乡团衍变而来,以及应当收编于冠县团练的言论,有
着自己的目的。这种解释和提议,符合张汝梅在光绪二十四年三
月二十八日(1898 年 4 月 28 日)奏折中请求在山东建立民团的
呼吁。③

然而,这种所谓的乡团说起源,并没有留意到巡抚张汝梅在
两周前的一份奏折,而这包含了东昌知府洪用舟在光绪二十四年
四月二十日(1898 年 6 月 8 日)的禀文:

> 盖梅花拳本名义和拳,直东交界各州县地处边疆,民强
> 好武,平居多习为拳技,各保身家,守望相助,传习既众,流播
> 遂远,豫晋江苏等省亦即转相传授,声气广通。
>
> 历年春二三月民间立有买卖会场,习拳之辈,亦每趁会
> 期传单聚会,比较技勇,名曰亮拳,乡间遂目为梅花拳会。④

路遥的调查还揭示出,在梅花拳或义和团、红拳和其他拳会、

---

① 戴玄之著,第 14 页。也请注意施尔格比他更早提出了"乡团说"。
② 张汝梅奏,光绪二十四年五月十二日(1898 年 6 月 30 日),载《义和团档案史料》
   (上),第 15 页。
③ 路遥:《论义和团的组织源流》,载《义和团运动史讨论文集》,第 83—86 页,其分析
   主要建立在曹倜自传《古春草堂笔记》的基础上。
④ 张汝梅致总理衙门函,光绪二十四年四月二十九日(1898 年 6 月 17 日),载《教务
   教案档》第六辑(1),第 265 件。

十八村飞地周边地区的教民以及他们独自的历史和传统之间，有着较为复杂的联系。但他坚持认为，这些组织与地方乡团并无关联。① 据郭栋臣回忆，威县乡团起初建立于 19 世纪中期危机时期，并在 19 世纪 90 年代初为了抵御不断蔓延的掠夺性活动而再度复生，确实有一个支会叫做义和团。但这个组织和其他地方乡团，从整体而言都和拳民没有合作关系。威县天主教在魏村为了抵抗 1898 年末的拳民而建立了自己的义和会，情况也随之更为复杂。② 然而，进一步而言，这并没有确凿证据来揭示出义和团在任何一处功用上，与官府批准的以非正规的乡团作为形式的联村自卫组织类似。

这种地方性的自卫组织，不管就团练、民团、乡团还是联庄会而言，通常是由地方社群里的缙绅组织和控制。根据我们对赵三多的有限了解，他并不属于沙柳寨的士绅阶层。口述史的受访对象揭露出，赵出身于一个卑微家庭。当 1897 年梨园屯教案发生时，他已经有 60 多岁了。赵三多的祖父是个穷秀才，而赵和他父亲一样，靠给地主种地为生。③ 这表明他可能来自一个穷困的农户家庭。然而，应当在此指出的是，当地法国天主教传教士把赵叫做"小地主"。④

---

① 路遥：《冠县梨园屯教案与义和团运动》，载《历史研究》1986 年第 5 期，第 86—89 页。

② 《郭栋臣的亲笔回忆》，1957 年 6 月 23 日，载《山东大学文科论文集刊》1980 年第 1 期，第 155—156 页。郭曾是赵三多的"文书"。关于威县团练的复生，见《威县志》卷二，第 534 页。注意"义和"是对该区域所有地方团练的泛指。

③ 郭栋臣回忆，载《山东义和团调查资料选编》，第 269 页；干集李继增口述，同上书，第 272 页。

④ 万其偈函，《泽西信函》，第 19 卷第 1 期（1900 年 1 月），第 73 页。

白莲教说

义和团运动的宗教活动和仪式，以及它们在运动爆发期间的意义，已有诸多学者进行了详细讨论，而对这些论点的细致考察则超出了本书的研究范围。① 如同乡团说，本节仅从白莲教说这个维度，考察威县义和拳这个具体案例。

1899 年 10 月，吴桥知县劳乃宣发行了为其赢得声名的小册子《义和拳教门源流考》，断言嘉庆朝的"义和拳"和 19 世纪 90 年代末的义和拳有着直接的联系。他的这一发现，主要引用总督那彦成在 1815 年 12 月 3 日的奏折，上面言称直隶地区出现的这个教门组织，以义和门（Righteous Harmony School）著称，是为离卦教派之流裔。劳氏也据此认为，19 世纪 90 年代的义和拳是八卦教的支流，因此怀有反叛意图。此外，他声称，冠县拳民利用对教民的攻击来蒙蔽官府。劳氏如是说：

> 乃窥见民教不和之隙，假以为名，托词公愤，耸动群情以掩其聚众结盟之迹，而行其煽惑招诱之谋耳。若其本意，则实有谋为不轨之彼。愚民无知，误被诱惑，至于身陷重辟而犹不自知，其情殊属可悯，此皆由于不知其教派源流根柢之所致也。若知其本为应禁邪教，谁肯信而从之以身试法哉。②

---

① 巴素：《义和团运动：背景研究》；谭春林：《义和团之乱》。20 世纪 80 年代已有部分代表性的论文，见金冲及《义和拳和白莲教的关系》和李吉奎《应当如何看待义和团的宗教迷信》，均收录在《义和团运动史讨论文集》。

② 劳乃宣：《义和拳教门源流考》（1899 年），重印于翦伯赞《义和团》四，第 433—439 页。译文见斯科特·科尔比《五位中国官员眼中的义和团之乱》（Scott Dearborn Colby, *The Boxer Crisis as Seen through the Eyes of Five Chinese Officials*），第 91 页。关于劳乃宣对白莲教"政治动机"的牵强附会，见金冲及《义和拳和白莲教的关系》，载《义和团运动史讨论文集》，第 32 页；也可见巴素《义和团运动：背景研究》，第 161—162 页。

一些学者仍然主张，嘉庆朝的"义和拳"和 19 世纪 90 年代末的义和拳有着直接的联系。[1] 尽管两者名称相同，但还不能在前者和后者间建立一条明显的组织关联。无论如何，威县梅花拳或义和拳在 1897 年梨园屯教案之前的资料，还处于空白状态。[2] 更为重要的是，当赵三多的拳会在这起事件后被人关注时，并没有关于其刀枪不入仪式或念诵咒语的记载。这明显把义和拳与八卦教的禅定派以及大刀会区别开来。我们在此后的义和团运动中，也没有发现任何文献提到这种仪式和其他宗教活动。

故此，在现有资料的基础上，我们应该得出的结论是义和拳并非白莲教的支流。[3] 但是，这并不意味着它没有受到白莲教的任何影响。在一个高度折衷的民间信仰背景下，特别是又置身于有着长久性秘密教门活动和网络的区域，造成某些白莲教的因子由于这种融合性趋势而在一些方面影响到了地方集体，这其中包括一些拳民组织。因此，我们完全可以设想出有着八卦教习武背景的拳师，可能吸收了教门的部分仪式和信仰。故而，这些个人

---

[1] 参见李世瑜《义和团源流试探》，载《义和团运动史论文选》，1984 年；周海清：《山东义和团组织的源流及其发展》，载《破与立》1979 年第 6 期。周认为十八村的义和团发源自离卦道。在此应当指出的是，离卦道于 19 世纪 90 年代在鲁西和鲁西南的会徒很多。比如，据称离卦道的总堂设立在济宁。见薛田资《在孔夫子的家乡》，第 227 页。但是，并没有证据证明离卦教派曾公开反教。方济各会传教士费若瑟曾在包括梨园屯及诸如茌平县等重要区域在内的东昌府处，皈依了该派大量会徒。1897 年，该传教士又皈依 500 名新信徒，大部分都属于离卦道。见费若瑟函（1897 年 12 月 20 日），载《天主教修会》(7)(1899 年 6 月 15 日)，第 171—172 页。1898 年，还是在这个地方，皈依了更多的离卦道成员。见《天主教修会》(6)(1898 年 4 月 15 日)，第 123 页。

[2] 1868 年，徐昕波把活跃在直隶东南宁津—吴桥一带的白莲教流裔称作义和拳门（Ihoüo-yüen-men）。见徐昕波（1868 年 12 月 22 日，河间府），载《拉瓦尔信函》(4)，1869 年 8 月，第 23—24 页。这或许是关于义和门及义和拳门的最早记载。

[3] 整体而言，此结论也适用于义和团运动。

至少赋予了地方拳会一些白莲教的影响因子。[①] 另一方面,我们也留意到了中国统治阶级和外国传教士,曾不加区别地使用白莲教这个标签。外国传教士也乐于在任何情况下把大刀会称作"教派"。显然,他们对华北民间秘密教门本质的理解尚有欠缺。因此,可习以为常地看到传教士在梨园屯教案的报告中总是提及"教派"活动。然而,虽不能否认一些宗派活动和仪式是乡村生活的组成部分——这也包括中国的所有乡团组织,但也不能把梅花拳夸张地称为一种宗教组织。

作为反教运动的义和拳

一些历史学家十分重视如下问题,即梅花拳为何以及何时更名为义和拳。对手头掌握的文献资料进行研究后,路遥教授认为这个更名发生在 1898 年春的梨园屯反教事件后。他再次利用东昌知府洪用舟提供的相关信息:

> 上年梨园屯民教构衅,牵涉梅拳,遂令解散。自是以后,各路拳民间或聚会亮拳,遂讳言梅拳,仍旧立义和名目。[②]

路氏从这个发现中得出结论,即它是对德国抢占胶州湾的回应,而更名于 1898 年。他声称,不同的组织和民众汇集到了义和拳,其中两个汉字"义和"是取"义气"、"联合"和"团结"之意,这是对帝国主义侵略的回应。[③]

---

① 比如,请注意永年县的赵三多义和拳社分支有三位道士,即朱九斌、刘华龙和韩二瞎子,他们都来自白莲教,均致力于"反清复明"。见《山东义和团调查资料选编》,第 333—334 页。
② 张汝梅致总理衙门函,光绪二十四年四月二十九日(1898 年 6 月 17 日),载《教务教案档》第六辑(1),第 265 件。
③ 路遥:《冠县梨园屯教案与义和团运动》,第 85 页。

不过,在对法国使馆档案文件的仔细研究后发现,"义和拳"这个名头是赵三多的拳会在 1897 年春首次介入梨园屯事件后出现的,比胶州湾的被占要早六个月。在日期为 1897 年 6 月 1 日的一份中文报告中,鲁北主教相当清楚地指出:"十八魁的阎书勤召集了两千名梅花队,**这也被叫作义和拳**。"①但近一年后,"义和拳"这个称谓开始出现在文献中。1898 年 3 月 14 日,一位基督教传教士首次在印刷品中提到了它的英文释义"Boxer","义和拳"在 1900 年夏时名声大噪:

> 梨园屯罗马天主教会和地方士绅的冲突,已达到令人恐慌的地步。名为义和拳(Military Boxers)的秘密会社大范围召集成员,前去助阵这起地方斗争……②

采用"义和拳"这个名称发生在胶州湾被占之前,故此,这次更名不可能是对德国侵略的回应。但是,这并不意味着这也不是对甲午中日战后直东交界区逐渐增强的外国压力之反应。此时,中国政府对外国传教士采取了相当恭顺的外交政策,但以士绅为基础的反教潜流在部分山东区有加强的趋势(见第六章和第九

---

① 马天恩的中文报告,光绪二十三年五月五日(1897 年 6 月 1 日),附于马天恩致施阿兰函(1897 年 5 月 31 日),载法国外交部南特档案中心《法国驻北京公使馆档案》,第 10 箱第 1 件。粗体为强调说明。当临时代办吕班提请总理衙门注意梨园屯教案时,他并没有提到拳会的称谓,只是说 1897 年 4 月 27 日的攻击是由匪党造成的。见吕班致总理衙门函(1897 年 7 月 26 日),载《教务教案档》第六辑(1),第 221 件,第 192 页。也可见吕班的函件初稿,其中删除了"梅花拳"一词。见法国外交部南特档案中心《法国驻北京公使馆档案》,第 10 箱第 1 件。

20 世纪 60 年代,当地的受访对象告诉调查人员,当赵三多决定支持十八魁(大概在 1897 年)时,梅花拳的拳首并不想卷入这起反教斗争。因此,赵决定把拳会名称改为义和拳,并同梅花拳分家。见《山东义和团调查资料选编》,第 264—269、334 页。

② 《庞庄通讯》1898 年 3 月 14 日,载《京津泰晤士报》1898 年 4 月 2 日,第 20 页。这里引用的中国字体还是当时出现在报纸上的繁体字样。

章)。一位耶稣会传教士在1898年6月观察到,外国势力对北部港口的侵占,导致了直隶东南代牧区的一些区域出现了相当大的反教骚动。以大名为例,1898年4月底,正当全府的数千考生聚集于此参加童试时,全城尽现一些煽动性的揭帖。揭帖号召民众农历四月十五日(6月3日)聚集,然后屠杀所有外人。① 这些谣言"促使富人们往车上打包财物,赶往最近的带有城墙的县城或集镇"②。

义和拳在这种排外风潮中到底走了多远呢? 直隶东南耶稣会传教士为了降低自己在类似事件中的挑衅性影响,声称这些"异教徒教派"想要杀害"支持德人抢占胶州湾"的传教士和教民。③ 从另一方面而言,山东巡抚张汝梅也只是言称,"其出传单出揭帖者,亦未能实指为此项拳民"。④ 其实,威县义和拳是否倡导了大名府的反教风潮还有待商榷,虽然1898年春十八村地区的狭隘性的反教斗争,确实发生于关于外国在中国沿海军事行动的未明谣言所引发的恐慌氛围中。

法国对梨园屯教案更为强硬的外交干预,使偏僻的十八村区域遭受了帝国主义的破坏性影响。我们已经指出,吕班在年初的

---

① 鄂铎宣文(1898年6月15日,献县),载《泽西信函》,第17卷第2期(1898年12月),第382—384页。揭帖的文本内容,也可见《北华捷报》1898年6月20日,第1056—1057页,该刊报道说,匿名揭帖在大名、顺德和广平三府散播,"号召民众一致反抗传教士"。

② 秦恒瑞:《临清布道站报告》(1898年4月30日),载《美国公理会华北差会记录》第15卷,文件号81;也可见《医疗事工年度报告》(1898年4月30日),载《美国公理会华北差会记录》第15卷,文件号82。

③ 马泽轩(Henri Maquet)文(1898年5月16日),载《天主教修会》(1),1898年11月,第53页。东昌知府洪用舟禀称:"自是以后,各路拳民间或聚会亮拳,遂讳言梅拳,仍旧立义和名目"。见洪用舟1898年6月8日禀文,附于张汝梅光绪二十四年四月二十九日(1898年6月17日)奏折,载《教务教案档》第六辑(1),第265件。

④ 张汝梅奏,光绪二十四年五月十二日(1898年6月30日),载《义和团档案史料》上,第15页。

苛刻要求促使清廷采取更为有力的措施。当这导致梨园屯的玉皇庙被拆毁时，义和拳遂在 1898 年春发起了又一起反教攻势。在这起发生在西班牙方济各会外围区域的最新一轮敌对行动后，新任法国公使毕盛（Stephen Pichon，1857—1933 年）向总理衙门提出如下要求，这甚至比吕班六个月前提出的要求更为强硬：

（1）三天之内，务必缉拿 18 名罪犯，如果这些人逃离，则拿其亲属代罪，并将他们的所有家产充公；

（2）赔偿所遭损失白银 20000 两；

（3）撤换总是对传教士充满敌视且阻挠任何和解的东昌知府；

（4）由曾负责过解决此类事务的张（上达）取代道台吉（溎升）的职位。

毕盛告诉法国外交大臣，务必让中国政府坚决处理此事，以防止其他外国势力宣称法国保教权的失效。[①] 法国外交干预的升级，部分缘于意大利政府夺取本国传教士在华保教权的再次努力[②]，这同时也反映出法、德在安治泰主教的圣言会上的持续竞争。此外，有明显证据表明，鲁北的意大利传教士——如同他们在鲁南的同行——娴熟地利用这种复杂问题来推进传教事业。因此，当奥地利旅行家海司在 1898 年 4 月造访济南时，主教马天恩向他抱怨说，法国政府并没有为意大利修会提供足够的保护。

[①] 毕盛致阿诺多函（1898 年 6 月 4 日，北京），载法国外交部档案馆《新增卷之中国》，334/60。1898 年底，知府洪用舟暂时由东昌府调任兖州府。主教安治泰指出"他因声名狼藉的排外主义而被法国使馆要求调离"。见安治泰致海靖函（1898 年 11 月 23 日，济南），载柏林联邦档案馆《外交部卷宗之驻华使馆报告》，卷三二七。

[②] 意大利公使萨尔瓦葛（Marquis Giuseppe Salvago-Raggi）曾在梨园屯教案上向总署发起数次正式抗议。见《教务教案档》第六辑（1），第 227 件，229—231 件。这被认作是对法国保教权的威胁。

虽然他曾在 1897 年春向法国公使施阿兰（Auguste Gérard，1852—1922 年）报告梨园屯教案，但法国使馆在整整一年后才采取外交行动。[①] 法国政府了解这些暗示后，向中国政府施加更大的压力。

不断增强的传教士的骄横和帝国主义势力的干预，无疑促成了十八村地区高度地方性的反教暴力的爆发。然而，义和拳的这种相对有限的行动是否具有反帝性质，则是另一回事。我们或可推测，那种持续的地方紧张关系曾经和此时仍是梨园屯的主导矛盾。尽管如此，如前文所述，在 19 世纪 90 年代末，该村落对教民的敌对活动确实掺杂着较重的排外元素，但这基本上仍属于传统竞争模式。

七、小 结

梨园屯教案，在义和团运动史上占据重要地位。1897—1898 年发生在梨园屯的这起教案，致使义和拳引起了外国传教士和中国官员的注意。尽管义和拳的支持在此后的义和团运动中十分重要，但我们对它知之甚少，对其活动区域的了解更是微乎其微。义和拳在援助梨园屯百姓之前，在本地村落中扮演了什么样的角色？什么样的基本内部矛盾导致这个多姓居住地的大量居民皈依了天主教会？

虽然还不能对这些基本问题作出明确的回答，但我们从对这起旷日持久的梨园屯庙产争端较为细致的史实重建，可看出它是

[①] 海司：《山东与德属中国——1898 年从胶澳租借地到中国圣地和从扬子江到北京之旅》，第225 页。

多年以来严格意义上的村内事务,并不时用暴力的形式显现出来。教民参与破败庙宇所有权的竞争,是建立在牺牲其他多数村民利益的基础上的。因为这个地点往往不仅是村落的宗教仪式中心,也是其社会、经济和政治生活的中心所在。教民的这种相当无理的要求,是对村子凝聚力的明显挑战。正如人们所预期的那样,至少是在反教民斗争的头几年,地方士绅一直担任着领导地位。但时至19世纪90年代初,当法国的外交干预削弱了士绅的这种有效反对的组织能力时,擅长使用暴力的十八魁承担了反教斗争的领导权。也正是这群人从梨园屯外带来了有组织的帮助力量,即梅花拳或义和拳。

然而,正如前文所指出的,直至1897年春,这种跨村的义和拳才牵涉进这起冲突。它们在这起干预前就已存在,故可明显看出梨园屯并非它们日常活动的中心。而这个中心位于邻地威县赵三多所处的村子沙柳寨。梨园屯只是他们首次介入反教暴力的地点。所以,"原发性义和团的核心区"(如果该概念适宜的话)并不位于山东,而是在直隶地区。因此,把赵的组织称作"冠县义和拳"是种误解。① 本书关于梨园屯事件的研究——如果若有不同的话——认为应当更为精确地把他们称为直隶"威县义和拳"。当然,正是十八村飞地的混乱行政管理所表现出的异常现象,才导致学术著述中出现了这种地理上的误读。本书地图五的绘制目的,就是有助于一个更为精准的史实重建。

总之,可以这样说,威县的义和拳以及其他类似组织存在于直隶的部分区域,它既不是白莲教的流裔,也不从属于地方团练

---

① 关于这个问题,也可参见李宗一《山东"义和团主力向直隶转进"说质疑》,《近代史研究》,1979年第1期,第303—319页。

系统。赵三多的义和拳组织的首要功用是以村庄为基础的拳会，在集市上公开表演拳术。鲁苏边界的大刀会是村落自卫的斗争联盟，与它相反的是，义和拳在卷入梨园屯教案并成为"雇拳"前，好像是以艺人这种职业为生。此外，在华北平原边界地区习以为常的竞争性暴力活动的环境下，义和拳在 1897 年 3 月至 1898 年初夏这段时期的反教斗争，其实是个相对较小的事件。他们在 1898 年夏不断升级的反教冲突中的角色，将在第十章进行考察。

第九章 "百日维新"失败与鲁东排外暴力
的兴起

　　起初,民众对胶州的被占愤愤不平……然后,有很多穿着欧式服装的旅游者从这些不为人知的地方穿行而过,这里的百姓起了疑心。此外,还有一些旅行者不幸聘请了一些邪恶的中国人作为向导。这些向导对外人及其计划恶语中伤;还经常性地劈头攻击好奇的围观百姓。旅行者和他的旅伴过去了,但留下了仇恨,而且我们的传教士也抱怨他们受其牵连而受罪。①

——主教安治泰(1899 年)

　　在过去的几年中,迫害……直指……这个国家树敌颇多的天主教民。我不清楚他们怎么招来了这么多的仇恨,但是百姓指责他们所犯下的各种不公行为。现在迫害开始了,百姓对他们采取致命的报复:焚烧房屋,杀害教民,驱使后者背井离乡。

——纪力宝(1899 年)②

　　就山东而言,1898 年九月政变衍生的排外反响在该省东部

---

① 安治泰致杨生函(1899 年 2 月 18 日,济宁),载《耶稣心小使者报》,第 26 卷第 10 期 (1899 年 7 月),第 150—151 页。

② 纪力宝致其令堂函(1899 年 3 月 27 日,沂州),载《美国北长老会海外布道部档案之纪力宝件》,第 66 页。

地区表现得最为强烈和直接。当地的外国传教士观察者确信,敌对情绪的兴起反映了北京政治气候的变化,而这种变化进而有助于将潜在的仇恨演变为公开的骚动。1898 年 11 月初,美国驻烟台领事法勒(John Fowler,1858—1923 年)向驻北京公使康格(Edwin Hurd Conger,1843—1907 年)报告说:

> 在过去的一周里,美国北长老会的伊维廉(William Otto Elterich,1865—1929)和基督教青年会的来会理(David Willard Lyon,1870—1949)两位牧师向我报告说,内地百姓对他们的言行举止愈发憎恨,这可能是北京的谣言所致,百姓都说外人和康有为勾结,而康现在可能就在华北。因此潍县的外人都必须被消灭,登州也流传着同样的故事。①

另一美国北长老会传教士费习礼(John Ashley Fitch,1861—1941 年)在潍县记录道:"你们无疑知道,近来北京之变在该省引发了不同程度的骚动。这段时间以来,它表现得愈发明显了。"②由鲁西南曹县知县董杰最先发布的一份措辞含糊的文告,此时在鲁东地区得到了官府的传播,费氏对此特别关注(见第六章)。他抱怨说:

> 在这个剧烈动荡时期,这个即将发行的公告将会带来最为严重的后果。表面来看,它没有什么威胁。但在中国,发

① 法勒致康格函(1898 年 11 月 17 日,烟台),附于法勒致摩尔函(1898 年 11 月 18 日,烟台)附一,见美国国家档案馆"第 59 类"暨《国务院一般文件》之《1863—1906 年美国驻烟台领事馆报告》(3),文件号 109。从北京逃出后,康有为曾在烟台停留。清政府在该地发出了缉拿他的谕令,这也许导致了康有为藏匿在山东这个谣言的产生。参见高第爱《1860—1900 年中国与西方列强关系史》,第 420 页。
② 费习礼致法勒函(1898 年 11 月 7 日,潍县),附于法勒致摩尔函(1898 年 11 月 18 日,烟台)附件一,见美国国家档案馆"第 59 类"暨《国务院一般文件》之《1863—1906 年美国驻烟台领事馆报告》(3),文件号 109。

　　　行一篇文章来说明焚烧教堂的原因,实际上是在呼吁要聚众
　　　闹教。它告诉百姓,当他们变得疯狂时,官府便无力保护外
　　　人,这是在召集百姓陷入疯狂状态进而攻击外人。中国人立
　　　即注意到了它字里行间的意思。①

费习礼说到,这份文告引发了"相当不安的局面",并造成了所有
教民都被悬赏通缉的谣言。"我的确认为,正是北京政变致使官
员采取了敌视态度"。②

　　虽并没有确凿证据表明山东官员曾积极煽动骚乱,但广泛传
播的曹县知县的这份文告,明显是中国官方试图遏制传教士干预
词讼事务所作出的努力。③ 其实,总理衙门曾在1898年9月20
日(即宫廷政变前一天)饬令巡抚张汝梅与烟台领事交涉,让后者
给传教士发出"严厉指令",并禁止他们干预词讼事务。④ 这些抑
制传教士公然干预词讼的官方努力,无疑助长了1898年末和
1899年的鲁东反教攻击的紧张氛围。

---

① 费习礼致法勒函(1898年11月7日,潍县),附于法勒致摩尔函(1898年11月18
　日,烟台)附件一,见美国国家档案馆"第59类"暨《国务院一般函件》之《1863—
　1906年美国驻烟台领事馆报告》(3),文件号109。董杰文告的中英文版本,都在寿
　光县获得。见该处档案后附的附件四。
② 出处同上。一位大英浸礼会传教士也指出,宫廷政变之后,滨州、蒲台和青城县的
　排外主义大幅抬头,且四处流传着慈禧太后很快就要计划一场反教攻击。见卜道
　成(Joseph Percy Hopkins)致金璋函(1898年12月23日),附于金璋致窦纳乐函
　(1899年1月21日,烟台),见英国外交部档案《使领馆档案之中国讯》,第1322件。
③ 可参见如下评论:《潍县通讯》1898年11月29日,载《北华捷报》1898年12月12
　日,第1110页。
④ 见李希杰致法勒函(1898年11月6日),附于法勒致摩尔函(1898年11月18日,
　烟台)附件一,见美国国家档案馆"第59类"暨《国务院一般函件》之《1863—1906
　年美国驻烟台领事馆报告》(3),文件号109。也可见金璋致窦纳乐函(1898年11
　月18日,烟台)函,见英国外交部档案《使领馆档案之中国通讯》,第1283件。1898
　年春,总理衙门要求法国公使指示圣言会传教士切勿介入中国内政事务。见总理
　衙门致海靖函(1898年4月2日),载柏林联邦档案馆《外交部卷宗之驻华使馆报
　告》,卷327/9。

一、薛田资教案:沂州府的反教暴力

九月政变后首起严重的反教暴力,影响了鲁东地区的圣言会。由于薛田资在巨野教案后所处环境险恶,主教安治泰调离其至日照和诸城教区负责教务。[①] 1898 年 11 月初,薛田资到达位于土山(又名吕家土山)的新堂口。数天后,也就是在 11 月 8 日,他走访了日照北的街头镇,想要去调和当地新入教者和平民间的争端。为了达到目的,薛氏邀请了村子庄首和邻村长者,"想告诫他们要与教民和平相处",但这些人一个都没有赴会。相反,"数千"民众在其当晚下榻的坊子村外聚集。次晨,他们抓住了薛田资,进行人身虐待,并把他关押在驼儿山数日。[②]

虽然攻击外国传教士总是给中国人带来严重的反响,但在没有演变为国际性复杂情况下,简单考察这起和薛田资有关的旧争端将更富有意义。反教据称源自街头是一个李氏进士的故里,该人曾因别地教案而遭到罢黜,因此对外国宗教深恶痛绝,且近来

① 关于薛田资案,见柯博识《中国与鲁南天主教修会(1882—1900)》,第 148—157 页;夏德威:《中国的圣言会传教士》I,第 360—365 页;周锡瑞:《义和团运动的起源》,第 184—190 页。诸城县在 1898 年夏交给圣言会鲁南教区代管,这是因为该地近邻德国租借地胶州,安治泰故此要求"在这个特殊环境下广泛开始事工"。安氏进而说"诸城和日照因为与德国炮舰较近,所以应该较为安全"。见安治泰致杨生函(1899 年 2 月 18 日,济宁),载《耶稣心小使者报》,第 26 卷第 10 期(1899 年 7 月),第 134 页。关于对沂州府该事件的基本描述,也可见长老会所办《山东时报》的报道。该文重载于《山东近代史资料》第三分册,第 306—315 页。
② 《传教士薛田资声明》,见帝国海军署(Reichsmarineamt)致外交署函(1899 年 1 月 17 日),载柏林外交署政治档案"中国 6"《1895—1916 年中国政府对基督教会的态度》,第 36 卷,文件号 41;薛田资:《一位传教士在中国的经历》,第 79 页。也请注意 11 月 8 日恰逢街头市集。

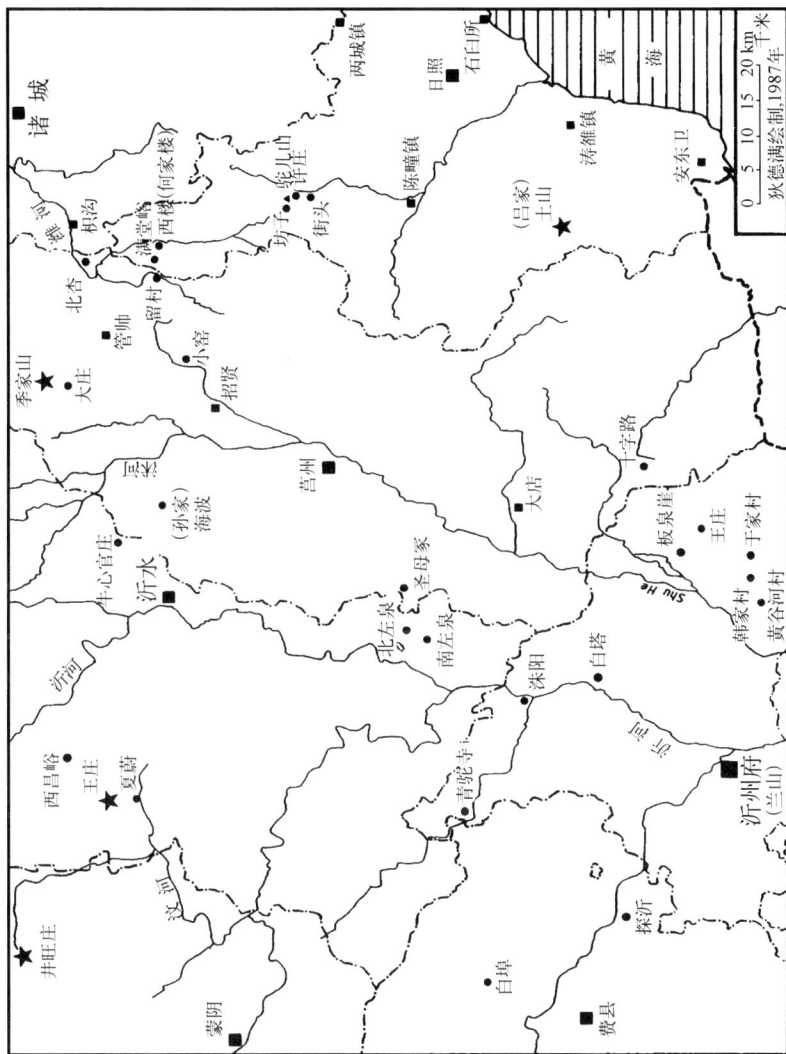

地图六 1898—1899年沂州府反教活动区域

在家乡争取到了部分追随者。① 然而,引起 1898 年夏这起民教
冲突更为具体的原因,应该是关于一些田地所有权的争端。② 其
实,也正是因为这起地产争端的存在,才刺激了该村的 18 户家庭
在 1898 年农历四月(5 月 20 至 6 月 18 日)改宗为首批新信徒。③
总而言之,上述案例说明,在诸多情况下一些典型教案是源于某
起地方事件。然而,1898 年 11 月初,薛田资无意中卷入此事,纷
争此时已经演变为普遍性的反教骚动,进而在宫廷政变后席卷该
省东部地区。

在此要饶有兴趣地指出,日照—莒州—诸城交界区的新教长
老会在薛田资被袭之前,也招致了数日的有组织骚乱。④ 11 月 7
日,坐落在(日照)满堂峪的教会学校被来自邻村西楼(也称何家

---

① 文安多:《苦痛三日》(Wewel, "Drei martervolle Tage"),载《圣弥额尔历》,卷二一
(1900 年),第 195 辑。其实,日照县是传教士在沂州府最为头疼的地区,这是因为
该地是上层士绅的高度聚集地。在经历了士绅的坚决反对后,直到 1893 年才皈依
了首个信徒(可能是在土山)。见安治泰文,载《耶稣心小使者报》,第 21 卷第 6 期
(1894 年 3 月),第 44、46 页;也可见安治泰致绅珂函(1895 年 11 月 24 日,济宁),
载柏林联邦档案馆《外交部卷宗之驻华使馆报告》,卷 324/346b—347,该处资料事
关举人李为枫(关于此人信息,请参见《山东通志》卷一○四,第 3071 页)或李维丰
(该名系德文文献对李为枫的名称记载)。我们还不能确定日照县街头李氏进士的
具体称谓,因为该地在 19 世纪下半叶出现过两个李氏进士,分别为李翰屏(光绪十
八年进士)和李祥麟(光绪十六年进士),见《山东通志》卷九六,第 2933、2934 页。
② 安治泰致霍亨洛函(1899 年 11 月 18 日,济宁),柏林外交署政治档案"中国 6"
《1895—1916 年中国政府对基督教会的态度》,第 40 卷。
③ 冯曾(Wilhelm Fritzen)文(1898 年 11 月 16 日),载《耶稣心小使者报》,第 26 卷第 5
期(1899 年 2 月),第 70 页。关于这起冲突的中文文献,见张汝梅致总理衙门函,
光绪二十五年三月初三日(1899 年 4 月 2 日),载《教务教案档》第六辑(1),第 339
件,第 327—329 页。
④ 薛田资在 1898 年 11 月 2 日前往土山前,就听说了美国北长老会在青岛的中国传
教先生遭到了殴打、抢劫,并被劫持到街头北三点钟方向的一个山头上。由于这起
麻烦,薛田资曾要求日照知县给予保护。故此,四名赤手"兵勇"和四名捕役护卫知
县,充当后者的"私人保镖"前往街头。见《传教士薛田资声明》,载帝国海军署
(Reichsmarineamt)致外交署函(1899 年 1 月 17 日),载柏林外交署政治档案"中国
6"《1895—1916 年中国政府对基督教的态度》,第 36 卷,文件号 41。

楼)的村民捣毁,这是因为这些人"听说所有外人都要被驱逐出大清朝的消息"。次日,该地又遭受第二起攻击,导致教民的粮食被盗、牲畜被杀,学校的教书先生也被投进了牢房。听到这几起攻击后,美国北长老会传教士富维斯(Somerville Faris,1869—1907年)、方伟廉(Parker Chalfant,1860—1917年)和纪力宝从沂州赶来此地调查。11月12日,他们抵临主要布道站留村时①时发现:

> 这两个村子存在着宿仇,最终在去年春天,来自何家楼的一伙暴徒恐吓教民,殴打我们学校的教书先生,另犯下多宗轻微罪行。事情既然到了这个地步,我们也不得不在那时向(日照)即墨官府呈控,最后依靠中国惯用的解决方式,即由那些行凶者摆了几桌酒席才解决了该案。②

街头发生的薛田资教案,本来是满堂峪一地的孤立冲突,现在却卷进了宫廷政变期间范围广泛的排外骚乱。1898年11月

---

① 纪力宝1898年11月9—14日日记(1898年11月29日,沂州),载《美国北长老会海外布道部档案之纪力宝》,第55—58页;也可见富维思《一次巡回布道经历》(W. S. Faris, "A Itinerating Experience"),载《长老会旌旗》,第85卷第33期(1899年2月2日),第12—13页。关于满堂峪袭击的日期,见纪力宝、富维思、方法敛致法勒函(1898年11月29日,沂州),附作法勒致戴维·希尔函(1898年12月15日,烟台),见美国国家档案馆《美国国务院普通档案》第59类暨《国务院一般文件》之《1863—1906年美国驻烟台领事馆报告》(4);也可见美国国会众议院(U. S. Congress. House of Representatives):《美国外交文件》(Papers Relating to the Foreign Relations of the United States)1899年,第154—157页。

② 纪力宝1898年11月9—14日日记(1898年11月29日,沂州),载《美国北长老会海外布道部档案之纪力宝》,第55—58页;也可见富维思《一次巡回布道经历》(W. S. Faris, "A Itinerating Experience"),载《长老会旌旗》,第85卷第33期(1899年2月2日),第12—13页。关于满堂峪袭击的日期,见纪力宝、富维思、方法敛致法勒函(1898年11月29日,沂州),附作法勒致戴维·希尔函(1898年12月15日,烟台),见美国国家档案馆"第59类"暨《国务院一般公函》之《1863—1906年美国驻烟台领事馆报告》(4);也可见美国国会众议院:《美国外交文件》1899年,第154—157页。

份,西楼冲突中的对立双方在一个"掌管十村的保正荀某的调停下"虽很快达成妥协,但骚乱仍在该区域蔓延。① "主要麻烦就是遍及地区的骚动情绪,这主要由近来的北京政变所致。百姓都知道京城的改革派倒台了,慈禧太后把政权掌控在自己的手里。"②

1898 年 11 月和 12 月两个月间,反教暴力从街头—满堂峪地区经由莒州北进而波及至沂水县东,除了季家山、海坡和牛心官庄这三处带有充分自卫设施的主要教会外,其余教会几乎被捣毁殆尽。位于沂水北王庄的天主教传教士主要堂点也受到了威胁(临地西昌峪的长老会其实在 12 月 25 至 26 日遭受了攻击)。12 月底,有大约千名百姓攻击了薛田资在日照南的土山居所。③

当反教暴力从日照县北向沂州府其他地区演进时,圣言会传

---

① 纪力宝 1898 年 11 月 13—16 日日记(1898 年 11 月 29 日,沂州),载《美国北长老会海外布道部档案之纪力宝文件》,第 57、62 页。

② 富维思:《一次巡回布道经历》,载《长老会旌旗》,第 85 卷第 33 期(1899 年 2 月 2 日),第 12—13 页。此外,他记述说,在满堂峪的教民以及平民借助传教士的支持,来抵御那些来自北方的"目无法纪"的民众,那些人就像"打着洗劫算盘的土匪"。也可见富维思文(1898 年 11 月 16 日,留村),载《北华捷报》1898 年 12 月 5 日,第 1058 页。

　　关于驱逐外人和中国教民出华谕令的谣言,见纪力宝、富维思、方法敛致法勒函(1898 年 11 月 29 日,沂州),附于法勒致戴维·希尔函(1898 年 12 月 15 日,烟台),载美国国家档案馆"第 59 类"暨《国务院一般函件》之《1863—1906 年美国驻烟台领事馆报告》(4);也可见文安多文(1898 年 12 月 5—12 日,莒州),载《天主之城》,第 22 卷第 10 期(1898 年),第 452 页。

③ 这段关于暴力传播的描述,主要参考了文安多的如下著述:文安多文(1898 年 12 月 5—12 日,莒州),载《天主之城》,第 22 卷第 10 期(1898 年),第 452—455 页;文安多文(1899 年 1 月,沂水),载《天主之城》,第 22 卷第 11 期(1899 年),第 494—497 页;《天主之城》,第 22 卷第 12 期(1899 年),第 552—555 页。也可见佛尔白文(1898 年 12 月 6 日,王庄),载《天主之城》,第 22 卷第 7 期(1899 年),第 315 页;薛田资文(1898 年 12 月 25 日,青岛),载《天主之城》,第 22 卷第 7 期(1899 年),第 315 页;安治泰致杨生函(1899 年 2 月 18 日,济宁),载《耶稣心小使者报》,第 26 卷第 10 期(1899 年 7 月),第 150 页。

教士则开始与中国官府商讨薛田资被袭的赔偿问题。1898 年 11
月 18 日,副主教福若瑟(此时正代管该地最东部的圣言会)火速
与日照知县吕丙元达成了相对温和的和解。① 然而,当此时身处
鲁西坡里的安治泰主教得知这一和解后,拒不接受这种过于仁慈
的条款,并在省府委员王曾俊的陪同下,前往日照和沂州推翻福
若瑟的协议。1898 年 12 月 26 日,安治泰与兖沂曹济道彭虞孙
达成协议,并在次年 1 月 12 日得到巡抚张汝梅的批准。② 该协
议包含如下惩罚性条款:(1)在街头建造用于祈祷的九间茅草
屋,这点同福若瑟的一致;(2)在日照县城划拨给圣言会五六亩
地皮,用来建立传教士住所;(3)足款赔偿薛田资治疗费用和被
盗财物,以及建堂之资,共计 2.5 万两白银,该款由位于济南的山
东洋务局拨付③;(4)赔偿教民 1050 串钱④;(5)缉拿凶犯,按照
大清律例惩处⑤;(6)日照传教士居所落成后,地方知县应召集该

① 关于和解内容,见张汝梅致总理衙门函,光绪二十五年二月一日(1899 年 3 月 12
日),载《教务教案档》第六辑(1),第 334 件。也可见方敏《真福若瑟传》,第 298
页,该处资料主要参考了福若瑟于 1898 年 11 月 19 日在日照致安治泰的信函。
"通过这个温和举动,他(福若瑟)希望可以平息当时的骚动。"见方若翰《福若瑟神
父对传教士的要求》(John Fleckner, "Father Freinademetz' Requirements in a
Missionary"),第 408 页。
② 安彭协议的电文见总理衙门致海靖函,1899 年 1 月 21 日,载《教务教案档》第六辑
(1),第 326 件,第 301 页。其德文译本见柏林联邦档案馆《外交部卷宗之驻华使馆
报告》,327/233—234。全文本见张汝梅致总理衙门函,光绪二十五年二月一日
(1899 年 3 月 12 日),载《教务教案档》第六辑(1),第 326 件。也可见安治泰致杨生
函(1899 年 2 月 18 日,济宁),载《耶稣心小使者报》,第 26 卷第 10 期(1899 年 7
月),第 149—150 页;方敏《真福若瑟传》,第 300—302 页。
③ 安治泰并不要求普通性赔偿,而是出于教会声誉受损的缘故,便要求过高的损失赔
偿。也可见法来维(Georg Fröwis)文,载司马力、马赫一《在华四十年》,第 68 页。
④ 在德文文献里,错误译为 1500 串。
⑤ 毫不奇怪的是,中文文本并没有提到这条款项。但是,总理衙门后来声明凶犯其实
已被缉拿,不过传教士好像始终否认此事。见总理衙门致海靖函(1898 年 12 月 2
日),载柏林联邦档案馆《外交部卷宗之驻华使馆报告》,327/178—179b,此处文献
引用了张汝梅在 11 月底致安治泰的信函,该函言称凶犯已被缉拿归案。

地所有绅耆,为此案"陪话"。

1899 年 2 月 18 日,得意洋洋的安治泰向圣言会总会长报告说:

> 这些协议所取得的成果,是对这起惨事的完全令人满意的赔偿,这给士绅和百姓一个警告,即他们不可能不受惩罚地威胁欧洲人的生命了……兖州道台(彭虞孙)和沂州知府(定成)等官员们参与了(这起协议),他们非常高兴看到竟如此廉价地摆平了这起麻烦事端,给我赠与宝贵的礼品以显示他们的满意。①

同时,安治泰因继续存在的敌对状态而指责福若瑟:

> 作为信徒的副主教福若瑟,崇尚宽宏大量。他相信,这才是战胜异教徒和重塑和平的最佳途径。但是,异教徒持有不同的观点。在他们眼里,宽容就是弱点。他们认为这些曾被打上冷酷标签的外人和过往一样,不会因自己的人身伤害而索取任何补偿……毕竟从衙门里传出来的太后驱逐外人的谣言肯定有事实基础。德人和天主教将要走向末路。最为严重的事情发生在薛田资神甫(从日照)火速前往青岛的途中,这可被理解为溃逃。这些人现在相信,他们能够畅通无阻地实施公开攻击了。②

因此,按照安治泰的独特思维逻辑,中国人唯一能够理解的就是强硬。

1899 年 1 月,沂州府的反教暴力虽有些许平息,但时至 2

---

① 安治泰致杨生函(1899 年 2 月 18 日,济宁),载《耶稣心小使者报》,第 26 卷第 10 期(1899 年 7 月),第 150 页。
② 出处同上,载《耶稣心小使者报》,第 26 卷第 11 期(1899 年 8 月),第 165 页。

月,新一轮的攻势再起。安治泰的苛刻要求尤其是安彭协议的最后一款,或许是其中重要的诱导因素。① 这种反教暴力,现已蔓延至兰山、郯城和费县。这些与江苏接壤的鲁南边界地区,向来与普遍性集体暴力有着传统联系。因此,该地对教民的攻击也相对比较凶猛,一些天主教徒也死于令人尤其毛骨悚然的手段。②

毋庸置疑,教民是鲁中山区骚乱的主要目标。不过,这种持续的混乱也妨碍了德国采矿工程师在该区域的工作,③更为重要的是,这也给德国造成了很坏的负面影响,因为他们的矿

---

① 此外,在安治泰不知情的情况下,德国公使在薛田资教案上也同样提出了蛮横的要求。海靖坚持罢黜日照吕知县,他采取这种强硬态度的目的在于为天津至浦口铁路一事协商上施加影响。见海靖致外交署电(1898 年 12 月 7 日),载柏林外交署政治档案"中国 6"《1895—1916 年中国政府对基督教会的态度》,第 36 卷,电文号 173。海靖的这种态度得到了柏林的支持。也可见伯恩哈德·冯·比洛致海靖电,载柏林外交署政治档案"中国 6"《1895—1916 年中国政府对基督教会的态度》,第 36 卷,电文号 132。
② 比如,请注意如下基督新教传教士记录的兰山县东"最让人恐怖的暴行":

> 暴徒杀害了三名天主教徒,割下三人脑袋,把尸体劈成两半,纵火焚烧尸体,这一幕发生在临近乡村的大量围观百姓面前。而且,最为残忍的是,一位生还的死者儿子,被故意投入火中,当着这些围观者的面被活活烧死。

纪力宝致布朗函(1899 年 3 月 3 日,沂州),载美国宾州长老会历史协会《美国北长老会海外布道部档案之中国部分》,第 45 卷第 3 册,文件号 19。薛田资关于此案的记述也大致与这相同,其文载《耶稣心小使者报》,第 26 卷第 10 期(1899 年 7 月),第 158 页。能够确定的是,共有 15 名教民丧命:郯城 6 人,费县 4 人,兰山 4 人,蒙阴 1 人。参见卢国祥《中华帝国里的杂草、萌芽和花朵》,第 407 页。
③ 当然了,德国矿业专家顾乃斯(Fritz Krause)于 1898 年 12 月 13 日在临近莒州和日照交界区的(诸城县)紫口遭受威胁一事属实。然而,他并不是首要目标,只不过是碰巧路过此受反教骚动影响的地区而已。见其 1898 年 12 月 23 日在青岛的报告,载罗森达(Carl Rosendahl)致海靖函(1898 年 12 月 27 日,青岛),载柏林联邦档案馆《外交部卷宗之驻华使馆报告》,371/240—246,文件号 4154;也可见《德文新报》1899 年 1 月 28 日,增卷,第 4 页。青岛散播内地攻击外人的谣言,后被证明并没有掀起任何风浪。

产和铁路利益正在竭力吸取资金,来开展在山东的计划投资活动。① 此外,因为美国基督新教差会也受到了反教骚动的影响,德国政府担心美国政府可能会利用这起事端作为介入山东的借口,从而破坏自己在该省建立唯一垄断权的企图。② 出于以上因素,德国对这一动乱区域的军事干预曾有过一段时间的考量。③

考虑到 1899 年 2 月和 3 月的新一轮敌对活动,德国胶澳总督叶世克(Paul Jaeschke,1851—1901 年)派遣汉纳慢(Lieutenant Hannemann)在翻译官慕兴立(Heinrich Mootz)和采矿工程师葛勒梅(Wilhelm Vorschulte,1869—1945 年)的陪同下,前往沂州开展考察工作。此外,同行的还有美国北长老会传教士方伟廉。1899 年 3 月 22 日,这个团队在府城东 25 公里黄谷河村附近,遭到一伙德国人笔下的“武装暴徒”的攻击(见表十二)。他们放枪从人群中挤了出来,当场导致两名中国人毙命和一人受致命伤。虽然中国官员称,这些村民只是出于好奇而非带

---

① 海靖致外交署函(1899 年 3 月 16 日);也可见 1899 年 3 月 22 和 25 日电文,载柏林外交署政治档案“中国 22”《1899—1922 年的胶澳租借地和德国在山东的利益》,第 2 卷。

② 海靖致外交署函(1899 年 1 月 15 日),载柏林外交署政治档案“中国 22”《1899—1922 年的胶澳租借地和德国在山东的利益》,第 1 卷;铁毕子致威廉二世函(1899 年 1 月 25 日),出处同上;海靖致外交署函(1899 年 2 月 20 日),出处同上,电文号 20;叶世克致帝国海军署(1899 年 3 月 10 日),出处同上,第 2 卷,电文号 10;叶世克致铁毕子函(1899 年 3 月 15 日),出处同上,第 3 卷。

③ 海靖致外交署函(1899 年 1 月 15 日,北京),载柏林外交署政治档案“中国 22”《1899—1922 年的胶澳租借地和德国在山东的利益》,第 1 卷,电文号 6。该处文献载有德皇威廉二世的谕批,“如若必要,可从青岛派兵”。见伯恩哈德·冯·比洛复函,出处同上,电文号 2。也请注意安治泰曾在 1898 年 12 月 26 日建议海靖应往日照派遣德军。见安治泰致海靖(1898 年 12 月 26 日,兖州),载柏林联邦档案馆《外交部卷宗之驻华使馆报告》,327/219—221;也可见石约翰《帝国主义与中国民族主义:德国在山东》,第 94—95 页。

有敌意,但我们应该注意的是,这起事件发生在兰山东,而该地在几周前就发生过一次野蛮的反教攻击。[1]

柏林现在批准了蓄谋已久的对动乱地区的军事讨伐。3月30日,一支由120名海军陆战队士兵和和军官组成的分遣队在石臼所登陆,进而占领日照县城。在海军上尉汉纳慢的带领下,另外一支40人的分遣队在南50里处登陆,去惩罚参与3月22日攻击的该地村民。4月1日,在当地居民被疏散后,德国人焚烧了韩家村监生王鑫和另外37户人家的房屋,以及邻村东白莲裕村(又称前白莲峪村)庄首王振明的财产。此后这支小分队返回青岛。[2]

德国军队在日照县城驻扎至1899年5月24日。临行前,他们抓走了5名士绅返回青岛作为人质,直至传教士在沂州府骚动

---

[1] 总理衙门致海靖函,光绪二十五年二月二十三日(1899年4月3日),载《教务教案档》第六辑(1),第337件,第323页。沂州府知府杨建烈的禀文载于该档案第338件。也可见《德国在山东新的案件》(Neue Ueberfälle auf Deutsche in Shantung),载《德文新报》1899年4月3日,胶州增卷,第2页;《沂州通讯》1899年3月25日,载《北华捷报》4月17日,第669—670页。1899年10月,葛勒梅(此处中文文献称作佛尔术理德)在泰安附近也陷入另外一起招致严重后果的事件。见毓贤奏,光绪二十五年九月十九日(1899年10月21日)、九月二十四日(1899年10月28日);克林德函,光绪二十五年九月二十六日(1899年10月30日),载《教务教案档》第六辑(1),第455—456件、463—466件。

[2] 关于沂州"讨伐"的德文描述,见叶世克报告(1899年3月29日),载柏林外交署政治档案"中国22"《1899—1922年的胶澳租借地和德国在山东的利益》,第4卷;以及此后的报告。关于中国人损失的详细描述,见毓贤致总理衙门函,光绪二十五年二月七日(1899年4月19日),载《教务教案档》第六辑(1)第340件,第330—334页,并转呈了兰山知县陈公亮的禀文。一位在沂州美国长老会观察者的记录也证明了德国人"主要焚烧……一些富户的房屋,这些人曾领导了那起骚乱"。见纪力宝致其令堂函(1895年4月8日,沂州),载《美国北长老会海外布道部档案之纪力宝件》,第67页。

的要求得到满足。① 6月26日,直到青岛当局接到安治泰从济南发来的其所有要求已被满足的电文时,这5人才被释放。② 此时,这段反教暴力才告一段落。这种敌对活动究竟为何在此时偃旗息鼓还不太清楚。这可能是德国军事讨伐所展现的威慑所致,或者是教民没有什么资源进而不再是诱人的目标,抑或是民众此时要忙于农耕。③

对于安治泰主教来说,实施德国政府卷入传教事务的策略,能够获得可观的分红。他的修会在薛田资教案及相关的沂州府教案中,总共获得超过10万两白银的赔偿,以及能够入驻这个州府下属县治并获得地产。④ 但是,薛田资案也标志着该省的德国传教士与世俗利益已产生分歧。德国当局开始意识到对传教事业的无条件支持,从长远看将会损害他们在山东的政治和经济

---

① 解决先前的薛田资案后,安治泰还要忙于为教民和传教士因1898年11—12月和1899年2—4月的暴力事件所遭损失进行索赔谈判。为了提升教会声誉,主教想索取传教士居所和小礼拜堂的所需土地,而建造工作则由莒州、兰山、郯城和费县的中国官府负责。见安治泰致海靖函(1899年2月16日,济宁),附于海靖致霍亨洛函(1899年3月23日,北京)附件一,载柏林外交署政治档案"中国6"《1895—1916年中国政府对基督教会的态度》,第37卷,文件号49;海靖致总理衙门函(1899年3月11日),载柏林联邦档案馆《外交部卷宗之驻华使馆报告》,327/301—320b;安治泰致海靖函(1899年4月9日),载柏林联邦档案馆《外交部卷宗之驻华使馆报告》,第328卷。

② 叶世克致铁毕子函(1899年6月26日,青岛),附于帝国海军署致伯恩哈德·冯·比洛函(1899年9月1日),载柏林外交署政治档案"中国22"《1899—1922年的胶澳租借记和德国在山东的利益》,第5卷,文件号A III 1355。

③ 一位在青岛的观察者记录说,4月初正是饥民回来播种庄稼的时候。见《青岛通讯》1899年4月9日,载《北华捷报》1899年5月8日,第814页。

④ 包括安治泰的索赔款额77 820两白银在内的1899年6月26日安彭协议,载毓贤奏,光绪二十五年六月十日(1899年7月17日),见《义和团档案史料》上,第30—31页。也可见安治泰《年度报告》,载《天主之城》,第23卷(1900年),第301页;柯博识:《中国与鲁南天主教修会(1882—1900)》,第165—167页。请注意毓贤在德军在韩家村造成的损失上反诉赔偿白银47 620两,见《义和团档案史料》(上),第32页。一位基督新教传教士抱怨说,巡抚已经对韩家村民有所赔偿,从而抵消了德国军队带来的影响。见《北华捷报》1900年2月14日,第259页。

利益。薛田资在这件事件上应负多少责任？周锡瑞认为"这个曾是巨野教案幸存者的恣意妄为的德国人"应是该事件的导火索。[1] 尽管薛田资是个"急性子"，但更有可能的是，他只是激化了在其抵达日照前业已存在的紧张态势。[2] 不过，为了应对该区域日益发展的反教骚动，安治泰主教打算把薛田资当作替罪羊。同时，薛氏因为在报刊公开批评德人在青岛的所作所为，而成为在青岛最不受欢迎的人。也正如此，他才被母会召回欧洲。[3]

二、冲突的本质

通过对现有材料的仔细甄读，可以发现沂州府的这起动乱有着强烈且明确的反教指向。然而，现在的材料过于琐碎，还不能精确地告诉我们是什么问题导致了村落内部的仇恨，致使居住于此的教民成为攻击的对象。在街头和满堂峪事件中——冲突的最初焦点——我们知道一起长期的地产纠纷在其中扮演着重要因素。此外，也有一些迹象表明，教民至少也应为这场强烈敌意的挑起负部分责任。圣言会档案资料似乎表明，福若瑟在 1898 年 11 月急于解决薛田资教案，这是因为他揣度这可能是教民的

---

① 周锡瑞：《义和团运动的起源》，第 187 页。

② 溥德范：《圣言会的薛田资（1869—1928 年），帝国和共和时代的中国传教士》(Stephan Puhl, *Georg M. Stenz SVD, 1869-1928. Chinamissionar im Kaiserreich und in der Republik*)，第 77 页。

③ 参见豪斯特·格林德《天主教会与德意志帝国主义》，第 286 页；溥德范：《圣言会的薛田资（1869—1928 年），帝国和共和时代的中国传教士》，第 61—78 页。关于德国政府关于对天主教传教士的厌恶，见某美国女士（或为柏尔根女士）在青岛致法勒信函的节选，附于法勒致戴维·希尔函（1899 年 4 月 7 日）附一，载美国国家档案馆"第 59 类"暨《国务院一般函件》之《1963—1906 年美国驻烟台领事馆报告》(4)，文件号 148。

问题。此事件不久后,薛田资这个街头事件的受害者,在出版的一份不起眼的小册子中写道:"在街头的教民中,确有一部分不值得我们信赖且滥用我们名声的人。我这是从前任(日照县,中国天主教神甫夏文林)处得知后,便赶往那里训诫这些人,并把他们逐出教会。"①

基督新教传教士同样发现,他们在满堂峪的信徒也并非无可指责:"在供文中,可以明显地看出学校的教书先生……和他的家人以及教会里的老教友合伙干了一些不明智的勾当,树立了敌人,而招人报复。"②在满堂峪同样也有皈依信徒的天主教传教士,言称在暴力发生之前,基督新教教民向平民索取了过重的赔偿。③ 总而言之,1898 年 11 月达成的新教协议,规定何家楼村民归还盗走的财物并重建一所教会学校,而教民们则摆上一桌和睦菜,"因为两者并非都没有过错"。④

当然了,每一起教案的根子里都融汇着旧恨新仇。进而言之,传教士频繁做出与事实不符的呈控,他们的——以及他们教民的——骄横极具挑衅性,可能诱使、恶化或者催生了村内仇恨。但是,如上因素还不足以解释反教暴力为何如此之快地从街头和满堂峪,向沂州府其他地区扩散。基督宗教地方教会在数量上依然很少且过于分散,这便利了孤立反教事件的集聚,并演变为广泛且协同的反教行动。各种境遇(尤其是日益恶化的社会和经济

---

① 薛田资:《一位传教士在中国的经历》,第 78 页;也可见包敏《真福福若瑟传》,第 301—302 页,657 页注 66,这份圣言会档案文献有关福若瑟的一些猜测性看法。
② 纪力宝 1898 年 11 月 9—14 日日记(1898 年 11 月 29 日,沂州),见载《美国北长老会海外布道部档案之纪力宝件》,第 58 页。
③ 安治泰致海靖函(1898 年 11 月 23 日,济南),载柏林联邦档案馆《外交部卷宗之驻华使馆报告》,第 327 卷。
④ 富维思:《一次巡回布道经历》,第 12—13 页。

状况、大饥荒①、政变后的政治气候、天主教传教士始终强调对胶州的占领和接近②)的合流,导致个别的地方不满和普遍性排外主义两者至关重要的结合,而这种状况此时普遍性地存在于鲁东地区。

1898年底广泛传播的揭帖和谣言,在一定程度上也导致了这种合流。然而,地方精英们的直接参与,看起来也是相当重要的因素。这可从圣言会传教士佛尔白颇有意味的论断中发现一些确凿证据,他宣称广泛的反教战役是由一个名叫黑会(Black Sect)的秘密组织策划,而该组织"自然得到了官府的鼓励"。③ 在1898年12月初致安治泰的一封长信中,他给出了如下进一步的细节:

> 我从诸城附近一位可靠线人处得知,诸城和日照地区正在组织一个驱逐外人的秘密教派。他们暗地密谋特别针对青岛附近的德国人,关于他们的一些邪恶谣言通过日照游商而广泛传播。薛田资神甫落入了这伙人的手中,成为第一个受害者。要不然整起事件真的让人费解:就在一夜之间,数百名狂人的农民——不是匪徒——聚集一起,好像是受命驱

---

① 已有部分传教士指出,大量教民生活富足,因此在饥荒面前成为显眼的攻击对象。见布恩溥文(1899年5月5日,沂州),载《天主之城》,第22卷第12期(1899年),第553页。但是,也有传教士察觉到了此类事件所导致的一系列复杂结果:"首先是抢劫粮食、家具和农具,拆毁房屋,接着绑架和迫害,最终造成流血冲突。"见伯义思文,载《十字与剑》,第8卷第11期。(1899/1900),第285页。

② 尤可参见如下著述:佛尔白致《科隆人民报》文(1898年12月6日),重刊于《天主之城》,第22卷第7期(1899年),第314页;佛尔白文(1899年2月24日),载《科隆人民报》1899年4月23日;薛田资文(1899年3月14日,青岛),载《科隆人民报》1899年5月9日,删节自柏林联邦档案馆《外交部卷宗之驻华使馆报告》,第327卷。

③ 佛尔白致《科隆人民报》文(1898年12月6日),重刊于《天主之城》,第22卷第7期(1899年),第314页。

逐这两天内停留在该地的外人……这个秘密教派叫做黑会。①

尽管佛尔白使用这个术语"秘密教派",但这些不充足的证据表明他讨论的不是一个宗教派别,而是一个与地方团练组织有关、以精英为主导的社会—政治网络。这个乡村自卫力量的动员主要是应对清廷最新的谕令,即此时在面临饥荒和逐渐加剧的不稳定时,发展团练进行村庄自卫。② 然而,佛尔白坚持说,联庄会的建立"在表面上出于自卫来抵御盗匪"③,实际上用来驱逐外人:"从外在来看,这个教派是以联庄会的形式存在……。11月28日,蒙阴濮(濮贤恪)知县告诉我说,因为对名声很坏的(青岛

---

① 转引自安治泰致海靖函(1899年2月16日,济宁),附于海靖致霍亨洛函(1899年3月23日,北京)附一,载柏林外交署政治档案"中国6"《1895—1916年中国政府对基督教会的态度》,第37卷,文件号49。其实,这和如下评述完全一致,见安治泰致艾思文(Eiswaldt)函(1898年12月31日,济宁),载柏林联邦档案馆《外交部卷宗之驻华使馆报告》,327/222—224。也可见安治泰致杨生函(1899年2月18日,济宁),载《耶稣心小使者报》,第26卷第11期(1899年8月),第164—165页。安治泰声称其在日照县时也听说了这个"教派"。此后,这引起了鲁北主教的注意,据称甚至连道台彭虞孙以及来省府的委员都意识到了这个教派的存在。出处同上,见第165页。
② 对解散乡团力量(1898年春)初期政策的逆流,可参见方伟廉致法勒函(1898年3月30日,沂州),载法勒致田贝函(1898年4月14日),载美国国家档案馆"第84类"暨《外交人员函件》之《美国驻华公使馆档案》,第465卷,文件号76。19世纪90年代末关于团练问题的广泛讨论,见谭春林《义和团之乱》,第39—41页。
　　也请注意鲁东民众此时并不像前些年那样从善地应对饥荒了,因为中日战争和俄国强占旅顺口致使东北方向的运粮船停运。见慕杂甫致法勒函(1899年4月12日,登州),附于法勒致戴维·希尔函(1899年4月14日,烟台))附件六,载美国国家档案馆"第59类"暨《国务院一般函件》之《1863—1906年美国驻烟台领事馆报告》(4),文件号153。(4),档案号153。
③ 佛尔白致《科隆人民报》文(1898年12月6日),重刊于《天主之城》,第22卷第7期(1899年),第314页。

的)德国人抱有敌意,(日照)团民开始暴动了。"①

此外,传教士深信黑会在原本发生于日照—诸城—莒州交界区的反教暴力,在向兰山和郯城地区蔓延上发挥了重要作用。在后面这个区域里,一些有影响力的士人和富有地主杨清贤得到了操办团练的许可,他们名义上是保护地方百姓不受来自江苏饥荒区盗匪越境而来的骚扰。但是,按照传教士的叙述,当团练建立伊始,就掠夺和捣毁了郯城县的二十余所基督宗教教会。②

因此,有强烈的迹象表明,团练在鲁东地区提供了组织框架,并且与多股反教及排外风潮相勾连。此外,在这个有着丰富的士林和商业人才的地区(尤其是日照、诸城和莒州地区),团练的领导权总是由地方士绅阶层把控。他们广泛且富有影响的跨村网络,在遍及沂州府有组织和协调一致的反教攻击中,充当着重要因素。

教民虽然是鲁东地区反教攻击中的具体目标,而且通常与地方村落现存的敌意有关,但笔者想在此指出:士绅普遍反对以广泛的采矿和铁路特权为表现形式的德国既定经济侵略,而这成为

---

① 转引自安治泰致海靖函(1899年2月16日,济宁),附于海靖致霍亨洛函(1899年3月23日,北京)附一,载柏林外交署政治档案"中国6"《1895—1916年中国政府对基督教的态度》,第37卷,文件号49。也请注意青岛的德国当局曾对1898年中国人建立团练力量的再次努力发出过预警。参见罗森达致铁毕子函(1899年1月3日,青岛),载柏林外交署政治档案"中国22"《1899—1922年的胶澳租借地和德国在山东的利益》,第2卷,文件号A2914,该处文献包含了一则措辞含糊的通告,该通告号召在潍县建立一支乡团。

② 安治泰致海靖函(1899年3月6日,定陶),载柏林联邦档案馆《外交部卷宗之驻华使馆报告》,327/324—325。也请注意,传教士在义和团运动后草拟的元凶名单中,有神山杨清贤的名字。见柏林联邦档案馆《外交部卷宗之驻华使馆报告》,329/254。(莒州)北杏由八户富有家庭控制下的乡团,也同样攻击了莒州的圣言会神学学校。见文安多《鲁南老传教士回忆》(Wewel, "Erinnerungen eines alten Missionars von Südschantung"),载《圣言会纪事》(Steyler Chronik),新增卷7(1930年12月),第233—234页。

孕育潜在敌对情绪的关键性因素。当传教士观察者发出"莒州暴动……是由谣言所致，即德国人想要开采那些地区的矿产，这将会破坏风水"这种言语时，它在某种程度而言是正确的。① 反教暴力发生在德国人已攫取采矿特权的鲁中山区，这固然没有任何疑问，但该区域绅商过度介意外人采矿会给风水带来影响，似乎并没太大可能。毕竟，其中的一些人投身于传统采矿行业已有相当长的一段时期，并急迫引进现代技术。尽管在1898年得到了朝廷和济南的官方鼓励，但这些人发现因地方官员和百姓反对，不能持续运行产业。比如，请注意一位中国经营者在蒙阴县开办了一家银矿，心怀妒忌的邻居们煽动了一起骚乱，后来官府不得不介入其中，制止了这座银矿的运行。传教士观察者得出结论说："民众害怕开发自己土地里的资源，这是因为对邻居心存戒心，或者担心土地被官府没收。"②另外一位传教士调查者发现，新泰、宁阳、章丘、汶上和东阿县的大量煤矿因招致词讼和争斗而被关闭。③

与德国利益集团在山东攫取了大量特权相反，中国私营商人发现此时几乎不可能去运行或者是扩大他们的矿业。我们由此

① 佛尔白文，转引自安治泰致海靖函(1899年2月16日，济宁)，附于海靖致霍亨洛函(1899年3月23日，北京)附一，载柏林外交署政治档案"中国6"《1895—1916年中国政府对基督教会的态度》，第37卷，文件号49。
② 方伟廉致法勒(1898年3月7日，沂州)，载美国国家档案馆"第84类"暨《外交人员函件》之《烟台领事馆档案及杂函》(7)；也可见《德文新报》1899年3月4日，增刊1。
③ 信尔利(E. D. Sims)致法勒函(1899年1月16日)，载美国国家档案馆"第84类"暨《外交人员函件》之《烟台领事馆档案及杂函》(8)。
　　矛盾的是，据称一些中国经营者想要美国人运作他们的矿山，因为中国官员不愿意让他们做此类营生，除非缴纳高额的税款。见信尔利致法勒函(1898年12月8日，泰安)，载美国国家档案馆"第84类"暨《外交人员函件》之《烟台领事馆档案及杂函》(7)。

或许可推测出,失落的绅商在 1898—1900 年鲁东地区的反教风潮中扮演了关键性角色。这可能也没有例证证明此时反教暴力背后的一些望族,后来参与了利权回收运动或者与 1900 年后现代采矿业的成立有关。资料的缺乏虽不允许我们在 1898—1900 年精英领导的排外主义与此后山东排外鼓动者建立直接的联系,但圣言会传教士确实报告了小窑(又名张家小窑)望族管家在 1900 年夏(也有可能是在 1898 或 1899 年)煽动了莒州北河临近沂水县的反教攻击。① 强势管家的两位宗亲在北京任高官,据称他们往老家寄送煽动性消息,唆使亲属发放反教揭帖,推动针对教民的反教暴力。②

我们可以确认,管家的两位官员分别是管廷鹗和管廷献。前者是 1876 年进士,曾任山西学政,后授翰林院编修。后者在 1883 年中进士一甲第三名,并在 1900 年任江南道监察御史。③ 虽然对他们两人及其在山东的活动了解不多,但在此非常有意思地指出,他们此后都参与了地方煤矿开采。1910 年,一位中国工程师起草的一份山东采矿活动报告,表明有两位姓管的人士在张家小窑开办了一座小煤矿。④

---

① 文安多:《鲁南老传教士回忆》,第 234 页;恩格礼(Christoph Nägler)文(1900 年 10 月 22 日,王庄),载《斯泰尔耶稣心使者报》,第 28 卷第 5 期(1900/01),第 68 页。1901 年,管家被迫向圣言会赔偿损失 10000 吊钱。

② 关于揭帖的文本内容,见柯博识《中国与鲁南天主教修会(1882—1900)》,第 191—192 页。

③ 详情请参见如下著述:《山东通志》卷九六,第 2930 页;《重修莒志》卷 10,第 8 页上—9 页下;《大清缙绅全书》卷一,第 21 页下、22 页下、第 84 页上;禧在明:《京师及省府大员名录》(Walter C. Hillier, *List of Higher Metropolitan and Provincial Authorities*),第 15 页。也请注意是管廷献首次提到 1895 年 3 月鲁西南地区存在着大刀会(参见第七章)。

④ 劳志昌报告,载郝尔(F. Holzhauer)致贝特曼·霍尔韦格(Bethmann-Hollweg)函(1910 年 10 月 24 日,济南),载柏林外交署政治档案"中国 4"绝密《1898—1920 年德国在中国的铁路经营》,第 21 卷,文件号Ⅰ2368/142。

相同的精英排外主义(即类似于柯文定义的"以自愧为中心的排外主义"①)在1899年夏初德国铁路特权一事上也发挥着效用。此时,诸城县的两位显赫绅耆臧济臣和臧俞臣,因为没有得到官方准许而大办乡团,被巡抚毓贤剥夺了功名:

> 私立会防团名目,自称团长,倚势作威,纠众挟制官长,强索民捐积穀钱文。其团众又复勒索多端,恃众闹事,以致民心惶惑,纷纷呈控,实属劣迹昭著,未便姑容。降补中允臧济臣,前聊城县教谕臧俞臣,均著即行革职,交地方官严加管束,以示惩儆。②

当然了,士绅在团练组织上的不正之风,已是司空见惯之事。我们比较感兴趣的是这个自卫型地方组织建立的真正目的。该指令本身也言语不明。总体而言,《北华捷报》在沂州的通讯员坚持认为,毓贤惩戒了两位臧姓人士,这是因为后者动员他们的团民帮助"爱国分子",试图阻止德国铁路工程师在高密县的勘测工作。③

此外,对臧氏的惩戒也表明清廷此时在外国侵略山东上的处理策略,已有重大转变。当德国军队占领日照后,清廷仍然显示

---

① 柯文:《在中国发现历史:中国中心观在美国的兴起》,第49页。

② 光绪二十五年六月初六(1899年7月13日)谕令,载《京报》1899年7月13日,转引自《北华捷报》1900年1月24日,第152页。该谕令的节选文本,可参见《大清德宗景(光绪)实录》卷四四六,第10页上—10页下;《义和团档案史料》上,第30页。
臧济臣是1871年进士,授翰林,累官侍读、侍讲学士。臧俞臣是1873年进士,曾任山东聊城学政。见《增修诸城续志》一,第65、67—68、70—71页;《山东通志》卷九七,第2949页;卷一〇五,第3096、3097页。

③ 《沂州通讯》1899年7月28日,载《北华捷报》1899年8月14日,第326页。1899年6月发生在高密的德国军队和中国百姓间的武装冲突,见石约翰《帝国主义与中国民族主义:德国在山东》,第107—108、111—120页。

出高度强烈的好战性①,因而毓贤这位极端保守的新任山东巡抚起初实行了特别激进的路线。但稍后不久,北京便决定限制他的过度激进。② 因此,当德国人派遣另一支军事分队前往内陆地区处理 1899 年 6 月末的高密动乱时,毓贤便采取了相对平和的姿态。现在他竭力避免直接冲突,情愿德国军队返回青岛,不给德国发动进一步军事侵略的口实。从另一方面而言,诸如臧氏的爱国士绅分子,继续动员抵御外国的世俗渗透。

在这点上比较有意思的是,据称何家楼(该村曾攻击了日照满堂峪的新教教会)村民被"纳入到了一位唐姓翰林的麾下⋯⋯唐氏正招兵买马**继续与**高密的德国人战斗"③。因此,这可以讽刺地认为臧氏被剥除功名的原因,在于他们的排外主义口号与极端保守政府那时的政策相左。④

张汝梅在任山东巡抚期间,地方精英和政府官僚间的利益冲突表现得最为明显。沂州府官员全然未能遏制该地的反教动乱,这自然由于坚定的士绅激进分子唆使了这起运动。因此,据称吕丙元在任日照知县的六年里,"任由衙门仆役和文员摆布"。"他曾是道台张上达的随从,通过说情才出任日照知县。他的学问很

---

① 1899 年 4 月 6 日,军机处饬令总兵夏辛酉率 1500 名清军赶赴日照阻止德国的进一步侵略。见石约翰《帝国主义与中国民族主义:德国在山东》,第 99—100 页。
② 出处同上,第 99 页,第 287 页注 77。有人声称毓贤曾阻止德国在山东开展经济活动。"他妨碍德人的勘测工作,并竭尽全力在德国人的路途上放置各种路障。"见《文汇西报》(Shanghai Mercury),转引自《德文新报》1899 年 5 月 13 日,第 569 页;也可见《德文新报》1899 年 5 月 8 日及本期增刊。
③ 美国长老会传教士致法勒函(1899 年 7 月 31 日,沂州),附于法勒致戴维·希尔函(1899 年 8 月 17 日,烟台),见美国国家档案馆第 59 类暨《国务院一般函件》之《1863—1906 年美国驻烟台领事馆报告》(5),文件号 186。粗体为强调说明。
④ 很有可能的是,臧氏及其亲属和宗族此后形成了极端激进主义的传统:1912 年,一位叫臧汉臣的"殷实士绅"因支持诸城的共和运动而被杀害,从其名字分析,他应与正文中的两人应属于同一代人。参见王麟阁《即墨、高密、诸城独立者回忆》,载《山东近代史资料》第二分册,第 232—236 页。

差,身上没有什么优点。为人愚笨但却很自负……"①

考虑到日照士绅手中的权势,吕丙元发现缉拿反教攻击的头目不大可能(这是安彭协议的要求)。虽然拘捕了一些小元凶,但是厉用九这个攻击薛田资的首犯,在士绅的保护下轻松逃脱了追捕。他和随从在土山的据点上成功地与官府的军事攻击对抗至1903年。②类似的是,由于士绅大户慕泮芹的介入,何文质这个攻击满堂峪教民的元凶被抓获后就被再次释放了。③沂水知县董杰也迫于其权势朋友所施加的压力,而释放了参与当地反教骚动的一位首领。④

---

① 安治泰文,载《耶稣心小使者报》,第 26 卷第 10 期(1899 年 7 月),第 149 页。吕丙元明显受其私人属役和一个姓段的稿案门(指所有负责内衙和衙门各部门之间文件传送的长随)的左右。参见安治泰致海靖函(1898 年 12 月 26 日,兖州),载柏林联邦档案馆《外交部卷宗之驻华使馆报告》,327/219—221。也可见安治泰文,附于帝国海军署致外交署函(1899 年 1 月 17 日,柏林),载柏林外交署政治档案"中国 6"《1895—1916 年中国政府对基督教会的态度》,第 36 卷,文件号 41;文安多:《苦痛三日》,载《圣弥额尔历》,卷二一(1900 年),第 195 辑。吕最终因其无能——"乘谬欺蒙,怨声盈路"而被解职。见《京报》1899 年 6 月 20 日谕令,译本见康格致法勒函(1899 年 7 月 17 日),附于法勒致戴维·希尔函(1899 年 11 月 29 日)附三,载美国国家档案馆第 59 类暨《国务院一般函件》之《1863—1906 年美国驻烟台领事馆报告》(5),文件号 201。
② 关于厉用九及其他头目,见毓贤奏,光绪二十五年五月一日(1899 年 6 月 8 日),载《教务教案档》第六辑(1),第 370 件;文安多文(1899 年 1 月,沂水),载《天主之城》,第 22 卷第 12 期(1899 年),第 554 页。厉用九在义和团运动后的活动得到了团练首领丁红吉和崔廷的支持,见《周悫慎公全集》,第 219—222 页;兰格致伯恩哈德·冯·比洛函(1903 年 6 月 4 日,济南),载柏林外交署政治档案"中国 22"《1899—1922 年的胶澳租借地和德国在山东的利益》,第 11 卷,文件号 804;法来维文,载《耶稣心小使者报》,第 31 卷第 1 期(1903),第 14 页。
③ 美国北长老会传教士致法勒函(1899 年 2 月 13 日,沂州),附于法勒致戴维·希尔函(1899 年 3 月 1 日,烟台)附件四,见美国国家档案馆第 59 类《国务院一般函件》之《1863—1906 年美国驻烟台领事馆报告》(4),文件号 139。
④ 美国北长老会传教士致法勒函(1899 年 1 月 9 日,沂州),附于法勒致戴维·希尔函(1899 年 1 月 30 日,烟台)附件二,见美国国家档案馆第 59 类暨《国务院一般函件》之《1863—1906 年美国驻烟台领事馆报告》(4),文件号 125。如我们上文所示,正是时任曹县知县董杰那份文告的传播,才导致鲁东地区反教骚动的兴起。

　　当地方官员开始成为民众的泄忿对象时，他们有时也试图调解冲突或保护教民。一位传教士对莒州知县蒋楷的描述，就可表现出如上论点："当知县欲缉拿肇事者时，该村和临村的所有年龄超过 15 岁的异教徒联合造反了……"①1899 年 1 月初，一伙千人左右的反教力量携带棍棒进入莒州城，还有其他人携带着刀枪集结在附近地区。他们过来捉拿：(1) 欧洲鬼子[文安多（Anton Wewel，1857—1938），圣言会传教士]；(2) 欧洲鬼子的私生子（新教民）；(3) 其他三鬼子，如教民的朋友和给予教民保护的民众。② 当然了，知县无力弹压这种由士绅领导的民众行动。在另一起事件中，蒋楷决定亲自干预，以免教民受到攻击。这些"暴徒"公开违抗，"谴责他收受外人贿赂进而拥护传教事业，扬言要把他赶下台去，于是（这位知县）卑躬屈膝地发誓其没有接受任何外人的钱财"。③

　　根据另一传教士的记述，兰山知县陈公亮带着一小队兵勇，前去缉拿在板泉崖地区抢劫数位天主教徒的"暴徒"，也面临了同

① 文安多文（1899 年 1 月，沂水），载《天主之城》，第 22 卷第 12 期（1899 年），第 554 页。
② 出处同上。请注意他们可以毫无顾忌地进入县城。
③ 美国北长老会传教士致法勒函（1898 年 12 月 26 日，沂州），附有法勒致戴维·希尔函（1899 年 1 月 11 日，烟台）附一，见美国国家档案馆第 59 类暨《国务院一般函件》之《1863—1906 年美国驻烟台领事馆报告》(4)，文件号 121。天主教传教士言称，蒋楷被一伙"狂热的暴徒"攻击，不得不转身逃命。见佛尔白文（1899 年 2 月 8 日，蒙阴），载《天主之城》，第 23 卷第 10 期（1900 年），第 470 页。安治泰认为蒋楷并不"反感欧洲人，甚至对传教士还有好感，他想要遏制（反教）运动；但是他又是一个软弱的人，更多时间是躲在在客厅内而不是在大堂上"。见安治泰致杨生函（1899 年 2 月 18 日，济宁），载《耶稣心小使者报》1899 年 8 月，第 165 页。
　　蒋楷，一位来自湖北的拔贡，后在 1899 年 4 月调署平原县，在该地与义和团发生了冲突。可见其著名的《平原拳匪纪事》一书，载《义和团》(一)，第 351—362 页。义和团运动后，他在山东先后署理数职。从 1909 年至其逝世的 1913 年 2 月 2 日（终年 60 岁），在青岛的特别高等学堂（German-Chinese College）任总稽查。见《青岛新报》1913 年 2 月 5 日，第 3 页。

样的险境。在发现被两三百武装敌对民众围困时,他的侍从杀死了其中三人。由于绿营的及时援救,陈才从愤怒的村民手中捡回一命。①

尽管沂州府的大部分地方官员在保护教民上确实作出了努力②,但他们手头上并没有足够的管治力量来抑制发展中的民众动乱。"地方官员无力惩罚肇事者,这是由于他们既缺乏军事力量,也因为干涉行动的失败,被暴徒们认为是官府同情传教士和其信徒宗教侵略的证据。"③据报道,1898 年春,整个沂州府仅有两百名驻防营兵。④ 虽然增援在此后被派遣至此,但是效率远不能令人满意。另外,这些管治力量既要应对日渐增多的日常公务,还要解决此时山东区出现的普遍性动乱这个新问题。⑤ 因此,他们没有能力专心对付反教动乱。其实,一些防营通过煽动性的语言和行为积极鼓励排外骚动。1899 年 4 月,夏辛酉"这位

---

① 《沂州通讯》1899 年 1 月 27 日,载《北华捷报》1899 年 2 月 20 日,第 288 页;也可见美国北长老会传教士致法勒函(1899 年 1 月 23 日,沂州),附于法勒致戴维·希尔函(1899 年 2 月 4 日,烟台),见美国国家档案馆第 59 类暨《国务院一般函件》之《1803—1906 美国驻烟台领事馆报告》(4),文件号 130。

② 沂州府境唯一持续排外的官员好像是郯城知县仓尔爽。参见安治泰(1899 年 3 月 6 日,定陶),载《圣弥额尔历》1900 年,第 204 辑;《鲁南来函》(1899 年 6 月 11 日),载《天主之城》,第 23 卷第 1 期(1900 年),第 27 页;德天恩报告,载柏林联邦档案馆《外交部卷宗之驻华使馆报告》,329/254。

③ 《沂州通讯》1898 年 12 月 10 日,载《北华捷报》1898 年 12 月 24 日,第 1189 页;也可见安治泰致杨生(1899 年 2 月 18 日,济宁),载《耶稣心小使者报》,第 26 卷第 11 期(1899 年 8 月),第 165 页,此处文献也表露了同样的观点。

④ 《沂州通讯》1898 年 3 月 30 日,载《北华捷报》1898 年 4 月 18 日,第 659 页。在法勒的介入下,总兵戴守礼才派遣另外 500 名清军前往沂州府。见美国北长老会传教士致法勒函(1898 年 11 月 29 日,沂州),附于法勒致戴维·希尔函(1898 年 12 月 15 日,烟台)附二,见美国国家档案馆第 59 类暨《国务院一般函件》之《1863—1906 美国驻烟台领事馆报告》,(4)。

⑤ 就沂州府而言,请注意来自江苏马陵山的大量饥民给该地带来的威胁,经过两次武装交锋之后,这伙人才被驱散。见佛尔白(1899 年 2 月 8 日,蒙阴),载《天主之城》,第 23 卷第 10 期(1900 年),第 470 页。

前捻军匪首和骠骑将领"麾下的 1200—1500 名部队经由沂州前往日照,因为他们是前去消灭教民和对抗德国人,故被轻松放行。①

只要沂州府的清朝地方官府不能以及防营不愿保护外来宗教及其经济利益,民众对这些强加而来的侵略的反抗便会随之增长。动乱状态在中日战争期间及此后的深入,滋生了鲁东地区出现的这种普遍性的军事化,而地方精英借机能够建立和利用这种跨村的团练组织,进而动员全沂州府数以千计的武装民众投身于反教骚动。② 就此方面而言,鲁东地区有组织的排外动员与鲁西相比,有着根本性的不同。

诚然,沂州府这起动乱的最显著方面在于 1898 年末"保清"口号的出现。此间一位传教士在莒州北的路途中如是记录道:"遍地都举起了反叛的旗帜,'保清灭洋'是他们的旗帜和言语口号。"③另外一位圣言会神甫在蒙阴的记述,给我们更为精确的细节:"叛军在带有防御工事的山上安营扎寨,共分三帮,每帮千人,

---

① 美国北长老会传教士致法勒函(1899 年 4 月 24 日,沂州),附于法勒致戴维·希尔函(1899 年 5 月 6 日,烟台)附件二,见美国国家档案馆第 59 类暨《国务院一般函件》之《1863—1906 年美国驻烟台领事馆报告》,(5),文件号 161;也可见《鲁南来函》(1899 年 6 月 11 日),载《天主之城》,第 23 卷第 1 期(1900 年),第 26—27 页。

② 天主教传教士指出,黑会就是利用这种途径把反教暴力从日照—诸城—莒州的交界地区扩散至兰山—郯城和其他州府交界区。见安治泰致杨生函(1899 年 2 月 18 日,济宁),载《耶稣心小使者报》,第 26 卷第 11 期(1899 年 8 月),第 165 页。关于地方的反教决心,请注意在德国军队占领日照期间,有人报告该地区包括何文质在内的所有"主要暴徒"都集结力量在街头附近的一座山上(可能是驼儿山),他们从潍县购置大炮加强防卫。见美国北长老会传教士致法勒函(1899 年 4 月 24 日,沂州),附于法勒致戴维·希尔函(1899 年 5 月 6 日,烟台)附件二,见美国国家档案馆第 59 类暨《国务院一般函件》之《1863—1906 年美国驻烟台领事馆报告》,(5),文件号 161。

③ 文安多文(1899 年 1 月,沂水),载《天主之城》,第 22 卷第 12 期(1899 年),第 553 页。

他们四处掠夺。他们携带的旗帜上写着嘲讽性的口号——'保清灭洋'。"①

这个扶清口号在鲁东的出现有着重大的意义,且引发一些重要问题。首先,极有可能的是,这个保清口号并没有发自直东边缘地带这个义和团传统发源地——这是个普遍性的推断——而是 1898 年 9 月宫廷政变不久后中国统治阶级的普遍性倡议。此外,此类口号可能得到了敌对分子(即保守和改良的精英激进分子)的支持。因此,中国精英阶层中的爱国进步人士仍旧支持王朝,但是极端保守思想那时在朝廷中并不一定占据优势地位。然而,这也没有迹象表明,沂州府的动乱和直东边缘地带兴起的义和团运动有着直接的关联。

---

① 佛尔白文(1899 年 2 月 8 日,蒙阴),载《天主之城》,第 23 卷第 10 期(1900 年),第 470 页。德文译本把"Bao"译为"Ban"(禁止),这肯定是对原始文本的误读,因为 "Bao"是"To protect"(保护)的意思。

第十章　拳民的联合

在危机面前,民众寻觅仪式医疗;他们购买护身符,恭撒奠酒,祭供家畜。他们的失败只是强化了这样一种看法,即更强大的力量严重扰乱了宇宙平衡。许多人认为,欧洲人不断增长的力量,都隐藏在这种破坏性力量的背后,尽管人们对此的理解相当模糊。

——查尔斯·安布勒(1988 年)[1]

学习义和团运动史的一些学生长期认为,外国经济帝国主义是这起规模宏大的排外运动爆发的关键性因素。20 世纪 70 年代出版的一本中国历史教科书为这种简单且思想意识先入为主的定论,提供了一些典型例证:

19 世纪最后几年,随着帝国主义向中国大规模的资本输入,外资工厂纷纷出现,外国商品充斥市场。这加速了以农业和家庭手工业为主体的中国自然经济的解体。农村经济崩溃,手工业者失业,这对沿海省份的打击最为严重。在

---

[1] 查尔斯·安布勒:《帝国主义时代下的肯尼亚社群:以 19 世纪末的中部地区为考察中心》(Charles H. Ambler, *Kenyan Communities in the Age of Imperialism: The Central Region in the Late Nineteenth Century Ambler*),第 124 页。该著考察的是 1897—1901 年间肯尼亚部落的严重旱灾和饥荒。

山东,大运河沿岸民众依赖沿线的商品和贸易为生。当帝国主义强制引介沿海航运并修建铁路,大运河的运输功能趋于萎缩。一度繁荣的河岸沦为贫困之地。无数船夫、搬运工和小商小贩失去了生活来源,形成了大规模的失业。①

但就如我们在第一章所示,19世纪90年代大运河沿岸的贸易和运输(特别是与漕粮运输无关的)并没有突然缩减。此外,鲁西所有地区在1912年之前并没有修筑任何一条铁路,而这是义和团最早出现的地区! 再者,不同于鲁东,该省西部地区离外国军事占领的地区相距甚远,且处于德国既定经济活动的范围之外。换言之,鲁西地区的直接外国经济渗透简直微不足道。②

因此,当追溯义和团运动的社会经济根由时,需要对内源性问题给与更多的学术关怀。③ 人口压力所导致社会经济状况的长期恶化,统治效率低下及腐败的增长,以及自然环境的日趋不稳,这些因素严重削弱了传统秩序,扩大了普遍性风险和常见竞争性暴力的地区范围。19世纪90年代末,长期的自然灾害大大加速了这些逐渐积累的生态和经济压力的融合,这是鲁西地区自19世纪70年代末以来最为严重的境遇。

---

① 《义和团运动》(*The Yi Ho Tuan Movemen*),第15—16页。请注意村松祐次早年曾试图定位义和团的社会经济根由。当提到经济帝国主义时,他深刻怀疑其在义和团运动兴起时的角色。见其文《1898—1899年的拳民:1900年义和团运动的根源》("The 'Boxers' in 1898‐1899:The Origin of the 'I‐ho‐chuan' Uprising,1900")。执意认为帝国主义分子是义和团起因的学者及代表作,见巴斯蒂《社会变化的潮流》;徐中约《晚清的对外关系,1866—1905年》。

② 当然了,当一些中国学者论证本国手工业所受到的摧残时,通常引用明恩溥的如下论说,见明恩溥《动乱中的中国》I,第88—101页,特别是第90—91页。对这一观察的异议,见周锡瑞《义和团运动的起源》,第70—73页;也可见村松祐次:《1898—1899年的拳民:1900年义和团运动的根源》。

③ 就此点而言,巴斯蒂的整体描述还是具有较高价值。也可见周锡瑞《论义和团运动的社会成因》,载《义和团运动史讨论文集》。

　　尽管我们已经指出，在本书考察的时间界限里，长期且广泛的自然灾害确实加剧了集体行动的现存模式，但此类事件很少能够导致持续且大规模的起义。① 然而，在严重生态危机偶遇关键性的外部事件且受后者影响之时，才会更有可能引发重大暴力动乱的爆发。② 1898—1899 年间，鲁西地区恶劣的生态状况与以下因素相遇：(1) 北京九月政变后所带来的新的政治局势；(2) 中日战争后政治—文化帝国主义的侵略高涨阶段（即传教事业的迅猛扩张）。

　　我们认为，基督教在华北动乱边缘地区的扩展，本身就是内源性状况不断恶化的表征。但是，大量的皈依者和随之产生的教民骄横，也至少给高度竞争环境下的一些平民阶层带来了憎恶、不满和必然嫉妒的蓄积。另外，生态危机、模糊的自我意识和中国政体遭受的外部威胁，所带来的日趋增强的不确定性、动乱和恐慌，给农民心理造成了巨变。③ 这促使了非教徒居民更单一地把担忧和愤恨指向外来宗教侵入者和其本土信徒。当教民拒绝奉献或参与被认为降低苦难的至关重要的活动时，这种憎恨随之加剧（有人认为这首先是由教民违背自然秩序的怪异行为所致，见第六章第五节）。④

---

① 注意 1876—1879 年和 1889—1890 年的大灾害并没有在山东区衍生出叛乱活动。
② 裴宜理认为，经过数年地方化的掠夺性活动之后，在大范围黄河水患和 19 世纪 50 年代初期华北太平军侵入活动的情况下，捻军才引发叛乱活动。见其著《华北的叛乱者和革命者(1845—1945)》，第 118、120—121 页。
③ 萧公权：《中国乡村：19 世纪的帝国控制》，第 474 页。
④ 可参考村松祐次的如下评述："贫困、不满和动乱由乡村蔓延至城镇。流传的谣言把干旱和饥荒的责任蓄意嫁祸到外人、外国机构和基督教信仰上"，"这导致了拳民的快速增长"。见村松祐次：《1898—1899 年的拳民：1900 年义和团运动的根源》，第 260 页。

因此，正是诸多内外因素关键性相遇的 1898—1899 年，酿造
出广泛的排外骚动，并推动了拳民的联合。然而这个问题在于，
怎样才能够确切说明发生在鲁西地区的这些分散且孤立的反教
暴力事件，如何归结为 1900 年夏席卷华北大部的义和团运动？
我们要记住的是，鲁东地区上层阶级中的爱国分子，通过复活团
练网络组织动员了长期、广泛和一致的对外国侵蚀的反对。但在
缺少高级士林阶层的鲁西地区，精英的这种直接参与并不是多么
显著。这里的一些非常规自卫组织（即统称为大刀会或义和拳的
各种拳会），而不是团练力量构成了 19 世纪 90 年代末有组织反
教骚动的基础。① 在这方面，更有可能的是游方且来自省外的拳
师，而不是定居本地的特殊本地拳民自卫组织的首领，在拳民组
织的扩展和融合过程中扮演着重要的角色。②、

另外一个棘手的研究问题在于，中国统治阶级中是否有人助
推了义和团运动的出现？首先应当指出，与鲁东地区不同，鲁西
地区在 1898 年九月政变后头几个月中，只发生了有限的反教暴
力。1898 年 10 月末，直东交界处十八村的敌对活动再起，不过
与之对应的是，鲁西部分地区直至极度保守的毓贤擢升为山东巡
抚后的 1899 年夏，才爆发了广泛的反教骚动。尽管我们还不掌
握任何文献证据最终证明毓贤直接参与此事，但最严重的有组织

① 我们不能忘记的是，团勇曾在 1896 年被用来抵抗大刀会。而且，乡团并没有参与
梨园屯的反教攻击。应当指出的是，士绅一般是反对拳民的。然而，请注意姚鸿烈
这个团总在 19 世纪 80 年代曾带头反对（巨野县）磨盘张家庄的教民，圣言会传教
士裴德礼（Karl Petry）在 1900 年夏起草的一份"贼匪"首领名单中，列出了姚氏和
其他的反教头目。见柏林联邦档案馆《外交部卷宗之驻华使馆报告》，329/253b。
但是，关于姚鸿烈在 1900 年夏事端中的角色地位还不得而知。请注意有的著述把
汉字"裴"误作"装"，见夏德威《中国的圣言会传教士》I，第531页。
② 通过现有资料，我们相信这些松散且广泛的拳师网络与白莲教网络大为不同。参
见第四章。

反教攻击恰发生在其任山东巡抚期间绝非巧合。① 1899 年夏,关于毓贤曾下令攻击教民的谣言自然在鲁西地区开始传播了。在他履新之前,已经出现的扶清口号也表明其他强力的外部影响在此中发挥了功用。因此,本章将考察据称汇集义和团运动的主要时空变量。其中的重点,将放在义和拳和大刀会的活动上。神拳的活动范围大体超出了本书考察的区域范围,所以本章只会考察它与义和拳及大刀会的相互影响方面。②

一、1898 年秋:义和拳的动乱

1898 年秋收后不久,直东交界处的十八村再次爆发了暴力反教冲突。尽管清军旋即弹压义和拳民,但是我们也应该把这一事件视作大部分山东区各种排外元素汇聚的阶段性过程,随后在1900 年形成了义和团运动兴起的高潮。然而,很难确定是何种因素首先触发了这起事件。这难道仅是地方未结事端的延续,传教士为解决梨园屯教案而施加持续压力,从而恶化了这一态势?当然了,这也有可能反映了宫廷政变后加速蔓延的排外主义。下文是对十八村事件大致过程的简化概括。它建立在零散文献和传教士与中国官府相互矛盾的记述基础上,此外,从 20 世纪 50和 60 年代山东历史学家采访的老人们回忆中得到的信息,也是行文的补充材料。

看起来这个"叫作义和拳并有无数会徒的教门",曾在一段时

---

① 外国观察者坚持认为,因为排外态度而曾被罢黜或调离的大批官员,在极端保守(是否爱国待考)的毓贤擢升山东巡抚期间重新复职。当然了,他于 1900 年夏在山西反传教士的过度举措,也尽人皆知。

② 关于神拳的详细讨论,见周锡瑞《义和团运动的起源》,第八章。

间内计划发起另外一起针对十八村区域教民的攻击。① 按照张汝梅奏折所言,来自冠县飞地小里固防营的几个不守规矩的兵勇,前往赵三多所在村沙柳寨时拿走了一些牛肉,引发了这起反教暴力。② 该地可能已经处于骚动状态,因为官府那时曾公开缉拿了十八魁的部分成员。③ 然而,意味深长之处在于,赵三多起初拒绝领导义和拳的反教运动,后来看起来是在手下的胁迫下才不得已而为之。一位天主教传教士,为这起不寻常的事件提供了如下信息:

> 首要赵洛珠(赵三多)(他是我的一些教民家庭所在村沙柳寨的小地主)并不想做这起运动的头目。先前的事务对他有着严重的牵连,他**还曾经主动表示将会皈依教会**,如果我能够帮助他逃脱法律的追究。但是这个极端的组织和其中的狂热分子侵扰到了如此程度——威胁此人——最后他说道:"如果你们真想逼我出头,那我做便是了。"促使他做出这个决定的原因在于,他手下曾威胁要烧毁其房屋。要不然这就是他想在民意和官府面前为自己开脱的花招。④

---

① 见万其偈致其令堂函(未署日期),载《泽西信函》,第19卷第1期(1900年1月),第71页。在这份重要信函中,万其偈称,他在上封信函中就提到应做好准备来应对对教民的攻击。但是那份信函没有出版且现在下落不明。

② 张汝梅奏,光绪二十四年九月十四日(1898年10月28日),这点在周锡瑞文中也有提及,见其文《论义和团运动的社会成因》,载《义和团运动史讨论文集》,第587页。

③《教务教案档》第六辑(1),第296件,第270—271页。临清的某新教传教士这样记述说:"冠县官府近来要求梅花拳的三位首领自首。后者给予拒绝,并积极召集人马。"见《京津泰晤士报》1898年12月10日,第164页。

④ 万其偈致其令堂函(未署日期),载《泽西信函》,第19卷第1期(1900年1月),第71页。**粗体为强调说明。**

大量中文文献,也可大体证实万其偈的这段故事。① 一份报告称当十八魁在 10 月 25 日攻击赵三多的房屋时,后者被迫逃离。② 其他记述表明,这是赵的"师傅"或"参谋"梅花拳的姚洛奇(又名姚文起)劝说其承担领导权而为之。③

暴力运动开始于 10 月 26 日,当时一支义和拳会捣毁了冠县飞地陈家庄两位教民的房屋。④ 10 月 30 日,毗邻梨园屯的小里固的小堂和几处房屋被推倒。⑤ 就在这时,官府进行干预,并寻求和平的解决途径。山东和直隶两地官员召集冠县、威县和丘县的团总和绅董,前往干集劝说赵三多解散随众。赵同意了这个建议,他的大部分支持者在 11 月 1 日均被遣散。⑥

尽管赵三多准备放弃斗争,但姚洛奇和十八魁的首领阎书勤并不情愿。他们招募了一些更为偏激的拳民分子,继续开展反教攻击。1898 年11 月 3 日,红桃园的教民家庭被洗劫和焚毁,至少有三名信徒被杀。⑦ 同

① 山东巡抚奏称,义和拳曾焚毁了赵三多的房屋,以此促使他参加此后的暴力冲突。见张汝梅奏,光绪二十四年九月十四日(1898 年 10 月 28 日),转引自周锡瑞《论义和团运动的社会成因》,载《义和团运动史讨论文集》,第 587 页。也可参见路遥《冠县梨园屯教案与义和团运动》,载《历史研究》,1986 年第 5 期,第 84 页。
② 见大名道台万培因在光绪二十四年九月二十日(1898 年 11 月 3 日)的两起电文,载《直东剿匪电存》第 35、38 页。
③ 关于姚的背景,见其供述,载《教务教案档》第六辑(1),第 327 件,第 301—304 页;也可见《山东义和团调查资料选编》,第 317—320 页。
④《教务教案档》第六辑(1),第 323 件,第 297 页。
⑤ 同上。
⑥ 裕禄奏,光绪二十四年十二月十二日(1900 年 1 月 23 日),载《教务教案档》第六辑(1),第 327 件,第 301—302 页。也可见路遥《冠县梨园屯教案与义和团运动》,载《历史研究》,1986 年第 5 期,第 85 页。
⑦《教务教案档》第六辑(1),第 327 件,第 301 页;张汝梅奏,光绪二十四年九月二十一日(1898 年 11 月 4 日),载《直东剿匪电存》,第 41 页;赵席珍:《备战状态下的赵家庄教堂》(Remi Isoré, "La chrétienté de Tchao-kia-tchoang sur le pied de guerre"),第 109 页,该处文献言称"至少三位"教民被杀。郭栋臣列出了在红桃园被杀害的四名教民名字,见《山东义和团调查资料选编》,第 270 页。

日,这支队伍攻击了(冠县飞地①)宋家庄和(威县)第三口。②

如上事件清楚表明,赵三多不能完全控制十八村区域多样的义和拳会和相关组织。临清某新教传教士也注意到了这种内在凝聚力的缺失:"当一些会首正要同意和解条款时,其他头目却正焚烧 10 英里外(红桃园)的一处罗马天主教小堂。"③他补充说,当红桃园的麻烦延续时,"山东这边的会首已经许诺保持和平"④。

当反教骚动开始在十八村地区抬头时,耶稣会传教士开始担心魏村和赵家庄主要堂点的安危。因此,早在 10 月 28 日,耶稣会传教士赵席珍(Remi Isoré,1852—1900 年)已成功劝服他在赵家庄的教会组织教民自卫武装,⑤而神甫万其偈在邻近魏村也建立了另外一支武装力量。万其偈言称,事实上正是教民的这种明显的防御准备,才促使义和拳产生动摇并导致分裂。所以,在攻击红桃园之前,对平民的动员是不充分的:

> 最狂热的分子——一撮小偷和流浪汉——召集两三百人,试图招募这个教派的所有成员跟随他们。这真是到了关

---

① 《教务教案档》第六辑(1),第 323 件,第 297 页。郭栋臣声称这伙人从红桃园前往小里固,并焚烧了那里的教堂。但是这可能有误,因为小李固在 10 月 30 日已经遭受了攻击。

② 《教务教案档》第六辑(1),第 323 件,第 302 页;万培因 1898 年 11 月 6 日和 10 日电文,载《直东剿匪电存》,第 45—46、51—52 页。按照如下文献记载,攻击发生在上午 11 点,见赵席珍《备战状态下的赵家庄教堂》,第 110 页。

③ 见《京津泰晤士报》1898 年 12 月 10 日,第 164 页。

④ 出处同上。对这位山东首领到底是谁,笔者抱有浓厚兴趣。这位作者指出,政府官员间的缺少合作也促使了 11 月 3 日对教民攻击的再次爆发。他记录说,当地方知县会见义和拳首达成妥协时,来自保定府和"来自南边的兵勇"不合时宜的干涉,错失了达成任何和解协议的可能。出处同上。

⑤ 赵席珍:《备战状态下的赵家庄教堂》,第 107 页。关于天主教的自卫组织,见狄德满《义和团民与天主教徒在华北的武装冲突》,载《历史研究》,2002 年第 5 期。

键时刻。我实在担心我的圣会和我们的主要设施。如果在那天或者是此后两三天内这个秘密会社齐心做事,如果那些要首敢大胆举旗起事,那我们真的完蛋了。①

由于动员不足,姚的斗争武装在第三口相当薄弱。因此,11月3日,当义和拳想要从第三口向邻近魏村和赵家庄的传教士堂点进发时,团练壮着胆子拦路围堵,迫使他们掉头朝南流窜。② 清军追捕姚洛奇这个团伙至侯未村(邻近赵三多的基地沙柳寨),并在11月4日将姚及15名手下擒获。③ 姚被处决,头颅被悬挂在红桃园。④

如上所述,赵三多这个不同地方拳会的总首领,并不愿意开展普遍性的反教运动。但当姚洛奇的拳民攻击了红桃园时,他因为这个组织再次牵涉其中。除了赵的"文书"郭栋臣的有点模糊不清的描述外,我们实际并没有掌握关于其此段时期活动的资料。看起来在10月末反教暴力真正爆发之前,赵去了(冠县飞地)蒋家庄,据称该地在(光绪二十四年八月十八日)10月3日聚集了赵的3000名会徒。郭栋臣言称,这支队伍此后在丘县飞地

---

① 万其偈致其令堂函(未署日期),载《泽西信函》,第19卷第1期(1900年1月),第71页。教民自卫组织的全部武装力量包括来自魏村、赵家庄、潘村和附近村子的447名男丁。他们大概有100杆中式火枪,架在马车上的四门炮以及一些矛和刀。见赵席珍《备战状态下的赵家庄教堂》,第109页;万其偈文(1899年2月26日,魏村),载《中国、锡兰及马达加信函汇编》(3),1899年10月,第215页;也可见《郭栋臣的亲笔回忆——关于冠县义和拳的二三事》,载《山东大学文科论文集刊——义和团运动研究专辑》,第155—156页。

② 万其偈致其令堂函(未署日期),载《泽西信函》,第19卷第1期(1900年1月),第74页。团练起初决定保持中立,因为义和拳在人数上占优。出处同上,第71—72页。

③ 万培因1898年11月6日和10日电文,载《直东剿匪电存》,第45—46、51—52页。《教务教案档》第六辑(1),第323件,第297页;327件,第302页。

④ 郭栋臣口述,载《山东义和团调查资料选编》,第270页。

常屯建立了一块基地。① 在攻打红桃园期间,赵三多显然再次来到常屯这个"首要据点",他的武装力量在此与来自山东的 500 名左右的部队进行了一场战斗。此后,他返回家中,把队伍拆解为小分支,驻扎在沙柳寨附近的不同据点里。②

无论郭栋臣陈述的真实性与否,可以确定的是,当清军在 11 月 4 日包围沙柳寨—侯未村一带追捕姚洛奇时,赵三多和他的手下也遭到了攻击。尽管关于沙柳寨拳民力量规模有着相当大的差异描述,但大部分的记述都认同他们和兵勇之间的战斗规模较小。比如,我们从赵席珍的记录中可以得知,山东清军防营攻击了一伙 200 人的"匪帮",其中有三四十人骑马成功逃脱了。但只有三人死亡,另有十人被抓。③ 赵三多也侥幸逃脱了。按照万其偈所言,赵三多的胯下之马也被射杀,他侥幸捡回一命。④ 但是,中国受访对象言称,有多达 2000 名的会徒,同赵一起杀出重围并销声匿迹。⑤

不过疑问之处在于,这么多的拳民此时能够聚集在这片狭小区域么?更有可能的是,大量的相互独立的小股拳会,分散在一个相对比较大的区域中。当然,中国官方文献显示出,10 月末的这起动员不仅发生在沙柳寨,而且还在十八村飞地周围的其他地方,这包括(威县)黑刘村、(冠县飞地)红桃园、(丘县飞地)柳疃、大寨、辛庄和白果树(后三处都位于曲周县最东段的留边地区域)

---

① 《山东义和团调查资料选编》,第 330 页。
② 郭栋臣口述,载《山东义和团调查资料选编》,第 270—271 页。
③ 赵席珍:《备战状态下的赵家庄教堂》,第 112 页。
④ 万其偈致其令堂函(未署日期),载《泽西信函》,第 19 卷第 1 期(1900 年 1 月),第 75 页。此外,他言称赵三多的大批会徒都被杀了,其中 15 人被擒后遭处决。
⑤ 李近臣口述,《山东义和团调查资料汇编》,第 273 页;郭栋臣口述,出处同上,第 270—271 页。

以及(临清本州)东留善固(见地图五)。① 同时,还有诸多迹象表明,至少有一些拳会起初是反对反教运动的。魏村的万其偈也当然意识了这点。在关于义和拳的反教动员上,他写道:"一些有着诸多拳民的大村庄,坚决拒绝加入这个行伍。"②因此,十八村区域的拳民在总数上可能比较大,但那时并没有形成一个团结的整体。

考虑到义和拳的分散性,官府也就相当自若地处理这个问题。如同官方文献所示,他们的首要之急就是避免与传教士发生冲突,从而避免外国干涉。③ 真正的惹事分子毕竟只占少数,如果对义和拳采取较为严厉的政策可能会带来风险,即激化那些不情愿的拳民,驱使其全面暴动。查拿首要、解散胁从的传统策略明显合乎时宜。大名道台甚至表示,他有信心能够逐渐地把其中的安分拳民编入民团。④ 其实,十八村地区教民和百姓之间的相安无事,大约持续了一年左右的时间。⑤ 但是,在处理这种地方性问题⑥上所成功运用的这种宽容政策,从长远来看蕴藏着不可预期的后果。这是因为那些逃脱的拳首,其中最重要的就是赵三多,他们因为长时期不能回到老家,便在十八村地区北的直隶地区活动,动员或者联系其他组织。所以,这些分散的义和拳拳首

---

① 关于这些拳民集聚地的细节,见《直东剿匪电存》所载的官方报告,第37—40页。请注意所提到的"伪"拳民。

② 万其偈致其令堂函(未署日期),载《泽西信函》,第19卷第1期(1900年1月),第71页。

③ 对外国干涉的担心,促进了直隶某教案的快速解决:道台和范迪吉(Auguste Finck)经过协商后,赔付耶稣会传教士1700两白银,范那时负责耶稣会南境的词讼事务。见《中国、锡兰及马达加斯加信函汇编》(3),1899年10月,第216页。

④ 万培因电禀,1898年11月10日,载《直东剿匪电存》,第51—52页。

⑤ 可参见赵席珍文,载《中国、锡兰及马达斯加信函汇编》1899年,第226—229页。

⑥ 1898年11月初义和拳的反教活动,基本局限在沙柳寨方圆10公里内的地区。

们在 1898 年末加速了义和团运动的汇聚过程。这部分内容将在下文叙述。

鉴于地方官员以及地方士绅对直东交界处义和拳组织的反对,拳会早期采取的扶清口号给后人对义和团运动的评价带来了最为棘手的问题。直到最近,学界才普遍认为这些口号出现在 1899 年的下半年。比如,巴素(Purcell)指出"扶清灭洋"口号出现的最早时间,可以追溯到方济各会副主教陶万理(Pius Trovarelli,1855—1923 年)在 1899 年 9 月因东平州反教骚动一事与巡抚毓贤的往来信函上。① 不过,巴素留意到了一份更早的提及扶清口号的文献出处,即赵席珍的一篇署期为 1898 年 10 月 25 日或 26 日的日记,事关十八村地区义和拳起义一事。赵这样记录:

> 今早十点,我听说了义和拳(一个敌对教派)的暴动。这些叛乱分子以头巾和靴子为标志;他们的武器是步枪或长矛;他们的旗帜是一个黑边黄底的旗子,上面写着(口号):"顺清,灭洋(Obedience to the Qing; Death to the Europeans)";他们目的是想在年初挑起普遍性的反抗;在此期间,他们进行招募、练拳,只攻击教民以此示好官府。②

当然了,巴素对上述口号出现的时间颇感困惑,并将之解读为一个孤立事件,特别是因为他在中西方材料中都没有找到任何确凿

---

① 巴素:《义和团运动:背景研究》,第 213 页,主要以《义和团》这份文献资料为主要参考依据。陈志让推断义和拳应该是在 1899 年上半年采取"亲清"口号的。见陈志让《义和团运动的性质与特征》,第 295 页。
② 赵席珍:《备战状态下的赵家庄教堂》,第 106 页。笔者主要引述了巴素的翻译。见其著《义和团运动:背景研究》,第 216 页;也可见施达格《中国与西方:义和团运动的起源与发展》,第 132 页。

证据。①

　　然而，本书更为持久的调查，揭露出临清的新教传教士也同时意识到了扶清口号在 1898 年 10 月反教攻击中的出现。当提到"梅花拳"正在"召集人马"时，《京津泰晤士报》(*Peking and Tientsin Times*) 的通讯员补充说："据称他们的首领携带着一面旗帜，上书四个大字'兴清灭羊'(Up with the Government and Down with the Foreigner)。"②

　　山东口述史资料还收录了 1898 年末义和拳使用的其他形式的扶清口号。郭栋臣言称，驻扎在梨园屯的清军中有个姓张的兽医，劝说赵三多把义和拳的秘密口号由"反清复明"改为"扶清灭洋"。据称，1898 年 10 月 3 日（或 8 日）蒋家庄出现的赵三多的旗帜上的实际口号是"助清灭洋，杀尽天主教"。③

　　不管这个口号的确切措辞到底是什么，这里可以无疑确定的

---

① 巴素：《义和团运动：背景研究》，第 217 页。

② 《京津泰晤士报》1898 年 12 月 10 日，第 164 页。请注意"羊"(Sheep) 这个汉字。

③ 《山东义和团调查资料选编》，第 248、313—314 页。也可见金冲及《义和拳和白莲教的关系》，载《义和团运动史讨论文集》，第 28—29 页；廖一中、李德征、张旋如等编：《义和团运动史》，第 69 页。应当指出的是，除了姚文起的一个手下李九子后来的断言外，当时的文献中并没有铁证可以支持义和拳首先举旗反清口号的观点。然而，在义和拳暴动期间及此后，有推论坚持认为义和拳起初是反清的。《德文新报》发文称，按照来自济南的报告，早在 1900 年 1 月，大刀会的终极目标就是推翻统治王朝。发起反教和排外攻击是为了给北京政府增惹事端。见《德文新报》1900 年 1 月 19 日，胶州增刊，第 17 页；也可见《福音传教士杂志》(*Evangelisches Missions-Magazin*)，增刊 44 第 9 期 (1900 年)，第 400 页。

　　在没有给出具体细节的基础上，圣言会传教士佛尔白言称，在义和拳暴动后："该教派首先树立了口号'扫清灭洋'(Sweep away the Qing, Destroy the Foreigners)。"他进而说到，保守派官员成功地转化了这个口号。见佛尔白《大迫害的日日夜夜》(Volpert, *Aus den Tagen der Verfolgung*)，第 36 页。

　　其后不久，中国口岸的一份德文报纸提到了两股拳会："一个反对王朝，另一个反对教民。"见《青岛新报》1914 年 6 月 19 日，第 7、9 页，该处文献引用的报道来自《华北日报》(*Tageblatt für Nordchina*)。

是义和拳"暴徒或叛乱分子树立了一面支持政府的旗帜"。[①] 但义和团运动史研究上可能更为棘手的问题,在于这些亲清口号的起源及其散播过程。如同本书第九章所述,1898 年底,鲁中山区与义和拳无关的某些组织,使用了"保清灭洋"这个口号。此外,自 1898 年底后,类似口号已经在中国其他地区出现:四川的大足、湖北的长阳和长乐、浙江的海门和太平。[②] 相蓝欣在这点上指出,义和团运动前夕首次提出扶清口号的是余栋臣(在传教士文献中称作"余蛮子",1815—1912 年),这发生在他 1898 年在大足地区组织的反教武装暴动期间。[③] 在(浙江)台州排外骚动期间,那里的读书人和教民有过一起争端,骚动者举着带有口号的旗帜"保清灭洋"。[④] 这些发展状况表明,一些更大的力量在其中发挥了效用,且已经不仅仅局限于直东的边缘地带。

　　鉴于 1898 年末和 1899 年初中国不同地区几乎同时出现此类口号,我们可以相当肯定它们并非义和拳的产物。这个拳会和十八村事件,在当时是微不足道的。但是,这更有可能是中国统治阶级中部分成员策划和散播了这些口号,以来应对不断加重的——真实或臆想的——外国威胁。另外,就如丁名楠所论,这些口号并不能简单地理解为对清政府的支持,而是应该诠释为对

[①]《临清通讯》1898 年 11 月 4 日,载《北华捷报》1898 年 11 月 21 日,第 950 页。

[②] 丁名楠:《义和团运动评价中的几个问题》,载《义和团运动史讨论文集》,第 12 页。也可见冯士钵《义和拳·义和团·扶清灭洋》,载《历史教学》,1980 年第 7 期,第 18—20 页。

[③] 相蓝欣:《义和团战争的起源:跨国研究》,第 75 页。他声称余的策略"对北方拳会发生了决定性影响。四川一些山东籍的官员起了传播作用。大足县县令丁昌燕正是山东人氏,而且对洋教切齿痛恨"。见《义和团战争的起源:跨国研究》,第 75—76 页。

[④]《德文新报》1899 年 5 月 20 日,第 583 页。浙江的排外骚动无疑是对意大利侵占三门湾的回应。

中国的支持。① 因此,它们才会被革新的精英分子和极端的顽固派同时接受。同时,这些口号会慢慢渗透进日趋焦虑的农村民众心中,这包括拳会和地方自卫团体。然后,可以看出各种源流的民族精英排外主义,与各种地方环境衍生出的民众排外运动在1898年末的合流。不过,精英和民众都采取同样的口号,并不一定意味着前者对义和拳或义和团运动的支持。

二、大刀会在苏北的扩展

大刀会因19世纪90年代中期明确且有组织的反教暴力而受到外界关注。当然了,鲁南一些危言耸听的传教士记述,也起到了突出的宣传作用。此外,19世纪90年代末,外国福音传道者倾向把山东区所有有组织的反教骚动归结到大刀会头上,直至这个通用标签后来在1899年末让位于"义和拳"这个称谓。但是,除了1896年夏鲁苏边缘地带的那起斗争外,教民和大刀会的冲突是零星且高度区域化的。因此,更应该把大刀会看作是在日趋不稳的边缘地区环境下已经建立或正在建立的非常规自卫武装组织。这也可从徐州府耶稣会传教士的报告中明显得出该论点。1898年末,对大刀会在盗匪横生的铜山县西北地区的快速扩张,艾赉沃作了如下描绘:

> 我们在传教先生所居的每一个村子里,都有一些来自山东的师傅在邻村招募数百农民。其中大部分的农民均系良善,他们把名字报进名单,是出于诱惑或者是为了互助抵御

---

① 丁名楠:《义和团运动评价中的几个问题》,载《义和团运动史讨论文集》,第14页。

盗匪。但明显的是,这些首领和师傅有另一番的目的。①

另外一位传教士接着说出了同样的意思:

> (大刀会的)目标极为现实:使自己免受盗匪不断袭击之
> 苦。因此,这个教派的成功也就不足为奇了。大部分会徒相
> 对富有,这就是他们为何给那些无所事事的师傅付钱的原
> 因了。②

在旱灾和饥荒持续的 1899 年,大刀会继续快速扩展。禄是遒在
萧县马井堂点言称,周边乡村遍布了大刀会成员。"在砀山县整
个南部和西南地区,所有村庄都有一所'大刀会'刀会。师傅通常
来自山东,他们从早到晚都在练习。"③宿迁某位新教传教士报告
说,因饥荒引发的贫困造就了诸多"无政府主义会徒",所以这也
促使了大刀会能够招募到"成百上千"的成员。据称,大刀会自我
吹嘘说,拥有总成员 20 万—40 万人。④

在连绵饥荒和盗匪活动上升的背景下,大刀会的壮观增长恰
与基督宗教在徐州府西部的显著发展同期。因此,因争夺信徒而
有时造成的冲突竞争,也就不足为怪了,而且传教士也逐渐把大
刀会视为"教民的天敌"。⑤ 当禄是遒派遣一位传教先生到砀山
约 20 里外的大刀会"势力范围"时,后者立即表示反对,且对基督

---

① 艾赉沃文(1898 年 12 月 18 日,徐州),载《泽西信函》,第 18 卷第 1 期(1899 年 6
月),第 31—32 页。

② 禄是遒文(1899 年 2 月 17 日,马井),载《泽西信函》,第 19 卷第 1 期(1900 年 1
月),第 49 页。《北华捷报》在宿迁的通讯员提到会费约为 2000 文铜钱,见《北华捷
报》1899 年 7 月 3 日,第 16 页。

③ 禄是遒文(1899 年 2 月 17 日,马井),载《泽西信函》,第 19 卷第 1 期(1900 年 1
月),第 48—49 页。此处资料描述了习拳锻炼。

④《宿迁通讯》1899 年 6 月 19 日,载《北华捷报》1899 年 7 月 3 日,第 16 页。

⑤ 禄是遒文(1899 年 2 月 17 日,马井),载《泽西信函》,第 19 卷第 1 期(1900 年 1
月),第 49 页。

教产造成一定轻微破坏。① 1898 年 12 月,沛县出现了一些敌对揭帖,上面威胁说要杀害段之馨及其教民。②

法国耶稣会传教士对事态较为震惊,遂向中国官府寻求保护。但徐州道台坚持认为,此地并没闹大刀会,而且万事太平(当然,这是 1896 年夏后的官方一致口径)。艾赉沃自问道:

> 这莫非就是无能? 这莫非就是轻率? 这莫非就是政治? 这些官员熟知这些组织的人数和价值,曾利用他们追捕过一些大盗,并把这些人称作**民团**和随从。良善从来不会撒谎,他们知道这些人(真正的)面目,并因害怕而走到我们身边。③

然而,地方官员在边缘地带也处于艰难困境。他们基本没有可以值得信赖的兵勇,而大刀会则有成千上万的行家。因此,官府被迫实施“半抚”和“半剿”政策。在广泛的大刀会暴动和棘手的传教士干预两者间,他们不得不寻找权衡。所以,他们倾向采取耶稣会传教士口中的“权宜之法”。蓝文田总结这种政策:

> 逮捕拳民(即大刀会)没有问题,查禁他们的宣传拳会,把煽动村民的发起人遣送回山东老家,(或者)保护逐日受迫害者摆布的数以千计的天主教徒。这些官员起初流露出容忍这

---

① 禄是遒文(1899 年 2 月 17 日,马井),载《泽西信函》,第 19 卷第 1 期(1900 年 1 月),第 49—50 页。
② 艾赉沃文(1898 年 12 月 18 日,徐州),《泽西信函》,第 18 卷第 1 期(1899 年 6 月),第 32 页;段之馨文,载《天主教传教区周刊》1899 年 6 月 23 日,第 291 页;也可见蓝文田《中国的教区:徐州》I,第 223 页,该处文献有关拳社的扩张和排外主义的增强。
③ 艾赉沃文(1898 年 12 月 18 日,徐州),载《泽西信函》,第 18 卷第 1 期(1899 年 6 月),第 32 页。粗体为强调说明。

些动乱的意图,只是保护外国人和其昂贵建筑物的安全。①

虽然大刀会闹教在一定程度上仍然存在,但耶稣会传教士自身能够生活得相对安稳,尽管政变后的政治气候依然如此。此间,唯一一起针对徐州府传教士居所的直接攻击发生在 1899 年 1 月 22 日,此时正值官府全心应对发生在皖北附近更为严重的叛乱。这起有点不寻常的事件,再次彰显出鲁苏边缘地带乡村动乱复杂和矛盾的本质。如艾赉沃所言,一伙 260 人左右的"盗匪",攻击了有 40 名清军守卫的戴套楼堂口。行凶者反过来又受到以郭兰定(音译)为首的武装的攻击,郭是"公认的大刀会首领,而且官府授衔于他"。在此后的斗争中,三名行凶者被杀,其中包括匪首申宗山(音译)。还有 30 人被缉拿和拷问,他们坦白是来自丰县、铜山县、萧县和砀山县地区的大刀会徒。申好像曾呼吁一千名左右的会徒在 1 月 21 日聚集,但只有 260 人到场了。

然而,郭兰定模棱两可的行为举止,更使这起事件富有趣味。艾赉沃认定,尽管官府曾命令郭带领所谓的"民团"来保护传教士,但该人其实是大刀会的背后帮手,因为他"认识这起攻击的主谋,而且投入监牢的 13 人也是他的弟子"。艾赉沃认为,郭兰定亲自下令攻击堂口,或者曾许诺给申宗山以援手。然而,当附近华山防营的清军出其不意地来到冲突现场时,郭兰定不得不牺牲申及其手下,这也导致自己同时陷入了两条斗争战线。②

但是,看起来在这起攻击的两个月前,郭兰定就已经表明和

① 蓝文田:《中国的教区:徐州》I,第 226—227、227 页引述。徐州北过去的经验表明,保全修会地产比重建花费更为低廉且省事许多。因此,中国官府派兵驻守耶稣会传教士据点。
② 艾赉沃文(1899 年 1 月 26 日,戴套楼),载《泽西信函》,第 18 卷第 1 期(1899 年 6 月),第 35—37 页;蓝文田:《中国的教区:徐州》I,第 225 页注一,该处文献称,余合进(音译)这个严重受伤的行凶者是郭兰定的主要部下。

官府达成一致意愿，艾赍沃在 1898 年 11 月末写道：

> 我见过郭兰定这个"大刀会"会首，巡抚和道台都曾因其饬令过（徐州府）知府。他回应说，他的手下将会给我们四处制造麻烦，甚至要求我给官府稍话。他和四川余蛮子一样都想攫取一官半职。①

艾赍沃希望郭兰定这个"目不识丁但野心勃勃的农民"，因与大刀会事件有所牵连而陷入尴尬境地，但实际上，地方官员却因郭的"驰援"而给予褒扬，并犒赏 10 万文铜钱。② 其实，如同庞三一样，郭此后也成为徐州府耶稣会修会的坚定护卫者。③

对戴套楼的攻击看起来不是由反教情绪引发的，更有可能是因为急于获得这所官方保护住所储藏的枪支。艾赍沃言称，这30 名罪犯供出"他们来戴套楼的首要目的，是**获取枪支**来满足数千（随众）所需，然后去加入涡阳县和蒙城县的叛乱队伍，后者在十天之内擒获了三名来自不同省份的总兵"④。

1898 年 12 月下旬，皖北捻军老巢爆发了大规模的涡阳起义。两位主要首领牛世修和刘朝栋（又名刘疙瘩），召集大量徒众攻击诸多军事防营和集镇，围攻涡阳、蒙城和亳州等衙署所在地。据称，多达 3 万人参与了此次起事。来自安徽、河南和江苏的数

---

① 艾赍沃文（1898 年 11 月 23 日，徐州），载《中国新闻》（35），1899 年 1 月 4 日，第 2 页。

② 艾赍沃文（1899 年 1 月 26 日，戴套楼），载《泽西信函》，第 18 卷第 1 期（1899 年 6 月），第 37 页。据称丰县知县后来承认郭兰定有两千名受过良好训练的手下，而该知县仅有两百名勇役与之对抗。出处同上。

③ 参见蒙念恬文（René Hamon）（1931 年 5 月 20 日，砀山），载《中国关系》（9），1931 年 10 月，第 550 页；史式徽：《中国小史》，第 817 页。

④ 艾赍沃文（1899 年 1 月 26 日，戴套楼），载《泽西信函》，第 18 卷第 1 期（1899 年 6 月），第 36 页。粗体为强调说明；也可见蓝文田《中国的教区：徐州》I，第 225 页。

镇兵力花费一个月才镇压这次起义,恢复了一定程度的秩序。①

涡阳义军使用了惯用的叛乱手段。比如,刘疙瘩采取了具有意味的名号"大汉刘龙主"。② 这些作乱者携带的旗帜上写着"岁饥乏食,我等起事"③。我们不可忘记的是,淮北地区曾遭受了连年歉收的沉重打击,严重饥荒须被看作涡阳起义的一个重要动因。一位传教士观察者这样评论说:"叛军的目标并不是更换王朝,而是抢劫。这是饥民与还有些许口粮的民众之间的战争。"④

地方官员躲进了带有防御工事的衙署,乡村居民则是自谋活路。一些民众狂热地修缮那些老旧的土墙工事,并组织自卫武装。其他人借普遍性动乱之机组织规模较大的掠夺团伙,独立于起义军之外开展活动。官府特别担心涡阳叛军和皖北其他不满分子与邻省河南、江苏和山东的类似组织联合。⑤ 实际上,来自(河南)夏邑县的当地叛乱分子确实进入了安徽。⑥《国闻报》通

---

① 这段描述主要参考如下著述:《北华捷报》;天主教传教士的记录;刘坤一奏折及电告;《涡阳县志》卷二,第 609—611 页。也可见村松祐次:《1898—1899 年的拳民:1900 年义和团运动的根源》,第 259 页,该处主要参考了《大清德宗景(光绪)实录》;裴宜理:《农民的话语:中国叛乱研究资料综述》(Perry, "When Peasants Speak: Sources for the Study of Chinese Rebellions"),第 74—77 页。

② 刘坤一电,光绪二十四年十二月十九日(1899 年 1 月 30 日),载《刘坤一遗集》卷三,第1240 页。

③《国闻报》1899 年 2 月 15 日,译文见柏林联邦档案馆《外交部卷宗之驻华使馆报告》,327/267。

④ 佩里·皮尔斯(Pierre Perrigaud)文(1899 年 1 月 24 日,太和),载《泽西信函》,第 18 卷第 1 期(1899 年 6 月),第 38 页;也可见聂思聪(Joseph Dannic)致顾洪义(Joseph Ducoux)函(1899 年 6 月 15 日,毛家),载《泽西信函》,第 19 卷第 1 期(1900 年 1 月),第 13—14 页。

⑤《京报》1899 年 1 月 22 日,转引自《北华捷报》1899 年 11 月 27 日,第 1074 页。

⑥《北华捷报》1899 年 1 月 27 日,第 151 页。他们刚开始的成功得益于其无所畏惧和勇猛。见《夏邑县志》卷三,第 1254 页。

讯员声称,(山东)曹州府大刀会也计划与涡阳叛军勾结。① 如上文所示,至少有一支徐州府的大刀会组织被认为有着同样的企图。因此,这些地区的官府谨慎从事,以免激化更为严重且广泛的叛乱。

虽然所有记录都认为涡阳起义及随之而来的动乱,比 1900 年夏义和团运动前任何有组织的反教斗争都更为广泛和具有破坏性,但令人惊奇的是,这起乡村动乱事件并没有得到学界的足够关注。这起重大社会动乱因缺乏明确的反教指向,明显使它不具备大刀会和义和拳的学术吸引力。②

还是让我们把视线转回江苏。1899 年夏,该地发生了一起大刀会和教民的深入冲突。这是发生在沛县团里,也就是大刀会在 1897—1898 介入的那起冲突的所在地。但时至 19 世纪 90 年代末,团里地区已经成为徐州府天主教皈依信徒的首要源地。③湖团社区的山东移民长期遭受团总的"暴政勒索",诸多受害者现在加入了教会,目的是摆脱这些那些过度的税款。此外,沛县唐团团总唐锡龄为了修建"陵墓",在 1898 年出台了一个特别税种。然而,当地传教士段之馨因这种祖先崇拜形式带有迷信色彩,而反对教民给出任何钱物奉献。这也导致唐对基督宗教产生了敌

---

① 《国闻报》1899 年 2 月 5 日,译文见柏林联邦档案馆《外交部卷宗之驻华使馆报告》327/248;《国闻报》1899 年 2 月 15 日,译文见柏林联邦档案馆《外交部卷宗之驻华使馆报告》,327/267。

② 非常有意思的是,(安徽)丰县知县这个排外官员并未能把起义嫁接为反教运动。见聂思聪致顾洪义函(1899 年 6 月 15 日,毛家),载《泽西信函》,第 19 卷第 1 期(1900 年 1 月),第 16—18 页。整体而言,皖北地方绅耆鼓励传教士和教民积极参与社区自卫,耶稣会传教士舒复礼(Jean-Marie Chevalier)后来被授予官衔。见《刘坤一遗集》卷三,第 1158 页。

③ 见第五章表八。段之馨声称,在 1899 年初,他在该地有 300 名受洗信徒和 1.5 万名慕道友。见《天主教传教区周刊》1899 年 6 月 23 日,第 289 页。后面这个数据明显高于表八中的修会官方记录。

意,他趁段之馨于 1899 年夏前往上海之机,派出亲信向教民征收
这笔特别税种,并惩戒那些不从者。8 月末,唐锡龄从山东邀来
一些大刀会刀会前来施与援手。最终召集了 1200 人并破坏了团
里内外不同村落的教民财产。按照传教士的记述,大约有 40 户
教民家庭被洗劫一空。最后,在 8 月 30 日,"我们的朋友"熊长春
带领清军从府城来到该地,击溃了这些大刀会刀会,歼灭和拘捕
一干人等。[1]

　　大刀会虽在徐州府西北地区得到了快速扩张,但它们与传教
士和教民的冲突也正如上文所述,是无足轻重的。它们是边缘地
带无处不在的自卫和掠夺斗争中主要且日益重要的元素。尽管
如此,法国传教士担心大刀会徒人数的持续增加,最终会导致反
教斗争的升级。1899 年 3 月,艾赉沃如是告诉道台桂嵩庆:"阁
下您数次禁止它的传播,言称它可以纳入民团。"他抱怨说,没人
留意道台的这番声明,并认为地方官员对桂指令的贯彻"没有显
示出任何热情"。因此,传教士要求重发这起指令,艾氏也得到在
各个地区张贴副本的许可。[2] 最终,桂嵩庆派出特别信使,在信
得过的教民的陪同下,前往受影响的区域张贴通告。此外,桂还
饬令地方官员进一步修建圩墙拱卫戴套楼、马井和侯家庄这三个

---

[1] 参见如下著述:庄卞成文(Konrad von Bodman)(1899 年 9 月 1 日),载《中国新闻》
　　(50),1899 年 9 月 27 日,第 1 页;庄卞成文(1899 年 9 月 13 日),载《中国新闻》
　　(51),1899 年 10 月 11 日,第 1—3 页;段之馨函(1899 年 11 月 6 日),载《天主教传
　　教区周刊》1900 年 3 月 16 日,第 121—123 页;刘坤一奏,光绪二十五年九月二十八
　　日(1899 年 11 月 1 日),载《刘坤一遗集》卷三,第 1159—1160 页。刘称三位主要
　　"刀匪"均来自山东:单县的陈宝山、曹守贤(被人称为曹邪)和来自巨野县的孟传
　　礼。也可见济宁州的详细禀文,光绪二十六年九月二十日(1900 年 11 月 11 日),
　　载《山东义和团案卷》下,第 816 页。关于大屯唐氏祠堂的图片,见徐劢《徐州府团
　　里的历史记述》,第 60 页。
[2] 艾赉沃致桂嵩庆函(1899 年 3 月 10 日),转引自艾赉沃文(1899 年 3 月 13 日,徐
　　州),载《泽西信函》,第 19 卷第 1 期(1900 年 1 月),第 47 页。

主要修会堂口。①

在致徐州道台的信函中,艾赉沃也作出一番有意思的断言,言称大刀会已经更名为红拳会。② 因为手头上没有更为详细的材料,我们无法认为江苏的红拳会是个独立组织,或者是换了门庭的大刀会分支。我们也许在此会想到,庞三曾在 1897 年威胁说要建立一支红拳会。在梨园屯,据称十八魁也与红拳会有关。此外,这个称谓也可进行长时段的追溯。1813 年,一支红拳会曾支持曹县的八卦教反叛分子③,但在 19 世纪 60 年代,一支红拳会在馆陶县曾与八卦教发生冲突。④ 考虑到这些互相矛盾的描述,我们所能说的就是,在苏鲁地区有不同组织使用了同一个名称。但是,它们之间并非一定从属于相同的组织架构。然而,它们均是边缘地带政治所具有复杂面貌的组成因子。

三、鲁南大刀会反教运动的再起

如上文所述,慈禧太后的政变在苏北并没有产生排外主义的显著高潮。而邻省山东却与之相左,极端保守派掌握北京大权后,该省东部旋即爆发了排外暴力行动。不过在鲁西北边缘地区——在十八村区域——尽管于 1898 年 10 月再起事端,但看起

---

① 艾赉沃文(1899 年 3 月 13 日,徐州),载《泽西信函》,第 19 卷第 1 期(1900 年 1 月),第 47 页。前文已经论述,在传教士事务上,江苏官员比他们的山东同僚采取了更为恭顺的处理方式。

② 艾赉沃致桂嵩庆函(1899 年 3 月 10 日),转引自艾赉沃文(1899 年 3 月 13 日,徐州),载《泽西信函》,第 19 卷第 1 期(1900 年 1 月),第 47 页。宿迁的某新教传教士也指出,徐州西的大刀会把名字更改为红拳会。见《宿迁通讯》1900 年 6 月 14 日,载《北华捷报》1900 年 6 月 20 日,第 1111 页。

③ 韩书瑞:《千年末世之乱:1813 年的白莲教起义》,第 145 页,328 页注 39。

④ 陈志让:《义和团的起源》,第 64、69 页。

来与九月政变并没有直接联系。这里特别值得注意的是,鲁西南
地区在此间仍然平和无事。据称是大刀会徒发动的 1898 年 3 月
嘉祥事件之后,这里大概有一年多的时间没再爆发新的反教骚
动。但是曹县的天主教传教士指出,大刀会仍然在该地扩展:

> 大刀会的刀会远比以前更多,并招募更多会徒。你可以
> 看到他们拿着长刀四处游荡。但是,由于缺乏一名强力会
> 首,它们仍没有对我们构成威胁。①

1899 年 3 月初,主教安治泰在曹州府巡视教务——此时正
值代牧区东部的反教高峰时期——如是总结了鲁南此时的形势:

> 除了沂州府外,其余传教区享受着前所未有的和平与友
> 好合作。儒生和庄首,在村外或镇外以最高礼节迎接我。所
> 有地方官员也同样如此,就是曹州(菏泽县)的那个知县除
> 外,他暗地唆使绅耆反对我们在城内修建(赎罪)教堂。②

在另外一份引人注目的信函中,这位主教声称,曹州府的大
刀会想要和传教士建立友好关系。他们让外界知道,其正在保护
安治泰在该府各地的安全。③

但反教暴力在圣言会传教区西境的爆发,打破了这种平和局
面。关于这起动乱,须留意以下重要三点:(1) 这正巧与毓贤被
擢升为东抚同时;(2) 这与沂州府的排外骚动没有任何直接联
系;(3) 据称是大刀会组织的反教活动,发生在三个不同的地理

---

① 转引自佛尔白文(1899 年 2 月 24 日,蒙阴),载《天主之城》,第 23 卷第 11 期(1900
年),第495 页。
② 安治泰致海靖函(1899 年 3 月 23 日,济南),附于海靖致霍亨洛函(1899 年 3 月 30
日,北京),载柏林外交署政治档案"中国 22"《1899—1922 年的胶澳租借地和德国
在山东的利益》,第 3 卷,文件号 54。
③ 安治泰文(1899 年 3 月 6 日,定陶),载《圣弥额尔历》,1900 年,第 201 辑。

区域。

祸端并没有肇始于苏鲁交界地区(大刀会的发源中心地),而是在济宁西北汶上和嘉祥两县的交界地段。1899年四五月之交,汶上县东南地区出现了摩擦冲突再生的初步迹象。[1] 5月20日,爆发了一起更为严重的攻击。当时,陈兆举和任二带领三四十名"教派"武装分子,举着旗子向高家海村进发。他们首先破坏了该地教堂,然后攻击教民,并勒索1700吊文钱,据说是索还大刀会于1897年11月1日在磨盘张家庄能方济和韩理被杀一事上的赔款! 据称任二在这起谋杀案发生期间正在张家庄,他此时还明显拿着韩理的左轮手枪。他的弟弟任玉(也被认为与这起谋杀案有关)此后在高家海被兵勇缉获,后死于监牢。现在,这些"教派分子"通过向高家海教民索要钱款作为报复。后者没有现款,只好拿田里的小麦充抵。[2]

反教运动从嘉祥和汶上两县交界地区,蔓延至临近的巨野、

---

[1] 神甫 L.(疑为薛田资)函(1899年6月18日),载《科隆人民报》1899年9月25日,标题为《鲁南的动乱》("Zu den Unruhen in Südschantung"),节选自载柏林外交署政治档案"中国6"《1895—1916年中国政府对基督教会的态度》,第38卷;也可见齐恩来文(未署日期),载《耶稣心小使者报》,第27卷第7期(1900年4月),第89页;恩博仁文(1899年8月12日,兖州),载《耶稣心小使者报》,第27卷第3期(1899年12月),第33页。

[2] 安治泰致克林德函(1899年8月31日,北京),载柏林联邦档案馆《外交部卷宗之驻华使馆报告》,328/231。在更早一起的报告中,安治泰称陈兆举是谋杀韩理的凶手,但没有提到任二。见安治泰致贝威士函(1899年6月25日,济南),载柏林联邦档案馆《外交部卷宗之驻华使馆报告》,325/84a;也可见韩甯镐《圣言会福若瑟神甫:其生平和著作,兼论鲁南传教史》,第441—442页。陈兆举是来自巨野县的革举。见彭虞孙致总理衙门函,光绪二十五年八月二十六日(1899年9月30日),载《教务教案档》第六辑(1),第420件,第443页。关于嘉祥的多起教案,见毓贤奏,光绪二十五年五月三十日(1899年7月7日),载《教务教案档》第六辑(1),第383件,第386—388页。该处文献称,高家海被袭是在"贼匪"陈兆举的指使下。安治泰后来也声称袭击者所带的旗子,上书口号"帮清灭洋"。见安治泰致霍亨洛函(1899年11月18日),载柏林外交署政治档案"中国6"《1895—1916年中国政府对基督教会的态度》,第40卷。

郓城、济宁本州和滋阳等地,这也明显包括宁阳县。① 按照天主教传教士的报告,甚至连他们在兖州和济宁较大的堂会也被围攻了。此时,正在兖州府新教堂监工的恩博仁(Heinrich Erlemann,1852—1917年)言称,他已经被切断了与外界的联系。总兵田恩来和道台彭虞孙都试图搭救,但都因为上头有命而只好作罢。因此,博恩仁从田恩来处借来50支长矛和20条步枪,组织修造教堂的劳工进行自卫,并加固了堂口院落外的围墙。演出在8月11日后登台了,百姓突然聚集在堂口大门外,还有"数千人"前来看热闹。关于兖州府活跃的不同刀会,传教士这样写道:

> 一个多月来,大刀会在地方官的眼皮下于城内开办了几十家刀会;它们的成员在操习器械。我向地方官呼吁进行查禁,但是流于徒劳。这些官员声明他们不想或者是不能这样的原因,是东抚(毓贤)在公开指令中恩准和鼓励这些大刀会徒。②

还是同一个作者所叙,济宁的主教驻地突然涌进了数百计由乡村教会逃离至此的教民,这看起来就像一个武装兵营:

> 这些教民在不同地方进行训练来护卫驻地。各处都有

---

① 具体细节,可见如下文献:安治泰致克林德函(1899年8月31日,北京),载柏林联邦档案馆《外交部卷宗之驻华使馆报告》,第328/227—234;贝尔曼(Theodor Clemens Bellmann)文(未署日期,但是写于1899年12月25日后),载《耶稣心小使者报》,第27卷第8期(1900年5月),第105、132页;冯曾(Wilhelm Fritzen)函(1899年7月9日和17日,坡里),载《耶稣心小使者报》,第27卷第1期(1899年10月),第4页;齐恩来(J. Ziegler)函(未署日期),载《耶稣心小使者报》,第27卷第7期(1900年4月),第89—90页。
② 恩博仁文(1899年8月12日,兖州),载《耶稣心小使者报》,第27卷第3期(1899年12月),第34页。

长矛、步枪和其他武器,指向窗户外和墙壁上。多亏了这些坚固的筹备,济宁主教驻地才能够抵挡住这些贼匪长达两个月的攻击。①

尽管圣言会传教士有着炮制危言耸听报告的倾向②,但是可以非常清楚地看出,反教组织在济宁周边乡村是极为活跃的。这些刀会为什么首先在济宁地区出现? 与鲁苏和直东边缘地带不同,这片"鲁"的中心地区并不以普遍性集体暴力知名。因此,这也似乎并没有建立保护性组织之需要。当然,济宁北部的大运河沿岸地区在 1898 年遭受了规模较大的洪灾,旱灾在 1899 年初又接踵而至。这都营造出很大程度上的不安全感,因此,大量饥荒难民一直在乡间游荡。③ 此外,禅定和聚会两教派在该地都有较强势力,尤以无处不在的离卦教为甚。④ 正如我们所看到的,巨野、嘉祥和汶上县的诸多天主教民都有着教门背景。最后也是最为重要的,这块反教拳民动员之地,也正是位于赵天吉拳会活

① 恩博仁文(1899 年 8 月 12 日,兖州),载《耶稣心小使者报》,第 27 卷第 3 期(1899 年 12 月),第 33—34 页。也可见某圣言会传教士函(署期 1899 年 8 月 28 日,天津),载《天主之城》,第 23 卷第 3 期(1899 年 8 月 28 日),第 110 页;薛田资文(1899 年 7 月 20 日),载《耶稣心小使者报》,第 27 卷第 1 期(1899 年 10 月),第 4 页。

  7 月 22 日,巨野的德天恩给安治泰的信中称,谣言四处流传,即济宁主教驻地将要在农历六月十七、十八和十九日(7 月 23—25 日)连续三天遭到攻击,据称这两千名教派分子在 21 日将从南部农村地区过来。见安治泰致克林德函(1899 年 7 月 25 日,坡里)附件,载柏林联邦档案馆《外交部卷宗之驻华使馆报告》,327/100—101。
② 非常有意思的是,济宁新教传教士看起来并没有意识到该地有任何"教派"的成立。
③ 天主教的报告言称,"昨天"一个千人团伙侵入了济宁城区,并掠夺商铺。见佛尔白文(1899 年 5 月 2 日),载《耶稣心小使者报》,第 27 卷第 2 期(1899 年 11 月),第 20 页。
④ 薛田资称,离卦教控制了济宁的"所有分支"。见薛田资《在孔夫子的家乡》,第 227 页。请注意新近的田野调查揭露有着 2000 名会徒的离门,是济宁道士李书印在 19 世纪 70 年代创立的。见《山东义和团调查资料选编》,第 18—19 页。但是,官方历史文献记载中并没有提及对该教派的镇压。

动区域的"走廊"位置,而后者的活动区域从北部的阳谷县北,一直拓展至南部的江苏团里地区。如同第七章所述,圣言会传教士认为该人与能方济和韩理两教士被杀有关。1898年3月发生的对德华盛的攻击,也被圣言会传教士认为是大刀会的"教派分子"所为。按照福若瑟的说法,这些人在陶官屯公开练拳,而该地则有一处基督宗教教会,在嘉祥和巨野两县的交界地段其他诸多村子里也设有教会。①

1899年夏,东抚毓贤虽始终否认大刀会的存在,但承认在济宁地区存在着诸多拳会。一些组织被称作红拳会,它们的拳术是由一个名叫邵玉环的江苏人传入,并在济宁北部地区制造祸端。② 但道台彭虞孙称,该会拳首是来自(江苏)丰县的邵士宣,直接向总理衙门禀称大刀会现在已经更换名称,如红拳、义和拳与红门。③ 这可能是与毓贤奏文有着微妙的矛盾,因为彭虞孙禀告总理衙门说,大刀会尽管使用不同称谓,但是实际仍旧存在。

暂且不论这些拳会的源流,所有的目击者都认为它们在济宁地区广泛繁殖。从较为宽泛层面而言,这种态势的产生,是对握有特权的基督教会持续扩张和骄横的回应。④ 连毓贤都暗示拳会滋

---

① 福若瑟致海靖函(1898年5月5日,济宁),载柏林联邦档案馆《外交部卷宗之驻华使馆报告》,327/78。
② 毓贤奏,光绪二十五年六月二日(1899年7月9日),转引自周锡瑞《论义和团运动的社会成因》,载《义和团运动史讨论文集》,第592页;毓贤奏,光绪二十五年六月十九日(1899年7月6日),载《教务教案档》第六辑(1),第393件,第402页。
③ 彭虞孙致总理衙门函,光绪二十五年八月二十六日(1899年9月30日),载《教务教案档》第六辑(1),第420件,第444页。主教安治泰写道,邵来自(江苏)萧县。见安治泰《年度报告》(1899年末),载《天主之城》,第23卷第7期(1900年),第302页。
④ 1899年复活节,神甫德华盛仅在嘉祥一地就收纳了3000名圣餐会友。此时接替德华盛神职的贝尔曼神甫认为这个真实的数字应为1.2万人。见夏德威《中国的圣言会传教士》I,第386页。

432

事挑衅,"在教堂附近练拳,甚至假教堂为拳场,以此炫耀武力"①。7月29日,在同济宁数位地方知县商谈后,毓贤电告总理衙门:

> 民间习拳自保身家。而拳中之匪首附入民团,煽惑聚众,甚至贼匪假名驱逐教民,乘机掠取财物。②

毓贤和传教士在这些冲突的根源上,虽存在根本分歧(见下文),但他的措辞——把行凶者称为贼匪——仍有着强烈寓意。在这困难时期,干旱、饥荒和不断上升的排外主义合为了一个强大的联合体,尤其把教民置身于掠夺攻击的虎口之中。对此非常重要的是,对教民的经济破坏,是济宁地区发生的有组织反教攻击的主流特色。向与外人有着联系的教民强索"罚钱",是打击教民的首选方式。美国北长老会传教士莫约翰(John Murray,1862—?)在济宁描述了这种勒索手段:

> 他们打听哪些人是我们的教徒,或者参加过我们的祈祷。曾给外国宗教提供过帮助或者有联系的人,都要缴纳一笔费用作为"罚钱"。如果这笔钱或者是它的等值替代物在五天之内没有交付指定地点,那么将遭受更坏的惩罚。被抓、被抢、庄稼被毁,更坏的是……这看起来像是有组织绑匪的预谋所为。这个所谓的会社自称得到官府的保护。③

---

① 毓贤奏,光绪二十五年六月二日(1899年7月9日),转引自周锡瑞《论义和团运动的社会成因》,载《义和团运动史讨论文集》,第592页。
② 毓贤电,光绪二十五年六月二十四日(1899年7月31日),附于总理衙门至克林德函,光绪二十五年六月二十九日(1899年8月5日),载《教务教案档》第六辑(1),第399件,第409页。
③ 莫约翰致布朗函(1899年9月7日,济宁),见美国宾州长老会历史协会《美国北长老会海外布道部档案之中国部分》,第45卷第3册,文件号56;也可见莫约翰数月后根据自己的调研写成的长篇报告,载莫约翰致法勒函(1899年11月23日,济宁),附于莫约翰致戴维·希尔函(1899年12月22日,烟台)附二,见美国国家档案馆第59类暨《国务院一般函件》之《1863—1906年美国驻烟台领事馆报告》(3),文件号213。

该传教士从中国佣工口中得知,拳会使用了一组广泛的口号:"保身护命,捣毁财产,保护皇朝,消灭洋人。"这也导致五名教民在这起鲁西南反教暴力事件中丧生。[①] 这种综合性的口号虽然有着吸引最广泛的力量来支持这起运动的潜势,但也促使了对稀缺资源的掠夺。

这种"爱国掠夺"的特殊形式,似乎也促发了曹州府西南地区的反教攻击。据称,这也系大刀会刀会所为。这起发生在 1899 年 8 月的闹教,其中心地区位于曹县、定陶和成武的三地交界处,近邻大刀会的核心发源地。传教士培渥蓝(Hubert Peulen,1864—1928 年)在这起事件发生的近一年后,起草了一份报告,称数千大刀会徒起初是在定陶县聚集。据说,他们来自其他地区,随身携带着长矛和刀剑。很少有人带着枪支,可能也就是百分之一的比例,但他们相信自己的刀枪不入之术。这支"外来"刀会后来分裂成数支小规模的队伍,驻扎在安仁集和冉堌集(后面这个地方也同时驻扎了百人清军防营)。8 月 12—14 日期间,爆发了首起严重攻击。行凶者尽量拿走教民财物,其余均被捣毁。据报道,大刀会的主要武装把一日之内掠夺的用 24 辆牛车满载的战利品,拉往他们的驻地。如果时机可能,他们还会绑架天主教某教会的会长,以此勒索赎金。受害人家庭不得不出售土地,或者举借高利贷来赎回家人的自由。培渥蓝认为,曹县大约有 100 户家庭受到了这起迫害的影响。在济宁地区,大刀会实施经济打压手段。被害的人数不多:只有一名孩童和一个老人丧生。

---

① 莫约翰致法勒函(1899 年 8 月 30 日,济宁),载美国国家档案馆第 86 类暨《外交人员函件》之《烟台领事馆报告及杂函》(9)。韩甯镐指出,1899 年圣言会传教区西境只有五名天主教徒丧生。见韩甯镐《圣言会福若瑟神甫:其生平和著作,兼论鲁南传教史》,第 450 页。

但更重要的是,损失不仅仅局限在教民身上。"一些殷实的异教徒也遭受了打压和洗劫。土匪们有着丰富的途径和手段,把祈祷书、图片或者念珠偷偷地塞进受害人的房子内。这是被打劫对象自然被认定为教民的无可争议的证据。"①

由于随意性掠夺的增加,大刀会的肇事者也失去了曹县平民的支持。考虑到这一弱点,培渥蓝和其教民决定这是他们抵御攻击的良好时机。他们甚至宣称,这一举动还得到道台彭虞孙的鼓励。8月14日,教民抓获八名"刀匪",并移交到曹县官府。这伙人抢劫了(可能位于曹县东北)宋堂一个拥有千亩土地的大户。②他们抢劫安仁集附近的另外三个村子后,包括**当地大刀会**在内的该区域教民和平民联合反攻这些"贼匪"。后者数人被歼,其余人等被抓并扭送至地方官府。8月16日,"贼匪"在安仁集南约27里处的孙老家一役中,遭受更大重创。当地教民和平民的自卫组织,给与其沉重打击。大部分的大刀会掠夺组织被歼灭或被抓获,这其中包括三名匪首。③

在菏泽县,教民平民的联合力量,也同样驱散了另外一伙"教派分子",这甚至包括"来自曹县的500名大刀会徒……。各地的异教徒村庄首轻松解决了这些暴徒;大部分的匪徒都被冷酷地击垮了。民众在不公正掠夺上显示出极大的怒火"。④ 这种教民和

---

① 培渥蓝报告,载《耶稣心小使者报》,第27卷第9期(1900年6月),第119页。

② 出处同上。培渥蓝并未标明这个大户是否为教民,但有可能是平民。

③ 培渥蓝报告,载《耶稣心小使者报》,第27卷第9期(1900年6月),第120—121页。关于曹单两县的"统一战线",也可见韩甯镐1899年9月8日报告,载《科隆人民报》1900年11月16日,转引自费歇尔《韩甯镐传:53年的传教士和传教主教生涯》,第143页。

④ 培渥蓝报告(未署日期),载《耶稣心小使者报》,第27卷第9期(1900年6月),第121—122页。还不清楚这种斗争是发生在菏泽所有区域还是在其中的一些飞地地区。

平民间富有成效的协作努力,也吸引了一些联庄会的首领,这些人先期保持中立姿态或者是对教民抱有恶意。在冉堌集——打劫者的主要驻地——地方首领召集民团,同时敦促"贼匪"撤离。遭到后者拒绝后,遂引发一场斗争。其中,15 名"贼匪"被歼,31人被擒。[①]

在邻地单县,教民和百姓在抵御外来大刀会入侵者时,也有过类似联合。[②] 但在成武县,骚动仍延续了一段时期。该地"伟大的知县跟在(大刀会掠夺者)屁股后面,给他们带去甜瓜,并赠予礼物"。[③]

上述清楚表明,大刀会发源核心区的平民,在 1899 年夏通常乐于支持当地教民,尽管那时还有些关于后者往井中投毒的煽动性谣言。然而,培渥蓝强调说,曹县教民能够幸免遇难,其原因是这些行凶者来自其他地区。[④] 1899 年,大刀会在单、曹和定陶县尽管人多势众,但并不再给教民寻事。[⑤] 反教骚动的源头看起来是在巨野县,因为据称连成武县的大刀会加入攻击的原因是"受巨野同伙的胁迫"。[⑥]

上文讨论强化了这样一个观点,即在华北边缘地带,乡村社会发生的大部分反教暴力主要是既存矛盾的延续。当然,在这种

---

① 培渥蓝报告(未署日期),载《耶稣心小使者报》,第 27 卷第 9 期(1900 年 6 月),第122 页。

② 韩甯镐:《圣言会福若瑟神甫:其生平和著作,兼论鲁南传教史》,第 445—446 页。

③ 培渥蓝报告,载《耶稣心小使者报》,第 27 卷第 9 期(1900 年 6 月),第 122 页。培渥蓝补充说这个县令是个毛头小伙子,看起来对谁都不怕。

④ 同上。关于该谣言,见韩甯镐《圣言会福若瑟神甫:其生平和著作,兼论鲁南传教史》,第443 页。

⑤ 韩甯镐文(1899 年 9 月 8 日),附于安治泰致霍亨洛函(1899 年 11 月 18 日),载柏林外交署政治档案"中国 6"《1895—1916 年中国政府对基督教会的态度》,第 40卷;也可见柯博识《中国与鲁南天主教修会(1882—1900)》,第 175—176 页。

⑥ 韩甯镐:《圣言会福若瑟神甫:其生平和著作,兼论鲁南传教史》,第 445 页。

高度竞争的环境下,地方社群内部的常见矛盾在面临外部威胁时常常让位给了合作。因此,大刀会与当地教民联手捍卫受外来大刀会组织威胁的共同地方性利益时,也就有了十足的理由:"在曹县,甚至一些老教派分子,其中包括被处决会首曹得礼的儿子,都愿意与教民一道抗击这些新的'匪帮'。"①

　　圣言会传教区西境的第三个反教骚动地区是黄河北的寿张、阳谷、观城及朝城等地,时值 1899 年 8 月。8 月 12 日,寿张附近一处新建教会遭到攻击,教民被处以"罚钱"。8 月 13 日,(阳谷县西南)石门宋规模较大的教会也遭受迫害。② 驻守着七名欧洲神甫的中心堂口坡里,据称也遭到敌对武装的围攻,形势极为险恶。一位欧洲修士训练和召集教民进行自卫。③ "我们庆祝圣母升天节(8 月 15 日)时,两边各有手枪和步枪护卫,腰间都别着弹药包。"④

　　然而,最有意思的地方在于,传教士认为是赵天吉组织了这起发生在阳谷县的反教暴力事件,而这位神龙见首不见尾的拳师曾在数年前把金钟罩的拳术传入曹州府南部地区。1899 年 10 月,主教安治泰对此人这样评说:

　　　　来自直隶的匪首赵,给坡里附近的阳谷县、观城县和朝城县制造了前所未有的麻烦。……赵此前给我捎话,不让我有所担心。他并不准备侵犯欧洲人的人身和财产安全。巡抚毓贤给他们下达书面指令,只准他们捣毁基督宗教圣会,

---

① 韩甯镐:《圣言会福若瑟神甫:其生平和著作,兼论鲁南传教史》,第 445 页。
②《耶稣心小使者报》,第 27 卷第 3 期(1899 年 12 月),第 35 页。
③《传教士来函》(1899 年 8 月 28 日,天津),载《天主之城》,第 23 卷第 3 期(1900 年),第 110—111 页;贺德满致克林德函(1899 年 8 月 14 日),载柏林联邦档案馆《外交部卷宗之驻华使馆报告》,328/189。
④《耶稣心小使者报》,第 27 卷第 7 期(1900 年 4 月),第 90 页。

但不要杀害任何人。①

如果安治泰所述属实,那么赵天吉在黄河北部地区的持续停留,对拳民向合流方向发展有着重要意义。

在此要饶有趣味地指出,东抚毓贤在向北京的任何禀文中,均未提及曹州府南和阳谷地区的反教事件。然而,当这些事端从山东蔓延至东明县和开州时,大刀会骚乱的发生可在直隶某些地方官府与总督衙署的来往电文中得以反映。②

时值1899年秋,鲁南地区大部地区的反教骚动已渐平息。③此时,圣言会神甫也开始再次转向为传教士和教民索赔这个微妙问题上。安治泰主教在关于教区于1899年5月后所遭损失的报告

---

① 安治泰致克林德函(1899年10月20日),载柏林联邦档案馆《外交部卷宗之驻华使馆报告》,328/276b。

② 参见《直东剿匪电存》,第62—84页,大名庞道台在1899年8月19日的电文是关于此类攻击的首起报告。关于名为王森的武生从山东召集大刀会众对开州五六所教堂的攻击,及其后被开州马兵击溃一事,见葛光被文(1899年8月28日,献县),载《泽西信函》,第19卷第2期(1900年10月),第261页;万其偈(1899年9月20日,直隶赵家庄),载《泽西信函》,第19卷第2期(1900年10月),第262页。

　　关于开州北直东交界区的这种持续骚乱资料,见大名道在1899年10月12日电告,载《直东剿匪电存》,第89—91页,此处指的是朝城、阳谷、冠县和莘县的刀匪活动,涉的主要匪首是赵兴吉(见第90页),笔者推测这有可能是赵天吉的别名。

③ 安治泰指出,江苏的这个叛首于1899年10月末仍在汶上县南部地区活动。见安治泰致克林德函(1899年10月20日),载柏林联邦档案馆《外交部卷宗之驻华使馆报告》,328/276b。1900年初,嘉祥县仍爆发了一些间歇性的冲突。兖州府田总兵率部两次与大刀会交火,双方各有伤亡,见贝尔曼函(未署日期),载《耶稣心小使者报》,第27卷第8期(1900年5月),第105页;贝尔曼函(1900年3月19日,嘉祥),载《耶稣心小使者报》,第27卷第10期(1900年7月),第132页;《德文新报》1900年3月16日,胶州增刊,第66页。

　　观城、朝城和范县仍有骚动持续。见安治泰致克林德函(1899年12月1日,青岛),附于克林德致霍亨洛函(1899年12月7日,北京),载柏林外交署政治档案"中国6"《1895—1916年中国政府对基督教会的态度》,第40卷,文件号194。1899年12月18日,一支大刀会武装捣毁了(阳谷县)东岗庄和仲庄的教堂,然后前往(平阴县)白玉峪方济各会据点,在那里被当地农户打败,见商格理(Joseph Stangier)文(1900年1月5日),载《德文新报》1900年3月16日,胶州增刊,第67页。

中,确定如下灾区:(1) 济宁、滋阳、宁阳、汶上、嘉祥、巨野和郓城;
(2) 菏泽、定陶、成武、曹县和单县;(3) 阳谷、寿张、观城和朝城。
按照主教的估算,这些地区的总损失分计如下:50 处礼拜堂尽数摧
毁,40 处损坏,90 处遭劫;27 名传道员被抢,各有一人死伤;1600 户
教民家庭遭打劫;其余数百教民家庭遭受罚钱勒索,60 名教民被绑
票;30 名教民受伤,5 人被杀;大约 200 间(原文为 100—200 处房
屋)被推倒或焚毁;许多受害家庭被迫卖土地来支付赎金。[①]

四、1899 年:毓贤与鲁南事端

传教士——包括天主教和新教传教士,都相信鲁西的反教运
动均受毓贤的煽动。某圣言会神甫声称,从一位友好官员处得
知,毓贤计划"完全铲除基督宗教并把德国人赶出青岛",据称该
计划得到了北京的宽容。[②] 主教安治泰如是评论他:

> 毓贤是个满人,在山东为官多年,因精力充沛和勤勉于
> 事但彻底排外而知名……。该人对修会的态度多年来就为
> 人所知,他会抓住一切机会来表露出对后者的憎恶倾向。[③]

---

① 安治泰:《年度报告》(1899 年末),载《天主之城》,第 23 卷第 7 期(1900 年),第 303
  页;也可见安治泰致霍亨洛函(1899 年 11 月 18 日,济宁),载柏林外交署政治档案
  "中国 6"《1895—1916 年中国政府对基督教会的态度》,第 40 卷。
② 神甫 L.(疑为薛田资)(1899 年 6 月 18 日),载《科隆人民报》1899 年 9 月 25 日,节
  选自载柏林外交署政治档案"中国 6"《1895—1916 年中国政府对基督教会的态
  度》,第 38 卷;也可见薛田资文(1899 年 7 月 20 日,大运河),载《耶稣心小使者报》,
  第 27 卷第 1 期(1899 年 10 月),第 5 页。薛田资得知当欧洲人撤离内陆时,大刀会
  准备开往青岛。这将会在农历八月发生。出处同上。
③ 安治泰:《年度报告》,载《天主之城》,第 23 卷第 6 期(1900 年),第 275 页。然而,请注
  意安治泰曾在 1896 年因大刀会事件和兖州地产争端的解决而称颂毓贤。见安治泰
  致绅珂函(1896 年 2 月 8 日,坡里),载柏林联邦档案馆《外交部卷宗之驻华使馆报
  告》,325/18;也可见伯义思文(1897 年 1 月 17 日),载《圣弥额尔历》1898 年,第 119
  辑;恩博仁文,载《耶稣心小使者报》,第 27 卷第 10 期(1900 年 7 月),第 135 页。

这位主教补充说,当德国传教士(据说)反对毓贤在 1897 年末接替张汝梅出任山东巡抚一职时,更使毓贤的敌意深化为"深仇大恨"。①

济南的某新教人士,也把毓贤描绘为一位反对任何外洋事务的极端保守派。就在毓贤到达济南履新稍后不久,据传他告诉一德国军火商,说他对新式枪支甚无兴趣,还是钟情于中国的旧式大口径火枪。"这位阁下同时花费 2000 两和 3000 两库平银订购竹盾和长矛。"此外,据报道他还辞退了衙门里的洋教头。② 同时,还传其指令山东防营消灭所有教民。③

圣言会传教士也自然不会认为,毓贤的上台和有组织反教暴力在后者任职期内于传教区西境的再生,仅仅是种巧合。1899 年 6 月,安治泰通告德国代办说,在大刀会沉寂一段时间后,"教派分子"听说毓贤即将履任,便公开重新习武。④ 一年后,另一位圣言会神甫记述说:

> 当前道台毓贤这个教民和外人的仇敌……就任新职时,(大刀会)才敢再次公开露面。因胶州被占,毓贤计划欲报复传教士和教民,所以与大刀会取得联系,成为后者的保护神,并给予在鲁南迫害(教民)以最大限度的权力。⑤

---

① 安治泰:《年度报告》,载《天主之城》,第 23 卷第 6 期(1900 年),第 275 页;也可见白向义《在华五十年:浸礼会山东、山西和陕西传教史(1875—1925)》,第 89 页。

② 《济南通讯》1899 年 6 月 5 日,载《北华捷报》1899 年 6 月 26 日,第 1155 页;也可见如下社论:《山东和其新巡抚》("Shantung and Its New Governor"),载《北华捷报》1899 年 4 月 17 日,第 653—654 页。

③ 安治泰致贝威士函(1899 年 6 月 13 日,青岛),载柏林联邦档案馆《外交部卷宗之驻华使馆报告》,328/74;安治泰致贝威士函(1899 年 6 月 25 日,济南),载柏林联邦档案馆《外交部卷宗之驻华使馆报告》,328/83。

④ 同上。

⑤ 培渥蓝报告,载《耶稣心小使者报》,第 27 卷第 9 期(1900 年 6 月),第 119 页。

圣言会传教士甚至宣称,1899 年春,毓贤正在筹备与德国的胶州之战,并吸纳 2500 名左右的大刀会徒改编入营。[①] 安治泰在此后给德国首相的信中说到,巡抚把自认为刀枪不入的大刀会徒改编为数营军队(2000—3000 人),把它们列入本标,以备与德人战争之用。[②] 虽然没有官方文献证实确有这一计划存在,但非常有意思的是,毓贤在北京的授权下叙用前曹州府总兵万本华。也许我们还会记得,万氏因所谓的反教活动和在胶州湾被占期间招募大刀会众抵抗德国之举,招致传教士的强烈反对而被罢免。[③]

　　这些新教人士同时断言,毓贤迫于朝廷所限而未能在 1899 年 5 月赴鲁东抗德(见第九章)后,遂改变策略,鼓励鲁西地区对教民的骚扰和经济打压,而该地远离德国的经济和军事势力范围。但教民并未罹难,欧洲人也免遭侵害,这也没给德国人落下军事干预的口实。传教士指出,毓贤希望通过这种方式把侵略的外人和他们的宗教最终驱逐出山东省。[④] 据称某济宁激进官员告诉德天恩,"(大刀会)动乱是巡抚毓贤的周详计划,这将被逐渐贯彻在山东全境"。[⑤]

　　当有组织的反教暴力在曹州府南部地区爆发数天后,毓贤在 1899 年 8 月初驰赴该地,传教士也就相信是他煽动了这起

---

① 德天恩致安治泰函(1899 年 6 月 5 日),附于安治泰致贝威士函(1899 年 6 月 25 日,济南),载柏林联邦档案馆《外交部卷宗之驻华使馆报告》,328/84。

② 安治泰致霍亨洛函(1899 年 11 月 18 日),载柏林外交署政治档案"中国 6"《1895—1916 年中国政府对基督教会的态度》,第 40 卷;也可见薛田资(1899 年 7 月 20 日,大运河),载《耶稣心小使者报》,第 27 卷第 1 期(1899 年 10 月),第 5 页。

③ 关于万的这次复职,见光绪二十五年四月五日(1899 年 5 月 14 日)谕令,载《大清德宗景(光绪)实录》卷四四二,第 51 页。1900 年夏,该人在李秉衡的麾下在京师与联军战斗的极端爱国活动,见谭春林《义和团之乱》,第 105、110 页。

④ 参见安治泰《年度报告》,载《天主之城》,第 23 卷第 6 期(1900 年),第 276 页。

⑤ 德天恩致安治泰函(1899 年 6 月 22 日),附于安治泰致贝威士函(1899 年 6 月 25 日,济南),载柏林联邦档案馆《外交部卷宗之驻华使馆报告》,328/84。

攻击。"就在他刚来不久，一些地方的教民就遭到抢劫。当地大刀会徒刚在此前谋杀了一位高级武官——这也是巡抚大人现在深入该地的原因——却和平对待传教士和教民，正如他们的承诺。"①

最后，我们在前文也已经指出，单县和曹县当地的大刀会并没有组织起来反对教民。关于邻地成武县的那起骚乱，当地圣言会传教士贾兰伯（Heinrich Krampe，1858—1926 年）在一年后写到，他曾经希望1899 年夏的麻烦只局限在北部地区（如嘉祥、汶上和巨野）。"当刀匪的洪流跨越边界进入我们修会传教区时，前道台毓贤根本没有前往我所处地附近。"②

当毓贤还在曹州府时，一波谣言开始在该地散播，并蔓延至

---

① 《传教士来函》(1899 年 8 月 28 日，天津)，载《天主之城》，第 23 卷第 3 期(1900 年)，第 110 页；《德文新报》指出，1899 年夏，单县的土匪杀害了参将岳金堂，这件事正好发生在毓贤的鲁南之行中。"这也直接导致了此后排外骚动的爆发。"见《德文新报》1900 年 5 月 9 日，胶州增刊，第 63 页。《单县志》记录，岳金堂同大刀会和盗匪作战达多年之久，于 1899 年 7 月 19 日在马堌堆遭到以刘双田和王根春为首的匪帮的杀害。见《单县志》卷四，第 8 页上；卷六，第 30 页上—30 页下。也可见《续修巨野县志》，第 81 页；培渥蓝：《中国盗匪故事》，第 284 页，该处文献指出岳金堂是被土匪刘方田所杀。

  韩甯镐记录说，毓贤是在 1899 年 8 月 1 日达到曹州府，见韩甯镐《圣言会福若瑟神甫：其生平和著作，兼论鲁南传教史》，第 444 页；不过安治泰认为是在 8 月 7 日，见安治泰《年度报告》，载《天主之城》，第 23 卷第 7 期(1900 年)，第 276 页。德天恩在 1899 年 8 月 8 日在济宁发送至克林德的电文，是关于曹州府冲突的首道电文。见柏林联邦档案馆《外交部卷宗之驻华使馆报告》，328/185。

  四个地区被毁□传教士被驱逐□教产被毁□在巡抚的这次巡视后曹州府传教士的处境极为危险□地方官员公开反对教会的任何事物□散播巡抚想要彻底摧毁基督宗教的谣言□因为憎恨德国人□所以他应为所有局势负责(□代表原文的空白处——译者注)。

② 贾兰伯(Heinrich Krampe)文(1900 年 8 月 7 日，青岛)，载《斯泰尔耶稣心使者报》，第 28 卷第 2 期(1900 年 11 月)，第 21 页。济宁的美国长老会传教士莫约翰也指出："当巡抚在六月前来到该地时，我们的麻烦加倍。"见莫约翰致布朗函(1899 年 9 月 7 日，济宁)，见美国宾州长老会历史协会《美国北长老会海外布道部档案之中国部分》，第 45 卷第 3 册，文件号 56。

直隶南部和豫北,即德国人想要占领整个山东省。但是,因为德人不敢和曹州府民众对抗,所以他们才贿赂 1700 名教民往井中投毒,毒药则由德人提供。同时还谣传一些凶犯已被缉捕、遭到痛打并投进木笼。当然,教民自己因有解药而免受毒害。此类谣言被证明在一些地区特别具有煽动效应,特别是当民众感到担心和不安时,而这恰逢普遍性的干旱时期。同时,据传毓贤缉拿了安治泰主教,并把他解往济南。曹州的培渥蓝也遭到了当地知县的殴打和绞杀,县城里的所有教民均被砍头。[1] 一些排外主义和爱国口号伴随着这些无头谣言一同传播,如"打倒外洋"[2]和"保国行善"[3]。

虽然没有文献证明毓贤的曹州府之行诱导了这些谣言和口号的传播,但圣言会传教士提出了其他更有说服力的证据,来证实毓贤直接参与了此地的反教暴力。针对 1899 年夏鲁西南地区大刀会对教民的迫害,一位作者做了如下描述:

> 大刀会匪来到村子里,用火枪往空中了放了几枪,把村民们拢到一起。这些人对村民喊话说:"你们这些老百姓,如果继续老实呆着,那么什么事情都不会发生。我们是巡抚毓

---

[1]《传教士来函》(1899 年 8 月 28 日,天津),载《天主之城》,第 23 卷第 3 期(1900年),第 110 页;安治泰:《年度报告》,载《天主之城》,第 23 卷第 7 期(1900 年),第302 页;培渥蓝报告,载《耶稣心小使者报》,第 27 卷第 9 期(1900 年 6 月),第 119页。最早提到下毒谣言的文献,见斐德礼(Karl Petry)致克林德函(1899 年 8 月 14日,阿城镇),载柏林联邦档案馆《外交部卷宗之驻华使馆报告》,328/188。

豫北的加拿大传教士把"这种极为不稳的状态"归因为长期的干旱和饥荒。彰德府和楚旺地区民众尤为相信外人往井中投毒的谣言。参见《北华捷报》1899 年11 月 27 日,第 1058 页。请注意福若瑟在鲁东即墨也报告了此类谣言。见韩甯镐《圣言会福若瑟神甫:其生平和著作,兼论鲁南传教史》,第 443 页。

[2] 莫约翰致法勒函(1899 年 8 月 30 日,济宁),载美国国家档案馆第 84 类暨《外交人员函件》之《驻烟台领事馆档案及杂函》(9)。

[3] 莫约翰致法勒函(1899 年 8 月 24 日,济宁),出处同上。

贤大人派来消灭教民的,因为这些人是德国人的狗腿子。"接着拿出一大张告示作为证据,上面绣着六条龙和盖着两个大印戳。然后,他们掠夺教民并捣毁后者的房屋。如果某村落建有礼拜堂,这自然也会被一并捣毁。

主教现在还没拿到上述告示。毕竟,它的真假此时已经没有什么意义了。民众相信它的真实性,而巡抚也意识到了这点。主教已向巡抚通告这些教派主义分子的活动。此外,巡抚此时(8 月 28 日)也正在曹州府,在那里可以目睹那些教派分子是如何滥用其名声的。他为何不采取任何措施?这也是为什么有人推测,那份告示确实是发自其手,或者那些教派分子确实是在按照其指令行事。

作者承诺,稍后将提供更多关于毓贤与此事有关的证据。① 但是,最后却未见下文踪影。

此外,传教士断言,地方官员不能给予教民保护,这是因为他们没有从巡抚大人处得到有关指示。1899 年 7 月 11 日,那天时值(汶上县)李家这个鲁南地区成立最早的教会(成立于 1882 年)遭受一伙敌对武装的侵袭。按照传教士所言,汶上知县锡元、兖州道台洪用舟和总兵田恩来此时正在马村,这离李家仅有 4 里,但是他们并没有打算前来制止这起攻击。② 据说地方官员告诉安治泰:"没有巡抚的特别指令,我们孰敢前去弹压贼匪。"安治泰补充说:"与我们至好的一些武官,被直接禁止做出任何举动;他

---

① 《传教士来函》(1899 年 8 月 28 日,天津),载《天主之城》,第 23 卷第 3 期(1900 年),第 110 页。该文作者此时正在陪伴主教安治泰前往北京的途中,安氏此行目的是给德国外交干预施压。
② 安治泰致克林德函(1899 年 7 月 25 日,坡里),载柏林联邦档案馆《外交部卷宗之驻华使馆报告》,328/99。

们对这道禁令恨得咬牙切齿。"①据报道,曹州总兵龙殿扬告诉当地传教士,他已经得到了北京关于保护教民的直接谕令,但是毓贤给其下达了"相反的指令"。② 1899 年 6 月,嘉祥武官告诉德华盛,"此时上头有指令严禁逮捕陈兆举……和阳兴贵"。③

　　还没有发现书面证据证明毓贤确实煽动了 1899 年的反教暴力。但毫无疑问的是,他乐于抵制——甚至伴以武力——外国侵略者进入山东省。他众所周知的排外情绪,势必促成了有组织反教暴力的滋长,并抑制地方官员弹压此类活动的努力。

　　总而言之,毓贤在 1899 年夏这些事件中的角色,明显不同于传教士的上述描绘。早在 7 月 6 日,总理衙门照会德国公使,言称是教民先前向平民勒索钱款才诱发了骚动,而后者现在只是索回这笔罚钱而已。④ 数天后,毓贤也明确表示,教民经常欺侮平

① 安治泰:《年度报告》,载《天主之城》,第 23 卷第 7 期(1900 年),第 302 页。另外一个传教人士指出,一些地方官员敦促安治泰前往北京施压,以求撤换毓贤。《传教士来函》(1899 年 8 月 28 日,天津),载《天主之城》,第 23 卷第 3 期(1900 年),第 111 页。安治泰也宣称其于 1899 年 9 月 3 日在天津与李鸿章会面时,后者也给出了同样的建议。见安治泰致霍亨洛函(1899 年 11 月 18 日,济宁),载柏林外交署政治档案"中国 6"《1895—1916 年中国政府对基督教会的态度》,第 40 卷。
② 《传教士来函》(未署日期),载《耶稣心小使者报》,第 27 卷第 7 期(1900 年 4 月),第 90 页;也可见斐德礼致克林德电(1899 年 8 月 14 日,阿城镇),载柏林联邦档案馆《外交部卷宗之驻华使馆报告》,328/188。田、龙两位总兵被认为对传教士较为友善。龙(1899 年 4 月赴任)曾随李鸿章游历欧洲。参见卢国祥文,载《斯泰尔耶稣心使者报》,第 28 卷第 1 期(1900 年 10 月),第 5 页;佛尔白:《曹州府的龙总兵》(Volpert, "Der General Lung in Z'autschoufu")。
③ 转引自安治泰致贝威士函(1899 年 6 月 25 日,坡里),载柏林联邦档案馆《外交部卷宗之驻华使馆报告》,328/84a。
④ 总理衙门致克林德函,光绪二十五年五月二十九日(1899 年 7 月 6 日),载《教务教案档》第六辑(1),第 382 件,第 385 页。

民,才迫使后者习拳以求自卫。① 在此后数起禀奏中,毓贤又重循旧路,宣称教民应对鲁西南的这些事端负责。他坚持认为这与大刀会毫无相干,且在 1898 年春(见第七章)发现,曹、单和成武县平民和教民冲突的原因在于这些教民欺侮平民,由此导致平民建立拳会"自保身家"。毓贤还声称,他已发出指令弹压大刀会和红拳会(在此,该会确实存在)。此后,在农历七月(1899 年 8 月 6 日至 9 月 4 日),一个名叫陈兆举的拳会首领集众在济宁—嘉祥—汶上—巨野等地滋事。然而,巡抚进而论述,他已饬令嘉祥知县叶大可前去缉拿并处决陈兆举。事实也确实如此,陈的随众也被驱散。②

1899 年 9 月底,安治泰在(从北京返回途中)到达济南后与巡抚商谈赔款问题时,发现毓贤已向总理衙门致函谴责成武县教民,该函言称"教民聚集,或六七十人或两三百人,结伙流窜,抢劫平民,勒索钱财,私设公堂,假教士之手收取罚钱"。③ 这番谴词主要参考了知县锡元的禀文,即邵家楼教民邵心昌结伙成派,捉拿平民赵二,把后者五花大绑并押至济宁教堂。赵二被指控为红拳会成员,被捆在树上达三天之久,传教士德天恩对其有过人身侵害。④

---

① 毓贤奏,光绪二十五年六月二日(1899 年 7 月 9 日),转引自周锡瑞《论义和团运动的社会成因》,载《义和团运动史讨论文集》,第 592 页。

② 这番指责的概要,见毓贤奏,光绪二十五年十一月四日(1899 年 12 月 6 日),载《义和团档案史料》上,第 38—39 页。更多细节,见柯博识《中国与鲁南天主教修会(1882—1900)》,第 183—185 页。

③ 安治泰致霍亨洛函(1899 年 11 月 18 日,济宁),载柏林外交署政治档案"中国 6"《1895—1916 年中国政府对基督教会的态度》,第 40 卷。

④ 毓贤在 1899 年 12 月 25 日的奏折中称这是兖州"主教"德华盛(彭虞孙的奏折中为副主教)所为。这明显有误,首先这肯定是德天恩,其二他不是时任主教,而是济宁地区的总司铎。请注意德华盛是德国会外司铎"Peter Dewes"的中文名,他于 1899 年在嘉祥收纳了数千名想加入教会的慕道友。见夏德威《中国的圣言会传教士》I,第 386 页。

毓贤言称,赵二在付了 8 万文京钱后才被释放。①

安治泰特别回应了毓贤致总理衙门的 9 月 19 日电函,他在署期为 1899 年 10 月 20 日致德国公使的长函中,驳斥了巡抚的"虚假"指控。② 针对平民只是索回罚钱这一说辞,安治泰指出:

> 当我拜访汶上知县时,这个名叫 Si(指锡元)的人③,是巡抚毓贤的忠实下属。当时是 5 月份,我要求他解决汶上南部地区的骚动问题,他如是告诉我:只要传教士德天恩继续向平民索取罚钱,他便不可能重塑和平(系为原文)。德天恩曾 16 次对平民索要罚钱。因此惹怒了平民,便决定攻击教民作为报复。

主教向锡元索要这些村子以及被罚平民的姓名。按照安治泰所言,知县不得不承认刚才说的全是捏造之词。但当道台彭虞孙也作出类似的指控时④,安治泰指令德天恩向济宁各知县确认彭的这番控词是否属实。虽有一些排外官员并没有给予答复,但是收到的其余答复皆不支持彭的这番指控。

---

① 毓贤奏,光绪二十五年八月十五日(1899 年 9 月 18 日),附于总理衙门致克林德函,光绪二十五年八月十九日(1899 年 9 月 23 日),载《教务教案档》第六辑(1),第 415 件,第 437 页;毓贤奏,光绪二十五年八月二十一日(1899 年 9 月 25 日),载《教务教案档》第六辑(1),第 416 件,第 438—439 页。请注意柏林中国驻德公使在 1900 年 3 月末再次提出该事。见中国大使馆致德国外交署函(1900 年 3 月 29 日,柏林),内附知县锡元报告,载柏林外交署政治档案"中国 22"《1899—1922 年的胶澳租借地和德国在山东的利益》,第 6 卷。

② 安治泰致克林德函(1899 年 10 月 20 日,济宁),载柏林联邦档案馆《外交部卷宗之驻华使馆报告》,328/274b—278。

③ "Si"在安治泰的文本中系为误写,在德文文献中被印为"Li"。锡元是满洲旗人,1898 年后任汶上知县。见《山东通志》卷五九,第 2025 页。

④ 安治泰可能是指彭虞孙致总理衙门的一份长函,光绪二十五年八月二十六日(1899 年 9 月 30 日),载《教务教案档》第六辑(1),第 420 件,第 443—446 页。

关于赵二事件,安治泰在 1899 年 10 月 20 日的报告中详细给出了另一番解释,言称教民邵心昌因前段反教运动而躲到济宁教堂,现在返回邵家楼家中的路上遭到红拳会的攻击。当其他结伴回来的教民过来帮助邵时,除了赵二外,剩余所有红拳会成员皆一哄而散。安治泰承认教民确实抓走了赵二,并把他带到济宁。① 但安治泰又补充说道:"他们本不该这样做。"传教士德天恩斥责了这些教民,"尽管赵是个盗贼和教派分子",还是"礼遇地"送其回家了。② 一道前来济宁的平民调停人,也承诺将返回"贼匪"敲诈邵心昌的 80 串大钱——可能发生在前期的反教攻击中——当赵二被释放回家后。③

至于鲁西南骚动最终得到平息一事,安治泰承认毓贤下达了诸多中肯的通告,但又补充说这并没有产生特别的效果。派遣到受灾地区的部队,可谓弊大于利。④ 陈兆举这位红拳会的前会首,其实已经拘捕,而这不是官府所为,系高家海百姓所做。主教指出,当这些"教派分子"向教民勒索 730 串钱罚钱时,陈和"异教徒"村子的长者在如何分配这笔钱款上引发了冲突。这些长者逮住了陈兆举,并把其扭送到嘉祥知县处,由后者解往兖州府的道台衙署。因时传"贼匪"想要进入兖州城解救陈兆举,所以彭道台

---

① 安治泰致克林德函(1899 年 10 月 20 日,济宁),载柏林联邦档案馆《外交部卷宗之驻华使馆报告》,328/277。
② 安治泰致霍亨洛函(1899 年 11 月 18 日,济宁),载柏林外交署政治档案"中国 6"《1895—1916 年中国政府对基督教会的态度》,第 40 卷。
③ 安治泰致克林德函(1899 年 10 月 20 日,济宁),载柏林联邦档案馆《外交部卷宗之驻华使馆报告》,328/278。
④ 请注意下列电函节文:"遍地都是游勇。"见德天恩致克林德函(1899 年 8 月 23 日,济宁),载柏林联邦档案馆《外交部卷宗之驻华使馆报告》,328/191。

旋即处决陈氏。①

安治泰尽管推翻了毓贤针对教民的所有指控，但非常有趣的是，兖沂曹济道彭虞孙也攻击了教民的压迫行为，并把相关奏报在 1899 年 9 月 30 日呈送至总理衙门。彭虞孙言称，教民常欺侮平民，索取大额罚钱，并让后者在公开酒席上下跪，就像奴仆一样。因此民众忿恨激增，而拳会则给平民提供了复仇的机会。彭虞孙认为安治泰较为凶恶（原文为蜂目豺声），他的主要下属也狡猾贪婪。因为安治泰恣意要挟、妄生觊觎，只有相机辩驳以馁其贪志而杜其狡谋。②

然而，更为吃惊之处在于，这竟然是一位素与传教士交好的官员发起的攻击。彭虞孙尽管出身监生，却有着强势的关系网。他来自（江苏）常州的一个显赫家族，与曲阜孔氏有着姻亲关系。在 1891—1896 年任济宁直隶州同知时，还解决了数起天主教和新教教案。他在 1896 年请求安治泰通融德国公使，让公使在自己出任兖州知府一事上向翁同龢（彭自诩为他的朋友）说项。③

---

① 德天恩致克林德函（1899 年 8 月 23 日，济宁），载柏林联邦档案馆《外交部卷宗之驻华使馆报告》，328/276b。山东口述史项目记载，陈兆举带领拳民曾在 1900 年 7 月 6 日攻打磨盘张家庄。见《山东义和团调查资料选编》，第 4—5、54—57 页。这明显有误，因为陈是在 1899 年农历七月（8 月 6 日至 9 月 4 日）被正法，见《义和团档案史料》上，第 39 页。其实，在嘉祥知县关于 1900 年 7 月这起拳民攻击的禀文中，并没有提到陈兆举这个人。见如下禀文，光绪二十六年六月十三日（1900 年 7 月 9 日）；光绪二十六年六月二十七日（1900 年 7 月 23 日），见《义和团档案史料》下，第 823—825 页。

② 彭虞孙致总理衙门函，光绪二十五年八月二十六日（1899 年 9 月 30 日），载《教务教案档》第六辑（1），第 420 件，第 443—446 页。彭对教民欺压行为的描述，明显与张汝梅在 1899 年 4 月向胶澳总督叶世克的抱怨类似。见张汝梅函，光绪二十五年三月十六日（1899 年 4 月 26 日），载《教务教案档》第六辑（1），第 350 件，第 350—355 页。

③ 安治泰致绅珂函（1896 年 5 月 24 日，坡里），载柏林联邦档案馆《外交部卷宗之驻华使馆报告》，325/78。

在此后与德国公使的沟通中，圣言会传教士反复请求彭虞孙出任兖沂曹济道台一职，该人也确实在1898年夏获得了这一任命。[1]

基于彭与传教士交好这个因素的考虑，他能够在毓贤任期内安守其位，所以值得我们注意。更令人吃惊的是，1899年5月，御史潘庆澜上本弹劾彭氏，而毓贤还为其辩护。潘弹劾彭虞孙在胶州勘定租借地范围时让步太多，牺牲民众利益讨好外人且中饱私囊。[2] 毓贤回应说，彭道台已巧妙处理与外人的协商事务，特别是在传教士索取赔款问题上尤其如此。[3]《北华捷报》编辑认为，毓贤因为彭妥善处理沂州教案而上奏对其褒扬，可能更为重要的是，这笔赔款是出自彭的"个人"口袋。[4]

在1899年夏的政治气候下，彭虞孙也肯定发现自己所处的尴尬境遇。托毓贤之恩惠，他不得不同时取悦于北京的极端保守派和鲁南咄咄逼人的传教士。此外，彭的报告中虽流露出好战的腔调，但其中的某些话语，被看作是对毓贤在1899年夏反教运动中所持蓄意中立政策的含蓄批评。无论如何，据称彭虞孙私自鼓励教民组织自卫武装来抵御大刀会或红拳会的攻击。[5]

但是，也能设想出彭虞孙对安治泰传教事业日益显露出的政

---

[1] 彭虞孙在这次实任之前是候补道台，见1898年8月14日谕令，转引自《北华捷报》1898年8月22日，第328页。关于彭的背景，也可见《山东通志》卷五九，第1813页。他在1903年1月11日死于济宁任上。见《济南通讯》1903年1月20日，转引自《北华捷报》1903年2月11。据称其姐是位基督教徒，见恩博仁文，载《耶稣心小使者报》，第27卷第3期(1899年12月)，第34页。

[2] 潘庆澜奏，光绪二十五年四月二十二日(1899年5月31日)，载《义和团档案史料》上，第25页。

[3] 毓贤奏，光绪二十五年五月二日(1899年6月9日)；光绪二十五年五月二十六日(1899年7月3日)，载《义和团档案史料》上，第26、27页。

[4]《北华捷报》1899年7月31日，第208页。我们现在还无法确定沂州教案赔款是怎样解决以及由谁支付的。

[5] 安治泰致克林德函(1899年10月20日，济宁)，载柏林联邦档案馆《外交部卷宗之驻华使馆报告》，328/278b，280a。

治化性质已有所震惊。进一步而言,彭曾两次长期陪同安治泰评估沂州府修会教产损失(见第九章),在这两次旅途中,他也见识了安治泰的飞扬跋扈行为,而这有时连安治泰自己的教士都难以容忍。① 从安治素的角度而言,确有迹象表明,在毓贤出任东抚之前,安治泰自己也已经对彭虞孙感到失望。②

另外,很难相信的是,鉴于鲁南环境所具有的竞争性本质,教民也不像传教士在 1899 年报告中所竭力表述的那般清白。本书第六章在此点上已有详述,有充分证据显示,传教士自身也对普遍存在的教民的蛮横和暴行感到震惊。外国传教士在公堂外处理地方争端,且强迫"有罪的"平民一方摆桌和睦菜,已是常见之事。比如,以某传教士对 1903 年郯城县的一起事件的记述为例。佛尔白向郯城县衙施压,让它们缉拿在 1900 年义和团运动期间带头攻击教民的某些"贼匪"。而这些所谓的"贼匪"托调停人向传教士祈求宽恕。因此,佛尔白与他们达成一项协议:"我向他们索要了适当罚钱,并让其签署一项声明,这才赦免了他们——我把(获得的)罚钱分给了遭抢的教民。"③

对历史学者想要寻求"事实"真相的努力而言,现有资料所载信息之间的相互矛盾是个严重挑战。当事方——中国官员、地方绅耆、教民和老百姓,以及传教士——都是精于骗术的行家。弄虚

---

① 安治泰性格中的阴暗面,可参见韩甯镐《圣言会福若瑟神甫:其生平和著作,兼论鲁南传教史》。

② 安治泰致海靖函(1899 年 4 月 9 日,济宁),载柏林联邦档案馆《外交部卷宗之驻华使馆报告》,328/22—25;也可见《传教士来函》(1899 年 6 月 11 日),载《天主之城》,第 23 卷第 1 期(1900 年),第 28 页。

③ 佛尔白文,转引自夏德威《中国的圣言会传教士》,第 519 页。请注意德天恩在释放赵二时,也让(汶上县)何家庄的庄首签署了一份声明,即保证赵二不再骚扰教民。见安治泰致克林德函(1899 年 10 月 20 日,济宁),载柏林联邦档案馆《外交部卷宗之驻华使馆报告》,328/278。

作假、蓄意隐瞒和夸大其词,都是日常报告中的常见现象。1899 年夏,德国政府也意识到了问题。考虑到公使馆收到的来自天主教传教士和中国官员两者相互抵牾的报告,使馆人员为新赴任的德国公使克林德(Clemens Freiherr von Ketteler,1853—1900 年)准备了一份关于鲁南局势的评估报告。它得出结论说,德国传教士的表述可能受了过度焦虑之影响,而毓贤似乎并未充分重视动乱这个常见现象。① 当安治泰来到北京为传教士和教民损失赔偿施压时,克林德在 8 月 22 日与总理衙门会商此事。但当中国官员否认山东有动乱存在时,克氏遂决意采取更为谨慎的方针。他在向柏林的通报中称,圣言会神甫在过去三个月中给他传递了一些恐怖故事。但因没有人身伤害报告,所以他觉得持更为质疑的态度是较为务实的。② 在此后电文中,他总结说,传教士在发送的报告中蓄意制造受害形象,目的是从德国攫取更多金钱。③

---

① 麦令豪(Peter Merklinghaus)致克林德函(1899 年 8 月 6 日,北京),载柏林联邦档案馆《外交部卷宗之驻华使馆报告》文 328/207—208。这份备忘录的起草,也缘于总理衙门曾承诺过毓贤会亲自介入鲁南,遏制态势的进一步恶化。见总理衙门致克林德函,光绪二十五年六月二十九日(1899 年 8 月 5 日),内有毓贤光绪二十五年六月二十四日(1899 年 7 月 31 日)电函,毓贤在该函称其已于 7 月 29 日达到济宁,饬令副将戴守礼领兵缉拿引发骚动和张贴揭帖的头目。载《教务教案档》第六辑(1),第 399 件,第 409 页。然而,传教士却声称这些部队的到来只是保护平民,而且是在教民被抢后才有所动作。见安治泰致克林德函(1899 年 10 月 20 日,济宁),载柏林联邦档案馆《外交部卷宗之驻华使馆报告》,第 328 卷。关于戴守礼在弹压沂州府反教动乱中的角色,见本书第九章。
② 克林德致霍亨洛密函(1899 年 8 月 25 日,北京),载柏林外交署政治档案"中国 6"《1895—1916 年中国政府对基督教会的态度》,第 39 卷,文件号 135。
③ 林德致外交署函(1899 年 11 月 12 日),载柏林外交署政治档案"中国 6"《1895—1916 年中国政府对基督教会的态度》,第 39 卷,文件号 133。在调查山东排外骚动的起因时,一位新教作者也声称有人认为"罗马天主教应当为这些骚动的发生负责时,德国政府开始有所警觉,变得不太情愿接管这些传教士的案子,并避免直接与中国政府交涉"。见伊维廉《中国传教士事端之因》(W. O. Elterich, "Causes of the Missionary Troubles in Shantung, China"),载《长老会旌旗》,第 86 卷第 51 期(1900 年 6 月 7 日),第 12 页。

因此,当毓贤于 1899 年实施更为坚定的排外政策时,德国政府特别是新任公使克林德,决定不轻信圣言会传教士的夸大性控诉。对于安治泰自身而言,他仍然在中国教民的保护权上施压,但这遭到了德国使馆的拒绝。在起草于 1899 年 11 月、出版于 1900 年初的年度报告中,安治泰挑衅地暗示,德国政府未能给中国信徒提供有效的保护:

> 暴动已经蔓延至邻省直隶和江苏。但在法国政府的要求下,中国官员大力介入其中,并恢复该地和平。我们受难的教民看到此种境况,根本不理解德国政府为何没有照顾鲁南教民。①

时至 1899 年秋,有组织的骚动在鲁南地区已大体平息。假定毓贤进行干预,那么能起到多大作用呢? 有一点可以肯定,即该地并没有全面的镇压行动。如传教士所述,官府行动是微薄且滞后的。这些传教士声称彭虞孙告诉他们说,即使官府干预其中,反教暴力仍旧会自由发展。② 也或许就是毓贤蓄意遵循的政策,可以把它最为恰切定义为"半抚"和"半剿"的折衷政策。③ 但也有可能的是,反教运动只是驱逐受害者。无论任何,这些攻击只是局限于有限的空间和一定的规模,也并没像圣言会传教士在

---

① 安治泰:《年度报告》,载《天主之城》,第 23 卷第 7 期(1900 年),第 303 页。笔者在此指出,法国公使毕盛把义和团运动的兴起归因为德国政府拒绝为教民损失索赔。参见毕盛致泰奥菲尔·德尔加塞(Théophile Delcassé)函(1899 年 11 月 18 日,北京),载法国外交部档案馆《新增卷之中国》,309/145—146,文件号 142。
② 安治泰致克林德函(1899 年 10 月 20 日,济宁),载柏林联邦档案馆《外交部卷宗之驻华使馆报告》,328/279b。
③ 这个表述首创于蓝文田对徐州府官员的描述。见蓝文田《中国的教区:徐州》I,第 226—227 页。

其危言耸听的信函中所透露的那么严重。① 此类运动的中心，只是位于济宁北相对较小的区域内。尽管毓贤出任东抚为鲁西排外主义的发展酝酿出了更为有利的氛围，但济宁的拳会并未能组织成普遍且广泛的反教运动。大部分的乡村居民，包括某些大刀会组织，都拒绝参与甚至还与教民携手合作抵御外来入侵者，以来捍卫地方性的自身利益。由此可以断定，济宁拳会囊括了大部分的穷人、游民和边缘乡村分子，而其中的领导权则是由外来人担任。在骚动平息之后，安治泰主教如是叙述：

> 绝大多数民众在面临首领的暗中煽动时，要么漠不关心，要么甚至反对。他们并不想掺和迫害教民之事。造反派只是些会社的主要分子、暴徒、强盗和乞丐。要首也非鲁籍人士，如邵（玉环）来自江南萧县，赵（天吉）来自直隶。②

有诸多迹象表明，一些旧怨和族群内部的现存紧张关系在一些个案中仍发挥着效用③，但济宁地区的反教骚动基本上属于掠夺性质，乃是严重生态危机的产物。济宁的拳会与曹单的原发性

---

① 1899 年末，北长老会传教士莫约翰巡视传教区后，也发出如上大致言论。他发现一旦发生迫害后，信徒总会夸大损失。见莫约翰致法勒函（1899 年 11 月 23 日，济宁），附于莫约翰致戴维·希尔函（1899 年 12 月 22 日，烟台）附二，见美国国家档案馆《美国国务院普通档案》第 59 类暨《国务院一般函件》之《1863—1906 年美国驻烟台领事馆报告》(3)，文件号 213。

② 安治泰：《年度报告》，载《天主之城》，第 23 卷第 7 期（1900 年），第 303 页。莫约翰在致美国领事的信中指出，头目来自外地，其中的一些随众在他皈依的村落里是尽人皆知的。见莫约翰致法勒函（1899 年 11 月 23 日，济宁），附于莫约翰致戴维·希尔函（1899 年 12 月 22 日，烟台）附件二，见美国国家档案馆第 59 类《国务院一般函件》之《1863—1906 年美国驻烟台领事馆报告》(3)，文件号 213。

③ 在该点表现最为突出的地方是（嘉祥县）高家海村。毓贤在光绪二十五年七月一日（1899 年 8 月 6 日）的奏折中提到了 22 起此类案件，见《教务教案档》第六辑(1)，第 402 件，第 411—423 页。

大刀会组织在社会构成和宗旨上有所不同,而且它们的拳会之间看似毫无组织关联。与其将它们与鲁西南的大刀会相联系,不如说济宁拳会与该省西北部泛区此时出现的势头猛涨的反教和排外动员更为相似,认识这一点将更富有意义。

应当指出的是,本章概述的如上事件是鲁西南各种境况合流的形势。这里我们要记住的是,普遍性的干旱给民众造成了大面积的饥困和焦虑(见第六章最后一节)。正是在这种情况下,一些恐慌性的谣言开始在这片区域流传,警告德人的险恶和谴责教民井中投毒的行径。柯文在其鸿篇巨制《历史三调》一书中,已令人信服地阐述了此类谣言在义和团运动合流和扩散上的重要性。[1] 这些谣言源自何处? 又是如何在1899年夏传播至山东内陆地区的? 如本书第一章所述,在19世纪的历史进程中,华北民众流动更为普遍。然而,在19世纪90年末,传播这些惊人消息的是四处游荡的饥荒难民。同时,拳师也在来回游走,传播他们的教义和拳技。此外,随着传教事业的持续扩展,中国教民也逐渐变得骄横。在这种紧张的局势下,产生井中下毒的谣言和教民被认作替罪羊也就毫不惊奇了。1899年夏,这些发展态势在鲁西南地区已经显现,塑造了新兴的义和团现象。

五、1899—1900年:义和团运动的兴起

通过临时性的人世轮回,我们伟大教派神力仪式的目

---

[1] 柯文:《历史三调:作为事件、经历和神话的义和团》,第五章《谣言和谣言引起的恐慌》("Rumor and Rumor Panic")。

的,是把先前朝代和过往圣人的灵魂能够附到我们身上。从这时起,我们将能够同样实现戏剧和说书人口中的圣人所做过的光辉功绩。

——Ho Tching kî(1900)①

20 世纪 90 年代以来,中国和西方历史学共同认可一个观点,即系神拳(Spirit Boxers)而非义和拳和大刀会,是义和团运动最为主要和最具活力的源流。② 但是,该拳会的起源仍未厘清。按照山东口述史项目的调查,神拳于 19 世纪 80 年代中期兴起于黄河北的长清县,至 1898 年时,已经扩展到荏平及鲁西北其他地区。在 1898 年末,一些传教士也自然意识到了鲁西北反教拳会的存在。《京津泰晤士报》在庞庄的通讯员,把它与十八村的义和拳以及鲁西南的大刀会联系起来,如是描述了它的兴起:

> 习武会社,现在把目光瞄向了山东和直隶的一些唯灵论组织,并与大刀会接触。对临清(原文误印为 Sin-ching)事端解决的坚决反对者,从神拳成员处得到了主要支持。1898 年夏秋,许多年轻人加入了他们的行伍。这些"拳民"是对东昌府广大地区的实际威胁。在该省南部,他们手持大刀跟着师傅操习刀术。该地的打铁匠夜以继日地忙于锻造这些大刀,在两个月内于每个集市上大量售卖。地方官员被迫通过

---

① "这个教派的秘笈是从鲁西野蛮人处以 23 文钱的价格购得。"见哈尔法《中国关于西方野蛮人的舆论》(Ferdinand Harfeld, *Opinions chinoises sur les barbares d'occident*),第 271 页。
② 侯斌:《试论义和团的组织及其源流》,载《山东大学文科论文集刊》,1980 年第 1 期。

张贴措辞严厉的公告，来制止这种售卖。①

传教士虽有这种焦虑，但神拳的反教骚动在 1898 年看来相当低调。然而，时至 1898 年秋，这时发生了更为猛烈的暴力行动，茌平、禹城、博兴、夏津、恩县和平原等地区的基督宗教教会遭到攻击。1899 年 10 月 18 日，清军在平原县森罗殿击溃拳会，随后逮捕会首朱红灯，这标志着一个新的历史阶段的到来，即义和团运动。在主要向北的扩展过程中，该运动势头大增，从鲁西北进入直隶，在此与当地的拳会合流，并获得广泛支持，终在 1900 年夏到达天津和北京。②

当然，我们关注的不是 1900 年的义和团运动，本书的首要目标是追溯形成义和团运动的背景因素，即鲁西北的神拳与十八村区域的义和拳及鲁西南的大刀会之间的影响、联系及（可能存在的）合作。鲁北的当事人——包括中国官员③和传教士——都急切表明拳患是从这个神拳发源活动区外"引入"的。除极个别外，大多数传教士把所有的拳会都称为"大刀会"，这个术语直至 1899 年末还普遍流行于鲁西地区。当时没有人试图去区分不同

---

① 《庞庄通讯》1899 年 1 月 23 日，载《京津泰晤士报》1899 年 2 月 25 日，增刊。这份报告是首次提到"Boxer"一词的英文文献，作者可能是博恒理。关于类似描述，见博恒理致 J. 施密斯函(1899 年 1 月 13 日，庞庄)，载《美国公理会华北差会记录》第 20 卷，文件号 192。该处资料指出博恒理曾在 1898 年末走访过夏津、高堂和茌平地区："报道广泛言称这些拳民将聚集去杀害所有外人和教民。我此行目的是减轻这种恐慌，去向所有教民和其他人保证这里没有危险。"在另一起报告中，博恒理记述其在 1898 年 12 月走访了茌平县。见博恒理《二十周年年度报告》(1900 年 4 月 30 日，庞庄)，载《美国公理会华北差会记录》第 16 卷，文件号 33。

② 尤可参见金冲及《义和拳和白莲教的关系》，载《义和团运动史讨论文集》，第 31 页；廖一中：《义和团运动史》，第 71—86 页；《山东义和团调查资料选编》，第 78—83 页。

③ 最为知名的就是蒋楷和劳乃宣，前者于 1899 年 4 月从莒州调任至平原县，后者曾任(直隶)吴桥知县。可见蒋楷《平原拳匪纪事》；劳乃宣：《义和拳教门源流考》。

的拳会组织。尽管中华人民共和国的第一代历史学者意识到了不同拳会的存在,但他们深信神拳与义和拳及大刀会有所关联。

长清—茌平区域的原发性神拳有着某些鲜明特色,这尤为表现在他们相信所有的成员都可以降神附体。庞庄的传教士记录说:

> 那些年轻拳民的师傅,都坚持认为自己受神灵影响。他们假装能够把这种神灵附身于所有练拳的年轻随众上,从而赋予后者无穷的力量和勇气。经过这种托钵僧式的方式后,这些年轻人进行习武和练刀,直到出现那种幻觉的力量。不管是单独还是集体练习,拳民们都声称拥有这种神秘力量,能够保护自己不受外伤,同时给其增添罕见的胆量。①

据称这些附身于拳民的神灵是些民间神祇和文化英雄,它们经过通俗文学和戏曲表演而被乡村居民所熟知。我们必须牢记,这些拳会属于民间文化的一部分,而相信神灵附体、咒语和刀枪不入之术,以及信天由命在其中特别流行。因此,神拳是从民间传统而非白莲教处汲取了大量灵感。尽管白莲教早在 1717 年就曾诱发了鲁西南的神拳活动②,但没有任何迹象表明 19 世纪 90 年代末的神拳有任何异端教派背景,抑或受了劫变思想的启迪。虽然它并没有明确的宗教架构,但是这并不意味着它们——如一般意义上的中国会社一样——缺乏宗教元素。比如,路遥教授在梅花拳会首身上发现了宗教性的一面。柯文也把拳民和教民的竞争

---

① 《庞庄通讯》1899 年 1 月 23 日,载《京津泰晤士报》1899 年 2 月 25 日,增刊。
② 山东巡抚李树德在康熙五十六年十月十一日(1717 年 12 月 13 日)的奏折中提到了神拳,见《康熙朝汉文朱批奏折汇编》第二册,第 2539 件。也可见马西沙《八卦教世袭传教家族的兴衰:清前期八卦教初探》,载《清史研究》1986 年第 4 期,第 171 页。

定义为一场"宗教战争"。①

我们从山东口述史资料中可以得知,长清—茌平拳会起初并没有使用刀枪不入仪式。直到 1898 年末,才增添了这一做法,因为庞庄的传教士在 1899 年 1 月 23 日的信中说,茌平拳民"声称在这种神力下进行有效的训练后,没有任何刀剑能够穿伤他们裸露的胸膛和手臂"。② 中国大陆的一些历史学者认为,这些仪式来源于金钟罩,因此应当把它视为大刀会的支派③,但没有提出任何的传承证据。尽管如此,我们的研究也指出,可能会存在着如上联系。在大刀会的扩散上,本书已经指出了游方拳师在其中的重要性。我们现在知道赵天吉在不同地方教习过金钟罩术,这片广泛的区域从黄河边上的阳谷县南延至鲁西南的巨野、鱼台、曹县和单县,再至苏北的团里地区。更为重要的是,零星的证据表明,赵天吉直至 1899 年夏还在阳谷活动。④ 虽然还缺少确凿证据证明,赵天吉借用金钟罩的拳术和巫术发起神拳,但是我们不能忽视这种可能性。毕竟,阳谷县离发起神拳的地区不是很远。如果不是赵本人所为,那么有可能是其弟子或者是其他游方拳师在黄河北部地区将刀枪不入之术引入神拳。总而言之,这种假说可以找到事实证据,一位拳民在 1900 年 1 月供称,他"近来"

① 柯文:《义和团、基督教和神——从宗教战争角度看 1900 年的义和团斗争》(Cohen, "Boxers, Christians, and the Gods: The Boxer Conflict of 1900 as a Religious War")。
②《京津泰晤士报》1899 年 2 月 25 日,增刊。
③ 见金冲及和路遥文,载《义和团运动史讨论文集》,第 30、71 页。
④ 按照《中外日报》所载,赵天吉在苏北被抓获,并在 1898 年夏押往徐州。译文见《德文新报》1898 年 8 月 21 日。也可见刘坤一致张汝梅函,光绪二十四年六月二十八日(1898 年 8 月 15 日),转引自路遥、程歗《义和团运动史研究》,第 326 页。但此后有资料称这个报告有假。

从来自曹县的师傅处学大刀会拳术。① 这些游方拳师活跃在鲁西大部的地方集体社群里,但是没有证据可以证明大刀会和神拳拳会之间存在着组织关联。

那么,义和拳和神拳存在着这种联系么?众所周知,前者在1899年秋前已自命名义和拳②。因此,他们两者的所谓联系看起来似乎建立得更早。不要忘记的是,当时沙柳寨的拳民在1898年11月被击溃后,首领阶层四散,赵三多等人前往武邑及更靠北的其他直隶地区,在那里与其他拳会取得联系。③

1898年末,按照传教士所言,这些四散的义和拳分子在冀州直隶州北部地区挑起反教事端。驻守枣强县萧张布道站的伦敦会传教士瑞思义(William Hopkyn Rees,1859—1924年)这样抱怨"拳民联合会"(Society of United Boxers)的活动:

> 去年秋天(1898年),这个会社成员给我们制造了诸多麻烦,许多村子的民众都公开声称,他们是在提督董福祥的指令下行事。我此时起草了一份公开声明,并交给伟晋颂(Wilkinson Frederick Edgar)和麦金农(Louis A. R MacKinnon)两位先生过目,但是我并没把它呈递到领事先生处,希望这件事就这样"平息"。这就是所有情况了。④

① 《山东义和团案卷》(上),第245页。
② 路遥:《义和团的组织源流》,载《义和团运动史讨论文集》,第88页。此外,1899年10月18日森罗殿冲突稍后不久,才有义和团之称。出处同上。
③ 赵三多在武邑县的活动以及与正定"教派"教首的会商,见李九子口述,载《山东义和团调查资料选编》,第273页;戚其章:《试论义和团运动的发展阶段及其特点》,载《义和团运动史讨论文集》,第121页;陆景琪:《义和团在山东》,第35页。
④ 瑞思义:《冀州事端声明》("Statement of Troubles at Chi Chou"),1899年5月22日,附于金(A. King)致司格达(B. C. G. Scott)函(1899年5月30日),载外交部档案《驻天津领事馆档案》,674/76。伟晋颂时任使馆译员和代领领事;麦金农在1898年是天津使馆的助理随员。

他补充说,这些事端的兴起与 1898 年末十八村区域义和拳的失事有关。"那个叫马玉堂的人,就来自那片附近区域,出事后逃窜到我们地区,并一直忙于散布邪恶教义。"①

　　大约就在此时,在冀州直隶州和河间府的许多村子里,山东神拳也被邀来宣传教义并设立场子。因此,1898 年冬,枣强建立一支拳会,会首为王庆一;至迟在 1899 年春,衡水、武邑、故城和阜城等地区也出现了拳会组织。它们的仪式遵循了茌平的神拳。② 1899 年 12 月 2 日(即森罗殿战之前),某耶稣会传教士在景州宋门报告说,"教派分子开始正式设立场子,在次日的集市上操习刀枪不入之术",它们在 10 月 25 日发动攻击。③ 因此,我们从中可以看出,这种往北的扩展态势和拳民活动的合流。无论如何,神拳和义和拳两者间势必存在某些关联纽带。如同赵三多的组织(或者是直隶的其他拳会),原发性的神拳建立之初并不是一股地方自卫武装,而是在集市上卖艺而已。

---

① 出处同上。中国的一份密报也指出还有一个拳首叫做徐振德(音译)。
② 1966 年的山东口述史项目涉及了这些区域,见路遥、程歊《义和团运动史研究》,附录二,第 393—498 页。王庆一被耶稣会传教士描述为"瓜贩子",其叔父王新堂(音译)在 1899 年 12 月 18 日参与了发生在故城西部农村地区的天津教案。见任德芬《直隶东南的义和团(1899 年 7 月—1900 年 4 月)》(Ignace Mangin, "Les Boxeurs dans le Tcheu-li sud-est(Juillet 1899 – Avril 1900)",第 43—44 页。
③ 任德芬:《直隶东南的义和团(1899 年 7 月—1900 年 4 月)》,第 375 页。

结　语

在这项关于义和团运动前夕山东及其邻省省际毗连地区的地方动乱与社会冲突的研究中,笔者对 19 世纪 90 年代日益恶化的社会、经济和政治环境给予了特别关注。就整个中华帝国晚期而言,它的衰败是一个渐进且不平衡的长期过程。除了与"朝代循环"有关的发展态势,一些新的要素在 19 世纪晚期造成了前所未有的压力,最为明显的是宏观的人口增长以及此后外国势力的渗透。愈发频繁且严重的周期性自然灾害,逐渐加重了对资源的压力。因此,竞争稀缺资源是 19 世纪中国的一个显著特色,随着社会动乱的蔓延和加剧,最终导致了该世纪中期的农民起义和此后与其相关的动乱。

19 世纪农民起义后的几十年间,虽未发生严重内部动乱,但仍有一定数量的较小规模的乡村动乱持续蔓延。这种情形在中国的某些地区尤为明显。[1] 因此,在本研究界定的山东区内,我们能清楚地看出一些具有长期社会动乱历史的区域。为了解释这些差异,我们考察了山东区的具体环境条件,确定了其社会经济面貌的分化和复杂性。根据我们的研究,大量相当零散的证据

---

[1] 与本研究形成鲜明对比的地区性考察,可参见如下专题论著:史维东:《中国乡村的基督教:1860—1900 年江西省的冲突和适应》;李榭熙:《圣经与枪炮:基督教与潮州社会(1860—1900)》。

明白无误地揭示了鲁西和鲁东两个地区在获取和分配各种资源上的明显差异。我们对 1868—1900 年间山东区集体暴力事件的分析表明,这些事件主要集中在地势相对平缓的地区即华北平原。虽然其中的长期因素,尤其是高密度人口环境下的长期生态失衡,固然促成了这一区域暴力亚文化的形成,但我们认为,行政边缘政府软弱的地缘政治影响,更有助于把忿恨演化为地方性农村动乱。这里考察的有组织的暴力活动,诸如派系冲突和盗匪活动,绝大多数属于竞争型性质。然而掠夺型和防护型暴力形式往往相互关联,只是同一种普遍现象的不同表现方式即追求侵略性的生存策略。

民间教门的扩展,亦是乡村社会秩序日趋紊乱的一种表征。尽管时至 19 世纪晚期,**山东区**的教门暴力较为鲜见,但是与禅定派有关联的某些拳师,通过广泛的师徒网络传授拳术,在建立防护性团体方面扮演了重要角色。另一方面,聚会派民间教门如白莲教,是在既有社群模式或者是在村庄的基础上逐渐发展,而不是建立在个人皈依的基础上。此外,19 世纪后期,地方社会似乎普遍对宗派主义更为宽容。

时至 19 世纪末,乡村动乱的基本模式因反教暴力急剧升级,变得更为复杂起来。基督宗教的发展及其招致的回应,显示出内外环境的复杂交错。虽然山东区反基督教骚动可以追溯至多种源头,但其在很大程度上是与既存的乡村集体暴力有所关联,也是其中的一部分。在华北边缘地带这类斗争的根本问题几乎与宗教和意识形态无关。缺乏强势儒家精英,地方民众文化便由源于民间教门异端、盗匪活动、世仇以及某些正统遗韵的各种亚文化杂糅而成。因此,本地居民更能容忍外来异端信仰。但是,一些冒犯地方习俗的越轨行为则易招致敌意。尽管如此,大部分的教案也仅是显示出乡村社会潜在的紧张关系。因此,应该把"皈依"视作竞争和合作的主要传统模式。① 其实,作为一支竞争性派系,基督宗教并非一定是引发敌对的起因,至少不是主要起因,但却更容易招致冲突。

　　然而,传教士在竞争环境下能够成功开展活动,这很大程度上仰仗于外国列强在背后的强力支持。换言之,传教士一方面扮演了地方权力掮客的角色,另一方面又是侵略性外力的代表。这种情形尤其使天主教传教士们强势介入地方派系斗争。在资源压力日益严重的情况下,基督宗教信徒抢先获取资源,迅速利用他们的特权。然而,皈依者的这种竞争方式在传统乡村社会是自然常有之事,在动荡的山东边缘地带尤为突出。在这里,一些弱势群体试图改变这种对自己不利的现状,遂乐于与外部势力即传教士联盟。

　　19世纪最后几年,华北农村动乱局势急剧升级,这是一些主要发展态势的合流所致。甲午战争加剧了日益增长的不安全感,导致竞争性斗争愈益激烈。为了应对边缘地带不断升级的掠夺性暴力,新的自卫组织应运而生,其保护措施包括刀枪不入之术和特殊战斗技能。此类地方自卫组织并没有得到官府批准,但此时清政府迫于无力维持法治而不得不予以容忍。在山东区,自中日战争爆发到百日维新的数年时间也是积极进取的传教事业在19世纪发展中最富成效的时期,期间只发生了零星几起的有组

---

① 在这有必要指出改宗(Convert)和改教(Conversion)在本研究中并不一定有具体的宗教涵义。从前面章节描绘的19世纪末山东区局势可推断出,大多数加入天主教会的民众有着各种企图,但是并不一定有着宗教皈依经历。中文术语"教民"在意指上较为含糊,可能更为确切地描述出19世纪90年代鲁苏基督徒的性质。其他通用术语可能也是指地方教堂的信徒。

织反教冲突。我们的研究在这点上已经指出,1896 年发生的由大刀会领导的短期反教暴力,并非源于意识形态或文化问题,而只是竞争性群体之间既存斗争的延续。类似的是,赵三多的义和拳会明显属于地方性兄弟结义的松散网络,后来陷入了教民和百姓间一起高度地方化但旷日持久的庙产争端中。无论如何,1896年大刀会的闹教事件和 1897—1898 年义和拳在梨园屯的干预,相对说来并非重要事件。

大刀会甚至包括梅花拳,基本上还是从属于旧式集体暴力组织形式,而 1899 兴起的所谓的"义和团运动",已经显然偏离了山东区掠夺和自卫型冲突的既存模式。尽管该运动是以义和团这个名头出现的,但大部分学者均认同它并不属于团练性质。新近研究把义和团的源头上溯至长清神拳。这个分布区域较为狭窄且相对鲜为人知的拳会,在 1898 年末开始传播,因为当时鲁西北和毗邻直隶部分地区的地方绅耆邀请其拳师前来建立以村庄为基础的拳会,用以对付人数虽微不足道但日趋骄横的地方教民群体。在这种扩展过程中,神拳、大刀会和梅花拳或义和拳的某些巫术和仪式,似乎在其中发生了混合反应。在这方面,更有可能是吸收了赵三多 1898 年末遗留在各处的拳民,神拳从而改称义和拳,最终则称义和团。

在接下来的发展阶段,即从 1899 年末至 1900 年初,不同的拳会纷纷把以村庄为基础的组织架构,向更具游动性、更富攻击性且逐渐寄生的帮派过渡,并在地方社区外开展活动。其实,在华北遍布极度恐慌的氛围下,新拳会组织一旦建立,游方拳师便迅速将其扩展到原发中心地区以外。1900 年夏,义和团运动进入了最终阶段,即所谓的"拳乱"高潮。特别是那些敢于冒险的年轻人,抓住了打破传统秩序和乏味日常生活制约的机会,在这起短暂的过度个人暴力中占据主导地位。他们可以无拘无束地四处飘荡,霸占食物和运输工具,即使在京津地区也能耀武扬威。

从最广泛的意义而言,义和团运动是对不断增加的内外源压力的多方面的复杂回应。它并没有一个综合的组织架构,至多被理解为由各种矛盾引发的分散且局部性事件的集合体,被抱怨、忿恨、穷困、恐慌和投机等不稳定因素所驱动。诸多事件在1898—1900年间极不寻常的合流,对大规模排外主义的兴起至关重要,而这又是以普遍性的反教暴力为表现形式。然而,从更宽泛的视角看,中国的精英和民众对孱弱政府的反应不尽相同:革新精英派和保守精英派这两大对立派,以不同的方式来应对与王朝衰落有关的消极因素。同时,他们对某些外敌入侵问题做出了反应,表现为反对战争赔款和激进改良政策,甚至反对由朝廷来解决教案问题。此外,地方精英和民众对加深的外国入侵——有着亲身经历或者是建立在华北普遍流传谣言的想象基础上——以及教民的日趋骄横做出反应。最后也是最为重要的是,民众的这种反应源于1898—1900年的特定环境灾难。

在过去,诸多教案通常是毫无联系的。然而九月底的北京宫廷政变旋即把大部分山东区经时已久的地方积怨,诱发为广泛且基本同时爆发的反对教民和传教士的有组织暴力,形成了面对日趋严重的经济困难和极端不确定形势的民众和精英反对外来侵略的潮流。这次政变并没酿造而是帮助释放了排外主义,从而助推各种力量以更大的决心对抗外国世俗和宗教的入侵。但是,1898年11月和1899年6月的鲁南反教攻击、1899年夏鲁苏交界区的大刀会活动和正在鲁西北和直隶东南地区扩散的义和团运动,还是要做出明确区分的。

　　德据胶州湾和英租威海卫之后,鲁东地区成为外国政治和军事渗透以及此后经济活动的主要焦点。有强烈迹象表明,该地绅商针对德国在这里攫取的采矿特权,而策划组织了沂州府的反教事件。我们可以推测他们动员民众的原因不是反对开矿,而是由于其被禁止参与矿业的开采。然而,应当指出的是,山东革新——爱国派士绅通常不支持义和团运动。比如,一位大英浸礼会传教士声称,1899 年夏,"不顾省城绅士抗议",巡抚毓贤还是予拳民以道义支持。①

　　鲁西内陆地区尽管没有受到世俗帝国主义的直接侵入,却暴露在传教士看似持续强烈的压力之下。每当一起教案最终做出利于教民的裁决时,就鼓舞了外国福音布道者去寻求更多的"信徒"。因此,每一次与传教有关之争端的成功解决,只不过是为新冲突创造可能性而已。传教事业的本质,决定了民教关系现状的不可维系。因此,它仍然是纷争的根源,而主要帝国主义外强也发现其时而具有利用价值。所以,山东内陆民众总是把基督宗教与帝国主义联系起来,也就不足为怪了。"传教士是西方列国的先锋,他们迟早会吞并大清王朝",1899 年初费县流传的这则谣言,即说明了这一点。②

　　这里应当指出的是,外国对中国沿海地区侵略的加深和传教事业在内陆的发展,恰逢 1898—1899 年的严重生态危机。1898年 8 月的黄河水患,引发了下游地区的初期骚乱,接踵而至的长期干旱更具毁灭性,影响到了大部分华北地区。这是一个让人不安的变化和动乱时期,同时导致可怕谣言的产生和恐慌的蔓延。

---

① 怀恩光:《我们的山东差会》(Whitewright,"Our Shantung Mission"),载《传教士先驱报》,伦敦,1900 年 8 月,第 386 页。
② 转引自伯义思文,载《十字与剑》,第 8 卷第 11 期(1899/1900),第 284 页。

教民的日渐骄横，以及据称是受外人影响的激进的戊戌变法，更是恶化了这一动荡局面。在 1898 年末及此后危机酿造出的紧张气氛中，外人和他们的依附者被轻而易举地当成了替罪羊。在过去，民众大多把自然灾害看成是上天注定的，现在许多人则将之归因于有害的外国势力。在正常时期，西方建筑施工的风水问题并不惹人耳目，但是在危机时期，它们加重了民众的猜疑。此外，由于教民拒绝参加重要的祈雨仪式，所以他们也被认为是这起困扰华北地区的大旱的罪魁祸首。教民往井中投毒的谣言在华北大部分地区迅速流传，这必定会煽动义和团运动的暴力排外心理。[①]

此外，鲁东地区的爱国精英对外国意图的担忧和回应，可能引起鲁西内陆地区的共鸣。鲁东爱国精英分子，与视野狭隘且受传统束缚的华北平原民众间互动关系的确切性质，仍是个较为棘手的学术课题。然而我们已经指出，一些早期的重要外部事件（1870 年天津惨案、1874 年马嘉理事件、1879—1881 年伊犁危机、1884—1885 年中法战争和 1894—1895 年中日战争）的影响，在山东内陆地区引发了反教骚动。鉴于山东乡村民众的频繁流动——季节性的迁徙和更为局部化的流动性生存策略已司空见惯——一波波担心和猜疑通过乡村流言、蛊惑人心的谣言、煽动性的小册子和揭帖等形式在乡间迅速传播。在这方面，奥地利旅行者海司的观察相当有趣。他于 1898 年初夏在鲁东高密地区旅

[①] 关于义和团运动兴起时的"替罪羊"问题，见田海《讲故事：中国历史上的巫术与替罪》，第 169—176 页。在欧洲流行黑死病期间，犹太人也被认为往井中下毒而惨遭屠杀。见孔恩《寻求千禧年》(Norman Cohn, *The Pursuit of the Millennium*)，第 138—139 页；海因里希·施莱博《弗莱堡史》(Heinrich Schreiber, *Geschichte der Stadt Freiburg im Breisgau*)，第 138—147 页。

行时，注意到这里的过剩人口正在往山西迁徙。他听说山西巡抚在高密及邻近村落张贴告文，愿意为每户移居家庭提供一处房屋和一块免税五年的土地。在山东逗留期间，这位奥地利的旅行者看见一长串携家带口的山东人走在赶赴山西的路上。巡抚还为他们提供了手推车来装运其微薄的财物。① 这些来自青岛邻近地区的移民，在山东境内沿途和到达山西后散播德国人侵占胶州湾的"消息"，是很自然的事情。

这种现象在义和团运动前夕就已出现，但这次被扶清口号所强化而已。某些极端保守的清朝官员给予了何种程度的鼓励，还很难评说。当然了，他们显然更习惯于这种迷信力量。总而言之，人们普遍相信反教运动得到了皇帝或太后谕允，这一说法不断广泛流传。这是否可解释为满汉统治阶级的保守势力，企图把潜在的叛乱引导到反教和排外运动轨道上？这是一个非常有意义的问题，但超出了本书的研究范围。

正是内外源因素的独特互动，造就了法国使馆医生马丁荣（Jean-Jacques Matignon，1866—1929 年）——他目睹了 1900 年春北京的义和团现象——所说的传播极为迅速广泛的"歇斯底里传染病"。② 然而，这种观察不能解释排外主义的爆发为何呈现明显的地区性差异。如同本书前面章节所述，当席卷华北大地的义和团烽火极盛之时，对鲁西南和苏北——本书研究的主要焦点地区的影响却微乎其微。其实，在其原发性核心地区，大刀会仍

① 海司：《山东与德属中国——1898 年从胶澳租借地到中国圣地和从扬子江到北京之旅》，第 68 页。
② 马丁荣：《闭关自守的中国：迷信、犯罪和贫困》（Matignon, *La Chine hermétique. Superstitions, crime et misère*），第 381—382 页。

然和教民联手合作,对抗外来的"拳民"武装。① 虽有个别成员可
能参与了 1900 夏发生在北京的事件,但是大刀会作为一个整体
并没有参与义和团运动。该地的确发生了捣毁教会设施的行动,
但是这主要是由地方官员发起,他们或者出于发泄自己的排外情
绪,或者是为了阻止兵勇或闹事者的劫掠而采取的激烈行动。②

　　换言之,传统集体暴力的惯常模式在鲁苏交界地区依然盛
行。该地民众习惯使用侵略性的生存策略,同时在面临入侵者时
又保持被动性的团结。当地大刀会或红拳等拳会组织和教民依
然是这个边缘地带社会不可分割的组成部分,个人和团体在合作
与对抗之间摇摆不定。因此,庞三在短期反教运动后,成为教会
的保护者。赵三多也曾经考虑做出如上举动。③ 1895 年刘士端
的皇帝梦,并不是什么大不了的事。不时有各色组织或个人巧言
改朝换代,通常毫无成功前景可言。总而言之,自立为帝在中国
历史上是常见现象④,称号、旗帜、印封、口号和黄袍是所有潜在

① 圣言会传教士培渥蓝报告说,曹具教民和平民在 1900 年已经第二次联手击溃了外
　　地来的拳民。见培渥蓝文(1901 年 4 月 22 日),载《斯泰尔耶稣心使者报》,第 28 卷
　　第 12 期(1901 年 9 月),第 179 页。同年夏,一个女性拳首韩姑娘从黄河北面来到
　　曹州。见《山东义和团调查资料选编》,第 5 页。
② 比如,曹州府新建的主座教堂在当地官员的指令下被推倒了。见斐德礼文(1900
　　年 8 月 10 日),载《圣弥额尔历》1902 年,第 112—120 辑;夏德威:《中国的圣言会传
　　教士》I,第 120 页。路经沂州前往北京的湘军在"当地暴民"的帮助下,洗劫了美国
　　北长老会在该地的居所。见约翰逊(C. F. Johnson)致布朗函(1900 年 8 月 30 日,
　　青岛),载美国宾州长老会历史协会《美国北长老会海外布道部档案之中国部分》,
　　第 45 卷第 4 册,文件号 82。
③ 赵三多在义和团运动后幸存下来了,后来参加了景廷宾的抗税斗争,并在 1902 年
　　遇害。1902 年 7 月 13 日,他的首级被送往(威县)赵家庄耶稣会堂口。参见葛光
　　被文(1902 年 5 月 15 日),载法国外交部南特档案中心《法国驻北京公使馆档案》,
　　第 10 箱第 2 件;芮卿云(Julien Monget)文,载《中国、锡兰及马达加斯加信函汇编》
　　(11),1902 年 12 月,第 279 页。
④ 自立为帝现象在当今中国仍然存在,可参见安德训《帝王的始与终:政权的反表达》
　　(Ann Anagnost, "The Beginning and End of an Emperor: A Counterrepresentation
　　of the State")。

匪首的必备装备，不管他们的目标是掌控整个帝国抑或是自己的家乡。

1900 年 4 月 20 日，曹县就发生了一起这样的小规模事件。其时义和团烽火即将向北延烧，一位在曹县的圣言会教士报道说：

> 曹县 8 里外郑庄一个名叫郑西亭（音译）的人，系为鲁西中央道（音译）成员，近来受一算命人蛊惑，说其即将登上皇位。有一些征兆支持这一虚妄之说。他于是便召集随众，据称仅曹县南一地就招来了 2 万人。封了两宫、皇太子、六部等所有尊荣头衔（名号和官衔）。3 月 26 日是黄道吉日，他准备开始登基了。幸运的是，当数辆满载锃亮大刀的马车来到郑庄时，那些庄首和谨慎民众顿时意识到了这一阴谋。在这位"新帝"父亲的帮助下，他们在 3 月 24 日，抓获了这位即将登基的自称为帝者、他的妃子和皇太子，以及辅政大臣等 8 人。

由于这些罪犯泄露了其他成员的名字，诸多村民决定逃离。据称他们的计划是占领曹县衙署，杀害定居此地的传教士培渥蓝和该县知县，然后向开封进军。①

义和团运动——一个被经常滥用的术语——是一股难以持久之排外情绪的产物。它所释放的非理性力量，也迅速地把自己

---

① 《德文新报》1900 年 5 月 11 日，第 107—108 页。2 万名随众这个数字似乎夸大了。这起事件在官方文献中并没有提及。明恩溥在关于第七屯的皈依者一事上提到了一个叫做中央门的教派，见明恩溥《中国教区概述》，第 248—249 页。博恒理声称该教派属于八卦教，见博恒理《山东的秘密会社》，第 3 页。定陶县李家庄的某些天主教教民，曾是中央门这个"较好异教徒教派"的成员。见韩甯镐《在劫匪的故乡，首次走访定陶会记》(Henninghaus, "Aus dem Räuberlande. Mein erster Besuch in der ersten Christengemeinde von Dingtau")，第 3 页。

焚为灰烬。因此,当及时雨来临,土地重获生机时,教民和百姓之间的容忍和合作——这个义和团运动前的常见模式又有了立足之地。此外,关于外来"帝国主义"的威胁这一模糊感知,无法在激进保守的中国精英阶层和华北的普遍农民之间建立起持久的团结。同时,诸多幸存的基督宗教社群经历过义和团运动严酷考验后变得愈发强大。正如包士杰(又作包世杰,Jean-Marie Planchet,1870—1948 年)所述:

> 1900 年,中国天主教会经受了火的洗礼。那些被认为性格懦弱且信仰多变的中国信徒,现在像战士一样走向战场,斗志昂扬。这些先前被人蔑称为"吃教"的新战士,像罗马宗教迫害时期的基督徒一样,申明了他们的信仰……①

但是在此后的文献里,教民和百姓的关系过去和现在都被认为是 19 世纪末期中国乡村社会的主要矛盾。受传教士、外国帝国主义和中国民族主义者情感话语之影响,学界把目光过多地集中在乡村动乱的排外方面,而对 19 世纪 90 年代根本且持久的传统竞争型暴力模式关注不够。与义和团有关的排外骚动毫无疑问地含有某些爱国成分,且这种骚动在国家层面而言是由激进改良派和极端保守派共同引发的,但是乡村动乱的旧时模式依然在鲁西南边缘地区的乡村生活中占据主导地位。普遍存在的反教骚动仅是一小段插曲,且在 1900 年后就明显平息了,这是因为大部分的地方社群重新愿意容忍基督宗教。尽管义和团运动后竞争性冲突的加剧和反应型暴力的升级,导致了社会军事化进程继续从边缘区向腹地蔓延,但是时至 20 世纪,传统乡村秩序依旧保

---

① 包士杰:《庚子北京殉难录》(Planchet, *Documents sur les martyrs de Pekin pendant la persecution de Boxeurs*)II,第 2 页。

持完好。换言之,我们主要关心的是义和团运动兴起前夕山东区骚乱地带的既存暴力文化上。因此,本书也特别关注了普遍性的集体生存策略,如盗匪活动、械斗、枭私以及教门动乱。同时,我们亦研究了新兴的基督教社群在何种层面上成为这一困难环境的组成部分,并考量了传教事业适应这种暴力文化的途径。

附　录

一、引用外人名录

（1）德天赐（Adeodato di Sant'Agostino，1760—1821 年），意大利籍奥斯丁传教士，1783 年来华，凭借制作钟表及机械修理的技艺进京。1805 年，因"德天赐案"下狱；1811 年被准可离京；1814 年抵达马尼拉。

（2）安德文（Edwin Edgerton Aiken，1859—?），美国人，公理会传教士。

（3）阿查立爵士（Chaloner Alabaster，1838—1898 年），英格兰人，英国领事官员。1967 年 6 月至 1868 年 7 月任英国驻烟台副领事。

（4）阿拉巴德（Ernest Alabaster，1872—1950 年），英格兰人。1899 年进入中国海关工作，阿查立之侄。

（5）沃特·安兹（Walter Anz，1874—1938 年），德国绘图师，生于烟台。1900 年在山东游历。

（6）安治泰（Johann Baptist Anzer，1851—1903 年），德国人，鲁南宗座代牧区领衔主教。

（7）董牧师（Alexander Armstrong，国内通译为阿姆斯特朗），英格兰人，中华内地会传教士，山东烟台芝罘学校（Protestant Collegiate School）监督。著有《中国山东：它的地理与历史概述；差会概述；孔庙之旅游记》（*Shantung, China: a General Outline of the Geography and History of the Province; a Sketch of Its Missions; and Notes of a Journey to the Tomb of Confucius ... With a new map, etc.*）（上海："Shanghai Mercury" Office，1891 年）；该著的另一版本为《乘苦子前往儒家圣地的旅行》（*In a Mule Litter to the Tomb of Confucius*）（伦敦：James Nisbet & Co.，1896 年）。

（8）鲍康宁（Frederick William Baller，1852—1922 年），英格兰人，中华

内地会传教士,语言学家及汉学家。

(9) 白明德(Franz Bartels, 1859—1928 年),德国人,圣言会传教士。1883 年来山东传教。

(10) 吕承望(Joseph Bastard, 1863—1920 年),法国人,耶稣会传教士。1891 年来江南代牧区传教;1898—1901 年在苏北传教。

(11) 巴鸿勋(Jules Bataille, 1856—1938 年),法国人,耶稣会传教士。1882 年来直隶东南代牧区传教。

(12) 江神甫(Raoul-Marie Beaugendre, 1845—1917 年),法国人,耶稣会传教士。1878 年来江南代牧区传教;1890 年代末在皖北传教。

(13) 鲍伯尔(Gabriel de Beaurepaire, 1840—1904 年),法国人,耶稣会传教士。1860 年代在江南代牧区和直隶东南代牧区传教;1870 年返回欧洲。

(14) 葛光被(Émile Becker, 1836—1918 年),法国人,耶稣会传教士,1878 年来直隶东南代牧区传教。

(15) 马克·贝尔(Mark Sever Bell, 1843—1906 年),英格兰人,军事官员,英格兰皇家工兵部队随员,生于澳大利亚悉尼。1882 年,收集北京、南京和广州及邻近地区信息,勘测结果经英国驻印总军需部情报室出版;1887 年,在华西和喀什噶尔地区游历。

(16) 贝尔曼(Theodor Clemens Bellmann, 1866—1931 年),德国人,圣言会传教士。1898 年来山东传教;1906 年离开圣言会修会;1910 年返回德国;1911 年,移民美国,任南伊利诺斯州教区教士。

(17) 柏尔根(Paul David Bergen, 1860—1915 年),美国人,北长老会传教士。1883 年来山东传教。

(18) 伯纳迪诺·格鲁阿罗(Bernardino da Portogruaro,别名 Giuseppe Dal Vago, 1822—1895 年),意大利人,方济各会传教士。1869—1889 年,任方济各会总部长;1892 年,任塞尔迪卡领衔总主教。

(19) 贝斯(Heinrich Betz, 1873—1944 年),德国人,外交官员。1898 年在华担任翻译官;1909—1914 年任德国驻济南领事。

(20) 庄卞成(Johann Konrad von Bodman, 1866—1929 年),德国人,耶稣会传教士。自 1892 年后在苏北传教。

(21) 彭廉石(André Bonnichon, 1902—?),法国人,耶稣会传教士。1931 年来南京代牧区传教;此后担任上海震旦大学教授。

(22) 董师中(Henri Boucher, 1857—1939 年),法国人,耶稣会传教士。1882 年来江南代牧区传教;1890 年代后在苏北传教。

(23) 宝海(Frédéric Albert Bourée, 1838—1914 年),法国人,外交官

员。1880—1883 年担任法国驻北京公使。

（24）布朗（Arthur Judson Brown，1856—1963 年），美国人。1895—1929 年担任美国北长老会（纽约）行政秘书，专门负责东亚事务。1901—1902 年和 1909 年来华游历。

（25）伯夏理（Henry John Brown），英格兰人，中华圣公会传教士。1887 年来山东泰安传教。

（26）卜道成（Joseph Percy Bruce，1861—1934 年），英格兰人，浸礼会传教士。1887 年在山东传教；1924 年返回英格兰。接替瑞思义任伦敦大学东方研究中心主任。

（27）贝勒森（Arnold George Bryson，1877—1958 年），英格兰人，伦敦会传教士。生于湖北武昌一个传教士家庭；自 1903 年在直隶传教；1917 年，同中国劳工赴法。

（28）卜凯（John Lossing Buck，1890—1975 年），美国人，长老会（美南）传教士，1915 年以农业传教士身份来华。曾在皖北苏州停留，1920 年任南京大学农业经济学教授。

（29）布恩溥（Theodor Bücker，1856—1912 年），德国人，圣言会传教士，1883 年来山东传教。

（30）伯义思（Jan Buis，又名伯德禄 1866—1935 年），荷兰人，圣言会传教士，1892 年来山东传教。

（31）比少耐（Eugène-Napoléon Buissonnet，1827—1902 年），法国商人，1854 年在上海经商。

（32）伯恩哈德·冯·比洛（Bernhard von Bülow，1849—1929 年），德国政客。1897—1900 年任外交大臣；1900—1909 年任德帝国首相。他促进德国"阳光下的领地"政策理念的贯彻，使德国逐渐成为世界强国。

（33）步天衢（Henri Bulté，1830—1900 年），法国人，耶稣会传教士。自 1864 年在江南代牧区传教；1880 年任冀东南宗座代牧。

（34）白向义（Ernest Whitby Burt，1866—1951 年），英格兰人，浸礼会传教士，1892 年来山东传教。

（35）甘淋（George Thomas Candlin，1853—1924 年），英格兰人，圣道会传教士，1878 年来华北传教。

（36）J. N. 凯斯（James Norman Case，1858—1912 年），英格兰人，兄弟会（Plymouth Brethren）医学传教士，1891 年来鲁东传教。

（37）方法敛（Frank Herring Chalfant，1862—1914 年），美国人，北长老会传教士，1887 年来山东传教，方伟廉之弟。

（38）方伟廉（William Parker Chalfant，1860—1917 年），美国人，北长

老会传教士,1885 年来山东传教。

（39）金发兰（Franklin Munroe Chapin, 1853—?）,美国人,公理会传教士,在山东临清一带传教。

（40）舒复礼（Jean-Marie Chevalier, 1859—1902 年）,法国人,耶稣会传教士,1895 年来江南代牧区传教,主要在皖北工作。

（41）戈可当（François-Georges Cogordan, 1849—1904 年）,法国人,外交官员,1885—1886 年任法国驻北京代办。

（42）高龙鞶（Augustin Colombel, 1833—1905 年）,法国人,耶稣会传教士,1869 年来江南代牧区传教。

（43）满乐道（Robert Coltman Jr. , 1862—1931 年）,美国人,北长老会医疗传教士。1885 年来山东传教;1898 年脱离差会,在清朝海关工作,同时在北京同文馆担任解剖学和物理学教习。

（44）康格（Edwin Hurd Conger, 1843—1907 年）,美国人,外交官员,1898—1904 年任美国驻华公使。

（45）郭显德（Hunter Corbett, 1835—1920 年）,美国人,北长老会传教士,1863 年来山东传教。

（46）顾立爵（Eligio Cosi, 1819—1885 年）,意大利人,方济各会传教士。1849 年来山东传教;1870 年,任山东宗座代牧。

（47）高第丕（Tarleton Perry Crawford,又名高乐福,1821—1902 年）,美国人,南浸信会传教士。1852 年来华;1863 年在华山东经商;1893 年脱离差会,在山东泰安建立美南浸信传道会（the Gospel Mission）。

（48）Dal Vago,见（17）Bernardino da Portogruaro。

（49）聂思聪（Joseph Dannic, 1867—1923 年）,法国人,耶稣会传教士,1893 年在江南代牧区传教,主要在皖北活动。

（50）达斯巴赫（Georg Friedrich Dasbach, 1846—1907 年）,德国人,天主教神甫,德国帝国国会中央党发言人,薛田资亲属。

（51）达吉瑞（George Ritchie Davis, 1847—1925 年）,美国人,美以美会传教士,1870 年来华。

（52）泰奥菲尔·德尔加塞（Théophile Delcassé, 1852—1923 年）,法国政客,1898 年后担任法国外交大臣。

（53）伊堂人（Bernardino Della Chiesa, 1644—1721 年）,意大利人,方济各会传教士,由教廷传信部派往中国。升任浙江首任代牧,兼管两湖川贵各区,驻在南京。1692 年荣升为北京教区第一任主教,1700 年左右在山东临清建主教公署。

（54）马天恩（Pierpaolo DeMarchi, 1838—1901 年）,意大利人,方济各

会传教士。1865 年来山东传教;1889 年任鲁北宗座代牧。

(55) 德华盛(Peter Dewes,1862—?),德国人,天主教传教士,在鲁南代牧区传教。1883 年抵华之初担任助理修士,并取中文名维天爵;1896 年,被授会外司铎。

(56) 狄隆(Charles Dillon,1842—1889 年),法国人,驻天津领事。

(57) 达纳履(A. R. Donelly),美国人,外交官员,1894 年任美国驻烟台副领事。

(58) 禄是遒(Henri-François-Sébastien Doré,1859—1931 年),法国人,耶稣会传教士。1886 年来江南代牧区传教;1890 年代末在苏北工作。

(59) 林惠生(Samuel Bingham Drake,1851—1935 年),英格兰人,传教士。1878 年,随中华内地会来华,在山西传教 7 年;1886 年,加入山东大英浸礼会;1910 年脱离差会返回英格兰。

(60) 苗履(Paul Du Cray,1856—1909 年),法国人,耶稣会传教士,1893 年在直隶传教。

(61) 吕班(Pierre-René-Georges Dubail,1845—1932 年),法国人,外交官员。1893—1897 年,任驻上海总领事;1897—1898 年,署理驻华公使;1902—1905 年,再任驻华公使。

(62) 杜巴尔(Édouard-Auguste Dubar,1826—1878 年),法国人,耶稣会传教士,1864 年任冀东南宗座代牧。

(63) 顾洪义(Joseph Ducoux,1871—1925 年),法国人,耶稣会传教士,1901 年在江南代牧区传教。

(64) 陶泳斯(Olivier Durandière,1842—1902 年),法国人,耶稣会传教士,1868 年在江南代牧区传教。

(65) 雷于逵(Xavier Edel,1842—1878 年),法国人,耶稣会传教士,1873 年在直隶东南代牧区传教。

(66) 艾约瑟(Joseph Edkins,1823—1905 年),英格兰人,伦敦会传教士,1848 年来华。

(67) 艾思文(Rudolf Eiswaldt,1859—1930 年),德国人,外交官员。1892—1901 和 1903—1905 年任驻华领事;1896—1900 年 3 月,任德国驻天津领事。

(68) 爱莲斯(Ney Elias,1844—1897 年),英格兰探险家,数次环游大清帝国。

(69) 伊维廉(William Otto Elterich,1865—1929 年),美国人,1889 年来北长老会差会工作。

(70) 恩博仁(Heinrich Erlemann,1852—1917 年),德国人,圣言会传

教士,1886 年来山东传教。

（71）富维思（Wallace Somerville Faris,1869—1907 年）,美国人,1896
年来北长老会差会工作。

（72）樊国梁（Alphonse-Pierre-Marie Favier,1837—1905 年）,法国人,
遣使会传教士。1897 年任(北京)冀北宗座代牧代表;1899 年任宗座代牧,
在义和团运动中幸存。

（73）傅天德（Pacifico Fenocchio,1844—1913 年）,意大利人,天主教传
教士,1871 年来山东传教;1876 年按立神甫;1896 年进入圣方济各会;1902
年返回意大利。

（74）福守和（Émile Ferrand,1839—1900 年）,法国人,耶稣会传教士,
1860 年来江南代牧区传教。

（75）范迪吉（Auguste Finck,1844—1911 年）,法国人,耶稣会传教士,
1874 年来直隶东南代牧区传教。

（76）费习礼（John Ashley Fitch,1861—1941 年）,美国人,山东美国北
长老会传教士。

（77）法思远（Robert Coventry Forsyth,1854—1922 年）,苏格兰人,大
英浸礼会传教士,1887 年来山东传教。

（78）傅梦公（Constant Fourmont,1831—1896 年）,法国人,耶稣会传
教士,1863 年来直隶东南代牧区传教。

（79）法勒（John Fowler,1858—1923 年）,美国人,外交官员。1896—
1904 年,任驻烟台领事;1898 年),向美国外交部鼓吹攫取在山东谋求煤矿
港口的利益。

（80）福兰阁（Otto Franke,又名傅兰克,1863—1946 年）,德国人,
1888—1901 年为德国驻华使馆服务。

（81）福若瑟（Josef Freinademetz,1852—1908 年）,奥地利人,圣言会
传教士,来自于蒂罗尔省南部拉登语区(当时隶属于奥匈帝国)。

（82）冯曾（Wilhelm Fritzen,1874—1923 年）,德国人,圣言会传教士,
1898 年来山东传教。

（83）法来维（Georg Fröwis,1865—1934 年）,澳大利亚人,圣言会传教
士,1894 年来山东传教。

（84）艾赉沃（Léopold Gain,1852—1930 年）,法国人,耶稣会传教士。
1876 年来江南代牧区传教;1880 年,在江苏西北开展传教工作。

（85）倪怀纶（Valentin Garnier,1825—1898 年）,法国人,耶稣会传教
士。1869 年来江南代牧区传教;1879 年任江南宗座代牧;1897 年末,巡访
苏北教堂。

（86）施阿兰（Auguste Gérard，1852—1922 年），法国人，外交官员，1893—1897 年任驻华公使。

（87）李博明（Benjiamino Geremia，1843—1888 年），意大利人，方济各会传教士，1870 年来山东传教。

（88）葛雅各（James Gilmour，1843—1891 年），苏格兰人，伦敦会传教士，1870 年在华北传教。

（89）葛尔士（Konrad von der Goltz，1857—1917 年），男爵，德国军官及翻译官。1883—1887 年），任清军教习，后为德国使馆翻译学生；1889—1891 年，任代理翻译；1891 年，任汉务参赞；1900 年，任头等参赞。

（90）鄂尔璧（Joseph Gonnet，字若瑟，1815—1895 年），法国人，耶稣会传教士。1844 年在江南代牧区传教；1866 年，赴直隶传教。

（91）康斯坦德·库明（Constance Frederica Gordon-Cumming，1837—1924 年），苏格兰人，游记作者及风景画家。

（92）鄂铎宣（Jules Gouverneur，1859—1902 年），法国人，耶稣会传教士，1895 年来直隶东南代牧区传教。

（93）林牧师（Miles Greenwood，1838—1899 年），英格兰人，中华圣公会传教士，1874 年来山东传教。

（94）贺牧师（Ninian Weston Halcomb，约 1852—1911 年），美国人，南浸信会传教士。1881—1887 年在山东传教；后任美国驻烟台副领事。

（95）韩维廉（William Beeson Hamilton，1864—1912 年），美国人，北长老会传教士，1888 年来山东传教。

（96）蒙念恬（René Hamon，1881—1949 年），法国人，耶稣会传教士。1907 年来江南代牧区传教，主要在苏北活动。

（97）汉纳慢（Hannemann），德国人，军事官员，海军第三舰队中尉，1899 年率部攻占沂州。

（98）阿诺多（Albert-Auguste-Gabriel Hanotaux，1853—1944 年），法国政客。1894—1898 年任法国外交大臣。

（99）哈尔法（Ferdinand Harfeld，1871—1939 年），比利时人，炮兵官员。1901—1906 年，在中国参与铁路建设，后更名为 Ferdinand-Joseph d'Altora Colonna de Stigliano。

（100）郝馥兰（Frank Harmon，约 1856—1948 年），生于爱尔兰，传教士。1883 年来华，任大英圣经公会代表；1887 年，加入英格兰浸礼会，在山东传教。

（101）郝爱礼（Erich Hauer，1878—1936 年），德国人，外交官。1910—1916 年，任使馆通译副参赞；1910—1916 年，为汉学和满文学知名学者。

（102）夏鸣雷（Henri Havret，1848—1901 年），法国人，耶稣会传教士，1874 年，来江南代牧区传教。

（103）赫士（Watson McMillan Hayes，1857—1944 年），美国人，北长老会传教士，在山东传教。

（104）韩理（Richard Henle，1865—1897 年），德国人，圣言会传教士，1889 年来山东传教；1897 年 11 月 1 日，被杀害于巨野（磨盘）张家庄。

（105）韩甯镐（Augustin Henninghaus，1862—1939 年），德国人，天主教神甫，1886 年任圣言会传教士，接替安治泰任鲁南宗座代牧。

（106）海司（Ernst von Hesse-Wartegg，1851—1918 年），奥地利人，观察家。1898 年游历山东和北京。

（107）赫德明（Josef Hesser，1867—1920 年），德国人，圣言会传教士，1893 年来山东传教。

（108）海靖（Edmund von Heyking，男爵，1850—1915 年），德国人，外交官员，1896—1899 年任驻华公使。

（109）霍亨洛（Chlodwig Carl Viktor，Prince zu Hohenlohe-Schillingfürst，1819—1901 年），德国政客，1894—1900 年任德帝国首相。

（110）花撒密（Samuel A. Holmes），美国人，任驻烟台领事。1871 年，卸任其弟花马太（Matthew Gay Holmes）、花雅各（James Landrum Holmes，1836—1861）。花雅各是南浸信会传教士，在烟台附近死于叛军之手。

（111）郝尔（Friedrich Holzhauer，1877—1918 年），德国人，任驻济领馆译员。

（112）金璋（Lionel Charles Hopkins，1854—1952 年），英格兰人，外交官员，1897—1901 驻守烟台。

（113）贺德满（August Horstmann，1869—1900 年），德国人，圣言会传教士，1894 年来鲁南代牧区传教。

（114）许锺岳（Joseph Hugon，1893—1929 年），法国人，耶稣会传教士，1926 年来江南代牧区传教。

（115）怡百礼（Wolfgang Ibler，又名艾天佑，1863—1919 年），德国人，圣言会传教士，在鲁南代牧区传教。

（116）赵席珍（Remi Isoré，1852—1900 年），法国人，耶稣会传教士。1882 年，来直隶东南代牧区传教；1900 年 6 月 19 日，死于武邑拳难。

（117）叶世克（Paul Jaeschke，1851—1901 年），德国人，海军官员，1899—1901 年任胶澳总督。

（118）秀耀春（Francis James，1851—1900 年），英格兰人，传教士。1876 年随中华内地会来华，1882 年加入英格兰浸礼会，1892 年脱离该差会;1898年任北京译学馆教习;1878年与中华内地会的休伯蒂(Marie S. Huberty)结婚,并在自己名字中加入妻子姓氏,故此他的另一个名字 Francis Huberty James更为人所知(《近代来华外国人名词典》收录的就是该名——译者注)。死于北京拳难。

(119)杨生(Arnold Janssen,又作杨森,1837—1909年),德国人,天主教神甫,1875年在荷兰斯泰尔创立圣言会。

(120)仲钧安(Alfred George Jones,1846—1905年),生于爱尔兰,英格兰浸礼会传教士,1876年来华传教。

(121)陆文彬(Nivardo Jourdan,1836—1882年),意大利人,方济各会传教士,1873年来山东传教,任方济各会烟台总务。

(122)雍居敬(Paul Jung,1863—1943年),法国人,耶稣会传教士,1896年来直隶东南代牧区传教;1890年代末在代牧区南境驻扎。

(123)克林德[August Clemens(或Klemens)von Ketteler,男爵,1853—1900年],德国人,外交官员。军营出身,1880年抵华为使馆翻译学生;1883—1884年,任职广州领事馆;1884年,任北京公使馆参赞;1889年,任德国驻华代办;1892—1896年,任驻华盛顿公使;1896—1899年,任职墨西哥使馆;1899年,返华并任驻华公使;后死于北京拳难。

(124)纪力宝(Charles Andrews Killie,1857—1916年),美国人,北长老会传教士,1889年来山东传教。

(125)庆万德(William Duncan King,1865—?),美国人,南浸信会传教士,此后加入美南浸信传道会。

(126)科尔顿(Walter Kirton,1866—1937年),英格兰人,军事官员。1906年,在上海与人合伙创办(*National Review of Shanghai*,担任总编;1907年),出版关于皖北和江苏饥荒的著作《无声的战争,江北的大饥荒》(*A Silent War, or The Great Famine in Kiangpeh*)。

(127)柯瀛洲(Ludwig Klapheck,1868—?),德国人,圣言会传教士。1891年来鲁南代牧区传教;1909年离开圣言会。

(128)贾兰伯(Heinrich Krampe,1858—1926年),德国人,圣言会传教士,1892年来鲁南代牧区传教。

(129)顾乃斯(Fritz Krause),德国人,矿业专家,1898—1899年在山东活动。

(130)龙华民(Nicolo Langobardi,1559—1654年),意大利人,在华耶稣会传教士。

(131)良安氏(Jennie Anderson Laughlin,?—1899年),良约翰的第二任妻子。

（132）良约翰（John Hood Laughlin，1854—1918 年），美国人，北长老会传教士，1881 年来山东传教。

（133）陆凯氏（Ida Carey Lawton，1869—1954 年），美国人，陆德恩（Wesley Willingham Lawton，1869—1943 年）之妻。1896 年，陆凯氏作为美以美会传教士来华，被派驻江苏镇江；1897 年成婚后，加入美国南浸信会。

（134）朗本仁（Pascal Le Biboul，1862—1932 年），法国人，耶稣会传教士，1889 年来江南代牧区传教。

（135）徐昕波（Prosper Leboucq，又名徐博理，1828—1905 年），法国人，耶稣会传教士。1859 年来直隶东南代牧区传教；1875 年返回欧洲，脱离耶稣会，加入佳而笃会（Carthusian Order）。晚年供职在教区神职班。

（136）理一视（Jonathan Lees，1835—1902 年），英格兰人，伦敦会传教士，1861 年来华北传教。

（137）理雅各（James Legge，1815—1897 年），苏格兰人，英格兰伦敦会传教士。1843 年在香港传教；1873 年同艾约瑟游历山东。

（138）李梅（Victor Gabriel Lemaire，1839—1907 年），法国人，外交官员。1885 年来华；1887—1893 年，任驻华公使。

（139）恩特斯·玛利亚·利伯（Ernst Maria Lieber，1838—1902 年），德国人，天主教徒政客，1891 年任帝国国会天主教中央党党魁。

（140）陵博约（Eberhard Limbrock，1859—1931 年），德国人，圣言会传教士。1883 年来鲁南代牧区传教；1893 年调往新几内亚岛。

（141）卢威廉（Wilhelm Lutschewitz，1872—1945 年），德国人，巴陵信义会传教士，1898 年末来到山东。

（142）来会理（David Willard Lyon，1870—1949 年），美国人，生于宁波，美国长老会传教士，在华创办第一个基督教青年会；1890 年代末，在山东济南创建传教基地。

（143）窦纳乐（Claude Maxwell MacDonald，1852—1915 年），英国人，外交官员。1872 年加入英国陆军；1888 年入英国外交部工作；1896 年任英国驻华公使。

（144）麦尔维（Jasper Scudder McIlvaine，1844—1881 年），美国人，北长老会传教士，1868 年后在北京和山东传教。

（145）马勤泰（John McIntyre，1837—1905 年），苏格兰人，苏格兰长老会传教士，1872—1876 年在山东旅游布道。

（146）麦金农（Louis A. R. MacKinnon，英格兰人），1898 年，任英格兰驻天津领事。

（147）马罗利（Walter Hampton Mallory，1892—1980 年），美国人，任

中华饥荒救济基金委员会秘书。

(148) 任德芬(Ignace Mangin, 1857—1900 年),法国人,耶稣会传教士,1882 年来直隶东南代牧区传教;1900 年 7 月,在朱家河遭拳民杀害。

(149) 马泽轩(Henri Maquet, 1843—1919 年),法国人,耶稣会传教士,1871 年来直隶东南代牧区传教;1901 年任冀东南宗座代牧。

(150) 和致祥(Fortunat Marivint, 1858—1934 年),法国人,耶稣会传教士,1901 年在苏北传教。

(151) 马安(John Markham, 1835—1871 年),英格兰人,外交官员,1868—1869 任驻烟台领事。

(152) 马沙尔(Adolf Marschall von Bieberstein, 男爵, 德国人, 1842—1912 年),1890—1897 年,任德国外交大臣。

(153) 狄考文(Calvin Wilson Mateer, 1836—1908 年),美国人,北长老会传教士;1863 年底来山东传教。

(154) 马丁荣(Jean-Jacques Matignon, 1866—1929 年),法国人,任法国驻华使馆医生。

(155) 毛思德(Franz Maus, 1892—1971 年),德国人,圣言会传教士,1921 年来鲁南代牧区传教。

(156) 麻木勒(William Grenfell Max-Müller, 1867—1945 年),英格兰人,东方学家及牛津大学教授缪勒((Friedrich Max Müller, 1823—1900 年)之子,1909—1911 年,任英格兰驻华代办。

(157) 梅尔思(Sidney Francis Mayers, 1873—1934 年),英格兰人,外交官员,英格兰驻华使馆汉务参赞梅辉立(William Frederick Mayers, 1839—1878 年)幼子。

(158) 司布真(Charles Spurgeon Medhurst, 1860—1927 年),英格兰人,浸礼会传教士,1885 年来山东传教,1904 年脱离差会。

(159) 麦令豪(Peter Merklinghaus, 1868—1939 年),德国人,外交官员,驻华翻译。

(160) 江类思[Luigi(Carlo Antonio)Moccagatta, 1809—1891 年],意大利人,方济各会传教士。1840 年来山东传教;1848 年任山东宗座代牧;1861 年调任山西。

(161) 马德赉(Joseph de Moidrey, 1858—1937 年),法国人,耶稣会传教士,1898 年来江南代牧区传教。

(162) 芮卿云(Julien Monget, 1854—1923 年),法国人,耶稣会传教士,1882 年来直隶东南代牧区传教。

(163) 幕拉第(Charlotte "Lottie" Diggs Moon, 1840—1912 年),美国

人，南浸信会传教士，1873 年来山东传教。

（164）慕兴立（Heinrich Mootz），德国人，德国驻青岛领馆翻译。

（165）莫约翰（John Murray，1846—1929 年），美国人，北长老会传教士。1876 年来山东传教；1926 年退休。

（166）恩格礼（Christoph Nägler，1856—1924 年），德国人，圣言会传教士，1891 年来鲁南代牧区传教。

（167）孙汝舟（Omer Neveux，1853—1913 年），法国人，耶稣会传教士，1886 年来直隶东南代牧区传教。

（168）倪戈氏（Helen Sanford Coan Nevius，1833—1910 年），美国人，倪维思之妻。

（169）倪维思（John Livingston Nevius，1829—1893 年），美国人，北长老会传教士。1853—1861 年，浙江宁波传教；1861 年后来山东工作。

（170）聂德华（Edward Carey Nickalls，1862—1938 年），英格兰人，浸礼会传教士，1886 年来山东传教。

（171）能方济（Franz Xaver Nies，1859—1897 年），德国人，圣言会传教士。1885 年来山东传教；1897 年 11 月 1 日，在巨野县（磨盘）张家庄遇害。

（172）南怀仁（Miguel Fernández Oliver，1665—1726 年），西班牙人，方济各会传教士，在山东传教。

（173）康和之（Carlo Orazi，1673—1755 年），意大利人，方济各会传教士，在山东传教。

（174）文书田（George Owen，1843—1914 年），威尔士人，伦敦会传教士，1886 年来华北传教。

（175）姚宗李（Prosper Paris，字思白，1846—1931 年），法国人，耶稣会传教士。1883 年在江南代牧区传教；1900 年任江南宗座代牧。

（176）巴特纳（Jules Patenôtre des Noyers，又名巴德诺，1845—1925 年），法国人，外交官员，1883—1885 年法国驻华公使。

（177）马德莲（Marie Madeleine de Pazzi，1863—1936 年），法国天主教会女教士 Nelly Aubert 的教名，自 1889 年加入玛利亚方济各传教修女会来华传教。

（178）秦恒瑞（Henry Poor Perkins，1856—?），美国人，公理会传教士，在华北传教。

（179）皮尔斯·佩里（Pierre Perrigaud，1853—1899 年），法国人，耶稣会传教士。1887 年来江南代牧区传教。

（180）斐德礼（Karl Petry，1865—1925 年），德国人，圣言会传教士。1890 年来鲁南代牧区传教。

(181) 培渥蓝（Hubert Peulen，1864—1928 年），德国人，圣言会传教士。1890 年来鲁南代牧区传教。

(182) 毕盛（Stephen-Jean-Marie Pichon，又名毕勋，1857—1933 年），法国人，外交官员。1898 年后任法国驻华公使。

(183) 卢国祥（Rudolf Pieper，1861—1909 年），德国人，圣言会传教士。1886 年来山东传教。

(184) 康方济（Franz Anton Pilgram，1883—1964 年），德国人，圣言会传教士。1909 年来鲁南代牧区传教。

(185) 包士杰（Jean-Marie Planchet，又名包世杰，1870—1948 年），法国人。遣使会传教士。1894 年来华，在上海传教。著有《庚子北京殉难录》一书。

(186) 包赍德（Archer Russell Platt，？—1886 年），美国人。1875 年后作为医师在中国海关工作；后任驻烟台领事。

(187) 博恒理（Henry Dwight Porter，1845—1916 年），美国人，美国公理会传教医师。1880 年来山东传教。

(188) 柏春（Etienne-Marie Potron，1836—1905 年），法国人，方济各会传教士，宗教名为 Fr. Marie de Brest。

(189) 贝威士（Wilhelm von Prittwitz und Gaffron，1866—1901 年），德国人，外交官员。1896—1899 任德国驻华使馆头等参赞。

(190) 浦安纳（Anna Seward Pruitt，1862—1948 年），美国人，传教士，浦其维（Cicero Washington Pruitt）的第二任妻子。1887 年，加入美国长老会来登州传教；1888 年成婚，此后成为美国南浸信会传教士，驻扎山东黄县。

(191) 蓝牧师（Horace Andrews Randle，1854—1926 年），英格兰人，中华内地会传教士。在美国完成医疗训练后，1894 年以美国南浸信会传教医师的身份来华。

(192) 瑞思义（William Hopkyn Rees，1859—1924 年），威尔士人，伦敦会传教士。1883 年来华北传教。

(193) 李提摩太（Timothy Richard，1845—1919 年），威尔士人，英国浸礼会传教士。1870 年来山东传教；1877 年后活跃于山西进行赈灾工作；1891 年，任上海同文书会（Society for the Diffusion of Christian and General Knowledge among the Chinese，后改为广学会）总干事。

(194) 李希霍芬（Ferdinand von Richthofen，男爵，1833—1905 年），德国地质学家。1860—1862 年和 1868—1872 年来华。

(195) 陆神甫（Gottfried Riehm，或称陵神甫，1850—1889 年），德国人，

圣言会传教士。1882年来山东传教。

（196）约翰·罗伯逊（John Robinson，？—1905年），英国人，圣道会传教士。1877年来山东传教。

（197）罗森达（Carl Rosendahl，1852—1917年），德国水师总兵。1898年德国占领胶州湾后任首任总督。

（198）罗登汉（Wolfram von Rotenhan，男爵，德国人，1845—1912年）。1890—1898年，任德国外交副大臣；1898—1908年，作为首相朝圣天主教教廷圣座。

（199）萨尔瓦葛（Giuseppe Salvago-Raggi，侯爵，1866—？），意大利人。1899—1901年），任意大利驻华公使。

（200）卫保禄（Deodato Salvucci，1843—1888年），意大利人，方济各会传教士。1871年在山东传教。

（201）常明德（Césaire Schang，1835—1911年），法国人，方济各会传教士。1883年来山东传教；1894年任鲁东宗座代牧。

（202）绅珂（Gustav Adolf［Gustolf］von Schenck zu Schweinsberg，男爵，1843—1909年），德国人，外交官员。1893—1896任驻华公使。

（203）司格达（Benjamin Charles George Scott），英国人，外交官员。1897年曾任驻天津领事。

（204）史嘉乐（Charles Perry Scott，1847—1927年），英格兰人。中华圣公会传教士，1874年来山东传教。

（205）谢万禧（William Henry Sears，1865—1922年），美国人。南浸信会传教士，1891年来山东传教。

（206）慕杂甫（Walter Frederick Seymour，1862—1928年），美国人，北长老会传教医师。1893年来山东工作，后遭国民党军队杀害。

（207）梁多明（Domenico Sgarriglia，1810—1869年），意大利人，方济各会传教士。1845年来华传教；1862年赴山东。

（208）谢卫楼（Devello Zelotos Sheffield，1841—1913年），美国人，公理会传教士。1869年来华北传教。

（209）信尔利（Earle D. Sims），美国人，浸信传道会传教士。1890年代在山东泰安传教，1900年初返美。

（210）明恩溥（Arthur Henderson Smith，又名明恩普，1845—1932年），美国人，公理会传教士。1872年来天津传教；1882年，和博恒理在山东庞庄建立传教基地。

（211）师特恩博（Hermann Speck von Sternberg，男爵，1852—1908年），德国人，外交官员，驻华公使。

（212）卞方士（Francis Henry Sprent，1861—1957 年），英格兰人，中华圣公会传教士。1883 年在华北传教。

（213）商格理（Josef Stangier，1872—1953 年），德国人，圣言会传教士。1899 年来山东传教。

（214）薛田资（Georg Maria Stenz，1868—1928 年），德国人，圣言会传教士。1893 年来山东传教。

（215）纪理安（Kilian Stumpf，1655—1720 年），德国人，耶稣会传教士。1695 年来华传教。

（216）戴济世（François-Ferdinand Tagliabue，又名达里布，1822—1890 年），法国人，遣使会传教士。1854 年来华；1868 年，任江西宗座代牧；1869 年，任冀西南宗座代牧；1884 年，任（北京）冀北宗座代牧。

（217）陶加禄（Karl Teufel，1869—1948 年），德国人。圣言会传教士，在山东传教，后更名为 Karl Teufer。

（218）德志修［Chérubin-Marie（Lucien-Noël）Theule，1864—1910 年］，法国人，方济各会传教士。1890 年来山东传教。

（219）汤执中（Joseph Thomas，1863—1920 年），法国人，耶稣会传教士。1890 年在江南代牧区传教。

（220）铁毕子（Alfred Peter Friedrich von Tirpitz，1849—1930 年），德国人，海军官员。1896—1897 年，任德国亚细亚巡洋舰队司令；1897—1916 年，任海军部长。

（221）管宜穆（Jérome Tobar，1855—1917 年），西班牙人，耶稣会传教士。1880 年来江南代牧区传教。

（222）陶万理（Pius Trovarelli，1855—1923 年），意大利人，方济各会传教士。1884 年来山东传教。

（223）彭亚伯（Albert Tschepe，1844—1912 年），德国人，耶稣会传教士。1870 年来江南代牧区传教。

（224）戴尔第（Johannes Twdry，1846—1910 年），德国人，耶稣会传教士。1867 年来江南代牧区传教。

（225）段之馨（Julianus Van Dosselaere，1855—1928 年），比利时人，耶稣会传教士。1881 年来江南代牧区传教。

（226）费若瑟（José Maria Vila，1849—1915 年），西班牙人，方济各会传教士。1884 年来山东传教；1908 年回国。

（227）德天恩（Theodor Vilsterman，1857—1916 年），荷兰人，圣言会传教士，在鲁南传教。

（228）傅于谦（Arsenius Völling，1866—1933 年），德国人，方济各会传

教士。1883 年来陕北传教;1904 年调往鲁北代牧区。

（229）佛尔白（Anton Volpert，1863—1949 年），在《教务教案档》名为佛尔柏，德国人，圣言会传教士，在鲁南代牧区传教。1923 年调往甘肃省。

（230）葛勒梅（Wilhelm Vorschulte，1869—1945 年），德国人，采矿工程师，1899 年在山东工作。

（231）威廉·瓦格纳（Wilhelm Wagner，1886—?），德国人，植物学家。1911—1914 年在德华高等学堂（German-Chinese College）任农业学教习。

（232）武成献（James Russell Watson，1855—1937 年），苏格兰人，浸礼会传教士。1884 年山东传教。

（233）魏若望（Johann Evangelist Weig，1867—1948 年），德国人，圣言会传教士，1891 年来山东传教。

（234）华地码（William Shepard Wetmore，1827—1898 年），美国商人，在上海活动。

（235）万其偈（Albert Wetterwald，1860—1942 年），法国人，耶稣会传教士。1894 年来直隶东南代牧区传教。

（236）文安多（Anton Wewel，1857—1938 年），德国人，圣言会传教士。1882 年来山东传教。

（237）怀恩光（John Sutherland Whitewright，1858—1926 年），苏格兰人，浸信会传教士。1881 年来山东传教。

（238）伟晋颂（Frederick Edgar Wilkinson，1871—1950 年），英格兰人，外交官员，先后任驻天津使馆翻译学生和副领事。

（239）韦廉臣（Alexander Williamson，1829—1890 年），苏格兰人，传教士。1855 年，随中华内地会来华;1863 年，任苏格兰圣经公会驻华代表。

（240）韦伊萨[Isabella Fleming (Dougall) Williamson，? —1886 年]，韦廉臣之妻。

（241）韦礼敦（Ernest Colville Collins Wilton，1870—1952 年），英格兰人，外交官员，1909 年后任驻济南领事。

（242）吴里福（Eugen Wolf，又名谔尔福，1850—1912 年），德国人，德国民族主义和殖民主义的鼓吹者。1898 年在山东游历;1898 年 4 月，走访巨野县磨盘张家庄。

（243）齐恩来（Josef Ziegler，1864—1925 年），德国人，圣言会传教士，1895 年来山东传教。

二、主要参考文献

（一）未刊原始资料

A. 官方档案文献

1. 外交署政治档案（柏林）

AUSWÄRTIGES AMT，POLITISCHES ARCHIV，BERLIN

馆藏地址：Auswärtiges Amt，Politisches Archiv，DE － 11013 Berlin，Germany

1.1 中国 4.1（绝密）：德国在中国的铁路运营

China 4. 1 secr. ：China 4. Geheim. Nr. 1：Deutsche Eisenbahn-Unternehmungen in China

1.2 中国 6：中国政府对基督教会的态度

China 6. Stellung der chinesischen Regierung zur christlichen Kirche

1.3 中国 20.1（绝密）：列强因中日战争而产生的领土觊觎

China 20. Geheim. Nr. 1：Beabsichtigte Erwerbungen der Großmächte anläßlich des chinesisch-japanischen Krieges

1.4 中国 22：胶澳租借地和德国在山东的利益

China 22. Kiautschou und die deutschen Interessen in Schantung

1.5 德国 135/15 德驻华使馆档案

Die Gesandtschaft in Peking

2. 柏林联邦档案馆档案（柏林）

BUNDESARCHIV，BERLIN-LICHTERFELDE—Abteilung Deutsches Reich（该处档案原藏于东德波茨坦的中央档案馆）

馆 藏 地 址：Bundesarchiv，Finckensteinallee 63，DE － 12205 Berlin，Germany

2.1 外交署卷宗

Auswärtiges Amt

第 38899—38902 卷：1870—1907 年中国传教事业

Vols. 38899—38902 Das Missionswesen in China，1870 - 1907

2.2 德国驻华使馆卷宗

Deutsche Botschaft（Gesandtschaft）China：R 9208

2.2(1) 第 218 卷：1900 年动乱（义和团运动）

Vol. 218　Aufstand von 1900（Boxeraufstand）

2.2(2) 第 307 卷：1871—1897 年中国传教事业

Vol. 307　　Missionswesen in China. Allgemein. 1871－1897

2.2(3) 第 308—312 卷:1886—1890 年中国传教士

Vol. 308—312　　Missionare in China, 1886－1890

2.2(4) 第 313—339 卷:1872—1900 年天主教传教事业

Vol. 313—339　　Katholische Missionen, 1872－1900

2.2(5) 第 342—348 卷:中国传教事业、新教传教士

Vol. 342—348　　Missionswesen in China, Protestantische Missionare

2.2(6) 第 357—418 卷:1862—1917 年叛乱、动乱及排外运动

Vol. 357—418　　Rebellionen, Ruhestörungen, antifremde Bewegungen, 1862－1917

3. 英国外交部档案(伦敦)

FOREIGN OFFICE RECORDS, LONDON

馆藏地址:The National Archives, Ruskin Avenue, Kew, Richmond, Surrey, TW9 4DU, United Kingdom.

3.1 使领馆档案之与中国的通讯:分类编号 FO228

Consular and Embassy Archives. China. Correspondence(FO228)

3.2 驻天津领事馆档案:分类编号 FO674

Consular Archives, Tianjin(FO674)

4. 美国国家档案馆档案(马里兰)

U. S. STATE DEPARTMENT RECORDS

馆藏地址:National Archives and Records Administration, 8601 Adelphi Road, College Park, MD 20740—6001, U. S. A.

4.1 分类编号第 59 类:《国务院一般函件》

General Record. Record Group 59

4.1(1)美国公使致华照会之副本:微缩胶卷编号 M92

Despatches from United States Ministers to China(Microcopy M92)

4.1(2)1863—1906 年美国驻烟台领事馆报告:微缩胶卷编号 M102

Despatches to the Department of State from United States Consuls in Chefoo, 1863—1906(Microcopy M102)

4.2 分类编号第 84 类:《外交人员函件》

Records of Foreign Service Posts. Record Group 84

4.2(1)　美国驻华公使馆档案

United States Legation in China

4.2(2)　烟台领事馆档案及杂函

Chefoo Consulate. Miscellaneous Correspondence

5. 法国外交部档案馆档案（巴黎）

MINISTÉRE DES AFFAIRES ÉTRANGÈRES，Paris

馆藏地址：Ministère des Affaires Étrangères，Archives et Documentation，La Courneuve，Paris，France

5.1《回忆录与文件之中国卷》

Mémoires et Documents，Série Chine(MD)

5.2《政治通讯之中国》

Correspondance Politique. Chine. (CP)

5.3《新增卷之中国》

Nouvelle Série. Chine. (NS)

6. 法国外交部南特外交档案中心档案

CENTRE DES ARCHIVES DIPLOMATIQUES DE NANTES

馆藏地址：Centre des Archives diplomatiques de Nantes，17，rue de Casterneau，Nantes，France

6.1 法国驻华使馆档案

Archives de la Légation française à Pékin

6.1(1)第 3 箱：对山东意大利传教士的资助

Carton 3. Subventions aux missionnaires Italiens du Changtong(100)

6.1(2)第 10 箱：1911 年前的山东传教团体

Carton 10. Missions du Chantoung jusqu'en 1911(111)

B. 教会档案

1. 美国基督教公理会

AMERICAN BOARD OF COMMISSIONERS FOR FOREIGN MISSIONS

馆藏地址：Houghton Library，Harvard University，Manuscript Department，Cambridge，MA，U. S. A.

1.1 美国基督教公理会 16.3.12：《华北差会来函及报告》

ABC：16. 3. 12. North China Mission，Incoming Letters and Reports (NCM)

2. 英国伦敦会

LONDON MISSIONARY SOCIETY

馆藏地址：Council for World Mission Archives，School of Oriental and African Studies，Thornhaugh Street，Russell Square，London WC1H OXG，United Kingdom

2.1《华北差会来函》

North China Mission，Incoming Letters

3. 美以美会

METHODIST EPISCOPAL CHURCH

馆藏地址：Archives and History Center of the United Methodist Church，36 Madison Avenue（Drew University Campus），Madison，NJ 07940 USA

4. 美国（北）长老会

PRESBYTERIAN CHURCH IN THE UNITED STATES OF AMERICA. PRESBYTERIAN BOARD OF FOREIGN MISSIONS

馆藏地址：Presbyterian Historical Society，45 Lombard Street，Philadelphia，PA 19147，U. S. A.

4.1 中国：《1860—1900 年中国来函》：缩微胶卷号 MF10/F761

China：China，Incoming Letters，1860‐1900.（Microfilm MF10/ F761）

4.2 纪力宝：《纪力宝私人函件》（出版社：Clark County Herald）；后由长老会历史协会整理，系打印文件。

Private Letters of Charles A. Killie

5. 中华圣公会

SOCIETY FOR THE PROPAGATION OF THE GOSPEL IN FOREIGN PARTS

馆藏地址：United Society for the Propagation of the Gospel，Rhodes House Library，South Parks Road，Oxford OX1 3RG，United Kingdom.

C. 私人文件

1. 阿查立爵士私人文件

Sir Chaloner Alabaster. Alabaster Papers

馆藏地址：Archives of the School of Oriental and African Studies，London，United Kingdom

2. 康和之神甫私人文件

Carlo Orazi da Castorano. De rebus sinensibus. Monumenta Papyracea Sinensia

馆藏地址：Franciscan Institute Ms. no. 8，St. Bonaventure University，St. Bonaventure，NY 14778，U. S. A.

（二）已出版官方文件

A. 德国

1.《欧洲各政府内阁重大外交政策(1871—1914)》,外交部外交文件集

Sammlung der diplomatischen Akten des Auswärtigen Amtes. Im Auftrage des Auswärtigen Amtes hrsg. von Johannes Lepsius，Albrecht Mendelsohn-Bartholdy，Friedrich Thimme. 40 vols. Berlin：Deutsche

Verlagsgesellschaft für Politik und Geschichte，1922 - 1927. Vols. 9 and 14/I relate to China.

2. 德国海军署:《胶州领土与人口统计》

Reichsmarineamt. Das deutsche Kiautschou-Gebiet und seine Bevölkerung. Kartenkrokis und statistische Tabellen entworfen und zusammengestellt von Offizieren des Gouvernements. Veröffentlicht auf Veranlassung des Reichs-Marine-Amts. Berlin：Verlag von Dietrich Reimers （Ernst Vohsen），1899.

3. 德国帝国国会:《关于中国的讨论,1900—1901 年》

Reichstag. "China Debatte". 1900—1901. 10. Legislatur-Periode. 11. Session. 1900/1901. 3. bis 6. u. 49. Sitzung. Berlin：Druck und Verlag der Norddeutschen Buchdruckerei und Verlagsanstalt，［1901］. （Extracted from Stenographische Berichte über die Verhandlungen des Reichstages.）

B. 英国

议会下议院:《英国议会文件》(国内泛称为蓝皮书)之中国卷(卷 22 和 42),香农:爱尔兰大学出版社,1971—1972 年。

Parliament. House of Commons. British Parliamentary Papers. （Irish University Press Area Studies Series. China. Vols. 22 and 42.） Shannon：Irish Press，1971—1972.

C. 美国

国会众议院:《美国外交文件》(1868—1900 年)

House of Representatives. Papers Relating to the Foreign Relations of the United States. 1868 - 1900.

（三）系列出版物

（1）美国公理会:《年度报告》(*Annual Reports*),马萨诸塞州剑桥,1868—1901 年。

（2）《传信年鉴》(*Annales de la Propagation de la Foi*),里昂,1868—1901 年。

（3）《教会先驱报》(*Assembly Herald*),宾夕法尼亚,1894—1901 年;该刊后更名为《国内外教堂》(*Church at Home and Abroad*)。

（4）英国浸礼会:《年度报告》(*Annual Reports*),伦敦,1860—1901 年。

（5）《柏林传教报告》(*Berliner Missions-Berichte*),柏林,1898—1901 年。

（6）《华洋通讯》(*Celestial Empire*),上海,1890—1897 年。

（7）《中国评论》(*China Review* 或 *Notes and Queries on the Far East*),香港,1872—1901 年。

(8)《中国、锡兰及马达加斯加信函汇编》(*Chine, Ceylan, Madagascar*),原为《法国耶稣会省(香槟省)在中国及锡兰传教士的信函汇编》,后来编入《马达加斯加传教士函》(阿比维尔),1898 年 11 月—1903 年。

(9)《教务杂志》(*The Chinese Recorder and Missionary Journal*),福州和上海,1868—1941 年。

(10)《中国时报》(*Chinese Times*),天津,1886—1891 年。

(11)《国内外教堂》(*Church at Home and Abroad*),宾夕法尼亚,1887—1898 年,长老会主办,月刊。

(12)《海外传教士事工记录》(*Echos of Service and Illustrated Record of Labour in the Lord's Name in Many Lands*),伦敦,1888—1901 年。

(13)《海外传教杂志》(*Foreign Mission Journal*),佛理吉尼亚里士满,1898—1900 年。

(14)《海外传教士》(*Foreign Missionary*),纽约,1860—1886 年。

(15)《禾场拾穗》(*Gleanings in Harvest Fields. Work of the Methodist New Connexion Missions at Home and Abroad*),伦敦,1878—1893 年。

(16)《圣天主之城》,斯泰尔,1878—1893 年。后更名为《天主之城》(*Stadt Gottes*)。

(17)《天主教传教事业》(*Die Katholischen Missionen*),弗莱堡,1873—1901 年。

(18)《耶稣心小使者报》(*Kleiner Herz-Jesu-Bote*),帕德博恩,1874—1899/1900 年;1900/1901—1901/1902 年度更名《斯泰尔耶稣心小使者报》(*Steyler Herz-Jesu-Bote*)。

(19)《十字与剑》(*Kreuz und Schwert im Kampfe gegen Sklaverei und Heidentum*),明斯特,1898—1901 年。

(20)《中华之邦》(*The Land of Sinim*),伦敦,由华北和山东传教士合办,1896—1901 年,季刊。

(21)《泽西信函》(*Lettres de Jersey*),布鲁日,1882—1901 年。

(22)《拉瓦尔信函》(*Lettres de Laval*),拉瓦尔,1868—?。

(23) 美以美会海外差会:《年度报告》(*Annual Reports*)。

(24)《天主教修会》(*Las Misiones católicas*),巴塞罗那,1880—1901 年。

(25)《传教阵地》(*The Mission Field*),伦敦,1875—1901 年。

(26)《苏格兰长老会差会记录》(*Mission Record of the United Presbyterian Church of Scotland*),1868—1885 年。

(27)《浸礼会传教士先驱报》(*The Missionary Herald*),伦敦,1875—1901 年。

(28)《传教士先驱报》(*Missionary Herald*),波士顿,1860—1901 年。

(29)《天主教传教区》(*Le Missioni cattoliche*)，米兰，1872—1901 年。

(30)《在巴勒斯坦及其他地区的圣方济各会传教士》(*Le Missioni Francescane in Palestina ed in altre regioni della terra*)，佛罗伦萨，1891—1897 年。

(31)《天主教传教区周刊》(*Les Missions catholiques*)，里昂，1868—1901 年。

(32)《北华捷报》(*North-China Herald*)，上海，1868—1901 年。

(33)《中国新闻》(*Nouvelles de Chine*)，上海，耶稣会办，不定期刊物，1890 年代末。

(34)《江南宗座代牧区事工》(*Oeuvres de la Mission de Kiang-nan*)，上海，耶稣会办，1889/90—1899/1900 年。

(35)《德文新报》(*Der Ostasiatische Lloyd*)，上海，1887—1900 年。

(36)《京津泰晤士报》(*Peking and Tientsin Times*)，天津，1894—1900 年。

(37)《长老会旌旗》(*The Presbyterian Banner*)，匹斯堡，1898—1900 年。

(38) 美国(北)长老会海外差会：《年度报告》(*Annual Reports*)，1860—1901 年。

(39)《长老会杂志》(*The Presbyterian Journal*)，宾夕法尼亚，1875—1901 年。

(40)《方济各会杂志》(*Revue Franciscaine*)，波尔多，1896—1901 年。

(41)《圣方济各小钟》(*St. Franzisci-Glöcklein*)，奥地利茵斯布鲁克，1878—1901 年。

(42)《圣弥额尔历》(*St. Michaels Kalender*)，圣言会刊物，1879—1901 年。

(43)《斯泰尔耶稣心小使者报》，见(18)《耶稣心小使者报》。

（四）西文著述

(1) 阿查立：《关于烟台至镇江陆路旅途的回忆》(Chaloner Alabaster, "Memorandum by Mr. Alabaster of a Trip Overland from Che-foo to Chin-kiang-foo")，载英国：《中国》(1)：《中日旅行报告》；《英国议会文件》再刊，香农：Irish University Press，1971 年；第 1—7 页。

(2) 阿拉巴德：《中国刑法评注》(Ernest Alabaster, *Notes and Commentaries on Chinese Criminal Law and Cognate Topics, with Special Relation to Ruling Cases, together with a Brief Excursus on the Law of Property*)，伦敦：Luzac，1899 年。

(3) 哈姆札·阿拉维：《农民阶级与原发性忠诚》(Hamza Alavi, "Peasant Classes and Primordial Loyalties")，载《农民研究期刊》(*Journal*

of Peasant Studies）1(1)，1973 年 10 月，第 23—62 页。

（4）艾马克：《合法之印：19 世纪台湾的地方领导及乡里体制政府》（Mark A. Allee，" The Seal of Legitimacy：Local Leaders and Sub-county Government in Nineteenth-Century Taiwan"），未刊论文，1986 年 3 月 21—23 日芝加哥主办的《第 38 届亚洲研究学会年会》会议论文。

（5）查尔斯·安布勒：《帝国主义时代下的肯尼亚社群：以 19 世纪末的中部地区为考察中心》（Charles H. Ambler，*Kenyan Communities in the Age of Imperialism：The Central Region in the Late Nineteenth Century*），纽黑文：Yale University Press，1988 年。

（6）安德训：《帝王的始与终：政权的反表达》（Ann Anagnost，"The Beginning and End of an Emperor：A Counterrepresentation of the State"，载《近代中国》(Modern China)11(2)，1985 年 4 月，第 147—176 页。

（7）《山东的劫匪》（"Räuberwesen in Shantung"），载《德文新报》，1907 年 1 月 18 日。

（8）瓦特·安兹：《从山东到苏北的冬日旅行》（Walter Anz，"Eine Winterreise durch Schantung und das nördliche Kiang-su"），载《彼得曼通报》(*Petermanns Mitteilungen*)50(6)，1904 年 6 月，第 131—140 页。

（9）戴维德·阿诺德：《灾荒中的农民自醒和举措：1876—1878 年的马德拉斯》（David Arnold，"Famine in Peasant Consciousness and Peasant Action：Madras 1876‐78"），载拉纳吉特·古哈（Ranajit Guha）编《庶民研究》(Subaltern Studies)III，德里：Oxford University Press，第 62—115 页。

（10）艾琳达：《中国土地所有权的集中：对卜凯调查的修订》（Linda Gail Arrigo，"Landownership Concentration in China：The Buck Survey Revisited"），载《近代中国》12(3)，1986 年 7 月，第 259—360 页。

（11）帕梅拉·艾特威：《英租威海卫及归还始末》[Pamela Atwell，*British Mandarins and Chinese Reformers：The British Administration of Weihaiwei（1898‐1930）and the Territory's Return to Chinese Rule*]，香港：Oxford University Press，1985 年。

（12）裴达礼：《中国的家庭与宗亲》（Hugh D. R. Baker，*Chinese Family and Kinship*），纽约：Columbia University Press，1979 年。

（13）鲍康宁译：《圣谕广训》（Frederick William Baller，*The Sacred Edict*），上海：内地会出版社，1921 年。

（14）巴尼特、费正清编：《基督教在中国：来华新教传教士早期著述》（Suzanne W. Barnett & John K. Fairbank，*Christianity in China：Early Protestant Missionary Writings*），马萨诸塞州剑桥：Harvard University Press，1985 年。

（15）巴瑞特：《中国的秘密宗教》（T. H. Barrett，"Chinese Sectarian

Religion"），载《近代亚洲研究》(*Modern Asian Studies*)12(1)，1978 年 4 月，第 333—352 页。

（16）巴斯蒂：《社会变化的潮流》(Marianne Bastid-Bruguière，"Currents of Social Change")，载费正清编《剑桥中国史》，第十一卷：《晚清 1800—1911 年》(下)，马萨诸塞州剑桥：Cambridge University Press，1980 年，第 534—602 页。

（17）裴士丹：《基督教和中国宗教：19 世纪末的民间教派》(Daniel H. Bays，"Christianity and Chinese Sects：Religious Tracts in the Late Nineteenth Century")，载巴尼特、费正清编《基督教在中国：来华新教传教士早期著述》，马萨诸塞州剑桥：Harvard University Press，1985 年，第 121—134 页。

（18）裴士丹：《基督教和中国教派》(Daniel H. Bays，"Christianity and the Chinese Sectarian Tradition")，载《清史问题》4(7)，1982 年 6 月，第 33—55 页。

（19）葛光被：《在华传教五十年：耶稣会会士鄂尔璧神甫》(Émile Becker，*Un demi-siècle d'apostolat en Chine. Le Révérend Père Joseph Gonnet de la Compagnie de Jésus*)(第二版)，河间府：天主教会印刷所，1900 年。

（20）葛光被：《1902 年 5 月直隶新一轮的叛乱》(Émile Becker，"Une nouvelle insurrection au Tche-li S. E. en mai 1902")，《研究》(*Études*)(94)，1903 年，第 111—119 页。

（21）约翰内斯·贝克曼《中国：风暴之眼，中国修会报告 I》(Johannes Beckmann，"China—Saat im Sturm. Versuch einer kritischen Rechenschaft über die China-Mission；I")，载《语录与真理》(*Wort und Wahrheit*)(14)，1959 年，第 165—178 页；《儒家思想与革命，中国修会报告 II》("Zwischen Konfuzianismus und Revolution，Versuch einer kritischen Rechenschaft über die China-Mission；II")，载《语录与真理》(14)，1959 年，第 257—272 页；《从北京到上海，中国修会报告 III》("Jenseits von Peking und Schanghai. Versuch einer kritischen Rechenschaft；III")，载《语录与真理》(14)，1959 年，第 325—332 页。

（22）约翰内斯·贝克曼：《近代(1842—1912)在华天主教的传教方法：关于其工作方式、障碍与成功的研究》[*Die Katholische Missionsmethode in China in neuester Zeit* (1842‐1912). *Geschicht-liche Untersuchungen Über Arbeits-weisen，ihre Hindernisse und Erfolge*]，伊门赛：Verlag des Missionshauses Bethlehem，1931 年。

（23）西格弗里德·毕尔森：《宋景诗领导的中国农民起义》(Siegfried Behrsing，"Chinesische Arbeiten zum Bauernaufstand des Sung-Ching-

Shih"），载《东方学研究所通讯》(*Mitteilungen des Instituts für Orientforschung*)(4)，1956 年，第 128—160 页。

(24) 马克·贝尔：《中国：山东和直隶东北部军事调查报告；南京及其道路；广州及其道路等；中国民政、海军和军事管理汇总》(Mark S. Bell，*China. Being a Military Report on the Northeastern Portions of the Provinces of Chihli and Shantung；Nanking and Its Approaches；Canton and Its Approaches；etc.，Together with an Account of the Chinese Civil，Naval and Military Administration*)(两卷本)，西姆拉：Government Centre Branch，1884 年。

(25) 柏尔根：《泰山之行》(Paul Bergen，"A Visit to T'aishan")，载《教务杂志》19(12)，1888 年，第 541—546 页。

(26) 裴化行：《中国的耶稣会士；老直隶东南代牧区及下属堂口及教堂》(Henri Bernard，*La Compagnie de Jésus en Chine. L'Ancien vicariat apostolique du Tchéli sud-est – ses filiales，ses annexes*)，天津：献县传教士，1940 年。

(27) 贝斯：《1898—1910 年青岛开埠以来山东省的经济发展》(Heinrich Betz，*Die wirtschaftliche Entwicklung der Provinz Schantung seit der Eröffnung Tsingtaus 1898 – 1910*)(第二版)，汉堡：Walter Bangert，1911 年。

(28) 毕仰高：《农民与革命：以中国为例》(Lucien Bianco，"Peasants and Revolution：The Case of China")，《农民研究期刊》2(3)，1975 年 4 月，第 312—335 页。

(29)《传教事业文库》(*Bibliotheca Missionum*)，先后由罗伯特·史积特(Robert Streit、丁町格尔(Johannes Dindinger)、罗默斯基兴(Johannes Rommerskirchen)、约瑟夫·美兹勒(Josef Metzler)和尼可拉斯·卡瓦斯基(Nikolaus Kowalsky)编辑。第 12 卷：《中国传教文学(1800—1884 年)》(*Chinesische Missionsliteratur，1800 - 1884*)，弗莱堡：Herder，1958 年。第 13 卷：《中国传教文学(1885—1909 年)》(*Chinesische Missionsliteratur，1885 - 1909*)，罗马、弗莱堡、维也纳：Herder，1959 年。

(30) 贝思飞：《1911—1928 年中国的盗匪：以河南省为考察中心》(Philip Richard Billingsley，"Banditry in China，1911 to 1928，With Particular Reference to Henan Province")，利兹大学博士论文，1974 年；1988 年出版，书名《民国时期的土匪》，斯坦福：Stanford University Press；中文译稿见徐有威《民国时期的土匪》，上海：上海人民出版社，1992 年。

(31) 贝思飞：《盗匪、首领和光棍：民国初期地方控制的背后》("Bandits，Bosses，and Bare Sticks：Beneath the Surface of Local Control in Early Republican China")，载《近代中国》7(3)，1981 年 7 月，第 235—

288 页。

（32）布莱克米肖·雅各布：《械斗社会》（Black-Michaud Jacob, *Feuding Societies*），牛津：Basil Blackwell，1980 年；1975 年初版。

（33）安东·布洛克：《1860—1960 年间一个西西里村庄的黑手党：暴力农民团伙研究》（Anton Blok, *The Mafia of a Sicilian Village : A Study of Violent Peasant Entrepreneurs 1860 - 1960*），牛津：Basil Blackwell，1974 年。

（34）安东·布洛克：《农民与强盗：社会性盗匪再审读》（"The Peasant and the Brigand: Social Banditry Reconsidered"），载《社会与历史比较研究》（*Comparative Studies in Society and History*）14(4)，1972 年 9 月，第 494—503 页。

（35）白兰、伊懋可：《中国文化地图》（Caroline Blunden & Mark Elvin, *Cultural Atlas of China*），牛津：Phaidon，1983 年。

（36）博尔：《中国的饥荒与传教士：李提摩太之救荒事业与变法思想（1876—1884）》（Paul Richard Bohr, *Famine in China and the Missionary : Timothy Richard as Relief Administrator and Advocate of National Reform, 1876 - 1884*），马萨诸塞州剑桥：Harvard University Press，1972 年。

（37）卡尔·博克曼：《山东省的经济与交通》（Karl Bökemann, "Ueber Wirtschaft und Verkehr in der Provinz Schantung"），载《殖民月报》（*Koloniale Monatsblätter*）15(2)，1913 年 2 月，第 87—98 页；15(3)，1913 年 3 月，第 127—144 页。

（38）彭廉石：《徐州府的农民》（André Bonnichon, "Chez les paysans du Siu-Tcheo-Fou"），载《泽西信函》（45），1935 年 9 月 8 日，第 207—212 页。

（39）包敏：《纳入鲁南代牧区的胶州》（Fritz Bornemann, "Die Angliederung von Kiaochow an das Vikariat Süd-Shantung"），载《圣言会之声》（*Verbum*）9(3)，1967 年，第 263—282 年。

（40）包敏：《杨生神甫：圣言会创始人（1837—1909 年）》（*Arnold Janssen, der Gründer des Steyler Missionswerkes 1837 - 1909*），斯泰尔：Sekretariat Arnold Janssen，1970 年。

（41）包敏：《真福福若瑟追忆》（*Erinnerungen an P. Josef Freinademetz*），圣奥古斯丁：Steyler Verlag，1974 年。

（42）包敏：《1880 年来山东前的安治泰》（*Johann Baptist Anzer bis zur Ankunft in Shantung 1880*），罗马：Collegium Verbi Divini，1977 年。

（43）包敏：《真福福若瑟传（1852—1908 年）。圣言会中国传教士：根据同时代史料为基础的传记》（*Der selige P. J. Freinademetz 1852 - 1908. Ein Steyler China-Missionar. Ein Lebensbild nach zeitgenössischen*

Quellen），波尔扎诺：Freinademetz-Haus，1977 年。

（44）董师中：《艾赉沃传(1852—1930 年)；南京代牧区徐州府传教士》(Henri Boucher, *Le Père L. Gain, S. J. 1852‑1930. Apôtre du Siutcheou Fou, Vicariat de Nan-king*)，上海徐家汇：土山湾育婴堂天主教会印刷所（又名土山湾印书馆）(Imprimerie de l'Orphelinat de T'ou-sè-wè)，1931 年。

（45）布莱斯译：《中国律例指南》(Gui Boulais, *Manuel du code chinois*)，载《汉学全集》(*Variétés sinologiques*)(55)；上海：天主教会印刷所，1924 年。

（46）布瑞慕：《香港的联村村庙》(John A. Brim, "Village Alliance Temples in Hong Kong")，载武雅士编《中国社会的宗教与仪式》(Arthur Wolf, *Religion and Ritual in Chinese Society*)，斯坦福：Stanford University Press，1974 年；第 93—103 页。

（47）阿瑟·贾德森·布朗：《美国长老会中华差会考察报告》(Arthur Judson Brown, *Report of a Visitation of the China Missions of the Presbyterian Board of Foreign Missions*)，纽约：Foreign Missions of the Presbyterian Church in the U. S. A.，1902 年。

（48）伯夏理：《秘密会社》(Henry J. Brown, "Secret Societies")，载《中华之邦》(*The Land of Sinim*)4(1)，1896 年 4 月，第 13—17 页。

（49）鲍德威：《民国时期的山东省级精英：他们的成与败》(David Douglas Buck, "The Provincial Elite in Shantung during the Republican Period: Their Successes and Failures")，载《近代中国》1(4)，1975 年 10 月，第 417—446 页。

（50）鲍德威编：《中国义和团运动新近研究综述》(David D. Buck, "Recent Chinese Studies of the Boxer Movement")，载《中国历史研究》(*Chinese Studies in History*)20(3—4)，1987 年春秋；纽约：M. E. Sharpe，1987 年。

（51）鲍德威：《山东济南：一个中国城市的政治与社会历史(1900—1925 年)》("Tsinan, Shantung: Political and Social History of a Chinese City, 1900‑1925")，斯坦福大学博士论文，1972 年。

（52）鲍德威：《中国的城市变迁：1890—1949 年山东济南的政治与发展》(David D. Buck, *Urban Change in China: Politics and Development in Tsinan, Shantung, 1890‑1949*)，麦迪逊：University of Wisconsin Press，1978 年。

（53）卜凯：《中国的土地利用》(J. L. Buck, *Land Utilization in China*)，纽约：Paragon Book Reprint Corp.，1968 年；上海：南京大学，1937（初版）。

（54）伯义思:《风暴来袭》(Buis, "Vor dem Sturme"),载《耶稣心小使者报》24(3),1896 年 12 月,第 22—23 页。

（55）比少耐:《从北京到上海,旅游纪念》(Eugène Buissonnet, *De Pékin à Shanghai. Souvenirs de voyage*),巴黎:Amyot,1871 年。

（56）白向义:《在华五十年:浸礼会山东、山西和陕西传教史(1875—1925)》(Ernest Whitby Burt, *Fifty Years in China: The Story of the Baptist Mission in Shantung, Shansi and Shensi, 1875 - 1925*),伦敦:Carey Press,1925 年。

（57）包德甫:《宋景诗传奇:共产主义史学的一幕》(Fox Butterfield, "The Legend of Sung Ching-shih: An Episode in Communist Historiography"),载《中国论述》(18),哈佛,1964 年,第 129—154 页。

（58）甘淋、殷约翰:《华北传教事工》(George Thomas Candlin & John Innocent, *The Story of Mission Work in North China*),伦敦:United Methodist Publishing House,1909 年。

（59）卡尔森:《1847—1880 年间的福州教士》(Ellsworth C. Carlson, *The Foochow Missionaries, 1847 - 1880*),马萨诸塞州剑桥:Harvard University Press,1974 年。

（60）霍诺雷·加塔道尔:《西欧的飞地问题》(Honore M. Catudal, *The Exclave Problem of Western Europe*),洛杉矶:University of Alabama Press,1979 年。

（61）钱德勒:《盗匪之王:巴西的兰佩》(Billy Jaynes Chandler, *The Bandit King: Lampião of Brazil*),德克萨斯州克里奇斯泰申:Texas A & M University Press,1978 年。

（62）张仲礼:《中国绅士:其于 19 世纪中国社会所扮演的角色之研究》(Chang Chung-li, *The Chinese Gentry: Studies in Their Role in Nineteenth-Century Chinese Society*),西雅图:University of Washington Press,1967 年。

（63）张灏:《思想的变化和维新运动,1890—1898 年》(Hao Chang, "Intellectual Change and the Reform Movement, 1890 - 8"),载费正清编《剑桥中国史》,第 11 卷:《晚清 1800—1911 年》(下),马萨诸塞州剑桥:Cambridge University Press,1980 年,第 274—338 页。

（64）赵冈:《近代棉纺业的发展及手工制品的竞争》(Kang Chao, "The Growth of a Modern Cotton Textile Industry and the Competition with Handicrafts"),载柏金斯编《历史学视野下的中国近代经济》(Dwight H. Perkins (ed.), *China's Modern Economy in Historical Perspective*),斯坦福:Stanford University Press,1975 年,第 167—201 页。

（65）赵冈:《中国历史上的人类与土地:一项经济学分析》(*Man and*

Land in Chinese History: *An Economic Analysis*），斯坦福：Stanford University Press，1986 年。

（66）山志高：《中国的圣方济各会修会——地理与历史记录》（Pacifique-Marie Chardin，*Les Missions franciscaines en Chine. Notes géographiques et historiques*），巴黎：Auguste Picard，1915 年。

（67）陈张富美：《18 世纪中国对定罪盗匪的地方控制》（Fu-mei Chang Chen，"Local Control of Convicted Thieves in Eighteenth-Century China"），载魏斐德、格兰特等编《中华帝国晚期的冲突与控制》（Frederic Wakeman & Carolyn Grant，*Conflict and Control in Late Imperial China*），伯克利：University of California Press，1975 年，第 121—142 页。

（68）陈志让：《义和团运动的性质与特征：一项形态学研究》（Jerome Ch'en，"The Nature and Characteristics of the Boxer Movement——A Morphological Study"），载《亚非学院研究通讯》（*Bulletin of the School of Oriental and African Studies*）13（2），1960 年，第 287—308 页。

（69）陈志让：《义和团的起源》（"The Origin of the Boxers"），载陈志让、塔林编《中国及东南亚社会史研究》（Jerome Ch'en & Nicholas Tarling，*Studies in the Social History of China and South-east Asia*），马萨诸塞州剑桥：Cambridge University Press，1970 年，第 57—84 页。

（70）陈永发、班国瑞：《道德经济与中国革命：一项批判》（Yung-fa Chen & Gregor Benton，*Moral Economy and the Chinese Revolution*：*A Critique*），阿姆斯特丹：University of Amsterdam，1986 年。

（71）谢诺：《〈水浒传〉的现代意义：它对 19 和 20 世纪中国叛乱运动的影响》（Jean Chesneaux，"The Modern Relevance of Shui-hu chuan：Its Influence on Rebel Movements in Nineteenth and Twentieth Century China"），载《远东史研究集刊》（*Papers on Far Eastern History*）（3），1971 年 3 月，第 1—25 页。

（72）谢诺：《中国农民起义（1840—1949 年）》（*Peasants in Revolt in China：1840 - 1949*），伦敦：Thames and Hudson，1972 年。

（73）谢诺：《中国的民众运动和秘密社会（1840—1950）》（*Popular Movements and Secret Societies in China，1840 - 1950*），斯坦福：Stanford University Press，1972 年。

（74）谢诺：《19 和 20 世纪中国的秘密社会》（*Secret Societies in China：In the Nineteenth and Twetieth Centuries*），伦敦：Heinemann Educational Books，1971 年。

（75）谢诺：《19 和 20 世纪中国秘密社会》[*Les Sociétés secrètes en Chine（19ᵉet 20ᵉ siècles*）]，巴黎：René Julliard，1965 年。

（76）蒋相泽：《捻军叛乱》（Siang-tseh Chiang，*The Nien Rebellion*），西

雅图：University of Washington Press，1954 年。

（77）姜道章：《中国的盐业：以历史地理学为中心的研究（1644—1911 年）》（Tao-chang Chiang，"The Salt Industry of China，1644 - 1911：A Study in Historical Geography"），夏威夷大学博士论文，1975 年。

（78）《中国传教手册》（*China Mission Hand-Book*），上海：美华书馆（American Presbyterian Mission Press），1896 年。

（79）瞿同祖：《清代地方政府》（T'ung-tsu Ch'ü，*Local Government in China under the Ch'ing*），斯坦福：Stanford University Press，1962 年。

（80）柯喜乐：《1859—1951 年中国山东的新教传教运动》（Norman Cliff，"A History of the Protestant Movement in Shandong Province，China，1859 - 1951"），英国白金汉大学博士论文，1994 年。

（81）戈可当：《法国在华天主教保教权》（Georges Cogordan，"Les missions catholiques en Chine et le protectorat de la France"），载《两个世界评论》（*Revue des deux mondes*）（78），1886 年 12 月 15 日，第 769—798 页。

（82）孔杰荣：《现代化前夜的中国调节》（Jerome Alan Cohen，"Chinese Mediation on the Eve of Modernization"），载《加利福尼亚法律评论》（*California Law Review*）（54），1966 年，第 1201—1226 页。

（83）柯文：《义和团、基督教和神——从宗教战争角度看 1900 年的义和团斗争》（Paul A. Cohen，"Boxers，Christians，and the Gods：The Boxer Conflict of 1900 as a Religious War"），载柯文《变换中的中国历史研究视角》（*China Unbound：Evolving Perspectives on the Chinese Past*），伦敦 & 纽约：Routledge Curzon，2003 年，第 105—130 页。

（84）柯文：《中国与基督教：传教运动与中国排外主义的发展（1860—1870）》（*China and Christianity：The Missionary Movement and the Growth of Chinese Antiforeignism，1860 - 1870*），马萨诸塞州剑桥：Harvard University Press，1963 年。

（85）柯文：《1900 年前的基督教传教活动及其影响》（"Christian Missions and Their Impact to 1900"），载费正清编《剑桥中国史》，第 10 卷：《晚清 1800—1911 年》（上），剑桥：Cambridge University Press，1978 年，第 543—590 页。

（86）柯文：《在中国发现历史：中国中心观在美国的兴起》（*Discovering History in China：American Historical Writing on the Recent Chinese Past*），纽约：Columbia University Press，1984 年。

（87）柯文：《历史三调：作为事件、经历和神话的义和团》（*History in Three Keys：The Boxers as Event，Experience，and Myth*），纽约：Columbia University Press，1997 年。

（88）柯文：《中国反教传统的根源》（"The Roots of the Anti-Christian

Tradition in China"），载鲁珍晞《基督教在华传教活动的检讨》（Jessie G. Lutz, *Christian Missions in China：Evangelists of What?*），马萨诸塞州列克星敦：D. C. Heath，1965 年，第 34—40 页。

（89）孔恩：《寻求千禧年》（Norman Cohn, *The Pursuit of the Millennium*），纽约：Oxford University Press，1970 年。

（90）斯科特·科尔比：《五位中国官员眼中的义和团之乱》（Scott Dearborn Colby, "The Boxer Crisis as Seen through the Eyes of Five Chinese Officials"），哥伦比亚大学博士论文，1976 年。

（91）H. M. 科尔：《法国在华天主教保教权之源起》（H. M. Cole, "Origins of the French Protectorate over Catholic Missions in China"），载《美国国际法杂志》（*American Journal of International Law*）34（3），1940 年 7 月，第 473—491 页。

（92）柯慎思：《绍兴：19 世纪中国的竞争与合作》（James H. Cole, *Shaohsing：Competition and Cooperation in Nineteenth Century China*），亚利桑那州图森：University of Arizona Press，1986 年。

（93）高龙鞶：《江南传教史》（Augustin-M. Colombel, *L'Histoire de la Mission du Kiang-nan*），上海：土山湾育婴堂天主教会印刷所（土山湾印书馆），1899 年。

（94）中华饥荒救济基金委员会：《中国的饥荒》（Committee of the China Famine Relief Fund, *The Famine in China*），伦敦：C. Kegan Paul，1878 年。

（95）高弟爱：《1860—1900 年中国与西方列强关系史》（Henri Cordier, *Histoire des relations de la Chine avec les puissances occidentales，1860 - 1900*），巴黎：Félix Alcan，1901—1902 年；台北：成文出版社，1966 年再版。

（96）魁格海：《郭显德：在华传教五十六年》（James R. E. Craighead, *Hunter Corbett：Fifty-six Years Missionary in China*），纽约：Fleming H. Revell，1921 年。

（97）戴福士：《锡良和中国的民族革命》（Roger V. Des Forges, *Hsi-liang and the Chinese National Revolution*），纽黑文：Yale University Press，1973 年。

（98）田友仁：《广州湾：1899—1945 年法国在华的租借地》（Hugues Jean de Dianoux, "Kouang-Tchéou-Wan, un territoire cédé à bail par la Chine à la France de 1899 à 1945"），载《世界与文化》（*Mondes et cultures. Comptes rendus trimestrels des Séances de l'Académie des Sciences d'Outre-Mer*）42（3），1982 年，第 517—576 页。

（99）陶步思：《义和团与中国戏曲：两者互动之问题》（Bruce Doar,"The Boxers and Chinese Drama：Questions of Interaction"），载《远东史研究集

刊》(29),1984 年 3 月,第 91—118 页。

(100) 杜博斯:《圣村:华北乡村的社会变迁和宗教生活》(Thomas David Dubois, *The Sacred Village: Social Change and Religious Life in Rural North China*),檀香山:University of Hawai'i Press,2005 年。

(101) 敦士:《中文文本里的义和团运动的宗教与巫术》(G. G. H. Dunstheimer, "Religion et magie dans le mouvement des Boxeurs d'après les textes chinois"),载《通报》(*T'oung Pao*) 47 (3—5),1959 年,第 323—367 页。

(102) 艾约瑟:《华北近代教派论著》(Joseph Edkins, "The Books of the Modern Religious Sects in North China"),载《教务杂志》19(6),1888 年 6 月,第 261—268 页;19(7),1888 年 7 月,第 302—310 页。

(103) 艾约瑟:《山东省的基督教运动》("A Christian Movement in the Province of Shan-tung"),载《教务杂志》9(4),1878 年 7—8 月,第 281—283 页。

(104) 艾约瑟:《山东的罂粟种植》("Cultivation of Opium in Shantung"),载《北华捷报》(*North China Herald*),1873 年 6 月 28 日,第 565—566 页。

(105) 晏文士:《山东:中国的圣土》(C. K. Edmunds, "Shantung: China's Holy Land"),载《美国国家地理杂志》(*National Geographic Magazine*)36(3),1919 年 9 月,第 231—252 页。

(106) 爱莲斯:《1868 年黄河新河道之旅》(Ney Elias, "Notes of a Journey to the New Course of the Yellow River in 1868"),载《皇家地理学会杂志》(*Journal of the Royal Geographical Society*)(40),1870 年,第 1—33 页。

(107) 伊懋可:《官员与千禧年运动:1899—1900 年义和团运动的反思》(Mark Elvin, "Mandarins and Millenarians: Reflections on the Boxer Uprising of 1899 - 1900"),载《牛津人类学会杂志》(*Journal of the Anthropological Society of Oxford*)10(3),1979 年,第 115—138 页。

(108) 伊懋可:《中国历史的范式》(*The Pattern of the Chinese Past*),斯坦福:Stanford University Press, 1973 年。

(109) 鄢华阳:《边境的另类宗教:18 世纪四川的白莲教和天主教》(Robert Entenmann, "Alternative Religions on the Frontier: The White Lotus Religion and Catholicism in Eighteenth Century Sichuan"),未刊论文,1983 年 3 月 25—27 日旧金山举行的"美国亚洲学会"(Association for Asian Studies)年会论文。

(110) 周锡瑞:《义和团运动的起源》(Joseph W. Esherick, *The Origins of the Boxer Uprising*),伯克利:University of California Press,1987 年。

（111）费正清编：《在华传教事业与美国》（John K. Fairbank, *The Missionary Enterprise in China and America. Cambridge*），马萨诸塞州剑桥：Harvard University Press，1974 年。

（112）费正清：《天津教案背后的模式》（"Patterns behind the Tientsin Massacre"），载《哈佛亚洲研究》（*Harvard Journal of Asiatic Studies*）（20），1957 年，第 480—511 页。

（113）费正清、赖肖尔等：《东亚文明：传统与变革》（Fairbank & Reischauer, *East Asia: Tradition and Transformation*），伦敦：George Allen & Unwin, 1973 年。

（114）莱纳·法尔肯贝尔：《20 世纪最初 30 年博山县的采矿业》（Rainer Falkenberg, *Der Kohlenbergbau in Boshan-xian, Shandong, im ersten Drittel des 20. Jahrhunderts*），波恩：由马维利教授（Prof. Dr. W. Matzat）出版，1984 年。

（115）富维思：《一次巡回布道经历》[Wallace S. Faris, "A（原文如此，应为 An——著者注）Itinerating Experience"]，载《长老会旌旗》85（33），1899 年 2 月 2 日，第 12—13 页。

（116）科大卫：《江苏省的农村经济（1870—1911 年）》（David Faure, "The Rural Economy of Kiangsu Province 1870‐1911"），载《中国文化研究所学报》（*Journal of the Institute of Chinese Studies*）（9），1978 年，第 365—471 页。

（117）科大卫：《19 世纪中国的秘密会社、异端教派和农民叛乱》（"Secret Societies, Heretic Sects, and Peasant Rebellions in Nineteenth Century China"），载《香港中文大学学报》5（1），1979 年，第 189—206 页。

（118）冯汉骥：《玉皇的起源》（H. Y. Feng, "The Origins of Yü Huang"），载哈佛亚洲研究1（2），1936 年 7 月，第 242—250 页。

（119）傅天德：《在华三十二年》（Pacifico Fenocchio, "I miei trentadue anni in Cina"），载《拉维纳》（*La Verna*）（3），1905/06 年，第 356—361、548—552、688—690 页；（4），1906/07 年，第 296—298、358—361、477—478、689—691、747—749 页；（5），1907/08 年，第 612—618、743—746 页；（6），1908/09 年，第 49—50、232—235、431—434、686—690、748—751 页；（7），1909/10 年，第 36—39、100—103 页。

（120）费维恺：《19 世纪中国的叛乱》（Albert Feuerwerker, *Rebellion in Nineteenth-Century China*），载《密歇根中国研究》（*Michigan Papers in Chinese Studies*）（21），密歇根州安娜堡：Center for Chinese Studies, University of Michigan，1975 年。

（121）赫尔曼·费歇尔：《杨生神甫：圣言会创始人及其生涯》（Hermann Fischer, *Arnold Janssen, Gründer des Steyler Missionswerkes.*

Ein Lebensbild），斯泰尔：Missionsdruckerei，1919 年。

（122）赫尔曼·费歇尔：《韩甯镐：五十三年的传教士和传教主教及其生涯》（*Augustin Henninghaus，53 Jahre Missionar und Missionsbischof. Ein Lebensbild*），斯泰尔：Missionsdruckerei，1940 年。

（123）赫尔曼·费歇尔：《福若瑟神甫：在华圣言会传教士（1879—1908 年）及其生涯》（*P. Joseph Freinademetz. Steyler Missionar in China 1879 - 1908. Ein Lebensbild*），斯泰尔：Missionsdruckerei，1936 年。

（124）丹尼尔·费舍：《狄考文传：一位在中国山东生活了四十五年的传教士》（Daniel W. Fisher，*Calvin Wilson Mateer：Forty-five Years a Missionary in Shantung，China*），宾夕法尼亚：Westminster Press，1911 年。

（125）方若翰：《福若瑟神父对传教士的要求》（John Fleckner，"Father Freinademetz' Requirements in a Missionary"），载《圣言会之声》4（4），1962 年，第 404—414 页。

（126）法思远编：《中国的圣省山东》（R. C. Forsyth，*Shantung，the Sacred Province of China in Some of Its Aspects；Being a Collection of Articles Relating to Shantung*），上海：广学会，1912 年。

（127）拉弗蕾丝·福斯特：《在华五十年：神学博士高第丕大事记》（Lovelace Savidge Foster，*Fifty Years in China：An Eventful Memoir of Tarleton Perry Crawford，D. D*），田纳西州纳什维尔：Bayless-Pullen，1909 年。

（128）福兰阁：《两个世界的回忆》（Otto Franke，*Erinnerungen aus zwei Welten*），柏林：Walter de Gruyter，1954 年。

（129）福兰阁：《中国不动产的合法关系》（*Die Rechtsverhältnisse am Grundeigentum in China*），莱比锡：Dieterich'sche Verlagsbuchhandlung，1903 年。

（130）福若瑟：《与单县大盗在一起的日子》（Josef Freinademetz，"Bei den Räubern von Schanhien"），载《圣弥额尔历》，1883 年，第 119—120 辑，第 123—124 辑。

（131）福若瑟：《中国传教报告》（*Berichte aus der China-Mission*），由约翰·弗莱克纳编纂，罗马：Collegium Verbi Divini，1974 年。

（132）费德曼：《退回革命：中华革命党》（Edward Friedman，*Backward Toward Revolution：The Chinese Revolutionary Party*），伯克利：University of California Press，1974 年。

（133）艾赉沃：《徐州的强盗》（Léopold Gain，"Les brigands du Siu-tcheou-fou"），载《中国关系》（*Relations de Chine*）（8），1909 年 10 月，第 412—419 页。

(134) 艾赉沃:《生活在新时期的中国》("Dans la Chine nouvelle")(1915 年 10 月,上海),载《研究》(146),1916 年,第 487—515、626—641 页;(147),1916 年,第 91—114 页。

(135) 艾赉沃:《盗匪纪事》("A propos d'un brigand")(1903 年 9 月 13 日,徐州),载《中国关系》,1904 年 1 月,第 160—176 页。

(136) 艾赉沃:《中国徐州府的生活》("La vie au Siu-tcheou-fou Chine"),载《天主教传教区周刊》(38),1906 年,第 477—479、487—489 页。

(137) 甘博:《1933 年之前华北乡村的社会、政治和经济活动》(Sidney D. Gamble, *North China Villages: Social, Political, and Economic Activities before* 1933),伯克利:University of California Press,1963 年。

(138) W. J. 加内特:《鲁苏之行》(W. J. Garnett, *Journey through the Provinces of Shantung and Kiangsu*),提交给议会的报告,载《中国》(1),1907 年;伦敦:His Majesty's Stationery Office,1907 年。

(139) 高士达:《预言家与妄求者:中国乾隆时期教派之争》(Blaine Gaustad, "Prophets and Pretenders: Intersect Competition in Qianlong China"),载《中华帝国晚期》(*Late Imperial China*)21(1),2000 年 6 月,第 1—40 页。

(140) 1890 年在华基督教传教士大会:《基督教在华传教士大会记录》(*Records of the General Conference of the Protestant Missionaries of China*),上海:美华书馆,1890 年。

(141) M. S. 乌兹:《教徒可否计量? 豫北差会初期研究报告(1890—1925)》(Margo S. Gewurtz, "Do Numbers Count? A Report on a Preliminary Study of the North Henan Mission, 1890‐1925"),载《中华民国》(*Republican China*)10(3),1985 年 6 月,第 18—26 页。

(142) 葛尔士:《中国的巫术和巫术艺术、灵性和萨满教》(Konrad Freiherr von der Goltz, "Zauberei und Hexenkünste, Spiritismus und Schamanismus in China"),载《德国东亚自然与人类文化学协会通讯》(*Mitteilungen der Deutschen Gesellschaft für Natur und Völkerkunde Ostasiens*)(6),1893 年,第 1—36 页及插图。

(143) 古多尔:《伦敦会史(1895—1945 年)》(Norman Goodall, *A History of the London Missionary Society 1895‐1945*),伦敦:Oxford University Press,1954 年。

(144) 康斯坦德·库明:《浪迹中国》(Constance F. Gordon-Cumming, *Wanderings in China*)(两卷本),爱丁堡和伦敦:William Blackwood and Sons,1886 年。

(145) 高鹏程:《华北向满洲的迁徙:1891—1942 年的经济史》(Thomas Richard Gottschang, "Migration from North China to Manchuria: An

Economic History，1891－1942"），密歇根大学博士论文，1982 年。

（146）鄂铎宣：《传教通讯：中国动乱》（Jules Gouverneur，"Correspondance des missions. Troubles en Chine"），《研究》（77），1898 年，第 93—98 页。

（147）T. B. 格拉夫顿：《匪帮的发展》（T. B. Grafton，"The Growth of Banditry"），载《北华捷报》，1923 年 12 月 1 日，第 600 页；1900 年 12 月 8 日，第 669—671 页。

（148）高延：《中国的宗教教派和宗教迫害：宗教史的一页》（J. J. M. de Groot，*Sectarianism and Religious Persecution in China：A Page in the History of Religions*）（两卷本），莱顿：E. J. Brill，1901 年；台北：成文出版社，1976 年重刊。

（149）R. G. 格罗夫：《民团、市场与斗争：1899 年中国抵抗香港新界的被占》（R. G. Groves，"Militia，Market and Lineage：Chinese Resistance to the Occupation of Hong Kong's New Territories in 1899"），载《皇家亚洲文会香港支会杂志》（*Journal of the Hong Kong Branch of the Royal Asiatic Society*）（9），1969 年，第 31—64 页。

（150）豪斯特·格林德：《基督宗教传道与德意志帝国主义：一部特别关注非洲和中国的德国殖民时代（1884—1914）政治关系史》（Horst Gründer，*Christliche Mission und deutscher Imperialismus. Eine politische Geschichte ihrer Beziehungen während der deutschen Kolonialzeit（1884－1914），unter besonderer Berücksichtigung Afrikas und Chinas*），帕德博恩：Ferdinand Schöningh，1982 年。

（151）田海：《中国三位一体的仪式和神话：构造与认同》（Barend J. ter Haar，*The Ritual and Mythology of the Chinese Triads：Creating an Identity*），莱顿：E. J. Brill，1998 年；2000 年出平装本。

（152）田海：《讲故事：中国历史上的巫术与替罪》（*Telling Stories：Witchcraft and Scapegoating in Chinese History*），莱顿：E. J. Brill，2006 年。

（153）田海：《中国宗教史上的白莲教》（*The White Lotus Teachings in Chinese Religious History*），莱顿：E. J. Brill，1992 年；夏威夷：University of Hawaii Press，1999 年出平装本。

（154）郝延平：《十九世纪的中国买办：东西间桥梁》（Yen-p'ing Hao，*The Compradore in Nineteenth-Century China：Bridge Between East and West*），马萨诸塞州剑桥：Harvard University Press，1970 年。

（155）哈尔法：《中国关于西方野蛮人的舆论》（Ferdinand Harfeld，*Opinions chinoises sur les barbares d'occident*），巴黎：Plon-Nourrit；布鲁塞尔：Albert Dewit，1909 年。

（156）郝瑞、裴宜理：《中国社会的融合教派简介》（Stevan Harrell &. Elizabeth J. Perry,"Syncretic Sects in Chinese Society：An Introduction"），载《近代中国》8（3），1982 年 7 月，第 283—303 页。

（157）沈艾娣：《乡村政治与国家政治：晋中的义和团运动》（Henrietta Harrison, "Village Politics and National Politics：The Boxer Movement in Central Shanxi"），载毕可思、狄德满编《义和团，中国与世界》（Robert Bickers &. R. G. Tiedemann, *The Boxers, China, and the World*），马里兰州拉纳姆：Rowman &. Littlefield，2007 年，第 1—15 页。

（158）夏德威：《中国的圣言会传教士》（Richard Hartwich, *Steyler Missionare in China*），卷一：《鲁南传教区的开辟（1879—1903）》（*Missionarische Erschliessung Südshantungs 1879‐1903*），圣·奥古斯丁：Steyler Verlag，1983 年；卷二：《韩甯镐主教召唤圣言会女传教士（1904—1910）》（*Bischof A. Henninghaus ruft Steyler Schwestern 1904‐1910*），圣·奥古斯丁：Steyler Verlag，1985 年。

（159）夏思义：《1899 年的六日之战：帝国主义年代下的香港》（Patrick H. Hase, *The Six-Day War of 1899：Hong Kong in the Age of Imperialism*），香港：香港大学出版社，2008 年。

（160）郝爱礼：《直隶省的作物及（1904）光绪三十年巡抚奏折暨各地禀文编译》[Erich Hauer, "Die Erzeugnisse der Provinz Tschili. Zusammengestellt auf Grund der im 30. Jahre Kuang-hsü（1904）vom Generalgouverneur eingeforderten Berichte der Departments und Kreise"]，载《东亚研究》（*Ostasiatische Studien*）（11），1908 年，第 210—264 页。

（161）奚尔恩：《在山东前线：1861—1940 年山东美国北长老会山东传教史》（John J. Heeren, *On the Shantung Front：A History of the Presbyterian Church in the United States of America, 1861‐1940, in Its Historical, Economic, and Political Setting*），纽约：Board of Foreign Missions of the Presbyeterian Church in the United States of America，1940 年。

（162）赫尔曼·海德：《斯泰尔传教会》（Hermann auf der Heide, *Die Missionsgesellschaft von Steyl*），斯泰尔：Missionsdruckerei，1900 年。

（163）海伦尼斯·海尔德：《教民村：对一个传教方法的研究》（Helenis Held, *Christendörter. Untersuchung einer Missionsmethode*），圣·奥古斯丁：Steyler Verlag，1964 年。

（164）韩甯镐：《在劫匪的故乡，首次走访定陶教会记》（Augustin Henninghaus, "Aus dem Räuberlande. Mein erster Besuch in der ersten Christengemeinde von Dingtau"），载《耶稣心小使者报》22（1），1894 年 10 月，第 3—4 页；22（2），1894 年 11 月，第 11—12 页。

（165）韩甯镐：《战乱下的中国》（"China nach dem Kriege"）（1895 年 6 月），载《天主之城》（*Stadt Gottes*）19（5），1895 年，第 97—100 页。

（166）韩甯镐：《中国近年来的国内形势及前景》（"Chinas innere Lage und Aussichten in den letzten Jahren"）（1894 年 1 月 6 日），载《天主之城》18（3），1895 年，第 50—52 页。

（167）韩甯镐：《圣言会福若瑟神甫：其生平和著作，兼论鲁南传教史》（*Augustin Henninghans，P. Josef Freinademetz SVD. Sein Leben und Wirken. Zugleich Beiträge zur Geschichte der Mission Süd-Schantung*），兖州：天主教会出版所，1920 年。

（168）韩甯镐：《鲁南的劫匪》（"Das Räuberunwesen in Südschantung"），载《天主之城》18（7），1895 年，第 131—134。

（169）海司：《山东与德属中国——1898 年从胶澳租借地到中国圣地和从扬子江到北京之旅》（Ernst von Hesse-Wartegg, *Schantung und Deutsch-China. Von Kiautschou ins heilige Land von China und vom Jangtsekiang nach Peking im Jahre 1898.*），莱比锡：J. J. Weber，1898 年。

（170）禧在明编：《京师及省府大员名录》（Walter C. Hillier, *List of Higher Metropolitan and Provicial Authorities, Corrected to December 31st, 1888*），上海：Kelley & Walsh（后迁香港改为必发书社——译者注），1889 年。

（171）韩丁：《晚清漕运制度（1845—1911）》（Harold C. Hinton, *The Grain Tribute System of China, 1845-1911*）（哈佛大学中国经济与政治研究发行），马萨诸塞州剑桥：Harvard University Press，1956 年。

（172）郝勤：《转危为益：海河巨变》（Chin Ho, *Harm into Benefit: Taming the Haiho River*），北京：外文出版社，1975 年。

（173）何炳棣：《中华帝国之成功阶梯：社会流动领域研探（1368—1911 年）》（Ping-ti Ho, *The Ladder of Success in Imperial China—Aspects of social mobility: 1368-1911*），纽约：Columbia University Press，1962 年。

（174）何炳棣：《中国人口研究（1368—1953 年）》（*Studies on the Population, 1368-1953*），马萨诸塞州剑桥：Harvard University Press，1959 年。

（175）黄伯禄：《中国特有的产权观念》（Pierre Hoang, *Notions techniques sur la propriété en Chine, avec un choix d'actes et de documents*），载《汉学全集》（*Variétés sinologiques*）（11），上海：1897 年。

（176）霍布斯鲍姆：《盗匪》（Eric J. Hobsbawm, *Bandits*），哈蒙兹沃恩：Penguin Books，1972 年。

（177）霍布斯鲍姆：《叛军的前身：19 和 20 世纪社会运动的古体研究》（*Primitive Rebels: Studies in Archaic Forms of Social Movements in the*

19th and 20th Centuries），曼彻斯特：Manchester University Press，1971.

（178）霍布斯鲍姆：《社会性盗匪》（"Social Bandits"），载亨利·兰斯伯格编《乡村抗议——农民运动与社会变迁》（Henry A. Landsberger，*Rural Protest：Peasant Movements and Social Change*），伦敦：Macmillan，1974年，第142—157页。

（179）霍布斯鲍姆：《社会性盗匪：答安东·布洛克》（"Social Bandits：Reply to A. Blok"），载《当代历史与社会研究》（*Contemporary Studies in Society and History*）14(4)，1972年9月，第503—505页。

（180）弗朗茨·豪希斯德特：《山东的家庭加工业》（Franz Hochstetter，"Hausindustrie in Schantung"），载《殖民政策杂志》（*Zeitschrift für Kolonialpolitik*）10(4)，1908年3月，第269—274页。

（181）郝尔：《鲁西和直隶南部的贸易和交通》（Fritz Holzhauer，"Handel und Verkehr in Westschantung und Südtschili"），载《青岛新报》（*Tsingtauer Neueste Nachrichten*），1911年1月4日，第2、7页；1911年1月5日，第7页；1911年1月6日，第2页；1911年1月7日，第2页；1911年1月8日，第2页；1911年1月10日，第2页；1911年1月11日，第2页；1911年1月12日，第7页；1911年1月13日，第2页。

（182）菲利普·豪尔巴赫：《安治泰传》（Philipp Horbach，*Anzer contra Anzer*），居特斯洛：C. Bertelsmann，1901年。

（183）菲利普·豪尔巴赫：《安治泰主教在华传教及与政治的关系：据主教本人及其他传教士的陈述为基础的论著》（*Bischof von Anzers China-Mission in ihren Beziehungen zur Politik. Aktenmäßige Darlegungen nach den Aussagen des Bischofs und seiner Missionare*），马尔堡：Moritz Spiess，1901年。

（184）菲利普·豪尔巴赫：《致安治泰主教的公开信——论传教士与政治的关系，同时也是向德国政府提供的备忘录》（*Offener Brief an Herrn Bischof von Anzer über die Stellung der Mission zur Politik，zugleich eine Denkschrift an die deutsche Regierung*），居特斯洛：C. Bertelsmann，1900年。

（185）萧公权：《帝制中国的和解》（Kung-ch'uan Hsiao，*Compromise in Imperial China*），西雅图：School of International Studies，University of Washington，1979年。

（186）萧公权：《中国乡村：19世纪的帝国控制》（*Rural China：Imperial Control in the Nineteenth Century*），西雅图：University of Washington Press，1967年。

（187）肖柳：《捻军诞生的社会背景》，（Liu Hsiao，"The Social Background of the Birth of the Nien Army"），载《中国历史研究》（*Chinese*

Studies in History)13(3),1980 年春,第 5—25 页;又载裴宜理《中国视野下的捻军叛乱研究》(Elizabeth J. Perry, *Chinese Perspectives on the Nien Rebellion*),纽约:M. E. Sharpe, 1981 年,第 23—43 页。

(188) 徐中约:《晚清的对华关系,1866—1905 年》(Immanuel C. Y. Hsü, "Late Ch'ing Foreign Relations, 1866 - 1905"),载费正清编:《剑桥中国史》,第 11 卷:《晚清 1800—1911 年》(下),剑桥:Cambridge University Press,1980 年,第 70—141 页。

(189) 胡昌度:《清代的黄河治理》《Hu Chang-tu, "The Yellow River Administration in the Ch'ing Dynasty"》,载《远东季刊》(*Far Eastern Quarterly*)14(4),1955 年,第 505—514 页。

(190) 黄六鸿著、章楚(Chu Djang)编译:《福惠全书》(Huang Liu-hung, *A Complete Book Concerning Happiness and Benevolence. A Manual for Local Magistrates in 17th-Century China*),亚利桑那州图森:University of Arizona Press, 1984 年。

(191) 黄宗智:《华北的小农经济与社会变迁》(Philip C. C. Huang, *Peasant Economy and Social Change in North China*),斯坦福:Stanford University Press, 1985 年。

(192) 胡永年:《龙与铁马:1876—1937 年中国的铁路经济》(Ralph W. Huenemann, *The Dragon and the Iron Horse: The Economics of Railroads in China, 1876 - 1937*),马萨诸塞州剑桥:Harvard University Press, 1984 年。

(193) 赫夫顿:《18 世纪法国的穷人(1750—1789 年)》(Olwen Hazel Hufton, *The Poor of Eighteenth-Century France 1750 - 1789*),牛津:Clarendon Press, 1974 年。

(194) 许锺岳:《我的中国乡亲》(Joseph Hugon, *Mes paysans chinois*),巴黎:Dillen & Cie, 1930 年。

(195) 恒慕义编:《清代名人传略》(Arthur Hummel, *Eminent Chinese of the Ch'ing Period*)(两卷本),华盛顿哥伦比亚特区:U. S. Government Printing Office, 1943—1944 年。

(196) 小海亚特:《圣使荣哀录——19 世纪山东东部的三个美国传教士》(Irwin T. Hyatt Jr., *Our Ordered Lives Confess: Three Nineteenth-Century American Missionaries in East Shantung*),马萨诸塞州剑桥:Harvard University Press, 1976 年。

(197) 小海亚特:《1877—1890 年中国新教差会:慈善工作机制》["Protestant Missions in China, (1877 - 1890): The Institutionalization of Good Works"],载《中国论述》(17),哈佛 1963 年 12 月,第 67—100 页;重刊于刘广京编:《在华的美国传教士》(*American Missionaries in China*),马萨

诸塞州剑桥：Harvard University Press，1966 年，第 93—126 页。

（198）艾熙亭：《中国小说的革命之作：〈水浒传〉》(Richard G. Irwin, *The Evolution of a Chinese Novel：Shui-hu-chuan*)，马萨诸塞州剑桥：Harvard University Press，1966 年。

（199）赵席珍：《备战状态下的赵家庄教堂》(Remi Isoré, "La chrétienté de Tchao-kia-tchoang sur le pied de guerre")，载《中国、锡兰及马达加斯加信函汇编》(2)，第 1899 年 4 月，第 105—113 页。

（200）秀耀春：《山东秘密教派》(Francis H. James, "The Secret Sects of Shantung, With Appendix")，载《1890 年基督教在华传教士大会记录》，上海：美华书馆，1890 年，第 196—202 页。

（201）曼素恩、孔飞力：《王朝的衰落与叛乱的根源》(Susan Mann Jones & Philip A. Kuhn, "Dynastic Decline and the Roots of Rebellion")，载费正清编《剑桥中国史》，第 10 卷：《晚清 1800—1911 年》(上)，马萨诸塞州剑桥：Cambridge University Press，1978 年，第 107—162 页。

（202）川胜守：《19 世纪晚期棉纺制品的国际竞争：英国与印度及东亚的交锋》(Kawakatsu Heita, "International Competition in Cotton Goods in the Late Nineteenth Century：Britain versus India and East Asia")，载沃尔夫拉姆·费舍尔、马文·麦金尼斯和约根·施奈德《1500—1914 年世界经济的出现》(Wolfram Fischer, R. Marvin McInnis & Jürgen Schneider, *The Emergence of a World Economy 1500‑1914*)，斯图加特：In Kommission bei Franz Steiner Verlag Wiesbaden，1986 年，第 619—643 页。

（203）大卫·凯利：《庙宇和贡粮船队：18 世纪的罗教与船夫组织》(David E. Kelley, "Temples and Tribute Fleets：The Luo Sect and Boatmen's Associations in the Eighteenth Century")，《近代中国》8(3)，1982 年 7 月，第 361—391 页。

（204）王金镜：《圣徒福若瑟：圣言会传教士先驱》(Clifford J. King, *A Man of God：Joseph Freinademetz, Pioneer Divine Word Missionary*)，伊利诺斯州：Divine Word Publications，1959 年。

（205）科尔顿：《无声的战争，江北的大饥荒》(Walter Kirton, *A Silent War, or The Great Famine in Kiangpeh*)，上海：字林西报，1907 年。

（206）阿尔伯特·克莱因：《中国的新教与天主教会》(Albert Klein, *Die evangelische und katholische Mission in China. Ein kurzes Wort zur Orientierung*)，居特斯洛：C. Bertelsmann，1905 年。

（207）克劳斯：《佛尔白神甫(1863—1949 年)——在山东和甘肃的传教士》(Johann Kraus, *P. Anton Volpert 1863‑1949. Missionar in Shantung und Kansu*)，《圣言会文选》(*Analecta SVD*)(28)，罗马：Collegium Verbi Divini，1973 年。

(208) 彼得·克里尔得特、汉斯·梅迪克、于尔根·施伦博姆等:《工业化之前的工业化:资本主义起源中的乡村工业》(Peter Kriedte, Hans Medick & Jürgen Schlumbohm, *Industrialisierung vor der Industrialisierung. Gewerbliche Warenproduktion auf dem Land in der Formationsperiode des Kapitalismus*),哥廷根:Vandenhoeck and Ruprecht,1977 年。

(209) 威廉·冯·克里斯:《中国的人口与国家预算》(Wilhelm von Kries, *Über Volks- und Staatshaushalt Chinas*),上海,莱比锡:Max Nössler,1916 年。

(210) 柯博识:《中国与鲁南天主教修会(1882—1900 年)——一部对抗的历史》(J. J. A. M. Kuepers, *China und die katholische Mission in Süd-Shantung 1882 - 1900. Die Geschichte einer Konfrontation*),斯泰尔:Drukkerij van het Missiehuis,1974 年。

(211) 孔飞力:《民国时期的地方自治:控制、自治和动员等问题》(Philip A. Kuhn, "Local Self-Government under the Republic: Problems of Control, Autonomy, and Mobilization"),载魏斐德、格兰特等编《中华帝国晚期的冲突与控制》(Frederic Wakeman & Carolyn Grant, *Conflict and Control in Late Imperial China*),伯克利:University of California Press,1975 年,第 257—298 年。

(212) 孔飞力:《中华帝国晚期的叛乱及其敌人:武装化与社会结构(1796—1864 年)》(*Rebellion and Its Enemies in Late Imperial China: Militarization and Social Structure, 1796 - 1864*),马萨诸塞州剑桥:Harvard University Press,1970 年;1980 年出平装本,序言有更改。

(213) 郭松平(音译):《中国对外国侵略之反应:以甲午中日战争及其余波为中心》(Sung-ping Kuo, "Chinese Reaction to Foreign Encroachment: With Special Reference to the First Sino-Japanese War and Its Immediate Aftermath"),哥伦比亚大学博士论文,1953 年。

(214) 卡斯滕·屈特:《德国的强盗和骗子:18 世纪及 19 世纪初的匪帮》(Carsten Küther, *Räuber und Gauner in Deutschland. Das organisierte Bandenwesen im 18. und frühen 19. Jahrhundert*),哥廷根:Vandenhoeck & Ruprecht,1976 年。

(215) 邝兆江:《百日维新的碎片》(Luke S. K. Kwong, *A Mosaic of the Hundred Days: Personalities, Politics, and Ideas of 1898*),马萨诸塞州剑桥:Harvard University Press,1984 年。

(216) 盛世音:《加拿大人在中国——加拿大耶稣会传教区徐州府概况》(Édouard Lafortune, *Canadiens en Chine. Croquis du Siu-tcheou-fou*),蒙特利尔:L'Action Paroissiale,1930 年。

（217）艾德里安·兰姆金:《南浸信会福音传播运动》（Adrian Lamkin Jr.，"The Gospel Mission Movement within the Southern Baptist Convention"），南浸信会神学院（Southern Baptist Theological Seminary）博士论文，肯塔基州路易维尔:KY,1980 年。

（218）蓝厚理:《械斗:中国东南地区的暴力病理》（Harry J. Lamley，"Hsieh-tou: The Pathology of Violence in Southeastern China"），载《清史问题》3(7),1977 年 11 月,第 1—39 页。

（219）郎汝略:《济南宗座代牧区》（Vitalis Lange, *Das apostolische Vikariat Tsinanfu*），韦尔:Verlag der Provinzial-Missionsverwaltung，1929 年。

（220）威廉·朗格尔:《1890—1902 年帝国主义的外交》（William L. Langer，*The Diplomacy of Imperialism，1890‐1902*），纽约:Knopf，1951 年。

（221）伊拉·M.拉皮杜斯:《阶级制度和网络:汉人与伊斯兰教社会之比较》（Ira M. Lapidus，"Hierarchies and Networks: A Comparison of Chinese and Islamic Societies"），载魏斐德、格兰特等编《中华帝国晚期的冲突与控制》,伯克利:University of California Press，1975 年,第 26—42 页。

（222）赖德烈:《基督教在华传教史》（Kenneth Scott Latourette, *A History of Christian Missions in China*），伦敦:Society for Promoting Christian Knowledge，1929 年。

（223）刘创楚、李佩良:《19 世纪中国官僚政治的腐败:原因,控制及影响》（Chong-chor Lau & Rance P. L. Lee，"Bureaucratic Corruption in Nineteenth-Century China: Its Causes，Control，and Impact"），载新加坡《东南亚社会科学杂志》（*Southeast Asian Journal of Social Science*）(7)，1979 年,第 114—135 页。

（224）徐昕波:《中国的社团》（Prosper Leboucq, *Associations de la Chine. Lettres du P. Leboucq, Missionnaire au Tché-ly-sud-est*），巴黎:F. Wattelier，1880 年。

（225）徐昕波:《1863 年中国战争的一段小插曲》（"Une épisode de la guerre en Chine en 1863"），载《研究》增卷 2,1863 年,第 916—932 页。

（226）徐昕波:《中国的看熟卫士》（"La garde des moissons en Chine"），载《远东纪年》（*Annales de l'Extrême Orient*）(5)，1882—1883 年,第 186—187 页。

（227）徐昕波:《杜巴尔主教,中国的耶稣会东南代牧区》（*Monseigneur Edouard Dubar, de la Compagnie de Jésus, évêque de Canathe, et la Mission catholique du Tche-ly-sud-est, en Chine*），巴黎:F. Wattelier，1880 年。

（228）徐昕波：《秘密会社——秘密教》（"La société secrète des Mi-mi-kao"），载《研究》增卷 9，1866 年，第 98—101 页。

（229）徐昕波：《中国的宗教教派》（"Les sociétés religieuses en Chine"），载《研究》，第五类第 16 年卷 8，1875 年 7—12 月，第 197—220 页（1875 年 2 月 27 日函件）；第 641—664 页（1875 年 3 月 1 日函件）。

（230）李榭熙：《圣经与枪炮：基督教与潮州社会（1860—1900 年）》（Joseph Tse-Hei Lee, *The Bible and the Gun：Christianity in South China，1860‑1900*），纽约，伦敦：Routledge，2003 年。

（231）李国祁：《中国抗议〈马关条约〉与反对胶州湾被占的政策》（Kuo-chi Lee, *Die chinesische Politik zum Einspruch von Shimonoseki und gegen die Erwerbung der Kiautschou-Bucht*），明斯特：C. J. Fahle，1966 年。

（232）查尔斯·里梅尔：《法国的保教权及远东政策》（Charles Lemire, "Le protectorat français en Orient et en Extrême-Orient"），载《欧洲杂志》（*Revue d'Europe*）（20），1899 年 1 月，第 168—178 页。

（233）罗梅君、余凯思编：《"模范殖民地胶州"——德意志帝国在华的扩张暨 1897—1914 年的中德关系》（Mechthild Leutner & Klaus Mühlhahn, '*Musterkolonie Kiautschou*'：*Die Expansion des Deutschen Reiches in China. Deutsch-chinesische Beziehungen 1897 bis 1914. Eine Quellensammlung*），柏林：Akademie Verlag，1997 年。

（234）李明珠：《中国的丝绸贸易：近代世界下的传统工业，1842—1937 年》（Lillian M. Li, *China's Silk Trade：Traditional Industry in the Modern World，1842‑1937*），马萨诸塞州剑桥：Harvard University Press，1981 年；中文版：《中国近代蚕丝业及外销（1842—1937）》，上海：上海社会科学院出版社，1996 年。

（235）李明珠：《华北的灾荒抗争：政府、市场和经济恶化（17 世纪 90 年代—20 世纪 90 年代）》（*Fighting Famine in North China：State，Market，and Environmental Decline，1690‑1990s*），斯坦福：Stanford University Press，2007 年。

（236）林德贝克：《美国传教士和美国对华政策，1898—1901》（John M. H. Lindbeck, "American Missionaries and Policies of the United States in China，1898‑1901"），耶鲁大学博士论文，1948 年。

（237）李仁杰：《天津惨案后的教案模式（1870—1875）》（Charles A. Litzinger, "Patterns of Missionary Cases Following the Tientsin Massacre，1870‑1875"），《中国论述》（23），哈佛，1970 年 7 月，第 87—108 页。

（238）李仁杰：《华北的乡村宗教与村社组织：19 世纪晚期的天主教挑战》（"Rural Religion and Village Organization in North China：The Catholic Challenge in the Late Nineteenth Century"），载裴士丹编《基督教在中国：从

18 世 纪 到 现 在 》（Daniel H. Bays, *Christianity in China ： From the Eighteenth Century to the Present*），斯坦福：Stanford University Press，1996 年，第 41—52 页。

（239）李仁杰：《华北的社庙与村落文化整合：以 1860—1895 年直隶教案为例》（"Temple Community and Village Cultural Integration in North China： Evidence from 'Sectarian Cases' in Chihli, 1860 - 1895"），加州大学戴维斯分校博士论文，1983 年。

（240） 刘 广 京：《清代的中兴》（Liu Kwang-Ching, "The Ch'ing Restoration"），载费正清编《剑桥中国史》，第 10 卷：《晚清 1800—1911 年》（上），剑桥：剑桥大学出版社，1978 年，第 409—490 页。

（241）刘广京：《19 世纪的中国：旧秩序的解体及西方的影响》（"Nineteenth-Century China： The Disintegration of the Old Order and the Impact of the West"），载何炳棣、邹谠《中国的传统与共产主义政治体制》（Ho Ping-ti & Tsou Tang, *China's Heritage and the Communist Political System*）卷一：《危机下的中国》（*China in Crisis*），芝加哥：University of Chicago Press，1968 年，第 93—178 页。

（242）刘铁云（刘鹗）：《老残游记》，由谢迪克（Harold Shadick）译为（*The Travels of Lao Ts'an*），台北：Book World Co. , 1952 页。

（243）维尔纳·洛赫：《1898—1901 年帝国主义德国的对华政策及其镇压义和团人民起义的军事干预》（Werner Loch, "Die imperialistische deutsche Chinapolitik 1898—1901 und die militärische Intervention gegen den Volksaufstand der Ihotwan"），莱比锡大学博士论文，1960 年。

（244）鲁惟一：《拜龙教与祈雨》（Michael Loewe, "The Cult of the Dragon and the Invocation for Rain"），载查尔斯·布兰科、白素贞编《中国人的自然与社会观：纪念德克·卜德教授论文集》（Charles Le Blanc & Susan Blader,*Chinese Ideas about Nature and Society： Studies in Honour of Derk Bodde*），香港：香港大学出版社，1987 年，第 195—213 页。

（245）卢威廉：《青岛内地县城即墨的旧时代和新时期》（Walter Lutschewitz, " Alte und Neue Zeit in Tsimo, der Kreisstadt vom Hinterlande in Tsingtau"）， 柏 林： Buchhandlung der Berliner ev. Missionsgesellschaft，1910 年。

（246）李照寰：《中国盗匪增多的经济学释义》（J. Usang Ly, "An Economic Interpretation of the Increase of Bandits in China"），载《种族发展杂志》（*Journal of Race Development*）（8），1917—1918 年，第 366—378 页。

（247）乔治·林奇：《文明的交锋：一个"洋鬼子"的八国联军侵华实录》（George Lynch, *The War of the Civilisations, Being the Record of a 'Foreign Devil's' Experiences with the Allies in China*），伦敦：Longman &

Green, 1901 年。

（248）奥托·马斯:《17 世纪在华的方济各会:从 1669 年利安当神甫归主至 1722 年康熙逝世》(Otto Maas, "Die Franziskanermission in China um die Wende des 17. Jahrhunderts. Vom Tode des P. Antonio de Santa Maria 1669 bis zum Tode des Kaisers Kanghi 1722"),载《传教与宗教研究杂志》(*Zeitschrift für Missionswissenschaft und Religionswissenschaft*) 22(1),1932 年,第 1—17 页。

（249）奥托·马斯:《18 世纪在华的方济各会》("Die Franziskanermission in China während des 18. Jahrhunderts"),载《传教与宗教研究杂志》22(3),1932 年,第 225—249 页。

（250）奥托·马斯:《新时代中国方济各会士传教事业之重开》(*Die Wiedereröffnung der Franziskanermission in China*),明斯特: Aschendorffsche Verlagsbuchhandlung, 1926 年。

（251）罗伯特·斯坦利·麦克杜克:《英国的远东政策(1894—1900 年)》(Robert Stanley McCordock, *British Far Eastern Policy, 1894 - 1900*),纽约:Octagon Books, 1976 年;1931 年第 1 版。

（252）斯蒂芬·麦金农:《中华帝国晚期的权力与政治:袁世凯在京津(1901—1908 年)》(Steven MacKinnon, *Power and Politics in Late Imperial China: Yuan Shih-k'ai in Beijing and Tianjin*, 1901 - 1908),伯克利: University of California Press, 1980 年。

（253）马慕瑞:《列国对华约章汇编(1894—1919)》(John V. A. MacMurray, *Treaties and Agreements with and Concerning China, 1894 - 1919*)(两卷本),纽约:Oxford Univesity Press, 1921 年。

（254）马罗利:《饥荒的中国》(Walter H. Mallory, *China: Land of Famine*),纽约:American Geographical Society, 1926 年。

（255）任德芬:《直隶东南的义和团(1899 年 7 月—1900 年 4 月)》(Ignace Mangin, "Les Boxeurs dans le Tché-li sud-est(Juillet 1899 - Avril 1900)"),载《研究》(84),1900 年,第 366—394 页;出版时更名为《1899 年 7 至 1900 年 4 月直隶东南的义和团》("Les Boxeurs dans Tcheu-li sud-est, Juillet 1899 - Avril 1900"),载《中国、锡兰及马达加斯加信函汇编》(2), 1900/01 年,第 11—53 页。

（256）马安:《山东全境旅途记》(John Markham, "Notes on a Journey through Shantung"),载《皇家地理学会杂志》(40),1870 年,第 207—227 页。

（257）马安:《马安的山东旅行报告》("Report by Consul Markham of a Journey through the Province of Shantung")(1869 年 4 月 21 日),载英国:《中国》(1),《中日旅行报告》;《英国议会文件》再刊,香农:Irish University

Press,1971 年,第 24—33 页。

（258）马丁荣:《闭关自守的中国:迷信、犯罪和贫困》(Jean-Jacques Matignon, *La Chine hermétique. Superstitions, crime et misère*),巴黎:Paul Geuthner, 1936 年。

（259）毛思德:《战争前线》(Franz Maus, "On the Line"),载《我们的修会》(*Our Missions*)9(6),1929 年 6 月,第 134—135 页。

（260）梅尔思:《北京至上海陆地旅行记》(S. F. Mayers, "Report of a Journey from Peking to Shanghai Overland"),英国外交部文件:《外交和领事报告》(466),1898 年。伦敦:Eyre & Spottiswoode, 1898 年。

（261）梅杰:《中国近代刑法导论》(M. J. Meijer, *The Introduction of Modern Criminal Law in China*),巴达维亚:De Unie, 1950 年。

（262）明思德:《北京区教廷传信部的方济各会(1705—1785 年)》(Georges Mensaert, "Les Franciscains au service de la Propagande dans la Province de Pékin, 1705 - 1785"),载《方济各会历史档案》(*Archivum Franciscanum Historicum*)51(1—2),1958 年 1—4 月,第 161—200 页;51(3),1958 年 7 月,第 273—311 页。

（263）梁振铎:《山东宗座代牧区的起源与发展》(Kilian Menz, "Annales de origine et progressu Vicariatus Apostolici Shan-tung"),载《山东济南宗座代牧区传教士公报》(*Communicationes pro missionariis vicariatus Tsinanfu Shantung*)(7),1928 年,第 48—50、85—95 页;(8),1929 年,第 8—18、30—36 页。

（264）梁振铎:《方济各会传教散史》,载《山东济南宗座代牧区传教士公报》(7),1928 年,第 9—19、29—42、51—62 页。

（265）梁振铎:《中国方济各会死亡表》(*Necrologium Fratrum Minorum in Sinis*),北京:Domus Franciscana Li-Kwang-kiao, 1948 年。

（266）马德赍:《1911 年华夏管理区和教徒人口》(Joseph de Moidrey, *Carte de préfectures de Chine et leur population chrétienne en 1911*),上海:天主教会印刷所,1913 年。

（267）穆义思:《中国革命前的社会流动下倾》(Edwin E. Moise, "Downward Social Mobility in Pre-Revolutionary China"),载《近代中国》3(1),1977 年 1 月,第 3—31 页。

（268）费乐理:《正定府代牧区历史记录(1858—1933 年)》(Alfonso Maria Morelli, *Notes d'histoire sur le vicariat de Tcheng-ting-fou 1858 - 1933*),北京:遣使会印刷所,1934 年。

（269）墨朗:《19 和 20 世纪中国的义和团和天主教会》(Luciano Morra, "I Boxer e la chiesa cattolica in Cina nei secoli XIX e XX"),格里高利主教大学博士论文,罗马:1995 年。

（270）余凯思：《在"模范殖民地"胶州湾的统治与抵抗：1897—1914 年中国与德国的相互作用》（Klaus Mühlhahn, *Herrschaft und Widerstand in der 'Musterkolonie' Kiautschou. Interaktion zwischen China und Deutschland, 1897‑1914*），慕尼黑：Oldenbourg，2000 年。

（271）村松祐次：《1898—1899 年的拳民：1900 年义和团运动的根源》（Muramatsu Yūji, "The 'Boxers' in 1898‑1899：The Origin of the 'I-ho-chuan' Uprising, 1900"），载《一桥学术纪事》（*Annals of the Hitotsubashi Academy*）3（2），1953 年 4 月，第 236—261 页。

（272）村松祐次：《中国反叛意识形态主题》（Muramatsu, "Some Themes in Chinese Rebel Ideologies"），载芮沃寿编《儒家信条》（Arthur Wright, *The Confucian Persuasion*），斯坦福：Stanford University Press，1960 年；第 241—267 页。

（273）马若孟：《中国农民经济：河北和山东的农业发展（1890—1949 年）》（Ramon H. Myers, *The Chinese Peasant Economy：Agricultural Development in Hopei and Shantung between 1890 and 1949*），马萨诸塞州剑桥：Harvard University Press，1970 年。

（274）尼珊 J·纳贾里安：《19 世纪中国的宗教皈依：西方传教士与中国人的直面交往》（Nishan J. Najarian, "Religious Conversion in Nineteenth-century China：Face-to-Face Interaction between Western Missionaries and the Chinese"），载西德尼 L·格林布拉特、理查德 W·威尔逊 & 艾米·奥尔巴赫·威尔逊编《中国的社会交往》（Sidney L. Greenblatt, Richard W. Wilson & Amy Auerbacher Wilson, *Social Interaction in Chinese Society*），纽约：Praeger，1982 年；第 67—111 页。

（275）韩书瑞：《叛乱之间的联系：清朝的教派谱系》（Susan Naquin, "Connections between Rebellions：Sect Family Networks in Qing China"），载《近代中国》8（3），1982 年 7 月，第 337—360 页。

（276）韩书瑞：《千年末世之乱：1813 年的白莲教起义》（*Millenarian Rebellion in China：The Eight Trigrams Uprising of 1813*），纽黑文：Yale University Press，1976 年。

（277）韩书瑞：《山东叛乱：1744 年王伦起义》（*Shantung Rebellion：The Wang Lun Uprising of 1774*），纽黑文：Yale University Press，1981 年。

（278）韩书瑞：《白莲教教派主义在晚清中华帝国的传播》（"The Transmission of White Lotus Sectarianism in Late Imperial China"），载姜士彬、黎安友、罗友枝编《中华帝国晚期的大众文化》（David Johnson, Andrew Nathan & Evelyn Rawski（eds.）, *Popular Culture in Late Imperial China*），伯克利：University of California Press，1985 年，第 257—293 页。

（279）倪戈氏：《倪维思的一生：在华传教四十五年》（Helen S. C.

Nevius, *The Life of John Livingston Nevius, for Forty Years a Missionary in China*),纽约:Fleming H. Revell, 1895 年。

(280) 倪维思:《传教方法的历史回顾》(John L. Nevius, "Historical Review of Missionary Methods"),载《1890 年在华基督教大会记录》,第 288—295 页。

(281) 倪维思:《布道站工作的适用原则及方法》("Principles and Methods Applicable to Station Work"),载《教务杂志》16(10),1885 年 11 月,第 421—424 页(函一);16(11),1885 年 12 月,第 461—467 页(函二);继而更名为《差会工作方法》("Methods of Mission Work"),载 17(1),1886 年 1 月,第 24—31 页(函三);17(2),1886 年 2 月,第 55—64 页(函四);17(3),1886 年 3 月,第 102—112 页(函五);17(5),1886 年 5 月,第 165—178 页(函六);17(7),1886 年 7 月,第 252—260 页(函七);17(8),1886 年 8 月,第 297—305 页(函八)。

(282) 弗里德利希·尼伯尔德:《安治泰主教:柏林的官方政策与福音教会》(Friedrich Nippold, *Bischof von Anzer, die Berliner amtliche Politik und die evangelische Mission*),柏林:Schwetschke u. Sohn, 1905 年。

(283) 欧中坦:《省级中国的官僚政治改革:丁日昌与江苏重建,1867—1870》(Jonathan K. Ocko, *Bureaucratic Reform in Provincial China: Ting Jih-ch'ang in Restoration Kiangsu, 1867–1870*),马萨诸塞州剑桥:Harvard University Council on East Asian Studies, 1983 年。

(284) 欧大年:《中国民间宗教教派研究》(Daniel L. Overmyer, "Alternatives: Popular Religious Sects in Chinese Society"),载《近代中国》(7)2,1981 年 4 月,第 153—190 页。

(285) 欧大年:《中国民间宗教文学对统治者和国家的态度:明清时代的宝卷》("Attitudes toward the Ruler and State in Chinese Popular Religious Literature: Sixteenth and Seventeenth Century *Pao-chüan*"),载《哈佛亚洲研究》44(2),1984 年 12 月,第 347—379 页。

(286) 欧大年:《中国民间宗教教派研究》(*Folk Buddhist Religion: Dissenting Sects in Late Traditional China*),马萨诸塞州剑桥:Harvard University Press, 1976 年。

(287) 欧大年:"序言",载包克、贝内克编《宗教与乡村叛乱》(János M. Bak & Gerhard Benecke, *Religion and Rural Revolt*),曼彻斯特:Manchester University Press, 1984 年,第 338—341 页。

(288) 裴宜理:《中国人论捻军起义》(Elizabeth J. Perry, *Chinese Perspectives on the Nien Rebellion*),纽约州阿蒙克:M. E. Sharpe, 1981 年。

(289) 裴宜理:《华北的叛乱者和革命者(1845—1945)》(*Rebels and*

Revolutionaries in North China，*1845 - 1945*），斯坦福：Stanford University Press，1980 年。

（290）裴宜理：《清末的抗租暴动：上海的小刀会和山东的刘德培》（"Tax Revolts in Late Qing China：The Small Swords of Shanghai and Liu Depei of Shandong"），载《晚期中华帝国》6(1)，1985 年 6 月，第 83—111 页。

（291）裴宜理：《农民的话语：中国叛乱研究资料综述》（"When Peasants Speak：Sources for the Study of Chinese Rebellions"），载《近代中国》6(1)，1980 年 1 月，第 72—85 页。

（292）裴宜理：《崇拜者与勇士：白莲教对捻军叛乱的影响》（"Worshippers and Warriors：White Lotus Influence on the Nian Rebellion"），载《近代中国》2(1)，1976 年 1 月，第 4—22 页。

（293）裴宜理、张中训：《晚清黄崖山之乱质疑》（Elizabeth J. Perry & Tom Chang，"The Mystery of Yellow Cliff：A Controversial Rebellion in the Late Oing"），载《近代中国》6(2)，1980 年 4 月，第 123—160 页。

（294）艾姆利斯 L. 皮特斯："序言"（Emrys L. Peters，"Foreword"），载布莱克米肖·雅各布《械斗社会》，牛津：Basil Blackwell，1980 年，第 ix—xxvii 页。

（295）培渥蓝：《中国的强盗故事》（Hubert Peulen，"Räubergeschichten aus China"），载《母会与修会杂志》（*Familienblatt und Missionsbote*）26(9)，1927 年 9 月，第 283—285 页；26(10)，1927 年 10 月，第 317 页。

（296）卢国祥：《中华帝国里的杂草、萌芽和花朵》（Rudolf Pieper，*Unkraut*，*Knospen und Blüten aus dem blumigen Reiche der Mitte*），斯泰尔：Missionsdruckerei，1900 年。

（297）康方济：《山东南部的秘密教派》（Franz Pilgram，"Religiöse Geheimsekten in Süd-Shantung"），载《高密地区通报》（*Kaomi Regions-Korrespondenz*）3(5—6)，1940 年 6 月，第 107—112 页；3(7)，1940 年 7 月，第 140—143 页。

（298）包士杰：《庚子北京殉难录》(Jean-Marie Planchet，*Documents sur les martyrs de Pékin pendant la persecution des Boxeurs*)（两卷），北京：Imprimerie des Lazaristes，1922—1923 年。

（299）彭慕兰：《腹地的构建：华北内地的国家、社会和经济（1853—1937 年）》（Kenneth Pomeranz，*The Making of a Hinterland：State*，*Society*，*and Economy in Inland North China*，*1853 - 1937*），伯克利：University of California Press，1993 年。

（300）博恒理：《山东的秘密会社》（Henry D. Porter，"Secret Societies in Shantung"），载《教务杂志》(17)，1886 年 1—2 月，第 1—10、64—72 页。

（301）拉尔夫 L. 鲍威尔：《中国军事力量的崛起：1815—1912 年》

（Ralph L. Powell，*The Rise of Chinese Military Power，1895 - 1912*），普林斯顿：Princeton University Press，1955 年。

（302）蒲乐安：《1910 年山东莱阳的抗税运动——平民组织与县治政治精英的对抗》（Roxann Prazniak，"Tax Protest at Laiyang, Shandong, 1910. Commoner Organization versus the County Political Elite"），载《近代中国》6（1），1980 年 1 月，第 41—71 页。

（303）J. R. V. 普雷斯科特：《国境与边境》（J. R. V. Prescott，*Boundaries and Frontiers*），伦敦：Croom Helm，1978 年。

（304）溥德范：《圣言会的薛田资（1869—1928 年）：帝国和共和时代的中国传教士》（Stephan Puhl，*Georg M. Stenz SVD，1869 - 1928. Chinamissionar im Kaiserreich und in der Republik*），内特塔尔：Steyler Verlag，1994 年。

（305）巴素：《义和团运动：背景研究》（Victor Purcell，*The Boxer Uprising：A Background Study*），剑桥：Cambridge University Press，1963 年。

（306）郭玟曼：《1895—1900 年东北地区中俄政治关系》（R. K. I. Quested，"Local Sino-Russian Political Relations in Manchuria 1895 - 1900"），载《东方研究杂志》（*Journal of Oriental Studies*）10(2)，1972 年，第119—144 页。

（307）郭玟曼：《亲善帝国主义者？沙皇俄国在满洲（1895—1917 年）》（"*Matey" Imperialists? The Tsarist Russians in Manchuria 1895 - 1917*），香港：香港大学亚洲研究中心，1982 年。

（308）邱天生、蒋荣基：《开封府的犹太人：伦敦会之犹太人传教暨犹太教会堂调查任务简略》（Tiansheng Qiu & Rongji Jiang，*The Jews at K'ae-fung-foo：Being a Narrative of a Mission of Inquiry，to the Jewish Synagogue at K'ae-fung-foo，on Behalf of the London Society for Promoting Christianity among the Jews*），并带有施美夫（George Smith）主教介绍：上海：伦敦会印刷所，1851 年。

（309）冉玫烁：《中国精英行动主义与政治变迁：1865—1911 年之浙江》（Mary Backus Rankin，*Elite Activism and Political Transformation in China：Zhejiang Province，1865 - 1911*），斯坦福：Stanford University Press，1986 年。

（310）罗友枝：《晚清帝国文化的经济与社会基础》（Evelyn S. Rawski，"Economic and Social Foundations of Late Imperial Culture"），载姜士彬、黎安友、罗友枝编：《中华帝国晚期的大众文化》，伯克利：University of California Press，1985 年，第 3—33 页。

（311）白德瑞：《爪牙：清代县衙的书吏与差役》（Bradly W. Reed，

Talons and Teeth：County Clerks and Runners in the Qing Dynasty），斯坦福：Stanford University Press，2000 年。

（312）卡尔·E. 赖歇尔：《山东人口与耕地的关系》（Karl E. Reichel, "Ein Beitrag zur Beziehung zwischen Bevölkerung und Boden in Shantung"），德国技术大学博士论文，斯图加特，1954 年。

（313）蓝文田：《中国的教区：徐州》（Rosario Renaud, Süchow. Diocèse de Chine），卷一：《中国徐州主教区：1882—1931 年的发展史》（Süchow. Diocèse de Chine，1882‐1931），蒙特利尔：Editions Bellarmin，1955 年；卷二：《中国徐州主教区：加拿大耶稣会士传教地》（Diocèse de Süchow Chine. Champ apostolique des Jésuites canadiens de 1918 à 1954），蒙特利尔：Bellarmin，1982 年。

（314）林茂才：《传教士在中国的冒险经历及忆方济各会山西宗座代牧区主教江类思》（Giovanni Ricci, Le avventure di un missionario in Cina. Memorie di Mons. Luigi Moccagatta，O. F. M.，Vescovo titolare di Zenopoli e vicario apostolico del San-si），意大利摩德纳：Tip. Pontificia ed Arcivescovile dell'Immacolata Concezione，1909 年。

（315）李提摩太：《中国的秘密教派》（Timothy Richard, "The Secret Sects of China"），载《中国传教手册》，上海：美华书馆，1896 年。

（316）李希霍芬：《中国：个人旅行及此后为基础进行研究的结果》（Ferdinand Freiherr von Richthofen, China. Ergebnisse eigener Reisen und darauf gegründeter Studien）（五卷本），柏林：Dietrich Reimer（Ernst Vohsen），1877—1912 年。

（317）李希霍芬：《山东及其沿海门户胶州》（Schantung und seine Eingangspforte Kiautschou），柏林：Dietrich Reimer（Ernst Vohsen），1898 年。

（318）李希霍芬：《在中国写作的日记》（Tagebücher aus China）（两卷本），由 E. 西森（E. Thiessen）编辑，柏林：Dietrich Reimer（Ernst Vohsen），1907 年。

（319）K. J. 里温纽斯：《一百年前中国与圣言会努力打造的外交关系》（Karl Josef Rivinius, "Bemühungen um Aufnahme diplomatischer Beziehungen zwischen China und dem hl. Stuhl vor 100 Jahren"），载《圣言会之声》，1985 年，第 284—304 页。

（320）K. J. 里温纽斯：《帝国主义的世界政治和传教政策：胶州湾事件》（"Imperialistische Welt- und Missionspolitik：der Fall Kiautschou"），载克劳斯 J. 巴德编《帝国主义与殖民政策——德意志帝国与殖民帝国》（Klaus J. Bade, Imperialismus und Kolonialmission：Kaiserliches Deutschland und koloniales Imperium），威斯巴登：Steiner Verlag，1982 年，第 269—288 页。

（321）K. J. 里温纽斯：《鲁南的天主教传教——公使馆书记官师特恩博1895 年就圣言会中国传教的报告》（*Die katholische Mission in Süd-Shantung. Ein Bericht des Legationssekretärs Speck von Sternburg aus dem Jahr 1895 über die Steyler Mission in China*），圣·奥古斯丁：Steyler Verlag，1979 年。

（322）K. J. 里温纽斯：《传教与政治：圣言会传教士与中央党政治家卡尔·巴赫恩未公开的通信往来（*Mission und Politik. Eine unveröffentlichte Korrespondenz zwischen Mitgliedern der 'Steyler Missionsgesellschaft' und dem Zentrumspolitiker Carl Bachem*），圣·奥古斯丁：Steyler Verlag，1977 年。

（323）K. J. 里温纽斯：《世俗势力的庇护与传教工作的进行：德国对天主教鲁南传教的保护》（*Weltlicher Schutz und Mission：Das deutsche Protektorat über die katholische Mission von Süd-Shantung*），维也纳 & 科隆：Böhlau Verlag，1987 年。

（324）卫保禄：《茌平县的基督宗教》（Deodato Salvucci，"La Christianità di Che-pin-hien"），载《天主教传教区》（*Missioni cattoliche*）（11），1882 年，第249—251、258—260、270—272 页。

（325）小施莱辛格：《传教事业与帝国主义论》（Arthur Schlesinger Jr.，"The Missionary Enterprise and Theories of Imperialism"），载费正清编《在华传教事业与美国》，马萨诸塞州剑桥：Harvard University Press，1974 年；第 336—373 页。

（326）维拉·施密特：《在华欧洲顾问的任务及影响：李鸿章的顾问德璀琳（1842—1913）》（Vera Schmidt，*Aufgabe und Einfluß der europäischen Berater in China：Gustav Detring 1842 - 1913 im Dienste Li Hung-changs*），载波鸿鲁尔大学东亚研究所出版物（*Veröffentlichung des Ostasien-Instituts der Ruhr-Universität Bochum*）（34），威斯巴登：Otto Harrassowitz，1984 年。

（327）维拉·施密特：《1898—1914 年德国在山东的铁路政策》（*Die deutsche Eisenbahnpolitik in Shantung 1898 - 1914*），载波鸿鲁尔大学东亚研究所出版物（*Veröffentlichung des Ostasien-Instituts der Ruhr-Universität Bochum*）（14），威斯巴登：Otto Harrassowitz，1976 年。

（328）萧邦齐：《中国精英与政治变迁：20 世纪初的浙江》（R. Keith Schoppa，*Chinese Elites and Political Change：Zhejiang Province in the Early Twentieth Century*），马萨诸塞州剑桥：Harvard University Press，1982 年。

（329）石约翰：《帝国主义与中国民族主义：德国在山东》（John E. Schrecker，*Imperialism and Chinese Nationalism：Germany in Shantung*），

马萨诸塞州剑桥：Harvard University Press，1971 年。

　　(330) 石约翰：《保国会：1898 年的改革团体》（"The Pao-kuo hui：A Reform Society of 1898"），载《中国论述》(14)，1960 年，第 50—64 页。

　　(331) 石约翰：《1898 年改革运动及其对手"清议"》（"The Reform Movement of 1898 and the *Ch'ing-i*：Reform as Opposition"），载柯文、石约翰编《19 世纪的中国改革》（Paul A. Cohen & John E. Schrecker, *Reform in Nineteenth-Century China*），马萨诸塞州剑桥：East Asian Research Center，Harvard University，1976 年，第 289—305 页。

　　(332) 海因里希·施莱博：《弗莱堡史》（Heinrich Schreiber, *Geschichte der Stadt Freiburg im Breisgau*），弗莱堡：Franz Xaver Wangler，1857.

　　(333) 舒德：《红色中国报刊镜像下的中国天主教修会》（Johannes Schütte, *Die katholische Chinamission im Spiegel der rotchinesischen Presse*），明斯特：Aschendorffsche Verlagsbuchhandlung，1957 年。

　　(334) 弗里德里希·施瓦格尔：《修会当紧要务暨天主教修会在亚洲的形势》（Friedrich Schwager, *Die brennendste Missionsfrage der Gegenwart. Die Lage der katholischen Missionen in Asien*），斯泰尔：Verlag der Missionsdruckerei，1914 年。

　　(335) 史嘉乐：《1876—1879 年华北大饥荒记录》（Charles Perry Scott, *An Account of the Great Famine in North China，1876–79，Drawn from Official Sources；Together with an Appendix of Extracts from Private Letters*），金斯顿：William Kirk & Sons，Printer，1885 年。

　　(336) 詹姆斯 C. 斯科特：《农民的道义经济学：东南亚的反叛与生存》（James C. Scott, *The Moral Economy of the Peasant：Rebellion and Subsistence in Southeast Asia*），纽黑文：Yale University Press，1976 年。

　　(337) 石秀娜：《道教救世主义》（Anna Seidel, "Taoist Messianism"），载《灵修》（*Numen*）31(2)，1984 年 12 月，第 161—174 页。

　　(338) 史式徽：《中国小史》（Joseph de la Servière, *Croquis de Chine*），巴黎：Gabriel Beauchesne，1912 年；该著（第 111—164 页）相关章节以《中国小史——在新的国家》篇名首次发表在《研究》(128)，1911 年 9 月 5 日，第 630—650 页。

　　(339) 山东传教士大会：《山东传教士首次大会记录》（1893 年，青州），上海：美华书馆，1894 年。

　　(340) 山东传教士大会：《山东传教士第二次大会记录》（1898 年，潍县），上海：美华书馆，1899 年。

　　(341) 石汉椿：《1891 年热河在理教和金丹教的叛乱》（Richard Shek, "The Revolt of the Zaili, Jindan Sects in Jehol, 1891"），载《近代中国》6(2)，1980 年 4 月，第 161—196 页。

（342）《中国方济各会志》（*Sinica Franciscana*），罗马，1975。

（343）施坚雅：《中国农民与封闭社会：开放和关闭的个例》（G. William Skinner，"Chinese Peasants and the Closed Community：An Open and Shut Case"），载《社会与历史比较研究》13(3)，1971年，第270—281页。

（344）施坚雅：《地方系统的城镇和等级系统》（"Cities and the Hierarchy of Local Systems"），载施坚雅编《中华帝国晚期的城市》，斯坦福：Stanford University Press，1977年，第275—351页。

（345）施坚雅：《中华帝国晚期的流动策略：区域体系分析》（"Mobility Strategies in Late Imperial China：A Regional Systems Analysis"），载卡罗尔·A.史密斯编：《区域分析》（Carol A. Smith，*Regional Analysis*）卷一：《经济制度》（*Economic Systems*），纽约：Academic Press，1976年，第327—364页。

（346）施坚雅：《19世纪中国的地区城市化》（"Regional Urbanization in Nineteenth-Century China"），载施坚雅编：《中华帝国晚期的城市》，斯坦福：Stanford University Press，1977年，第211—249页。

（347）施坚雅：《中国的农村市场：复兴与重估》（"Rural Marketing in China：Revival and Reappraisal"），载斯图尔特·普拉特纳编《市场和市场化》（Stuart Plattner，*Markets and Marketing*）（《经济人类学论文集四》），马里兰州拉纳姆：University Press of America，1985年，第7—47页。

（348）施坚雅：《华北的社会生态与反叛力量———一项区域研究分析框架》（"Social Ecology and the Forces of Repression in North China：A Regional-Systems Framework for Analysis"），美国学术学会（ACLS）"中国的叛乱和革命"研讨会（1979年7月27日—8月2日）提交论文，未刊。

（349）史考波：《国家与社会革命：法国、俄国、中国的比较分析》（Theda Skocpol，*States and Social Revolution：A Comparative Analysis of France，Russia and China*），剑桥：Cambridge University Press，1979.

（350）理查德·W.司莱特编：《恶棍之徒：拉丁美洲的盗匪活动类型》（Richard W. Slatta，*Bandidos：The Varieties of Latin American Banditry*），康乃狄克州韦斯特波特：Greenwood Press，1987.

（351）明恩溥：《动乱中的中国》（Arthur H. Smith，*China in Convulsion*）（两卷本），爱丁堡：Oliphant，Anderson and Ferrier，1901年。

（352）明恩溥：《中国教区概述》（"Sketches of a Country Parish"），载《教务杂志》(12)4，1881年7—8月，第245—266页；12(5)，1881年9—10月，第317—344页；13(4)，1882年7—8月，第280—298页。后结集出版，书名《美国在华传教史事》（*The Story of Our Country Parish in China*），1899年。

（353）明恩溥：《中国乡村生活：社会学为视角的研究》（*Village Life in*

China: *A Study in Sociology*），波士顿：Little, Brown & Co.，1970 年，首版于 1899 年。

（354）英国圣公会：《华北传教工作》（*Church Work in North China*: *Being a Sketch of the Church of England Mission in North China*, *together with an Account of the Formation of the Diocese*），伦敦：Society for Promoting Christian Knowledge，出版时间不详，史嘉乐在 1891 年 1 月为本书作序。

（355）史景迁：《中华帝王：康熙自画像》（J. D. Spence, *Emperor of China*: *Self-Portrait of K'ang-hsi*），米德尔塞克斯郡哈芒斯沃斯：Penguin，1977 年。

（356）史景迁：《清朝的鸦片吸食》（"Opium Smoking in Ch'ing China"），载魏斐德、格兰特等编：《中华帝国晚期的冲突与控制》，伯克利：University of California Press，1975 年，第 143—173 页。

（357）施达格：《中国与西方：义和团运动的起源与发展》（George Nye Steiger, *China and the Occident*: *The Origin and Development of the Boxer Movement*），纽黑文：Yale University Press，1927 年。

（358）施达格：《中国消解基督宗教的努力：1899 年 3 月 15 日谕令》（"China's Attempt to Absorb Christianity: The Decree of March 15, 1899"），载《通报》（24），1926 年，第 215—246 页。

（359）薛田资：《山东的农民》（Georg Maria Stenz, *Der Bauer in Schantung*），青岛：1910 年；同时载《安斯茹普斯》（*Anthropos*）（1），1906 年，第 435—453、838—863 页。

（360）薛田资：《一位传教士在中国的经历》（*Erlebnisse eines Missionärs in China*），特里尔：Paulinus-Druckerei，1899 年。

（361）薛田资：《在孔夫子的家乡》（*In der Heimat des Konfuzius. Skizzen, Bilder und Erlebnisse aus Schantung*），斯泰尔：Missionsdruckerei，1902 年。

（362）薛田资：《十字旗下的龙土》（*Ins Reich des Drachen unter dem Banner des Kreuzes*），拉芬斯堡：Verlag von Friedrich Alber，1906 年。

（363）薛田资：《韩理神甫传——在华圣言会传教士，1897 年 11 月 1 日归主》（*Life of Father Richard Henle, S. V. D., Missionary in China. Assassinated November 1, 1897*），伊利诺斯州德尼：Mission Press S. V. D.，1921 年第 2 版。

（364）薛田资：《张家庄流血事件的影响》（"Nachklänge zum blutigen Ereignis von Tschantjatschuang"），载《圣弥额尔历》1899 年，第 209—212 辑；后稍有修改，见《耶稣心小使者报》25（6），1898 年 3 月，第 44—46 页。

（365）薛田资：《在华二十五年，1893—1918》（*Twenty-five Years in*

China，*1893 - 1918*），伊利诺斯州德尼：Mission Press，1924 年。

（366）赫尔姆特·施丢克尔：《十九世纪的德国与中国》（Helmut Stoecker，*Deutschland und China im 19. Jahrhundert. Das Eindringen des deutschen Kapitalismus*），柏林：Rütten & Loening，1958 年。

（367）孙敬之编：《华东地区经济地理》（Sun Ching-chih，*Economic Geography of the East China Region*），北京：1959 年（美国政府译本第 496 号）。

（368）史维东：《中国乡村的基督教：1860—1900 年江西省的冲突和适应》（Alan Richard Sweeten，*Christianity in Rural China：Conflict and Accommodation in Jiangxi Province，1860 - 1900*），密歇根州安娜堡：Center for Chinese Studies，University of Michigan，2001 年。

（369）W. Y. 申：《中国山东潍县的农业类型、生产费用和年度劳动分配》（W. Y. Swen，"Types of Farming，Costs of Production and Annual Labor Distribution in Weihsien county，Shantung，China"），载《中国经济杂志》（*Chinese Economic Journal*）(3)，1928 年 8 月，第 642—680 页。

（370）戴玄之：《红枪会》（Hsüan-chih Tai，*The Red Spears*），密歇根州安娜堡：Center for Chinese Studies，The University of Michigan，1985 年。

（371）谭春林：《义和团之乱》（C. C. Tan，*The Boxer Catastrophe*），纽约：Columbia University Press，1955 年。

（372）邓嗣禹：《捻军及其游击战，1851—1868 年》（Ssu-yu Teng，*The Nien Army and Their Guerrilla Warfare 1851 - 1868*），巴黎和海牙：Mouton，1961 年。

（373）邓嗣禹：《捻军运动的新意义及其对满清帝国谢幕之影响》（"Some New Light on the Nien Movement and Its Effect on the Fall of the Manchu Dynasty"），载《中国研究研讨会》（*Symposium of Chinese Studies*）卷三，香港：香港大学，1968 年，第 50—69 页。

（374）戴瑞福：《公理战胜中国：农村社会的革命合法性》（Ralph Thaxton，*China Turned Rightside Up：Revolutionary Legitimacy in the Peasant World*），纽约：Yale University Press，1983 年。

（375）铁爱东：《中国平原的移民》（Josef Thiel，"Die Besiedlung der Großen Ebene Chinas"），载《汉学研究》（*Sinologica*）12(3—4)，1972 年，第 139—197 页。

（376）A. 托马斯：《北京的传教史：从开头到遣使会的到来》（A. Thomas，*Histoire de la mission de Pékin depuis les origines jusqu'à l'arrivée des Lazaristes*）卷二：《从遣使会的到来到义和团运动》（*Depuis l'arrivée des Lazaristes jusqu'à la révolte des Boxeurs*），巴黎：Tirage privée，1926 年。

（377）狄德满：《本土化视野下的反教冲突——庞三杰的人生及其所处的时代：爱国者、庇护人、盗匪或革命者?》(R. G. Tiedemann, "Anti-Christian Conflict in Local Perspective. The Life and Times of Pang Sanjie: Patriot, Protector, Bandit or Revolutionary?")，载王成勉编《中国基督宗教的处境化：现代视角之评估》(Peter Chen-main Wang, *Contextualization of Christianity in China: An Evaluation in Modern Perspective*)，圣·奥古斯丁：Monumenta Serica，2007 年，第 243—275 页。

（378）狄德满：《基督教与中国"邪教"：18 世纪初山东的民众皈依与融合》("Christianity and Chinese 'Heterodox Sects': Mass Conversion and Syncretism in Shandong Province in the Early Eighteenth Century")，载《华裔学志》(*Monumenta Serica*)(44)，1996 年，第 339—382 页。

（379）狄德满：《战斗教会：华北教民与拳民的武装冲突》("The Church Militant: Armed Conflicts between Christians and Boxers in North China")，载毕可思、狄德满编《义和团，中国与世界》，马里兰州拉纳姆：Rowman & Littlefield，2007 年，第 17—41 页。

（380）狄德满：《地缘政治学维度下的乡村集体暴力：1868—1937 年的华北平原》("The Geopolitical Dimension of Collective Rural Violence: North China 1868‐1937")，1979 年未刊论文，之前曾提交给 1978 年 8 月 14—21 日哈佛大学主办的"中国共产主义根据地研讨会"。

（381）狄德满：《中国基督宗教手册》(*Handbook of Christianity in China*)Ⅱ：《1800 年至现在》(*1800-Present*)，莱顿：Brill，2010 年。

（382）狄德满：《传教士、帝国主义和义和团运动》("Missionaries, Imperialism and the Boxer Uprising: Some Historiographical Considerations")，载古伟瀛《东西交流史的新局：以基督宗教为中心》，台北：台大出版中心，2005 年，第 309—357 页。

（383）狄德满：《中国义和团运动前夕鲁南的传教政治背景("Der missionspolitische Kontext in Süd-Shantung am Vorabend des Boxeraufstands in China")，载《圣言会的薛田资(1869—1928 年)，帝国和共和时代的中国传教士》，内特塔尔：Steyler Verlag，1994 年。

（384）狄德满：《持续的匪患：华北平原边缘地带的事件》("The Persistence of Banditry: Incidents in Border Districts of the North China Plain")，载《近代中国》8(4)，1982 年 10 月，第 395—433 页。

（385）狄德满：《山东新教"教案"(1860—1900)》("Protestant 'Missionary Cases' in Shandong Province, 1860‐1900")，载景风《基督教与中国宗教和文化研究》，增卷 8(1—2)，2007 年，第 153—195 页。

（386）查尔斯·蒂利：《阶级冲突与集体行动》(Charles Tilly, "Class Conflict and Collective Action")，载路易斯·蒂利、查尔斯·蒂利编《阶级冲

突与集体行动》(Louise Tilly & Charles Tilly, *Class Conflict and Collective Action*)，加利福尼亚州比佛利山：Sage，1981 年。

（387）查尔斯·蒂利：《革命与集体暴力》（"Revolution and Collective Violence"），载佛雷德·I. 格林斯坦、尼尔森·W. 波士毕：《政治学手册》(Fred I. Greenstein & Nelson W. Polsby, *Handbook of Political Science*)卷三，马萨诸塞州：Addison-Wesley，1973 年，第 483—555 页。

（388）查尔斯·蒂利：《革命中的城镇和国家》（"Town and Country in Revolution"）载 J. W. 刘易斯：《亚洲的农民叛乱与共产主义革命》(J. W. Lewis, *Peasant Rebellion and Communist Revolution in Asia*)，斯坦福：Stanford University Press，1974 年，第 271—302 页。

（389）管宜穆：《教务纪律：奉周福主教之命而出版；外交文献，附录，关于近来规定的译文等》(Jérome Tobar, "Kiao-ou ki-lio: Résumé des affaires religieuses publié par ordre de S. Exc. Tcheou Fou: Traduction, commentaire & documents diplomatiques, appendices contenant les plus récentes décisions"），载《汉学全集》(Variétés sinologiques)（47），上海：天主教会印刷所，1917 年。

（390）玛乔丽·托培理：《19 世纪的中国宗教与乡村凝聚》(Marjory Topley, "Chinese Religion and Rural Cohesion in the Nineteenth Century"），载《皇家亚洲文会香港支会杂志》(8)，1968 年，第 9—43 页。

（391）彭亚伯：《颜夫子之陵墓》(Albert Tschepe, "Das Grab des heiligen Yen-fu-tse"），载《远东杂志》(*Der Ferne Osten*) 3(4)，1905 年，第 121—126 页。

（392）保罗·A. 瓦格：《传教士、中国人和外交官：1890—1952 年美国新教在华传教运动》(Paul A. Varg, *Missionaries, Chinese and Diplomats: The American Protestant Missionary Movement in China, 1890-1952*)，普林斯顿：Princeton University Press，1958 年。

（393）克伦拉斯·G. 威恰特：《中国拳击的基本原则》(Clarence G. Vichert, "Fundamental Principles in Chinese Boxing"），载《华西边疆研究学会杂志》(*Journal of the West China Border Research Society*)(7)，1935 年，第 43—46 页。

（394）傅于谦：《（山东）十八村地区史录》[Arsenius Völling, "Geschichtliche Notizen über den Distrikt Sche Ba Tsuin(Shantung)"]，载《通报》(5)，1926 年，第 28—29、35—40、52—55 页；(6)，1927 年，第 7—12 页。

（395）傅于谦：《秘密教：中国的一个秘密教派》(Arsenius Völling, "Mimikao, eine beachtenswerte Geheimsekte in China"），载《安托尼斯报》(*Antoniusbote*)(31)，1924 年，第 67—70、99—104 页。

（396）佛尔白：《大迫害的日日夜夜》(Anton Volpert, "Aus den Tagen der Verfolgung")，载《天主之城》(24)，1901 年，第 36—38、62—64、110—113、158—159、206—207 页。

（397）佛尔白：《旅行在中国》("Ein Ausflug im Lande der Mitte")，载《耶稣心小使者报》18(12)，1891 年 9 月，第 91—92 页；19(1)，1891 年 10 月，第 4—7 页。

（398）佛尔白：《鲁南的中国戏曲表演》("Das chinesische Schauspielwesen in Südschantung")，载《安斯茹普斯》(3)，1908 年，第 67—380 页。

（399）佛尔白：《中国的祈雨民俗》("Chinesische Volksgebräuche beim T'chi Jü, Regenbitten")，载《安斯茹普斯》(12—13)，第 1917—18、144—151 页。

（400）佛尔白：《一封中国人对基督宗教的诋毁书》("Eine chinesische Schmähschrift gegen das Christentum")，载《斯泰尔耶稣心小使者报》(29)，1901/02 年，第 150—152、168—170、179—181 页。

（401）佛尔白：《曹州府的龙总兵》("Der General Lung in Z'autschoufu")，载《天主之城》，25(3)，1902 年，第 104—108 页。

（402）佛尔白：《鲁南传教士的希望与恐惧》("Hoffen und Bangen eines Missionars in Südschantung")，载《耶稣心小使者报》21(6)，1894 年 3 月，第 46—47 页；21(7)，1894 年 4 月，第 51—52 页。

（403）佛尔白：《义和团历史的回顾》("Ein Rückblick auf die Boxergeschichte")，载《天主之城》26(1)，1902/03 年，第 14—15 页；26(5)，1902/03 年，第 226—227 页。

（404）佛尔白：《战争期间的鲁南》("Südschantung während des Krieges")（1895 年 2 月，郯城县），载《圣弥额尔历》(17)，1896 年，第 167—174 辑。

（405）佛尔白：《中国的社团与宗派主义》("Vereins- und Sektenwesen im Reiche der Mitte")，载《天主之城》15(6)，1892 年，第 93—94 页。

（406）威廉·瓦格纳：《中国的农业》(Wilhelm Wagner, *Die Chinesische Landwirtschaft*)，柏林：Paul Parey，1926 年。

（407）魏斐德：《叛乱与革命：中国历史上的民众运动研究》(Frederic Wakeman Jr., "Rebellion and Revolution: The Study of Popular Movements in Chinese History")，载《亚洲研究》(*Journal of Asian Studies*)36(2)，1977 年 2 月，第 201—237 页。

（408）魏斐德：《大门口的陌生人：1839—1861 年间华南的社会动乱》(*Strangers at the Gate: Social Disorder in South China 1839 - 1861*)，伯克利：University of California Press，1966 年。

（409）魏斐德、格兰特等编：《中华帝国晚期的冲突与控制》（Frederic Wakeman Jr. & Carolyn Grant, *Conflict and Control in Late Imperial China*），伯克利：University of California Press，1975 年。

（410）约翰・沃尔特、赖特森：《近代早期英国的饥荒和社会秩序》（John Walter & Keith Wrightson, "Dearth and the Social Order in Early Modern England"），载《过去与现代》（*Past and Present*）（71），1976 年 5 月，第 22—42 页。

（411）王维屏：《水乡江苏》（Wei-p'ing Wang, *Kiangsu: The Water Country*），（美国政府译本第 543 号），纽约：CCM Information Corporation，1956 年。

（412）古斯塔夫・瓦内克：《安治泰》（Gustav Warneck, "Anzer contra Anzer"），载《普通传教学刊》（*Allgemeine Missionszeitschrift*）（28），1901 年，第 196—202 页。

（413）古斯塔夫・瓦内克：《德国报刊对中国传教的评论》（*Die chinesische Mission im Gerichte der deutschen Zeitungspresse*），柏林：1900 年。

（414）古斯塔夫・瓦内克：《中国对天主教徒的新迫害，特别是在安治泰鲁南代牧区》（"Die neuen Katholiken-Verfolgungen in China, speziell in Südschantung, der Diözese des Bischofs Anzer"），载《普通传教学刊》（27），1900 年，第 97—106 页。

（415）华璋：《中华帝国晚期之县官》（John R. Watt, *The District Magistrate in Late Imperial China*），纽约：Columbia University Press，1972 年。

（416）王水金（音译）：（William Sui King Waung, "The Introduction of Opium Cultivation to China"），载《香港中文大学学报》5（1），1979 年，第 209—221 页。

（417）韦尔利：《中英与反教骚乱（1891—1900）》（Edmund S. Wehrle, *Britain, China, and the Antimissionary Riots 1891‐1900*），明尼苏达州明尼阿波利斯：Minneapolis: University of Minnesota Press，1966 年。

（418）卫青心：《法国对华传教政策：清末五口通商和传教自由（1842—1856）》（Louis Tsing-sing Wei, *La politique missionnaire de la France en Chine 1842‐1856. L'Ouverture des cinq ports chinois au commerce étranger et la liberté religieuse*），巴黎：Nouvelles Éditions Latines，1960 年。

（419）卫青心：《罗马教廷，法国与中国》（Louis Tsing-sing, *Le Saint-Siège, la France et la Chine sous le pontificat de Léon XIII. Le Projet de l'établissement d'une nonciature à Pékin et l'affaire du Pei-t'ang 1880‐1886*），德国舍内克/瑞士贝肯里德：Administration de la Nouvelle Revue de

Science Missionnaire，1966 年；1965 年在《传教学杂志》(*Neue Zeitschrift für Missionswissenschaft*) 第 21 号出版，第 18—36、81—101、184—212、252—271 页。

（420）小威尔奇：《解析叛乱》(Claude E. Welch Jr. , *Anatomy of Rebellion*)，纽约州奥尔巴尼：State University of New York Press，1980 年。

（421）史维礼：《1898—1997 年不平等条约：中国、英国与香港新界》(Peter Wesley-Smith, *Unequal Treaty 1898 - 1997 : China, Great Britain and Hong Kong's New Territories*)，香港：Oxford University Press，1980 年。

（422）菲利普·韦斯特：《济南地产争端（1887—1891 年）》(Philip West, "The Tsinan Property Disputes, 1887 - 1891")，载《中国论述》(20)，哈佛，1966 年 12 月，第 119—143 页。

（423）华地码编：《大饥荒》(William Shepard Wetmore, *The Great Famine*)，上海：美华书馆，1879 年。

（424）万其偈：《中国：临时建立的一支基督军队，保卫魏村》(Albert Wetterwald, "En Chine : Une armée chrétienne improvisée—défense de Wei-tsuen)，载《研究》(87)，1901 年，第 663—693 页。

（425）万其偈：《圣若瑟的艰难诉讼过程》(Albert Wetterwald, "Un procès difficile gagné par St. Joseph")，载《中国、锡兰及马达加斯加信函汇编》(1)，1898 年 11 月，第 17—35 页。

（426）文安多：《中国的伯大尼》(Anton Wewel, "Ein Bethanien in China")，载《母会与差会杂志》31(8)，1932 年 8 月，第 379 页。

（427）文安多：《鲁南老传教上回忆》("Erinnerungen eines alten Missionars von Südschantung")，载《圣言会纪事》(*Steyler Chronik*)，新增(2)，1929 年 12 月，第 53—64 页；(3)，1930 年 2 月，第 90—96 页；(4)，(1930 年 4 月)，第 116—128 页；(5)，1930 年 7 月，第 150—160 页；(6)，1930 年 8 月，第 180—191 页；(7)，1930 年 12 月，第 232—240 页；(8)，1931 年 2 月，第 275—280 页；(9)，1931 年 5 月，第 302—304 页；(10)，1931 年 8 月，第 323—328 页；(11)，1931 年 12 月，第 359—360 页；(12)，1932 年 12 月，第 393—400 页；(13)，1932 年 4 月，第 431—440 页。

（428）文安多：《苦痛三日》("Drei martervolle Tage")，载《圣弥额尔历》(21)，1900 年，第 193—202 辑。

（429）怀德爵士：《中国与列强：它们关系的历史回顾》(Sir Frederick Whyte, *China and the Powers : An Historical Review of Their Relations*)，伦敦：Humphrey Milford, Oxford Univesity Press，1928 年。

（430）魏扬波：《广东皈依的血缘与模式》(Jean-Paul Wiest, "Lineage and Patterns of Conversion in Guangdong")，载《清史问题》4(7)，1982 年 6

月,第1—32页。

（431）景甦、罗仑著,魏根深编译:《清代山东经营地主的社会性质》(Endymion Wilkinson, *Landlord and Labor in Late Imperial China. Case Studies from Shandong*),马萨诸塞州剑桥: Harvard University Press, 1978年。

（432）韦利克:《1784—1785年帝国政府与中国的天主教会》(Bernward H. Willeke, *Imperial Government and Catholic Missions in China during the Years 1784-1785*),纽约:Franciscan Institute, 1948年。

（433）韦廉臣:《山东之旅》(Alexander Williamson, "A Journey in Shantung"),载《北华捷报》,1873年12月11日,第516—519页。

（434）韦廉臣:《华北、满洲及东蒙旅行记》(*Journeys in North China, Manchuria, and Eastern Mongolia: With Some Accounts of Corea*)(两卷本),伦敦:Smith & Elder, 1870年。

（435）韦廉臣:《北京到烟台游记》("Notes of a Journey from Peking to Chefoo via Grand Canal, Yen-chow-foo, etc. "),载《皇家亚洲文会北中国支会》(*Journal of the North China Branch of the Royal Asiatic Society*),增卷(3),1866年12月。

（436）魏礼模:《英国浸礼会在华传教史（1845—1952）》(Henry Raymond Williamson, *British Baptists in China, 1845-1952*),伦敦:Carey Kingsgate Press, 1957年。

（437）伊萨贝拉·威廉森:《中国的旧路》(Isabelle Williamson, *Old Highways in China*),伦敦:Religious Tract Society, 1884年。

（438）沃尔夫冈·威尔曼斯:《中国的农业》(Wolfgang Willmanns, *Die Landwirtschaft Chinas*),柏林:Paul Parey, 1938年。

（439）保罗·W. 威尔姆:《1949年前华北的土壤肥力和产量》(Paul W. Wilm, *Die Fruchtbarkeit und Ertragsleistung Nordchinas bis* 1949),威斯巴登:Otto Harrassowitz, 1968年。

（440）本尼迪塔克·维尔茨:《帝国主义的海外与传教政策——以中国为例的论述》(Benedicta Wirth, *Imperialistische Übersee- und Missionspolitik, dargestellt am Beispiel Chinas*),明斯特:Aschendorffsche Verlagsbuchhandlung, 1968年;1967年出版于《传教与宗教学杂志》(*Zeitschrift für Missionswissenschaft und Religionswissenschaft*)(51),第105—132、209—231、320—339页。

（441）魏特夫:《中国的经济和社会》(Karl August Wittfogel, *Wirtschaft und Gesellschaft Chinas. Versuch der wissenschaftlichen Analyse einer grossen asiatischen Agrargesellschaft*)I:《生产力、产量及流通过程》(*Produktivkräfte, Produktions- und Zirkulationsprozess*),莱比

锡:C. L. Hirschfeld，1931 年。

（442）艾瑞克·R. 沃尔夫:《20 世纪的农民战争》（Eric R. Wolf，*Peasant Wars of the Twentieth Century*），纽约:Harper and Row，1969 年。

（443）谔尔福:《漫游中国》（Eugen Wolf, *Meine Wanderungen in China*）卷一:《中国内陆》（*Im Inneren Chinas*），斯图加特:Deutsche Verlagsanstalt，1901 年。

（444）吴费斯坦:《天主教在中国（1860—1907 年）》（Bertram Wolferstan, *The Catholic Church in China From 1860 to 1907*），伦敦 & 爱丁堡:Sands;密苏里州圣路易斯:B. Herder，1909 年。

（445）马尔文·E. 沃尔夫冈、弗朗哥·菲拉可蒂:《暴力亚文化:犯罪学的一种整合理论》（Marvin E. Wolfgang & Franco Ferracuti, *The Subculture of Violence : Towards an Integrated Theory of Criminology*），伦敦:Tavistock，1967 年。

（446）韦立德:《中国经济和社会中的煤矿业:1895—1937 年》（Tim Wright, *Coal Mining in China's Economy and Society 1895 - 1937*），剑桥:Cambridge University Press，1984 年。

（447）吴朝光（音译）:《中国传教运动的国际影响》（Wu Chao-Kwang, *The International Aspect of the Missionary Movement in China*），巴尔的摩:Johns Hopkins Press，1930 年。

（448）相蓝欣:《义和团战争的起源:跨国研究》（Lanxin Xiang, *The Origins of the Boxer War : A Multinational Study*），伦敦 & 纽约:Routledge Curzon，2003 年。

（449）杨炳章:《宋景诗和黑旗军》（Benjamin Yang, "Sung Ching-shih and His Black Flag Army"），载《清史问题》5（2），1984 年 12 月,第 3—46 页。

（450）杨庆堃:《中国社会中的宗教:宗教的现代社会功能与其历史因素之研究》（C. K. Yang, *Religion in Chinese Society : A Study of Contemporary Social Functions of Religion and Some of Their Historical Factors*），伯克利:University of California Press，1961 年。

（451）杨庆堃:《19 世纪中国群众运动的若干统计模式》（"Some Preliminary Statistical Patterns of Mass Actions in Nineteenth-Century China"），载魏斐德、格兰特等编《中华帝国晚期的冲突与控制》，伯克利:University of California Press，1975 年,第 174—210 页。

（452）杨懋春:《一个中国村庄:山东台头》（M. C. Yang, *A Chinese Village : Taitou, Shantung Province*），纽约:Columbia University Press，1945 年。

（453）姚善友:《中国历史上的旱涝地理分布》（Shan-yu Yao, "The

Geographical Distribution of Floods and Droughts in Chinese History"），载《远东季刊》2(4)，1943 年 8 月，第 357—380 页。

（454）中国近代史丛书编写组编：《1900 年义和团运动》（*The Yi Ho Tuan Movement of 1900*），北京：北京外文出版社，1976 年。

（455）杨意龙：《儒学与基督宗教的首次相遇》（J. D. Young, *Confucianism and Christianity : The First Encounter*），香港：香港大学出版社，1983 年。

（456）杨国伦：《英国对华政策（1895—1902 年）》（L. K. Young, *British Policy in China, 1895 - 1902*），牛津：Clarendon Press，1970 年。

（457）杨龙章：《中国的地区性旧习》（Lung-chang Young, "Regional Stereotypes in China"），载《中国历史研究》21(4)，1988 年夏，第 32—57 页。

（458）徐劢：《徐州府团里的历史记述》（Étienne Zi, *Notice historique sur les T'oan ou cercles du Siu-tcheou Fou, particulièrement sur ceux du district de Ou-toan*），土山湾育婴堂天主教会印刷所（土山湾印书馆），1914 年。

（459）司马力、马赫一：《在华四十年》（August Zmarzly ＆ Alois Macheiner, *40 Jahre im Umbruch Chinas*），奥地利默德林：St. Gabriel-Verlag，1960 年。

（五）中文著述

（1）曹倜：《古春草堂笔记》，北京：中国社会科学院近代史研究所藏本，1928 年。

（2）陈白尘：《宋景诗历史调查记》，北京：人民出版社，1957 年。

（3）《茌平县志》，台北：成文出版社，1976 年。

（4）《大清搢绅全书》，1890 和 1900 年版本。

（5）《大清历朝实录》、《大清德宗景（光绪）皇帝实录》，长春："伪大满洲帝国国务院"，1937 年。

（6）戴玄之：《红枪会》，台北：食货出版社，1973 年。

（7）戴玄之：《义和团研究》，台北：文海出版社，1963 年。

（8）《大名县志》，台北：成文出版社，据民国二十三年铅印本影印，1968 年。

（9）狄德满：《义和团民与天主教徒在华北的武装冲突》，载《历史研究》，2002 年第 5 期。

（10）丁名楠：《义和团运动评价中的几个问题》，载《义和团运动史讨论文集》，济南：齐鲁书社，1982 年。

（11）《东明新县志》，台北：成文出版社，据民国二十二年铅印本影印，1968 年。

（12）范文澜：《中国近代史》，北京：人民出版社，1962 年。

（13）姚鸿杰等：《丰县志》，1894年本，台北：成文出版社，1974年。

（14）冯士钵：《义和拳·义和团·扶清灭洋》，载《历史教学》，1980年第7期。

（15）官蔚蓝：《中华民国行政区划及土地人口统计表》，台北：北开出版社，1956年。

（16）《冠县志》，1934年本，台北：成文出版社，1968年。

（17）《广平府志》，1894年本，台北：成文出版社，1968年。

（18）《光绪朝东华续录》，上海：集成图书公司，1909年。

（19）《涡阳县志》，1925年本，台北：成文出版社，1970年。

（20）《菏泽县乡土志》，1908年本，台北：成文出版社，1967年。

（21）侯斌：《试论义和团的组织及其源流》，载《山东大学文科论文集刊》，1980年第1期。

（22）胡珠生：《青帮史初探》，载《历史学》，1979年第3期。

（23）黄泽苍：《山东》，上海：中华书局，1935年。

（24）《冀县志》，1929年本，台北：成文出版社，1968年。

（25）《畿辅通志》，影印1884年本，上海：商务出版社，1934年。

（26）翦伯赞：《义和团》，《中国近代史资料丛刊》，上海：神州国光社，1951年。

（27）江地：《幅军》，《初期捻军史论丛》，北京：三联书店，1959年。

（28）蒋楷：《平原拳匪纪事》，出版于1901年，再版收录于翦伯赞等：《义和团》卷一；《山东近代史资料》卷三。

（29）黄福庆等编：《胶澳专档》，台北："中央研究院"近代史所，1997年。

（30）《教务教案档》，台北："中央研究院"近代史所，1977年。

（31）金冲及：《义和拳和白莲教的关系》，载《义和团运动史讨论文集》，济南：齐鲁书社，1982年。

（32）《济宁直隶州续志》，1927年本，台北：成文出版社，1968年。

（33）《重修莒志》，1936年。

（34）《续修巨野县志》，1921年本，台北：成文出版社，1967年。

（35）《康熙朝汉文朱批奏折汇编》，北京：第一历史档案馆，1985年。

（36）柯文：《历史三调：作为事件、经历和神话的义和团》，南京：江苏人民出版社，2000年。

（37）柯文：《在中国发现历史：中国中心观在美国的兴起》，北京：中华书局，1989、2002年；台版：柯保安：《美国的中国近代史研究：回顾与前瞻》，台北：联经出版社，1991年。

（38）《临沂县志》1917年本，台北：成文出版社，1967年。

（39）劳乃宣：《义和拳教门源流考》，1899年初版，再版收录于翦伯赞等：《义和团》。

（40）李秉衡：《李忠节公（鉴堂）奏议》，据 1930 年本重印，台北：文海出版社，1982 年。

（41）李国祁：《三国干涉还辽后中德租借港湾的洽商与德璀琳上德政府建议书》，载《"中央研究院"近代史研究所集刊》，1969 年第 1 期。

（42）李鸿章：《李文忠公遗集》，据 1905 年本重印，台北：文海出版社，1962 年。

（43）李吉奎：《应当如何看待义和团的宗教迷信》，载《义和团运动史讨论文集》，济南：齐鲁书社，1982 年。

（44）李世瑜：《现在华北秘密宗教》，成都：华西协合大学中国文化研究所，1948 年。

（45）李世瑜：《义和团源流试探》，载《历史教学》，1979 年第 1 期。

（46）李宗一：《山东"义和团主力向直隶转进"的质疑》，载《近代史研究》，1979 年第 1 期。

（47）廖一中：《论义和运动的特点》，载《义和团运动史讨论文集》，济南：齐鲁书社，1982 年。

（48）廖一中、李德征、张旋如：《义和团运动史》，北京：人民出版社，1981 年。

（49）《临清县志》，1935 年。

（50）《临沂县志》，1935 年。

（51）《刘坤一遗集》，北京：《中华书局》，1959 年。

（52）陆景琪：《山东义和拳的兴起、性质与特点》，载《义和团运动史论文选》，北京：中华书局，1984 年。

（53）陆景琪：《义和团在山东》，济南：齐鲁书社，1980 年。

（54）路遥编：《山东义和团调查资料选编》，济南：齐鲁书社，1980 年。

（55）路遥：《论义和团的组织源流》，载《义和团运动史讨论文集》，济南：齐鲁书社，1982 年。

（56）路遥：《冠县梨园屯教案与义和团运动》，载《历史研究》，1986 年第 5 期。

（57）路遥编：《山东大学义和团调查资料汇编》，济南：山东大学出版社，2000 年。

（58）路遥：《山东民间秘密教门》，北京：当代中国出版社，2000 年。

（59）路遥、程歗：《义和团运动史研究》，济南：齐鲁书社，1988 年。

（60）吕实强：《中国官绅反教的原因 1860—1874》，台北：文景书局，1973 年。

（61）马西沙：《八卦教世袭传教家族的兴衰：清前期八卦教初探》，载《清史研究》，1986 年第 4 期 。

（62）马西沙、韩秉方：《中国民间宗教》，上海：上海人民出版社，

1992 年。

　　(63)《南宫县志》,1936 年本,台北:成文出版社,1976 年。

　　(64)《沛县志》,1918 年。

　　(65) 彭慕兰:《腹地的构建:华北内地的国家、社会和经济(1853—1937)》,北京:社会科学文献出版社,2005 年。

　　(66) 戚其章:《试论义和团运动的发展阶段及其特点》,载《义和团运动史讨论文集》,济南:齐鲁书社,1982 年。

　　(67)《清河县志》,1936 年本,台北:成文出版社,1976 年。

　　(68) 王亮编:《清季外交史料》,北平:和济印刷局,1932 年。

　　(69)《邱县志》,1934 年。

　　(70)《日照县志》,1886 年。

　　(71)《单县志》,1929 年。

　　(72) 中国史学会济南分会:《山东近代史资料》,济南:山东人民出版社,1958 年;东京:大安(Daian)出版社,1968 年。

　　(73) 张曜编:《山东军兴纪略》,台北:文海出版社,1970 年。

　　(74) 孙葆田编:《山东通志》,济南:山东通志刊印局,1915 年;据 1910 年影印本,上海:商务印书馆,1934—1935 年。

　　(75) 中国社会科学院近代史研究所编:《山东义和团案卷》,济南:齐鲁书社,1980 年。

　　(76)《寿张县志》,据 1900 年本重印,台北:成文出版社,1976 年。

　　(77) 孙祚民:《关于义和团运动评价的几个问题》,载《义和团运动史讨论文集》,济南:齐鲁书社,1982 年。

　　(78) 陶飞亚、刘天路:《基督教会与近代山东社会》,济南:山东大学出版社,1995 年。

　　(79)《铜山县志》,据 1926 年本重印,台北:成文出版社,1970 年。

　　(80) 王麟阁:《即墨、高密、诸城独立之回忆》,载《山东近代史资料》第二册,济南:山东人民出版社,1958 年。

　　(81) 王天奖:《19 世纪下半叶中国的秘密会社》,载《历史研究》1963 年2 期。

　　(82)《潍县志》,据 1941 年本重印,台北:学生出版社,1968 年。

　　(83)《威县志》,1926 年。

　　(84) 相蓝欣:《义和团战争的起源:跨国研究》,上海:华东师范大学出版社,2003 年。

　　(85)《夏邑县志》,据 1920 年本重印,台北:成文出版社,1968 年。

　　(86) 徐绪典:《教会、教民和民教冲突:山东义和团运动爆发原因初探》,载《义和团运动史论文选》,北京:中华书局,1984 年。

　　(87) 故宫博物院明清档案部编:《义和团档案史料》,北京:中华书局,

1959 年。

（88）义和团运动史研究会编：《义和团运动史论文选》，北京：中华书局，1984 年。

（89）《义和团运动史讨论文集》，济南：齐鲁书社，1982 年。

（90）曾国荃：《曾忠襄公全集》，据 1907 年本重印，台北：成文出版社，1969 年。

（91）张玉法：《中国现代化的区域研究：山东省（1860—1916）》，台北："中央研究院"近代史研究所，1982 年。

（92）张之洞：《张文襄公全集》，北京，1937 年。

（93）《朝城县乡土志》，据 1920 年本重印，台北：成文出版社，1968 年。

（94）林学瑊编：《直东剿匪电存》，据 1906 年本重印，台北：文海出版社，1972 年。

（95）何炳贤编：《中国实业志：山东省》，上海：实业部国际贸易局，1934 年。

（96）周馥：《周悫慎公全集》，据 1922 年本重印，台北：文海出版社，1966 年。

（97）周锡瑞：《论义和团运动的社会成因》，载《义和团运动史讨论文集》，济南：齐鲁书社，1982 年。

（98）周锡瑞：《义和团运动的起源》，江苏人民出版社，1992 年。

（99）周育民：《一贯道前期历史初探：兼谈一贯道与义和团的关系》，载马西沙《民间宗教卷》，北京：民族出版社，2007 年。

（100）《增修诸城续志》，据 1892 年本重印，台北：成文出版社，1968 年。

（101）庄吉发：《清世宗禁教考》，载《大陆杂志》，1981 年 1 月 15 日。

（102）左宗棠：《左文襄公全集》，据 1890 年本重印，台北：文海出版社，1964 年。

三、狄德满先生学术论著目录

（一）著作

A. 专著

1.《16—20 世纪基督教来华差会机构指南》（*Reference Guide to Christian Missionary Societies in China：From the 16th to the 20th Century*），Armonk，N. Y.：M. E. Sharpe，2009.

2.《华北的暴力和恐慌：义和团运动前夕基督教传播和社会冲突》，江苏人民出版社 2011 年；2019 年重印。

3.《西文义和团文献资料汇编》，山东大学出版社，2016 年。

B. 主编

1.《拳民、中国与世界》（*The Boxers，China，and the World*），

Lanham，Md.：Rowman & Littlefield，2007.

2.《中国基督教研究手册》(*Handbook of Christianity in China*，Vol. Two：1800 - Present)，Leiden：Brill，2010.

（二）论文

1.《伦敦会档案文献简述》("A Short Note on the Archives of the London Missionary Society")，*Ch'ing-shih wen-t'i* 3.5 (November 1976).

2.《农村变迁、农民保守主义与资本主义转型》("Rural Change，Peasant Conservatism，and the Transition to Capitalism")，*Journal of Peasant Studies* 9.1 (October 1981).

3.《土匪横行：华北平原的边界事件》("The Persistence of Banditry：Incidents in Border Districts of the North China Plain")，*Modern China* 8.4 (October 1982).

4.《关于太平天国之西文资料》(与柯文楠合作)，载太平天国学刊编委会编：《太平天国学刊》(第 5 辑)，中华书局，1987 年。

5.《晚清基督教、帝国主义与义和团的兴起》，《山东社会科学》，1990 年第 6 期。

6.《战时游击经济与中国的发展之路》("Wartime Guerrilla Economy and the Chinese Road to Development")，in：Peter Robb (ed.)，*Managed Economies in World War II* (Occasional Papers in Third World Economic History No. 3)，London：School or Oriental and African Studies，University of London，1991.

7.《梨园屯教案和义和拳的起源》，载中国义和团运动研究会编《义和团研究会通讯》第 16 期，1992 年。

8.《基督教、帝国主义与清末义和团运动的兴起》，载中国义和团研究会编《义和团运动与近代中国社会国际学术讨论会论文集》，齐鲁书社，1992 年。

9.《暴力环境中的基督宗教：义和团运动前夕的华北平原》("Christianity in a Violent Environment：The North China Plain on the Eve of the Boxer Uprising")，in：Jeroom Heyndrickx CICM (ed.)，*Historiography of the Chinese Catholic Church：Nineteenth and Twentieth Centuries*，Louvain：Ferdinand Verbiest Foundation，K. U. Leuven，1994.

10.《基督教与中国的"异端"：18 世纪初山东的大规模皈依与融合》("Christianity and Chinese 'Heterodox Sects'：Mass Conversion and Syncretism in Shandong Province in the Early Eighteenth Century")，*Monumenta Serica* 44 (1996).

11.《中国义和团运动前夕的鲁南传教背景》("Der missionspolitische Kontext in Süd-Shantung am Vorabend des Boxeraufstands in China")， postscript in: Stephan Puhl, *Georg M. Stenz SVD (1869 - 1928). Chinamissionar im Kaiserreich und in der Republik*, Nettetal: Steyler Verlag, 1994.

12.《中国民族革命背景下的基督宗教在山东的传播》("Christian Missions in Shandong in the Context of China's National and Revolutionary Development, 1895 - 1928"), in: Heike Liebau and Ulrich van der Heyden (eds.), *Missionsgeschichte Kirchengeschichte Weltgeschichte. Christliche Missionen im Kontext nationaler Entwicklungen in Afrika, Asien und Ozeanien* (Missionsgeschichtliches Archiv. Studien der Berliner Gesellschaft für Missionsgeschichte, 1), Stuttgart: Franz Steiner Verlag, 1996.

13.《华北腹地共产主义革命与农民动员:早年阶段》("Communist Revolution and Peasant Mobilisation in the Hinterland of North China: The Early Years"), in: Henry Bernstein and Tom Brass (eds.), *Agrarian Questions: Essays in Appreciation of T. J. Byres* (Library of Peasant Studies, 14), London and Portland, OR: Frank Cass, 1996. 另载 *The Journal of Peasant Studies* 24. 1 - 2 (October 1996).

14.《在华担任传教士和牧师(1936—1949)》(序言)("Vorwort" in: Emily Lehmann, *Scheitern um zu begreifen. Als Missionarin und Pfarrfrau in China 1936 bis 1949*)(Cognoscere, Vol. 11), Berlin: edition ost, 1997.

15.《义和团、基督徒与华北的暴力文化》("Boxers, Christians and the Culture of Violence in North China"), *Journal of Peasant Studies* 25. 4 (July 1998).

16.《20 世纪 20 年代英国新教传教士与英美合作对中国国家发展的文化贡献》(序言)("Foreword", in Dan Cui, *The Cultural Contribution of British Protestant Missionaries and British-American Cooperation to China's National Development during the 1920s*), Lanham, New York, Oxford: University Press of America, 1998.

17.《中国及其邻邦》("China and Its Neighbours"), in: Adrian Hastings, *A World History of Christianity*, London: Cassells, 1999.

18.《烈火的洗礼:1900 年中国基督徒所经历的义和团运动》("A Baptism of Fire: China's Christians Experience the Boxer Uprising of 1900"), *International Bulletin of Missionary Research* (Jan 2000).

19.《"基督教文明"还是"文化扩张"? 德国在华传教事业(1882—1919)》("'Christian Civilization' or 'Cultural Expansion'? The German Missionary Enterprise in China, 1882 - 1919"), in: Danny S. L. Paau and Ricardo K. S. Mak (eds.), *Sino-German Relations since the 18th Century:*

Multi-disciplinary Exploration, Frankfurt a. M. : Peter Lang, 2000.

20.《西方义和团运动研究一百年》,载苏位智、刘天路编《义和团研究一百年》,齐鲁书社,2000 年。

21.《义和团研究外文论著目录——英文、法文、德文、意大利文及其他西文》,载苏位智、刘天路编《义和团研究一百年》,齐鲁书社,2000 年。

22.《中国北方基督徒的皈依模式:1860—1912 年间中国教民的社会学概论》("Conversion Patterns in North China: Sociological Profiles of Chinese Christians, 1860 - 1912"), in: Ku Wei-ying and Koen De Ridder (eds.), *Authentic Chinese Christianity: Preludes to Its Development* (Nineteenth and Twentieth Centuries) (Leuven Chinese Studies, Vol. 9), Louvain: Leuven University Press, 2001.

23.《义和团民与天主教徒在华北的武装冲突》,《历史研究》,2002 第 5 期。

24.《大刀会与义和团运动的关系》,载苏位智、刘天路编《义和团运动一百周年国际学术讨论会论文集》,山东大学出版社,2002 年。

25.《山东传教差会与荷兰的联系(1860—1919 年)》("Shandong Missions and the Dutch Connection 1860 - 1919"), in: W. F. Vande Walle and Noël Golvers (eds.), *The History of the Relations between the Low Countries and China in the Qing Era* (1644 - 1911) (Leuven Chinese Studies, 14), Louvain: Leuven University Press and Ferdinand Verbiest Foundation, K. U. Leuven, 2003.

26.《传教士在华北的地方干预(1900—1945 年)》("'They also Served!' Missionary Interventions in North China, 1900 - 1945"),载陶飞亚、梁元生编《东亚基督教再诠释》,香港中文大学出版社,2004 年。

27.《社会福音与原教旨主义:中国新教传教事业的冲突路径》("Social Gospel and Fundamentalism: Conflicting Approaches in the Protestant Missionary Enterprise in China (1840 - 1911)"), in: Agostino Giovagnoli and Elisa Giunipero (eds.), *The Catholic Church and the Chinese World: Between Colonialism and Evangelization* (1840 - 1911), Vatican City: Urbaniana University Press, 2005.

28.《华北的适应与抵抗:山东传教士对政治变革的反应(1882—1928 年)》("Adaptation and Resistance in North China: Missionary Reactions to Political Change in Shandong Province 1882 - 1928"), in: Ulrich van der Heyden and Holger Stoecker (eds.), *Mission und Macht im Wandel politischer Orientierungen. Europäische Missionsgesellschaften in politischen Spannungsfeldern in Afrika und Asien zwischen 1800 und 1945* (Missionsgeschichtliches Archiv, Vol. 10), Stuttgart: Franz Steiner

Verlag，2005.

29.《传教士孤独者还有远见者? 郭实腊的传教方法》
("Missionarischer Einzelgänger oder Visionär? Die Missionsmethode
Gützlaffs")，in：Thoralf Klein and Reinhard Zöllner (eds.)，*Karl Gützlaff*
（1803－1851）und das Christentum in Ostasien．Ein Missionar zwischen
den Kulturen，Sankt Augustin：Monumenta Serica，2005.

30.《传教士、帝国主义和义和团起义：史学维度的考察》
("Missionaries， Imperialism and the Boxer Uprising： Some
Historiographical Considerations")，载古伟瀛编《东西交流史的新局：以基
督宗教为中心》，台湾大学出版社，2005 年。

31.《基督教与现代中国社会历史——东西方学术理路的态度变迁》，
载吴梓明、吴小新编《基督与中国社会研究丛书（10）》，香港中文大学出版
社，2006 年。

32.《基督宗教在东亚》("Christianity in East Asia")，in：Stewart J.
Brown and Timothy Tackett (eds.)，*Cambridge History of Christianity*
（Vol. 7：Enlightenment， Reawakening and Revolution 1660－1815)，
Cambridge：Cambridge University Press，2006.

33.《太平天国及捻军起义期间中国的日常生活（1850—1865 年）》
("Daily Life in China during the Taiping and Nian Rebellions， 1850－
1865")，in：Stewart Lone (ed.)，*Daily Lives of Civilians in Wartime Asia*
：From the Taiping Rebellion to the Vietnam War (The Greenwood Press
Daily Life Through History Series)， Westport， Conn.： Greenwood
Press，2007.

34.《教会武装：教民与拳民在华北的武装冲突》("The Church
Militant：Armed Conflicts between Christians and Boxers in North China")，
in：Robert Bickers and R. G. Tiedemann (eds.)，*The Boxers，China and*
the World，Lanham，Md.：Rowman & Littlefield.

35.《不是每个殉教者都是圣徒：1897 年巨野教案再审读》("Not Every
Martyr Is a Saint! The Juye Missionary Case of 1897 Reconsidered")， in：
Noël Golvers and Sara Lievens (eds.)，*A Lifelong Dedication to the China*
Mission：Essays Presented in Honor of Father Jeroom Heyndrickx，
CICM，on the Occasion of his 75th Birthday and the 25th Anniversary of
the F. Verbiest Institute K. U. Leuven，Leuven：Ferdinand Verbiest
Institute K. U. Leuven，2007.

36.《地方视角下的反教冲突：作为爱国者、保护者、盗匪还是革命者的
庞三杰》("Anti-Christian Conflict in Local Perspective. The Life and Times
of Pang Sanjie：Patriot， Protector， Bandit or Revolutionary?")， in：Peter

547

Chen-main Wang (ed.), *Contextualization of Christianity in China: An Evaluation in Modern Perspective*, Sankt Augustin, Germany: Monumenta Serica, 2007.

37.《天主教教育在华北的发展：以山东为例》（"The Development of Catholic Education in North China: With Particular Reference to Shandong Province"），载王成勉编《将根扎好：基督宗教在华教育的检讨》，台北：黎明文化出版社，2007 年。

38.《教案在山东（1860—1900 年）》（"Protestant 'Missionary Cases' in Shandong Province, 1860‐1900"），*Ching Feng: A Journal on Christianity and Chinese Religion and Culture* n. s. 8. 1‐2 (2007).

39.《控制圣女：信仰的女性传播者和中国的天主教等级》（"Controlling the Virgins: Female Propagators of the Faith and the Catholic Hierarchy in China"），*Women's History Review* 17. 4 (September 2008).

40.《原住民机构、宗教保护地和中国利益：19 世纪基督教在华的扩张》（"Indigenous Agency, Religious Protectorates, and Chinese Interests: The Expansion of Christianity in Nineteenth-Century China"), in Dana L. Robert (ed.), *Converting Colonialism: Visions and Realities in Mission History, 1706‐1914*, Grand Rapids, Mich.: William B. Eerdmans, 2008.

41.《中国教区修会和姐妹会在晚清的形成初探》（"The Formation of Chinese Diocesan Religious Congregations and Sisterhoods in the Late Qing: Some Preliminary Observations on an Elusive Phenomenon"), in Rachel Lu Yan and Philip Vanhaelemeersch (eds.), *Silent Force: Native Converts in the Catholic China Mission*, Leuven: Ferdinand Verbiest Institute, K. U. Leuven, 2009.

42.《20 世纪中国新教传教与教会史学》（"La storiografia relativa alle missioni e alle Chiese protestanti nella Cina del XX secolo"), in: Elisa Giunipero (ed.), *Chiesa e Cina nel Novecento: Atti del Convegno 'Sulle orme di Matteo Ricci. Chiesa e Cina nel Novecento', Macerata, 8‐9 marzo 2007*, Macerata: Edizioni Università di Macerata, 2009.

43.《必要之恶：中国"圣女"对晚清中国天主教会发展的贡献》（"A Necessary Evil: The Contribution of Chinese 'Virgins' to the Growth of the Catholic Church in Late Qing China"), in: Jessie Gregory Lutz (ed.), *Pioneer Chinese Christian Women: Gender, Christianity, and Social Mobility*, Bethlehem: Lehigh Univesrsity Press, 2010.

44.《中国本土神职人员的形成与天主教等级制度的建立之争（1846—1926 年）》（"The Controversy over the Formation of an Indigenous Clergy and the Establishment of a Catholic Hierarchy in China, 1846‐1926"), in:

Roman Malek and Gianni Criveller (eds.), *Light a Candle: Encounters and Friendship with China. Festschrift in Honour of Angelo S. Lazzarotto, P. I. M. E.*, Sankt Augustin: Institut Monumenta Serica，2010.

45.《中国医疗传教的发展：其争议及历史考察》("The Development of Medical Missions in China: Controversies and Historiographical Considerations")，载刘天路编《身体·灵魂·自然：中国基督教与医疗、社会事业研究》，上海人民出版社，2010 年。

46.《西方学术界对义和团运动起源的研究述评》，载章开沅东西方文化交流学术基金编《求索东西：章开沅东西方文化交流学术基金讲座文集（2002—2009）》，花城出版社，2011 年。

47.《中国基督教的不同生态学术研究中的同质化问题》，载章开沅东西方文化交流学术基金编《求索东西：章开沅东西方文化交流学术基金讲座文集（2002—2009）》，花城出版社，2011 年。

48.《外方传教士、中国基督徒与辛亥革命》("Foreign Missionaries, Chinese Christians and the 1911 Revolution")，*Tripod* 31（Hongkong, Autumn 2011）；德文版见："Ausländische Missionare, chinesische Christen und die Revolution von 1911"，*China heute* 31. 1，Sankt Augustin, Germany，2012.

49.《礼让协议和偷羊者：中国新教徒对基督教合一难以捉摸的探索》("Comity Agreements and Sheep Stealers: The Elusive Search for Christian Unity Among Protestants in China")，*International Bulletin of Missionary Research* 36. 1 (January 2012).

50.《新教在华的复兴：以山东为例》("Protestant Revivals in China with Particular Reference to Shandong Province")，*Studies in World Christianity* 18. 3 (December 2012).

51.《五旬节派传教事业在中国的起源与组织发展》("The Origins and Organizational Developments of the Pentecostal Missionary Enterprise in China")，*Asian Journal of Pentecostal Studies* 14. 1 (2011).

52.《华北基督宗教的本土化》("The Localization of Christianity in North China")，载黄文江、郭伟联、刘义章编《法流十道：近代中国基督教区域史研究》，香港建道神学院出版社 2013 年。

53.《台湾的政治、社会和文化：英国长老会传教士的观察》("Politics, Society, and Culture of Taiwan: Observations of English Presbyterian Missionaries, 1865 - 1950")，载王成勉编《台湾教会史料论集》，台湾"国立中央大学"出版社，2013 年。

54.《从文化主义到民族主义转变中的中国对西方基督教的看法》("Changing Chinese Perspectives on Western Christianity during the

Transition from Culturalism to Nationalism"），in：Judith Becker and Brian Stanley（eds.），*Europe as the Other：External Perspectives on European Christianity*，Göttingen：Vandenhoeck & Rupprecht，2014.

55.《儒学在西方的表现——传教士态度的变迁：从利玛窦到卫礼贤》（"Representations of Confucianism in the West—An Overview of Changing Missionary Attitudes：From Matteo Ricci to Richard Wilhelm"），载王成勉《传教士笔下的大陆与台湾》，台湾"国立中央大学"出版社，2014 年。

56.《近代中西文化交流：事例、研究方法、趋势与展望》（"Chinese-Western Cultural Exchange in the Modern Age：Examples，Research Methods，Trends，and Prospects"），载吴小新编《远方叙事：中国基督宗教研究的视角、方法与趋势》，广西师范大学出版社，2014 年。

57.《中国义和团战争与貌合神离的联合作战》，《中国义和团研究会通讯》第 51 期，2015 年。

58.《西方帝国主义与教案的解决：以鲁南地区的安治泰为考察中心》（"Western Imperialism and the Settling of 'Missionary Cases'：With Particular Reference to Bishop Anzer in South Shandong"），in：Ferdinand Verbiest Institute（eds.），*History of the Catholic Church in China：From Its Beginning to the Scheut Fathers and 20th Century. Unveiling some less known sources，sounds and pictures*，Leuven：Ferdinand Verbiest Insitute K. U. Leuven，2015.

59.《明恩溥〈中国人的性格〉一书与义和团运动》，载黄文江、张云开、陈智衡编《变局下的西潮：基督教与中国的现代性》，香港建道神学院出版社，2015 年。

60.《天主教传教团体与心灵医治服务：以山东为中心的考察》（"Catholic Missions & the Ministry of Healing in China：With Special Reference to Health Care in Shandong"），载王成勉编《华人情境下的基督宗教与社会关怀》，台北远流出版社，2016 年。

61.《教皇、外国传教士与中国天主教徒：从"夫至大"通谕到"致中国人民"通谕期间的冲突与适应》（"The Papacy，Foreign Missionaries，and Chinese Catholics. Conflict and Accommodation between Maximum Illud and Ad Sinarum Gentem"），in：Barbara Hoster，Dirk Kuhlmann and Zbigniew Weso？owski S. V. D.（eds.），*Rooted in Hope/In der Hoffnung verwurzelt：Festschrift in Honor of Roman Malek S. V. D. on the Occasion of His 65th Birthday*（Monumenta Serica Monograph Series LXVIII/1 - 2），Abingdon，Oxon；New York：Routledge，2017.

62.《西方中国基督教研究的新方法》，《济南大学学报》（社会科学版），2021 年第 3 期。

四、追忆狄德满教授（刘家峰）①

　　狄德满教授是世界知名的中国近代史专家，在义和团运动、太平天国、中国基督教史等研究领域贡献卓著。他在伦敦大学亚非学院任教近二十年，退休后担任旧金山大学利玛窦中西历史文化研究所研究员，在上海大学、华中师范大学也曾短期任教，2012年作为一级教授受聘山东大学历史文化学院，直至2019年8月1日在伦敦家中因病去世，享年79岁。

　　我跟狄德满教授认识将近二十年了，因为都做中国基督教史研究，交往一直比较密切。但他甚少谈及他的家世及早年经历，因此，我对他如何走上学术道路，为何要研究中国基督教史、近代中国农民一直抱有好奇心。2014年我回山大工作后，准备对狄教授做个正式的学术采访，为此做了一些准备，把他发表的中英文论著目录收集、阅读差不多了，但还有相当数量的书评短文章没有收齐。我把三页纸的目录拿给他看，请他补充。我深知狄教授一直是个非常谦逊、低调的学人，从不张扬自己的学问，也不愿意别人宣传他。我强调这个访问有助于我、同事及学生们了解他的学术思想和经历，从中得到一些启发。狄教授先是笑而不答，后又说我们以后再找时间谈。那时我们经常见面，觉得来日方长，以后会有充分时间再来做这件事。但最近三年因为他在英国治病，见面机会很少，现在已成为一个永不可实现的愿望，想来十分后悔。

---

① 本文曾刊在《国学茶座》（总第25期，2020年）。此次收录有所删减，旨在向读者介绍狄德满先生的学术生平——译者注。

狄德满教授有个个人网站(https://rgtiedemann.com),我是偶尔在网上检索他的论文信息时发现的。他在网站特别解释他名字的正确写法,因为经常会有编辑写错。狄德满是他的中文名字,德语全称是 Rolf Gerhard Tiedemann,他在英文论著中的署名通常简写为 R. G. Tiedemann。但我们通常喊他"Gary",这其实是他在美国时被强加的一个昵称,并非他德语名字的 Gerhard。狄教授从没有主动给我提起过这个网站,学术圈内的中外朋友知道此网站的也不会多。栏目还算齐全,但内容极简略,主要是用于记录个人发表的论著信息,起一个备忘录的作用。他很少更新,但两年前他在网站上发了一篇很短的自传性文章,可以帮助我们了解他早年的生活和学术历程。

1941 年 2 月 8 日,狄德满生于德国北部霍尔斯坦(Holstein)的一个乡村,那时战争尚未结束,童年都是在贫困中艰难度日。他少年时期有机会去附近的城镇接受教育,后来在汉堡一家很小的批发公司做了三年实习生,因表现优异,获得了汉堡商会颁发的一张文凭,还有一本小说作为奖品。这让狄德满有了信心,认为将来可以在商业领域闯一闯,后来去了美国威斯康星投奔叔叔一家。这时正赶上越战,他应征入伍,在德克萨斯州服役期间,才有机会在一间夜校就读。退役后他在威斯康星大学正式注册,半工半读,但在 1968—1969 年期间,他中断了大学学习,去利比亚、叙利亚、伊拉克、巴基斯坦、印度、尼泊尔等地旅行。之后他仍能以平均 4.0 的成绩顺利毕业,拿到文学学士文凭,到伦敦大学亚非学院开启了研究生阶段的学习生涯。从美国到英国,他认为这让他实现了"从商业世界到学术世界的转换"。他先是在英国几所高校做过兼职教师,后在赫特福德大学(University of Hertfordshire)做全职教师五年,最终去了亚非学院历史系,教授中国近代史，直到 2006 年退休。从狄德满教授简短的自述中，我们大致可以了解他的学术历程，特别是他早年的经历还是非同一般，充满了曲折、偶然。正如他自己所言，他年轻时从未幻想过要从事学术的工作。然而，他善于抓住一切学习深造的机会，最终成为中国近代史领域的著名学者。

如果仔细梳理一下狄教授的论著，就会发现，他一生共出版了 3 本专著、2 本编著和 40 多篇专题论文，但其中三本专著和近一半的论文都是他退休之后才出版的。这大概是因为狄教授在职期间教学任务繁重，没有多少时间用于研究写作，退休后反而能让他全身心投入，以"老骥伏枥，志在千里"的精神，取得累累硕果。他是一个真正热爱学术的人，不为名利所羁绊。

他在 1991 年就完成了博士论文，题目是"1868—1900 年间华北乡村动乱：以鲁南地区为中心的考察"，皇皇一巨册，其中有两章曾改编成论文，在山东大学召开的义和团国际学术研讨会（1990、2000）年上发表，引起与会学者的高度评价。学界同仁都希望他能尽快把博士论文付梓，路遥先生更是多次当面催促。但狄教授总是希望再增补一些新发现的材料，并留意新出版的义和团研究著作，看有哪些论点应该拿来借鉴或商榷。书稿就这样一直在修订状态中，一直没能出版。直到十年前他才让当时在上海大学读博士的崔华杰翻译成中文，后以《华北的暴力和恐慌：义和团运动前夕基督教传播和社会冲突》为题出版（江苏人民出版社"海外中国研究丛书"，2011）。

《华北的暴力和恐慌：义和团运动前夕基督教传播和社会冲突》一书应是狄德满教授的代表作，体现了他的研究方法和特色。在资料方面，狄教授充分发挥了他熟练掌握德语、英语、法语、西班牙语、汉语的语言优势，大量征引了德、法等保存的天主教圣言会、耶稣会档案,以及传教士个人著作、笔记、与教廷和各国政府之间的往来通讯等,很多稀见资料都是他发掘并征引。在研究方法上,他借鉴了裴宜理教授研究淮北地区传统叛乱所用的"环境生态学"分析框架,但针对该框架并不能对特定区域持续暴乱问题给予合理解释的缺陷,他提出了"地缘政治边缘化"的概念,注重从山东与邻省交界的边缘地区来分析暴乱产生的各种具体原因,从而为探索义和团的起源提供了新路径。这里不详细展开该书多个启发性的论点,只引用路遥先生为该书所写《序言》的几句话做一个总体评价:"他的学术功底深厚,其研究以分析缜密见称,行文谨严,言之有据,每一论点均蕴含有极大容量。"该书如同路遥、周锡瑞、佐藤公彦三位先生的著作一样,都是义和团起源研究不可越过的重要作品。

狄德满教授在任职山大期间完成的《西文义和团文献资料汇编》(山东大学出版社,2016)是目前收录西文文献目录最全也是唯一的一本著作,为未来研究提供了坚实的文献基础和查找便利。他与毕可思教授(Robert Bickers)合编的《拳民、中国与世界》(*The Boxers, China, and the World*, Rowman & Littlefield Publishers, 2007)目前正在翻译编辑中,将于 2022 年由山东大学出版社出版。

正是狄德满教授对义和团运动的研究,让他在中国基督教史领域内厚积薄发。除了发表的多篇专题论文外,他最重要的学术贡献体现在两本研究性的工具书。一本是《16—20 世纪基督教来华差会机构指南》(*Reference Guide to Christian Missionary Societies in China: From the 16th to the 20th Century*, Armonk, N. Y.: M. E. Sharpe, 2009),另外一本是《中国基督教研究手册(第二卷)》(*Handbook of the History of Christianity in*

China，*Vol.2：1800 to the Present*，Leiden：Brill，2009），在中
国基督教史领域，这是两本堪称百科全书式的著作，出版后学界
受益良多。就我个人而言，这两本常年摆在我书桌，也是我使用
最频繁的著作。特别是前一本《指南》，关于来华差会机构的中外
文名称、所属国家、宗派、主要传教地、出版物、档案资料所藏地、
机构简史都讲得清清楚楚，足见狄教授搜罗、阅读材料之广博，是
研究中国基督教史最不可缺少的一本工具书。

　　狄德满教授在中国基督教史和义和团研究方面的贡献不仅
仅成就了他个人的学术声望，在某种程度上也改变了亚非学院中
国史研究的学术生态，这点是由狄教授的高足、现在亚非学院任
教的劳曼教授（Lars Peter Laamann）最近所写的纪念狄德满的
文章揭示的。劳曼教授在开篇这样写道："在上世纪七八十年代，
中国基督教的研究被归为'西方帝国主义'下的一个子类别。对
当时历史学家来说，仅仅提及'传教士'一词，就会产生从怀旧惆
怅到彻底敌意的反应。亚非学院一直在摆脱它所体现的英国殖
民历史，甚至到了 1990 年代，在与学院的历史学者讨论我博士论
文选题的时候，还有学者断然告诉我：'我们不做传教史！'直到狄
德满开始改变这一局面。"劳曼认为，对狄德满而言，由义和团研
究而引发的中国基督教史研究才是最具魅力的课题，他不仅推动
了基督教在中国的本土化（inculturation）研究，也推动了基督教
作为中国本土宗教的研究。他培养的一批学生如劳曼、李榭熙
（现任美国纽约市佩斯大学历史系教授及孔子学院院长）等现在
已成为这个领域的领军学者。狄德满教授的努力，让一向对传教
研究充满疑虑的亚非学院在全球中国基督教史研究领域占有一
席之地。

　　狄德满教授在上世纪 90 年代初曾来山东做田野考察，来山

东大学参加会议,那时我还是考古专业的一个本科生,无缘与他相识,直到 1999 年 10 月,我们在旧金山大学才认识。狄教授在利玛窦中西历史文化研究所做研究,我那时已在华中师范大学在职攻读博士,有幸获得以利玛窦研究所创始人马爱德先生命名的基金会资助,去美国访学三个月。该研究所在当时开风气之先,正在建设一个大型的中国基督教史研究数据库,狄教授负责差会和教会机构条目的撰写,后来出版的《16—20 世纪基督教来华差会机构指南》就脱胎于他那时的工作积累。我们在一个大办公室工作,这很方便我随时向他请教。他总是不厌其烦予以解答,并随手就发给我一些电子文本或指点资料出处。他似乎认识历史上所有的来华传教士,对他们的经历都有所了解,可见他经年积累的材料是多么丰富,他的电脑就像一个聚宝盆。直到现在,我仍认为,要论对中国近代基督教史资料的熟悉,无论是天主教还是新教,恐怕无人出其右。他一大早去办公室,坐在那里翻看一堆资料,或用电脑写作,或向数据库输入条目,很少见他起来走动,直到下午五点离开办公室。他中午通常吃个简单的三明治,有时就吃点水果,经常与我分享。现在想起这些场景,仍历历在目,宛如昨天。

在这之后,我跟狄德满教授电邮联系不断。我查看了我的邮箱,目前所保留的电邮最早只追溯到 2007 年,到现在还有 300 多封,大部分是我向狄德满教授索要史料,或请教问题,或请他帮我修订英文文章或研究计划,每次他都是很快回复。在资料分享上他从来都是倾其所有,毫无保留。很少几次他也让我帮他查找一些中文资料,或核对一些中国地名、人名等。说来惭愧,这二十年来,狄教授帮我的太多,而我为他所做的太少太少。

最近这些年,我们曾在北京、上海、兰州、呼和浩特、香港、台北等地多次会议上相遇,每次见面都倍感亲切。狄教授在公共场合并不喜欢多讲话,但私下还是很愿意聊天。他喜欢谈有关中国基督教史的新人、新书,包括他自己的写作进展,我也借此难得的见面机会向他请教研究中的困惑,他总是给我一些切实的帮助,还有很热情的鼓励。我们也常谈一些研究之外的话题,比如他喜欢讲他儿子Martin作为英国工党成员参政的故事,还有刘天路教授和他一起在鲁南地区做调查遇到的新奇事。他对我的家乡日照也很熟悉,多年以后他还能记得用日照方言说"吃饭了吗"。这时他特有的幽默就表现得淋漓尽致。有一次我跟他开玩笑说,你长得这么帅,还这么幽默,转行做个电影演员吧,保证有观众,他微笑说:Are you serious? I will have a try!(你是认真的吗?我要试试!)

2009年10月,受章开沅先生和东西方文化交流基金会委托,我请狄德满教授到华师访问三个月,并担任基金的讲座教授。狄教授除了两次公开讲座外,还为研究生开设了"中国基督教史"和"中西文化比较通论"两门全英文课程,狄教授让我做助教,我从这两门课程中学到很多。"中西文化比较通论"实际是概述了16—20世纪中西交往的历史,然后以此作为中西文化交流与比较的脉络(context),是中西交流史很好的入门课程。我回山大后就以此为基础,给本科生开设了一门选修课。

2012年,经刘天路教授联络推荐、路遥先生邀请,狄德满教授受聘山东大学一级教授,全职来山大从事义和团运动的研究工作。但因为签证原因,他中间不得不几次短暂离开大陆去香港,取得签证再返回山大。他坚持每年至少有三个月在山大工作,直到2016年病重不能来校,但仍以海外研究员的身份在伦敦坚持工作,《西文义和团文献资料汇编》就是这一时期的阶段性成果。

2014年春我准备回山大，学校要求有几封推荐信。狄教授正好在山大，我就请他写。他很快给方辉院长写了信，并另外电邮给我，说因为他现在山大，特别希望我能回山大，这样我们可以一起做基督教史和义和团的研究。非常巧的是，我们俩的办公室只有一墙之隔。我从未想到，1999年我们在旧金山大学初次相遇，对桌而坐，十五年之后，我们居然又以"同事"的身份相聚了。当然，在我眼里，他始终是我崇敬的老师。就这样，有段日子我们几乎每天都见面聊天，不是我到他办公室，就是他到我办公室。他一个人在校园住，自己做饭，我们也经常一起吃食堂，偶尔约他在外面餐馆小聚。他喜欢喝点中国白酒，而且酒量不错，可惜我没多少酒量，无法陪他尽兴。

狄教授身体一直都很健康。2010年5月他在医院例行体检中查出结肠癌，此前毫无征兆。他做了肠切除手术，也没经过任何化疗，效果非常理想。直到2015年6月，他去医院检查当年手术位置，意外地在胆囊发现一处阴影，医生怀疑是肿瘤，必须做活组织切片才能确诊。这时距离第22届国际历史科学大会在济南召开还有两月。这次大会有一场关于义和团运动的圆桌会议是狄教授亲自组织的，他邀请了中、英、美、法、德等国十多位专家与会，他自己也为会议撰写了长文。这时狄教授几次给我电邮，表示了对身体的担忧，不知道能否去济南开会。我建议听从医生的诊断，要把身体健康放第一位。他一直在做回校开会的准备，跟各位与会者保持联系，催缴论文。8月初，狄教授做了切片手术，但诊断的结果不能马上出来，主治医生对能否长途旅行也没有明确表态，但他决定按原计划18日到山大参会。这期间我很担心他的身体，流露出些许不安的情绪，他反过来安慰我说"没问题"。这次圆桌会议非常成功，吸引了不少中外学者旁听，这让他非常欣慰,好像是了却了一件大心事。

　　他回国后不久就被确诊是胆囊癌。所幸术后身体恢复较好,但这次需要定期化疗。每次化疗前后,他都给我电邮,告知治疗的情况。到2016年初,狄教授每次体检结果都很理想,就催我和华杰给他发邀请函办签证,准备在春季学期来山大,并购买了机票。出发前为了确认身体无碍,他又去医院复查,医生却从他的血液检查中发现了新问题。医生最终建议化疗,每周一次,连续六个月。这意味着他不能长途旅行了,这让正准备启程的狄教授很受打击。他电邮给我说:"如果这次治疗对我影响不大,我仍可以在伦敦和家里做一些研究。但很抱歉我现在不能去济南了。"每次化疗后检查指标有所好转,他就催我们迅速发邀请函。每次读完他这样的信,我总是控制不住眼泪。

　　这年6月,我去爱丁堡大学开会,终于有机会去英国看望他。狄教授一家住伦敦郊外,怕我坐车不方便到他家,坚持和夫人安娜坐地铁到市里跟我见面,我选了离亚非学院很近的罗素宾馆入住。狄教授熟悉这里的每条街道,中午带我去一家很好的中餐馆吃饭。饭后他们执意陪我到附近的大英博物馆参观。我不忍心让狄教授陪同,就请他们在咖啡厅休息。我惦记他们在等我,无心观赏,匆匆忙忙看了两个展馆就下楼找他们,他们正在享用咖啡和点心。安娜在这个空档还特意去博物馆商店买了好多适合孩子阅读的绘本、挂饰等给我孩子做礼物。分别时我们合影留念,这竟然成了我们最后一次见面。

　　2019年阳历新年时,狄教授给华杰和我发了电子贺年卡,同时说明健康情况不容乐观,持续不断的化疗副作用开始显现。农历春节时,狄教授又同时给陶飞亚教授、华杰和我发来"猪年大吉"的贺卡,还写了祝福我们的话。6月初,我跟往常一样给狄教授写电邮问安并请教问题，但很久没得到回音，我就有点担心。在亚非学院访学的康婉盈同学告诉我，狄教授 6 月 18 日去学院参加了 Brian Stanley 教授的讲座。我想他能参加讲座，身体应该没有大问题。安娜后来告诉我，从 2019 年初开始，狄教授的背部开始疼痛，因为化疗副作用太大，到了 7 月，他已经不能起身。即便如此，他躺在床上仍坚持批阅牛津大学一位博士生的毕业论文。8 月 1 日，狄教授在家中平静离世。我们从此失去了一位优秀学者、可敬的导师和亲密的朋友。

狄教授在他个人网站上有这样一段话，是他对自己一生学术生涯的总结："对我来说，从霍尔斯坦一个偏僻小村庄破旧小屋中的生活，到山东大学的教授生涯，漫长的人生道路有时是曲折的，但也有丰厚的回报。尽管遭受各种挫折，但能走上学术研究的漫漫长路，毫无疑问是值得的。也许，我的研究不过是来自边缘的一声回响，但我仍然希望，能有读者理解我的关怀和视角。即使没有别的贡献，至少，我的见解也许能帮助修正现存研究中的一些不够精确之处。"狄教授的谦逊一贯如此。他生前曾嘱咐家人，所有藏书全部捐给山大历史文化学院。学院准备设立"狄德满教授专藏室"，以此作为对他永久的纪念。

斯人已去，风范长存。狄德满教授连同他的博学、友善、幽默以及他对山大的挚爱，将永远留在我们心中。

译者后记

　　摆在读者诸君面前的《义和团运动前夕华北的地方动乱与社会冲突》一书,是在《华北的暴力和恐慌:义和团运动前夕基督教传播和社会冲突》(以下简称"《华北的暴力和恐慌》")一书基础上译改出版的。

　　2011年6月,《华北的暴力和恐慌》被纳入江苏人民出版社"海外中国研究丛书"之一种见刊,接着在当年12月被纳入"凤凰文库"再印,2019年8月又三印出版,可以说得到了学术界和阅读市场一定程度的认可和欢迎。然而,由于译者语言功底和和专业知识能力的相对不足,《华北的暴力和恐慌》于翻译的准确性、语言的流畅性、中文的专业性方面在今天看来还有不少的提升空间。因此,借此次出版之际,译者对全书进行了修正和重译,尽可能做到精准传译,使译本争取不负于原稿的学术质量。为此,译者特别说明以下几点翻译工作:

　　第一,本译本因故将原书名《华北的暴力和恐慌》改为《义和团运动前夕华北的地方动乱与社会冲突》出版。这一"更名"实际上也较为贴合原稿的内容要旨,因为正如作者所言,其书"并不是研究义和团运动的本身的历史",而是主要关照"义和团运动前夕山东区骚乱地带的既存暴力文化"。

　　第二,英文原稿引录了近代来华活动的传教士、游历家以及与中国外交有着紧密关系的欧美政治家多达 243 人,参考了德国、法国、英国、美国、意大利等国所藏官私档案文献以及 459 种各类西文著述,所引述的一些西方社会科学知识自本译著出版以来在中国相继引入、翻译,因此本次翻译着意吸收了国内学界业已达成的认知共识和概念界定,更正了原译本的直译乃至曲译之处。

第三,《华北的暴力和恐慌》一书翻译时正逢译者跟随陶飞亚先生攻读博士学位期间,学术压力尤其是求学时间期限上的压迫感使得译本部分内容带有"急就之章"之嫌,结果或是语句上的硬译曲译,或是文字上的词不达意,或是行文上的逻辑不清,故而本译本重点校正和再译了原译本的牵合、参差和误译之处。

还要向读者诸君交代的是,作者狄德满先生于 2019 年在伦敦病逝,本译本因此特别增附由山东大学刘家峰教授撰写的《追忆狄德满教授》一文以及由作者自行辑录、译者翻译的"狄德满先生学术论著目录",旨在向国内学界介绍他在中国近现代史研究上的学术人生,特别缅怀他在义和团运动史和基督教在华传播史上的学术贡献。山东大学讲席教授路遥先生曾于 2011 年慨然撰写《华北的暴力和恐慌》一书的中文版序言,本译本此次出版时也将之原文照录,以便读者更好地把握此书在义和团运动研究史上的学术价值。

在本译本翻译过程中,山东大学讲席教授路遥先生和中国义和团研究会常务副会长胡卫清教授、秘书长刘家峰教授给予了无私帮助和支持;山东大学历史文化学院的一些硕博研究生以及本科生告知了他们在阅读中发现的错漏之处,恕不一一提及,在此谨表谢忱。最后,本书之所以顺利刊行,离不开编辑康海源先生的关心和支持,特此深表敬意。

崔华杰

2022 年 2 月于山东大学中心校区

"海外中国研究丛书"书目